Wissenschaftliche Untersuchungen
zum Neuen Testament · 2. Reihe

Begründet von Joachim Jeremias und Otto Michel
Herausgegeben von
Martin Hengel und Otfried Hofius

17

Weisheit und Messias

Die jüdischen Voraussetzungen
der urchristlichen Präexistenzchristologie

von

Gottfried Schimanowski

J. C. B. Mohr (Paul Siebeck) Tübingen 1985

CIP-Kurztitelaufnahme der Deutschen Bibliothek

Schimanowski, Gottfried:
Weisheit und Messias: d. jüd. Voraussetzungen d. urchristl. Präexistenzchristo-
logie / von Gottfried Schimanowski. – Tübingen: Mohr, 1985.
   (Wissenschaftliche Untersuchungen zum Neuen Testament: Reihe 2; 17)
   ISBN 3-16-144997-5
   ISSN 0340-9570

NE: Wissenschaftliche Untersuchungen zum Neuen Testament / 02

© J. C. B. Mohr (Paul Siebeck) Tübingen 1985.

Printed in Germany. Druck: Gulde-Druck in Tübingen. Einband Heinrich Koch,
Großbuchbinderei in Tübingen.

Gewidmet meinen beiden Lehrern

Prof.Dr.Martin Hengel (Tübingen)
Prof.Dr.Klaus Haacker (Wuppertal)

Ohne sie wäre diese Arbeit gewiß nie
entstanden und vollendet worden!

SifDev Eqev 37: ‎שכל מי חביב קודם את חבירו‎ ......

Kol 1,18: ... ἵνα γένηται ἐν πᾶσιν αὐτὸς πρωτεύων.

V O R W O R T

Als ich als junger Theologiestudent im Winter 1970/71 an der
neutestamentlichen Proseminararbeit über den "Skopos der Weisheitstraditionen in Mt 6,25-34" "herumdokterte", habe ich
nicht geahnt, daß die Frage nach Weisheit und Messias später
einmal über 10 Jahre meines Lebens ausfüllen würde. Zwei
alttestamentliche Seminare bei H.Gese und H.P.Rüger in Tübingen über die Proverbien (SS 1974) und über Jesus Sirach
(WS 1974/75) gaben dann die entscheidenden Impulse für eine
vom Thema her etwas ungewöhnliche Hausarbeit zum 1.theolo-
gischen Examen: "Untersuchungen zu Jesus Sirach 24". Weitere
alt- und vor allem neutestamentliche Seminare als Mitarbeiter
des damaligen Institutum Judaicum in Tübingen bei M.Hengel
bereiteten den Boden für eine intensive Auseinandersetzung
mit den christlichen, jüdischen und hellenistischen Quellen.
    Es war sicher kein Zufall, daß in die Schlußphase dieser
bald selbständigen Untersuchungen - zunächst zur paulinischen Verkündigung des präexistenten Christus Jesus - zwei
Vorträge von Tübinger Professoren fielen:
H.Gese, Die Weisheit, der Menschensohn und die Ursprünge
    der Christologie als konsequente Entfaltung der bibli-
    schen Theologie
M.Hengel, Jesus als messianischer Lehrer und die Anfänge
    der Christologie.
Ohne diese Denkanstöße wäre ein systematisches Bündeln der
eigenen Beobachtungen an den Texten für mich kaum vorstell-
bar gewesen.
    Im Herbst 1981 wurde meine Dissertation unter dem Titel:
"Präexistenz und Christologie. Untersuchungen zur Präexistenz
    von Weisheit und Messias in der jüdischen Tradition"
von der Evangelisch-theologischen Fakultät an der Eberhard-
Karls-Universität zu Tübingen angenommen.
    Noch während der Zeit als Assistent bei K.Haacker an der
Kirchlichen Hochschule Wuppertal konnten einige Teile ge-
strafft und der neutestamentliche Ausblick ganz umgeschrieben
werden. Das Ergebnis ist die hier vorliegende Überarbeitung
meiner Promotion.

Herzlich danken möchte ich M.Hengel und O.Hofius als Herausgeber für die Aufnahme der Arbeit in die 2.Reihe der Wissenschaftlichen Untersuchungen zum Neuen Testament. Dank gebührt der Zentralen Kommission für die Förderung des wissenschaftlichen Nachwuchses für das Gewähren eines mehr als zweijährigen Graduiertenförderungsdarlehens; meinen besonderen Dank möchte ich Frau Röhrig (Vereinigte Evangelische Mission Wuppertal) aussprechen für das umsichtige zweimalige Schreiben des Manuskriptes und nicht zuletzt meiner Frau Magdalene für ihre Begleitung - geduldig las sie auch die Korrekturen.

Wuppertal, auf dem Rott, Juli 1985

                              Gottfried Schimanowski

INHALTSVERZEICHNIS

DRITTER TEIL:

DIE PRÄEXISTENZ VON TORA UND MESSIAS IN DEM RABBINISCHEN SCHRIFTTUM

Abkürzungen

Die Abkürzungen entsprechen dem Verzeichnis der TRE, zusammengestellt von S.SCHWERTNER, Berlin. New York 1976.
Die Biblischen Namen und Bücher richten sich nach den Loccu-
mer Richtlinien.

Darüber hinaus bedeutet:

BR   - Bilderreden des äthHen (Kap.37-71)
Dtjes   - Deuterojesaja (Jes 40-55)
Herv(orh.)   - Hervorhebung
hi.   - hif'il
MS   - Menschensohn
ni.   - nif'al
o.S.   - ohne Seitenangabe / oben Seite
Pesch   - Peschitta
pi.   - pi'el
Q   - (hypothetische) Redenquelle der Evangelien
SVF   - Stoicorum veterum fragmenta
TN   - Targum Neofiti
TPaläst   - palästinisches Targum (= TgJon 1+2 und TN)

EINLEITUNG

1. Stand der Erforschung

Die Frage nach dem Zusammenhang von Präexistenzvorstellung
und Christologie ist in der neutestamentlichen Wissenschaft
weithin eine Frage nach dem Hintergrund der Präexistenzchristologie gewesen.[1] Es wird vor allem danach gefragt, was
die Schreiber des Neuen Testaments zu ihren Aussagen bewog
und welchen Traditionen sie damit verpflichtet waren. Bis in
die Gegenwart hinein zeigen sich die Exegeten von dieser Fragestellung geprägt. So wertet eine Seite "das Phänomen der
Präexistenzchristologie" als zuverlässigen Beleg einer vorchristlichen Gnosis.[2] Eine andere sieht in ihr ein Eindrin-
gen von hellenistisch-mystischem Gedankengut, das vor allem
durch Paulus auf Grund seines heidnischen Milieus in die Anfänge der neutestamentlichen Christologie Eingang gefunden
habe.[3] Wiederum andere erkennen gerade hierin spezifische
Aussagen "einer jüdischen exegetischen Tradition" und ziehen
enge Verbindungslinien vor allem zur alttestamentlichen
Weisheitstheologie.[4] Schließlich gab es schon immer Versuche,
die bis in die paulinischen Hauptbriefe hinein eine "gemeinsame präexistenzlose und antipräexistentielle Parusie-
Messianologie und Kyriologie" postulieren,[5] eine Tendenz,
die in heutiger Zeit wieder aufzuleben scheint. Diesen sehr
unterschiedlichen, ja gegensätzlichen Bewertungen und Antworten nach Herkunft und Hintergrund neutestamentlicher Aussagen zur Präexistenz Christi versuchen in jüngerer Zeit

---

1 Überblicke über die neueren systematischen Fragestellungen zur
  Präexistenzchristologie geben REINHARDT; LÖSER; vgl. auch DICKIN-
  SON.

2 Z.B. SCHENKE; SCHMITHALS, Gnosis 41.

3 So z.B. SCHOEPS, Paulus 154ff; vgl. aber auch schon HARNACK 803f
  Anm.1: "Diese Andeutungen werden gezeigt haben, daß die Betrachtung
  des Paulus eine Mittelstellung einnimmt zwischen den jüdischen und
  den hellenistischen Präexistenzvorstellungen."

4 SCHWEIZER, Herkunft 109; vgl. HENGEL, Sohn Gottes 104-120.

5 BARNIKOL 132.

zwei Arbeiten aus dem angelsächsischen Sprachraum nachzugehen, um Präexistenz und Christologie präziser erfassen und
beschreiben zu können.

Die vor gut zehn Jahren erschienene Untersuchung von
F.B.CRADDOCK weist dabei ein besonderes Interesse an hermeneutischen Fragestellungen auf und verfolgt das Ziel, den
Leser in eine, seinen modernen Denkkategorien völlig unver-
ständliche, fremde Welt einzuführen und mit den verschiedenen Formen eines Umgangs mit der "Idee der Präexistenzvorstellung" vertraut zu machen.[6] Unter dem Eindruck der Viel-
fältigkeit und Unterschiedlichkeit der Texte verzichtet
CRADDOCK darauf, die Vorstellung selbst zu beschreiben, und
versucht dagegen, auf soziologisch-psychologische Weise lediglich nach <u>Funktion</u> und Sinn der Präexistenz zu fragen.[7]
Demzufolge benutzt er diesen Begriff als eine gedankliche
Vorstellung ("as a category of thought"), um an ihr die
Vermischung von Zeit- und Wertkategorien verschiedener Welt-
anschauungen, die im Vorderen Orient aufeinandertrafen, zu
demonstrieren. Seine eigene Aufgabenstellung gewinnt er anhand folgender Fragen:

"What is the function of the idea of pre-existence within the context
where it is found? How is pre-existence conceived in each particular
affirmation? It should be apparent at this point that the primary
method to be employed here will be definition by function; that is,
what each writer in each situation is intending to say by using the
category of pre-existence."

Mit diesem methodischen Rüstzeug untersucht er in einem ersten Kapitel den Hintergrund des Neuen Testaments;[8] dabei
kommt er zu drei Schlußfolgerungen:

    a) Es besteht ein direktes Abhängigkeitsverhältnis
zwischen der philosophischen oder theologischen Bedeutung
dieser Vorstellung und der Tiefe der menschlichen Beziehung
zur jeweiligen Zeit und Welt:[9]

---

6 Vgl. CRADDOCK, Pre-Existence 11: "This book asks the reader to
    share in an investigation of the meaning of the pre-existence of
    Christ as it is expressed in the New Testament." Zum zitierten Aus-
    druck "pre-existence as a categorie of thought" s. ebd. S.17.

7 Vgl. ebd. S.27: "The primary method to be employed here will be
    definition by function." Ähnlich öfter.

8 "Affirmations of Pre-existence in the New Testament Background
    Materials", ebd. S.29-80.

9 Ebd. S.76f, wobei er sich vor allem auf die apokalyptischen Texte
    beruft.

"If man is being described as being more or less at home in his present existence, the category of pre-existence is modified, if indeed it
appears at all. Where there is a strong sense of discontinuity between
man and the world in which he lives ... there is a strong accent upon
pre-existence."

b) Die Ausgestaltung der entsprechenden Präexistenzvorstellung entfaltet sich dabei immér auf einem Gebiet, das
ein spezielles menschliches Problem umschreibt.[10]

"If the human problem is in the realm of creation, the material world
in which man is alien and pilgrim, then pre-existence would mean pre-
creation."

Die Präexistenzvorstellung, die in den Texten erscheint,
stellt dann die gefundene Lösung des Problems dar.

c)Die verschiedenen auftauchenden Präexistenzvorstellungen verwenden dabei jeweils ganz spezifische Sprachkatego-
rien:[11]

"To speak of pre-existence in the proper sense calls for the literary
forms and images that belong to individuation. The Torah of the rabbis
has an 'ideal' existence in God's mind; it is predestined. The Logos of
the Stoics pervades the totality of reality as universal or common
reason; it is dia-existent ..."

Kennzeichnend für alle Präexistenzvorstellungen ist, daß
für sie eine mythologische Sprache verwendet wird.

Es dürfte an diesen methodischen Grundentscheidungen
deutlich geworden sein, daß CRADDOCK in seiner Abwehr bestimmter methodischer Grundsätze den Anforderungen der historischen Exegese der Texte, die zum Hintergrund des Neuen
Testaments gehören, schwerlich genügen kann. Dementsprechend
fallen auch die Exegesen der besprochenen Texte aus. Bei
gelegentlich guten Beobachtungen zitiert er aber meist nur
eine exegetisch mögliche Interpretation und wird dabei den
untersuchten Stellen in keiner Weise gerecht - nur verfolgt
er mit seinen Prämissen ja auch ein ganz anderes Ziel.

Ähnliche Flüchtigkeit ließe sich auch in dem zweiten Kapitel über die Präexistenz Christi im NT feststellen, die
zwar den eigentlichen Titel ausmacht, aber nur ein gutes
Drittel seines Buches umfaßt.[12] Darüber hinaus muß aber
auch von methodischer Seite Zweifel angemeldet werden, ob

---

10 Ebd. S.79, wobei CRADDOCK sich vor allem auf die Weisheitstexte
    Spr 8, Sir 24 und auf Philo beruft.

11 Ebd. S.80.

12 Von insgesamt 186 Seiten für das NT ganze 69!

CRADDOCK seine Voraussetzungen genügend reflektiert hat,
wenn er von einer irgendwie gearteten "Idee" oder "Vorstellung" ausgeht und mit dieser dem Phänomen der Präexistenz
Christi im NT gerecht werden möchte. Zuletzt bleibt doch
unklar und verschwommen, was CRADDOCK denn wirklich unter-
suchen will. Für unsere Untersuchungen können die dort beschriebenen Ergebnisse kaum fruchtbar gemacht werden.[13]

Demgegenüber versteht HAMERTON-KELLY seine Untersuchung
"Pre-Existence, Wisdom, and the Son of Man" in erster Linie
als exegetischen Beitrag zur Frage nach der Präexistenzvorstellung des Neuen Testaments.[14] Um einer zu großen methodischen oder hermeneutischen Engführung zu entgehen, weicht
er auf eine sehr weite Definition von Präexistenz aus:[15]

"'Pre-existence' is a mythological term which signifies that an entity
had a real existence before its manifestation on earth, either in the
mind of God or in heaven."

Mit dieser Definition versucht er vier verschiedene Arten
von Präexistenzvorstellungen zusammenzufassen.[16]

a) "one in which an entity exists before its own manifestation but not
before the creation;"

b) "another in which an entity exists before its own manifestation and
before the creation;"

c) "a third in which an entity exists before the creation but not
necessarily manifested at all;"

d) "and a fourth in which things simply exist in heaven, without
reference to creation or manifestation."

Hiermit deckt HAMERTON-KELLY bewußt weitgehend das ab, was
auch in gängigen Lexikonartikeln unter dem Begriff "Präexistenz" zu finden ist.[17]

---

13 Das gilt auch für die von HICK herausgegebene Aufsatzsammlung; vgl.
    bes. 13-16.31-34.87-91.125-128. Ähnlich schon BARTON; aber auch
    BENOIT.

14 HAMERTON-KELLY, Pre-Existence.

15 Ebd. S.11 (Im Original hervorgehoben).

16 Ebd. S.11f.

17 Z.B. HEITMÜLLER RGG 1. Aufl. Bd.4 (1913) Sp.1712f:
    "Präexistenz nennt man das vorirdische oder vorweltliche
    Sein von Personen und Gegenständen." Oder BETH RGG 2.Aufl.
    Bd.4 (1930) Sp.1382: "P(räexistenz) umfaßt die Anschauung,
    daß die Welt oder einzelne Weltdinge, bestimmte den Menschen
    erwartende Güter oder namentlich die menschliche Seele schon
    vor dem sinnenfälligen Auftreten vorhanden sind, natürlich in
    einer nicht sinnlichen, allem sinnlichen Sein entrückten
    Sphäre." Vgl. HAMERTON-KELLY, Pre-Existence 1-4.

Es ist einerseits positiv zu bewerten, wenn HAMERTON-KELLY
versucht, der verschiedenartigen Gestalt, in der seiner Meinung nach die Präexistenzvorstellung auftritt, durch eine
sehr allgemeine Beschreibung gerecht zu werden; jedoch
zeigt sich hierin auch gerade seine Schwäche:
Denn woher hat er ihren gemeinsamen Nenner? Auf jeden Fall
nicht auf Grund einer eingehenden Untersuchung seiner später
bearbeiteten Texte. Ein Beispiel soll das illustrieren. Unter welche der vier angegebenen Arten der Präexistenzvorstellung wäre die Präexistenz der Weisheit einzuordnen? Am
ehesten könnte man an (b) denken; denn z.B. in Spr 8 wird
die Weisheit als etwas beschrieben, das geschaffen wurde,
"als noch nichts war".[18] Ist aber dann die Gabe der Weisheit
"its own manifestation"?[19] Und wie ist dann das von derselben Weisheit beschriebene Phänomen in apokalyptischen Texten
zu erklären, daß die Weisheit keinen Platz auf der Erde mehr
für sich findet, wo sie sich niederlassen könnte?[20] Es ist
leicht einzusehen, daß sich die Texte der Weisheitsliteratur
des Alten Testaments einer so systematisch einleuchtenden
Zuordnung energisch widersetzen!

Der Überblick über die alttestamentlichen und außerbibli-
schen Texte stellt allerdings nur eine Zusammenfassung seiner
eigenen früheren Dissertation dar.[21] Aber auch dort ist die
Frage nach der Zuordnung von Aussage des Textes und Intention des Autors zu stellen. In einer Untersuchung der für
den Verfasser vorexilischen P-Quelle kommt er z.B. zu dem
Ergebnis:[22]

---

18 Vgl. Spr 8,22-26.

19 So wären Spr 8,32 oder Ijob 28,28 wohl zu verstehen, Texte, auf die
    HAMERTON-KELLY nirgends Bezug nimmt!

20 So äthHen 42, einen Text, den der Verf. als Beleg anführt unter
    Texten, die "some connection between Wisdom and the primal man"
    erkennen lassen, a.a.O. S.28.

21 HAMERTON-KELLY, Pre-Existence 15-21, als Zusammenfassung von: Idea.

22 Ders., Idea 47; vgl. Pre-Existence 17. In der besonderen Ausfor-
    mung der Vorstellung eines himmlischen Tempels sieht der Verf. eine
    Weiterführung der quasi hypostatisch-deuteronomistischen Konzeption
    des Namens Jahwes, einer Vorprägung einer späteren Präexistenzvor-
    stellung; eine sehr fragwürde Interpretation!

"The idea of heavenly models[23] which is present in P is the clearest
indication of an idea of pre-existence in the sources we have examined.
Although the source is exilic date, there are several indications that
the idea of heavenly models belongs to the pre-exilic strands of tradition, as an analysis of the different layers of the P source shows."

Die zeitliche Fixierung von Ex 25 mag dahingestellt sein,[24]
aber handelt es sich in diesem Fall wirklich um eine Präexistenzvorstellung? Vom (himmlischen?) "Modell" ist immer
nur in der Verbindung mit dem Bau des irdischen Tempels
die Rede.[25] Dann ist es aber eine Vergewaltigung des biblischen Textes, wenn diese Verknüpfung aufgelöst und eine
(Präexistenz-)Aussage allein für das Modell postuliert
wird. Diese Vorstellung von einem präexistenten (himmlischen) Heiligtum soll dann später in der apokalyptischen
Tradition umgeformt worden sein; obwohl dort (syrBar 4,3)
ausdrücklich von einer Schöpfung (!) die Rede ist, hält
HAMERTON-KELLY dies anscheinend für dieselbe Aussage wie
in der P-Quelle (Ex 25). Dazu ist die Frage zu stellen,
wie er sich ein Aufgreifen früherer Traditionen vorstellt;
rechnet er dabei mit gleitenden Übergängen - und damit auch
bei der Beschreibung der aufgezählten vier Vorstellungsvari-
anten? Auch bei den anderen Beschreibungen von präexistenten Dingen kommen dem Leser Zweifel über die Angemessen-
heit und Brauchbarkeit der aufgestellten Kategorien. So
soll die Präexistenz des Messias in den Bilderreden des
äthiopischen Henoch eine Fortführung sein der schon in den
prophetischen Visionen vorgeprägten Anschauungen einer
himmlischen Welt; dabei stellt für den Verfasser der Gedanke der vorweltlichen Existenz ein Fremdkörper der Apokalyptik dar.[26] Schließlich werden noch die Weisheitstraditionen behandelt, in denen er Einflüsse der Urmenschvorstellung vermutet, sowie die Philonische Logosvorstel-
lung.

---

23 D.h. das Modell des Tempels המשכן תבנית Ex 25,9; vgl. V.40.
    Die hebräischen und aramäischen Zitate werden im folgenden grundsätz-
    lich ohne Punktation wiedergegeben. Die syrischen Texte werden mit
    hebräischen Schriftzeichen angeführt.

24 Zum Problem vgl. CHILDS, Exodus 512-552.

25 Vgl. 2 Kön 16,10; 1 Chron 28,10.12.18f. Aber auch Ez 40,4.

26 Pre-Existence 18: "The relationship of the pre-existent entities
    to creation was not originally a concern in apocalyptism. It
    thought only of their pre-existence before the end."

Alles in allem wird man sehr vorsichtig sein müssen, wenn
die vier Formen der Präexistenzvorstellung auf die Texte
selbst angewendet werden sollen. Sie liefern m.E. dem Phänomen der Präexistenz nur vermeintlich angemessene Betrach-
tungs- und Unterscheidungsweisen. Es ist der größte methodische Mangel dieser letzten Arbeit über die Präexistenzchristologie, daß sie sich zu sehr von einer vorgeprägten
Fragestellung leiten läßt, die wie eine Schablone den vorgegebenen Texten auferlegt wird.

Hier soll darum in anderer Weise zuerst danach gefragt
werden,wo und wie zum erstenmal der Begriff der "Präexistenz"
im Zusammenhang mit der Christologie thematisiert und definiert wurde; anhand daran soll dann die eigene Fragestellung
präzisiert werden.

2. Fragestellung und Vorgehen

Es ist sicher kein Zufall, daß der Begriff "Präexistenz" im
christologischen Sinn gerade vom Apologeten Justin in der
Mitte des 2.Jh.n.Chr. geprägt worden ist; vorher ist
προυπάρχειν gewöhnlich nur auf Sachen und Zustände angewandt worden, wie z.B. den früheren Zeiten,[27] dem früheren
Freundschafts- und Verwandtschaftsverhältnis,[28] und nur gelegentlich auch auf Personen.[29] Auf dem Boden der christologischen Auseinandersetzungen der Apologeten - und zwar
speziell mit Juden - wurde, soweit wir sehen, zum erstenmal Präexistenz und Christologie unter dieser Begrifflichkeit thematisiert.[30] Weiter wird hier erkennbar, daß die
Sache, die hinter dem Begriff "Präexistenzchristologie"
steht, keinesfalls eine Selbstverständlichkeit, sondern ein
umstrittenes Problem darstellt. So formulierte Justin in
einem (fiktiven)[31] Dialog mit dem Juden Tryphon, Dial 48,3:

---

27 Z.B. bei Josephus, Bell 7,56.269; Ant 4,125 (6,5).

28 Vgl. Ant 1,290 (19,4); 14,146 (8,5); cAp 1,272 (29) u.ö.

29 Ant 12,26 (2,3); hierzu und zum Folgenden vgl. TRAKATELLIS 11-19.

30 So Justin, Dial 48,1.2.3; 87,2(bis). Vgl. LAMPE, Lexicon s.v.
    ὑπάρχω ; vgl. TRAKATELLIS 13.

31 Zum Dialog als Werk, das vielleicht auf einem wirklich geführten
    Diskussionsgespräch fußt, vgl. z.B. BARNARD 23f.

"Aber es zeigt sich in jeder Hinsicht, daß dieser (sc. Sohn des Welten-
schöpfers) der Christus Gottes ist, wer auch immer dieser sein wird.
Wenn ich daher nicht beweisen kann, daß er präexistent war
(προυπῆρχε) und es nach seines Vaters Plan auf sich genommen hat,
wie wir als Mensch im Fleisch geboren zu werden, so wäre es allenfalls
berechtigt zu sagen, daß ich in diesem Punkte geirrt habe; aber es ist
nicht berechtigt zu leugnen, daß dieser der Christus ist, wenn sich
zeigt, daß er als Mensch von Menschen gezeugt worden ist (ὡς ἄνθρωπος ἐξ ἀνθρώπων γεννηθείς) und wenn bewiesen werden kann, daß
er Christus ist, weil er aufgrund einer Erwählung (ἐκλογῇ) zum
Christus geworden ist."

Offensichtlich geht es in der Diskussion um eine Auseinandersetzung zwischen verschiedenen Möglichkeiten der Herkunft des Messias (Christus); so ist es einerseits möglich -
und diese Position stellt Justin als die des Juden dar[32] -
daß der Messias als (gewöhnlicher) Mensch durch die göttliche
Erwählung berufen werden kann, oder - im Sinne einer eigenen christlichen Position - auf Grund einer (vorweltlichen)
himmlischen Existenz.[33] Aus dem ganzen Abschnitt ist aber
ersichtlich, wie schwer es Justin fällt, für die Präexistenz
einen Beweis zu führen. An dieser Stelle gibt er sein Vor-
haben auf, auch wenn er von seiner eigenen Überzeugung keineswegs abrückt. Der Beweis wird später nachgetragen, und
zwar indem er sich darauf beruft, daß in Jesus - durch die
Verleihung des Geistes Gottes - in letzter, unwiederholbarer
Weise[34] die alttestamentliche Weissagung aus Jes 11 erfüllt
ist.

Noch ein zweites läßt sich aus dem Zusammenhang des
Dialogs mit Tryphon erkennen: Justin versteht den Begriff
"Präexistenz" ausdrücklich als ein Vorgeordnetsein vor der
gesamten Schöpfung. Dies ist in ähnlicher Weise auch bei
den Apostolischen Vätern vor ihm der Fall, denen es im Aufgreifen ntl. Wendungen ebenfalls auf die Relation der Vorordnung ankommt, auch wenn der Begriff als solcher, anders

---

32 Vgl. Dial 48,1; 49,1 (Tryphon); 48,4 (Justin).

33 Dial 48,1: Tryphon: "Mir scheint es nämlich im Grunde etwas wider-
    sinnig zu sein und gar nicht bewiesen werden zu können: deine Be-
    hauptung, der erwähnte Christus präexistiere als Gott vor den
    Äonen (προυπάρχειν·θεὸν ὄντα πρὸ αἰώνων)."

34 Vgl. den ganzen Abschnitt Dial 87 und dort besonders 87,3, wo der
    in 86,4 angedeutete Schriftbeleg aus Jes 11,1-3 zitiert und in
    einem längeren Exkurs auf Christus hin ausgelegt wird.

als bei Justin, fehlt.[35]

Das bedeutet:

"Präexistenz" in seiner ursprünglichen Bedeutung will immer eine Beziehung ausdrücken, die ein zeitliches und damit auch qualitatives Vorgeordnetsein beinhaltet.

Wenn in die Zeit vor Justin zurückgefragt wird, dann findet sich eine Ausdrucksweise, die der Formulierung "vorhersein" (προυπάρχειν) entspricht, in der griechischen Bibel vor allem in Aussagen über Gott.[36] Ein Beispiel dafür ist die - in anderer Aussagerichtung als der Masoretische Text - formulierte Bekenntnisrede bei Deuterojesaja, Jes 43,12f:

MT: "Und ihr seid meine Zeugen, Spruch Jahwes, daß ich
LXX:"Ihr seid meine Zeugen und (auch) ich bin Zeuge,

MT: Gott bin; auch hinfort bin ich es (גם־מיום אני הוא)"
LXX:spricht Gott der Herr, schon von Anfang an (ἔτι ἀπ' ἀρχῆς)"

Mit dem Verb ὑπάρχω wird dies noch deutlicher, wobei eine Aussage des MT durch eine Vorordnungsrelation noch verstärkt ist:

Ps 55 (54),20:

MT: "Gott hört (mich) und beugt sie nieder,[37]
LXX:"Gott wird (mich) erhören und sie erniedrigen,

MT: er, der thront von Urzeit an (וישב קדם)[38]."
LXX:er, der vor der Welt war (ὁ ὑπάρχων πρὸ τῶν αἰώνων)"

Offensichtlich werden in der LXX solche Aussagen gefördert und verstärkt, die auch schon im hebräischen Text Gottes uranfängliches Sein preisen und verherrlichen. Besonders

---

35 Vgl. Herm Sim 9,12,2: "Der Sohn Gottes ist älter als dessen ganze Schöpfung (πάσης τῆς κτίσεως αὐτοῦ προγενέστερος)" oder Ign Magn 6,1:"Jesus Christus, der vor den Zeiten beim Vater war (ὃς πρὸ αἰώνων παρὰ πατρὶ ἦν) und am Ende erscheint." Andere Stellen, die von einer "Präexistenz Christi" sprechen,sind zu dieser Zeit lediglich Anspielungen auf atl. Schriftzitate, die auf Christus bezogen wurden.

36 So ausdrücklich bei Justin Dial 48,1 dann kenntlich durch θεόν ; vgl. TRAKATELLIS 14-18.

37 Einige Exegeten lesen aus den ersten Wörtern des Verses Anspielungen an Ismael und Jaalam (Gen 21,20); so auch KRAUS, Psalmen z.St.

38 Möglich ist auch die Übersetzung: "(und beugt nieder) die Bewohner des Ostens"; so auch KRAUS ebd. Wie oben hat aber anscheinend LXX den Text verstanden und konnte sich z.B. auf Ps 75(74),12 stützen (מקדם :πρὸ αἰώνων).

häufig lassen sich solche doxologischen Bestimmungen im Zusammenhang von Schöpfungsaussagen in den Psalmen erkennen,
wie z.B. Ps 90,2:[39]

"Ehe noch (בטרם) Berge geboren wurden
und Erde und Festland in Wehen lagen -
von Ewigkeit zu Ewigkeit bist du, Gott."[40]

Das Besondere an dieser Psalmenstelle liegt in der doppelten Form der Formulierung der "Präexistenzaussage" Gottes,
einmal durch die abgrenzende Bestimmung gegenüber der
Schöpfung: "ehe noch...",[41] zum anderen durch eine gegenüber
der sich erstreckenden Zeit: "von Ewigkeit...".[42] "Präexistenz" bedeutet also anscheinend nicht die Frage nach
einem abstrakten, metaphysischen Sein "an und für sich",
sondern vielmehr ein Vorgeordnetsein gegenüber allen anderen
erschaffenen Dingen, d.h. hier gegenüber der Schöpfung der
Welt. Aus der Tatsache, daß Justin in der Auseinandersetzung
mit dem Judentum die Frage nach Präexistenz und Christologie
thematisierte, hätte der Schluß gezogen werden können, daß
es sich vor allem um eine dem Judentum fremde Denkweise handelt, die verständlich gemacht und erklärt werden müßte.[43]
Nun zeigen aber die kurz gestreiften Aussagen über Gottes
Präexistenz und ewige Macht, daß solch eine Denkstruktur dem
Judentum gar nicht fremd war. Daraus ergibt sich die Frage,
inwieweit dort nun auch von anderen Dingen in vergleichbarer
Ausdrucksweise gesprochen werden konnte. Ein weiterführender
Hinweis findet sich bei dem jüdisch alexandrinischen Exegeten Aristobul, der die Aussage über die Schöpfung der Weis-
heit aus Spr 8,22 folgendermaßen zusammenfaßt:

"Noch klarer und besser hat einer von unseren Vorfahren, Solomon, gesagt, sie (sc. die Weisheit) sei eher als Himmel und Erde dagewesen
(πρὸ οὐρανοῦ καὶ γῆς ὑπάρχειν)."

---

39 Weiter Ps 93,2; Sir 42,21; in einer Doppelformel (Schlußdoxologien):
    Ps 41,14; 106,48 = 1 Chr 16,36; Jes 40,28; in Einleitungen von Ge-
    beten: Neh 9,5; 1 Chr 29,10; Dan 2,20(aram); vgl. Sir 39,20, aber
    auch Jud 25. Zu Sir 24,9 siehe unten.

40 Die LXX verwendet wieder eine verbale Aussage mit εἰμί .

41 Dies ist eine weitverbreitete Stilform für Schöpfungserzählungen
    im Alten Orient.

42 JENNI, THAT Bd.2 Sp. 231 nennt diesen Vers den "äußerste(n) termi-
    nus a quo", wo von Gott in theologischen Zusammenhängen geredet
    wird "Als vor allem Anfang existierend".

43 So wird weitgehend die Diskussion in Dial 48 gewertet.

Aus dem allen geht klar hervor, daß sich hinter dem Begriff
"Präexistenz" keineswegs eine wie auch immer geartete Seelen-
lehre verbirgt, mit der ein Übergang von der Transzendenz in
die Immanenz beschrieben wird,[44] sondern im jüdisch-christlichen Bereich geht es um ein Vorgeordnetsein vor anderen
Dingen - d.h. um ein Sein vor der Schöpfung der Welt. Diese
Relation kann dabei auf verschiedene Weise formuliert werden;
so durch verbale und präpositionale Ausdrücke und/oder auch
durch abgrenzende Bestimmungen.

Um diese spezifische Form der Präexistenzvorstellung soll
es in der vorliegenden Untersuchung gehen. Dabei wird vor
allem herausgearbeitet werden müssen, in welchem Zusammenhang die Aussagen stehen und welche Funktion ihnen im jeweiligen Kontext zugedacht wird. Insgesamt werden nicht alle
Texte untersucht werden können, die sich mit der beschriebenen Struktur decken. So werden im folgenden zwei Schwer-
punkte herausgegriffen, die für die Entstehung der neutestamentlichen Präexistenzchristologie von besonderer Bedeutung
sind, die Frage nach Weisheit und Messias.

Da in neuerer Zeit für die Weisheitsliteratur eine Fülle
grundlegender und weiterführender Arbeiten entstanden ist,
die die Erforschung dieses Bereiches des Alten Testaments
als eigenen wichtigen Beitrag in gebührender Weise erkannt
und berücksichtigt haben, kann die Untersuchung sich im
ersten Hauptteil auf die vorgebahnten Wege stützen und darauf
aufbauen.[45]

Bei der Untersuchung einer Präexistenzvorstellung des
Messias im zweiten Hauptteil werden dann vor allem die Texte
zur Sprache kommen, die in den frühen Schriften der Alten
Kirche für den Schriftbeweis einer Präexistenzchristologie
verwendet wurden. Sie werden auf ihren ursprünglichen Aussagegehalt geprüft sowie auf Sprünge, Zusätze und Verschie-
bungen in den frühen Übersetzungen, ohne daß dabei allgemein
auf die Vielfalt der verschiedenen Messiaserwartungen überhaupt eingegangen werden kann.

---

44 Hierzu z.B. PORTER; MOORE, Art. Pre-Existence, ERE Bd.10 (1918)
    Sp. 235-241 und auch HAECKEL/V.HAMP/METZ/DOERRER, Art. Seele LThK^2
    Bd.9 (1964) 566-574 (Lit!). Die frühesten (allerdings umstrittenen)
    Belege finden sich vielleicht Weish 8,19f;(15,8).

45 Hier ist besonders KÜCHLER zu nennen, der in gründlicher Weise die-
    ses Problemfeld aufgearbeitet hat.

In einem eigenen dritten Hauptteil werden auch die rabbinischen Quellen nach vergleichbaren Materialien über die Präexistenz von Weisheit/Tora und Messias befragt werden.

Im Ganzen wird es weniger darum gehen, Vorstellungen
über die Präexistenz von verschiedenen heilsgeschichtlichen
Größen einfach aneinanderzureihen, sondern vielmehr um ein
ganzheitliches Erfassen der Präexistenzaussagen in ihrem jeweiligen Kontext. Damit wird ein kleiner Baustein jüdischen
Denkens im Wandel vieler Jahrhunderte in den Blick kommen,
bei dem es lohnt, sich von ihm faszinieren zu lassen.

DIE PRÄEXISTENZ DER WEISHEIT IN DER JÜDISCHEN ÜBERLIEFERUNG

Im Alten Testament wird außer von der "Präexistenz"Gottes
auch von einer Präexistenz der Weisheit gesprochen; beide
werden allerdings gewöhnlich weder aufeinander bezogen noch
voneinander abgegrenzt.[1] Die präexistente Weisheit wird dabei als eine Größe vorgestellt, die personale Züge trägt;
sie ist nicht mehr nur - wie im alten Weisheitsdenken -
erstrebenswertes menschliches Gut "mit seiner Hauptaufgabe,
die göttlichen Grundordnungen der Welt zu erfassen und in
der sozialen und privaten Sphäre zur Geltung zu bringen";[2]
vielmehr steht die Weisheit Gott selbständig gegenüber, wendet sich rufend und werbend an die Menschen und existiert als
himmlische Gestalt vor der Erschaffung der Welt in Gottes
Nähe. Wie immer man diese Gestalt begrifflich kennzeichnet,
ob man sie "Hypostase", "personifiziert", "Frau Weisheit"
nennt, diese Begriffe haben alle nur begrenzte Berechtigung.
Am besten ist es, sich einer zurückhaltenden Begrifflichkeit
zu bedienen; so wird im folgenden die Bezeichnung "reflektierte Weisheit" gewählt, wie sie M.KÜCHLER kürzlich vorge-
schlagen hat.[3]
    Damit war das Weisheitsdenken in einen tiefgreifenden
Wandel eingetreten. "Die Weltordnungserkenntnis wird zur

---

1 Vgl. aber Sir 42,21: "Die Machterweisungen seiner Weisheit hat er
   eingerichtet; einer ist er von Ewigkeit her."אֶחָד...[חו]חלֵם גבורת
   ה[ור]אֵ [מע]ול̇ם ; LXX: ὡς ἔστιν πρὸ τοῦ αἰῶνός˙; anders Pesch:
   לעלם!). M.E. ist aber אחד traditionelles Gottesprädikat und
   nicht etwa im Blick auf die Weisheit formuliert, die ja "seine
   Weisheit" genannt wird.

2 KÜCHLER 35.

3 KÜCHLER, a.a.O. S.36 A.8 im Aufgreifen einer Formulierung von
   FIORENZA 29.33f. Zur Diskussion der Begrifflichkeit vgl. weiter
   SCOTT, Study 42f. Lit!; zur Methodik CONZELMANN, Mutter 167, zur
   Interpretation der Weisheitsgestalt in Sir 24:"Um weiter zu kommen,
   wird man schärfer als bisher zwischen mythischem Stoff und reflek-
   tierter Mythologie als einer damaligen Form von Theologie unter-
   scheiden ... müssen" (Herv. von mir). Siehe auch MACK, Wisdom; ders.;
   Logos 18-20.

Erkenntnis der Weisheit Gottes. Es entsteht der Begriff, die
Vorstellung, um nicht zu sagen: die Offenbarung der göttlichen Weisheit."[4] Das Denken über die Weisheit selbst wird
zu einem eigenen Denkbereich und zu einer eigenen Denkbewe-
gung; man könnte fast von einer philosophisch theologischen
Idee reden. Dieses Reflektieren über die Weisheit ist erst
eine relativ späte, nachexilische Frucht des vielgestaltigen
Weisheitsdenkens im Alten Testament. Aber auch schon vorher
findet sich ein Nachdenken über die "göttlichen Grundordnungen" mit spezifisch theologischen Fragestellungen.

Besonders im Zusammenhang mit dem Reden von der Schöpfung
läßt sich ein fließender Übergang feststellen von einem wohl-
ordnenden Schöpfungshandeln Gottes hin zum Begriff der Weisheit, der dieses Handeln Gottes in der Schöpfung zusammenfaßt. So redet der priesterliche Schöpfungsbericht konsta-
tierend vom "guten, wohlgeordneten" göttlichen Handeln:
"denn es war gut" (Gen 1,4.10.12 u.ö.). Ähnlich faßt der
104. Psalm Gottes heilvolles Schöpfungswerk unter dem Begriff "Weisheit" zusammen:

Ps 104,24:

"Wie zahlreich sind deine Werke, Jahwe!
Du hast sie alle in/mit Weisheit (בחכמה) vollbracht;
erfüllt ist die Erde mit deinen Schöpfungen."[5]

Ebenso kann auch an anderen Stellen von Gott und Weisheit
in Bezug auf die Schöpfung geredet werden.[6] In diesen Texten
wechselt zwar der Begriff für diese Schöpfertätigkeit Gottes,[7]
der Begriff "Weisheit" steht dabei aber als der bestimmende
im Mittelpunkt.

---

4 GESE, Weisheit 82; herv. dort.

5 Es ist der Plural zu lesen; vgl. KRAUS, Psalmen 878f.

6 Jer 10,12 = 51,15; Spr 3,19f; Ps 136,5; Ijob 38,16f; vgl. weiter
   1 QH 1,7.14.19; TFrag zu Gen 1,1; TN zu Gen 1,1; Samaritanische
   Liturgie 14,1 (ed. HEIDENHEIM, 25) u.ö.

7 Mit כח Jer 10,12 = 51,15; Ijob 26,12; 36,22; Ps 65,7; vgl. weiter
   1 QH 1,13.
   Mit תבונה Jer 10,12 = 51,15; Ps 136,5; Ijob 26,12, Spr 3,19; vgl.
   Jes 40,28; Ps 147,5.
   Mit בינה Ijob 38,16f, vgl. V.38.
   Mit דעת Spr 3,20.
   Vgl. weiter Sir 17,3 (Syr); Judith 16,16; Sir 43,26 und Weish 9,1f.
   Siehe auch 11 Q Ps^aCreat 26,9-15, wo in Z.13-15 Jer 10,12f (51,15f)
   und Ps 135,7 aufgenommen werden; vgl. hierzu LICHTENBERGER 163.178f.

Nun könnte man einwenden, daß hinter "Weisheit" zunächst
noch keine eigenständige Vorstellung stehe. Die Texte wollten lediglich aussagen: die Schöpfung ist in einen geordne-
ten weisheitlichen Stand gesetzt und für die menschliche
Vernunft·durchschaubar; oder von der Seite des Schöpfers gesprochen: die Weisheit Jahwes[8] erfüllt alle Schöpfungswerke.
Dabei ist es aber von den Texten her unmöglich, irgendwo
einen wirklichen Umbruch, eine entscheidende Wende festzustellen, von der ab die Weisheit als eine selbständige
Größe, ein Schöpfungsprinzip, Schöpfungsmittel oder
schöpfungsimmanente Qualität Gottes bezeichnet werden könnte.
Somit wohnt der "Weisheit" eine solche Vielschichtigkeit und
Vielgestaltigkeit inne, daß man von ihr nur allgemein sagen
kann, daß in ihr Welterkenntnis und Gotteserkenntnis zusam-
menkommen. In der Reflexion über die Weisheit soll nun beides - Gott und Welt, Schöpfer und Geschöpf - nicht etwa miteinander vermischt werden; denn die Weisheit als "Schöpfungsmittel" ist dem Geschöpf nicht verfügbar. Vielmehr wird hierdurch in personalen Kategorien die Erkenntnis Gottes selbst
vermittelt.[9]

Diese Vorbemerkungen mögen den Hintergrund aufzeigen, auf
dem die Aussagen über eine Präexistenz der "reflektierten
Weisheit" ihren Ort haben. In vorchristlicher Zeit werden
zwei "Hochformen" dieser Weisheit weiter wirksam und sichtbar:
die Tora-Weisheit und die apokalyptische Weisheit.[10]

Das Schlagwort "Tora-Weisheit" faßt im folgenden jene
Weisheitsvorstellungen zusammen, wie sie sich etwa zur
Exilszeit und später unter der intellektuellen Elite der
Juden herausbildeten.[11] Der Begriff "Tora" und seine Parallel-
begriffe חכמה , מצוה , מוסר , דבר u.a. in weisheitlichen
Texten[12]. zeigen, "daß die weisheitliche תורה als ein von

---

8 Ijob 9,4; 12,13.16; Jes 28,29; 31,2 u.ö.

9 Vgl. GESE, Johannesprolog 176.

10 Einteilung nach KÜCHLER 32.

11 Zum folgenden vgl. KÜCHLER 33-45; GESE, Gesetz 55-84; LIEDKE,
    PETERSEN THAT Bd. 2 (1976) Sp.1032-1043.

12 Zu חכמה vgl. Spr 4,11; 32,26; zu מצוה vgl. Spr 3,1; 4,4; 6,20;
    7,2; zu מוסר vgl. Spr 1,8; 4,1;6,23; zu דבר vgl. Spr 4,3; zum
    Ganzen LIEDKE/PETERSEN, a.a.O. Sp.1034.

priesterlicher und prophetischer תורה unabhängiges Geschehen betrachtet werden muß".[13] "Tora" und "Weisheit" sind
schon in früher Zeit aufeinander bezogene Größen. Anders als
die Psalmen 1 und 19[14] betonen folgende Texte eher die Eigenart der priesterlichen und prophetischen Tora:

Hos 4,6 (הדעת : תורת אלהיך), wo die "Gesamtheit der vom
Priester tradierten Lehre" so bezeichnet wird,[15]

Dtn 4,6(את כל־ החקים האלה : חכמתכם וכינתכם), wo "die
Toralehre ... in Israel für den heidnischen Gesichtspunkt
geradezu als Weisheit bezeichnet" wurde,[16] und

Esr 7,25 ("Die Weisheit deines Gottes, die du in Händen
hast"; כחכמת אלהך די־כידך), was nach Esr 7,14 eindeutig die
schriftlich vorliegende Mosetora beinhaltet.

So gehören Weisheit und Tora inhaltlich wie auch der
Form nach eng zusammen.[17] Auch wenn beide erst bei Jesus
Sirach ca. 200 v.Chr. fest miteinander verknüpft werden,[18]
besteht schon vorher zwischen ihnen weitgehende inhaltliche
Übereinstimmung.

Im folgenden sollen neben den Vorstellungen der palästinischen Weisheitstradition auch die der alexandrinischen
Weisheitstradition untersucht werden. Dort in der ägyptischen
Diaspora erfuhr die "Tora-Weisheit" unter griechischem Einfluß eine eigene Ausprägung. Rudimente solchen Denkens fließen
schließlich auch in die apokalyptischen Texte mit ein.

---

13 LIEDKE/PETERSEN ebd.
14 Vgl. GESE, Gesetz 70f. Weiter auch Ps 119,97-100; siehe KÜCHLER 53.
15 GESE, a.a.O. S.57; vgl. auch WOLFF, Hosea BK 97f.
16 GESE, a.a.O. S.70.
17 Ebd. S.71.
18 S.u. zu Ijob 28,28 und zu Sir 24,23.

A. Die Weisheit in der Palästinischen Weisheitstradition

Die Präexistenzvorstellung der Weisheit wird in Palästina
durchweg in poetisch-hymnischer Form zum Ausdruck gebracht.
Das älteste Zeugnis einer "reflektierten Weisheit" stellt
das Gedicht über die Transzendenz der Weisheit Ijob 28 dar.
Dort wird wiederholt die Frage nach dem kosmischen Ort, dem
Ursprung der Weisheit gestellt, und damit wird zum erstenmal die Vorstellung einer präexistenten Weisheit thematisiert.

1. Ijob 28

Viele Forscher vermuten, daß Ijob 28 einmal selbständig gewesen war und in den jetzigen Kontext der beiden letzten
Reden Ijobs vor seinen Freunden nachträglich eingebaut wurde.[1] Die Begründung liegt darin, daß die Stellung dieses
Kapitels den Zusammenhang dieser Reden stört und Theologumena vorwegnimmt, die erst in den Gottesreden (Kap. 38-42)
ihren eigentlichen Ort haben.

In der Tat ist die Beobachtung zutreffend, daß das Gedicht von der Weisheit an dieser Stelle eher eine harmoni-
sierende Abschwächung der Klage Ijobs gegenüber Gott darstellt. Eine ursprüngliche Verbindung mit dieser Herausfor-
derung ist also unwahrscheinlich.

Gegen eine Isolierung des Gedichtes gegenüber dem gesamten Buch sprechen allerdings gewichtige Argumente. Allein
sprachliche Gründe veranlassen zu der Annahme, daß Ijob 28
ursprünglich zum Ganzen des Buches gehörte; es lassen sich
relativ enge Beziehungen zwischen dem Gedicht von der Weisheit zu den Gottesreden herstellen.[2] So ist zu vermuten, daß

---

1 HÖLSCHER 67; FOHRER 392ff; ders., ThWNT Bd.7 (1964) S.490 A.168;
   HENGEL, Judentum 276 u.a.; vgl. neuerdings die Diskussion des Ver-
   hältnisses von Ijob 28 zum Übrigen des Buches bei REDDY, zu Kap.28
   S.78-87.

2 Vgl. SETTLEMIRE 68.93 u.ö. Auf das Problem der literarischen Einheit des Buches und besonders der Gottesreden kann hier nicht eingegangen werden. Vgl. hierzu KUHL, Literarkritik; ders., Hiobbuch;
   weiter FOHRER 36-40 (Lit).

derselbe Verfasser dahintersteht.[3] Die vorliegende Untersuchung geht daher von einer zeitlichen Fixierung in per-
sischer Zeit (5.Jh.v.Chr.) aus[4] und findet damit in diesem
Kapitel den <u>ältesten</u> Weisheitstext vor, der eine Präexistenzvorstellung der Weisheit beinhaltet.

1.1. Das Gedicht von der Weisheit (Ijob 28,1-27)

Das Gedicht von der Weisheit gruppiert sich um zwei Kehr-
verse:

(12) "Und die Weisheit (החכמה), wo ist sie zu finden,
     wo ist der Ort der Erkenntnis (בינה)?

(20) Und die Weisheit (החכמה), woher kommt sie,
     wo ist der Ort der Erkenntnis (בינה)?"

In diesen Versen wird die Frage nach dem Ort (מקום) der
Weisheit gestellt. Aber die Suche nach ihrem Ort verläuft
ergebnislos. Sie ist "weder (V.1-11) im Raum der Natur,
auch nicht in der Tiefe der Erde, noch (V.12-19) im menschlichen Bereich, soweit auch menschlicher (Handels-)Verkehr
reicht" zu finden.[5] Die Weisheit ist für alle Lebewesen verborgen (נסתרה : ונעלמה V.21),[6] und auch die Unterwelt kennt
sie nur vom Hörensagen (V.22). Nur Gott allein kann die
aufgeworfene Frage beantworten. Er kennt (allein) den Ort
der Weisheit:

(23) "Gott hat den Weg zu ihr erkannt,[7]
     und er ist es, der ihren Ort kennt;

---

3 SETTLEMIRE vermutet deshalb eine ursprünglich nähere Position des
   Gedichtes zu den Gottesreden und plaziert das Gedicht hinter Ijob
   42,6; also hinter die letzte Antwort Ijobs auf Gottes Rede, als
   Abschluß des poetischen Korpus des Buches, vor die Rahmenerzählung
   (Ijob 42,7-17). Vgl. auch HARRISON, Introduction 1034.

4 So GESE, Gesetz 72 (auch ebd. S.175); vgl. FOHRER 42: "Die untere
   Zeitgrenze ist die Erwähnung in Sir 49,9 mit 200 v. Chr. gegeben.
   Unter Berücksichtigung dessen und der geistesgeschichtlichen Vor-
   aussetzungen kommt für die Entstehung des Buches das 5. bis 3.
   Jahrhundert v.Chr. in Frage." Ähnlich LEVEQUE 594f.682: "posté-
   rieurs du livre du Vme siècle".

5 GESE, Gesetz 71.

6 Vgl. hierzu Dtn 29,28: "Was verborgen ist (הנסתרת) (steht) bei
   Jahwe, unserem Gott"; weiter Jes 29,14 (תסתתר) und die Bezeichnung אל מסתתר (Jes 45,15).

7 Mehrere HSS haben die beiden Wurzeln בין und כון verwechselt. Die
   jeweils bestbezeugte Lesart gibt oben in der Übersetzung genügend
   Sinn.

(24) denn er schaut bis an die Enden der Erde,
und alles unter dem Himmel sieht er.

(25) Als er dem Wind das Gewicht gab
und mit dem Maß die Wasser bestimmte,
(26) als er dem Regen sein Gesetz verlieh,
und einen Weg dem Donnergrollen,
(27) da hat er sie gesehen, sie gezählt,
sie eingesetzt[7] und sie erforscht."

In kunstvoller Poesie wird die erwartete Antwort gegeben:
die Weisheit geht selbst dem Urgeschehen der Weltschöpfung
voraus und hat ihren Ort allein bei Gott. Die Schwierigkeit
einer zeitlichen und räumlichen Fixierung dieses ursprünglichen Geschehens zwischen Gott und der Weisheit wird dadurch gelöst, daß das Gedicht in seinem Aufbau eine ziel-
orientierte Bewegung erhalten hat: alles läuft auf einen
Punkt zu (V.24-27):

- zuerst wird unbestimmt mit der Präposition לְ eingeführt
  (V.25)
- dann verengt sich das Geschehen über die Präposition בְּ
  (V.26)
- und kommt schließlich zum Höhepunkt der Aufzählung durch
  die ausschließlich temporal verwendbare Konjunktion אָז
  (V.27).

Dieser zielgerichteten Bewegung auf den Höhepunkt des
Gedichtes hin entspricht eine ebenso kunstvolle Gliederung
der aufgezählten Dinge selbst, die das Urgeschehen der Weltschöpfung beinhalten: sie sind chiastisch miteinander ver-
flochten. Bei ihnen handelt es sich nicht einfach, wie es
auf den ersten Blick erscheinen könnte, um vier Naturphäno-
mene Wind, Wasser, Regen und Gewitter. Vielmehr ist hiermit
von den vier Urelementen die Rede, aus denen die Welt entstand, wie ein Vergleich mit der phönizischen Vorstellung
der Kosmogonie zeigt.[8] Am Uranfang, als Gott der Weisheit
"begegnete", da begann er mit ihr diese vier Urelemente zu
ordnen. Schon damals diente sie dem Schöpfer als Ordnungsprinzip und bekam sie ihre kosmische Funktion zugewiesen.
Seither nimmt sie, unverwechselbar mit dem Schöpfer selbst,

---

8 Vgl. EISSFELDT, Taautos und ders., Kosmogonie; weiter GESE, Religionen 33.203; ders., Gesetz 70; neuerdings dazu EBACH 56-71.

eine Mittelstellung zwischen Gott und Schöpfung ein. Sie
wird von ihm
- gesehen, genauer: er ersieht sich die Weisheit; denn entfernt klingt bei der Wurzel ראה an, daß er sie sich erwählt.[9] Ob er sie auch erschafft, bleibt im Ungewissen;[10]
- gezählt, d.h. er studiert sie; denn wie man eine Geschichte
  immer wieder erzählt, so die Bedeutung von ספר im pi.,[11]
  wird sie von Gott studiert und als Maß verwendet;
- eingesetzt, d.h. er stellt ihre kosmische Funktion fest;
  denn bei den Schöpfungswerken kommt es auf die Festigkeit
  und Zuverlässigkeit an;[12]
- erforscht, d.h. er untersucht sie in ihrer tiefsten und
  verborgensten Dimension; denn er läßt sich nicht täuschen.[13]

Diese von Gott erforschte Weisheit ist sein kosmisches
Ordnungsprinzip, sein geordneter Bauplan der ursprünglich
chaotischen Urelemente, die durch die Weisheit gebändigt
wurden. Als ein von Gott unterschiedenes "Wesen" ist die
Weisheit von Anfang an präexistent bei dem Schöpfer der
Welt. Sie hat ihren Ort im transzendenten Bereich. "Die
Grenze, hinter der der Ort der Weisheit liegt, ist die der
Welt selbst, sei es die Welt des Schemas Himmel-Erde-Unter-
welt oder die der beiden Reiche der Lebenden und der Toten."[14] Aber weil die Weisheit schon vor der Schöpfung dort
ihren Ort hat, ist die Schöpfung auch von ihr ganz und gar
erfüllt; man ist versucht zu sagen: eingearbeitet. In der
Darstellung der Weisheit als selbständiges Wesen neben Gott
ist der Text von Ijob 28 ein erstes Beispiel der "reflektierten Weisheit" im Zusammenhang mit der Schöpfung. GESE
faßt darum zu Recht die Intention zusammen:

---

9 Vgl. Gen 41,33; 1 Sam 16,17 u.ö. VETTER, THAT Bd.2 694.

10 Vermutlich klingt dies mit der Wurzel כון an.

11 Die Deutung dieser Wendung macht hier Schwierigkeiten; ist pi. ursprünglich? GESE (Gesetz 71 A.13) vermutet die Grundbedeutung
   "zählen" und punktiert nach dem q., was aber angesichts von Ps 22,18
   und Ijob 38,37 nicht unbedingt nötig ist. Vgl. DHORME 377f. Zur Bedeutung im pi. vgl. JENNI, Pi'el 218f. Zum Ganzen KÜHLEWEIN, THAT
   Bd.2 165.

12 Im Zusammenhang mit den Schöpfungswerken vgl. Jer 1o,12 = 51,15; -
   33,2; Ps 65,7 u.ö. Zum Ganzen GERSTENBERGER, THAT Bd.1 Sp.812-817.

13 Vgl. ebenfalls als Aussage von Gott Jer 17,10; Ps 44,22; 139,1.23;
   Ijob 13,9.

14 MACK, Logos 22.

"Als der Schöpfung vorgeordnete und damit für die Welt transzendente
Größe ist die Weisheit von Gott gegründet, um ihm als Maß der Schöpfung
zu dienen. So vermittelt sich Gott in ihr an die Welt."[15]

1.2. Der Zusatz (Ijob 28,28)

In dem im MT vorliegenden, das Kapitel 28 abschließenden
Vers kommt ein neuer Aspekt zur Beantwortung der aufgewor-
fenen Fragen hinzu.

Ijob 28,28:
"Siehe, die Furcht des Herrn ist die Weisheit,
und Weichen vom Bösen ist die Einsicht."
Durch diese als "Gottesrede"[16] formulierte (neue) "Lösung"
des Gedichtes wurden Weisheit und göttliches Gebot ("Weichen
vom Bösen")[17] identifiziert, eine Gleichsetzung, die zum
"common sense" der Weisheitslehrer wurde. "So wird in einem
Satz der Bogen von der Transzendenz zur individuellen
menschlichen Existenz gespannt - und damit wird der Frage
nach dem Ort der Weisheit eine letzte Antwort gegeben -:
die Weisheit als höchstes und letztes Ziel menschlicher Erkenntnis ist identisch mit dem göttlichen Gebot."[18] Die
kosmische, präexistente, bei Gott vorhandene, den Menschen
aber verborgene Weisheit ist nun im Tun des Willens Gottes
den Menschen nahegebracht.

1.3. Die Präexistenz der Weisheit

Die Weisheit ist in dem Gedicht Ijob 28 mehr als nur ein
abstraktes Schöpfungsprinzip; sie ist eine selbständige, dem
göttlichen Bereich angehörende, präexistente Größe zwischen
Schöpfer und Geschöpf.
   Die Intention des Kapitels ist zwar zunächst, die Abwesenheit und Verborgenheit der Weisheit in der Welt herauszustellen, besser: ihre "Nichtfaßbarkeit", die Vergeblichkeit
des menschlichen Suchens nach ihr. Denn "das Gedicht sagt

---

15 GESE, Gesetz 72.

16 "Und er sprach zu dem Menschen", ähnlich wie die Anfänge der Gottes-
    reden an Ijob: Ijob 38,1; 4o,1; vgl. 42,7 in der Rahmenerzählung.

17 Vgl. Ps 34,15; 37,27; Ijob 1,1.8; 2,3; Spr 3,7; 13,19; 14,16;
    16,6.17.

18 GESE, Weisheit 84.

nicht alles, was von dieser der Welt eingeschaffenen 'Vernunft' zu sagen war."[19] So, wie die Weisheit vor der Schöpfung vor Gott existierte, so ist sie auch in der Welt vorhanden; "sie ist da, aber nicht zu fassen."[20] Diesen Aspekt hat der Verfasser des letzten Verses (V.28) mit einem gewissen Recht aufgegriffen und umgeleitet. Das Gedicht spricht also von der Präexistenz der Weisheit vor aller Zeit, sieht aber in ihr zugleich das allen Schöpfungswerken einwohnende göttliche Schöpfungsgeheimnis in der Welt. Die einzige Möglich keit für die Menschen, Gott näher zu kommen, besteht nun darin daß sie in der Furcht Gottes, im Gehorsam gegenüber seinem Gebot, seinem Willen entsprechen.

1.4. Die Übersetzung der Septuaginta

In der griechischen Übersetzung wird das Gedicht Ijob 28 anders verstanden. Es fehlen ursprünglich in ihr einige Verse.[21] Dabei ist es aber unwahrscheinlich, daß dem Übersetzer ein anderer, evtl. auch kürzerer hebräischer Text zugrundelag. Die Auslassungen sind wohl theologisch bedingt[22] oder aus Gründen der Platzersparnis beabsichtigt.[23] Durch diese Kürzungen werden die Verse 25-27 nicht mehr als ein vorgeschichtliches Urgeschehen, sondern lediglich als Beleg für Gottes Schöpfermacht interpretiert; sie lauten dort:

LXX Ijob 28,23-27:

"Gott hat ihren Weg (sc. zur Weisheit) als gut erwiesen,
er selbst kennt ihren Ort;
denn er sieht alles auf der Erde
und kennt alles auf Erden, was er gemacht hat:
das Gewicht der Winde und das Maß des Wassers;
denn als er so verfuhr, zählte er den Regen,
bereitete ihn und spürte (ihm) nach."

---

19 v.RAD, Weisheit in Israel 194 (Herv. von mir).

20 Ebd. 193.

21 V.3bc; 4a; 5-9a; 14-19; 21b; 22a; 26b; 27a; so asterisiert bei Origenes. Aber für die Übersetzung der LXX zum ganzen Ijobbuch hat seine besonderen Probleme. Insgesamt ist sie erheblich kürzer als der MT, besonders zum Schluß des Buches hin. Vgl. zu diesem Problem die ausführlichen Studien von GERLEMANN, Job; GARD; ORLINSKY; HEATHER. Als Überblick FOHRER 55f.; JELLICOE 68.310f u.ö. Weitere Literatur in BROCK u.a. Bibliography 123f.

22 So grundsätzlich behauptet bei GARD; dagegen WEVERS (II) 190. Vgl. auch FOHRER 56.

23 So WEVERS, a.a.O. und FOHRER, a.a.O.

Aber auch der Sinn und das Ziel des ganzen Abschnittes wird durch solche Kürzungen entstellt. Die Weisheit ist gar nicht mehr vollständig verborgen; dem Verfasser (Übersetzer) ist sie anscheinend offenbar:

LXX Ijob 28,10b:

LXX: "alles Köstliche hat mein Auge gesehen"
MT: "und lauter Köstliches erschaut sein Auge".

Ähnlich Ijob 28,21f:

LXX: "Zu jedem Menschen ist gesagt:
     Aber wir haben ihr Gerücht (sc. über die Weisheit) gehört."
MT: "Verhüllt ist sie vor den Augen aller Lebenden ...
     Abgrund und Tod sprechen:
     (nur) ein Gerücht haben wir von ihr gehört."

Der Übersetzer von Ijob 28 versteht also das ganze Gedicht ohne den theologischen Hintergrund der reflektierten Tora-Weisheit; so fallen auch die Hinweise auf die Präexistenz der Weisheit fort.[24]

2. Exkurs zur "reflektierten" Weisheit" im Umkreis Israels

2.1. Aram Ach 53,16-54,1

Als altorientalische Parallele zur Frage nach dem kosmischen Ort der Weisheit wird gewöhnlich ein Text aus den aramäischen Fragmenten der Achikar-Überlieferung herangezogen.[1] Es handelt sich um Ende und Anfang zweier Papyrusblätter, die wahrscheinlich eine Weisheitsgestalt zum Thema haben; der Text gehört zu einer Sammlung verschiedener Weisheits-sprüche:

---

24 Das kürzlich in Qumran aufgefundene Targum zu Ijob entspricht dagegen weitgehend dem MT; das zeigt sich auch an dem Fragment von
   Ijob 28,20-28: 11 Q TgIjob (Fragment 11); vgl. die Edition von
   van der PLOEG u.a., Targum 1971 z.St. Ebenfalls entspricht die
   Peschitta weitgehend dem MT; vgl. E.BAUMANN Bd.20 (1900) S.187-189
   und passim. Anders ist das Tg zu den Hagiographen jüngeren Datums
   und enthält reiche haggadische Traditionen und Zusätze; vgl. z.B.
   TgIjob 28,27:
   "Damals sah er (sc. Gott) sie (sc. die Weisheit) und unterhielt
   sich mit den Dienstengeln über sie, erwarb sie (oder:schuf sie)
   und untersuchte sie auch (genau)."

1 Zur Achikar-Überlieferung vgl. die beiden ausführlichen Untersuchungen von KÜCHLER 319-413; LINDENBERGER.

Aram Ach 53,16-54,1 (COWLEY 125, Z.94f):[2]

[מן] שמין [חנ]ינו עממא

[חכ]מת[ה   מן] אלהים ה[י]

| אף לאלהן יק[י.]רה הי

ע]ד לע[ל]מן לה] מלכותא

בש]מי[ן שימה הי

[כי בעל קדשן נשא]ה

"Die Menschheit em(pfing Barmherzigkeit vom) Himmel,
denn die Weis(heit kommt von den) Göttern.
Auch für die Götter ist sie kostbar,
au(f ewig) gehört (ihr) die Herrschaft.
Im Him(mel)[3] ist sie eingesetzt,
denn der Herr der Heiligkeit hat sie erhöht."

Der Sinn der Zeilen ist einigermaßen klar; wenn man, wie
die meisten Exegeten, als Subjekt des neuen Papyrusstückes
(Blatt 54) die Weisheit annimmt, was wahrscheinlich ist und
hier vorausgesetzt wird, dann wird folgendes von ihr ausgesagt:
- sie ist eine barmherzige Gabe vom Himmel
- sie ist den Göttern kostbar
- sie besitzt ein eigenes, ewiges Reich
- sie hat ihren Ort im Himmel
- dorthin wurde sie erhöht.

Die Weisheit erscheint also als eine selbständige, von
den Göttern abhängige Gestalt. Es bleiben durch den fragmentarischen Charakter der Zeilen allerdings einige Fragen
ungeklärt. Wie wird z.B. das Verhältnis zur Schöpfung vorgestellt? Zu welchem Zeitpunkt geschah die Erhöhung in den
Himmel? Wie ist nun die Beziehung der Menschen zu dieser
erhöhten Gestalt? In den erhaltenen bzw. rekonstruierten
Zeilen wird ja nur der Bezug zu den Göttern reflektiert.
Immerhin, gerade zu Ijob 28 können durch die gemeinsamen
Elemente der Kostbarkeit[4] und der Vorstellung einer trans-

---

2 Die editio princeps der aramäischen Fragmente besorgte SACHAU. Der
   obigen Rekonstruktion liegt die von LINDENBERGER, 116, zugrunde;
   dort auch die eingehende Begründung. Weitere deutsche Übersetzungen
   bei GRESSMANN, Bilder 458; LANG, Frau Weisheit 149f.

3 LINDENBERGER deutet dieses Wort auf eine Gottheit שמין und übersetzt: "She has been established by Samayn" (S.116).

4 Vgl. besonders die Vergleiche mit Edelsteinen und -metallen,
   passim, und V.10b der Begriff "Kostbarkeit" (יקר); V.16: יקר.

zendenten Gestalt[5] Parallelen gezogen werden. Eine kosmische Präexistenz wird nicht ausdrücklich expliziert, ist
aber vorauszusetzen, denn die Weisheit ist von gleicher
Dauer wie die Götter.

Der Text aus der aramäischen Achikar-Überlieferung[6] ist
ein Beispiel einer wohl weit verbreiteten Überlieferung von
Weisheitstraditionen im Alten Orient im 6./5. Jh.v.Chr.
Auch Ijob 28 scheint religionsgeschichtlich in den Strom
dieser Literatur eingeordnet werden zu können; es ist jedoch nicht möglich, weitere Verbindungen, geschweige denn
Abhängigkeitsverhältnisse, herzustellen.

2.2. Ein präexistenter Urmensch? (Ijob 15,7f)

Eliphas von Theman verweist in seinem zweiten Redegang Ijob
in die Schranken seiner eigenen menschlichen Weisheit. In
Anspielung auf anscheinend außerisraelitische Weisheitstraditionen fragt er ihn ironisch:

Ijob 15,7f:

"Bist du als der Menschen erster geboren?
Kamst du zur Welt (schon) vor den Hügeln?
Hast du im (himmlischen) Thronrat Gottes zugehört?
Und konntest du (dort) Weisheit an dich bringen?"

Durch die Wendung הראישון אדם scheint auf eine Urgestalt
Adams verwiesen zu werden: seine Geburt[7] war schon vor den
Hügeln, d.h. vor der Schöpfung der Welt;[8] er nahm teil am
himmlischen Thronrat (סוד), der himmlischen Ratsversammlung,[9]
und wurde mit Weisheit begabt.[10] Solche Hinweise auf einen
präexistenten Urmenschen sind sehr spärlich[11] und ihre reli-

---

5 So in den Versen 25-27. Weitere Bezüge von aramAch lassen sich herstellen zu Sir 24 (V.6-10 zu Herrschaft; V.4 zum himmlischen Ort),
   weiter auch zu Bar 3,29 und äthHen 42,1. Zum Ganzen vgl. KÜCHLER
   46 und 388f.

6 Zum Leben der jüdischen Militärkolonie auf Elephantine vgl.
   B.PORTON.

7 ילד (pi.) parallel zu חלל (pol.) noch Ps 51,7; 90,2; vgl. Spr8,24f.

8 Vgl. Spr 8,24; Ps 90,2.

9 Zur Bedeutung vgl. SAEBØ, THAT Bd. 2 (1976) Sp.144-148 (Lit!).

10 "An sich bringen" (גזל) ist nicht im negativen Sinn zu verstehen;
   vgl. FOHRER 269. Ez 28,12 wird in der Klage über den König von
   Tyrus diesem vor seinem großen Fall eine Existenz im Garten Eden,
   auf dem Gottesberg, zugesprochen; er ist "voller Weisheit"
   (מלא חכמה).

11 Vielleicht Ez 28,12f; Sir 49,16; Weish 10,1f. Vgl. HORST 223f, der
   herausstellt, daß dort überall positiv geredet wird.

gionsgeschichtliche Einordnung ist mit vielen Hypothesen
behaftet.[12] Eliphas geht es bei seiner Argumentation darum,
aufzuzeigen, daß Ijob - solange er auf solche selbstsichere
Weise nach dem Grund seines Geschicks fragt - nicht als ein
wirklich weiser Mensch (חכם V.2; = Anspielung auf 12,2
Ijobs Antwort auf die erste Rede Zophars) auftreten darf.
Nur bei Gott ist vollkommene Erkenntnis des Verborgenen
offenbar; nur dort könnte man sie übereignet bekommen.[13]
Von einer "reflektierten Weisheit" scheint in V.7 nicht die
Rede zu sein; man könnte sich den Akt des "an sich Bringens"
(גרע) wohl am ehesten im Licht von Ijob 36,27 vorstellen
als "Herausziehen".[14] Es ist allerdings davon abzuraten,
aus diesen fragmentarischen zwei Versen zu weitreichende
Schlüsse zu ziehen sowohl in bezug auf eine Verbindung zur
Weisheitsvorstellung, wie zur Gestalt eines Urmenschen.

Eins ist jedoch im Zusammenhang unserer Fragestellung
festzuhalten: die Vorstellung einer Präexistenz vor der
Weltschöpfung (V.7: vor den Hügeln) dient dazu, Qualitäten
aufzuzeigen, mit denen echte, übermenschliche Autorität be-
ansprucht werden kann; F.HORST spricht in diesem Zusammenhang zu Recht vom "ältesten Adel".[15]

3. Sprüche 8

Schon immer hat das achte Kapitel der Proverbien die Auf-
merksamkeit der Forscher auf sich gezogen. Es stellt einen
Höhepunkt innerhalb der alttestamentlichen Weisheitsliteratur
dar. Die Anzahl der Untersuchungen über Spr 8 ist schier
unübersehbar geworden. Es kann nicht die Aufgabe dieser
Untersuchung sein, all das dort Gesagte zu wiederholen. Hier
sollen nur die wichtigsten Beobachtungen wiedergegeben werden, soweit sie für den Gang der Frage nach der Präexistenzvorstellung wichtig sind. Dazu ist es nötig, sich zunächst

---

12 Zur Diskussion um den religionsgeschichtlichen Hintergrund und zur
    Begrifflichkeit vgl. COLPE, Schule 194-196 und passim (dort auch
    Angabe weiterer Literatur!).

13 FOHRER z.St.: "So fragt Eliphas, ob Ijob vielleicht wie die Himmels-
    wesen oder ein Prophet zur himmlischen Ratsversammlung zugelassen
    worden sei oder von der Weisheit, die Gott eignet (11,6), etwas an
    sich gebracht habe." (269).

14 Vgl. SUTCLIFFE 79f; ihm folgt RINGGREN, ThWAT Bd.2 (1977) 71.

15 HORST 223.

einen Überblick über das Kapitel zu verschaffen. Spr 8 ist,
zusammen mit Kap. 9, der Abschluß des jüngsten Teiles des
Proverbienbuches (Kap. 1-9). Wie schon in Spr 1,22-33 spricht
auch in 8,4-36 die Weisheit selbst; nach einer kurzen Einleitung (V.1-3) empfiehlt sie sich den Menschen.[1] Den
Rahmen der Selbstrede bilden zwei Mahnungen zum Hören (V.4-
11 und 32-36). In zwei Abschnitten dazwischen preist die
Weisheit ihr eigenes Wesen und Tun. Sie übertrifft alle
menschliche Heilsordnung (V.11-21), ja sie trägt sogar göttliche Züge;[2] im zweiten Teil (V.22-31) überbietet sie alle
kosmische Ordnung, indem sie selbst als Trägerin dieser Ordnung vorgestellt wird; so wird sie zum Mittler zwischen Gott
und seiner Schöpfung - bis hin zum Menschen. Dieser zweite
Teil ist für unsere Fragestellung besonders wichtig und
soll deshalb eingehender behandelt werden.

3.1. Text und Gliederung

Spr 8,22-31:

22 "Jahwe schuf[3] mich als Anfang[4] seines Waltens,
     vorlängst, früher als seine (Schöpfungs)-Werke.[5]

---

1 Zur Herkunft der Selbstoffenbarungsrede im Ich-Stil vgl. LANG, Frau
   Weisheit 76-84; anders MARBÖCK, Weisheit im Wandel 48f, zu Sir 24.

2 Zu V.14 vgl. Ijob 12,13.16, Ijobs großen Hymnus auf die absolute
   Macht Gottes, oder auch die messianische Stelle Jes 11,1f; dazu
   LANG, a.a.O. S.67.84f.86.

3 Weitgehend wird der Übersetzung von v.RAD gefolgt, Weisheit in
   Israel 196. קנה wird hier, ähnlich wie Dtn 32,6 und Ps 139,13, wo
   jeweils Gott Subjekt ist, auf Grund des Zusammenhangs die Bedeutung "schaffen" besitzen (so auch LXX, Tg, Pesch zu Spr 8,22);
   eine andere Bedeutungsmöglichkeit wäre "erwerben", so wahrscheinlich, mit Gott als Subjekt, Ex 15,16 und Ps 74,2 (so auch Symmachus,
   Aquila, Theodotion und Philo, ebr 31 zu Spr 8,22); eine dritte
   Möglichkeit ist, daß hiermit eine besondere Elternschaft ausgedrückt wäre, wie sie, allerdings nicht eindeutig, in ugaritischen
   Texten bezeugt wird (auch Gen 4,1?); zum Ganzen vgl. W.H.SCHMIDT,
   THAT Bd. 2 Sp.650-659.

4 Der Ausdruck ist doppeldeutig:
   1. zeitlicher Anfang des Waltens Gottes wie Jes 46,10; absolut
      Gen 1,1; Sir 15,14
   2. wertend "Das Beste an der Schöpfung"; vgl. Ez 48,14; Am 6,6 u.ö.
      oder im Sinne von "Inbegriff"; vgl. Ps 111,10 u.ö. Zum Ganzen
      vgl. H.P.MÜLLER, THAT Bd. 2 Sp.709-711.

5 LANG, Frau Weisheit 58, parallelisiert דרכו und מפעליו durch die
   Übersetzung "(Schöpfer)tun" und "(Schöpfer)walten".

23 Seit Urzeit bin ich (auf wunderbare) Weise gebildet,[6]
   von Anfang an,[7] seit dem Ursprung der Erde.
24 Als die Urfluten nicht waren, ward ich geboren,
   als noch keine Quellen wasserschwer.[8]
25 Ehe die Berge eingesenkt wurden,
   vor den Hügeln ward ich geboren,
26 ehe er das Land noch die Fluten gemacht hatte,
   noch die Masse der Schollen des Erdkreises,[9]

27 als er den Himmel herstellte, war ich dabei,
   als er das Gewölbe über die Urflut spannte,[10]
28 als er die Wolken droben befestigte,
   als er die Quellen der Urflut stark werden ließ,[11]
29 als er dem Meer seine Grenze setzte,
   daß die Wasser seinen Rand[12] nicht überfluten,
   als er die Fundamente der Erde legte -
30 da war ich ihm zur Seite als Liebling,[13]
   war sein Entzücken Tag für Tag,
   spielend[14] vor ihm alle Zeit,
31 spielend auf seinem Erdenrund,
   und mein Entzücken (= die Wonne über mich)

---

6 Diese Wendung muß wahrscheinlich ebenfalls auf die Schöpfung bezogen werden; es ist נָסַכְתִּי (nif. von סכך) zu punktieren; vgl.
   Ps 2,6; 136,13; Ijob 10,11; so GESE, Natus 139; LANG, a.a.O. S.90f
   u.a.; v.RAD, Weisheit in Israel liest: "eingesetzt".

7 Diese Übersetzung, um die Parallele zu V.22 herauszustellen; v.RAD
   liest : "seit Anbeginn".

8 So die Bedeutung von כבד im qal. Möglich wäre auch nach Ijob 38,16
   (vgl. 28,11) נבכי־ים zu lesen; vgl. BHS; LANG, Frau Weisheit 58
   A.3 u.a.

9 Vgl. Ijob 28,6; VATTIONI, Note 125.

10 Wörtlich: "als er eine Grenze einritzte"; vgl. Ijob 26,10; Ps 148,6;
   auch Gen 1,6f.

11 v.RAD liest: בַּעֲזוֹז ; AARTUN 297 leitet die Wurzel עזז von ugar.
   ǵdd her und übersetzt: "als die Quellen der Tiefe fluteten".

12 Oder: "seinen Befehl"; vgl. Gen 41,40; Ex 38,12; nach KEEL, Weisheit 14 A.21; möglicherweise stellt die gesamte Zeile einen Zusatz
   dar, ebd.

13 Zur Erklärung von אמון vgl. LANG, Frau Weisheit 93-95; weiter
   RÜGER (anschließend an PRIJS), Pflegekind.

14 Zum liturgischen Spiel der Weisheit vgl. LANG, a.a.O. S.108-111; im
   AT bes. 2 Sam 6,14.16.21; vgl. Ex 32,6; Jer 30,19; zum Ganzen KEEL,
   a.a.O. passim (Lit!).

war bei den Menschen.[15]

In diesem "Preislied der Weisheit" entsprechen sich
Form und Inhalt. Ein entscheidender, schon äußerlich erkenn-
barer Einschnitt liegt zwischen V.26 und 27:[16] ist im ersten
Teil (V.22-26) davon die Rede, wovor die Weisheit erschaffen
wurde, noch nicht vorhanden war (via negationis), wird im
zweiten Teil (V.27-31) (positiv) davon geredet, bei welchen
Schöpfungswerken sie dabei gewesen ist; V.22f hebt sich als
Einleitung, wie V.30f im zweiten Teil als Schluß, ab.

3.2. Die Weisheit vor der Schöpfung

Durch seine Stellung als erstes Wort erhält "Jahwe" ein besonderes Gewicht; er allein ist der Schöpfer. Daneben steht
das Verb קנה im Mittelpunkt, ist aber gleichzeitig crux
interpretum; "erschaffen" ist hier wohl die ursprüngliche
Bedeutung. Sie ist relativ selten belegt und trägt einen
geheimnisvollen Charakter in sich. "Erschaffen" wird ja gewöhnlich durch andere Verben ausgedrückt. Durch diese Fremd-
heit bleibt der eigentliche Schöpfungsakt im dunkeln. Die
Kumulation von temporalen Bestimmungen fällt sofort ins
Auge. Schon innerhalb der ersten beiden Verse (22f) tauchen
sechs verschiedene solche Bestimmungen auf:

1) ראשית[17]   2) קדם   3) מאז

4) מעולם   5) מראש   6) מקדמי

Nur noch Deuterojesaja gebraucht einen Stil mit so häufigen zurückverweisenden Wendungen.[18] Auf solch eine Weise

---

15 Die Übersetzung von v.RAD: "hatte·mein Entzücken an den Menschen-
    kindern" gibt den Sachverhalt wohl nicht ganz richtig wieder. LANG
    trifft eher die Sache: "und spielte bei den Menschen". Es kommt dem
    Verfasser auf den Ort der Weisheit bei den Menschen an! Zur Über-
    setzung (V.30f) vgl. GESE, Natus 72 u.ö. M.E. legt es der Text -
    anders als Ijob 28 - nicht nahe, mit einem Zusatz in Spr 8,31c zu
    rechnen; gegen KEEL, Weisheit 15 A.23 und KÜCHLER 48 A.33.

16 Vgl. besonders ALETTI, Proverbs.

17 Die Diskussion, ob hier ein "absoluter" oder ein "relativer" Anfang
    vorliegt, wie Gen 1,1, die besonders von HUMBERT, Trois notes u.a.,
    forciert worden war, scheint zur Ruhe gekommen zu sein; es ist auch
    die Frage, ob mit dieser Unterscheidung den Texten Genüge getan
    wird; zum Ganzen vgl. WESTERMANN, Genesis BK 132f.135f; ebenso
    H.P.MÜLLER, THAT Bd.2 Sp.709f (jeweils Lit!).

18 Vgl. Jes 40,21 (מראש und מוסדות ; zum letzteren vgl. ELLIGER 62;
    41,4 (מראש und ראשון); 42,9 (הראשנות und בטרם); 43,18 הראשנות
    (קדמניות und ראשנות); 45,21 (מקדם und מאז); 48,3 (הראשנות
    מאז) u.ö.

scheint der Verfasser ausdrücken zu wollen, daß die
Schöpfung der Weisheit in einem geheimnisvollen Dunkel der
Urzeit verborgen liegt, das nur durch Zurückfragen zu erhellen ist. Die Schöpfung der Weisheit geht anscheinend
allem erkennbaren göttlichen Handeln mit der Welt und in
der Geschichte weit voraus.[19] Dieser Anhäufung von temporalen
Bestimmungen entspricht in den nächsten drei Versen (24-26)
ein negativer Stil alter Kosmologien, der außerisraelitisch,
aber auch von anderen Texten des AT bekannt ist;[20] hier soll
nur auf zwei verwiesen werden:

a) Ps 90,2:

"Ehe noch (בטרם) Berge geboren wurden
und Erde und Festland in Wehen lagen -[21]
von Ewigkeit zu Ewigkeit bist du, Gott!"

b) Gen 2,4-7:[22]

"Als Jahwe Gott Erde und Himmel machte -
noch war kein (טרם ...וכל) Gesträuch des Feldes
auf der Erde und noch war kein (טרם ...וכל) Kraut des Feldes
gewachsen,
denn Jahwe Gott hatte noch nicht auf die Erde regnen
lassen und Menschen gab es nicht, den Acker zu bebauen;
und ein Wasserschwall stieg von der Erde auf
und tränkte die ganze Oberfläche des Erdbodens, -
da formte (וייצר) Jahwe Gott den Menschen aus Staub vom Erdboden".

V.24-26 greifen aber in ihrer Darstellung weit über den
Schöpfungsbericht von Gen 2 hinaus. Eine engere Beziehung
zu Spr 8 weist also die kurze Angabe zur Präexistenz Gottes
in Ps 90,2 auf. Hier wie dort geht es eher um eine ursprüng-

---

19 Zur übertragenen Bedeutung von דרך vgl. Ijob 34,27; Jes 55,8f u.ö.
    Vgl. SAUER, THAT Bd. 1 Sp.456-460 (Lit!). Ausführlicher KOCH u.a.,
    ThWAT Bd.2 (1977) Sp.288-312; dort gegen die Unterscheidung "wört-
    licher" - "übertragener" Gebrauch (Sp.288f), ad Spr 8,22 (Sp.305).

20 Zu außerisraelitischen Parallelen:
    a) Ägypten: GRAPOW; DONNER; HORNUNG 140.165f.169f. Ebenfalls in:
    Die Schöpfungsmythen 40-44.
    b) Babylonien: z.B. Enuma elis ("als oben") Tafel I,1-10 in:
    BEYERLIN 106-110; oder in Beschwörungstexten: vgl. Die Schöpfungs-
    mythen 146-148 (z.B. "Erschaffung der Welt durch Marduk" 1-9).
    c) Sumer: z.B. die Urkunde: "Berg des Himmels und der Erde", s.
    Die Schöpfungsmythen, 108-110.
    Zum Ganzen vgl. W.H.SCHMIDT, Schöpfungsgeschichte 77f.196f;
    WESTERMANN, Genesis 59-64.319f.

21 Zu Spr 8 sind insgesamt fünf Parallelen festzustellen:
    a) בטרם הרים; b) חוללתי; c) ארץ; עד-לא; d) תבל;
    e) מעולם; vgl. die synoptische Gegenüberstellung bei THEISOHN 133.

22 Übersetzung nach WESTERMANN, a.a.O. z.St. S.249.

liche, präkosmische Zustandbeschreibung. Aber allen Texten
ist zu eigen, "etwas unbedingt Einmaliges - etwas so Einmaliges wie eine Geburt - der gegenwärtigen Wirklichkeit
gegenüberzustellen, und ... damit (das Schöpfungsgeschehen)
in ihrer Besonderheit zu bewahren."[23] Der negative Stil
alter Kosmologien wird auch später noch verwendet;[24] er ermöglicht die Beschreibung eines uranfänglichen Seins der
Weisheit bei Gott. In den Versen 24-26 des Weisheitsliedes
wird wahrscheinlich keine - wie später im 2. Teil - gegenwärtig sichtbare Schöpfung beschrieben, sondern wohl eher
ein kosmisches Urgeschehen:

תהמות[25] und מעינות sind "Urwasser"; aber auch die Berge
und Hügel stellen dann "Urgestein" dar, wie auch תוצרות und
ארץ den "Urboden" bezeichnen, zusammengefaßt als ראש ,
"Summe" oder "Masse der Schollen des Erdkreises", die
"Krume" der kosmischen Erde.

3.3. Die Weisheit bei der Schöpfung (V.27-31)

Wenn nun im zweiten Teil die wahrnehmbare Schöpfung beschrieben wird, so geschieht das nicht weniger kunstvoll.[26] Die
Weisheit ist bei der Schöpfung der Welt dabei; sie steht
hinter allem göttlichen Wirken. Ähnlich wie Jes 48,16 nur
von einem geheimnisvollen Dabeisein Jahwes bei allem Geschehen, insbesondere der Schöpfung, geredet hat, so bleibt
auch hier, Spr 8,27-29, die Funktion der Weisheit an der
Seite Gottes in bezug auf die Schöpfung im dunkeln. Diese
Schöpfung vollzieht sich vom Himmel herab bis nach "unten"

---

23 WESTERMANN, a.a.O. S.60.

24 Vgl. LXX Jes 43,12f: "Ihr seid meine Zeugen und ich bin Zeuge,
    spricht Gott, der Herr; außerdem bin ich von Anfang an (ἔτι ἀπ'
    ἀρχῆς ; MT: גם־מיום אני הוא) und es gibt keinen, der es mir
    aus der Hand reißen kann." Ähnlich auch Tg und Pesch. Z.St. vgl.
    ELLIGER 308. Weiter IV Esr 6,1-6; zu Qumran: 1 QS 3,15f; 11,10f;
    1 QH 1,19f u.ö. Zu Qumran vgl. neuerdings LICHTENBERGER 187ff:
    "Determination und Schöpfung".

25 Vgl. Ps 33,7; 104,6; zur Bedeutung WESTERMANN, a.a.O. S.145-147;
    ders., THAT Bd.2 Sp.1026-1031; anders scheint die Bedeutung in
    V.27f zu sein. Ob und inwieweit hier in V.24-26 Anklänge auf außer-
    israelitische Schöpfungsmythen festzustellen sind, darauf kann hier
    nicht näher eingegangen werden, vgl. dazu z.B. McKANE z.St.

26 Insgesamt wird sechsmal das Dabeisein mit ב ausgedrückt; zweimal
    tauchen Assonanzen auf (V.27: בחוקו חג und שמים שם) usw.

zu den Fundamenten der Erde, ohne daß expressis verbis
von einer schöpferischen Aktivität der Weisheit selbst berichtet würde. Mit "Erde" (V.29c) ist für den abschließenden
Gedankengang (V.30f) das Stichwort gegeben. In Anadiplose
werden chiastisch in V.31 "spielen" und "Entzücken" wieder
aufgegriffen. In V.30 sind zwei Zeitangaben gemacht: "Tag
für Tag" und "alle Zeit"; sie beziehen sich jedoch nicht
nur auf diesen Vers, sondern schließen wohl auch den anderen
(menschlichen) Bereich mit ein ("auf seinem - Gottes - Erdenrund" und "bei den Menschen"), wie das ineinander Verwoben-
sein von verschiedenen Ausdrücken der beiden Verse kenntlich
macht. Die Freude an der Weisheit verbindet Gott und die
Menschen: "der erkennende Mensch partizipiert an der göttlichen Freude über die Ordnung."[27]

Was bedeutet in diesem Zusammenhang das schwer zu über-
setzende Wort אמון ? Zwei Deutungsmöglichkeiten haben eine
lange Auslegungstradition hinter sich und besitzen auch
unter den heutigen Exegeten eine breite Anhängerschaft:[28]

a) Baumeister(in); Künstler(in); Werkmeister(in)

Aus dem biblischen Bereich ist für diese Bedeutung Hld 7,2
zu vergleichen: "Die Rundungen deiner Hüfte sind wie Halsge-
schmeide, Werk der Hände eines Künstlers (מעשה ידי אמן)",
weiter Jer 52,15, wo eine Gruppe des Volkes, welche in die
Verbannung gebracht wird, vielleicht kollektiv als "die
Handwerkerschaft" (האמון) bezeichnet ist. Ebenso scheint das
Weisheitsbuch Spr 8,30 verstanden zu haben, wenn sie die
sophia als τεχνῖτις bezeichnet.[29] So gibt es auch eine Reihe
von Belegen aus der rabbinischen Tradition, die diese Auslegung kennen und vertreten.[30] Ja, auch die Übersetzung der
LXX ἁρμόζουσα scheint in diese Auslegungstradition zu gehören. Schließlich verweisen die Exegeten auf das akkadische
"ummānu" "Handwerker", "Meister".[31] Die Schwierigkeit dieser Übersetzung ist aber, daß die Bedeutung nicht recht in
den Kontext passen will. Eine künstlerische autonome Tätig-

27 GESE, Johannesprolog 178; vgl. auch ebd. S.72.

28 Zum Ganzen vgl. u.a. SCOTT, Wisdom; KEEL, Weisheit 21-25; RÜGER,
    Pflegekind; LANG, Frau Weisheit 93-95.

29 Weish 7,21; 8,6; hierzu siehe unten.

30 So BerR 1,1 u.ö. Vgl. RÜGER, a.a.O. passim.

31 Vgl. die Wörterbücher; auch WILDBERGER, THAT Bd.1 Sp.280.

keit der Weisheit scheint gerade nicht die Aussage des Abschnittes zu treffen.[32]

b) Kind, Pflegling

Hierzu ist zu vergleichen Klgl 4,4f, wo האמנים parallel zu
יונק ("Säugling") und עוללים ("Kinder") erscheint, also von
der Wurzel אמן (q.: "gestützt, getragen werden") abgeleitet
ist; ähnlich wird auch die Wurzel im Nif.Jes 60,4 verwendet.[33]
Hier in Spr 8,30 ist dann das pt.pass. vorausgesetzt; so versteht auch Aquila diese Stelle.[34]

Nun kann man aus diesem Bild zwei Folgerungen ziehen. Einmal ist es möglich, sich daraufhin die Weisheit als ein ge-
liebtes Kind Gottes vorzustellen; jedoch läßt sich die Weisheit in Verbindung mit der Zeitangabe ("Tag für Tag" und "alle
Zeit") schlecht als Kleinkind bezeichnen - auch wenn am Anfang
des Abschnittes (V.22-24) von der Schöpfung und "Geburt" der
Weisheit die Rede war. Eher ist hier am Ende des Gedichtes ein
anderer Aspekt bestimmend: Gott sitzt bei der Schöpfung auf
seinem Thron, wie eine Amme beim Stillen ihres (Pflege)kindes
sitzt, und läßt die Weisheit dort auf seinem Schoß mitsitzen,
mitthronen.[35] Dann hätte das Bild der mitthronenden Weisheit
in Weish 9,4 hier seinen Ursprung.[36] Ohne daß dies terminologisch weiter ausgebaut wird, ist die Weisheit damit als
Tochter Gottes hervorgetreten.

Ein zweiter Aspekt, der für die Rolle der Weisheit bei
der Schöpfung bestimmend ist, wird in den Begriffen שעשועים
und משחקת ausgedrückt. So wird die Weisheit als "Wonne" und
"Spiel" beschrieben.[37] In einem unbekümmerten, übermütigen
Scherzen darf sie sich der Gegenwart Gottes freuen. Sie ist
bei ihm zu Hause.[38] Weiterhin drückt dieses Scherzen und

---

32 Auch wenn KEEL, a.a.O. S.71 A.174 auf Ps 104,24 verweist, ist ge-
    rade auch dort die Rolle der Weisheit bei der Schöpfung noch nicht
    ausgemacht.

33 Vgl. auch אמן Num 11,12; Jes 49,23; aber auch als Bezeichnung
    Gottes 1 QH IX,35f; auch אמנה 2 Sam 4,4; Rut 4,16.

34 τιθηνουμένη; die maskuline Form des Partizips im MT ist wohl
    wegen der sonst hervorrufenden Anstößigkeit notwendig.

35 Auf diesen Aspekt weist GESE, Weisheit 86, hin.

36 Ebd.

37 Zum folgenden vgl. KEEL, Weisheit passim, bes. S.68-74.

38 Gen 21,8ff.

Freuen die Reaktion über Gottes Schöpfungstat aus; es ist Ausdruck des Glücks über Gottes herrliche Tat.[39] Aber nicht zuletzt muß dieses Spiel vor Gott auch als ein kultisches Geschehen verstanden werden.[40] "Während Ijob 28 mehr die Vorstellung von Mathematik und Physik hervorruft, ist es hier die
von Tanz und Musik. In der Form des Spiels erscheint das Wirken der Weisheit, während die Freude über dieses Spiel Gott
und Mensch verbindet".[41]

3.4. Die Präexistenz der Weisheit

Welche Funktion hat nun innerhalb des ganzen Liedes die zeitliche Aussage über die Weisheit bei Gott vor allen Schöpfungswerken? Damit wird natürlich in erster Linie ihre Würde, ihr
Adel herausgestellt.[42] Das ist zunächst nur ein äußerer Aspekt; darüber hinaus wohnt der Präexistenzaussage aber noch
ein innerer, das ganze Lied notwendig bestimmender, Aspekt
inne. M.E. läßt sich das deutlich am Aufbau des Liedes erkennen:
    Die Weisheit verbindet als mediatrix dei Schöpfung und
Schöpfer. Sie stellt die "Mitte" eines Offenbarungsgeschehens
dar. So erscheint Jahwe am Anfang als erstes Wort, die Weisheit durch ein herausgehobenes אני in der Mitte, während die
בני אדם den Schluß des Liedes bilden.[43] Gott und Mensch werden
in Beziehung gebracht. Weil dabei das Verhältnis von Mensch
und Gott als "personenhaftes" gedacht wird, als Gegenüber von
"ich" und "du", ohne daß dabei aber Schöpfer und Geschöpf
identifizierend verwechselt werden könnten, muß auch die Vermittlung der göttlichen Offenbarung, die vermittelnde Weisheit, "personenhafte" Züge erhalten. Als mediatrix dei gehört
sie beiden Bereichen an, sie ist präexistent und transzendent
außerhalb von Raum und Zeit der geschaffenen Welt - wie der
Schöpfer selbst -, und in der sichtbaren Welt der Menschen in

39 Ijob 38,7 u.ö.

40 2 Sam 6,5.22; Ex 32,6 u.ö.

41 GESE, Weisheit 87; vgl. auch KEEL, a.a.O. S.71f.

42 So schon WILDEBOER 27: "Die Weisheit führt nun einen neuen Beweg-
    grund an, um sich Gehör zu verschaffen; sie zeigt ihren Adelsbrief".
    Ähnlich auch GEMSER 49 z.St.

43 V.22: "Jahwe schuf mich als Anfang seines Waltens ...
    V.27: als er den Himmel herstellte, war ich dabei ...
    V.31: und mein Entzücken war bei den Menschen."

Raum und Zeit zu finden.

Somit führt "jede Erkenntnis der Sophia auf seiten des Menschen ... zur Teilnahme an Gott. In ihr erschließt sich Gott dem erkennenden und denkenden Menschen. In der Welt ist der Mensch nicht absolut von Gott getrennt, sondern in der Erkenntnis der Schöpfungsordnung nimmt er teil am Werk der Schöpfung".[44] Dabei wird hier in Spr 8 dieses Geschehen von der überschwenglichen Freude an der Erkenntnis bestimmt; damit ist der eher skeptische Ton von Ijob 28 überwunden; dort war ja nur Ijob 28,28 ähnlich positiv bestimmt.

3.5. Die Übersetzung der Septuaginta

Wie schon bei Ijob ist auch die Übersetzung der LXX zu Proverbien nicht mehr eine wörtliche Übertragung des MT in die griechische Sprache:

"In this book of the Old Testament there are not only differences of order in the Hebrew and Greek, textual variations, omissions, and additions, but also numerous doublets in the Greek version, the translator taking such liberties with his original that Thackeray has identified him as classical scholar who included maxims of purely Greek origin and 'happily, put much of this work into verse'."[45]

So geht die Übersetzung der LXX auch in Spr 8 ihre eigenen Wege. Sie trennt den Abschnitt V.22-31 nach vorn durch einen überleitenden Einschub ab und kennzeichnet diesen damit als etwas Eigenständiges:

Spr 8,21a LXX:

"Wenn ich euch (bisher) die alltäglichen Dinge mitgeteilt habe, werde ich (nun) daran denken das aufzuzählen, was von Urzeiten her (ist) (τὰ ἐξ αἰῶνος)."

Auch im weiteren sind einige Veränderungen und Umstellungen zu verzeichnen:

V.22b ist verkürzt: מאז ist weggefallen und für קדם betont die LXX den Zukunfts-Aspekt (εἰς!); das überhängende Glied von 23b πρὸ τοῦ αἰῶνος bildet nun in V.24a einen eigenen Stichos unter Aufnahme von γῆ V.26, der im MT noch zum ersten Teil (V.22-26) gehörte, wird in LXX durch den neuen Einsatz mit κύριος zum folgenden Teil (LXX: V.26-29) gezogen. In V.26 variiert die Terminologie gegenüber dem MT. Der Thron Gottes, der schon hinter dem Bild von אמון zu vermuten war (vgl. auch Sir 1,8) taucht expressis verbis auf: V.27b "da bestimmte er seinen Thron auf den Wolken", מים und ים (MT V.29) werden zu einem Stichos (LXX 28b) zusammengezogen.

44 GESE, Weisheit 87.

45 JELLICOE 138; das Zitat von THACKERAY findet sich bei THACKERAY 13. Zur weiteren Literatur zur LXX der Proverbien vgl. bes.: GERLEMANN, Document; ders., Proverbs; McCANE 33-47. Weitere Literatur in BROCK u.a., Bibliography 122.

Diese Änderungen scheinen allerdings - wie THACKERAY schon zu
anderen Passagen des Buches bemerkt hatte - eher dem gewandtei
Stilgefühl des Übersetzers zuzuschreiben zu sein, als von
theologischen Absichten herzurühren.[46]

M.E. gliedert die LXX den Abschnitt in eigenständiger Weis
und führt dadurch die vorgegebene Zweigliederung des MT selbständig weiter; dabei wird der Trennstrich zwischen den Aussagen über die Weisheit vor und bei der Schöpfung an anderer
Stelle gezogen (zwischen V.25/26). So stehen nun in der LXX
sieben Stichoi über die Weisheit vor der Schöpfung sieben
anderen gegenüber, die davon sprechen, daß sie bei der
Schöpfung gegenwärtig war. Der Einschnitt wird durch die Hervorhebung eines zweiten κύριος kenntlich gemacht. So ergibt
sich:

Weisheit vor der Sch.:		Weisheit bei der Sch.:	
V. 22	κύριος	V.26a	κύριος
23	πρό	b	καί
24a	πρό	27a	ἡνίκα
b	καὶ πρό	b	καὶ ὅτε
c	πρό	28a	ἡνίκα
25a	πρό	b	καὶ ὡς
b	πρό	29	καί

(V.30-31)

In den abschließenden Versen (30f) wird das Motiv der sich
bei Gott befindenden Weisheit (LXX V.27) noch einmal aufgegriffen; anders als im MT ist aber neben der Weisheit (V.30)
das Ziel des ganzen Liedes eine Aussage über den Schöpfer:
Spr 8,31 LXX:

"Da hatte er (sc. Gott) seine Freude an der Vollendung der Welt
(τὴν οἰκουμένην συντελέσας   ),
und sein Ergötzen an den Menschen."

Ziel von Spr 8 ist für die Septuaginta also nicht mehr das
Ergötzen von Gott und Mensch über die spielende und tanzende
Weisheit, sondern allein Gottes Freude an der Vollendung seiner Schöpfung, und zwar besonders an den Menschen, wie an
der Klimax deutlich wird.[47] Der Übersetzer des MT gestaltet
den ihm vorliegenden hebräischen Text künstlerisch um. Dadurc
besteht bei ihm nunmehr das ganze Gedicht aus drei Teilen:

46 Seltsam, und mir nicht erklärbar, mutet der Wechsel der Tempora von
    Aorist (V.22-25a) über Präsens (V.25b!), Aorist (V.26) zum Imper-
    fekt (V.27-31).

47 Vgl. HENGEL, Judentum 293 mit Verweis auf das TFrag zu Gen 2,2
    (S.5); weiter WILCKENS 183 A.1.

- die Weisheit vor der Schöpfung (V.22-25)
- die Weisheit bei der Schöpfung (V.26-29)
- eine abschließende Doppelaussage über die Weisheit und
  über den Schöpfer (V.30f).

Die Weisheit ist nun nicht mehr die Vermittlung von
Schöpfer und Geschöpf, sondern bekommt einen eigenen thematischen Wert neben dem zweiten Thema, dem Schöpfer; die Aussage über die Menschen ist nur noch von untergeordneter Bedeutung (V.31b). Ja, man kann sogar die Intention der LXX
dahingehend interpretieren, daß die Weisheit als eine genuin
himmlische Größe dargestellt werden soll.[48]

Neben der künstlerischen, poetischen Umgestaltung bei der
Übersetzung wurde zwar auch das inhaltliche Gefälle verlagert,
trotzdem wird in Spr 8 kaum von hellenisierenden Einflüssen
gesprochen werden können, wofür sich eine Reihe von Exegeten
ausgesprochen haben.[49] Diese Vermutung hat lediglich an der
griechischen Übersetzung des schwierigen Begriffes אמון durch
ἁρμόζουσα ihren Aufhänger. In diesem einzelnen Fall aber
mit philosophischen Einflüssen zu rechnen, heißt dem
griechischen Text von Spr 8,22ff Gewalt anzutun. ἁρμόζουσα
steht dem hebräischen אמון wesentlich näher, als es auf den
ersten Blick scheinen könnte; denn dieses Partizip wird
wahrscheinlich mit "handwerklich, künstlerisch tätig sein"
übersetzt werden müssen. So hält auch H.P.RÜGER die Übersetzung mit ἁρμόζουσα für das früheste Zeugnis einer "Identifikation von 'amōn mit 'ammun (sic!) 'Werkmeister' als
Deutung".[50]

Diese Interpretation von Spr 8,30LXXwird durch Weish 7,21;
8,26 bestätigt; dort wird durch den Begriff τεχνῖτις sehr
wahrscheinlich eine solche Übersetzung von ἁρμόζουσα aufgegriffen. Dieser Rückbezug des Weisheitsbuches auf Spr 8 steht
aber nicht vereinzelt da; denn auch Spr 8,27.30 LXX scheinen
deutlich auf Weish 9,9b (παροῦσα) Einfluß genommen zu haben.

---

48 Vgl. MACK, Logos 32 A.41.

49 So vermutete GERLEMANN, Document 26 und Proverbs 57 stoische Einflüsse; vgl. vorher schon BERTRAM 162f. Weiter HENGEL, Judentum
192-195; er vergleicht Spr 8 mit der platonischen Vorstellung der
Weltseele.

50 RÜGER, Pflegekind 161. Zur Kritik der Interpretation GERLEMANNs vgl.
auch WEVERS, (II) 183-185.

Daß die Weisheit "für seine (sc. Gottes) Werke" erschaffen
wurde (V.22),[51] zeigt nur, daß der Übersetzer seiner Meinung
nach überflüssige Wiederholungen des MT vermeiden wollte und
damit schon auf den zweiten Teil des Liedes vorgreift. Durch
die dreimalige Verwendung von εὐφραίνομαι (LXX V.30f) drückt
er auf seine Weise die auch schon im MT vorliegende Verwoben-
heit und Nähe von Weisheit und Schöpfer aus; Gott und Weishei
werden im "Ergötzen" (εὐφραίνομαι) miteinander verbunden.
Allerdings liegt die - schon möglicherweise im MT im Hintergrund stehende - Vorstellung einer bei Gott thronenden Weisheit durch das explizite Sprechen von "Gottes Thron" (V.27) i
Zusammenhang von παροῦσα (V.22) offensichtlich auf der Hand.
Dieses kontrastreiche Nebeneinander von Gott und Weisheit lie
ja im besonderen Interesse der Septuaginta von Spr. 8.

Die syrische Übersetzung (Peschitta) und das Targum halten
sich im Gegensatz zur LXX relativ streng an den MT. A.KAMINKA
vermutet daher mit Recht eine Unabhängigkeit der beiden Versionen von der LXX; m.E. geht er aber zu weit, wenn er sie
für älter hält.[52]

4. Jesus Sirach 1 und 24

Das Buch Jesus Sirach ist nicht im jüdischen Kanon enthalten;
deswegen war es lange Zeit hindurch nur in der griechischen
Fassung der Septuaginta und der syrischen und lateinischen
Übersetzung zugänglich.[2] Die Forschung verdankt es glückliche
Zufällen, daß seit dem Ende des 19. Jh. über zwei Drittel des
Buches in der hebräischen Originalsprache aufgefunden wurden.
Allerdings fehlen gerade die für die Frage der Präexistenz
interessierenden Texte in den bisher vorliegenden Fragmenten
völlig. Im folgenden wird deswegen zunächst vom Text der LXX
ausgegangen.

---

51 LXX: εἰς ἔργα αὐτοῦ.
52 KAMINKA 174. Vorher schon PINKUSS 140f.

1 Trotzdem war das Buch in der rabbinischen Literatur bekannt; vgl.
   SCHECHTER, Quotation; SMEND XLVI-LVI.
2 Der hebr. Text ist wohl endgültig seit dem 10.Jh., seit Saadja Gaon,
   verlorengegangen; vgl. Art. "Weisheit des Ben Sira in: EJ Bd.4
   (1971) Sp.552.
3 Zum hebr. Text vgl. RÜGER, Text.

Die Abfassungszeit des Buches Jesus Sirach sowie die Um-
stände der griechischen Übersetzung durch den Enkel des Verfassers sind durch den voranstehenden Prolog einigermaßen
klar;[4] als Entstehungszeit ergibt sich der Anfang des 2.Jh.
v.Chr. (um 180).[5] Innerhalb des überaus vielseitigen Werkes
Sirachs finden sich eine Reihe von Gedichten über die Weisheit verstreut (1,1-20; 4,11-19; 6,18-37; 14,20-15,8 (bzw.10);
24,1-34; 38,24-39,11; 51,13-21).[6] Nun ist es interessant, daß
gerade am Anfang und in der Mitte des Werkes (Kap. 1 und 24)
Weisheitsgedichte aufgenommen worden sind, die von der Beziehung der Weisheit zur Schöpfung, ja darüber hinaus in Kap.24
von der Verbindung der Weisheit mit der Heilsgeschichte des
Volkes Israels, handeln. In beiden Texten wird die Weisheit
als selbständige Gestalt vorgestellt - präexistent vor der
Schöpfung der Welt.

4.1. Sirach 1,1-10

4.1.1. Der Text.[7]

1 Alle Weisheit kommt von Jahwe
  und ist bei ihm von Ewigkeit her.[8]
2 Der Sand am Meer und die Tropfen im Regen
  und die Tage in der ewigen Zeit, wer kann sie zählen?
3 Die Höhe des Himmels und die Breite der Erde,
  und die Tiefe der Flut,[9] wer kann sie ergründen?

---

4 Vgl. SMEND XIV-XXVIII.LXIII.XCI, u.a.

5 HENGEL, Judentum S.241f, u.a.

6 HENGEL, ebd.; RICKENBACHER 1; MARBÖCK, Weisheit im Wandel 15f. Die
   Weisheit kann bei Sirach auf weite Strecken hin mit der Gottesfurcht identifiziert werden; vgl. HASPECKER 95f u.ö. So ist z.B.
   nur schwer auszumachen, was in 1,11-20 Subjekt ist!

7 In der Übersetzung folge ich weitgehend RICKENBACHER. Durch "Alle
   Weisheit" (V.1) und "Die Wurzel der Weisheit" (V.6) wird das Gedicht
   in zwei Teile geteilt (V.1-4 und 6-10). Anders RYSSEL in: APAT Bd.1
   z.St. S.261f; MARBÖCK versucht keine Teilung. V.5, 7, 10cd sind
   nachträgliche Glossen.

8 LXX liest: "in Ewigkeit" (εἰς τὸν αἰῶνα); dem Syr (עלמא מן)
   ist aber der Vorzug zu geben, so SMEND 6; MARBÖCK, a.a.O. S.19;
   RICKENBACHER, 9; vgl. auch PENAR, in seiner Rezension von MARBÖCK,
   Bib 55 (1974) S.104 mit verschiedenen Beispielen aus dem AT.

9 καὶ βάθος ἀβύσσου muß es nach La, Co, Aeth und Syr heißen,
   LXX: ἄβυσσον καὶ σοφίαν; vgl. SMEND, a.a.O. S.6; MARBÖCK, a.a.O.
   S.19; RICKENBACHER, a.a.O. S.7f und ed. ZIEGLER z.St.

4 Vor allem[10] ist geschaffen die Weisheit
  und wunderbare (= tiefe) Einsicht[11] von Ewigkeit her.

6 Die Wurzel der Weisheit, wem ist sie offenbar,
  und die verborgenen Dinge[12] der Einsicht, wer erkannte sie

8 Einer ist es,[13] der höchst furchtbare,
  auf seinem Thron sitzt er - der Herr.[14]

9 Er selbst schuf sie, sah sie und zählte sie,
  er teilte sie zu[15] allen seinen Werken.

10 Bei allem Fleisch ist sie nach dem Maß seines Gebens,
   ja, er verlieh sie reichlich denen, die ihn fürchten.[16]

Von der Weisheit selbst handeln V.1.4.9 und 10. Sie sollen
im folgenden näher untersucht werden.

4.1.2. Der Ursprung der Weisheit (V.1 und 4). Die Weisheit is
das Thema des ganzen Abschnittes und ist daher an den Anfang
gestellt. Zugleich wird sie jedoch auf Jahwe bezogen und diesem zugeordnet,[17] denn Sirach kann von der Weisheit nur
"theo-logisch" reden:[18] wenn programmatisch "alle Weisheit" a

---

10 Zu "allem", wohinter durchaus ein הכל gestanden haben könnte, vgl.
    Sir 1,1; 17,3oLXX; 18,13; 19,20; 24,8.23; 43,27; 50,22; und HENGEL,
    Judentum 266.

11 Die schwierige Kombination der Begriffe σύνεσις und φρόνησις
    diskutiert RICKENBACHER ausführlich(S.8f).Er kommt, in Anlehnung an
    SMEND (S.72), zu dem Ergebnis, daß analog zu 36,27 im hebräischen
    Text eine Kombination von גבורה und תבונה gestanden haben wird;
    vgl. auch GORDON, Ugaritic Textbook § 13, 116. Ähnlich MARBÖCK,
    a.a.O. S.19.

12 MARBÖCK übersetzt πανουργεύματα αὐτῆς mit "ihre geheimen
    Pläne". Vgl. bei Sir: 42,18.

13 σοφός ist Zusatz; anders MARBÖCK, a.a.O. S.20, der es für unent-
    behrlich hält; in Syr fehlt es aber; vgl. auch 43,29 und RICKEN-
    BACHERs Begründung, a.a.O.

14 κύριος ist zu V.8b zu ziehen (bei ZIEGLER (ed.) zu 9a), wie Syr;
    so auch SMEND LXV mit mehreren Beispielen; auch MARBÖCK, a.a.O.
    S.20. RICKENBACHER ergänzt nach HS O und anderen gr.HSS: "und
    herrscht", wohl eine Dublette, a.a.O.; vgl. MARBÖCK a.a.O.

15 Nicht "ausgießen" (ἐξέχεεν), sondern nach Syr: "zuteilen"(פלגה).
    Anders MARBÖCK, a.a.O. HENGEL, Judentum 287; CHRIST 29.

16 Nach Syr:דרחלותה; LXX:ἀγαπῶσιν ; so schon SMEND 9; HASPECKER
    51-53; MARBÖCK, a.a.O. S.21; anders HENGEL, a.a.O. S.289. Das
    in V.10b verstehe ich nicht adversativ, sondern explikativ (s.u.
    im Text).

17 So umschließen V.1 (μετ' αὐτοῦ) und V.10 (μετὰ πάσης σαρ-
    κός) das Gedicht.

18 Vgl. HASPECKER 95 A.19: "Der straffe theozentrische Ausgangspunkt
    der Weisheitslehre Sirachs ist bemerkenswert." aber auch schon
    Spr 8,22-31 hat dieses theologische Anliegen!

Anfang steht, ist der bestimmende Bezugspunkt doch Jahwe.
Die Weisheit hat ihren Ort bei Jahwe. Dort war sie von Uran-
fang an; von ihm kommt sie her. Für den Duktus des ganzen Gedichtes ist allein der Aspekt der Vergangenheit bestimmend
(V.4!); deswegen wird im hebr. Text wahrscheinlich bereits in
V.1 dieser Aspekt maßgebend gewesen sein. Die LXX dagegen ("alle
Weisheit ist bei ihm in Ewigkeit") hält den ersten Satz sicherlich für eine Art Überschrift. Der Aspekt der Zukunft erscheint
erst in Sir 24,9. Die Weisheit ist von Gott als eigenständiges
Wesen geschaffen. V.4 stellt dies eindeutig heraus, auch wenn
das ganze Gedicht sich nicht auf eine Beschreibung des Wesens
konzentriert. Der geheimnisvolle Doppelausdruck in V.4b σύνεσις
φρονήσεως (wohl גבורת תכונה)[19] ist in seiner eigenartigen
Umschreibung als Parallelismus zu 4a (σοφία) zu interpretieren. Die beiden Fragen in V.2 und 3 unterstreichen die Aussagen über die Weisheit und dienen für sie als Schablone.

Der erste Teil des Gedichtes über die Weisheit (Sir 1,1-4)
spricht also von ihrem Ort bei Jahwe von Uranfang an und von
ihrer Schöpfung durch ihn - im Gegensatz und in Abgrenzung zu
den anderen, schon für sich unzählbaren und unerforschlichen
Dingen; ob es vielleicht auch eine "Zeit" gegeben haben könnte,
in der die Weisheit nicht bei Gott gewesen ist (erst in V.9
ist ausdrücklich von ihrer Schöpfung die Rede), darüber wird
nicht spekuliert.

4.1.3. Die Vermittlung der Weisheit (V.9 und 10). Der zweite
Teil des Gedichtes (V.6.8-10) nimmt die Frageform auf, münzt
sie aber um in eine Frage nach dem Abhängigkeitsverhältnis
der Weisheit von Gott. Grundsätzlich werden Vers 1 und 4 (und
damit der ganze erste Teil) expliziert und weitergeführt.[20]
Die Weisheit ist Jahwe untergeordnet; er selbst kennt sie, denn
er hat sie geschaffen. Anders als noch in V.4 geht es nun
um die Art der Schöpfung, genauer - unter Aufnahme von Ijob
28,27[21] - um die Schöpfung, Untersuchung und Verteilung der

---

19 Vgl. oben Anm.11.
20 V.6 und 8 nehmen die beiden Fragen von V.2f auf. V.9, V.4 und V.10
    den 1. Vers; die Inklusio der Präposition μετά (V.10: bei allem
    Fleisch; V.1: bei Gott) ist Ausdruck des Bogens, der von Gott bis
    zu den Menschen gespannt wird.
21 Diesen eindeutigen biblischen Bezug hat MIDDENDORP, neben anderen,
    übersehen, wenn er sagt (S.77): "Merkwürdigerweise bleibt Jb 28 un-
    erwähnt ...".

Weisheit. Sie wird allen (Schöpfungs-)werken zuteil, wobei
"auszählen" nicht mehr nur ein Akt des mathematischen Forschens
Gottes bezeichnet, wie Ijob 28,27 (ויספרה), sondern schon das
folgende "zuteilen" impliziert.[22] Sirach geht über Ijob hinaus
und teilt nicht mehr die skeptische Auffassung, die hinter
Ijob 28 steht.[23] Mit V.10 kommt das Gedicht zu seinem Abschluß
und Höhepunkt. Der Kosmos, die Schöpfungswerke (V.9) und
schließlich der Mensch (V.10) sind mit dem Schöpfer durch die
Weisheit verbunden. "Alles Fleisch" ist dabei eine Umschreibung für "Menschen"; die andere Übersetzungsmöglichkeit "alle
Lebewesen" ist unwahrscheinlich.[24] Bei Sirach steht "Menschen"
wie schon in der ihm vorausgehenden Weisheitstradition[25] - für
den von Jahwe geschaffenen Menschen;[26] exemplarisch ist dieser
Mensch als Gegenüber zu Jahwe zu begreifen, als der, der in
der Gottesfurcht steht.[27] Der Gottesfürchtige ist der Mensch
schlechthin, dem Gott seine Weisheit, seine Offenbarung anvertraut. Somit ist die Konjunktion καί nicht adversativ, sondern
explikativ zu verstehen. Ähnlich wie hier Sir 1,9f ist von der
offenbaren, für alle Menschen von Gott anvertrauten Weisheit
auch in einem apokryphen Psalm die Rede, der in der Pesch zum
Kanon gehört und vielleicht aus der Zeit Sirachs oder etwas
später stammt:
Ps 11Q Ps[a] XVIII (Ps 154 = Syr II):[28]

(5) "Denn kundzutun Jahwes Herrlichkeit
    ist die Weisheit gegeben,
(6) und zu erzählen die Fülle seiner Werke,
    ist sie kundgetan dem Menschen (לאדם),
(7) kundzutun den Einfältigen seine Stärke,
    zu belehren die Unverständigen über seine Herrlichkeit."

---

22 Zur Übersetzung von ἐξέχεεν durch חלק RICKENBACHER z.St.

23 So auch schon Spr 8.

24 Vgl. RICKENBACHER 25-28.

25 Zu Ijob 28,28 siehe oben.

26 Vgl. Sir 15,14-20; zu dem dort wichtigen Thema der Willensfreiheit
    des Menschen vgl. G.MAIER passim.

27 Vgl. Sir 25,7-11; 40,18-27. Dazu besonders HASPECKER 107-118 u.ö.

28 Text in DJD IV (1965); Übersetzung nach LÜHRMANN 89; in seiner Über-
    setzung sind die Artikel jeweils eingeklammert; auch er hält den Psalm
    mit vielen anderen Exegeten für nicht ursprünglich essenisch und setzt
    ihn etwas vor Sir gegen Ende des 3.Jh.v.Chr. an (S.97). Zur weiteren
    Bibliographie vgl. MAGNE, Recherches und ders., Le Psaume 113. M.E.
    rechnet MAGNE aber mit seiner "3-Stufen-Theorie" mit einer viel zu
    komplizierten Entstehungsgeschichte (Le Psaume 102 zusammenfassend).

Das passivum divinum in V.5 zeigt: Jahwe, der Geber dieser Weisheit. Die Aufgabe der Weisheit ist die Vermittlung und Verkündigung der כבוד Jahwes (V.5, V.7: גדולתו), seiner Macht und schützenden Nähe (עוזו V.7).[29] Der Mensch schlechthin (אדם V.6) ist Empfänger der Weisheit; auch wenn dieser - anders als bei Sir - für den Beter des Psalms als der exemplarische, demütige, Gott ergebene Mensch beschrieben wird.[30] Das Motiv der universalen, allen Menschen zugänglichen Weisheit klingt in Sir 1,10 aus mit einem Stichwort, das quasi als Thema über den folgenden Versen (11-20.27-30) steht: die Gottesfurcht. Gleichzeitig ist damit etwas herausgestellt, was sich durch das ganze Buch verfolgen läßt.[31]

Das Gedicht über die Weisheit Sir 1,1-10 hat programmatischen Charakter für das ganze Buch; nicht umsonst ist immer wieder der Aspekt des Weisen als bestimmender Hintergrund für den Verfasser angegeben worden.[32] Vorstellungen, die sich in den ihm vorgegebenen alttestamentlichen Schriften nur angedeutet finden, werden von ihm als festes Traditionsgut aufgegriffen und weitergeführt.[33] Dies läßt sich deutlich zeigen an der Vorstellung der Präexistenz der Weisheit.

4.1.4. Die Präexistenz der Weisheit. Diese Vorstellung ist in dem einleitenden Gedicht über die Weisheit in kurzen, formelhaften Wendungen ausgedrückt:
- προτέρα πάντων [34] (V.4a)
- ἐξ αἰῶνος [35] (V.4b)
- "von Ewigkeit her" (מעולם ; V.1b)[36]

---

29 Vgl. van der WOUDE, THAT Bd. 2 255f.

30 Vgl. Spr 9,4; vielleicht liegt hier eine Selbstbezeichnung vor, wie HENGEL, Judentum S. 323, u.a. vermuten.

31 HASPECKER 52f. 196-201 zusammenfassend.

32 Vgl. MARBÖCK, Weisheit im Wandel 175f; MIDDENDORP 166 u.a.

33 Dazu MIDDENDORP 35-91 ("Ben Sira und das AT").

34 Hier könnte im hebr. Text לפני (ה)כל gestanden haben; vgl. Sir 34,18b; 46,3a; vielleicht auch die Präposition קדם , vgl. Sir 41,3b.

35 Hier könnte im hebr. Text entweder מבראשית (Sir 15,14 MS A, Bm; LXX: ἐξ ἀρχῆς) oder מראש (Sir 15,14 HS B; 39,32; LXX: ἐξ ἀρχῆς ; vgl. 16,26; 34,27; 39,25) oder auch קדמ(ון) (vgl. 16,7; 36,16; 41,3) gestanden haben.

36 So nach der Pesch.

Die Weisheit gehört von Uranfang an in die nächste Nähe
Gottes; Gott wird auf dem Thron sitzend und herrschend vorgestellt. (V.8) - also wird sich wohl auch die Weisheit in
dessen Nähe befinden.[37] Die Vorstellung der vor allen Geschöpfen geschaffenen, bei Gott sich befindenden, präexistenten Weisheit ist offensichtlich zum festen theologischen Bestandteil der Weisheitstradition geworden und wird
als solcher von Sirach aufgegriffen.

Anders allerdings als in Spr 8 ist hier in dem einleitenden Gedicht bei Sirach die "Gestalt" der Weisheit weniger deut
lich zu fassen; die Weisheit wird den Geschöpfen (ἔργα, V.9)
zugeteilt - wie wohl der ursprüngliche Text gelautet haben
mag -,[38] aber welches Bild von der Weisheit sich hinter dieser
Formulierung verbirgt, bleibt hier Sir 1 noch im dunkeln. Für
diese Fragestellung ist der andere theologisch bedeutsame Text
über die Weisheit deutlicher und ergiebiger, Kap.24[39]; denn
dort kommt nun die eigene Vorstellung Sirachs zum Ausdruck.

4.2. Sirach 24

In Kap. 24 werden die Aussagen über die Verbindung der Weishei
mit Kosmos und Menschen vertieft und weiter ausgezogen. Dieses
Kapitel stellt sozusagen den Höhepunkt des ganzen Buches dar;
vielleicht ist es auch ursprünglich als eine Einleitung für
den 2. Hauptteil gedacht.[40] In der Form unterscheidet es sich
jedoch wesentlich von Kap. 1. Die Weisheit stellt sich in der
1. Person selbst dar. In einem großartigen Selbstpreis wird di
Offenbarung Gottes durch die Weisheit von Uranfang an bis hinein in die Heilsgeschichte des Volkes Israel verfolgt.

Eine Einleitung (V.1f) beschreibt - neben der Sprecheran-

---

37 Ähnlich wie in Spr 8,30 und LXX Spr 8,27.

38 LXX hat eine eher "pneumatische" Vorstellung von der Weisheit, wenn
    von "ausgießen" (ἐκχέω) die Rede ist; vgl. Jes 32,15, wo vom "Aus-
    gießen" (ni. von ערה; anders LXX) des "Geistes aus der Höhe"
    (רוח ממרום) die Rede ist. Vgl. unten zu Weish 7.

39 Vgl. bes. Sir 24,3.

40 Zur Interpretation des ganzen Kapitels vgl. bes. MARBÖCK, Weisheit im
    Wandel 34-80; RICKENBACHER 111-172;SHEPPARD 19-71; GESE, Weisheit 87-
    94. Der 2. Hauptteil des Buches wäre dann Kap. 24-42.

gabe - das "Publikum" der Weisheitsrede.[41]Ein Schlußwort
(V.30-34) rundet das Selbstlob ab. Ein erster Redeteil (V.3-7)
und ein zweiter (V.8-12) beschreiben den Weg der Weisheit von
ihrem Ort vor der Schöpfung bei Gott bis hin zu ihrem "Ruhe-
ort" auf dem Zion; ein poetisches Stück (V.13-17) schließt
diese Redeteile ab.[42] Es folgt eine Mahnung zum Hören und Annehmen der Weisheit (V.19-22) mit der anschließenden Identifikation von Weisheit und Tora (V.23); ein poetisches Stück
(V.25-29) bildet wiederum den Abschluß. V.18 und 24 können
als Glossen ausgeschieden werden.[43]

4.2.1. Text, Gliederung und Form (24,1-12):[44]

1 Die Weisheit lobt sich selbst,
   und inmitten ihres Volkes rühmt sie sich.
2 In der Versammlung des Höchsten öffnet sie ihren Mund
   und inmitten seiner Heerscharen preist sie sich.
3 Ich ging hervor aus dem Munde des Höchsten
   und wie ein Nebel bedeckte ich die Erde.
4 Ich schlug in den Höhen mein Zelt auf[45]
   und mein Thron war auf einer Wolkensäule.[46]

---

41 Als "Hörer" scheint das Volk Israel angesprochen zu sein (λαος
   wie oft im "Lob der Väter": 45,9.23; 46,13; 47,5; 48,15; 50,19;
   anders aber RICKENBACHER 118-120) und die Versammlung der Zebaoth-
   wesen um Gottes Thron (vgl. Ps 82,1); so MARBÖCK, Weisheit S.58;
   GESE, Weisheit S.87f u.a. Die Weisheit stellt sich also vor als
   eine Größe, die auf Erden in Israel (auf dem Zion, V.10) und im
   himmlischen Bereich vernommen wird.

42 Ob diese kleineren Einheiten "Strophen" genannt werden dürfen (so
   RICKENBACHER 118 u.ö.),mag dahingestellt bleiben; m.E. besteht das
   ganze Kapitel nicht aus genau gleichlangen Einheiten.

43 Vgl. die Edition ZIEGLERs.

44 In der Übersetzung folge ich wieder weitgehend RICKENBACHER 113f;
   zur Gliederung vgl. u. im Text. Ein eingehender Vergleich in Form und
   Aufbau mit dem älteren Lied der Weisheit Spr 8 wäre lohnenswert und
   ist m.W. bisher noch nicht in ausführlicher Weise unternommen worden,
   würde hier aber zu weit führen.

45 κατασκηνόω bedeutet zunächst lediglich "wohnen" und ist in der LXX
   oft Übersetzung für die hebr. Wurzel שכן. In den bisher bekannten
   hebräischen Texten von Sir wird שכן aber nie auf diese Weise übersetzt.
   So scheint Pesch mit משכני נקשת den ursprünglichen Sinn von "ein Zelt
   aufschlagen" eher getroffen zu haben, so daß im hebr. Text ursprünglich
   חנה gestanden haben könnte oder evtl. wörtlich nach Pesch: נטה אהל;
   zum Ganzen vgl. ausführlich SHEPPARD 27-31.

46 Anders RICKENBACHER nach Pesch: "Wolkensäulen".

5 Den Kreis des Himmels umwandelte ich allein
  und ich ging einher in der Tiefe der Fluten.

6 Über die Quellen des Meeres und die Fundamente der Erde[47]
  und über alle Völker und Nationen war ich Herrscher.[48]

7 Überall suchte ich Ruhe
  und ein Erbe, wo ich weilen könnte.

8 Da gebot mir der Schöpfer des Alls,
  der mich schuf, machte mein Zelt fest
  und sprach: In Jakob sollst du wohnen,
  und Besitz nehmen in Israel.

9 Vor der Weltzeit, von Anfang an hat er mich geschaffen[49]
  und bis in Ewigkeit vergehe ich nicht.[50]

10 Im heiligen Zelt diente ich ihm
   und darauf wurde ich in Zion eingesetzt.

11 In der Stadt, die er liebte wie mich,[51] fand ich Ruhe,
   und in Jerusalem war mein Herrschaftsbereich.

12 Und ich faßte Wurzel in einem geehrten Volk,
   im Anteil des Herrn war mein Erbe.[52]

Die vorliegende Gliederung orientiert sich mehr an den inhaltlichen Aussagen und kommt daher zu anderen Ergebnissen als RICKENBACHER im Anschluß an SMEND.[53] Ich sehe den ersten

47 Nach Pesch (בשתאסא); vgl. Sir 16,19.

48 So ed. ZIEGLER und Pesch (hitp. von שלט, was hebr. משל entsprechen würde; vgl. V.11.) Anders ed. RAHLFS nach den besten griechischen HSS: ἐκτησάμην, "ich nahm Besitz"; SHEPPARD 33f A.43; LEBRAM, Jerusalem 114 A.6 verteidigen wieder diesen älteren Text, m.E. aber nicht überzeugend. RICKENBACHER übersetzt: "ich hatte Gewalt", entspricht dadurch aber nicht der Parallele in V.11.

49 Pesch hat nur einen Ausdruck zur Bezeichnung des Ursprungs und liest Passiv (wie auch Lat): "Von Ewigkeit her bin ich geschaffen" (מן קדם עלמא אתברית). Nun ist aber auch V.8 mehrmals im Aktiv formuliert; anscheinend wird expressis verbis Spr 8,22f zitiert durch πρὸ τοῦ αἰῶνος und ἔκτισέν με - dort werden sogar drei Zeitangaben verwendet; Pesch und Lat sind vermutlich Angleichungen an den bei Sir 24 vorliegenden Kontext, der größtenteils im Passiv konstruiert ist. RICKENBACHE hat sich für den syrischen Text entschieden.

50 Anders RICKENBACHER nach Pesch (נכטל דוכרני): "hört nicht auf das Andenken an mich"; dies entspricht m.E. aber nicht dem ursprünglichen Text. Vgl. auch MARBÖCK, Weisheit im Wandel 37f.

51 LXX: ἠγαπημένη; Übersetzung nach Pesch: דרחימא לה

52 Anders RICKENBACHER nach Pesch und ed. RAHLFS: "in(mitten) seines Erbbesitzes".

53 So schon FRITZSCHE (nur der erste Teil; Kommentar (1859) S.202); MARBÖCK, Weisheit S.44; vgl. den zusammenfassenden Überblick bei RICKENBACHER 113-118; auch GILBERT, L'éloge.

Einschnitt der Rede der Weisheit in V.8 durch den Subjekt-
wechsel und durch das herausgestellte τότε.
Richtig ist allerdings, daß V.7 und V.8 eine Art Überleitung bilden: V.7 schließt das erste Thema des Ursprungs und
der kosmischen Funktion der Weisheit ab ("überall") und bereitet das zweite Thema der Ruhe und des Erbes in Israel vor
durch die indirekte Frage V.7; während V.8 durch "der Schöpfer
des Alls" und durch "der mich schuf" auf den Ursprung der Weisheit zurückgegriffen wird (vgl. auch σκηνή und κατησκήνωσα
V.4). Auf keinen Fall kann V.12 einen neuen Absatz einleiten.[54]
Nur in diesem ersten Teil des Selbstlobes der Weisheit (V.3-12)
wird die Weisheit in ihrer kosmischen Funktion betrachtet.

Verschiedentlich wurden - besonders zu Form und Stil von
Sir 24 - die bekannten Hymnen auf die Göttin Isis vergleichend
herangezogen.[55] In diesem Zusammenhang wurde auch weitgehend
der Begriff "Aretalogie" als Gattungsbezeichnung übernommen,[56]
wobei allerdings fraglich bleibt, ob sich diese Terminologie
uneingeschränkt auf die Isis-Texte anwenden läßt; das ist zumindest für die ältesten Texte aus dem 2./1.Jh.v.Chr. umstritten.[57]

In den Isishymnen liegt das Schwergewicht der Aussagen auf
der Beschreibung ihrer eigenen Macht und Taten. So wird auch
bei Sir 24 auf das betont herausgestellte ἐγώ der Weisheit
(V.3f) verwiesen sowie auf die Aneinanderreihung verschiedener
kurzer Aussagesätze, die ihr Wesen, ihre Macht und ihr Wirken
beschreiben. Ist aber schon die Anwendbarkeit einer einheitlichen Gattungsbezeichnung auf die Isis-Texte unsicher, so
sollte von einer Übertragung des Begriffes auf Sir 24 abgesehen werden, zumal sich von Sir her auch einige Unterschiede
zur Form dieser Hymnen feststellen lassen: Es fehlt die dort
typische Konstruktion des herausgestellten ἐγώ mit εἰμί ; dies

---

54 So die Gliederung bei RICKENBACHER und SMEND, jeweils z.St.; dagegen
   auch GILBERT, a.a.O. S.329.332 A.15.
55 Vgl. den Abschnitt "Genus litterarium von Sir 24,1-22" bei MARBÖCK,
   Weisheit 47ff. Zu den Isis-Texten vgl. die Zusammenstellung bei PEEK;
   neuerdings GRANDJEAN 8-11 weitere Literatur.
56 So schon bei DEISSMANN 109 A.3; weiter u.a. CONZELMANN; Mutter. Zur
   Gattung selbst vgl. FESTUGIÈRE; neuerdings ASSMANN, Art. Aretalogien,
   in: LÄ Bd. 1 (1975) Sp.425-434 (Lit!).
57 Kritisch gegenüber einer einheitlichen Gattungsbezeichnung haben sich
   z.B. LEE; LANG, Frau Weisheit S.152-154 (Lit!) geäußert.

könnte noch mit der andersartigen hebräischen Sprachstruktur
erklärt werden, die dem Text zugrundeliegt. Darüber hinaus
fehlt aber der bei den Isis-Texten ebenfalls typische Parti-
zipialstil; Sirach konstruiert immer (außer in V.4b) mit
finiten Verbformen. Aber auch die inhaltlichen Anspielungen
sind eher spärlich und allgemein; die von MARBÖCK herangezogenen Textstellen treffen oft nur bedingt zu.[58] Auf Grund
dessen wird im folgenden anstelle von "Aretalogie" der neu-
tralere Ausdruck "Selbstempfehlungsrede" gewählt.[59]

4.2.2. Der erste Redeteil (V.3-7). a) Der Ursprung der Weisheit (V.3). Ähnlich wie schon Sir 1,1 beginnt die Selbst-
empfehlung der Weisheit Sir 24 mit der Angabe zur Herkunft.
Die Weisheit kommt von Gott, sie ist sein Geschöpf. Dabei
bleibt der Schöpfungsakt selbst von einem geheimnisvollen
Dunkel umhüllt; wie hat sich Sirach Ort und Art der Schöpfung
vorgestellt? Zwei Textgruppen vermögen das Dunkel ein wenig
zu lichten:

1. In V.3a ist an das Schöpferwort Jahwes bei Deuterojesaja zu denken; so heißt es Jes 55,10f:[60]

"Fürwahr, so, wie der Regen und der Schnee vom Himmel herabkommt und
nicht dahin zurückkehrt, er habe denn die Erde getränkt ...
so verhält es sich mit meinem Wort, das von meinem Mund ausgeht
(כן יהיה דברי אשר יצא מפי); es kehrt nicht leer zu mir zurück, es
habe denn gewirkt, was ich gewollt, und ausgeführt, wozu ich es gesendet
habe."

Bei Sir liegt zwar kein spezieller Bezug zu Dtjesaja vor,
denn dieselbe Wendung (יצא מפה) ist auch anderswo belegt.[61]
Trotzdem verbindet beide Texte mehr als die Angabe eines göttlichen Ursprunges: דבר und חכמה entsprechen sich in Offen-

---

58 Vgl. MARBÖCK, Weisheit im Wandel S.49-54; u.a. die Vergleiche zur
    kultischen Funktion der Weisheit und zur Weisheit als Gesetz sind m.E.
    recht weit hergeholt (S.53).

59 So GESE, Johannesprolog 178; ders., Weisheit 87.

60 Ähnlich Jes 45,23: "aus meinem Mund ist Gerechtigkeit (יצא מפי צדקה)
    ausgegangen (vgl. Jes 62,1), ein Wort (דבר), und es kehrt nicht um";
    Jes 48,3: "aus meinem Mund kamen die früheren Dinge (הראשנות)"; nur
    mit יצא in Bezug auf Jahwe z.B. Jes 51,4 (תורה); 51,5 (ישעי); vgl.
    auch Spr 2,6: "Fürwahr, Jahwe gibt חכמה, aus seinem Mund ergeht דעת
    und תבונה"; zum göttlichen דבר vgl. weiter Ps 33,6; 107,20; 147,15.18
    19. Zum Ganzen MARBÖCK, Weisheit S.58f.

61 Auf Jahwe bezogen noch Dtn 8,3; Klgl 3,38.

barungscharakter und Wirkungsmächtigkeit.[62] Welche Aufgabe der
Weisheit bei der Gründung des Kosmos zukommt, das scheint eine
zweite Textgruppe zu verdeutlichen.

2. V.3b legt einen Vergleich mit den Schöpfungserzählungen
Gen 1 und 2 nahe, wo dem eigentlichen Schöpfungsgeschehen jeweils eine "Chaosschilderung" vorausgeht. Hier in Sir 24 ist
allerdings davon nur noch rudimentär die Rede; sie ist angedeutet durch die Beschreibung der Weisheit als "Urnebel" über
der Erde.[63] Auch terminologisch kann der Bezug als gesichert
gelten.[64] Mit "Erde" ist dann der ungeschaffene Kosmos vor der
Schöpfung gemeint; es geht also um den Uranfang der Schöpfung
der Welt. Vielleicht könnte so auch die Deutung der Schöpfungsgeschichte in Ps 104 verstanden worden sein, wenn dort (Ps 104,
24) "die Weisheit als Modus der Schöpfung erscheint."[65] "Geist"
und "Urnebel" in Gen 1,2; 2,6 haben später oft zu Spekulationen
und Erläuterungsversuchen gereizt.[66] Aufs Ganze gesehen kann
also Sir 24,3 folgendermaßen interpretiert werden:

---

62 Auch an anderer Stelle verweist Sirach auf das Schöpferwort, den gött-
    lichen Logos: 42,15; 43,5.10.26; zum Ganzen vgl. GILBERT, L'éloge 342;
    SHEPPARD 21f. Damit kann wohl kaum RICKENBACHER gefolgt werden, der
    schreibt: "Man kann wirklich nicht folgern, die Weisheit sei in Sir
    24,3 als Wort Gottes gedacht." (151) RICKENBACHER übersieht den be-
    sonderen Charakter von Kap. 24 und das konsequente Aufgreifen der
    Schöpfungsberichte Gen 1f.

63 Zum folgenden SHEPPARD, 21-27; GESE, Johannesprolog 178f; Weisheit 88.

64 ὀμίχλη entspricht Jes 29,18 und Ijob 3,5 (Aq) (wie Gen 1,2); möglich
    wäre auch ein hebr. חשך (vgl. Ijob 38,9; Joel 2,2; Sach 1,15,Ps 97 (96),
    2 u.ö.); mit diesem Terminus könnte Gen 1,2 und 2,6 zusammengefaßt
    sein, wie SHEPPARD wahrscheinlich macht. Als hebr. Vorlage ist ערפל
    (vgl. Sir 43,22) unwahrscheinlicher, vgl. RICKENBACHER 133f.

65 GESE, Weisheit 88. Vgl. auch Ijob 28,27.

66 Vgl. Jub 2,2, die Schöpfung der Geister; aber bes. die palästinischen
    Targumin (TN; TJon; TFragm): TPaläst Gen 1,2: "Geist der Barmherzig-
    keit" (רוח רחמן); vgl. denselben Ausdruck in TPaläst Gen 8,1 und
    TPaläst Gen 4,8, die Diskussion zwischen Kain und Abel über die Er-
    schaffung der Welt durch die Liebe, weiter MTeh Ps 72,1; so auch
    BerR 2,4.
    TJo zu Gen 2,6:
    וענן יקרא הוה נחית מתחות כורסי יקרא ומלי מיא מן אוקינוס
    והדר סליק מן ארעא ואחית מטרא ומשקי ית כל אפי אדמתא:
    "Aber die Wolke der Herrlichkeit kam herab vom Thron der Herrlich-
    keit, füllte sich mit Wasser des Ozean, erhob sich über die Erde, ließ
    es regnen und befeuchtete die ganze Erdoberfläche." Vgl. BerR 13,10;
    MTeh Ps 18,12. Vgl. BOWKER, Targums 95-110; Le DÉAUT, Targum du
    Pentateuch Vol. 1 z.St. Zu "Geist" vgl. die Identifikation mit dem
    Geist des Messias BerR 2,4; 85,1 u.ö. S. unten.

Die Weisheit hat ihren Ursprung aus Gott, ist sein
"Schöpfungslogos" und aufs engste mit dem Schöpfergeist nach
Gen 1,2 verwandt. Sie geht von Uranfang an aller Schöpfung
voraus[67] und verknüpft (ähnlich wie schon in Sir 1,9f)
Schöpfer und Geschöpf.

b) Der (erste) Ort der Weisheit (V.4). V.4 beginnt, wie schon
V.3, mit einem betont herausgestellten ἐγώ ; damit werden diese
beiden Verse zusammengerückt. Am Anfang der Selbstempfehlungsrede wird auf diese Art die Gestalt der Weisheit betont hervor
gehoben. Als ihre (vorübergehende) Wohnung werden die "Höhen"
benannt. ὑψηλά sind hier in Sir 24 nicht eine kosmisch geschaffene Größe, sondern Umschreibung der göttlichen, transzen
denten Sphäre; vom "Firmament" wird erst im nächsten Vers gesprochen. Dort, ἐν ὑψηλοῖς , befindet sich auch, und im Besonderen, Gottes Wohnung.[68] Ähnlich verhält es sich mit dem parallelen Ausdruck "Wolkensäule". In der atl. Wüstentradition
ist στῦλος νεφέλης Ort der Epiphanie Gottes.[69] Das Bild der
Exodussäule wird aus der atl. Tradition herausgenommen und
von der Weisheit her interpretiert; die Weisheit selbst ist
nun die göttliche כבוד, das verzehrende Feuer.[70] Wie in der
Wüstenzeit Gott selbst bei seinem Volke anwesend ist, so in
Sir 24 die Weisheit.

Offensichtlich wird durch diese Beschreibung des himmlische
Ortes der Weisheit, dadurch daß auch vom Thron der Weisheit ge
sprochen wird, gleichzeitig eine Herrschaftsaussage gemacht.

---

67 Ähnlich hat auch die Vulgata Sir 24,3 verstanden, wenn sie dort (V.5f
    einfügt: "primogenita ante omnem creaturam (Zitat aus Kol 1,15 und
    damit Rückgriff auf Spr 8,22). Ego in caelis feci ut oriretur lumen
    indeficiens (Bezug zu Gen 1,3!)." Damit wird der Sapientia volle
    Schöpfungsmittlerschaft zugesprochen.

68 Bei Sir: 16,17; 26,17; vgl. 40,11; hebr. מרום (zum Plural vgl.
    Ps 148,9; Ijob 16,19; 25,2; 31,2) als Wohnstatt Gottes im AT:
    Jes 33,5; 57,15; Jer 25,30; vgl. die Gottesbezeichnung "Gott der Höhe"
    Mi 6,6; weiter Ps 7,8; 18,17; 68,19;71,19; 92,9; 93,4; 102,20; 144,7;
    Ijob 16,19; 25,2.

69 Ex 13,21f; 14,19.24; 33,9f; Dtn 31,15; Neh 9,12.19; Ps 99,7 u.ö. Vgl.
    Ex 40,34 (ענן).

70 So vor allem in den Erzählungen von der Wüstenwanderung bei P:
    Ex 16,7.10; Num 14,10; 16,19; 17,7; 20,6 u.ö. Zum Ganzen vgl.
    SHEPPARD 31ff.

Gewöhnlich gehört der Thron zu den Herrschaftsattributen
Gottes.[71] Gelegentlich kann der Thron Gottes auch in Zu-
sammenhang mit der Epiphanie Gottes genannt werden:
Ps 97,1f:

"Jahwe ist König ...
Gewölk und Dunkel rings um ihn (ענן וערפל סביכיו)
Gerechtigkeit und Recht sind seines Thrones Stützen
Feuer geht vor ihm her
und verzehrt seine Feinde ringsum."[72]

Dieser Hintergrund könnte auch für Sir 24,4 maßgebend
gewesen sein; die thronende Weisheit hat ihren Ort in der
göttlichen, transzendenten Sphäre - der Epiphanie Gottes.
Das Bild des göttlichen Thrones stand wahrscheinlich schon
in Spr 8,30 im Hintergrund. Die Verbindung von Weisheit und
göttlichem Thron, die hier in Sir 24 nicht weiter expliziert
ist, wird in der Sapientia unter dem Begriff "Thronbeisasse"
weiter verdeutlicht (Weish 9,4.9f). Es ist interessant, daß
diese Aussagen über die Weisheit gemacht werden, bevor von
der Schöpfung der Welt selbst die Rede ist. Damit nimmt die
Beschreibung ihres Aufenthaltsortes und ihrer Herrschafts-
funktion den Platz ein, der im priesterlichen Schöpfungsbericht
dem kosmischen Urlicht (Gen 1,3-5) zukommt.[73] Dort wird einerseits die Bedingung aller kosmischen Ordnung, andererseits im
speziellen Sinn die Kategorie der Zeit festgesetzt; hier bei
Sir könnte durchaus mit der Schöpfung der Weisheit und der Beschreibung ihres Ortes durch die Identifikation mit der göttlichen Doxa auch solch ein ordnender Charakter der Weisheit
herausgestellt werden.

c) Der Herrschaftsbereich der Weisheit (V.5-7). V.5-7 beschreiben den gesamten Bereich der Schöpfung. Die Weisheit hat scheinbar alle Dimensionen in ihrer Gewalt: Firmament und Abyssos,
Meer und Festland. Diese Räume sind für den Menschen in ihrer
Gesamtheit unerreichbar; Gott allein ist in ihnen allen wirksam

---

71 Jes 6,1; 66,1; Jer 3,17; 17,12; Ez 1,26; Ps 9,5.8; 47,9; 89,15; 93,2;
    103,19 u.ö. Zum Ganzen SOGGIN, THAT Bd. 1 Sp. 908-920 (Lit!).

72 Weiter die Beschreibung der Einwohnung Gottes im Tempel zu Jerusalem
    1 Kön 8,6ff. Zur Epiphanie: vgl. Jörg JEREMIAS.

73 Vgl. Ps 104,1f "In Pracht und Hoheit hast du dich gekleidet; hast dich
    eingehüllt mit Licht (אור) wie mit einem Mantel." GESE, Johannesprolog
    178; Weisheit 88; anders allerdings WESTERMANN, Genesis BK 158. Zu
    Aristobul siehe unten.

und gegenwärtig.[74] Völker und Nationen sind der Weisheit unte
tan. Wieder kommt es Sir auf die Gesamtheit der Aussage an.
Die einzelnen Menschen und Völker sind zunächst noch nicht im
Blickfeld. Der gesamte Kosmos, alle Schöpfungswerke gehören
zum göttlichen Herrschaftsbereich und damit auch zum Einfluß-
bereich der Weisheit. Mit μόνος (= לבד) ist im AT häufig die
Einzigartigkeit Gottes ausgedrückt.[75] Dieses Epitheton ist in
Sir 24 auf die Weisheit übertragen.

Ist es aber wahrscheinlich, daß die Aufrichtung der Herrschaft der Weisheit über den Kosmos als Ausdruck einer eigene
Schöpfungstätigkeit zu verstehen ist? M.E. ist das hier nicht
der Fall, denn mit "herumziehen" wird kein Schöpfungsakt ausgedrückt. Näherliegender ist m.E., daß die Weisheit lediglich
die schon geschaffene Welt ordnet und in Besitz nimmt. κυκλόω
kann als ein Rechtsakt verstanden werden, bei dem etwas in
Besitz genommen wird.[76] Darüber hinaus ist im AT gelegentlich
von einem "Wandeln" Gottes (περιπατεῖν) durch seine schon ge
schaffene Schöpfung die Rede. Besonders aufschlußreich sind
dabei Ijob 9,8:

"Der den Himmel allein (לבדו =μόνος) ausspannt
und auf die Wolken[77]- Rücken tritt (דורך =περιπατεῖν)"
und Ijob 38,16:[78]

"Kamst du bis zu den Quellen des Meeres (ים = θαλάσσης)
und wandeltest du auf dem Grund der Urflut?
(ובחקר תהום התהלכת : ἐν δὲ ἴχνεσιν ἀβύσσου περιεπάτησας)"

So ist die Weisheit lediglich als göttliches Ausführungs-
organ an der Schöpfung beteiligt. Im Durchschreiten der Räume
von Firmament, Abyssos, Meer und Festland scheint es so, als
sei die Weisheit als eine (die Welt) durchwaltende "Potenz"
verstanden, die den menschlichen und physischen Bereich mit
dem göttlichen verbindet.[79] Der abschließende Vers (7) ver-

---

74 Jes 44,24 (לבדי : μόνος); Ijob 9,8 u.ö. MARBÖCK, Weisheit 61.

75 Dtn 4,35; 2 Kön 19,15.19 = Jes 37,16.20 u.ö.; vgl. JENNI, THAT Bd.1
    Sp. 107; weiter LOHFINK/BERGMANN , ThWAT Bd.1 (1973) Sp. 212-214, Lit

76 Ausgedrückt durch סבב bei der Eroberung Jerichos Jos 6,7 vgl.
    Dtn 2,1.3; Ps 48 (47),13; u.ö., oder durch הלך (hitp.) Gen 13,17.
    Zum folgenden vgl. SHEPPARD 34-38.

77 MT: ים ; das paßt aber schlecht. So ist nach 2 MSS in עב zu korri-
    gieren.

78 Weiter Ijob 22,14; Ps 104,3 u.ö. SHEPPARD sieht in Sir 24 eine direkt
    Anspielung auf die Ijob-Texte.

79 HENGEL, Judentum S.288 im Anschluß an SCHENCKE.

steht dabei die Herrschaft der Weisheit in der kosmischen
Welt als etwas Vorübergehendes: die Inbesitznahme des Kosmos
durch die Weisheit ist die Vorbereitung auf ein Telos, einen
Ruhepunkt. Schon die äußere Form des Gedichtes weist darauf
hin; in V.3-7 herrschen Verben der Bewegung vor, während dann
im zweiten Redeteil eine "Strophe der Ruhe" einsetzt.[80] Auch
der Aufbau des ersten Redeganges unterstreicht das ausdrücklich: die Bewegung verläuft zyklisch: zuerst Himmelskreis und
Tiefe; dann Meer und Festland; dann Völker und Nationen -.
    Eine ähnliche Bewegung findet sich auch im zweiten Redeteil,
nach der göttlichen Platzanweisung, nur in umgekehrter Reihenfolge - von innen nach außen: Zion, dann Jerusalem, zuletzt
als weitester Kreis das ganze Volk. Die Bewegung des Ausbrei-
tens wird fortgesetzt im Vergleich mit der Pflanzenwelt(V.13f).

d) Zusammenfassung und Überleitung. Zusammenfassend läßt sich
zum ersten Redeteil, der Ursprung und kosmische Funktion der
Weisheit zum Thema hatte, sagen, daß, ähnlich wie Sir 1,1-10,
der Ort der Weisheit in zwei Schritten beschrieben wird:
1. Vor der Schöpfung bei Gott, 2. bei den Schöpfungswerken.
Hier in Sir 24 sind beide Schritte weiter expliziert worden.[81]
Der Gedankenfortschritt liegt aber bei dem, was man das "Wesen"
der Weisheit nennen könnte, denn in Kap. 24 erhält man eine
Antwort auf die Frage, was die Weisheit ist - der Epiphanie-
glanz, der göttliche כבוד. Konsequent wird in großer Zurück-
haltung das weiter entfaltet, was in Ijob 28, Spr 8 und Sir 1
angelegt war.
    Mit V.7 wird das Thema der Einwohnung der Weisheit auf dem
Zion angeschlagen. Dazu dienen die beiden Begriffe ἀνάπαυσις
und κληρονομία. Hier stehen sie aber noch unter dem Vorzeichen
des Suchens (ζητέω). Das besitznehmende Umherziehen (V.5)
wird dadurch als etwas beschrieben, was erst im 2. Redeteil
seinen Abschluß und seine Vollendung findet.

4.2.3. Der zweite Redeteil (V.8-12). Auf Grund göttlichen Be-
fehls findet die Weisheit ihre Zielbestimmung in der Einwohnung
auf dem Zion. Dieser göttliche Befehl wird unterstrichen durch
eine Aussage über den "ewigen" Bestand der Weisheit, die von

---

80 Vgl. RICKENBACHER 121.139f.

81 Man könnte den Weg der Weisheit auf den Zion als den 3. Schritt be-
    zeichnen, der im zweiten Redeteil beschrieben wird.

Uranfang geschaffen ist und bis in Ewigkeit bleibt (V.9); damit ist die bleibende Einwohnung auf dem Zion ausgedrückt.[82]
Solche Doppelformeln sind als Aussage über Gott aus dem AT
bekannt.[83] Ähnlich wie im ersten Redeteil rückt damit die
Weisheit wieder in die unmittelbare Nähe zu Gott. Durch die
Angabe des Geschaffenwerdens bleibt sie aber eindeutig von ihm
unterschieden.

Das Thema der Präsenz der Weisheit in der Geschichte des
auserwählten Volkes wird nun weiter expliziert. Analog zum
ersten Redeteil wird wiederum auf eine Art Vorgeschichte abgehoben, dem Dienst der Weisheit im heiligen Zelt vor der Lade
auf der Wüstenwanderung,[84] die im Tempel auf dem Zion ihren
endgültigen Ort findet.[85] Das Bild der "liturgischen" Weisheit läßt erkennen, daß für Sir die Vermittlung von Gott und
Mensch im israelitischen Kult von großer Wichtigkeit ist.[86]
Den Hintergrund für dieses Geschehen bildet das für die
Priesterschrift besondere theologische Kennzeichen von Lade
und Zelt im Kult.[87] Hier im heiligen Zelt, das den Jerusalemer
Tempel repräsentiert, findet die exemplarische Begegnung des
Menschen mit Gott statt.[88] Weiterhin ist für den Hintergrund
des zweiten Redeteiles von Sir 24 die für P kennzeichnende Bedeutung des Tora-Begriffes wichtig, der hier im Kult haftet;
gehörte schon vor P die Erteilung der "Tora"-Weisung zu den
wesentlichen Aufgaben des Priesteramtes, so ist für P eine

---

82 So zum Beispiel herausgestellt bei WIED 161-168 (164).

83 Vgl. oben zu Ps 90,2.

84 Damit gewinnt die Erwähnung der Epiphaniesäule (V.4) ihre spezielle
    Bedeutung; in der Weisheit vermittelt sich die göttliche Doxa, ja sie
    ist "inkarnierter" כבוד.

85 Zur Epiphanie der göttlichen Doxa im Tempel vgl. 1 Kön 8,10-13, wo
    auch in der jetzigen Fassung die Lage erwähnt wird. Zur Auslegung s.
    NOTH, Könige (BK) 173-193 (Lit!).

86 Vgl. bei Sir weiterhin 4,14; 45,15; 50,14.19 u.ö.

87 Hier sei stellvertretend für eine große Anzahl an Literatur nur ver-
    wiesen auf KOCH, ThWAT Bd.1 (1973) Sp. 138ff und H.-J.ZOBEL, ebd.
    Sp.399f; dort jeweils ausführliche Literaturangaben!

88 Vgl. z.B. Ex 25,22: "Dort werde ich (Gott) dir begegnen (ונועדתי)
    und mit dir von der Kapporät herab zwischen den beiden Keruben über
    der Lade des Zeugnisses alles reden, was ich dir für Israel anbefehle.
    "Das Ni... und Hi... von ידע wird als Offenbarungsbegriff verwendet"
    (SCHOTTROFF,THAT Bd.1 Sp.693 (Herv. dort); das Heiligtum heißt bei P
    "Begegnungszelt"!

wesentliche Vertiefung dieser Funktion zu konstatieren: hier
im Kult findet <u>letztlich gültige Weisung</u> statt.[89] "Ziel der
priesterlichen Tora ist die Heiligkeit, die sich zeichenhaft
im Kult verwirklicht."[90] Wenn die Weisheit wie der Priester
die Mittlerfunktion zwischen Gott und Mensch übernimmt, dann
ist sie nicht nur Funktionsträger, sondern der Inhalt der
priesterlichen Weisung, die "Tora" selbst. Die ausdrückliche
Identifikation in V.23 ist damit vorbereitet.[91]

Die beiden für Sir 24 häufigen Begriffe "Ruhe"[92] und
"Erbe"[93] nehmen auf die Zionserwählung Bezug[94] und greifen
deuteronomisches Traditionsgut auf.[95] Das bedeutet, daß
Sirach der Erwählungs- und Heilsgeschichte seines Volkes aus
der Perspektive eines Weisheitslehrers eine neue Fassung gibt.
Die Weisheit wird zum Mittler der Offenbarung Gottes an das
erwählte Volk. Das Volk Israel wird durch sie mit der Urgeschichte verbunden, d.h. das Volk wird zugleich in den Zusammenhang von Gottes universaler Wirksamkeit gestellt.[96]
Zusammenfassend läßt sich nach dem zweiten Redeteil sagen,
daß für Sir die höchste Erscheinungsform der Weisheit die
Einwohnung in Israel darstellt, d.h. die Offenbarung Gottes
für den Menschen. Damit wird die Herrschaft der Weisheit über

---

89 Vgl. nur, daß hier bei P mit der Formel תורה זאת Gesetzeskorpora
    über- und unterschrieben werden: Lev 6,2.7.18; 7,1.11.37; 11,46;
    13,59 u.ö. Aber dazu gehörte sicherlich auch genauso die Pflege und
    Weitergabe der geschichtlichen Überlieferung. Durch den Beginn der
    priesterlichen Geschichtsdarstellung im Schöpfungsbericht Gen 1 findet
    die Heilsgeschichte in der Schöpfungsordnung seinen Rahmen.

90 GESE, Gesetz 66-68 (Zitat S.67).

91 Im poetischen Teil tauchen kultische Motive wieder auf: 24,15 wird die
    Ausbreitung und Wahrnehmung der Weisheit unter Zitierung der Düfte des
    Bundeszeltes aus Ex 30,22-38 ausgedrückt; das besondere Interesse
    Sirachs am Kult zeigt sich auch in der Beschreibung der Gestalt Aarons
    45,6-22 und des Hohenpriesters Simon 50,1-21; in 50,14 taucht auch noch
    einmal der Begriff λειτουργεῖν (wie 24,10) auf.

92 So V.7 und nun V.8.10; zu Sir 28,16 und 47,12f u.a. vgl. RICKENBACHER
    138f.

93 So V.7 und nun V.8.12, auch V.20.23; zu Parallelen bei Sir vgl.
    RICKENBACHER 139-141.

94 Vgl. GESE, Davidsbund; ders., Natus 134-138.

95 Bes. Dtn 12,9f; 25,19; vgl. v.RAD, Land 88f; ders., Ruhe 103-106; ders.,
    Theologie des AT Bd.1 236-9.

96 Vgl. MARBÖCK, Weisheit im Wandel 64 und den Exkurs, S.68-74. Eine
    ähnliche Spannung zwischen Universalität und Partikularität findet
    sich Dtn 10,14f; 32,8f; auch Ps 147,19f; vgl. dazu GILBERT, L'éloge 345.

den Kosmos zu einer Vorgeschichte ihrer Herrschaft in
Israel. Zu Recht kann in einem gewissen Sinn von einer
"völligen Entmythologisierung der Weisheitsgestalt" geredet
werden.[97] "Erst in ihrer geschichtlichen Konkretheit im auserwählten Volk tritt auch ihre die ganze Welt und alle Völker
umfassende Vorgeschichte (24,3-6) in ein neues Licht. Nur
von Israel aus wird das Wirken der einen Weisheit auch außerhalb der Nation erkannt."[98] Damit erweist sich die Konzeption
von Sir 24 als konsequente weisheitliche Entfaltung der ihm
zugrundeliegenden Zionstheologie.[99]

4.2.4. Die Identifikation von Weisheit und Tora (V.23)
Viele Exegeten deuten die Intention Sirachs dahingehend, daß
dieser die Weisheit als eine feste nomistische Größe versteht
und belegen diese Auffassung durch den Hinweis auf die Identifizierung der beiden Größen Weisheit und Tora.[100] Sir 24,23
ist damit für sie der Schlüssel für ihre Auslegung des ganzen
Kapitels, ja des ganzen Buches. Ungeachtet einer Interpretation des Torabegriffes selbst muß darauf geachtet werden,
daß mit V.23 ein neuer Abschnitt des Kapitels beginnt, der auf
die vorangehenden Verse zurückblickt.[101]

    So haben die Verse, die den Lobpreis der Tora zum Gegen-
stand haben (V.25-29), eine eigene Funktion und sind dem
poetischen Teil, der die Weisheit preist (V.13-17), vergleichbar. Was hier Sirach offensichtlich zusammengestellt und ausdrücklich identifiziert hat, wird in der jüdischen Tradition
nach ihm als feste Verbindung aufgegriffen und weitergeführt;
aufgrund dieser Identifikation können die Texte, die lediglich
über die Weisheit reflektieren, in einem neuen Licht gelesen
und interpretiert werden.

---

97 MARBÖCK, Weisheit 72.

98 Ebd. Vgl. auch ders., Gesetz 9-13 zum Problem von Universalismus und
    Partikulismus.

99 Dazu GESE, Weisheit 90; ähnlich SHEPPARD 79-94 mit Bezug auf 2 Sam 7;
    Ps 78,60-72; 132,11-18 u.a.

100 Z.B. FICHTNER, Altorientalische Weisheit 94; NOTH, Gesetze 112ff;
     SCHMID, Wesen 151ff.

101 Vgl. HENGEL, Judentum 289; MARBÖCK, Weisheit S.64f.90 u.ö.;
     RICKENBACHER 112.125 u.ö.; KÜCHLER 38; SHEPPARD 102f.

Sir 24,23:[102]

"Dies alles ist das Bundesbuch des höchsten Gottes,
das Gesetz, das uns Mose aufgetragen hat
als Erbe für die Gemeinden Jakobs."

Die Identifikation von Weisheit und Tora kommt nicht überraschend. Schon vorher hatte Sirach in seinem Buch des öfteren
beide Größen unter verschiedenen Aspekten nebeneinanderge-
stellt.[103] Außerdem rückte die Weisheit im zweiten Redeteil
(V.8ff) in ihrer "liturgischen Funktion" nahe an die Vorstellung der priesterlichen Tora heran. Aber anscheinend ist mit
dieser engen Zusammengehörigkeit von Weisheit und Tora noch
nicht das erfaßt, was das Anliegen Sirachs angemessen beschreibt, wenn er in so auffallender Form in V.23 neu einsetzt:
ταῦτα πάντα .[104]

Aus dem Prolog des Enkels, der den hebräischen Text in die
griechische Sprache übersetzte, wird deutlich, daß für Sirach
der atl. Kanon, zumindest für Pentateuch und Propheten, schon
schriftlich abgeschlossen vorgelegen hatte und in seiner Drei-
teilung vorgegeben war.[105] Somit scheint für Sir 24,23 ebenfalls eine Niederschrift im Blickfeld zu stehen; dies erhärtet
sich, wenn man beachtet, daß dieser Vers wohl ein ausdrückliches Zitat von Dtn 33,4 beinhaltet:[106]

---

102 Vgl. die Pesch:

(26) כלהין הלין בספרא דקימה דמריא כתיבן :

(27) נמוסא דפקרן מושא יורתנא הו לכנושתה דיעקוב:

"Dies alles:
Im Bundesbuch des Herrn ist es geschrieben:
Das Gesetz, das uns Mose gab,
Erbe ist es für die Gemeinde Jakobs."
M.E. ist von der Pesch aus keine Änderung des Wortlautes unbedingt
notwendig, das Einfügen von "geschrieben" macht deutlich, daß sie
frei übersetzt. Gegen RICKENBACHER 126f.

103 Sir 1,26; 6,37 (ובמצותו : והתכוננת ביראת עליון); 15,1
(ירא ייי : תורה); 21,11f; 23,27; 34,8, auch 45,5 (Genisa HS B:
תורת חיים והתכונה); weiter 17,11; 29,20.

104 SHEPPARD 61: "These words mark both the end of the Wisdom Song ...
and the beginning of commentary upon it."

105 Vgl. Z.1f.8-10.24f; auch Sir 39,1.

106 MT und LXX stimmen hier überein; auch wenn Sir hier ausnahmsweise
denselben Wortlaut wie die LXX repräsentiert, scheint das m.E. noch
kein Argument zu sein, eine nachträgliche Änderung zu vermuten.
Gegen RICKENBACHER 126 u.a.

"Ein Gesetz (תורה) hat Mose uns übergeben,
ein Eigentum ist die Gemeinde Jakobs. "

Auch wenn mit "Tora" in diesem Mosesegen sicherlich noch
nicht eine fest umrissene Größe gemeint war, hatte ja schon
das Deuteronomium sich "als schriftlich fixierten Jahwewillen"
verstanden,[107] ein Verständnis, das später als selbstverständlich und geläufig aufgegriffen wurde.[108] Ähnliches läßt sich
an dem parallelen Begriff "Bundesbuch" feststellen.[109] Dieser
scheint sogar ausdrücklich bei Sir den kanonischen Pentateuch
zu bezeichnen.[110] Die Vorgeschichte der Identifikation von
Weisheit und Tora soll uns hier nicht weiter beschäftigen, auc
nicht, unter welchen Umständen und mit welcher Frontstellung
Sirach zu diesem Schritt genötigt wurde.[111] Eines aber ist
festzuhalten - und das gilt auch für den gleichen Vorgang bei
Baruch 4,1 -: von dieser Zeit an kann aufgrund der Identifikation mit der Präexistenz einer "reflektierten Tora" gerechnet werden, wie sie dann schon in frühen Texten der
rabbinischen Tradition greifbar wird.[112]

4.3. Die Präexistenz der Weisheit bei Sirach

Sowohl am Anfang seines Buches in Sir 1, wie auch am Beginn
des Preisliedes der Weisheit in Sir 24, stellt Jesus Sirach
die uranfängliche Existenz der Weisheit vor der Schöpfung
heraus und betont ihre unmittelbare Nähe zu Gott, dem Schöpfer
Dabei kann man die Aussagen in Sir 1 grundsätzlich den traditionellen Formulierungen der Weisheitsliteratur zuordnen, auch

---

107 Vgl. LIEDKE/PETERSEN, THAT Bd.2 Sp.1041.

108 Ebd.

109 Ex 24,7; 2 Kön 23,2.21; 2 Chr 34,30 u.ö.; den ähnlichen Ausdruck
     ספר התורה 2 Kön 22,8.10; 2 Chr 34,30 u.ö.; und andere Wendungen;
     auch Sir 17,11f; 1 Makk 1,56f; vgl. KÜHLEWEIN, THAT Bd.2 Sp.171.
     Vgl. unten zu Bar 4,1.

110 Sir 39,1; vgl. SHEPPARD 63f.

111 Vgl. KÜCHLER 33-45 (bes.37); MARBÖCK, Gesetz passim.

112 Zur "reflektierten Weisheit" in den rabbinischen Texten vgl. unten
     zu mAv 3,14. Neuerdings versucht LEBRAM, Jerusalem,die Identifi-
     kation von Weisheit und Tora zu hinterfragen, m.E. nicht zu Recht;
     LEBRAM übersieht die Sirach schon deutlich vorgegebene Affinität
     von Weisheit und Tora und die Bewegung im Preislied (Kap. 24) auf
     die Tora zu.

wenn sie prägnanter und griffiger geworden sind.[113] Ihre
Funktion im Kontext und innerhalb des gesamten Buches ist
einigermaßen deutlich; von Anfang an faßt Sirach programmatisch das zusammen, was schon vor ihm gedacht worden ist:
die Weisheit überbietet die schon an sich unzählbaren und
kaum ganz erforschlichen Schöpfungswerke Gottes an Herkunft
und Alter bei weitem. Gleichzeitig kann Sirach den Geber und
Schöpfer der Weisheit ebenso betont herausstellen - Jahwe,
der allein der Schöpfer des Alls genannt zu werden verdient.
Hier wird von einer "universalen Präsenz", einem "universalen
Angebot" an die Völkerwelt gesprochen.[114]

Dieses Bild erfährt aber im zweiten großen Text über die
Weisheit Sir 24 eine Transformation. Zwar ist auch hier von
der universalen Präsenz und Herrschaft, vom göttlichen Ursprung, von ihrem ersten Ort bei Gott und von dem Vorgeordnetsein vor aller Schöpfung die Rede;[115] aber das Interesse und
die Absicht Sirachs sind dabei anders gelagert. Nun steht nicht
mehr das "daß" der Präexistenzvorstellung der Weisheit im
Mittelpunkt, sondern die Beschreibung von Wesen und permanenter
Präsenz im auserwählten, heiligen Volk, für das sie von Anfang an einzuwohnen bestimmt war. Schon an den Farben und der
Terminologie ist der entscheidende Unterschied zu früheren
Texten festzustellen: es werden wunderbare Vergleiche herangezogen, es wird ein Geschichtsbild und eine heilsgeschichtliche
Konzeption entworfen. Weiterhin ist die Verkoppelung mit der
die göttliche Offenbarung enthaltenden Tora vollzogen - eine
absolute Heilsgröße wird dem Leser vor Augen gemalt.

Die Beschreibung der Präexistenzvorstellung der Weisheit
ist im ersten Redeteil von Sir 24 ohne zeitliche Kategorien
ausgekommen. Trotzdem ist es Sirach gelungen, die präkosmische
Existenz der Weisheit herauszustellen. Sie wird durch eine
durchgängige Bewegung zum Ausdruck gebracht: aus dem Munde
Gottes kommend, erfüllt sie alle transzendenten und immanen-
ten Bereiche, jeden Raum und jede Zeit.

---

113 Ich kann mich deswegen nicht dem Urteil v.RAD's anschließen, der
     formuliert: "Sie (sc. die Weisheit bei Sir) verfügt eben nicht
     mehr über die elementare Dichte und Eindeutigkeit des Sagens, die
     das Vorrecht früherer Zeiten ist." (Weisheit in Israel 312).

114 Vgl. KÜCHLER 48.56 u.ö.

115 So in V.3-6.9.

Um diese alles umfassende und umspannende Weisheit darzustellen, kann Sirach auf ihm vorliegende, bekannte Bilder und
Vorstellungen zurückgreifen; so wird im ersten Redeteil insbesondere auf die Anfänge der Schöpfungsberichte und auf die
Wüstenerzählungen als Modell zurückgegriffen. Ohne daß Sirach
zeitliche Bestimmungen bemühen müßte, vermochte er dadurch die
Omnipräsenz der Weisheit in Raum und Zeit und ihres Primats
prägnant zum Ausdruck zu bringen.

Wenn man diese Bewegung vom uranfänglichen Ursprung bis
hinein in die Geschichte der Völker systematisieren wollte,
müßte man zuerst auf die Vorstellungen, die mit der transzendenten, göttlichen Sphäre zusammenhängen, Bezug nehmen. So
ist die Weisheit das präexistente Schöpferwort Gottes, das
kosmische Urlicht, ja, die göttliche Doxa selbst, der der
Mensch begegnen und sich aussetzen kann.

Sodann ist ihr Weg dargestellt wie die Wanderung des Volkes
zum gelobten Land durch alle kosmischen Bereiche hindurch bis
hin zu den Völkern, findet aber keinen Ort, wo sie ihr "Zelt"
bleibend aufschlagen könnte. Erst durch das Gotteswort erreicht diese Bewegung ihr Ziel und ihren Abschluß im zweiten
Redeteil. Universale Urgeschichte und exklusive Heilsgemeinde
werden auf diese Weise wirkungsvoll kontrastiert und gleichzeitig miteinander verkettet. Unter dieser Voraussetzung kann
sich Sirach nun auch zeitlicher Kategorien bedienen, um die
Präexistenz der Weisheit wie auch ihre ewige Einwohnung auf
dem Zion angemessen zu beschreiben. Weil die Weisheit den
göttlichen und menschlichen Bereich umfaßt, ist sie geheimnisvolles Bindeglied und Mittler zwischen Schöpfer und Geschöpf,
ist sie, wie die Einwohnung auf dem Zion schildert, die göttliche Offenbarung in Schöpfung und Geschichte selbst.[116]
Dieser neugewonnene Kontrast zwischen transzendentem Sein bei
Gott und irdischer Existenz an einem bestimmten Ort zu einer
bestimmten Zeit stellen dabei Vorstufen dar, die für die Entstehung der Präexistenzaussagen der neutestamentlichen Christologie sowie für rabbinische Texte über Tora und Messias bahn-
brechend wirkten.

---

116 Vgl. v.RAD, Weisheit in Israel S.227f: "Sie (sc. die Weisheit) ist die
    große Vermittlerin. Durch ihre in höchster Aktualität ergehenden
    Anrede und ihre Gaben bekommt der Mensch Anteil an Jahwe."

Wenn auch die Verknüpfung mit der schriftlichen göttlichen
Offenbarung, der Tora, noch nicht in gleicher Weise so vollkommen und kunstvoll gelang, wie der Neueinsatz in V.23 zeigt,
so war der Weg dazu durchaus vorgezeichnet. Mit Hilfe vorgeprägter und transformierter Vorstellungen von der Weisheit ist
nun die universale Gültigkeit der Tora postuliert. Ihr bleibender Besitz und ihre Präsenz im auserwählten Volk können nun
als exklusives Privileg Israels herausgestellt werden.

5. Baruch 3f

Als letzter Text der palästinischen Weisheitstradition soll
Bar 3,9 - 4,4 behandelt werden, ein Gedicht über die Tora /
Weisheit, das wohl etwas später als Sirach (gegen Ende des
2.Jh.v.Chr.) anzusetzen ist.[1] Dieser Text ist - wie Sir 1 und
24 - ebenfalls nur in der LXX überliefert.

Bar 3,9-4,4 bildet einen eigenständigen Teil im Ganzen des
Baruchbuches. Während Bar 1,1-3,8 in Prosa geschrieben ist,
ist dieser zweite Teil poetisch gehalten; vom dritten Teil des
Baruchbuches (4,5-5,9) unterscheidet er sich offensichtlich in
der Thematik.

Ursprünglich ist Bar 3,9 - 4,4 (ähnlich wie der erste Teil
des Buches) in hebräischer Sprache geschrieben worden.[2] Allerdings ist die Übersetzung des zweiten Teils in einem bedeutend
besseren Griechisch abgefaßt als die des ersten, der mehr
hebraisierende Elemente aufweist.

5.1. Text und Gliederung

Der Aufbau des Gedichtes über die Weisheit lehnt sich stark an
Ijob 28 an;[3] wie dort wird das Suchen und Forschen nach der
Weisheit als ein vergeblicher Weg dargestellt; wie dort findet
sich hier etwas Ähnliches wie ein Kehrvers, das immer wieder

---

1 Vgl. BATTISTONE 93, vgl. S.204f, GUNNEWEG in: JSHRZ Bd. 3,2 (1975)
S.168; C.A.MOORE, Daniel 258.260. BURKE 40-51, S.50: "the most
persuasive evidence points to the Maccabean era as the time of
origin."

2 Dazu BURKE 38-40.

3 Ein (synoptischer) Vergleich beider Texte ist bei KÜCHLER 49f angedeutet; vgl. weiter BATTISTONE, An Examination 136-138.

aufgegriffene Thema von Stätte und Weg der Weisheit:[4]

Bar 3:[5]

(15)   "Wer hat ihre Stätte gefunden,
         und wer ist zu ihren Schätzen vorgedrungen?"

(20c)   "aber den Weg zur Erkenntnis erkannten sie nicht,
(21a)   noch verstanden sie ihre Pfade."

(21c)   "Auch ihre Söhne erfaßten sie nicht,[6]
         fern waren sie von dem Weg zu ihr."[7]

(23de)   "den Weg zur Weisheit erkannten sie nicht,
         noch gedachten sie ihrer Pfade."

(27)   "Nicht sie erwählte Gott,
         und den Weg zur Erkenntnis gab er ihnen nicht."

(31)   "Da ist niemand, der den Weg zu ihr kennt,
         und keiner, der den Pfad zu ihr gewahrt."

(32)   "aber er, der alles weiß, kennt sie,
         er hat sie erkundet durch seinen Verstand."

(37a)   "Er hat erkundet jeden Weg zur Erkenntnis."

Es wird nach dem Ort der Weisheit gefragt, nach ihren
"Schätzen" (d.h. nach dem Schatzhaus im Himmel: אוצר)
(V.15).[8] Anhand verschiedener Punkte wird festgestellt, daß
es von menschlicher Seite aus keinen Weg zu ihr gibt. So war
die Weisheit nicht bei den Mächtigen, den Reichen und Kunst-
fertigen aller Generationen (V.16-21), noch bei den Weisen
Kanaans, Midians und Temans (V.22f), noch bei den Riesen der
Vorzeit (V.26-28) zu finden. Allein der Schöpfer kann für sic
in Anspruch nehmen, die Weisheit und den Weg zu ihr zu kennen

---

4 Die Ausdrücke für "Weisheit" wechseln:
   φρόνησις : V.9,14,28;
   σύνεσις   : V.14,23 bis, vgl. 32;
   ἐπιστήμη : V.20,27,37;
   σοφία   : V.23; vgl. weiter V.14.

5 Übersetzung nach GUNNEWEG in: JSHRZ Bd.3,2 S.176f.

6 οἱ υἱοὶ αὐτῶν ist als Subjekt zum zweiten Stichos zu ziehen; so
   nach der einen Rezension der LXX und verschiedenen Versionen. Vgl.
   GUNNEWEG, Anmerkung f) und BURKE 144f.

7 Bei ἀπὸ τῆς ὁδοῦ αὐτῶν ist die Variante der Pesch und verschiedener
   HSS mit Bezug auf die Weisheit (αὐτῆς) vorzuziehen; vgl. GUNNEWEG,
   ebd. und BURKE, S.144; so auch C.A.MOORE z.St. S.299.

8 Die Vorstellung des Himmels als Schatzhaus Gottes ist im AT durchaus
   gebräuchlich; vgl. Dtn 28,12; 32,34; es ist ein Ort, wo der Wind
   (Jer 10,13 = 51,13, Ps 135,7) sowie Schnee und Hagel (Ijob 38,22) aufbewahrt sind; weiter Sir 39,17.20; 43,14; zum Ganzen SOGGIN, THAT Bd.2
   Sp. 967f; vgl. auch HAUCK, ThWNT Bd.3 (1938) S.137. Vgl. auch unten zu
   äthHen 42.

Die Gliederung des Gedichtes scheint thematisch orientiert zu sein.[9] M.E. kann eine solche am ehesten an den beiden Frage-komplexen (V.15 und 29-30) festgemacht werden. Damit scheinen 3,9-14 eine Einleitung darzustellen, beginnend mit einer soge-nannten "Aufforderung zum Hören".[10] V.16ff wird als nächster Teil durch diese beiden Fragekomplexe (V.15.29f) eingerahmt. Eine Art "Lösung" stellt 3,31-37 dar;[11] wahrscheinlich gehört auch 4,1 - die Identifizierung von Weisheit und Tora - noch hinzu.[12] Den Abschluß bildet 4,2-4, wo ebenfalls, wie in der Einleitung, wieder Israel mahnend angeredet wird.

5.2. Ein Erscheinen der Weisheit auf Erden?

Bar 3,38:

"Danach erschien sie (sc. die Weisheit?)[13] auf der Erde und wandelte unter den Menschen."

Mit dem Einsatz (μετὰ τοῦτο) taucht zum erstenmal in diesem Gedicht eine Zeitangabe auf; dies ist schon vielen Exegeten aufgefallen, und so scheiden eine Anzahl diesen Vers als christlichen Einschub aus.[14] Nun wäre eine solche Vermutung von der Struktur nicht unbedingt zwingend; auch im zweiten Redeteil von Sir 24 nimmt die Weisheit auf dem Zion Wohnung, d.h. sie tritt in die Geschichte ein als dem sichtbaren,

9 Meist gliedert man nach der Anrede an das Volk Israel (vgl. DANCY z. St. und C.D.MOORE z.St.); d.h. Teil I: 3,9-14 (Einleitung). Teil II: 3,15-23 (Hauptteil). Teil III: 3,24-4,1 (Lösung). Teil IV: 4,2-4 (Schluß) (Allerdings faßt DANCY die beiden ersten Teile zusammen). Aber V.24 wird zwar Israel im Vokativ erwähnt, ist aber nicht direkt angeredet wie an den beiden anderen Stellen (3,9 und 4,2 ("Jakob"); so ist auch die Erwähnung des Namens 3,37 für die Gliederung beiläufig.

10 Vgl. den von WOLFF vorgeschlagenen Terminus "Lehreröffnungsformel" (Hosea BK S.122f) wie Jes 1,10; 28,23; Hos 4,1; 5,1; Joel 1,2; Ijob 33,31; 34,2; Ps 49,2; Spr 4;1; 7,24 u.ö. Hier in Bar 3,9 scheint aber besonders die Tradition von Dtn 6,4 nachzuwirken; vgl. 4 Esr 9,30. Formal ist Bar 3,9-4,4 durch Einleitung und Schluß als Mahnrede ge-staltet.

11 Zu V.38 s.u. im Text.

12 S. unten.

13 Hier in der LXX ist die Weisheit wohl das Subjekt (αὐτῆς); anders aber die Vulg, die wohl die Einwohnung Gottes voraussetzt: "Post haec, in terris visus est, et cum hominibus conversatus est." (Vgl. Pesch u.a. Versionen).

14 M.W. zum erstenmal bei KNEUCKER 310-312; weiter z.B. ROTHSTEIN, in: APAT Bd.1 S.221 Anmerkung g; OESTERLEY, Introduction 258 läßt den Vers 38 in der Gliederung aus; KÜCHLER 39 A.17; vorsichtiger äußern sich BATTISTONE 151f, aber 176f; GUNNEWEG in: JSHRZ S.177 A.1; C.A.MOORE, Daniel 301f; aber BURKE 176f.205 A.127 hält den Vers für ursprünglich, so auch MACK, Logos 32 A.42 u.a.

menschlichen Bereich.[15] Dennoch verrät die Sprache von Bar 3,
eindeutig eine christliche Redaktion.

Zwar erscheint συναναστρέφω nur einmal als Variante im NT
und ein absolutes ὤφθη ist nur in der Offb bezeugt.[17] Dagegen zeigen aber z.B. die christlichen Zusätze im Test XII ein
deutliche Affinität zu diesem Vers.[18] So erscheint TestDan 5,
συναναστρέφω als christlicher Zusatz zur Aussage über die
präsente Gottesherrschaft mitten in Israel.[19] Ebenfalls beschreibt eine christliche Hand die Einwohnung Gottes in Israe
durch ein absolutes ὀφθήσεται (TestNaph 8,3).[20] Ähnlich wird
auch in den Apokryphen zum NT geredet.[21] So ist m.E. terminologisch die christliche Zugehörigkeit eindeutig belegt; zumal
hier, wie dort im Test XII, eine jüdische Urschrift vorlag,
die im christlichen Bereich aufgegriffen, überarbeitet und al
christliche Schrift weiter tradiert worden ist. Allerdings mu
diese christliche Glosse schon in früher Zeit angefügt worder
sein, weil sie in allen vorhandenen HSS überliefert wird.[22]
Sie ist jedoch vorbereitet worden durch die Entwicklung der
jüdischen Weisheitstheologie.

5.3. Die Identifikation von Weisheit und Tora
Wird Bar 3,38 als christliche Glosse ausgeschieden, dann ergibt sich ein ursprünglicher Zusammenhang zwischen der Gabe
der Weisheit und dem Besitz der Mosetora.

_____

15 Vgl. auch Spr 8,31c.

16 Apg 10,41 D.

17 Offb 11,19; 12,1.3; bei Paulus nur mit dem Dativ der Person: 1 Kor 1
    6.7.8.

18 Vgl. die Arbeit von de JONGE, Testament 36.92.126.

19 Vgl. auch TestIss 7,7 (συμπορεύομαι) und Jürgen BECKER, in: JSHRZ
    Bd. 3 S.84 A.7b z.St.

20 Parallel zu κατοικέω , weil es aber eschatologische Verheißung (Fut.
    ist, könnte es auch ursprünglich sein; vgl. auch TestLev 5,2 (ἦλθον
    und παροικέω). Ähnlich werden darum auch Vulg und andere Übersetzun
    den Vers verstanden haben.

21 Ζυσυναναστρέφω in christlichen Texten vgl. noch Asc. Jes B 2,11
    (ed. O.v.GEBHARD ZWTh 21 (1878) S.344); Act. Petr et Paul 43 (in: Ac
    Apostolorum Apocrypha S.198,5):jeweils verwendet, um das Erdenleben
    Christi zu beschreiben. Nach LAMPE, Lexicon 1301 A, s.v.

22 GESE, Weisheit 102.

Bar 3,37; 4,1:

(3,37)   "Er (sc. unser Gott)[23] hat erkundet jeden Weg der
           Erkenntnis und sie gegeben Jakob, seinem Knecht,
           und Israel, seinem Liebling;
(4,1)   Diese ist das Buch der Gebote Gottes
           und das Gesetz, das in Ewigkeit besteht;
           alle, die daran festhalten - zum Leben (ist sie),
           aber die sie verlassen, sterben dahin."

Jahwe, der Gott Israels, der Schöpfer der Welt, kennt und
besitzt diese gesuchte Weisheit.[24] Er hat sie aber nicht etwa
seiner ganzen Schöpfung verliehen, sondern sie seinem auserwählten Volk Israel als exklusive Gabe übermittelt. Alle, die
an ihr festhalten, werden das Leben gewinnen und nicht mehr
dem Tod verfallen.[25] Dieser Zug der Exklusivität ist schon in
den Texten bei Sirach eine - wenn auch wahrscheinlich nicht
bestimmende - Interpretationsmöglichkeit gewesen. Hier bei Bar
ist sie aber expressis verbis ausgesprochen. Sicherlich hängt
diese Aussage mit der Situation zusammen, in der das Gedicht
entstanden ist, was durch die Mahnungen in Vorspann (3,9-14)
und Schluß (4,2-4) zum Ausdruck kommt; die Beziehungen
zwischen 3,9-14 und Bar 4,1 sind besonders stark.[26] Das hier
zutage tretende theologische Interesse erlaubt einen Rück-
schluß auf die frühe pharisäische Bewegung.[27] Der Besitz der
Weisheit und göttlichen Offenbarung kommt nur Israel zu und
begründet und verstärkt das Bewußtsein der nur ihm zuteil ge-

---

23 BURKE 173 vermutet als Versanfang ein verlorengegangenes Demonstrativ-
    pronomen; diese Vermutung ist aber nicht zwingend, denn der eigentliche
    Sinnabschnitt beginnt V.36 gerade auf diese Weise, und wird nicht
    wiederholt worden sein.

24 Der Ausdruck "Weg der Erkenntnis" (wohl דרך בינה/חכמה) scheint die
    Zusammenfassung der Weisheitstradition beschreiben zu wollen; vgl. bes.
    Spr 4,10f; 9,6; weiterhin steht Ijob 28,23 im Hintergrund.

25 Zur Verbindung von "Weisheit" und "Leben" vgl. Spr 3,1f.17f; 4,13f.22f;
    13,14f (parallel: מות) u.ö. Dieselbe Verbindung besteht zwischen
    "Tora" und "Leben", vgl. Lev 18,5; Dtn 30,15.19 u.ö. Zum Ganzen vgl.
    GERLEMANN, THAT Bd. 1 Sp.556 Lit!

26 Z.B. 3,9: "Gebote des Lebens" (ἐντολὰς ζωῆς) mit 4,1 (ζωήν); 3,13
    "du würdest auf ewig in Frieden wohnen" (κατῴκεις ἂν ἐν εἰρήνῃ τὸν
    αἰῶνα) mit 4,1 (εἰς τὸν αἰῶνα). Inwieweit 3,9-3,14 eine später
    komponierte Überleitung zum Weisheitsgedicht darstellt, kann hier
    außer acht bleiben; vgl. BATTISTONE 26f.33; BURKE 100 A.297 (Lit!).

27 HENGEL, Judentum 307: "Vor allem in jenem Zweig der Chasidim, aus dem
    nach Abspaltung der Essener ... in der hasmonäischen Zeit ... die
    pharisäische Bewegung herauswuchs, wurde die siracidische Gleich-
    setzung von kosmischer חכמה und Tora festgehalten."

wordenen göttlichen Erwählung.[28]

Die Weisheit und göttliche Offenbarung ist für den Verfasser repräsentiert und identifiziert mit dem "Buch der Gebote Gottes",[29] der Israel von Gott übergebenen Tora (νόμος). Damit ist, wie schon bei Sir, eine schriftlich fixierte Größe gemeint. Ihre Zuverlässigkeit ist durch die "ewige Beständigkeit" (ὑπάρχων εἰς τὸν αἰῶνα) zum Ausdruck gebracht. Hiermit wird wieder atl. Gut aufgegriffen und auf den abgeschlossenen Kanon angewandt.[30] Einen ähnlichen Schwerpunkt setzte schon - neben der Identifikation in Sir 24,23 - Sir 17,11f:

"Er (sc. Jahwe/ κύριος) hat ihnen Einsicht dargeboten und das Gesetz des Lebens zum Besitz gegeben.
Einen _ewigen_ Bund hat er mit ihnen errichtet und seine Gesetze ihnen mitgeteilt."

Dort schildert Sirach die Gabe der Erkenntnis der Schöpfungsordnung an alle Menschen (vgl. Sir 17,7) mit Motiven der Sinaoffenbarung[31] und betont den ewigen Bestand. Auf ähnliche Weise interpretiert auch ein Zusatz das Weisheitsgedicht Sir 1:
Sir 1,5:[32]

"Ein Quell der Weisheit ist das Wort Gottes in den Höhen und ihre Wege sind _ewige_ Gebote (ἐντολαὶ αἰώνιοι)."

Die Weisheit als göttliche, über alle Zeit stehende Weltordnung ist mit der Mose am Sinai anvertrauten Tora Israels identisch. Diese Offenbarungsordnung ist eine beständige, _in_ _Ewigkeit fortdauernde im auserwählten Volk präsente Größe._

5.4. Die Präexistenz der Weisheit

In dem Gedicht über die Weisheit im Baruchbuch fehlen zeitliche Kategorien, die auf eine Präexistenz der Weisheit vor der Schöpfung der Welt verweisen könnten. Trotzdem steht eine

28 Dazu gehören hier im Text die Attribute Israels: "sein Knecht" (wohl אבדר) und "sein Liebling"(vielleicht ידיד , so jeweils BURKE z.St.) Bar 3,37; weiter die Mahnung an Israel, sein (göttliches) Gesetz allein für sich zu ergreifen und festzuhalten 4,2-4. Dieser Zug verstärkt sich in den rabbinischen Texten; vgl. KÜCHLER 56.

29 Hier könnte einerseits der im AT gebräuchliche Ausdruck ספר תורת אלהים in der Vorlage gestanden haben (so KNEUCKER 313 u.a.), vgl. Jos 24,26; Neh 8,18; wahrscheinlicher ist aber ספר מצות ein Ausdruck der zwar nicht belegt ist, der LXX aber durchaus vorgelegen haben könnte (so BURKE, z.St. S.117f).

30 Vgl. Jes 40,8b.

31 MARBÖCK, Gesetz 3-6.

32 Überliefert in einigen HSS der Lukian-Gruppe, bei Origenes und in der Vulgata sowie in wenigen Versionen.

solche Vorstellung im Hintergrund: die Weisheit ist eine
transzendente Größe, jenseits aller von Menschen erreichbaren
Orte; wie die Fragen von 3,29f implizieren, ist ihr τόπος
(V.15; מקום) im himmlisch-göttlichen Bereich.[33] (οὐρανός|
νεφέλαι - jenseits der - θάλασσα ; oder V.15 die himmlischen θησαυρούς.) Dort ist sie Gottes Gegenüber (V.32), noch
bevor das Thema der Schöpfung angeschnitten wird.[34] Aber ähnlich wie schon in dem Gedicht Ijob 28 steht das Thema der
Präexistenz und des Alters der Weisheit für Baruch nicht im
Mittelpunkt; ihm kommt es entscheidend auf die Verborgenheit
und Nichtauffindbarkeit in der Urzeit der Welt (V.26-28), bei
den Mächtigen der Erde (V.16-21) und auch bei den überall
herumkommenden Kaufleuten (V.22f) an. Weiterhin ist ihm das
Herausstellen Gottes als Weltschöpfer wichtig. Ziel des Gedichtes über die Weisheit ist die Präsenz vor Gottes heil-
samer Weisung, der Tora, in seinem auserwählten Volk. Dieses
"Buch der Gebote Gottes" ist Israels Doxa (כבוד) und Licht.[35]
Weiter wird betont, daß diese Weisheit/Tora eine ausdrückliche
Gabe Gottes darstellt (V.27).[36] Sie soll ergriffen werden und
dem (leidenden?) Volk zum Leben dienen. Wie aber schon im Dtn
(Dtn 4,6-8), so kommt auch hier bei Bar die Exklusivität dieser
göttlichen Gabe erst in Abgrenzung zu den Völkern zum Tragen.

6. Thesenhafter Überblick

In allen besprochenen Texten der palästinischen Weisheitsliteratur erscheint die Weisheit selbst - ausgesprochen oder

33 Zur Parallelität von "Himmel" und "Wolken" (שמים : שחקים) vgl.
    Dtn 33,26; Ijob 35,5; Ps 36,6; 57,11; 108,5.

34 BATTISTONE 151: "The personification of wisdom can be seen in the
    author's reference to it as an independent entity dwelling in the
    cosmos. Wisdom, as such, was not created but was discovered,
    presumable when God began his creative activity, although this is
    not very clear. Wisdom, therefore, is not a creature, but seems to
    have existed eternally in the cosmos." Vgl. ebd. S.158f.

35 Hier steht wohl nicht die prägnante theologische Interpretation
    Sirachs im Hintergrund, sondern es ist "Herrlichkeit" und "Ehre"
    im menschlichen Miteinander im Blickfeld (vgl. WESTERMANN, THAT Bd.1
    Sp. 798f. Hinter φῶς (V.2) steht wahrscheinlich die atl. Weisheits-
    tradition; vgl. Ps 119,98.105; Spr 6,23; Sir 24,27; auch Bar 3,14.
    Vgl. CONZELMANN, ThWNT Bd.9 (1973) S.314f; MACK, Logos 64 A.7.

36 Sir 24,8 die Einwohnung der Weisheit auf dem Zion auf den ausdrück-
    lichen Befehl Gottes hin!

auch nur angedeutet - als eine der übrigen Schöpfung von
Uranfang an vorgeordnete Größe. Durch die hierdurch ausge-
drückte Präexistenzvorstellung wird in einem eingeschränkten
Sinne von der vorzeitlichen Weisheit auch von ihrer "Ewigkeit"
gesprochen werden können. Indem die präexistente Weisheit bei
der Schöpfung Gott als Maß und Plan dient, verbindet sie durch
ihre Mittlerstellung Schöpfer und Geschöpf.

Einerseits ist sie damit eine transzendente, himmlische,
mit Gott eng verbundene Gestalt, andererseits bleibt sie aber
dennoch Gabe Gottes an die Menschen, ja, wird es immer intensiver. Jesus Sirach kann somit konsequenterweise ihre ewig
fortdauernde immanente Einwohnung auf dem Zion beschreiben.
Die Weisheit ist zur heilsgeschichtlichen Größe geworden; sie
ist erreichbar für die Menschen. Ausdrücklich werden sie sogar
dazu aufgefordert, sie zu erwerben. Trotzdem ist die Weisheit
in ihrer Fülle letztlich der menschlichen Verfügbarkeit ent-
zogen. In der Reflexion über die präexistente Weisheit werden
auf sie personhafte Ausprägungen übertragen und ihr zahl-
reiche theologische, anthropologische und kosmologische
Funktionen zugeschrieben. Damit ist sie einer der farbenreich-
sten Gestalten des frühjüdischen Denkens.[1] Insgesamt ist eine
Tendenz festzustellen von einem vorzeitlichen Sein in der
Schöpfung hin zur heilsgeschichtlichen und exklusiven Identifizierung mit der Tora unter Zurücktreten der Schöpfungsaussagen.

Zu den wirkungsvollsten Zügen der reflektierten Weisheit
der palästinischen Weisheitstradition gehören wohl die Vorstellungen als präexistente, geliebte Tochter Gottes[2] und die
Identifizierung von Weisheit und Gesetz. Damit ist der Weg da
geöffnet für die daran anknüpfenden Spekulationen über die
Präexistenz der Tora, wie sie spätestens in den rabbinischen
Texten zum Tragen kommen.

---

1 Vgl. KÜCHLER 36.

2 Vor allem bei Philo; siehe unten. Diese Vorstellung ist dann bei den
   Rabbinen sogar gelegentlich auf die Tora übertragen worden, vgl.
   bSanh 101a; zur Stelle siehe unten.

B. Die Weisheit in der Alexandrinischen Weisheitstradition

Das bedeutendste und nicht zu überschätzende Werk der großen
jüdischen Diasporagemeinde in Alexandrien war die Übersetzung
der Tora in die griechische Sprache. Hier in Alexandrien befand sich in frühhellenistischer Zeit das geistige Zentrum der
hellenistischen Welt, der Mittelpunkt von Wissenschaft und
Kunst.[1] "Die geistige Elite der griechischsprechenden Juden
Ägyptens konnte sich diesem Einfluß nicht entziehen. Sie entwickelte - ein in der Geschichte der griechisch-römischen Welt
wohl einmaliges Phänomen - eine eigene, über mehrere Jahrhunderte fortdauernde, gelehrte Tradition."[2] Schon in der
ersten Hälfte des 3.Jh.v.Chr. wurde hier im Gottesdienst der
jüdischen Gemeinde die griechische Sprache gesprochen.[3] "Die
Reste der frühen jüdisch-hellenistischen Literatur (zeigen)
die beachtliche Bildung ihrer Verfasser sowie auch die Verschmelzung von jüdischem und griechischem Denken."[4] Diese
Verschmelzung läßt sich deutlich in den für unsere Fragestellung wichtigen "philosophischen" Schriften von Aristobul, dem
Weisheitsbuch und Philo aufzeigen. Palästinische Weisheitstraditionen werden aufgegriffen, eigenständig weiterentwickelt
und mit platonischem und stoischem Gedankengut in Verbindung
gebracht.

1. Aristobul

Bei dem alexandrinischen, jüdischen Exegeten Aristobul, bald
nach Jesus Sirach - in der Mitte des 2.Jh.v.Chr. -, läßt sich
zum erstenmal eine feste Verbindung von vorgegebener, heiliger
Tradition mit übernommener Denkform und Anschauung aus der
griechischen Philosophie der Umwelt feststellen. Wenn auch

---

1 Vgl. hierzu bes. SCHUBART, Art. Alexandria RAC Bd.1 (1950) Sp.271-283;
  HENGEL, Judentum 126-130; ders., Juden 124-144; FRAZER passim; STERN
  122-133; vgl. ebd. S.434-452.473-476; C.D.G.MÜLLER/H.-Fr.WEISS, Art.
  Alexandrien TRE Bd.2 (1978) S.248-264.

2 HENGEL, Judentum 128.

3 Ebd. S.188-190 u.ö.; Juden S.128; zum Problem der Entstehung der LXX
  und die Glaubwürdigkeit des Aristeasbriefes vgl. JELLICOE 29-58.
  K.MÜLLER, Art. Aristeasbrief TRE Bd.3 (1978) S.719-725 (Lit!).

4 HENGEL, Juden S.133f.

vieles hinsichtlich seiner Person noch im unklaren bleibt,[1]
scheint er doch ein umfangreicheres Werk verfaßt zu haben als
die wenigen Fragmente, die durch Zitate bei Clemens von
Alexandrien und Euseb erhalten sind. Mit seiner allegorischen
Auslegung der Tora versucht er zu zeigen, "daß die jüdische
Glaubenslehre, wie sie im Pentateuch, d.h. der griechischen
Übersetzung des mosaischen Gesetzes, dargeboten wurde, die
wahre 'Philosophie' darstelle und auch der philosophisch gebildeten Vernunft nicht widerspreche. Die schon in den Weis-
heitsschulen Judäas gelehrte Übereinstimmung von 'Weisheit'
und Frömmigkeit wird hier grundsätzlich 'philosophisch' unter
mauert und durch kosmologisch-psychologische Argumente begründet."[2]

1.1. Der Text

Innerhalb der fünf von den Kirchenvätern überlieferten Fragmente findet sich bei einem ein Zitat von Spr 8, in dem auf
die Präexistenz der Weisheit verwiesen wird. Wie baut nun
Aristobul das biblische Zeugnis von der Präexistenz der Weisheit in seine Schöpfungslehre ein? Der entscheidende Text
lautet nach der Überlieferung des Euseb:

Aristobul Fragm.5; Euseb, Praep Ev 13,12,9-11:[3]

Τούτοις ἑξῆς μεθ' ἕτερα ἐπιλέγει·
"Ἐχομένως δ'ἐστὶν ὡς ὁ θεός, (ὃς) τὸν ὅλον κόσμον κατεσκεύακε,
καὶ δέδωκεν ἀνάπαυσιν ἡμῖν, διὰ τὸ κακόπαθον εἶναι πᾶσι τὴν βιοτήν,
ἑβδόμην ἡμέραν, ἣ δὴ καὶ πρώτη φυσικῶς ἂν λέγοιτο φωτὸς γένεσις,
ἐν ᾧ τὰ πάντα συνθεωρεῖται. μεταφέροιτο δ'ἂν τὸ αὐτὸ καὶ ἐπὶ τῆς σοφίας·
τὸ γὰρ πᾶν φῶς ἐστιν ἐξ αὐτῆς. καί τινες εἰρήκασιν τῶν ἐκ τῆς αἱρέσεως
ὄντες (τῆς) ἐκ τοῦ Περιπάτου λαμπτῆρος αὐτὴν ἔχειν τάξιν·ἀκολουθοῦντες
γὰρ αὐτῇ συνεχῶς ἀτάραχοι καταστήσονται δι'ὅλου τοῦ βίου. σαφέστερον
δὲ καὶ κάλλιον τῶν ἡμετέρων προγόνων τις εἶπε Σολομῶν αὐτὴν πρὸ οὐρανοῦ
καὶ γῆς ὑπάρχειν· τὸ δὴ σύμφωνόν ἐστι τῷ προειρημένῳ."

---

1 Zu Aristobul vgl. WALTER; ders. in: JSHRZ Bd.3, Lfg.2 261-279;
   HENGEL, Judentum 295-307; ders., Juden 136f; DENIS, Introduction
   277-283. KÜCHLER 57f.125-127.
   2 Makk 1,10 (trotz seines sicher fingierten Charakters) scheint so-
   viel auszusagen, daß Aristobul aus hohepriesterlicher Abstammung
   war und "vermutlich zur Zeit Ptolemaios' VI. Philometor (180-145)
   als Berater des judenfreundlichen Königs in jüdischen Angelegenheiten
   wirkte". (HENGEL, Juden 136). Zur Interpretation dieser umstrittenen
   Stelle vgl. WALTER, Thoraausleger 16-26.35-40; HENGEL, Judentum 297
   A.367; DENIS, Introduction 277f.

2 HENGEL, Judentum 297.

3 Praeparatio Evangelica Bd.2 (ed. K.Mras, GCS 43,2 S.195). Eine
   synoptische Zusammenstellung der verschiedenen Zählungen bei
   KÜCHLER 126 A.32. Übersetzung nach WALTER, in: JSHRZ.

(9) "Dem fügt er (sc. Aristobul) weiter unten nach anderen
    Überlegungen[4] an:
    Es hängt eng miteinander zusammen, daß Gott die ganze
    Welt geschaffen hat und daß er uns als Ruhetag - weil
    das Leben für alle(Menschen so) mühselig ist - den sieb-
    ten Tag gegeben hat,[5] der im eigentlichen Sinne auch
    erster genannt werden könnte, die Entstehung des Lichts,
    durch welches alles im Zusammenhang erkannt werden kann.

(10) Dieselbe (Aussage) könnte man auch auf die Weisheit übertragen; denn
    alles Licht stammt von ihr her. Auch Anhänger der peripathetischen
    Schule haben gesagt, daß (die Weisheit) die Aufgabe einer Fackel hat:
    wer ihr nämlich beständig folge, werde sein ganzes Leben hindurch
    unerschütterlich sein.

(11) Aber noch klarer und besser hat einer von unseren Vorfahren, Solomon,
    gesagt, sie sei eher als Himmel und Erde dagewesen; das stimmt mit
    dem zuvor Gesagten überein. "

In diesem Bruchstück einer wahrscheinlich ausführlichen
Kommentierung der Schöpfungsgeschichte[6] werden in eigenartiger
Weise der 1. und 7. Schöpfungstag identifiziert. Ausgangspunkt
der Exegese bei Aristobul ist wohl Gen 2,2f (LXX): "(Und Gott)
ruhte am siebten Tag von allen seinen Werken, die er geschaffen hat. Und Gott segnete den siebten Tag und heiligte ihn,
denn an ihm ruhte er von allen seinen Werken, die Gott zu
schaffen begann ($\mathring{\eta}\rho\xi\alpha\tau o$)". Im weiteren Textzusammenhang wird
deutlich, daß Aristobul ein Mißverständnis abwehrt, "als sei
mit dem Ausruhen Gottes am Siebten Schöpfungstag ... ein Sich-
zur-Ruhe-Setzen gemeint; vielmehr bedeute die Rede vom
$\mathring{\alpha}\pi o\pi\epsilon\pi\alpha\upsilon\kappa\acute{\epsilon}\nu\alpha\iota$ Gottes, daß er die Einrichtung der Welt zwar
grundsätzlich beendet habe, daß er aber nun damit beschäftigt
sei, die geschaffene Ordnung zu bewahren, nicht ohne im einzelnen immer wieder wandelnd in sie einzugreifen",[7] wofür

---

4 Euseb hat schon vorher (Praep Ev 13,12,1f.3-8) zwei Fragmente von
   Aristobul zitiert; auch Clemens hat in Strom 6,137-144 mehrfach
   Sätze aus dem vorliegenden Fragment benutzt, ohne aber Aristobul zu
   benennen; vgl. den Paralleldruck in der Ausgabe von DENIS, Fragmenta
   224-226.

5 Aristobul reflektiert über den Zusammenhang von Gen 1 und 2,2f.

6 Vgl. eine Auslegung zu Dtn 4,12.33, in der ebenfalls Gen 1,3 herangezogen wird: Praep Ev 13,12,3. Vielleicht war auch Gen 1 selbst
   kommentiert worden (so DENIS, Introduction 279).

7 WALTER 67.

Aristobul auch am Text der LXX einen Ansatz finden konnte.[8]

So kann er fortfahren:[9]

"Wenn aber im Gesetz (διὰ τῆς νομοθεσίας) klar ausgesprochen wird, daß
Gott am (siebten Tag) geruht habe, dann bedeutet das nicht, wie einige annehmen, daß Gott (seither) nichts mehr tue, sondern daß er anläßlich des
Abschlusses der Ordnung (aller Dinge; ἐπὶ τῷ καταπεπαυκέναι τὴν τάξιν
αὐτῶν) angeordnet hat, daß es eben so für alle Zeit (bestehen bleiben
solle)."

"Aristobul versuchte so, die alttestamentliche Vorstellung
vom Schaffen Gottes in der Zeit mit der griechischen Idee vom
zeitlosen Wirken Gottes in Übereinstimmung zu bringen. Nicht
Gott selbst, nur seine Schöpfung ist der Zeiteinteilung unter
worfen."[10]

Dieser 7. Tag, an dem Gott die bleibend gültige Weltordnung
eingesetzt hat, ist nun der Tag, von dem her der erkennende
Mensch diese göttliche Weltordnung begreifen kann. Dazu ver-
hilft ihm die schöpferische, alles erleuchtende Sophia, die
mit dem präkosmischen Urlicht des 1. Tages identisch ist, bzw
von der alles Licht der Welterkenntnis stammt.[11]Hinter der
Verknüpfung von 1. und 7. Schöpfungstag stand - wie aus der
folgenden Zusammenstellung von neun verschiedenen und sicher
weit verbreiteten Siebenerversen ersichtlich wird - eine bestimmte pythagoräische, platonische und hippokratische Zahlen
spekulation, die Aristobul den "siebenfachen Logos" (ἕβδομος
λόγος) nennt.[12] Dieser "siebenfache Logos" schenkt den Mensc
die reale Erkenntnis und ist das göttlich-universale Struktur
prinzip. Somit versucht Aristobul bestimmte biblische Anthro-
pomorphismen - hier die göttliche Ruhe am 7. Tag - so zu
interpretieren, daß die Gottesvorstellung seiner philosophisc
geprägten Umwelt mit der seiner jüdischen Tradition wenn nich
verschmolzen, so aber doch vereinbar wurde. Weiter konnte er
aus dem biblischen Schöpfungsbericht eine einheitliche, die
Welt und den Menschen umfassende göttliche Ordnung und
noetisch-kosmische Struktur nachweisen, die den Vorstellungen
seiner Umwelt in nichts nachstand.

8 Vgl. Gen 2,3: ἤρξατο.

9 Euseb, PraepEv 13,12,11b; Übersetzung nach WALTER, in: JSHRZ Bd.3
   S.276f.

10 HENGEL, Judentum 301.

11 In Jahwes Licht ist wahre Erkenntnis zu finden, vgl. Ps 36,10.

12 Vgl. hierzu WALTER 67-81.150-171; HENGEL, Judentum 302f. Vgl. auch
   den Zusatz Sir 17,5.

1.2. Die Präexistenz der Weisheit

In einer Paraphrase von Spr 8,22ff[13] verbindet Aristobul
biblisches Zeugnis mit der Philosophie seiner Zeit.[14] Bei ihm
steht dabei beim Verständnis jenes Weisheitstextes eine Identifikation von Weisheit und Licht im Hintergrund - die Weisheit ist der Ursprung allen Lichts. Das präkosmische Urlicht
aus dem kommentierten Schöpfungsbericht, von dem schon Gen 1,3
vor der Schöpfung die Rede ist, scheint hinter dieser Identifikation zu stehen. Wahrscheinlich kannte er die Tradition
einer Identifikation von Weisheit und göttlicher Doxa, wie sie
in Sir 24,4 angedeutet wird. Es fällt allerdings auf, daß der
Aspekt einer "reflektierten Weisheit" bei ihm wesentlich
weniger hervortritt als in der ihm vorliegenden Weisheitstradition. Ihm kommt es viel eher auf die "Erkenntnis aller
menschlichen und göttlichen Dinge" an,[15] das stoische Ideal
der Ataraxia[16] und die ethischen Konsequenzen der rechten Erkenntnis.[17] Der Präexistenzaussage aus Spr 8 bedient sich
Aristobul, um die Verbindung von Weisheit, präkosmischem Urlicht und Siebenerstruktur des Kosmos hervorzuheben und weiter,
um die eigene jüdische Tradition in einem guten Licht erscheinen zu lassen, ja, sie über die Anschauungen seiner philosophischen Umgebung zu stellen: "Noch klarer (σαφέστερον)
und besser (κάλλιον) hat einer unserer Vorfahren, Solomon,
gesagt ...". Hier findet sich Aristobul in gutem Einklang mit
einer Reihe von späteren jüdischen Schriftstellern seiner
Heimatstadt.[18]

Die Ewigkeit der Weisheit, die durch die Präexistenzaussage in der jüdischen Tradition bis zum Letzten gesteigert ist,

13 οὐρανός erscheint Spr 8 nur implizit; bei Aristobul meint "Himmel
    und Erde" sicherlich die gesamte Aussage von Spr 8,22-25.

14 WALTER 66, rechnet dieses unbekannte Sentenz zum aristotelischen Gut.
    Aristobul kennt aber auch andere philosophische Strömungen seiner
    Zeit recht genau (vgl. ebd. S.11f u. passim).

15 Zu dieser Formel aus demselben Fragment vgl. WALTER 72 A.2; 84f; 167
    A.4; HENGEL, Judentum 302.

16 Vgl. WILPERT, Art. Ataraxia RAC Bd.1 (1950) Sp.844-847; WALTER 11.

17 Vgl. die nach gut stoischer Manier definierte Weisheit 4 Makk 1,16f
    (1.Jh.n.Chr.); zum Ganzen vgl. HENGEL, Judentum 302f; KÜCHLER 52.

18 Vgl. neben der im selben Frgm. zutage tretenden Ableitung von Platon,
    Pythagoras, Orpheus und Aratos aus dem "Einfluß des mosaischen Ge-
    setzes auf die griechische Welt" (KÜCHLER 126f) bei Aristobul auch
    die Fragmente von Demetrios, Pseudo-Eupolemos, Eupolemos und Artapanos
    (zum Ganzen überblicksartig ebd. S.117-125 (Lit!).

legitimiert damit den Wert und die Überlegenheit der eigenen
religiösen Überzeugung in einer fremden Umwelt.

2. Weisheitsbuch

Dieses Buch ist ebenfalls in der jüdischen Diaspora entstanden, etwa ein Jahrhundert später als die Schriften Aristobuls.[1]
Der unbekannte, hellenistisch gebildete Verfasser stellt sein
Buch durch eine Anzahl von weisheitlichen Lehren in die Reihe
der atl. Weisheitsbücher. Nach einer relativ lose aneinander-
gereihten Zusammenstellung weisheitlicher Ermahnungen und Erörterungen beginnt in Kap. 6-9 ein geschlossener Komplex, der
sich mit dem Preis der Weisheit selbst beschäftigt. Auch wenn
kein wirklich gravierender Einschnitt festgestellt werden
kann,[2] scheint Weish 6,22 als einleitende Themenangabe gedacht
zu sein:

"Ich will verkündigen, was die Weisheit ist und wie sie wurde, ich will
euch kein Geheimnis verbergen. Ich will ihre Spur vom Anfang der Schöpfung
verfolgen, ihre Kenntnis will ich mitteilen und nicht an der Wahrheit vor-
beigehen."

Die hier angedeutete Thematik vom Ursprung der Weisheit (πῶς
ἐγένετο), das Geheimnis (μυστήριον) ihres Verhältnisses zur
Schöpfung der Welt (ἀπ'ἀρχῆς γενέσεως) soll im folgenden im
Mittelpunkt stehen; dabei wird auch das "Wesen" der Weisheit,
was sie ist (τί...ἐστιν) zur Sprache kommen. Dazu sollen zwe
Kapitel des Weisheitsbuches herausgegriffen werden, in denen
die Vorstellung der Präexistenz der Weisheit angedeutet und
die dabei interessierenden Fragen gestreift werden, Kap.7, das
das Wesen der Weisheit beschreibt, und Kap.9, wo der als exemplarischer Weiser vorgestellte König Salomo um die Gabe der
Weisheit bittet.

2.1. Weisheitsbuch 7,22-8,1

Dieser Text beschreibt in einzigartiger und ausführlicher Weise, was die Weisheit ist (τί...ἐστιν). Dabei klingen immer
wieder stoische Formulierungen an, ja, fast jede Aussage ent-

1 Die gängige zeitliche Ansetzung des Weisheitsbuches ist Mitte bis Ende
   des 1.Jh.v.Chr.; vgl. die Einleitungen; dabei ist die Hypothese GEORGIs
   zurückzuweisen, daß das Buch nicht im ägyptischen, sondern im syrischen
   Raum entstanden sei, vgl. GEORGI 269 A.30.

2 Vgl. die verschiedensten Gliederungsversuche bei ZIENER 11; REIDER
   2-5; WRIGHT, Structure; REESE, Plan; ders., Influence 43; auch in: Die
   Bibel. Einheitsübersetzung 738 u.a.

hält eine Reminiszenz an die griechische Philosophie der
damaligen Zeit,[3] wobei verschiedene Richtungen ihren Einfluß geltend machen.[4] Das Wesen der Weisheit wird durch eine
Fülle von Attributen dargestellt; sie alle reden von ihrer
Reinheit und Spiritualität.[5] Zwei Aussagen über die Weisheit
sollen hier besonders im Blickpunkt stehen:
- die Identifikation von Weisheit und Pneuma
- die Weisheit ist jeglichem Licht überlegen.

2.1.1. Die Identifikation von Weisheit und Pneuma.

Weish 7:

(22b)   "In ihr (sc. der Weisheit) ist ein Geist;
        denkend, heilig ...

(23d)   und alle Geister durchdringend ...

(24)   Denn die Weisheit ist beweglicher als alle Bewegung,
        in ihrer Reinheit durchdringt sie alles.

(25)   Sie ist ein Hauch der Kraft Gottes
        und reiner Ausfluß der Herrlichkeit des Allherrschers;...

(26)   Sie ist der Widerschein des ewigen Lichts,
        der ungetrübte Spiegel von Gottes Kraft,
        das Bild seiner Vollkommenheit ..."

Aufbauend auf einer schon in Sir 24 festzustellenden Tendenz
zur Konvergenz von Geist und Weisheit wird die Weisheit mit
der stoischen "materiellen" Pneumavorstellung verbunden. Sie
durchdringt nun alle Bereiche als "pneumatisierte" Weisheit.
Es erscheinen für diese Tätigkeit Wendungen, die in der
stoischen Philosophie die Durchdringung der Welt durch das
ebenfalls allgegenwärtige Pneuma beschreiben.[6] Unter Verwendung dieser Terminologie wird die Weisheit in einer neuen Begrifflichkeit gefaßt, um sie auf das geistesgeschichtliche
Niveau der damaligen Zeit zu heben. Gleichzeitig will aber der
Verfasser darüber hinaus dem der atl. Tradition entsprechenden

---

3 Vgl. die ausführlichen Exegesen bei ZIENER 143-148; REESE, Influence
   13f, vgl. 46f.

4 Vgl. ZIENER 147f, der an eine schriftlich vorliegende Zusammenstellung
   von philosophischen Lehrmeinungen denkt; ähnlich REESE, Influence 13,
   der aber darüber hinaus starke epikuräische und besonders ägyptische
   Einflüsse vermutet (vgl. die Zusammenfassung S.88f).

5 Bei Philo wird die Weisheit "vielnamig" (πολυώνυμος) bezeichnet,
   vgl. Leg I,43 u.ö. MACK, Logos 111 A.2. Vgl. unten zu de ebr. 30f.

6 Ganz deutlich ist die Widerspiegelung dieser Philosophie durch
   διήκει ... διὰ πάντων(V.24b) und διοικεῖ (8,1); vgl. SVF II
   137,30f (Nr.416); 145,16f (Nr.441); 145,8f (Nr.473); 306,21f
   (Nr.1027) u.ö. Zum Ganzen ZIENER 143; REESE, Influence 13;
   des PLACES.

Verhältnis von Weisheit und Schöpfergott Ausdruck verleihen.
Dies geschieht vor allem in den zitierten Versen 25f durch
fünf Begriffe:

- "Hauch" (ἀτμίς) ist ein Ausdruck, der in der Exegese des öfteren
  mit dem göttlichen Schöpferwort verglichen wird;[7] eventuell liegt aber
  ein Bezug zu Kult und Epiphanie Jahwes näher, denn ἀτμίς wird m.W.
  nie mit dem Logos direkt verglichen oder in Beziehung gebracht. Dagegen wird so der im Kult verdampfende Weihrauch bezeichnet,[8] und bei
  Philo ist der Begriff sogar gelegentlich mit der Epiphanie Jahwes verknüpft.[9] Somit könnte hier die Weisheit als (verhüllende) dem Menschen
  zugewandte Seite Gottes (δύναμις θεοῦ, V.25)[10] beschrieben sein.

- "Ausfluß" (ἀπόρροια) könnte epikuräischen oder pseudo-pythagoräischen
  Ursprung vermuten lassen.[11] Andererseits verweist τῆς τοῦ παντοκράτορος
  δόξης auf die jüdische כבוד -Vorstellung.[12] Auf jeden Fall aber
  ist die Weisheit als Emanation der göttlichen Doxa vorgestellt.[13]

- "Widerschein" (ἀπαύγασμα) enthält explizit eine Lichtsymbolik (φῶς),
  die allerdings bei den beiden vorhergehenden Begriffen auch implizit
  enthalten ist. Hinter der Vorstellung Gottes als φῶς ἀΐδιον scheint
  eine Anspielung auf Jes 60,19f zu stehen.[14] Die Weisheit ist damit
  Widerschein des göttlichen Urlichtes.

- "Spiegel" (ἔσοπτρον) ist ein Bild, das in der antiken Welt gern benutzt
  wird;[15] "ungetrübt" (ἀκηλίδωτον) ist aus der damaligen schlechten
  Qualität (Material: Kupfer) der Spiegel notwendig. Die Weisheit läßt die

7 Z.B. ZIENER 110; REIDER z.St., die auf Sir 24,3 verweisen; dort erscheint aber nicht ἀτμίς, sondern lediglich ὁμίχλη .

8 Vgl. Sir 24,15; auch Lev 16,13 (LXX); weiter 2 Makk 7,5.

9 Her 251 (Bezug: Ex 19,18); SpecLeg I 72 (Bezug Lev 16,12f).

10 Zu dieser Bezeichnung Gottes vgl. ZIENER 55-59. Damit hängt die Beschreibung der Weisheit eng mit dem sonst in Weish 5,23; 11,20 erwähnten πνεῦμα δυνάμεως zusammen. Anders deuten diese Stelle die
   aeth und arm Versionen, die ἀκτίς (Sonnenstrahl) lesen, vgl.
   Weish 17,27, aber auch ἀτμίς in dieser Bedeutung Sir 43,9.

11 Vgl. REESE, Influence 6f. Zur Verbindung von pseudo-pythagoräischen
   Traktaten und dem Judentum (in Alexandria!?) vgl. BURKERT 48-55; vgl.
   auch die Diskussion ebd. S.91-102.

12 So ZIENER 110 und oben zu Sir 24,4.

13 So Lat: "emanatio"; vgl. Aquila zu Ez 1,13 vom Geist Gottes.

14 Jes 60,19f: "Jahwe ist dein ewiges Licht (לאור עולם : φῶς αἰώνιον),
   dein Gott dein strahlender Glanz (לתפארתך : δόξα σου)." Zur Parallelität von אור und כבוד (φῶς, δόξα) vgl. weiter bei Tritojesaja 58,8;
   60,1f. Zum präkosmischen Urlicht vgl. Aristobul.
   Das Weisheitsbuch scheint sich damit dem Sprachgebrauch seiner Zeit
   anzupassen, wenn es "aidios" verwendet; dies ist auch ein Lieblings-
   wort Philos! Dieser nennt darüber hinaus bei seiner Allegorisierung
   der Schöpfungsgeschichte (Gen 2,7) das göttliche Pneuma (πνεῦμα θεοῦ)
   "eine Ausstrahlung/Widerschein der seligen, dreifach seligen Natur"
   (τῆς μακαρίας καὶ τρισμακαρίας φύσεως ἀπαύγασμα ; SpecLeg IV,123).
   Zum Ganzen auch ZIENER 41f.

15 Vgl. Sir 12,11; Philo, Migr 98; dann besonders christologisch im NT
   1 Kor 13,12; ähnlich 2 Kor 3,12-4,6. Zum Ganzen vgl. die Kommentare
   und REICKE, Art. Spiegel BHH Bd.3 (1966) Sp.1831f.

Machttaten Gottes (ἐνεργείας) klar und deutlich erkennen.[16]

- "Bild" (εἰκών) wird in Weish im Zusammenhang der Götzenverehrung[17]
verwendet, aber besonders als Bezeichnung des Menschen als Bild
Gottes.[18] εἰκών ist auch in der religiösen Umwelt weit verbreitet
und wird bei Philo zu einem zentralen Begriff.[19] Das "Bild" hat Anteil
an seinem Urbild, so auch die Weisheit am Wesen Gottes. Gott ist in
seiner εἰκών ganz und gar gegenwärtig.

Die Weisheit wird also völlig "spiritualisiert". Das Ergebnis der Untersuchung dieser Fülle von Bildern wird bestätigt durch andere im Weisheitsbuch entscheidend wichtige Aussagen über die gleichsam austauschbaren Begriffe von Weisheit
und Pneuma.[20] Die Weisheit ist damit praktisch mit Gottes
Geist identisch. Diese Beschreibung der Weisheit ermöglicht
es, sie in der Weise mit der Geschichte der "Freunde Gottes
und Propheten" (V.27d) so zu verbinden, daß sie diese inspiriert; ähnlich hatte auch Jesus Sirach die Vorfahren als
inspirierte Weise dargestellt (Sir 44,3ff).[21] Auf der Grundlage der ständigen Sendung der Weisheit in die Welt durch Gott
und der Inspiration der Frommen durch die Weisheit wird die
Heilsgeschichte mit den Männern Gottes von Adam an dargestellt.
Die Weisheit wird dort das die Offenbarungsgeschichte entfal-
tende Medium der Wirksamkeit Gottes und erscheint als die
Macht, die die Frommen aus allerlei Gefahren errettet
(Kap 10ff).

2.1.2. Die Weisheit ist jeglichem Licht überlegen. Der Gedanke
der Lichtsymbolik spielte schon oben bei der "pneumatisierten"
Weisheit, also im Verhältnis zum göttlichen Licht, eine entscheidende Rolle. Nun, am Ende des Abschnittes über das Wesen
der Weisheit, wird noch einmal ausdrücklich über das Verhältnis
von Weisheit und (natürlichem) Licht reflektiert.

---

16 Zur Parallelität von δύναμις (V.25a) und ἐνέργεια (V.26b) vgl.
    Weish 13,4; 2 Makk 3,29; weiter Aristobul bei Euseb, Praep Ev. 8,10.12;
    Arist 266; 3 Makk 4,21; 5,12.28 u.ö. Zum Ganzen vgl. ZIENER 55-59;
    REESE, Influence 11.55f.139f; GILBERT, La critique 23f.

17 Weish 13,13.16; 14,15.17; vgl. GILBERT, La critique 84-88.

18 Weish 2,23 (zu 13,13 u.ö. vgl. A.17); weiter in der LXX Gen 1,26f;
    5,1.3; 9,6; 2 Chr 33,7; Ps 38 (39),6; Sir 17,3 u.ö.

19 Vgl. MACK, Logos 176-179.

20 Vgl. bes. Weish 1,5-7; 7,7; 9,17; auch schon Sir 39,6. Zum Ganzen
    ZIENER 35f.142f; REESE, aaO.15f.128; MACK, Logos 74-78.

21 Vgl. auch oben zu Sir 1,9 LXX.

Weish 7,29f:

(29) "Sie ist herrlicher als die Sonne
und übertrifft jedes Sternenbild.
Sie wird im Vergleich mit dem Licht als vorzüglicher erfunden.

(30) Denn diesem folgt die Nacht,
doch über die Weisheit siegt keine Schlechtigkeit."

In einem Kontrast von Licht und Finsternis wird das Wesen
der Weisheit beschrieben. In einem ähnlichen Kontrast breitet
der Verf. die Thematik der Wüstenwanderung Israels (Kap.17f)
aus. Das Licht, identisch mit dem Licht der Epiphaniesäule
(18,3), der Sonne, die keinen Schaden anrichtet (ἥλιον ἀβλαβῆ)
ist die Sphäre des Heils und des Lebens für die Frommen, Nacht
und Finsternis dagegen ist die des Todes für die Frevler. Darum zieht Salomo die Weisheit jedem anderen Licht vor (7,10).
MACK vergleicht diese Aussagen mit solchen über die Göttin
Isis und schließt daraus, daß "die Weisheit ständig unter
Beeinflussung der Ägypterin Isis gestanden hat."[22] Nun sind
aber dort die Belege spärlich und lassen lediglich auf eine
allgemeine Lichtsymbolik schließen. Schon in der Entsprechung
von Weisheit und Schöpfergott kam aber oben ein spielerisches
und vielseitiges Verständnis der Lichtsymbolik des Verfassers
zum Ausdruck, in der er offensichtlich alttestamentliche Tradition weiterführt. Deshalb werden wahrscheinlich auch hier
Texte eine Rolle gespielt haben, die den Weg des Frommen mit
dem Licht vergleichen,[23] und solche, die das Besondere des
göttlichen Lichtes betonen.[24]

Das natürliche Licht ist bekanntlich als Schöpfungswerk
Gottes diesem völlig untergeordnet. Da die Weisheit ebenfalls
dem göttlichen Bereich angehört, ist ihr als noetisches Licht
das natürliche Licht genauso unterlegen. Das Weisheitsbuch
bringt eine solche Überlegenheit der Weisheit durch πρότερον
zum Ausdruck; dieser Begriff ist im Kontext der obigen Aussagen sicher eher qualitativ verstanden. Es könnte allerdings

---

22 MACK, Logos 63.
23 Vgl. Ijob 12,22-25; 18,5f; Spr 4,18f u.ö.
24 Vgl. Ps 36,10;84,12; Jes 58,8; 60,1f.19f u.ö. (vgl. o.A.14). Zum
Ganzen weiter AALEN passim; ders., ThWAT Bd.1 (1973) Sp.160-182;
SAEBØ, THAT Bd.1 Sp.88ff. Diese Tradition hat dann auch auf Joh 1,4
eingewirkt.

auch ein temporaler Sinn mit hineinspielen, wenn das Weisheitsbuch - ähnlich wie bei Aristobul[25] - an die Schöpfung denken
würde. Die Thematik des Verhältnisses von Weisheit und
Schöpfungswerk (hier das Licht) sowie Weisheit und dem
Schöpfer wird in dem zweiten wichtigen Text Kap.9 noch deutlicher herausgearbeitet.

2.2. Weisheitsbuch 9,1-18

In dem Gebet des Salomo, das in der Tradition dem ganzen Buch
seinen Namen gegeben hat, wird zusammenfassend formuliert, was
der Verf. sich von der Weisheit verspricht und was er mit ihr
verbindet. Starke Anklänge an die ältere Weisheitsliteratur
sind vorhanden; im besonderen steht als Vorlage die Traumoffenbarung an Salomo in Gibeon im Hintergrund und dort speziell die Bitte des Königs um die Weisheit (1 Kön 3,6-9;
2 Chr 1,8-10).[26]

Auch in Weish 9 kreist das Gebet um die Sätze vom Senden,
Geben und Schenken der Weisheit (V.4.10.17); sie bilden den
Kern des Gebetes. So kann es folgendermaßen gegliedert werden:
Weish 9:

(1-3)   Einleitung zum Gebet (Doxologie)

(4)   1. Bitte um die Weisheit:

            "Gib mir die Weisheit, die an deiner Seite thront,
            und verstoß mich nicht aus (der Schar) deiner
            Kinder!"

(5-9)   Begründung

(10ab)   2. Bitte um die Weisheit:

            "Sende sie vom heiligen Himmel,
            und schicke sie vom Thron deiner Herrlichkeit."

(10cd-16)   Begründung

(17)   3. Bitte um die Weisheit:

            "Wer hat deinen Plan erkannt, wenn du ihm nicht
            Weisheit gegeben
            und deinen heiligen Geist aus der Höhe gesandt
            hast?"

(18)   Abschluß und Überleitung

---

25 Vgl. auch oben zu Sir 1,4.

26 Zum folgenden vgl. bes. GILBERT, La structure 301,331; zur Beziehung
    von Weish 9 zur Traumoffenbarung in Gibeon ebd. S.321-326.

Neben den Sätzen vom Geben, Senden und Schenken der Weisheit
gibt es noch eine Fülle von Beziehungen und Anklängen zwischen
der Traumoffenbarung dort und dem Gebet des Salomo hier in
Weish 9. Aufs Ganze gesehen sind zwar die Verbindungen zu
1 Kön 3 stärker,[27] aber der Begriff σωφία kommt in der Bitte
des Königs allein in 2 Chr 1 vor.[28] Inhaltlich geht das, was
in Weish 9 zur "Weisheit" gesagt wird, weit über das dort
Erbetene hinaus; was die Weisheit ist und wie sie uranfänglich mit Gott dem Schöpfer zusammengehört, kommt hauptsächlich
in zwei Themenkomplexen zum Ausdruck:
- Der Schöpfungslogos und die Weisheit;
  die Weisheit als Schöpfer (V.1f.9; vgl. 18)
- Die Sendung der Weisheit vom Thron Gottes und ihre Beziehung
  zu Gott (V.4.10.17; vgl. 9).

2.2.1. Der Schöpfungslogos und die Weisheit; die Weisheit als
Schöpfer. Nach der Anrede Gottes, dem Schöpfer der Welt, fährt
das Gebet Salomos mit der Entfaltung dieser Aussage fort: Gott
hat die Welt durch seinen Logos erschaffen.[29] In dieser Formulierung wird auf weisheitliche Tradition zurückgegriffen:
das Schöpfungsgeschehen von Gen 1f konnte dabei zusammengefaßt werden durch ein instrumentales "durch das Wort (Gottes)"[30]
Parallel zu diesem Schöpfungslogos wird in Weish 9 bei der

---

27 Folgende Begriffe aus LXX 1 Kön 3,6ff tauchen in Weish 9 wieder auf:
    Weish 9,1f : ἔλεος   חסר   σοφός   חכם
         9,3-5 : δικαιοσύνη צדקה   εὐθύτης   ישר
                  δοῦλος   עבד   σύνεσις   נבון
         9,11-13 : ὁδός   דרך   δόξα   כבוד
                  διακρίνω   שפת   τίς   מי

28 Vgl. die Bitte des Königs LXX 2 Chr 1,10: "Nun gib mir Weisheit
    (σοφία) und Einsicht (σύνεσις)"; aber auch in der Antwort Gottes
    1 Kön 1,12: "Siehe, ich habe dir ein verständiges (φρόνιμος) und
    weises (σοφός) Herz gegeben". Weitere Beziehungen bei GILBERT, a.a.O.

29 Diese Schöpfertätigkeit wird durch ποιεῖν ausgedrückt wie weithin in
    der LXX zu Gen: Weish 9,1.9; 11,24; 12,12; 16,24. Vgl. weiter unten
    zum 2. Gelasiuszitat.

30 Vgl. Ps 33,6; Sir 39,17 (?); 42,15; 43,5.10.26. Zum Ganzen vgl.
    H.-Fr.WEISS 218-25 sowie besonders die Übersetzung von Gen 1,1 in den
    Targumin:
    TN: ...   מלקדמין בחכמה ברא
    TN(M):   ...   בחכמתא ברא
    TFrag: ...   בחכמה ברא
    SamLit 14,1   ... בחכמתא אלהים ברא בראשית
    (ed.HEIDENHEIM S.25)

Erschaffung des Menschen von der Weisheit gesprochen,[31] wobei
die Weisheit eine Schöpfungsmittlerschaft zugesprochen bekommt.[32] Beide Größen werden auch sonst gelegentlich parallelisiert, indem ihnen jeweils das Attribut "allmächtig" (παντοδύ-
ναμον) zugeschrieben wird und beide von Gottes Thron hervorgehen.[33] Damit liegt jedoch keine Identifikation vor, denn
eine klare Ausgestaltung des Logosbegriffes fehlt noch.[34] Die
Verwendung des Dativus instrumentalis (τῇ σοφίᾳ ; V.2) macht
auf eine weitere Besonderheit aufmerksam; nur hier und in
V.18 erscheint diese Konstruktion in Verbindung mit der Weisheit. In V.18 geht es um die Funktion der Weisheit in der
Heilsgeschichte Gottes mit den Menschen.[35] Offensichtlich sind
Schöpfungsgeschichte und Heilsgeschichte zwei Pole eines
göttlichen Handelns mit Hilfe seiner Weisheit:

"Les deux pôles création-salut de la réflexion théologique sont ainsi
posés, non abstraitement ou, pour le second, le salut, au niveau de
l'espérance, mais comme une réalité totale antérieure à l'homme qui
formule cette prière. Salomon réfléchit sur l'histoire sainte."[36]

Die Weisheit ist also göttliches Werkzeug; m.a.W., sie ist
die dem Menschen zugewandte Seite der Tätigkeit Gottes selbst.
So kann einerseits im Weisheitsbuch eine eher "passive" Weisheit beschrieben werden, die bei der Schöpfung "dabei war"
(παροῦσα),[37] und die alle Schöpfungswerke auf das genaueste
"kennt" (ἰδεῖν).[38] Andererseits ist sie selbst - unter Auf-

---

31 Diese Schöpfertätigkeit wird durch κατασκευάζωausgedrückt wie
    Weish 11,24; 13,4; vgl. bei LXX Dtjes 40,28; 43,7; 45,7; auch
    4 Makk 2,29. Zum Ganzen ZIENER 125f.

32 Zur Literatur vgl. bes. HEGERMANN passim, der neben einer ausführ-
    lichen Exegese zu Kol 1,15-20 vor allem Philo behandelt; H.-Fr.WEISS,
    Teil II.

33 Von der Weisheit: Weish 7,23; 9,10; vom Logos: 18,15.

34 Dies ist wohl erst bei Philo der Fall; vgl. HEGERMANN 67-87;
    H.-Fr.WEISS 248-282; auch MACK, Logos 142-147 u.a. Kritisch gegen-
    über einer vorschnellen Identifikation beider Größen hat sich KEYSER
    ausgesprochen, 41; vgl. auch H.-Fr.WEISS 224. Anders allerdings
    Joachim JEREMIAS, Zum Logos-Problem.

35 Von der Weisheit wird eine "Rettertätigkeit" (σώζειν) ausgesagt, was
    auch für Weish 16,5-9 gilt; hierdurch entspricht die Weisheit Gott
    selbst (vgl. 16,7).

36 GILBERT, La structure 327.

37 Weish 9,9: "Sie war zugegen, als du die Welt erschufst."

38 Weish 9,9: "Bei dir ist die Weisheit, die deine Werke kennt"; V.11
    parallel zu συνίημι.

greifen einer bestimmten Auslegung von Spr 8,30 - "Künstlerin"
(τεχνῖτις),[39] also selbständige Schöpfergottheit.[40] Die
Herrschaft Gottes, sein ewiges Walten, ist ebenfalls auf die
Weisheit übergegangen.[41]

Es ist bezeichnend, daß das Weisheitsbuch die Weisheit
nirgends als "Geschöpf" (κτίσμα o.ä.) bezeichnet. Diese Aussage, die besonders in Sprüche und Jesus Sirach deutlich
herausgestellt worden war, fehlt hier völlig. Und doch wurde
schon bei der Identifikation von Weisheit und Pneuma deutlich,
daß sie ein von Gott abgeleitetes und ihm streng untergeord-
netes Wesen ist. So ist einerseits die Selbständigkeit der
Weisheit betont, andererseits gehört sie aber aufs engste mit
Gott zusammen und ist seinem Willen untergeordnet, wie es sich
auch in der Bitte Salomos an Gott um die Sendung der Weisheit
zeigt.

2.2.2. Die Sendung der Weisheit vom Thron Gottes und ihre Beziehung zu Gott. Die Weisheit hat ihren Ort bei Gottes Thron,
wobei wiederum atl. Texte im Hintergrund stehen.[43] In einem
kühnen, mythologischen Bild wird sie sogar einmal als "Thron-
genossin" (πάρεδρος ; 9,4) bezeichnet, ein Bild, das im Profan
griechischen für beigeordnete Gottheiten verwendet werden
kann.[44] Die Weisheit lebt in einer "Lebensgemeinschaft"

---

39 Vgl. 7,21; 8,4; 14,2; zu Gott als "Künstler" (τεχνίτης Weish 13,1;
    vgl. einen Teil der Textzeugen 8,6; zum Ganzen bes. H.-Fr.WEISS 52-55.
    Zu Spr 8,30 vgl. oben.
40 Vgl. weiter Weish 7,12.27; 8,4; 14,5. Wahrscheinlich werden hier die
    Funktionen des Geistes Gottes, der ja ebenfalls von Gott ausgesandt
    ist, aufgegriffen: Ps 1o4,3o; Judit 16,14.
41 Weish 6,21 (?); 8,1. Vgl. ZIENER 112.
42 Weish 9,10; vgl. 18,15 vom Logos.
43 Vgl. Spr 8,27.30; Sir 1,1; 24,3 u.ö.
44 Vgl. die Wörterbücher und ZIENER 111; auch in den Isis-Texten:
    Andros 139 (1.Jh.v.Chr.); Kyme 45 (1./2.Jh.v.Chr.); siehe PEEK 21.63f
    124; weiter REESE, Influence 7; bei Philo wird so durchweg die
    (strafende) Δίκη bezeichnet: Mut 194; Jos 48; VitMos II 53; Decal
    177; SpecLeg IV 201. πάρεδρος kann aber auch ohne den Hintergrund
    eines (königlichen) Thrones verwendet werden, z.B. für anwesende, be-
    gleitende Schüler Jos, Bell 1,78; vgl. auch Spr 1,21; 8,3 LXX von
    der Weisheit an den Toren der Stadt u.ö.

(συμβίωσις) mit Gott zusammen;[45] enger kann ihre Beziehung
zu Gott nicht ausgedrückt werden.

Diese Lebensgemeinschaft der Weisheit mit Gott wird zum
Vorbild und Modell einer Verbundenheit von Mensch und Weisheit. Die Begriffe, die für die Zusammengehörigkeit von Weisheit und Gott verwendet werden, erscheinen in gleicher Weise,
um ihre Beziehung zum Menschen zu beschreiben.[46] Die Begrifflichkeit selbst, mit der das Weisheitsbuch arbeitet, ist neu
und ungewohnt; die Sache aber, der geistige Eros des Menschen
in seiner intimen Beziehung zur Weisheit, ist durchaus bekannt. Schon in den Sprüchen werden auf ähnliche Weise Mensch
und Weisheit zusammengeschlossen.[47]

Eine solche personale Beziehung ist auch nunmehr in der
Bitte Salomos im Weisheitsbuch vorausgesetzt. Während das
vorliegende Gebet im Traumgesicht noch in der Kategorie
menschlicher Qualitäten redet, baut das Weisheitsbuch auf die
weiter entwickelten weisheitlichen Traditionen auf; so wird
auch bei der Sendung in personalen Kategorien geredet und
durch sie der Abstand von göttlicher Sphäre und menschlichem
Bereich überbrückt. Auch der Mangel an Weisheit wird nicht
mehr durch eine Verleihung menschlicher Eigenschaft ausgefüllt,
sondern in der personalen Begegnung von Mensch und Weisheit.
Der Mensch - exemplarisch dargestellt am König Salomo - wird
durch sie von Gott inspiriert und gewinnt durch sie einen
Lebensführer. Inspiration und Begabung mit Weisheit fallen
damit zusammen. Durch die Sendung der Weisheit kommt alles
Gute und der Reichtum zum Menschen.[48] Allerdings ist die Gegenwart der Weisheit dabei nicht selbstverständlich. Sie muß

---

45 Weish 8,3; gewöhnlich ist damit das Zusammenleben als Mann und Frau
   bezeichnet, vgl. die Wörterbücher.

46 Als "Lebensgemeinschaft": Weish 8,9.16; vgl. 6,23; 8,18 (κοινωνέω);
   7,28 (συνοικέω); 8,17 (συγγένεια). Als "Beisitzerin": Weish 6,14.
   Als "Dabeiseiende": Weish 9,10. Vgl. weiter Weish 8,2.9.16.18;
   Sir 15,2.

47 Vgl. GESE, Johannesprolog 176: "So wird der Sinn weiblicher Personi-
   fikation deutlich: im geistigen Eros ist der Weise mit der Weisheit
   verbunden (Spr 4,6.8; 7,4; 8,17.21.34; 9,1ff) ... hier wird der
   innerliche, intime Bereich des personalen Gegenübers erfahren."
   Weiter LANG, Frau Weisheit 171-174. Auch Sir 51,13-22 u.ö.

48 Weish 8,11f; 9,11; 10,10.17; vgl. 10,18; 11,1. Zum Ganzen ZIENER 112;
   weiter WILCKENS 170-174.

immer wieder neu erbeten und gesucht werden.[49]

2.3. Die Präexistenz der Weisheit

Schon bei Jesus Sirach und Baruch konnten wir beobachten, daß
eine temporal formulierte Präexistenzaussage zugunsten von
Aussagen, die lediglich eine solche implizieren, zurücktrat.
Dieser Zug verstärkt sich im Weisheitsbuch. So wird deutlich
ausgesagt, daß die Weisheit bei der Weltschöpfung dabei war,
ja sogar selbst Werkzeug Gottes bei der Schöpfung des Menschen
gewesen ist. Die Aussagen über den Ort der Weisheit im Himmel,
in der Nähe des göttlichen Thrones, ja vielleicht als "mit-
thronende Schöpferin", heben ihren transzendenten Ort schon
vor der Schöpfung der Welt hervor. Ihre Präexistenz ist also
aus ihrer Schöpfungsmittlerschaft zu erschließen. Dadurch gebührt ihr auch Vorrang gegenüber dem natürlichen Licht, denn
sie ist diesem zeitlich vorgeordnet; aber auch eine solche
Aussage ist nur implizit vorhanden. Obwohl die Weisheit gelegentlich als selbständig wirkendes Wesen gekennzeichnet ist,
bleibt sie doch grundsätzlich Gott gegenüber untergeordnet.
Auch wenn auf sie Aussagen Gottes übertragen werden, sind es
doch lediglich abgeleitete Wesensbeschreibungen. Zwar wird
sie nirgends ausdrücklich als "Geschöpf" bezeichnet, trotzdem
hat sie alle ihre Macht von ihm. Er ist ihr Führer (ὁδηγός)[50]
Sie ist sein "Widerschein" und "ungetrübter Spiegel".[51] Damit
wird ihre dienende, d.h. vermittelnde Funktion deutlich gekennzeichnet.

    Die Beschreibung des Wesens der Weisheit und das Heraus-
stellen ihrer Präexistenz waren allerdings dem Verf. des Weisheitsbuches dabei weit weniger wichtig als der früheren Weisheitstradition; das hängt mit dem griechischen Denken zusammen, von dem er stark geprägt ist. Die Zeitkomponente tritt
gegenüber einem zeitlosen, himmlischen Sein zurück. Dieses
konnte er für sich weit treffender durch den Begriff des
Pneuma ausdrücken. Unter Aufgreifen philosophischer Begriffe,

---

49 Vgl. Weish 6,12.14; 8,2 (ζητέω); aber auch schon allgemein mit
    Spr 2,4; 14,6; 18,15; mit בקש Spr (7,15); 8,17.

50 Weish 7,15; die Weisheit wiederum kann wieder selbst zur Führerin der
    Menschen werden: Weish 9,11; 10,10.

51 Weish 7,26. Zur Wirkungsgeschichte der Sendung der Weisheit gehört
    auch Gal 4,4.

aus Stoa, Neu-Pythagoräismus und anderen geistigen Bewegungen,
konnte der Verf. die Weisheit, der er sich verpflichtet fühlte,
in einer veränderten Zeit und Umwelt zum Tragen bringen. Dadurch war es ihm möglich, auf seine Weise die Einwohnung der
Weisheit im Menschen als Inspiration zu beschreiben.

3. Die Weisheit bei Philo

Schon bei Aristobul und dem Buch der Weisheit konnte eine
Weiterentwicklung der Weisheitsvorstellung beobachtet werden.
Auch Philo von Alexandrien greift Mitte des 1.Jhs.n.Chr. ver-
schiedentlich ausdrücklich auf die alttestamentliche Weis-
heitsliteratur zurück.[1] An zwei Stellen knüpft er deutlich an
Spr 8,22 an; dabei kommt es ihm jedesmal darauf an, daß die
Weisheit älter (πρεσβύτερος) als der Kosmos ist.

Die Interpretation der Gestalt der Weisheit bei Philo stand
immer im Zeichen der gesamten religionsgeschichtlichen Einordnung seines Werkes. Da hier nicht die Diskussion mit den
differierenden Forschungsrichtungen geführt werden kann, soll
dafür auf die neuere Literatur verwiesen werden.[2] Auch wenn
bei den Ausführungen Philos der "Logos" ganz im Vordergrund
steht, kommt die Weisheit an einigen Stellen noch als selbständige Größe zum Vorschein. Sie ist aber die ältere Vorstellung und wird vom Logos verdrängt. Im Rahmen der Darstellung der Entwicklung der Präexistenzvorstellung der Weisheit
werden hier die Texte zusammengetragen, die von einer Präexistenzvorstellung der Weisheit vor dem Kosmos sprechen, wo
also die Weisheit als eigenständige, vorweltliche Größe betrachtet wird.

3.1. De ebrietate 30-31

Innerhalb des philonischen Traktates über die Trunkenheit ist
der Ausgangspunkt der Darstellung der Zuchtlosigkeit/Unge-
bildetheit (ἀπαιδευσία), als erstes durch die Trunkenheit
verursachtes Laster, eine Auslegung des Strafverfahrens von
Dtn 21,18-21 (Ebr 14). Die Aussage dort im Deuteronomium, daß

1 Vgl. den kurzen Überblick über die Weisheit bei Philo von REISTER in:
   LANG, Frau Weisheit 161-164; weiter bes. H.-Fr.WEISS 204-211.

2 BREHIER; VÖLKER; THYEN; HEGERMANN; H.-Fr.WEISS; FRÜCHTEL; MACK, Logos;
   REISTER, a.a.O. (A.1); neuerdings - aber in eher torsohafter Weise,
   u.U. durch sprachliche Unzulänglichkeiten bedingt - FARANDOS.

der Vater und die Mutter ihren Sohn, wenn er die beschriebenen Taten begangen hat, gemeinsam zu Gericht bringen sollen,[3]
veranlaßt Philo nach Erörterung der vier vorgeworfenen Vergehen, Ungehorsam (ἀπείθεια), Widerspenstigkeit (ἐρεθισμός),
Beisteuer zu Schmaus und Trunkenheit (συμβολῶν εἰσφορὰ καὶ
μέτη , Ebr 15), zu einer ersten vorläufigen "Exegese":

πατρὸς δὲ καὶ μητρὸς κοιναὶ μὲν αἱ κλήσεις, διάφοροι δ'αἱ δυνάμεις.
τὸν γοῦν τόδε τὸ πᾶν ἐργασάμενον δημιουργὸν ὁμοῦ καὶ πατέρα εἶναι
τοῦ γεγονότος εὐθὺς ἐν δίκη φήσομεν, μητέρα δὲ τὴν τοῦ πεποιηκότος
ἐπιστήμην, ᾗ συνὼν ὁ θεὸς οὐχ ὡς ἄνθρωπος ἔσπειρε γένεσιν. ἡ δὲ
παραδεξαμένη τὰ τοῦ θεοῦ σπέρματα τελεσφόροις ὠδῖσι τὸν μόνον καὶ
ἀγαπητὸν αἰσθητὸν υἱὸν ἀπεκύησε, τόνδε τὸν κόσμον. εἰσάγεται γοῦν
παρά τινι τῶν ἐκ τοῦ θείου χοροῦ ἡ σοφία περὶ αὑτῆς λέγουσα τὸν
τρόπον τοῦτον· "ὁ θεὸς ἐκτήσατο με πρωτίστην τῶν ἑαυτοῦ ἔργων, καὶ
πρὸ τοῦ αἰῶνος ἐθεμελίωσέ με"· ἦν γὰρ ἀναγκαῖον τῆς μητρὸς καὶ
τιθήνης τῶν ὅλων πάνθ'ὅσα εἰς γένεσιν ἦλθεν εἶναι νεώτερα.

"Die Nennung des Vaters und der Mutter ist zwar gemeinsam, verschieden
aber ihre Bedeutung.[4] So werden wir zum Beispiel den Meister, welcher unser
Weltall geschaffen hat, mit Recht zugleich auch als den Vater des Erschaffenen bezeichnen, als Mutter aber das Wissen des Erzeugers; ihm hat
Gott beigewohnt und die Schöpfung erzeugt, allerdings nicht nach Menschen-
art. Sie aber hat Gottes Samen empfangen und den einzigen und geliebten
wahrnehmbaren Sohn, diese unsere Welt, als reife Frucht in Wehen geboren.
Demgemäß wird bei einem (Schriftsteller) aus dem göttlichen Reigen
(= Salomo) die Weisheit mit folgendem Ausspruch über sich selbst eingeführt: "Gott hat mich als erstes seiner Werke erworben und vor aller Zeit
hat er mich begründet" (Spr 8,22); denn notwendigerweise muß alles, was
zur Erschaffung kam, jünger sein,als die Mutter und Amme des Alls."

In einer allegorisierenden Auslegung von Dtn 21 wird die sicht
bare Welt (κόσμος αἰσθητὸς) als der einzige und geliebte
Sohn, als die Schöpfung der Vereinigung von Gott und Weisheit
verstanden.[5] Diese Welt ist es, die vor den aufgezeigten Gefahren gewarnt werden soll. Die Weisheit wird als Gattin des

---

3 Zur Exegese von Dtn 21,18-21 bei Philo und seine Abwertung der Rolle
   der Mutter vgl. HEINEMANN, Philons Bildung 250-253.

4 D.h. Philo will nun die beiden Begriffe πατρός und μητρός , also
   Gott und die Weisheit, getrennt interpretieren.
   Übersetzung nach ADLER in: Philo Werke Deutsch, Bd.5 S.17f.

5 Ein "anderer" Sohn ist der κόσμος νόητος, vgl. Imm 31 u.ö.

Schöpfers dargestellt, als Mutter und Amme des Alls; diese
Bezeichnung findet sich noch einmal im selben Traktat[6] und
öfter in den Werken Philos.[7] Dabei wird Gott in einer
variierenden Fülle von Begriffen als der Schöpfer der Welt
bezeichnet; er ist "Gott" ($\vartheta \varepsilon \acute{o} \varsigma$, 2x), "Meister" ($\delta \eta \mu \iota o \upsilon \rho \gamma \acute{o} \varsigma$)
- wohl der entscheidende und gebräuchlichste Begriff[8] - "Vater"[9]
und "Erzeuger" ($\pi \varepsilon \pi o \iota \eta \varkappa \acute{\omega} \varsigma$). In der Wortwahl steht Philo dabei den Stoikern und anderen philosophischen Bewegungen seiner
Zeit sehr nahe.[10]

Die Weisheit wird in einer ebensolchen Fülle beschrieben.
Sie ist das "Wissen" ($\dot{\varepsilon} \pi \iota \sigma \tau \acute{\eta} \mu \eta$)[11] des Erzeugers, die "Empfangende", der Gott beiwohnt, die "Mutter und Amme des Alls",
wobei aber der Begriff der "Sophia" für Philo der entscheidende sein dürfte.[12] Die Weisheit wird des öfteren im Zusammenhang mit dem Schöpfer als "Mutter" bezeichnet.[13]

6　Ebr 61, als Bezeichnung der wahrnehmbaren Materie ($\overset{\text{(}}{\upsilon} \lambda \eta \ \tau \widetilde{\eta} \varsigma \ \alpha \iota \sigma \vartheta \acute{\eta} \tau \eta \varsigma$):
　"Mutter,Nährerin ($\tau \iota \vartheta \acute{\eta} \nu \eta$) und Amme des Erschaffenen ($\tau \widetilde{\omega} \nu \ \pi o \iota \eta \tau \widetilde{\omega} \nu$)";
　wahrscheinlich stützt sich Philo auf Platons Timaios (49A; 50D; 51A;
　52D); vgl. Quaest in Gen IV 160; zum Ganzen H.-Fr.WEISS 35-44.206-
　209 u.ö.

7　Von der Weisheit noch Conf 49; von der Tugend ($\dot{\alpha} \rho \varepsilon \tau \acute{\eta}$) Her 38,52.

8　Vgl. THEILER, Art. Demiurgos RAC Bd.3 (1957) S.694-711; FERANDES
　287-290; bes. H.-Fr.WEISS 44-58; MACK, Imitatio 44 A.15.

9　(Auch hier laufen) "Philos Vorstellungen über den Weltschöpfer ...
　denen des Neuphythagoräismus parallel, der hier auf Platons Timaeus
　zurückgreift": ADLER, Über die Trunkenheit, in: Philo Werke Deutsch
　Bd.5 S.17 A.4 z.St.; über die weite Verbreitung dieses Begriffes im
　Hellenismus vgl. SCHRENK u.a., ThWNT Bd.5 (1954) 946-1016(Philo 956f).

10　H.-Fr.WEISS 44: (Es) "kehren alle jene Begriffe wieder, die innerhalb
　der griechisch-hellenistischen Kosmologie von Platon an bis hin zur
　Stoa den 'Weltenbildner' bezeichnen, der die ungeordnete und qualitäts-
　lose Materie zum Kosmos gestaltet und formt".

11　Dieser Begriff wird bei Philo sehr schillernd verwendet; allein in der
　Schrift Ebr: im Sinne der Gotteserkenntnis (44.209) u.ö.; als Sinnes-
　organ für die Seele (158.160); als Spezialwissenschaft (des Arznei-
　wesens, 184); als eine Wissenschaft, etwas recht zu tun (zu kochen,229).

12　Dies wird deutlich aus dem Zitat von Spr 8 und aus der Parallelstelle
　Conf 49; weiter unten A.15. Zur "Vielnamigkeit" ($\pi o \lambda \upsilon \acute{\omega} \nu \upsilon \mu o \varsigma$) vgl.
　All I 43: "Die erhabene, himmlische Weisheit hat die Schrift vielfältig
　bezeichnet ($\pi o \lambda \lambda o \widetilde{\iota} \varsigma \ \acute{o} \nu \acute{o} \mu \alpha \sigma \iota$), um ihre Vielnamigkeit darzutun."
　Hier berührt sich wieder die Weisheit stark mit dem "Logos" (vgl.
　Conf 146 u.ö.); mit $\lambda \acute{o} \gamma o \varsigma$ könnte dort (All I 43) neben Gen 1,1 auch
　auf Spr 8,22 angespielt sein. Zum Ganzen vgl. MACK, Logos 111-115(111).

13　All II 49; Det 54.116; Fug 109; weiter Quest in Gen IV 97. Sicherlich
　führt diese Zusammengehörigkeit von Weisheit und Schöpfer dazu, daß
　Gott sogar einmal "Mann der Sophia" ($\dot{\alpha} \nu \grave{\eta} \rho \ \sigma o \varphi \acute{\iota} \alpha \varsigma$) genannt werden
　kann (Cher 48f).

Gott und Weisheit gehören für Philo auch in einem kosmologischen Sinn aufs engste zusammen. Er belegt seine Auffassung durch Spr 8, das ihm selbstverständlich als Heilige Schrift gilt. Salomo wird dabei als ein Schriftsteller "aus dem göttlichen Reigen" der enthusiastisch inspirierten Propheten und Gottesmänner eingeführt;[14] möglicherweise steht auch noch die spielerische Beschreibung der Weisheit von Spr 8 im Hintergrund, denn auch sonst kann Philo die Freude, in der die Weisheit lebt, beschreiben.[15] Es ist eine umstrittene Frage, welch Fassung von Spr 8 Philo vorlag. Es sind einige Unterschiede von Ebr 31 zur LXX Spr 8,22 zu verzeichnen;[16] ja, wörtlich wird lediglich Spr 8,23 zitiert: "(Jahwe) hat mich vor aller Zeit begründet." Der erste Teil des Zitates: "Gott hat mich als (aller) erstes seiner Werke erworben", ist dagegen eine sonst völlig unbekannte Variante von Spr 8,22:

- θεός entspricht יהוה ; LXX: κύριος.
- πρωτίστην entspricht ראשית ; LXX: ἀρχήν.
- ἐκτήσατο entspricht קבני ; LXX: ἔκτισέν με;
  Aquila, Symmachus, Theodotion u.a.: ἐκτήσατο.
- τῶν ἑαυτοῦ ἔργων entspricht קדם מפעליו LXX: (εἰς) ἔργα αὐτοῦ
- Es fehlt eine Entsprechung zu ὁδῶν αὐτοῦ (? דרכיו) und
  מאז (fehlt aber auch in LXX und Pesch).

Es wurden verschiedene Versuche gemacht, diese Unterschiede zu erklären. So stützte H.A.WOLFSON u.a. auch mit dieser Stell seine These, daß Philo die hebräische Sprache beherrschte und direkt aus dem hebr. Urtext übersetzte.[17] Auch H.-Fr.WEISS scheint an eine hebr. Vorlage zu denken.[18] Andererseits hat V.NIKIPROWETZKY die Begründung WOLFSONs Punkt für Punkt widerlegt.[19] U.FRÜCHTEL denkt an eine bewußte Abänderung des LXX-

---

14 Philo stellt sich also Salomo als Mitglied des "himmlischen Chores"
    vor, eine Vorstellung, die er aus Platons Phaidros (Phaidr 247A)
    entlehnt, einen Text, den er des öfteren zitiert: Her 241; Fug 62;
    Prob 13; vgl. Fug 74.

15 Vgl. All I 64, wo die Weisheit mit "Eden" identifiziert wird.

16 Dieser Unterschied ist REISTER, in: LANG, Frau Weisheit 164 gar
    nicht weiter aufgefallen!

17 WOLFSON, Philo I, 256-258.

18 H.-Fr.WEISS 204f, wo er an die Übersetzung des hebr. ראשית und אמון
    reflektiert!

19 NIKIPROWETZKY, commentaire 68-73.

Textes, der in betonter Weise die Schöpfungsmittlerschaft der
Weisheit herausstellen und in gewisse Analogie zum Logos
treten soll.[20] Dabei faßt πρωτίστην ihrer Meinung nach
Spr 8,23-25 zusammen. Wieder anders denkt BARTHELEMY an einen
Korrektor der Schriften Philos, einem Juden aus dem Umkreis
Cäsareas, der die Lesart Aquilas in den Text verbesserte.[21]
     M.E. wird hier aber mit dem vorliegenden LXX-Text frei
umgegangen; so sprechen einige Gründe für eine philonische
Gestaltung: zum einen gibt es Stellen, in denen Philo ein aus
der LXX vorliegendes κύριος in θεός abändert;[22] zum anderen
verwendet er die seltene poetisierende Form πρωτίστην gern
für die Weisheit.[23] Weiterhin ist das Auslassen von דאם auf
Grund der LXX verständlich, ebenso die Tradition ἐκτήσατο ,
wie sie auch gut bei Aquila außerhalb der LXX bezeugt ist.
Darüber hinaus kann πρωτίστη durchaus in der Bedeutung
"(aller) erste" im Sinn einer Reihenfolge verstanden worden
sein, so daß ὁδῶν αὐτοῦ in diesen Ausdruck einbezogen worden
ist. Strittig bleibt lediglich, ob Philo schon in Spr 8 die
Bezeichnung für "Mutter und Amme" vorgefunden hatte; es fehlt
aber ein Beleg, daß er Spr 8,30 (אמון) in seine Überlegungen
zur Gestalt der Weisheit einbezogen hatte. Dabei muß berücksichtigt werden, daß bei Philo nur sehr wenige eindeutige Textstellen für eine kosmologische Funktion der Weisheit vorhanden sind.

---

20 FRÜCHTEL 173f.

21 BARTHELEMY, Est-ce Hoshaya Rabba qui censura le "commentaire
    allégorique"? (1967), in: ders., Etudes 170f.

22 Philo, Congr 177 ad Spr 3,11; Mut 169 ad Jes 48,22; diese Bibelzitate
    werden nicht behandelt bei KATZ.

23 All II 86; mit ἀρετή All II 48 und Post 63, jeweils nach einem Zitat
    von Dtn 21,15f (also in engstem Zusammenhang des in Ebr 30f ausge-
    legten Textes; ἀρετή und σοφία sind ebenfalls identisch, All II 45,
    II 49; Praem 115f; Jos 58; Abr 220; Somm II 270). Post 63 identi-
    ziert übrigens etwas später - ähnlich wie Aristobul (s.o.S.71f) - den
    ersten und siebten Schöpfungstag! FRÜCHTEL denkt an "eine Kontamination
    aus Sap.Sal. 9,9 ... und Prov 8,30" (Vorstellungen S.173 A.4), was
    aber m.E. sehr hypothetisch bleibt; Philo zitiert diesen Begriff Aet 17
    aus Hesiod, Theogon. 116f!

Die Weisheit ist nun uranfängliche Mutter des Kosmos. Sie
empfängt (in einem mythologischen Bild) den Samen Gottes
"nicht auf menschliche Weise"; sie bleibt als "Empfangende"
der passive Teil. Indem sie aber selbst "Mutter und Amme"
wird, ist sie zwar auch aktiv bei der Schöpfung beteiligt, so
daß von ihr auch als von einer Schöpfungsmittlerin geredet
werden könnte,[24] allerdings wird auf die Weisheit nie der Begriff des "Werkzeuges" (ὄργανον) übertragen.[25] Das Zitat von
Spr 8,22f ermöglicht es Philo, im Aufgreifen der ihm vorliegenden Weisheitstraditionen, seine Vorstellung der uranfänglichen Schöpfung des Kosmos durch Schöpfer und Weisheit mit
dem biblischen Text zu begründen. Andererseits sind die fun-
damentalen Unterschiede nicht zu übersehen. Die Verbindung
von Schöpfer und Geschöpf ist zerbrochen; es herrscht bei
Philo der "Gedanke des unendlichen qualitativen Abstandes
zwischen Gott und Materie bzw. Welt" vor.[26] Gott ist eine
ferne Gottheit geworden, die in frommer, ehrfürchtiger Weise
vom Denken und Erleben der Menschen abgerückt wird, weil das
Denken seine Nähe nicht mehr ertragen kann.[27] Er ist zum
Gegenstand philosophischer Erkenntnis geworden, der aber dem
Menschen nicht mehr in unmittelbarer personaler Weise, sondern
nur noch durch Zwischenstufen begegnet.

3.2. De virtutibus 62

Innerhalb der Abhandlung über die Tugenden kommt Philo im
zweiten großen Abschnitt über die Menschenliebe
(φιλανθρωπία) ebenfalls auf Alter bzw. die hervorragende Bedeutung der Weisheit zu sprechen. Die Gestalt des Mose dient
ihm als Beispiel für diese Tugend. Ein besonderes Beispiel der

---

24 Vgl. Fug 109: "durch welche (δι'ῆς) das Ganze zur Entstehung kam;
    Det 54: "durch welche (δι'ῆς) das All zur Vollendung kam".

25 So aber vom Logos, z.B. All III 96; Migr 6. Zum Ganzen vgl. H.-Fr.WEIS
    267-272.

26 Z.B. All I 36; III 36; H.-Fr.WEISS 46-50 (Zitat S.48); weiter auch
    HENGEL, Judentum S.464ff.

27 Philo fragt Ebr 32f: "Wer wäre imstande, ihre Anklage (sc. von Gott
    und der Weisheit) auszuhalten?" ... "Vermögen wir aber nicht die Wohl-
    taten aufzunehmen, wie werden wir dann erst das Herannahen der stra-
    fenden Kräfte ertragen? Diese Eltern des Alls muß man freilich von der
    vorliegenden Abhandlung ausnehmen (τοὺς μὲν δὴ τοῦ παντὸς γονεῖ
    ὑπεξαιρετέον τοῦ παρόντος λόγου)."

φιλανθρωπία des Mose ist seine Bitte an Gott, selbst einen
Führer über Israel an seiner Stelle zu bestimmen; denn zur
Führung des Volkes Israel ist allein ein weiser, von Gott be-
rufener Führer fähig!

σοφίαν δὲ πρεσβυτέραν οὐ μόνον τῆς ἐμῆς γενέσεως, ἀλλὰ καὶ τῆς τοῦ
κόσμου παντὸς οὖσαν οὔτε θέμις οὔτε δυνατὸν ἄλλῳ τῷ κρίνειν ἀλλ'ἢ
τῷ θεῷ καὶ τοῖς ἀδόλως καὶ καθαρῶς καὶ γνησίως αὐτῆς ἐρῶσιν.

"Die Weisheit ist nicht nur allein älter als meine Entstehung (= die des
Mose), sondern auch als die des ganzen Kosmos; so ist es weder jemandem
erlaubt noch möglich, (sie = die Weisheit oder: einen weisen Führer) zu
beurteilen, als (allein) Gott und denen, die sie aufrichtig, rein und
wahrhaft lieben."

Obwohl gemäß dem Kontext unter "Weisheit" eher eine
ethische Größe verstanden werden muß, die den Menschen als er-
strebenswerte Qualität innewohnt, fließt an dieser Stelle die
Vorstellung einer kosmischen Präexistenz der Weisheit in die
Argumentation des Mose hinein. Für Philo gehört die Weisheit
(hier: ἐπιστήμη) zu den Qualifikationen eines guten Führers.[28]
Generell wird die Weisheit bei ihm als "Ziel des erbaulichen
Strebens" und als hypostatische Größe verstanden.[29] Es kann
nicht immer entschieden werden, welche Seite nun wirklich im
Vordergrund steht. Durch den Vergleichspunkt mit dem Kosmos
wird in Virt 62 der Weisheit aber offensichtlich ein hyposta-
tischer Charakter zugestanden.

Mose lehnt es ab, ohne göttliche Anordnung einen Nachfolger
für sein Amt als Führer des Volkes zu bestimmen; es muß ein
"weiser Führer" (πάνσοφος ἡγεμών) sein, der die Geschicke
des Volkes bestimmen soll. Als ein solcher wird bei Philo
durchweg Mose selbst vorgestellt:[30] "der logoshaft gewordene

28 σοφία kann an πανσόφου τινὸς ἡγεμόνος(den weisen Führer) an-
    knüpfen, wie auch an die parallele Aussage, daß ein Steuermann
    (κυβερνήτης) zu einer guten Schiffsreise Erkenntnis und Wissen (τὴν
    γνώμην καὶ τὴν ἐπιστήμην) nötig hat (Virt 61); hier liegt eine gut
    platonisch definierte Führerqualifikation zugrunde.

29 Die Weisheit ist das Licht, das die Seele erleuchtet, und vollkommene
    Nahrung und Trank. FRÜCHTEL 179-183; überblicksartig REISTER in: LANG,
    Frau Weisheit 161f.

30 Im näheren Zusammenhang Virt 60 u.ö.; auf die Bitte des Mose um
    göttliche Führung im Problem seiner Nachfolge geht Philo noch zweimal
    ein (Post 67; Agr 44; beide Male unter Zitierung von Num 27,16f), ohne
    allerdings die weise Führerschaft zu erwähnen.

Mose (ist) zugleich der Prototyp des Weisen".[31] Aber Philo
kann neben dem für ihn entscheidenden Führer, dem Logos, auch
gelegentlich von einer Führung der Weisheit sprechen, obwohl
er die Weisheit eher mit dem Weg zur Erkenntnis identifiziert.[3]
In Virt 62 scheint Philo eine solche Führung durch die Weisheit vorzuschweben. Dabei wird ihr Gewicht durch Alter und
Hervorragenheit unterstrichen - sie ist πρεσβύτερα . Ebenso
kann er in einem anderen Zusammenhang die Weisheit als die
"Älteste" (πρεσβύτατον) bezeichnen, obwohl die genannten Bezeichnungen wesentlich öfter dem Logos zugeschrieben werden.[33]
    Die also eher nur beiläufig eingeflossene kosmische Prä-
existenz der Weisheit weist auf, daß Philo die traditionellen
Weisheitsvorstellungen gekannt und auf seine Weise verarbeitet
hat. Das gilt darum auch für die Stellen, die in einer Auslegung von Dtn 8,15f die Weisheit als lebensspendende Quelle
der Wüstenzeit beschreiben.[34] Für Philo treten diese Texte
allerdings zurück gegenüber der viel sorgfältigeren Ausgestaltung der kosmischen Funktionen des Logos als dem göttlichen
Werkzeug katexochen.

3.3. Die Präexistenz der Weisheit

Beide besprochenen Texte aus den Schriften von Philo dokumen-
tieren, wie die Vorstellung der Präexistenz der Weisheit auch
in späterer Zeit weiter tradiert und entfaltet worden ist. Der
für Philo entscheidende Text, der ihn zu eigenen Gedanken an-
geregt hatte, scheint Spr 8 gewesen zu sein. Die ursprüngliche
Weisheitstradition kommt am ungebrochensten in der eher nebenbei erwähnten Aussage über das Alter und das besondere, würde-
volle Herausgestelltsein der Weisheit in der Argumentation des

---

31 Imm 107; Conf 92-98; Congr 132 u.ö. FRÜCHTEL 168-171 (Zitat S.169);
    zum Problem auch MACK, Logos 135-138.

32 MACK, ebd.

33 Fug 50: (Als ethymologische Erklärung des Namens Bathuel, Gen 28,2)
    "Da nun (das Prinzip), das auf Gott folgt (τὸ μετὰ τὸν θεόν = Weis-
    heit als "Tochter Gottes"), an zweiter Stelle steht, mag es auch unter
    allen übrigen Dingen das älteste (πρεσβύτατον) sein, ..; so hat es
    einen weiblichen (Namen) erhalten." Zum Logos als πρεσβύτερος vgl.
    Migr 6 u.ö.; weiter als πρεσβύτατος Her 205 u.ö. Zum Ganzen vgl.
    H.-Fr.WEISS 265-267.

34 Zu All II 86; Det 115-116 siehe unten im Ausblick.

Mose Virt 62 zum Tragen. Darüber hinaus findet sich die ausführlichste Erörterung über die Weisheit bei Philo in Ebr 30f.
Hier wird neben der durch das Zitat expressis verbis formulierten Präexistenz der Weisheit das Bild der Mutter und
Amme benutzt, um das uranfängliche Sein und die Zusammengehörigkeit mit Gott sowie ihre kosmologische Funktion hervorzuheben. An anderen Stellen kommt in ähnlicher Weise - jedoch zurückhaltend - die Schöpfungsmittlerschaft zum Ausdruck.
Noch einen Schritt weiter gehen gelegentlich Texte, in denen
ihr - im Anklang an die Schöpfertätigkeit Gottes als Demiurg -
sogar eigene schöpferische Tätigkeiten zugesprochen werden.[35]
Aus allen diesen Belegstellen tritt entweder ausdrücklich oder
indirekt eine präkosmische Weisheitsvorstellung zutage.

Die Beschreibung der Weisheit als eine selbständige, aber
von Gott abhängige Gestalt wurde zum großen Teil auch schon
an den besprochenen Texten deutlich; sie ist, indem sie als
Gemahlin Gottes dargestellt wird, der empfangende passive
Teil der engen Gemeinschaft mit Gott, aus der der κόσμος
αἰσθητός entsteht. Ein anderes Bild von der Weisheit, in dem
dieser Zug der Abhängigkeit verstärkt wird, ist die Beschreibung der Weisheit als "Tochter Gottes".[36] Hier ist die Unter-
ordnung der Weisheit offenkundig. Doch bei alledem muß beachtet werden, daß die Weisheit bei Philo in den weit häufig-
sten Stellen eine ethische Funktion innehat; sie ist als das
Ziel menschlichen Tuns vorgestellt, als Weg, auf dem der
Mensch sich zu einem vollkommenen Leben bewegt.[37]

Weiterhin sind fast alle kosmologischen Funktionen der
Weisheit ebenso und noch öfter auf den Logos übertragen. Das
war ein Grund, in der Forschung Weisheit und Logos für identisch zu halten, und manche Texte legen dies auch unmittelbar
nahe.[38] Aber in der neueren Forschung ist man gegenüber dieser
Auffassung kritischer geworden und erkennt in dem Verhältnis

35 Her 199 wird der Kosmos als "durch die göttliche Weisheit geschaffen"
    (δημιουργηθείς) bezeichnet; ähnlich auch Migr 41. Zum Ganzen
    FRÜCHTEL 173.

36 All I 64.77; II 86; Fug 50 u.ö. Weiter KÜCHLER 60.

37 FRÜCHTEL 179-183; vgl. besonders Migr 28.30.218 u.ö. Weiter WILCKENS,
    ThWNT Bd.7 (1964) S.501.

38 All I 65; Det 115-118; zum Verhältnis zwischen Logos und Weisheit vgl.
    BREHIER 112-121; WOLFSON, Philo 253-261; zur Auseinandersetzung mit
    ihm: K.BAUMANN 95-99; MACK, Imitatio 31f und A.50; FRÜCHTEL 177f.

von Weisheit und Logos eher eine noch nicht vollständige
Übertragung der Weisheitstraditionen auf die im "philosophischen Erkenntnissystem" beherrschende Gestalt des
Logos.[39] Bei Philo ist jedoch in keinem Fall ein lückenloses
kosmisches System zu erwarten, denn in seinen Schriften zeigt
er sich weniger als systematischer, denn als exegetischer
Denker.[40] Es war also seine ausdrückliche "Absicht, mit seine
Synthese zwischen jüdischem und griechisch-hellenistischem
Denken unter den Gebildeten seiner Zeit missionarisch zu wirken ... Ein nach allen Seiten hin eindeutiges und widerspruch
freies System ist auch hier nicht das Ergebnis dieses Pro-
zesses gewesen."[41]

4. Thesenhafter Überblick

Die teilweise schon in den Übersetzungen der Septuaginta zum
Vorschein kommende Beeinflussung der alttestamentlichen Texte
durch philosophisches Gedankengut aus der Umwelt der Übersetzer in Alexandrien kommen in den ebenfalls dort entstan-
denen Weisheitstexten selbst noch stärker zum Ausdruck. Die
Präexistenz der reflektierten Weisheit tritt zwar gegenüber
anderen Themen stärker zurück und erscheint zum Teil nur noch
fragmentarisch; sie ist aber eine vorgegebene Tradition, auf
die nicht mehr verzichtet werden kann.

Schon bei Aristobul in der Mitte des 2.Jh.v.Chr. legitimiert das "Alter" der Weisheit, die durch die Präexistenzaussage in der palästinischen Tradition bis aufs Äußerste gesteigert erscheint, den Wert und die Überlegenheit der eigene
jüdischen religiösen Tradition. Die damit implizierte Aussage
über die "Ewigkeit" der Weisheit ist somit überall in der
alexandrinischen Weisheitsliteratur vorausgesetzt.

Selbst Philo, der vor allem an den kosmologischen
Funktionen des Logos interessiert ist,[42] kann auf die traditionelle Verwendung der präexistenten Weisheit in der Darstel
lung des Mose als weisheitlichen Führer nicht mehr verzichten
Darüber hinaus wird bei ihm auch die Vorstellung der Weisheit

---

39 HEGERMANN 67-87; H.-Fr.WEISS 148-182.
40 VÖLKER 9.135.193. Zu diesem vgl. THYEN.
41 H.-Fr.WEISS 210.
42 Auf eine ausführliche Darstellung dieses Problems wurde verzichtet.

als Gottes geliebte, präexistente Tochter und Gattin weiter-
tradiert und wirksam ausgestaltet.

Spätestens hier in der alexandrinischen Weisheitsliteratur
wird die enorme Bedeutung und Wirkungsgeschichte des Weisheitsliedes aus Spr 8 und die dort betont herausgestellte Präexistenz und Mittlerstellung erkennbar. Eine besondere - obwohl
schon früher vorbereitete - Traditionsbildung ist die Identifizierung von Pneuma und Weisheit im Weisheitsbuch. Ihre Spuren
lassen sich bis in die neutestamentlichen Texte hinein verfolgen.

C. Die Weisheit der Apokalyptiker

Relativ wenige Texte in der Literatur jüdisch apokalyptischer
Kreise formulieren expressis verbis eine Präexistenzaussage
über die Weisheit, oder lassen indirekt auf eine solche Vorstellung schließen. Es wird sich zeigen, daß dies mit ihrer
theologischen Überzeugung in unmittelbarem Zusammenhang steht
und keinem Zufall unterliegt. Die meisten der in Frage kommenden Texte hat kürzlich M.KÜCHLER zum ersten Mal übersichtlich
zusammengestellt.[1] Im folgenden wird diese Sammlung vorausgesetzt und gegebenenfalls ergänzt. Die Texte, die über die Weisheit reflektieren, sollen unter drei Gesichtspunkten aufge-
schlüsselt werden:
1. Der Ort der Weisheit und ihr Verhältnis zur Schöpfung
2. Die verborgene Weisheit
3. Die endzeitliche Gabe der Weisheit.[2]

1. Der Ort der Weisheit und ihr Verhältnis zur Schöpfung

Dieses Thema, das in den traditionellen Weisheitstexten des
AT breit ausladend beschrieben worden ist, findet sich auch

---

1 KÜCHLER 62-87 (bes. 76-79).

2 Nach der vorbildlichen Einteilung ebd. Zur Frage nach der Beziehung
  zwischen Weisheit und Apokalyptik, die insbesondere v.RAD, Theologie
  Bd.2 S.316-323 in ihrer Konsequenz hervorgehoben hat, vgl. den
  forschungsgeschichtlichen Überblick bei J.M.SCHMIDT, Die jüdische
  Apokalyptik 298-302; neueste Zusammenfassung bei KÜCHLER 65-71; zu
  äthHen: RAU 445-454; COUGHENOUR. Zu Qumran vgl. bes. WORREL und zusammenfassend KÜCHLER 88-109.

in der apokalyptischen Literatur.[3] Es gehört auch hier zu den
selbstverständlichen Aussagen, daß die Weisheit sich in der
himmlichen Sphäre, in der unmittelbaren Nähe des göttlichen
Thrones befindet; so wird es in dem wohl ältesten Text - eine
Gebet Henochs - (äthHen 84,3; ca. 160 v.Chr.) ausgedrückt:
"Keinerlei Weisheit entgeht dir, noch wendet sie sich ab von
'(ihrem) Ort' an deinem Thron und von deinem Angesicht."[4] Inwieweit aus dem Zusammenhang auf eine Schöpfungsmittlerschaft
geschlossen werden kann, ist fraglich; es wird ausdrücklich
lediglich von Gottes eigener Schöpfung und Herrschaft geredet
Ähnlich selbstverständlich wird von einer Existenz der Weis-
heit im Himmel in dem im nächsten Abschnitt näher besprochene
Kap.äthHen 42 geredet.[6] Wenn darüber hinaus nach den Taten un
Wegen Gottes gefragt wird, wird auch nach Anfang und Ende der
Weisheit gefragt (syrBar 14,9).

Am deutlichsten kommt die Verbindung von Weisheit und
Schöpfung im slavischen Henoch zur Sprache, ein Werk, dessen
Datierung allerdings umstritten ist.[7] Dort ist die Weisheit
Gottes Schöpfungswerkzeug, wie er sich ihrer selbst rühmt
(slHen 33,36):

---

3 Zur Beschreibung der festumrissenen Größe der apokalyptischen Kreise,
   die in den letzten Jahren exegetische Forschung zu einem Common sens
   herausgebildet hat, vgl. ebd. S.62-64 (Lit!).

4 Zur Konjektur "(ihrem) Ort" vgl. CHARLES in: APOT II z.St. BEER in:
   APAT II z.St. und KNIBB ed, The Ethiopic Book of Enoch z.St. scheiden
   dieses Wort aus; FLEMMING/RADEMACHER, Das Buch Henoch (GCS 5):
   "ihrem Lebensgrund" z.St.

5 Gegen KÜCHLER 76, der von einer möglichen "Schöpfungshilfe" der Weisheit spricht. Zu vergleichen sind weitere Gebete im äth Hen:
   9,4-11 mit Bezug auf die Schöpfertätigkeit Gottes; 63,2-4 wo Jahwe al
   "Herr der Weisheit" bezeichnet wird; 4 QEnGiants[a]9f (MILIK ed., The
   Books of Enoch 316f).

6 KÜCHLER verweist weiter auf 2 Bar 54,13, wo in einem Gebet des Baruch
   von den "Schätzen der Weisheit" (אוצרא דחכמתא) unter dem Thron
   Gottes die Rede ist. Hier wird aber lediglich die weithin bekannte
   Vorstellung des göttlichen Schatzhauses aufgegriffen.

7 Dieses Buch wird in seiner Urschrift gewöhnlich in das 1.Jh.n.Chr.
   datiert; vgl. ROST, Einleitung 84; weiter die ausführlichere Diskussion bei ROWLEY 110f; die letzte ausführlichere Beschäftigung mit
   diesem Buch von RUBINSTEIN kommt allerdings zu einem späteren Datum
   (S.20): "The Slavonic Enoch can hardly have been composed before the
   Hebrews become fairly well known in the Christian world".
   MILIKs Spätdatierung in das 9./10.Jh.n.Chr. hält der näheren Über-
   prüfung nicht stand (ed., The Books of Enoch).

"Durch meine Weisheit habe ich dies alles ersonnen und geschaffen von der obersten Grundlegung bis zur untersten und bis zum Ende."[8]

Ja, offensichtlich wird die Weisheit sogar als selbständige Schöpferin vorgestellt, slHen A 30,8:

"Am sechsten Tag befahl ich meiner Weisheit, den Menschen zu machen aus sieben Bestandteilen ..."[9]

Eine solche vorgeordnete und ursprüngliche Stellung der Weisheit zur Schöpfung müßte eigentlich zur Folge haben, daß die Menschen mit ihr begabt werden. Die Gabe der Weisheit ist aber in den apokalyptischen Texten lediglich auf einige wenige auserwählte Personen beschränkt - die weisheitlichen Offenbarergestalten wie Henoch und Noah.[10] Dieses Phänomen hängt mit der Beurteilung dieses Äons zusammen, der der Weisheit entbehrt, sich von Gott abgewandt hat und von ihm verworfen ist.

2. Die verborgene Weisheit

Dieses Thema ist ein Spezifikum der apokalyptischen Literatur. Durch alle Texte zieht sich eine pessimistische Haltung diesem Äon gegenüber hindurch.[11] Diese Einschätzung der zeitgenössichen Weltsituation läßt sich auch an den Texten zur "reflektierten Weisheit" ablesen. Nahezu klassisch geworden ist das in dem 42.Kapitel des äthHen. Dieser kurze Abschnitt befindet sich versprengt in einem Kontext, der astronomische Geheimnisse thematisiert (Kap.41 und 43f).

---

8 Text nach BONWETSCH z.St. Zu Qumran vgl. - wohl unter Aufnahme von Jer 10,12f (51,15f) - 1 QH 1,7.19; 11 QPs[a] 26,9-15; vgl. KÜCHLER 100f. Zur Weisheit als Schöpfer vgl. oben zum Weisheitsbuch.

9 Wird hier lediglich auf den Plural von Gen 1,26 angespielt? So H.-Fr.WEISS 204 u.ö. In sl Hen 44,1 erschaffen lediglich "die Hände Gottes". Aber im Judenchristentum der Pseudoklementinen wird auch diese Vorstellung mit der Weisheit zusammengebracht (Hom XVI, 21,1). Zum Ganzen vgl. G.PFEIFFER 60f. Vgl. auch Aristobul F 2, Euseb, praep.ev. VIII, 10,7ff.

10 Vgl. KÜCHLER 68.72f. Zu Qumran und bes. zum Lehrer der Gerechtigkeit, ebd. S.93.98f; zu David s. den Prosaeinschub 11 QPs[a] 27,2-11 DavComp, ebd. S.107.

11 Dieser Grundzug hängt unmittelbar mit der apokalyptischen Äonenlehre und der mit dem Stichwort "Dualismus" ausgedrückten Spannung von Erde und Himmel zusammen. Zur Forschungsgeschichte vgl. J.M.SCHMIDT, Die jüdische Apokalyptik 225-227.283f und passim (Lit!). DEXINGER, Zehnwochenapokalypse 71-75.

äthHen 42:[12]

1 Da die Weisheit keinen Platz fand,
  wo sie wohnen sollte,
  wurde ihr in den Himmeln eine Wohnung zu teil.

2 Als die Weisheit kam,
  um unter den Menschenkindern Wohnung zu machen,
  und keine Wohnung fand,
  kehrte die Weisheit an ihren Ort zurück
  und nahm unter den Engeln ihren Sitz.

3 Und die Ungerechtigkeit ging heraus aus ihren Behältern;
  was sie (die Weisheit!?) nicht suchte, fand sie
  und wohnte unter ihnen (den Engeln!?)
  wie Regen in der Wüste,
  wie Tau auf der durstigen Erde.

Abgesehen von der Frage nach Datierung und Verbindung mit dem Kontext[13] wirft die Interpretation dieser drei Verse einige Schwierigkeiten auf. Besonders zwei Dinge bedürfen der Klärung:

- die parallelen Aussagen von V.1 und 2
- das Subjekt von V.3b und damit zusammenhängend das Bezugswort von "ihnen" (V.3c).

Den beiden ersten Versen ist die Aussage gemeinsam, daß die Weisheit keinen Wohnort findet, und daß sie in den Himmeln (unter den Engeln) einen solchen erhält. Es sieht zunächst so aus, als wollten beide Verse dasselbe aussagen und wären als Dublette zu beurteilen. Sieht man aber genauer hin, dann scheint hier jeweils eine unterschiedliche Ausgangssituation vorausgesetzt zu sein: in V.1 bekommt die Weisheit von Gott ihre Wohnstätte zugewiesen (passivum divinum!), wobei gar nicht benannt wird, wo sie vergeblich gesucht hatte; darauf kehrt sie in V.2 nach einer vergeblichen Wohnungssuche unter den Menschen an einen ursprünglichen Ort zurück.

Es werden also anscheinend zwei unterschiedliche Situationen beschrieben. In V.1 könnte an einen Akt vor der Weltschöpfung d.h. <u>als es noch keinen anderen Ort gab</u> -, und in V.2 an das Einwohnenwollen in der Schöpfung, der menschlichen Geschichte gedacht sein. Wenn es aber um verschiedene Situationen geht, ist es nicht gerechtfertigt, einen der beiden Verse als Du-

---

12 Übersetzung nach RAU 449; vgl. auch BEER in APAT II S.261 z.St.

13 Vgl. CHARLES in: APOT II z.St.: "As has been already recognized, this chapter is a fragment, and out of connexion with its present context; where in the present book of Enoch it should stand, I do not know." So schon DILLMANN 153; vgl. WILCKENS 166 A.2 u.a.

blette zu streichen.[14]

Die meisten Interpreten stellten bisher den Begriff
"Ungerechtigkeit" als bestimmendes Subjekt des 3. Verses
dar. Damit ergab sich für sie die Schwierigkeit, ein direktes
Bezugswort für "ihnen" - wo sie ihre Wohnung findet - zu bestimmen. Es wird an das weiter entfernte "Menschenkinder" gedacht (V.2b), unter denen die Weisheit vergeblich Eingang gesucht hatte. In dieser Interpretation wird allerdings das
letztgenannte Objekt "Engel" (V.2d) übersprungen, und somit
der Grundsatz verletzt, wennmöglich die Verbindung zur nächst-
liegenden Bezugsgröße herzustellen.

Diesem Sachverhalt hat vor kurzem E.RAU abzuhelfen versucht.[15] Neben einer wörtlicheren Übersetzung unterstützte er
seine Argumentation durch den Hinweis auf die feste Verwurze-
lung des Bildes von Regen und Tau in der atl. Tradition. Mit
diesem wird in metaphorischer Weise neben einer seltenen negativen Verwendung meist positiv die Gabe des göttlichen Se-
gens umschrieben.[16] Entsprechend dazu wäre also die Weisheit
als Subjekt des 3. Verses zu bestimmen. Dazu ist es ungewohnt -
auch in apokalyptischen Texten -, daß Einwohnung und Niederlassen der Ungerechtigkeit durch ein Bild weiter beschrieben
werden sollte. Setzt man den Satz über die Ungerechtigkeit
hingegen als Erklärung der Abwesenheit der Weisheit sozusagen
in Parenthese, dann ergibt sich m.E. ein einheitlicheres Bild
des ganzen Kapitels, bei dem es allein um die Weisheit geht:[17]

Ihr wurde schon uranfänglich von Gott in den Himmeln eine
Wohnung zuteil (V.1). Von dort suchte sie Einlaß unter den
Menschen, wurde aber abgewiesen und kehrte - da die Ungerech-
tigkeit aus ihren (verborgenen) Behältern heraustieg - in den
Himmel unter die Engel zurück, wo sie wie Regen und Tau nun-
mehr Einlaß fand (V.2f).

Neben der Abwesenheit der Weisheit selbst ist als äußer-
liches Merkmal apokalyptischen Denkens in diesem Kapitel die

14 So WILCKENS, ebd. S.161 A.1; G.PFEIFFER 39 A.37; CHRIST 48 A.48. Je-
    weils jedoch ohne überzeugende Gründe.

15 RAU 449.

16 Negativ: 2 Sam 17,22; 1 QM 12,9, positiv: Hos 6,3; 14,6; Mi 5,6; auch
    Dtn 32,2; (jeweils von der sedaqa: Hos 10,12; Jes 45,8; Joel 2,23f);
    zum Ganzen OTZEN, ThWAT Bd.3 Lief.2/3 (1978) Sp.348f.

17 Diesem Ergebnis entspricht dann auch, daß in jedem Vers einmal die
    Weisheit als Subjekt zu "finden" erscheint.

dualistische Gegenüberstellung von "Weisheit" - "Ungerechtigkeit"; "Engel" - "Menschenkinder"; "Himmel" - "Erde" zu
nennen. Als Motiv ist der Weg der suchenden Weisheit aus dem
Selbstpreis Sir 24 bekannt, und viele Forscher haben auf diesen Hintergrund verwiesen.[18] Auch der entscheidende Unterschied ist offensichtlich: die Weisheit findet hier in
äthHen 42 keinen "(Ruhe)ort" unter den Menschen, wo sie sich
niederlassen könnte. Somit ist die bekannte weisheitliche Konzeption von Sir 24 unter den Einfluß der mit ganz anderem Ziel
argumentierenden apokalyptischen Tradition gekommen.[19]

Als Ort der Weisheit ist nun ausschließlich der Himmel angegeben, wohin sie von der Ungerechtigkeit verdrängt worden
ist. Das Thema der abwesenden Weisheit findet sich noch in
anderen Teilen des äthHen, oder ist zumindest jeweils zu erschließen. Im ältesten Teil der Zehnwochenapokalypse heißt es
äthHen 93,8:[20]

"Darauf werden - in der sechsten Woche - alle in ihr Lebenden erblinden,
und alle Herzen werden gottlos die Weisheit verlassen."

Ebenso in dem Kontext einer längeren Mahnrede: 94,5, worauf
vielleicht Kap. 42 fußen könnte:[21]

"Und haltet meine Rede fest in den Gedanken eures Herzens und lasset (sie
nicht austilgen aus eurem Herzen, denn ich weiß, daß die Sünder die
Menschen verführen werden, die Weisheit zu einer schlechten zu machen -
aber es wird kein Platz dafür gefunden werden - und (daß) Versuchungen
aller Art nicht abnehmen werden."

Wenn die Weisheit ihren Ort im Himmel hat, dann fehlt den
Menschen auch jede weisheitliche Lebensweise; ihr Ende wird
der Untergang sein.[22] Das Zurückziehen der Weisheit von den
Menschen wird in einem ähnlichen Bild IV Esr 5,9b-10 darge-

---

18 So schon DILLMANN 152f; CHARLES in: APOT Bd.2 z.St. S.81f u.a.

19 Vgl. RAU 448.

20 Übersetzung nach DEXINGER, Zehnwochenapokalypse 178; zur Rekonstrukti
    des Textes ebd. passim; vgl. IV Esra 5,9f, syr Bar 48,36.

21 Übersetzung nach FLEMMING/RADEMACHER, Das Buch Henoch z.St. S.126.

22 Vgl. äthHen 98,3 (griechisch: μὴ ἐπιστήμην αὐτοὺς μηδὲ φρόνησιν...)
    zu Qumran bes. 1 QS 11,6f.

stellt:[23]

9b "Da verbirgt sich die Vernunft,
    und die <u>Weisheit flieht in ihre Kammer</u>;

10 viele suchen sie und finden sie nicht.
    Der Ungerechtigkeit aber und der Zuchtlosigkeit
    wird viel sein auf Erden."

Hier in der Esraapokalypse wird offenbar der bekannte Zug
der verborgenen Weisheit <u>noch verschärft</u>: selbst die Menschen,
die nach ihr suchen werden, werden keine Weisheit finden.

In all diesen Texten wird explizit oder implizit vorausgesetzt, daß die Weisheit im jetzigen Äon verborgen ist und sich
im himmlischen Bereich befindet. Dort ist sie - wie viele andere Dinge auch - aufbewahrt bis an das Ende der Tage. Diese
Begriffe - "verborgen" und "aufbewahrt" - sind außerordentlich
häufig.[24]

              3. Die Gabe der Weisheit in der Endzeit

Die Zeit der verborgenen Weisheit wird aber nicht ewig dauern,
sondern wird bald ein Ende haben. Dann wird sich das Blatt
wenden, und die Weisheit wird wieder "aufstehen (und gehen)
und jenen (sc. Gerechten) verliehen werden" (äthHen 91,10).[25]
Sie wird also aus ihrer Verborgenheit herausgenommen werden
und wieder - wie am Anfang - den (auserwählten) Menschen ver-

---

23 "Et abscondetur tunc sensus, et intellectus separabitur in
    promptuarium suum; et queretur a multis et non invenietur; et
    multiplicabitur iniusticia et incontinentia super terram."
    Syr Text:

    ותחכסא היד חכמתא וסכולתנותא תאזל לה לאוצריה
    ותחכעא לות סגיאא ולא תשתכח ונסגא טלומיא ושריחותא על ארעא•
    Deutsche Übersetzung nach GUNKEL in APAT Bd.2 z.St.S.360; vgl. auch
    KOCH, Vision. Eine ähnliche Frage nach der Weisheit findet sich auch
    syrBar 48,36.

24 Allein bei äthHen ca. 20x; bei syrBar ca. 10x; bei IVEsr ca. 7x; in
    ähnlicher Terminologie von der Weisheit IVEsr 8,52; syrBar 54,13
    (s.o.A.6).

25 Zum möglichen aram. Text vgl. MILIK (éd.), The Books of Enoch 260f;
    "und gehen" (הלך) erscheint in 4QHen^g. Vgl. weiter äthHen 48,1.

liehen werden.[26]

Was nun hier von den auserwählten frommen Menschen ausgesagt wird, gilt natürlich auch und vor allem dem von Gott am
Ende der Zeit in besonderer Weise auserwählten Menschen, dem
Messias. Schon im AT gibt es gelegentlich Texte, die die göttliche Gabe der Weisheit an bestimmte auserwählte Menschen am
Ende der Zeit erwarten. So wie in der Anfangszeit des Königtums Salomo der Weisheitsträger schlechthin gewesen ist,[27] so
wird auch in der Endzeit noch einmal in besonderer Weise der
eschatologische König und Richter mit dem Geist der Weisheit
und der Erkenntnis ausgestattet sein:
Jes 11,1-2:[28]

"Ein Reis wird hervorgehen aus Isais Stumpf
und ein Schoß aus seinen Wurzeln hervorsprießen.
Und auf ihm wird ruhen Jahwes Geist,
Geist der Weisheit und der Einsicht,
Geist des Planens und der Heldenkraft,
Geist der Erkenntnis und der Jahwefurcht."

Damit wird die Zeit der Verborgenheit aller kurzschlüssiger
menschlichen Weisheit vorüber sein und der Geist Gottes durch
sein auserwähltes Werkzeug wieder von seiner Welt Besitz ergreifen. So wird auch später in den apokalyptischen Texten die
messianische Gestalt mit der Gabe der göttlichen Weisheit ausgestattet sein. Genauso erscheint dann in den Bilderreden der
"auserwählte Richter", der verheißene Menschensohn als Expo-
nent und Träger der göttlichen Weisheit:[29]

---

26 Vgl. äthHen 93,10: "ihnen wird siebenfache Weisheit und Kenntnis
    übergeben werden": 4QEn[g] 1,IV:
    די שבעה פֿ[עמי]ֿן חכמֿה ומדע תתיהֿ]כ להוֿן[
    MILIK, ebd. 265f; zur Rekonstruktion vgl. auch DEXINGER passim; weiter
    äthHen 5,7f (griechisch: τότε δοθήσεται τοῖς ἐκλεκτοῖς ... σοφία),
    auch IVEsr 13,54f: 14,47; syrBar 44,14; aber auch Susanna 45 (LXX:ἔδω-
    κεν...πνεῦμα σύνεσ.) Zu Qumran: 1 QS 4,21b-22 u.ö. Siehe KÜCHLER 99f.
    Zum Motiv der Entsprechung von Urzeit und Endzeit in der apokalyp-
    tischen Literatur vgl. den forschungsgeschichtlichen Überblick bei
    J.M.SCHMIDT, Die jüdische Apokalyptik 221-225 und passim.

27 Vgl. 1 Kön 3,12.28; 5,9ff (weiter oben zu Weish 9); aber auch
    Spr 8,12-16.

28 Übersetzung nach WILDBERGER, Jesaja (BK) z.St.

29 HENGEL, Jesus 166-180. Vgl. PsSal 17,23.29.35; 18,6f; hierzu auch
    CHEVALIER passim. Weiter TLevi 18 und TgJes 53,5.11!

äthHen 49,3:[30]

"Und in ihm wohnt der <u>Geist der Weisheit</u>
und der Geist, der einsichtig macht,
und der Geist der Lehre und der Kraft,
und der Geist derer, die in Gerechtigkeit schlafen."

Diese enge Verknüpfung von Weisheit und Messias ist keineswegs zufällig. Die atl. Vorlage aus Jes 11 wird weiter ausgebaut. Nach den Bilderreden ist ja nicht nur die Weisheit im Himmel verborgen, sondern auch der Menschensohn. Weisheit und himmlischer Menschensohn/Messias werden nun so eng miteinander verschmolzen, daß der Messias hier zu einer Gestalt wird, die - wie auch die Weisheit - von Uranfang an in den himmlischen Bereich in die allernächste Nähe des göttlichen Thrones gehört (äthHen 48). Mit diesem ganz entscheidenden weiteren Schritt wird die Gabe Gottes an den Menschen in der Gestalt seiner Weisheit am Ende der Zeit in ihrer letzten Konsequenz entfaltet. Hieran konnte dann die ntl. Christologie ohne weiteres anknüpfen. Durch die vorgegebene Identifikation von pneuma und sapientia, durch die Verschmelzung der messianischen Gestalt mit dem Geist Gottes und der Weisheit wurde für die ersten Christen die Übertragung auf den, der diese Verheißungen schließlich bestätigte und erfüllte, der von Gott ausgezeichnete Lehrer und Prophet Jesus von Nazareth, ermöglicht.[31]

4. Thesenhafter Überblick

Auch wenn in diesem Kapitel nicht alle Probleme, die mit der Präexistenz der Weisheit in apokalyptischen Texten zusammenhängen, besprochen werden konnten, weil hierzu auch die späteren "eschatologischen" Aussagen der rabbinischen Texte einbezogen werden müssen,[1] kann doch schon an dieser Stelle festgestellt werden:

Ähnlich wie in den weisheitlichen Texten, die in der Auseinandersetzung mit den philosophischen Strömungen ihrer Zeit stehen, ist von der präexistenten Weisheit in den apokalyptischen Texten nur am Rande die Rede. Trotzdem läßt sie sich <u>einerseits</u> aus der Erwähnung der Schöpfungsmittlerschaft er-

30   Übersetzung nach THEISOHN 57; zur Exegese ebd. S.57-68; vgl. weiter
       unten zu äthHen 46,3; 51,3 und z.St.

31   Siehe HENGEL, Jesus passim.
1   Vgl. unten zur Schöpfungsmittlerschaft der Weisheit in den rabbinischen Schriften sowie die Zusammenfassungen zu Tora und Messias.

schließen, andererseits wird die Weisheit gelegentlich auch
als eine eigenständige Gestalt mit personenhaften Zügen
explizit erwähnt. Es ist sicher kein Zufall, wenn diese Weisheitsvorstellungen vor allem in der Henochliteratur erscheinen. Henoch gilt hier als der wahre Vermittler apokalyptischer
Weisheit und Wissenschaft.[2] Darüber hinaus findet dies auch
darin seinen Niederschlag, daß die Henochliteratur durchweg
stark weisheitlich geprägt ist. Daher sind diese Texte als
Wirkungsgeschichte der Weisheitsliteratur zu werten.

Aber im Gegensatz z.B. zu Sir 24 und zu anderen Weisheitstexten sowie auch zu den rabbinischen Texten ist die Weisheit
der Apokalyptiker noch im himmlischen Bereich verborgen. Sie
ist bis jetzt nur wenigen Frommen (partiell?) offenbart und
wird erst am Ende der Zeit als eschatologische Gabe vollständig an sie übermittelt. Damit wird die irdische Zeit der Verborgenheit der Weisheit ein für allemal ein Ende haben.

Allerdings im himmlischen Bereich ist natürlich diese vor-
läufige Verborgenheit schon durchbrochen. Vor allem der von
Gott in besonderer Weise erwählte Mensch, der Menschensohn/
Messias, der Weisheitsträger schlechthin, ist schon im Besitz
dieser göttlichen Gabe. Unter Aufgreifen atl. Texte - hier besonders Jes 11 - wird in den Bilderreden der MS/Messias als
der Repräsentant der göttlichen Herrschaft dargestellt. Da,
wo über seine Gestalt weiter reflektiert ist, wird ihm als dem
auserwählten göttlichen Werkzeug im besonderen die Gabe der
Weisheit und des Geistes Gottes zugesprochen. Hier verbinden
sich dann auch die Präexistenz der Weisheit und des Messias.

In seiner Untersuchung über Henoch und die Weisheit kommt
daher R.A.COUGHENOUR mit Recht zu folgendem zusammenfassenden
Ergebnis:[3]

"Here is a wisdom which reveals a plan of God for his elect which includes
the personified figure of Wisdom who, though once refused by men, will
again be given through a messianic figure, the Son of Man, who himself is
endowed with wisdom and who will judge God's people and further, will lead
the righteous to peace and to a state of joy."

---

2 Vgl. die Texte 21-23 bei KÜCHLER 72f: äthHen 82,1-3; 106,19; Jub 4,15f
   17-23.

3 COUGHENOUR 181 vor allem im Blick auf die BR des äthHen.

D. Rückblick

Rückblickend ist hiermit festzustellen, daß die Präexistenzvorstellung der Weisheit keineswegs nur ein Randphänomen der
jüdischen Überlieferung darstellt. Von den alten Texten der
"reflektierten Weisheit" bis hin zu den Weiterbildungen in
den philosophisch-ethisch ausgerichteten alexandrinischen
Texten und den Rudimenten bei den Apokalyptikern gehört sie
zu den prägnantesten Aussagen des jüdisch-theologischen Denkens. Die oben festgestellten Ergebnisse sollen hier nun nicht
noch einmal wiederholt werden. Vielmehr soll hier zusammenfassend auf eine andere Frage kurz eingegangen werden, die
sich erst später ausgewirkt haben wird, aber sicher irgendwie
schon von Anfang an mitbedacht worden ist: Wie verhält sich
nun die so in die Nähe Gottes gerückte, mit personhaften Zügen
ausgestattete Weisheit zu Gott, ihrem Gegenüber?

Die Weisheitstexte der "reflektierten Weisheit" lassen diese Frage weithin unbearbeitet und offen. Zwar ist die präexistente Weisheit fast immer ein deutlich von Gott unterschiedenes, selbständiges "Wesen"; nur in der alexandrinischen
Weisheitsliteratur werden die Abgrenzungen undeutlicher durch
eine wahrscheinlich von außen herangetragene andersgeartete
Terminologie, wenn z.B. auch die Weisheit als selbständige
"Schöpfergottheit" beschrieben ist.[1] Aber auch dort kann der
fundamentale Unterschied zwischen Schöpfer und Geschöpf keinesfalls übersprungen werden. Auch bei diesen "Schöpfertätig-
keiten" der Weisheit ist sie doch der empfangende, passive, ja
abhängige Teil. Das Problem eines selbständigen, von Gott un-
abhängigen, Gegenübers ist also nicht ausgesprochen worden und
konnte es auch nicht.

Spätestens in der Auseinandersetzung mit Häretikern dürfte
diese Frage aber ein anderes Gewicht bekommen haben. So werden dann in den rabbinischen Schriften solche strittigen
Punkte überliefert, die sich vor allem an der Auslegung der
zwei Texte orientieren, an denen man am leichtesten die Ein-

---

1 Vgl. besonders Weish 7,12.27 (siehe oben zur Weisheit als Schöpfer im
  Weisheitsbuch); zu Her 199; Migr 41 vgl. oben zur Präexistenz der
  Weisheit bei Philo.

heit Gottes bei seiner Schöpfungstätigkeit in Frage stellen
konnte: Gen 1,1 und Gen 1,27. Ein sehr alter Text zu dieser
Frage ist im Jerusalemer Talmud überliefert:
yBer 9 (12d):[2]

"Die Häretiker (המינין) fragten R.Simlai:
Wie viele Götter haben die Welt erschaffen;
Darauf entgegnete er ihnen: Mich fragt ihr? ... (Frage nach Gen 1,1) ...
So oft die Häretiker (an Bibelstellen) etwas auszusetzen hatten
(und Fragen stellten), bekamen sie sofort die richtige Antwort.
(Frage nach Gen 1,27) ..."

Trotz des immer größeren Abstandes und des zunehmenden
Einflusses mit anderen Strömungen von außen - aber wohl auch
von innen - ist das rabbinische Judentum in dieser Frage weithin eindeutig geblieben. Allerdings ist hier nicht zu gering
zu veranschlagen, daß es durch das starke Aufgreifen der Identifikation von Weisheit und Tora und das betonte, fast ein-
seitige Verwenden des Begriffes Tora, ein Gegenüber geschaffen
hat, dem die deutlich personhaften Züge der Weisheit weithin
fehlten.[3] So konnten die Rabbinen dem in den Grundzügen ange-
legten Problem ohne weiteres entgehen.

Noch von einer anderen Seite her lassen sich die fehlenden
Reibungspunkte erklären. Die Präexistenz der Weisheit wird ja
nirgends mit Gottes ewigem, zeitlosen Sein in Beziehung gesetzt. Die Präexistenz der Weisheit ist also eine davon unabhängige, eigene Ausprägung jüdischen Denkens. Hiermit wird die
Weisheit allen anderen erschaffenen Dingen zeitlich vorgeordnet und dadurch qualitativ vor allem anderen herausgestellt.
Dieser Vorstellungshintergrund wird dann auch in den beiden
nächsten Teilen, in denen es vor allem um eine Präexistenzvorstellung des Messias gehen wird, vorauszusetzen und zu berücksichtigen sein.

---

2 Übersetzung nach JERUSALEMER TALMUD S.217. Parallelen: TanB Ber 7;
   Kadoshin 4, BerR 8,8; MTeh Ps 50,1 u.ö.

3 Das Reden von der Tora als der "Tochter Gottes" ist hier die einzige
   Ausnahme; vgl. bSanh 101a u.ö. BILL Bd.2,355f.
   Vgl. oben zur Weisheit als "Tochter Gottes" bei Philo.

ZWEITER TEIL

DIE PRÄEXISTENZ DES MESSIAS IN DEN ÜBERSETZUNGEN DES AT, DEM ÄTHIOPISCHEN HENOCH UND ANDEREN APOKALYPTISCHEN TEXTEN

A. *Einleitung*

Dieser Teil greift eine seinerzeit zum Johannesprolog getroffene Feststellung von P.BILLERBECK auf:

"Die Synagoge, so viele Messiasgestalten sie auch geschaffen hat, läßt ihren Messias nirgends über das allgemein menschliche Maß hinausgehen."
"Darum war es ihr nicht möglich, ihm eine Präexistenz beizulegen, die ihn von den anderen Menschen unterschieden hätte."[1]

Eine kritische Prüfung dieser These ist deswegen notwendig, weil BILLERBECK die Bedeutung und den Hintergrund eines bestimmten Textes erheblich unterschätzt, - er erwähnt und zitiert diese Stelle nur ein einziges Mal in seinem vierbändigen Kommentarwerk[2] - der in seiner Eindrücklichkeit zum erstenmal die Vorstellung einer präexistenten messianischen Gestalt dokumentiert:

"Deshalb ist er (sc. der Menschensohn) erwählt und verborgen worden vor ihm (sc. dem Herrn der Geister) bevor die Welt geschaffen wurde und bis in Ewigkeit."[3]

Diese Aussage aus den Bilderreden des äthHen über den Menschensohn muß aber berücksichtigt werden, wenn über eine Präexistenz des Messias gesprochen wird. Sie ist spätestens im 1.Jh.n.Chr.[4] von esoterischen Zirkeln formuliert worden, die der apokalyptischen Henochtradition verpflichtet waren, und wurde "messianisch" weiterentwickelt. Diesem Text wird also ausführlich nachgegangen werden müssen, denn er hat eine lange Traditionsgeschichte hinter sich, die weit in das AT hineinreicht. Auch wenn in dieser Ausprägung vorher noch nicht von einer bestimmten messianischen Gestalt die Rede war, gibt es doch eine Reihe von Elementen dieser Aussage, die sich zurückverfolgen lassen:

---

1 BILL 2 S.352. Diese These vertrat BILLERBECK schon in seinem Aufsatz: Hat die Synagoge einen präexistenten Messias gekannt?

2 Bd. 2 S.334.

3 ÄthHen 48,6 nach der Übersetzung von THEISOHN.

4 Vgl. u.S.153ff zum Problem der Datierung der Bilderreden.

die Frage nach dem "Woher", nach der uranfänglichen Erwählung
der Erlösergestalt, nach einer früheren Entsprechung ("Urzeit") und schließlich nach der Zuordnung von Messias und
kosmischen Elementen. Darüber hinaus läßt sich auch ein
soteriologisches Aussagegefälle erkennen.

Es kann hier nicht Aufgabe sein, eine Geschichte der atl.
Messiaserwartung zu schreiben, auch wenn konstatiert werden
muß, daß durch die oft rätselhaften und dunklen Aussagen der
wenigen vorchristlichen Texte die Meinungen der Exegeten weit
auseinandergehen und häufig eine historische Einordnung sehr
schwer fällt, ja manchmal ganz unmöglich ist. Es soll zunächst genügen, lediglich auf einige wenige Stationen hinzu-
weisen:[5]

Die Erwartung des davidischen, königlichen Gottessohnes
hat sich von der Erwartung der Inthronisation dieses neuen
Königs auf dem Zion wahrscheinlich schon in der späten Königszeit (Jes 9) zu einer Hoffnung auf eine eschatologische
"Messiasgestalt" gewandelt; auch wenn der Begriff "Messias"
selbst keineswegs schon einen definitiven Titel darstellt.[6]
Ein weiterer entscheidender Einschnitt ist die Menschensohngestalt der Danielapokalypse, die prägenden Einfluß auf die
Bilderreden des Äthiopischen Henoch hatte. Lebendige Traditionsbildung knüpft natürlich nie ausschließlich am Endpunkt
einer Entwicklung an, sondern greift auch immer wieder zurück
auf vorausgegangene Zwischenstationen. So sind die Übersetzungen der messianischen Texte des AT - Septuaginta,
Peschitta und Targum[7] - eigenständige Zeugnisse einer Durchdringung der eschatologischen Erwartung. An ihnen kann eine
jeweils neue Sicht zum Vorschein kommen, die die alten Hoffnungen in einem zeitgemäßen Kontext interpretiert; zumal die
Übersetzungen die größten Teile des atl. Kanons als abge-

---

5 Zum folgenden vgl. bes. GESE, Messias.

6 Vgl. van der WOUDE, Art. Messias BHH Bd.2 (1964) Sp. 1197f;
   de JONGE, The Use; KELLERMANN 15; CHARLESWORTH, The Concept 189f und
   dort A.5.

7 Diese Übersetzungen sind zu allererst auch Zeugnisse jüdischer Tradition, während Itala und Vulgata - zumindest zum großen Teil - von Anfang an christliche Dokumente darstellen.

schlossene heilige Texte vor sich haben und diese in ihrer
Zeit zum Sprechen bringen. Es gibt wohl keinen anderen Menschen, den die Frage
nach der Präexistenz des Messias als jüdisches Problem
intensiver beschäftigt hat, wie P.BILLERBECK. Leider
sind nur die knappen Ergebnisse innerhalb eines längeren
Kommentars zum Messias in der exegetischen Wissenschaft bekannt geworden.[8] Die grundsätzlichen Untersuchungen BILLER-
BECKs sind aber schon vorher in einem an entlegener Stelle
erschienenen Aufsatz veröffentlicht worden.[9] Die dort gestell-
ten Fragen sind später bedauerlicherweise nie wieder richtig
aufgegriffen worden.[10] Für BILLERBECK "läßt (es) sich nicht
leugnen, daß mit der Präexistenz ein Zug in das altjüdische
Messiasbild hineingetragen wird, der zu den übrigen Zügen
nicht paßt und die Einheitlichkeit des ganzen Bildes auf-
hebt."[11] In Zurückweisung der HARNACK'schen These der Präexistenz aller wertvollen Dinge im Himmel kann BILLERBECK nur
eine Möglichkeit, die Präexistenz des Messias zu denken, in
den Texten wiederfinden:

"Die ewige Präexistenz des Namens des Messias, d.h. die ideelle Präexistenz der im göttlichen Weltplan für das Messiasamt in Aussicht ge-
nommene Persönlichkeit."[12]

BILLERBECK geht nun in vier Schritten vor, um seine These
zu untermauern. Zuerst beschäftigt ihn "das älteste Messiasbild der Synagoge", zu dem er auch die ntl. Evangelien rechnet.[13] Auch wenn man in der historischen Beurteilung der von
ihm besprochenen Texte im einzelnen zu anderen Urteilen kommen
wird, ist seine Feststellung durchaus akzeptabel, daß die Erwartung einer irdisch-menschlichen Messiasgestalt in Texten,
wo sie noch erkennbar wird, durchaus keine Präexistenzvorstellung beinhaltet.

---

8 BILL 2 S.333-352 zu Joh 1,1; vgl. auch Bd.1 S.64-67 zu Mt 1,21.

9 BILLERBECK, Synagoge.

10 Vgl. z.B. die Kritik an SJÖBERG von Joachim JEREMIAS, ThLZ 74 (1949)
   405f.

11 Nathanael 19 (1903) S.98.

12 Nathanael a.a.O. S.100 (Herv. von mir).

13 Ebd. S.106-125. Dabei kommen folgende Texte zur Sprache: Sib III 652-
   660; 1 Makk 14,41-49; PsSal 17.18; TLev 18; Sib III 48f; Philo, praem
   et poen 95 (ad Num 24,7); Joseph, Bell VI 312; Ant 17,44f (2,4); ein
   sehr kurzes Statement zu den Evangelien; Justin, Dial 48.

In einem zweiten Schritt untersucht er die messianische Gestalt der BR des äthHen.[14] Hier unterscheidet BILLERBECK zwei
Quellen, eine kleinere, ältere Apokalypse - von ihm genannt
"1. Bilderreden" - und eine spätere redaktionelle Bearbeitung
die "2. Bilderreden". Für die erste Grundschrift sind für ihn
folgende Kriterien maßgebend: die Form eines Reiseberichtes,
die Gestaltung als Visionen, ein anonymer Angelus interpres,
ein einheitlicher Gottes- und Messiasname. Diese Kriterien
genügen aber einer heutigen Interpretation der BR nicht mehr.
Da die literarkritische Forschungsarbeit an den BR ins Stocken
geraten ist und die Ergebnisse BILLERBECKs zu sehr auf diesen
heute nicht mehr haltbaren Hypothesen aufbauen, werden die
Texte neu zu interpretieren sein.

In einem dritten Schritt untersucht BILLERBECK die beiden
Apokalypsen IV Esra und syrBaruch.[15] Er exegesiert die Texte
nach einem Schema, das er schon in der von ihm genannten 2.
Bilderrede zu erkennen glaubt: "Eintritt (des Messias) in das
irdische Dasein durch menschliche Geburt, Hinwegnahme in die
Verborgenheit, Offenbarung in Herrlichkeit zur Aufrichtung der
messianischen Herrschaft".[16] Auch wenn dieses Schema m.E. keinesfalls in den BR zu erkennen ist, geben die Texte dieser
beiden Apokalypsen zu wenig Material her, daß man sich darüber
ausführlich mit BILLERBECK auseinandersetzen könnte.

In einem vierten Schritt fragt BILLERBECK zum Schluß, ob in
der alexandrinischen Tradition der LXX die Präexistenz Christi
zu erkennen sei.[17] Drei Texte könnten davon reden: LXX Ps 72
(71),5; 110(109),3; Jes 9,5(6). Dabei wird zu Recht eine Präexistenzvorstellung in dem Jesajatext abgelehnt.[18] Für Ps 110,
sieht BILLERBECK die von ihm schon in den BR konstatierte
"ideelle Präexistenz des Messias" bezeugt.[19] Da aber schon

---

14   Nathanael 21 (1905) S.90-120; einschließlich solcher Texte, in denen
     BILLERBECK eine Einwirkung der BR wiederzufinden glaubt: äthHen71;
     Mt 26,13f; Sib V 247-285.414-432.

15   Synagoge 121-139.

16   Ebd. S.138.

17   A.a.O. S.139-150.

18   Wenn auch m.E. seiner "unmessianischen" Interpretation dieser Stelle
     nicht gefolgt werden kann; vgl. nur den neuen Kommentar von WILD-
     BERGER, Jesaja (BK) z.St., der die offensichtliche Parallele zu den
     Königspsalmen herausstellt (S.387f).

19   A.a.O. S.141.

dort die von BILLERBECK getroffene Entscheidung fragwürdig
geworden war, wird dieser Psalm noch einmal geprüft werden
müssen. Dabei ist es aber nicht sinnvoll, die Übersetzung der
LXX losgelöst vom hebräischen Text und den anderen Übersetzungen zu behandeln.
Das zeigt sich offensichtlich auch bei der Behandlung
von Ps 72, zu dessen Septuagintatext zwar richtige Beobachtungen gemacht wurden, der aber nicht in seiner gesamten
Nachgeschichte in den Blick kommt. Ähnliches gilt für die viel
zu kurz gekommene Stelle Mi 5.[20]
Seit dem von BILLERBECK vor 75 Jahren zusammengestellten
Material ist in der exegetischen Forschung eine Reihe von
methodischen Fortschritten festzustellen, die eine erneute
Prüfung der BILLERBECK'schen Thesen nicht nur rechtfertigen,
sondern geradezu herausfordern. Im folgenden geht es um die
Interpretation der für die Frage nach der Präexistenz des
Messias in der jüdischen Tradition[21] wichtigsten vier messia-
nischen Texte:
- Micha 5
- Psalm 110
- Psalm 72
- Bilderreden des äthiopischen Henoch.
Dabei genügt es nicht, diese Texte lediglich als Belege für
eine schon feststehende Vorstellung zu zitieren; vielmehr ist
es wichtig, sie aus sich selbst heraus zu verstehen, gerade
im AT die vorhandenen Bruchstellen und Zusätze zu akzeptieren
und zusätzlich die späteren Übersetzungen als Dokumente einer
Zeit zu begreifen, die die alten, vorgegebenen Texte in einem
neuen Licht zur Sprache bringen. Die Auseinandersetzung mit
BILLERBECK wird dabei dem kundigen Leser nicht verborgen
bleiben.

---

20 Nathanael 19 (1903) S.100, wo das Targum nur in einer Anmerkung er-
    wähnt wird.
21 Zur Präexistenz des Messias im Rabbinischen Schrifttum vgl. unten
    im dritten Teil der Arbeit.

B. Micha 5

Der älteste Beleg für die hier interessierende Fragestellung
ist die messianische Verheißung Micha 5,1ff. An seiner ursprünglichen Gestalt sowie an der Interpretation bei der endgültigen Redaktion des Buches durch V.2 und an dem späteren
Verständnis zur Zeit der Übersetzungen durch Septuaginta,
Peschitta und Targum lassen sich entscheidende Wandlungen beobachten.

1. Masoretischer Text Mi 5,1-3

Allein schon mit der Frage nach der ursprünglichen Gestalt des
MTs sind einige Probleme aufgegeben. Der Originaltext scheint
nicht mehr ganz ungestört überliefert zu sein. Es sind Brüche
vorhanden, die spätere Redaktion vermuten lassen. Auch die Abgrenzung der Einheit ist umstritten.[1] Hier wird der Klarheit
halber Mi 5,1-3 als kleiner selbständiger Abschnitt verstanden, der mit einer Anrede "Aber du" (ואתה) beginnt[2] und mit
einer universalen Herrschaftsaussage "bis an die Enden der
Erde" schließt; dabei wird V.2 für einen späteren Nachtrag gehalten, der auch in einem zweiten Schritt geklärt werden soll.[3]

(1) "Aber du, Bethlehem Ephrata,
für Tausendschaften Judas (ein) klein(er Stamm),
aus dir wird mir herkommen
der künftige Herrscher über Israel.
Seine Herkunft (reicht zurück) in die Vorzeit,
in längst vergangene Tage.

---

1 Vgl. die gängigen Kommentierungen; z.B.:
   J.M.P.SMITH, (ICC) 1948[3] z.St.: 5,1-3
   McKEATING, (CNEB) 1971   z.St.: 4,14-5,4a
   KELLERMANN S.30:   4,14-5,1.3a.4a.5b
   VUILLEUMIER, (CAT) 1971 z.St.: 5,1-3.5b.4a.
   RUDOLPH (KAT) 1975   z.St.: 5,1-4a
   WOLFF, Mit Micha reden.1978 S.103f z.St.: 4,14-5,3
   Ders., (BK) 1982   z.St.: 4,9-5,5

2 Vgl. Mi 4,8.

3 Zu dieser Abgrenzung vgl. den Druck der BHS (Bearbeiter: ELLIGER);
   J.M.P. SMITH, ICC z.St.; WESTERMANN, Predigtmeditationen 54-59.
   Übersetzung von V.1 und V.2 nach KELLERMANN 30 und 39 mit einer kleinen Änderung: die Tilgung des zweiten להיות (V.1, vierter stichos)
   ist nicht notwendig; zur Begründung vgl. RENAUD 294f. Übersetzung
   von V.3 nach RUDOLPH, KAT z.St. S.88. Zur neueren Literatur vgl.:
   WILLIS, Structure 1-41, ein Literaturbericht zum damaligen Stand
   der Forschung. REHM 262-279. RUDOLPH z.St. 87-100. RENAUD, bes.
   285ff.

(2) - Darum gibt er (sc. Gott) sie hin bis zur Zeit,
da eine Gebärende geboren hat
und der Rest seiner Brüder zurückkehrt
zu Israels Söhnen. -

(3) Und er wird auftreten und weiden in der Kraft Jahwes,
in dem hehren Namen seines Gottes Jahwe,
und man wird sicher wohnen, denn nun wird er groß
sein bis an die Enden der Erde."

1.1. Der ursprüngliche Text V.1 und 3

Als Sprecher dieser Verheißung ist wohl Jahwe selbst vorgestellt.[4] Angesprochen wird die Sippe der Ephratiter in Bethlehem, der Heimat der Davididen.[5] Wahrscheinlich hat schon Micha
selbst diese Verheißung gegen Ende des 8.Jh.v.Chr. ausgesprochen.[6] Unter schärfster Kritik des damalig bestehenden
Königshauses wird ein zukünftiger Herrscher verheißen. Auch
wenn hier der Königstitel fehlt, ist sicher an einen Davididen
gedacht.[7] Seine Legitimation und seine Funktion wird in V.3
beschrieben:

"Und er wird auftreten und weiden in der Kraft Jahwes, in dem hehren
Namen seines Gottes Jahwe,
und man wird sicher wohnen, denn nun wird er groß sein
bis an die Enden der Erde."[8]

---

4 Vgl. V.1: "aus dir wird mir herkommen"; die verschiedenen Versuche,
   dieses לי durch Konjekturen zu erklären (vgl. RUDOLPH z.St.), sind
   nicht überzeugend.

5 Vgl. 1 Sam 16,1.4 und besonders 1 Sam 17,12. v.RAD, Theologie Bd.2
   S.17: "Wenn dieser Prophet (sc. Micha) die Ephrathiter von Bethlehem
   anredet, jenen Familienverband, dem David entstammte ... so kann das
   doch auch nur heißen, daß Jahwe sein messianisches Werk noch einmal
   von vorne beginnt, indem er noch einmal genau da einsetzt, von wo
   er es einst hat ausgehen lassen, nämlich in Bethlehem." Dazu auch
   RENAUD 286-289.315f.

6 So REHM 267f; RUDOLPH z.St.; KELLERMANN 29f; GESE, Messias 133 u.a.;
   meist mit Verweis und in Verbindung zu Mi 4,14; gegen die nicht überzeugende Argumentation bei LESCOW, Geburtsmotiv und wieder in:
   Analyse 72f, siehe RENAUD 315.322, u. andere.

7 Vgl. KELLERMANN 31: "Man hat ... den Eindruck, daß ... der Davidname
   bewußt gemieden wird". "Auch der Königstitel fehlt vielleicht nicht
   ohne Absicht. Schärfer kann die noch bestehende Dynastie nicht kriti-
   siert werden."

8 Übersetzung nach RUDOLPH z.St. Zu fragen ist, ob vielleicht 4a/5b
   noch dazugehören, was einer Explikation von וישבו gleichkommen würde
   (vgl. o.A.1).

Analog der doppelten Angabe zum Auftreten und Herkommen des
verheißenen Herrschers in V.1 (2x die Wurzel יצא) wird hier
doppelt seine Funktion in den Farben eines Hirten gezeichnet.[9]
Seine Legitimation erhält er - um wirklicher Stellvertreter im
Namen Gottes zu sein - durch die anschließende Verheißung; sie
erinnert an die Nathansverheißung;[10] und ähnliche Verheißungen
sind uns aus den Königspsalmen bekannt.[11] Dabei werden hier,
soweit ich sehe zum ersten Mal, die Grenzen der historischen
Möglichkeit eines jüdischen Königs gesprengt.[12]

Es fällt auf, daß das "kleine Landstädtchen Bethlehem" in
einen "überbietenden Gegensatz" zu der Hauptstadt Jerusalem
tritt.[13] Dies erinnert an die der Davidserwählung vergleichbaren Ereignisse bei Gideon und Saul;[14] ja, es scheint
"Charakteristikum göttlichen Handelns" zu sein, "daß gerade
das Kleine zu Großem bestimmt wird".[15] Merkwürdig ist aber die
Bestimmung der Herkunft des künftigen Herrschers mit den Worten: "Seine Herkunft (reicht zurück) in die Vorzeit, in längst
vergangene Tage" (V.1c).

Der Ausdruck "Vorzeit" (מקדם) meint zunächst eine unbestimmte frühere Zeit,[16] kann aber auch auf die Zeit der
Schöpfung verweisen[17] wie auch speziell auf die Zeit des König

---

9 Vgl. die (aber wohl späteren) Stellen Mi 2,12ff; 4,6f. Zur Überlieferung von David als Hirten: 1 Sam 16,11; 19,17; 2 Sam 5,2 = 1 Chr 11,2
2 Sam 7,7 = 2 Chr 17,6; Ps 78,7o-72; vgl. GOTTLIEB. Vom verheißenen
(messianischen) König als Hirten: Jer 23,4; Ez 34,23f. 37,24. Zum
Ganzen SOGGIN THAT Bd.2 Sp.791-794.

10 Besonders 2 Sam 7,9: "Ich will dir einen (großen?) Namen machen gleich
dem Namen der Großen (כשם הגדלים) auf Erden".

11 Vgl. z.B. Ps 2,7ff; 21,9ff; 89,20ff; 110,1.3f; 132,11f.

12 Zu עד־אפסי־ארץ vgl. unten A.24.

13 RUDOLPH z.St. 95.

14 Zu David vgl. 1 Sam 16,1ff; vgl. o.A.9.
Zu Gideon Ri 6,15; zu Saul 1 Sam 9,2ff.

15 RUDOLPH a.a.O. Vgl. z.B. im klassischen Text von der Erwählung des
Volkes Dtn 7,7 (המעט); mit הצעיר Gen 43,33; Jes 60,32; bes. Ri
6,15; 1 Sam 9,21; Ps 68,28. Zum Ganzen vgl. BÄCHLI.

16 Jes 45,21 (parallel zu מאז); als Aussagen über Gott: Jes 46,10;
Hab 1,12; Ps 74,12. Daneben ist die örtliche Bedeutung "östlich"
weithin gebräuchlich.

17 Besonders in poetischen Texten: Ps 77,12 (6?); 143,5 und Spr 8,23
(מקדמי).

David.[18] Ähnliches gilt für den parallelen Ausdruck (מימי
עולם).[19] Im Zusammenhang von der Ortsangabe "Bethlehem
Ephrata" und der Umschreibung des Davididen "Herrscher über
Israel" scheint dem Propheten die frühere Heilszeit unter dem
König David vor Augen zu stehen. Aufgrund der frühen Datierung
des Michatextes legt sich diese Schlußfolgerung nahe;[20] dies
bestätigen Neh 12,46 und Am 9,11.

Wie ist nun die Verheißung zu verstehen: "und man wird
sicher wohnen, denn nun wird er groß sein bis an die Enden der
Erde" (V.3b)? Die Erwartung, daß das Volk in Sicherheit, Frieden und Ruhe wohnen wird, erinnert stark an die Verheißung der
Völkerwallfahrt zum Zion in Mi 4,1-4.[21] Wie dort handelt es
sich auch hier um einen eschatologischen Zustand.[22] Besonders
die Grenzenlosigkeit des Herrschaftsbereiches des erwarteten
Königs verdient Beachtung.[23] Hier, wie dann oft in anderen
Teilen des AT,[24] werden die Grenzen selbst des Großreiches

---

18 Neh 12,46: "Denn (schon) in den Tagen Davids und Asaphs in der Vorzeit (מקדם) gab es Sängerführer ..." Zumindest die LXX verstand es
   so (= 2 Esr 22,46): RUDOLPH, als Bearbeiter in BHS, konjiziert nicht
   sehr glücklich in ופקדם nach Neh 11,9.14 u.ö.

19 Dieser nur hier mit מן konstruierte Ausdruck erscheint im Sinne der
   Väterzeit noch Mi 7,14 (wobei die Königszeit gemeint sein könnte);
   Am 9,11 (ebenfalls die Davidszeit gemeint); Mal 3,4 (parallel zu
   כשנים קדמניות ; wohl im Sinne der Mosezeit oder der Zeit unter
   Josia); vgl. auch Jes 51,9 (parallel zu דרות עולמים); 63,8.11.

20 So auch RUDOLPH z.St. S.96; WOLFF, BK 117.

21 Besonders Mi 4,4: "und sie werden wohnen (וישבו) jeder unter seinem
   Weinstock und unter seinem Feigenbaum"; dazu vgl. 2 Kön 18,31;
   Sach 3,10 u.ö. Dazu die Mitteilung über den Wohlstand unter der Herr-
   schaft Salomos (1 Kön 5,5): "Juda und Israel konnten in ruhiger
   Sicherheit wohnen (וישב), jeder unter seinem Weinstock und Feigenbaum,
   von Dan bis Beerseba ...". Zum Ganzen u.a. WILDBERGER, BK X,1 ad
   Jes 2,1-5: die Völkerwallfahrt zum Zion S.75-90 (Lit!). Dagegen schei-
   det WOLFF z.St. 36 als Nachtrag aus.

22 Zur Ursprünglichkeit von באחרית הימים Mi 4,1 = Jes 2,2 siehe bei
   WILDBERGER, ebd. 81f. Zum Ausdruck "eschatologisch" ebd. 82: "Sofern
   man dieses Eingreifen Jahwes in die Geschichte als 'eschatologisch'
   bezeichnet und damit klar von 'apokalyptisch' unterscheidet, kann man
   sagen, daß mit באחרית הימים eine eschatologische Weissagung eingeleitet sei" (Hervorh. ebd).

23 Zu יגדל vgl. 2 Sam 5,10 = 1 Chr 11,9 (David); auch 2 Chr 9,22 (Salomo); 2 Chr 17,12 (Joschafat) u.ö.

24 Ps 2,8; 72,8; 89,26; aber auch Sach 9,10 und in den Abrahamssegen
   Dtn 33,17. Vgl. auch Ps 18,44-48. Sir 44,21 u.ö. Zum Ganzen dieser
   "Ausdehnungsformel" vgl. SAEBØ 83-91.

unter David und Salomo gesprengt und ein ungebrochener Universalismus tritt zu Tage.[25] In diesem Punkt decken sich die Aussagen bei Micha und Jesaja.[26] Somit entspricht eine dahinter · liegende "Urzeit" - hier im Sinne der früheren Heilszeit unter dem König David - einer zukünftigen "Endzeit" - eines Friedensreiches unter dem erwarteten König. Eine solche Entsprechung scheint nicht erst nach dem Exil aufgekommen zu sein,[27] sondern hat sich wohl schon in der Königszeit (wahrscheinlich schon im 7.Jh.) herausgebildet.[28]

1.2. Der Einschub V.2

Später wird diese Interpretation von Mi 5,1.3, in der die messianische Verheißung als Entsprechung von Urzeit und Endzeit entfaltet wird, durch die Einfügung von V.2 interpretier‹

"Darum gibt er (sc. Gott) sie (sc. das Volk Israel) hin bis zur Zeit, da eine Gebärende geboren hat
und der Rest seiner (des 'Messias') Brüder zurückkehrt 'zu' Israels Söhnen."[29]

Deutlichstes Kennzeichen dieser nachträglichen Einfügung ist der Wechsel des Subjektes (Gott ist der Handelnde!). Dieser Einschub deutet zwei Momente der ursprünglichen Verheißun‹ einmal wird die angekündigte Heilszeit mit der Rückkehr aus

---

25   So bleibt hier die Bemerkung RUDOLPHs zu יגדל zweifelhaft: "Dieser Ausdruck bedeutet nicht Weltherrschaft" z.St. S.98.

26   Vgl. die Aussagen über das ewige Friedensreich nach der Angabe der vier messianischen Thronnamen Jes 9,5f. Hierbei kann ich nicht dem Versuch folgen, der seit ALT, Befreiungsnacht hier fünf Namen wiederfindet. Vgl. z.B. auch WILDBERGER, BK X,1 S.365.384f z.St.

27   So vorausgesetzt in vielen Kommentaren: vgl. auch neuerdings RENAUD 321 zur Universalität und die abschließenden Bemerkungen 322: "nous font, sans hésiter, retirer ce texte au Michée du VIIIᵉ siècle pour] situer à la fin de l'exil, ou plus probablement au début du retour;" allerdings sind seine Gründe nicht überzeugend.

28   Vgl. schon bei Jesaja die Entsprechung von "Urzeit" und "Heilszeit" der Stadt Jerusalem Jes 1,26: "Ich lasse deine Richter zurückkehren wie in der Erstzeit (כבראשנה), deine Ratgeber wie am Anfang (כבתחלה)." Siehe KOCH, Propheten I, 152; WILDBERGER z.St. S.66. Des öfteren bei Hosea zum urzeitlichen Geschehen in der Wüste. Zum Ganzen vgl. VOLLMER; GESE, Denken 81-98, er verweist noch auf Am 5,21-25 (S.97f), aber WOLFF, Amos (BK) z.St. S.304.309f und andere halten den Wüstenspruch Am 5,25 für eine Glosse.

29   Übersetzung (ohne Erläuterungen) nach KELLERMANN 39. Zu diesem interpretierenden Einschub könnte auch V.4/5 passen (vgl. o.A.8); auch GESE, Natus 143 A.41.

dem Exil gleichgesetzt;[30] darüber hinaus wird das Hervortreten
des verheißenen Herrschers mit seiner Geburt in eins gesetzt.
Als Hintergrund ist offensichtlich die Immanuelsweissagung von
Jes 7,14 anzunehmen:[31]

"So wird euch Jahwe selbst ein Zeichen geben:
Siehe, die junge Frau ist schwanger und wird einen Sohn gebären und wird
ihm den Namen Immanuel geben."[32]

Die gegenwärtige Notzeit wird durch die Geburt des Messias
und die Rückkehr der Exulanten ein Ende haben.[33] Dem Hinweis
auf die Geburt des Messias entspricht die im sakralen Königtum
beheimatete Vorstellung der Thronbesteigung als Geburt des
neuen Königs zum Gottessohn.[34] Sowohl in Ps 2,7[35] wie in
Ps 110,3[36] wird die Inthronisation des Davididen auf dem Zion
als "Geburt" beschrieben (Wurzel: ילד!). Der König wird so zum
"Gottessohn"; allerdings ist es lediglich "Gott vorbehalten,
den König so zu benennen und damit immer wieder den Begriffs-
inhalt als Zuspruch zu aktualisieren."[37]

Einen ähnlichen Zusammenhang zwischen der Geburt und Sohnes-
bezeichnung wie bei der Inthronisation des Königs scheint sich

---

30 Vielleicht klingt hier schon eine bestimmte Auslegung von der Namens-
    gebung des Sohnes Jesajas in Jes 7,3 an. Anders RUDOLPH, z.St. S.90f.

31 So die Erklärung der meisten Exegeten seit WELLHAUSEN 145f.

32 Übersetzung nach WILDBERGER, z.St. S.264; dort auch die nähere Be-
    gründung.

33 Vgl. A.30; weiter Jes 10,20-22; zum Ganzen WILDBERGER, BK X,1 S.227f
    und bes. S.412-416.

34 Zum folgenden vgl. GESE, Natus; weiter auch Messias.

35 "Mein Sohn (בני) bist du, ich (sc. Gott) habe dich heute (am Tag
    deiner Inthronisation) geboren (ילדתיך)." Es ist richtig, wenn
    KRAUS, Psalmen I (BK) S.152 schreibt: "Per adoptionem wird der Regent
    durch einen Rechtsakt zum "Sohn Gottes" erklärt." Und doch ist der
    Begriff "Adoption" nicht ganz treffend. So schränkt KRAUS unter Auf-
    nahme von GESE diese Aussage in einem Exkurs in der Neubearbeitung
    seines Kommentars ein: "Allerdings sollte man sich durch den (bedeut-
    samen) Adoptionsbegriff nicht zu sehr fixieren lassen. Denn die Pro-
    klamation in Ps 2,7 enthält recht eigentlich ein Erwählungs-Geschehen."
    (ebd. S.153).

36 "Auf heiligem Bergland" (so nach vielen HSS und dem Vorschlag des
    Bearbeiters in BHS; hiermit ist wohl der Zion gemeint; zur Tradition
    des Zionberges vgl. ZIMMERLI, Ezechiel (BK), (146f) 457.997. Anders -
    allerdings ohne Begründung - KRAUS, Psalmen z.St.) "Aus dem Mutter-
    leib, aus der Morgenröte (des heutigen Thronbesteigungstages) habe ich
    dich geboren". Zur Rekonstruktion vgl. GESE, Natus 138; weiter s.u.
    S.137ff.

37 GESE, Natus 132.

in der Ankündigung der Geburt eines königlichen Kindes von
Jes 9,5 wiederzuspiegeln:

"Denn: ein Kind (ילד) ist uns geboren (ילד), ein Sohn (בן) ist uns
gegeben (נתן־לנו) ..."

Entgegen vieler Versuche, das dort Geschilderte in einem
übertragenen Sinn zu verstehen,[38] wird hier von nichts anderem
als von einer physischen Geburt die Rede sein.[39] So ist festzustellen: "Die in besonderer hymnischer Form gehaltene
prophetische Verkündigung von Jes 9,5f handelt ... von der
physischen Geburt und Inthronisation des Heilskönig als bevor-
stehendes Werk Gottes."[40] Damit ist festzuhalten: Durch die
Neuinterpretation von Mi 5,1-3 erscheint die verheißene
messianische Gestalt im Licht der Immanuels-Weissagung von
Jes 7,14 und der Ankündigung Jes 9,5; das bedeutet eine Um-
schmelzung des Sohn-Gottes-Gedankens der Königspsalmen in eine verborgenere Art mit verhüllendem Charakter - wie es sich
hier durch den Hinweis auf die ferne Vergangenheit der Urzeit
manifestiert - und darüber hinaus in eine besondere, "alle
Empirie weit übersteigende Heilszukunft."[41] In der nachexi-
lischen Zeit ist es dabei durchaus möglich, daß die "Urzeit"
in einem neuen, weniger auf die davidische Zeit festgelegten
Sinn interpretiert wurde. Auf keinen Fall verbirgt sich aber
hier schon eine Präexistenzaussage dahinter, wie es manchmal
angenommen wird.[42] Damit ist für die Zeit nach Jesaja davon

---

38 So z.B. LESCOW, Geburtsmotiv 199-205; Analyse 72-74. Zur Widerlegung
    vgl. RUDOLPH, z.St. S.97 A.27.

39 In dieser Betonung bei GESE, Natus passim, aber auch WILDBERGER,
    Jesaja (BK) 387 ad Jes 9,6: "Die Geburt des königlichen Kindes ist
    zwar, wie diejenige des Immanuel von 7,14, als אות zu verstehen, aber
    doch nicht nur als ein "Zeichen" im Sinn unseres heutigen Denkens.
    Sie ist ... selbst schon eine Realität, die nur Heil bedeuten kann".

40 GESE, Natus 141. Ähnlich auch WILDBERGER, a.a.O.: "Jahwes Eifer für
    Israel ist am Werke. Zwar nicht in chronologischem, aber in qualita-
    tivem Sinn ist die Geburt des Kindes tatsächlich ein 'eschatologische
    Ereignis." (Hervorh. ebd.).

41 GESE, Natus 143.

42 Vgl. HENGSTENBERG, Band 3, 302: "Zuerst wird überhaupt die Existenz
    des Messias vor seiner zeitlichen Geburt in Bethlehem hervorgehoben;
    dann wird dieselbe im Gegensatz gegen alle Zeit der Ewigkeit
    vindicirt." Oder H.SCHMIDT 27: "Es (sc. das Kind) hat also offenbar
    schon einmal gelebt, war schon einmal ein Kind." Ähnlich denkt auch
    noch WEISER, z.St. an den Hintergrund eines Mythos vom Urmenschen.
    Vgl. aus neuerer Zeit P.E.DAVIES 29: "This (sc. Mi 5,1) could point
    to a divine origin in reality or in the mind of God from time
    immemorial. Such a passage could indicate how the thought progressed
    towards a full conception of preexistence."

auszugehen, daß von der Königsvorstellung zur Messiasvorstel-
lung eine Brücke geschlagen ist. Ja, ein späterer Text,
Jes 11,1-5, weist deutlich auf einen "rein geistigen Akt" der
"Spiritualisierung hin", die die Messiasvorstellung "in dieser
Traditionsentfaltung vollzogen hat."[43]

Jes 11,1-5:[44]

(1) "Ein Reis wird hervorgehen aus Isais Stumpf
    und ein Schoß aus seinen Wurzeln 'hervorsprießen'.
(2) Und auf ihm wird ruhen Jahwes Geist,
    Geist der Weisheit und der Einsicht,
    Geist des Planens und der Heldenkraft,
    Geist der Erkenntnis und der Jahwefurcht ..."

2. Septuaginta und Peschitta

Die Übersetzung der LXX von Mi 5,1-3 entspricht weitgehend dem
Masoretischen Text;[45] auch wenn eine Anzahl von neutestamentlichen Exegeten eine Verschiebung des ursprünglichen Sinnes
entdecken will,[46] kann hier davon keinesfalls die Rede sein:
V.1 spricht in der Anrede von "Bethlehem, Haus Ephrata", dahinter verbirgt sich, trotz der verschiedentlichen anderen
Versuche von Exegeten, lediglich die Überlegung, "daß mit
Ephrata hier nicht die betreffende Landschaft, sondern die
Sippe,die in ihr wohnte, gemeint sei, d.h., οἶκος in LXX ist
ein sinnfördernder Zusatz".[47] Auch die beiden Angaben zur Herkunft des verheißenen Herrschers entsprechen denen des MT; ἀπ'
ἀρχῆς korrespondiert weithin dem hebräischen מקדם ,[48] wie
auch ähnlich ἡμέραι (τοῦ) αἰῶνος weithin dem hebräischen

---

43 GESE, Messias 134.

44 Übersetzung nach WILDBERGER, z.St.; dort auch die Begründung.

45 Zur LXX der Kleinen Propheten vgl. bes. DINGERMANN (bes. S.136f ad
    Micha 5,1), vgl. S.258: "die zahlreichen ... besprochenen Abweichungen
    gehen zu 90% auf den Übersetzer zurück. Neben den ursprünglichen
    Lesungen, die uns die LXX bewahrt hat, war die LXX-V(orlage) ziemlich
    identisch mit unserem MT." Vgl. auch KAHLE, Lederrolle. Auch die
    späteren Übersetzungen von Aquila, Theodotion und Symmachus ergeben
    kein anderes Bild.

46 So BRÜCKNER 106: "Damit ist die Herkunft des Messias von Anbeginn der
    Welt ausgesprochen." In seinem Gefolge WINDISCH 228: "die griechische
    Wendung, die mehr bedeutet als der hebräische Urtext"; aber auch
    ZIENER 115 A.1.

47 RUDOLPH, ad Mi 5,1 Anm. a) (S.89).

48 Vgl. z.B. Neh 12,46; Ps 73(74),2; 77(78),2; Hab 1,12; Jes 2,6; 45,21.

מימי עולם entspricht.[49] Die eigenartige Zusammenstellung
αἱ ἔξοδοι αὐτοῦ ἀπ'ἀρχῆς ἐξ ἡμερῶν αἰῶνος konnte aber später
unter einem ganz anderen Blickwinkel von der unbestimmten, im
verborgenen Dunkel liegenden Vorzeit auf eine näher bestimmte
anfängliche (Schöpfungs-)Zeit umgedeutet werden; eine solche
Deutung für den Ausdruck ἀπ'ἀρχῆς läßt sich schon bei Sir
nachweisen;[50] darauf weist auch die Aussage über Gott
Jes 43,12f hin:

MT:[51]   "(Und) ihr seid meine Zeugen, ist Jahwes Spruch,
LXX: "Ihr seid meine Zeugen und ich bin (ein) Zeuge,

MT: daß ich Gott bin. Auch hinfort(גַּם־מִיּוֹם) bin ich es!"
LXX: spricht Gott, der Herr. Schon <u>von Anfang an</u> (ἔτι ἀπ'ἀρχῆς)
       (bin ich)."

    Darüber hinaus sind die weiteren kleinen Differenzen von LXX
und MT in V.2 und V.3 unbedeutend.[52]

    Anders als die LXX scheint die <u>Peschitta</u> stärker die Kontur
der erwarteten Gestalt herausarbeiten zu wollen, wenn sie
Mi 5,1b folgendermaßen wiedergibt:[53]

1b (מנכי נפקה שליתא דנהוא על איסראיל
ומפקה מן רישיתא מן יומי עלמיא:

"aus dir wird hervorkommen der Herrscher, der über Israel sein wird;
seine Herkunft (reicht zurück) an den Anfang, an ewige Tage".

    Besonders die Wiedergabe des hebräischen מקדם durch
מן רישיתא scheint sich deutlich auf die Schöpfung der Welt
zu beziehen. Auch wenn mit den heute noch nicht vorhandenen
philologischen Hilfsmitteln kein endgültiges Urteil gefällt

---

49 Vgl. z.B. Am 9,11; Mi 7,14; Mal 3,4; Jes 63,9.

50 Vgl. Sir 16,26 und 39,25 (hebr: מראש); siehe auch Sir 15,14; zu Sir
    24,9 und Weish 6,22 siehe oben S.54 und 74. Schon seit E.BÖHL 225f
    pflegen Exegeten mit Verweis auf Spr 8,30 oder Sir 24,9 bei Micha
    eine Präexistenzaussage zu begründen.

51 Übersetzung nach ELLIGER, BK XI,1 S.306 z.St.; dort auch die Begrün-
    dung. Das masoretische מיום interpretiert Pesch mit "vom ersten Tag
    an" (מן יומא קדמיא), während LXX wie Tg "von Ewigkeit" (מן עלמא)
    übersetzen; vgl. zum Ganzen auch Jes 43,10, wo Tg ebenfalls eine
    Aussage über die Ursprungslosigkeit Gottes herausliest: "Ich bin es,
    der von Anfang ist" (אנא הוא דמלקדמין).

52 Vgl. RUDOLPH z.St. und auch WOLFF z.St.

53 Leider muß für den Text noch auf die alten und überholten Textausgaben
    von Waltoner Polyglotte bzw. der alten syrischen Bibelausgabe zurück-
    gegriffen werden. Zur Geschichte der Peschitta vgl. das immer noch
    grundlegende Kapitel von KAHLE, Die Peschitta, in: Genisa 280-331.
    Vgl. weiter die Untersuchung von SEBÖK (Schönfelder).

werden kann, scheint die Peschitta über den Masoretischen
Text hinauszugehen.[54] Hier finden sich Interpretamente, die
durch das Targum noch stärker ausgestaltet werden.

3. Targum

Das sog. Targum Jonathan zu den Propheten ist - neben dem erst
kürzlich aufgefundenen fragmentarischen Targum zu Ijob unter
den Schriften von Qumran[55] - eines der ältesten schriftlich
vorliegenden aramäischen Übersetzungen des AT.[56] Der Sprache
nach wird es wohl im 2.Jh.n.Chr. verfaßt worden sein und faßt
die zu jener Zeit gängigen mündlichen aramäischen Übersetzungen
der synagogalen Tora-Vorlesungen zusammen.[57] Es wird zwar weithin akzeptiert, daß hier alte - z.T. vorchristliche - Traditionen zugrundeliegen, aber die exakte Bestimmung des Alters
des jeweiligen Textes erweist sich als sehr schwierig.[58] Man
wird nicht umhin können, bei jedem Text neu, soweit wie möglich, sich die Frage nach dem Alter des Textes zu stellen.

Besonderes Kennzeichen des Tg Mi 5,1-3 ist die messianische Deutung des hebräischen Bibeltextes, explizit kenntlich
gemacht durch ein eingefügtes משיחא . Auf diese Weise wird an
einer Reihe weiterer Stellen im Prophetentargum eine "messia-

---

54 Zur Übersetzung in der Pesch von מקדם durch מן רישיתא und damit
die wörtliche Übersetzung des griechischen ἀπ'ἀρχῆς vgl. noch
Jes 45,21 und Hab 1,12.

55 Vgl. die zwei Textausgaben von van der PLOEG, Targum 1962; Targum 1971;
und SOKOLOFF. Darüber hinaus sind auch die Fragmente eines Targum zu
Leviticus aus den Funden in Qumran bekannt.

56 Zum Ganzen vgl. CHURGIN, Jonathan; Le DÉAUT, Introduction; ders.,
Current State bes. 15-18. Weitere Lit. in: NICKELS, Bibliography und
GROSSFELD, Bibliography 2 Bde.

57 Vgl. LEVEY, Date, terminus post quem: 2.Jh.v.Chr.; terminus ad quem:
9.Jh.n.Chr.); präziser: KOCH, Messias 146ff; er stützt sich auf: TAL
(Rosenthal). Zum Problem der Datierung weiter: YORK, Dating.

58 Es gibt allerdings auch kritische Stimmen, besonders unter den
jüdischen Gelehrten, z.B. WACHOLDER, in einer Rezension von McNAMARA,
Targum: "Since the extant talmudic and midrashic literature (as late
as Rashi) seems to have had no inkling of Palestinian targums and
since the Palestinian targums not only used the rabbinic literature,
but also depended upon works produced in the Moslem period (such as
PRE), none of the Palestinian targums may justifiably be dated prior
to the ninth or tenth century", JBL 93 (1974) 133 (herv. von mir).

nische" Interpretation signalisiert,[59] wie überhaupt in den
Targumin.[60] Allerdings ist eine solche Interpretation von Mi 5
auf jeden Fall schon in vorchristlicher Zeit weithin geläufig
gewesen, wie das (zwar nicht wortwörtliche) Zitat in Mt 2,6
belegt.[61] Im folgenden wird zunächst die Aufnahme und eigene
Interpretation des hebräischen Textes durch das Targum untersucht werden, sodann in einem zweiten Schritt im besonderen
die Bedeutung der Aussage über den Ursprung des Messias.
Tg Mi 5,1-3:[62]

(1) ואת בית לחם אפרת כזעיר הויתא לאתמנאה באלפיא
דבית יהודה מנך קדמי יפוק משיחא למהוי עביד שולטן
על ישראל ודי שמיה אמיר מלקדמין מיומי עלמא:

(2) בכין יתמסרון כעירן ילידתא למילד ושאר אחיהון
יסתמכון עליהון בני ישראל:

(3) ויקום וישלוט בתקוף מן קדם יוי ברבות שמא דיוי אלהיה
ויתכנשון מביני גלוחהון ארי כען יסגי שמיה עם סיפי ארעא:

1   Aber du, Bethlehem Ephrat,
zu klein bist du, um unter die Tausendschaften des Hauses Judas
gezählt zu werden,
aus dir wird mir herkommen der Messias,
um Herrschaft auszuüben über Israel.
Und dessen Name genannt wurde von Anfang der Schöpfung der Welt.[63]

2   Dann werden sie dahingegeben werden
solange[64] eine Frau gebiert.
Und die Kinder Israel werden sich auf den Rest ihrer Brüder stützen.

---

59   Tg 2 Sam 22,32; (23,3); Jes 4,2; 9,5; 10,27; 11,1.6; 14,29; 16,1.5;
     28,5; 42,1; 43,10; 52,13; 53,10; Jer 23,5; 3o,9.21; 33,13.15; Ez 17,22
     Hos 3,5; 14,8; Mi 4,8; Hab 3,18; Sach 3,8; 4,7; 6,12; 10,4. Vgl. hier-
     zu: HUMBERT, Messie; LEVEY, Messiah 33-1o3. Vgl. aber die berechtigte
     Kritik an der Oberflächlichkeit LEVEYs durch Le DEAUT, Bib 56 (1975)
     421-424 in einer Rezension dieses Buches.

60   Z.B. TJo Gen 35,21; TJo, TFrag, TN, TO Gen 49,1ff (hierzu ABERBACH);
     TJo, TO Num 24,17; zum Ganzen BERNHARDT, Eigenart.

61   Vgl. hierzu STANDAHL 99-103; BAUMSTARK passim; ROTHFUCHS 60f; R.E.BROW
     184-197.

62   Text nach BIBLE IN ARAMAIC III S.446.

63   Wörtlich: "seit (oder: in) der Vorzeit, den Tagen der Ewigkeit". Vgl.
     zur Bedeutung "in" von מן TO Gen 2,8: "ein Garten in Eden in der Vor-
     zeit"; Tg Ez 36,11:"so wie in der Vorzeit"; oder TO Gen 31,2:"wie am
     gestrigen Tage und in der ihm vorangegangenen Zeit"; zum Ganzen vgl.
     LEVY, Chaldäisches Wörterbuch II S.345b s.v.: קדמא.

64   Wörtlich: "wie die Zeit"; der bekannte jüdische Exeget des Mittel-
     alters, Kimchi, liest: "in der Zeit". Vgl. den Apparat.

3   Und er wird auftreten und herrschen in der Kraft Jahwes[65]
im hehren Namen seines Gottes Jahwe.
Und sie werden gesammelt mitten aus ihrer Verbannung,
denn nun wird sein Name groß sein bis an die Enden der Erde.

Die aramäische Übersetzung lehnt sich eng an den MT an. Einen
wirklichen Zusatz stellt lediglich der Begriff משיחא dar: der
verheißene Herrscher aus Bethlehem-Ephrat wird der Messias
sein. Und wenn er auftreten und herrschen wird, dann werden
die der Vertreibung preisgegebenen Israeliten[66] zurückkehren,
und zwar zu einem zurückgebliebenen Rest (שאר).[67] Das messianische Friedensreich wird hier im Targum als Rückkehr aus der
Verbannung interpretiert. Dieser Gedanke ist an sich schon
alt.[68]

3.1. Das "Namennennen" des Messias

Eine Eigenart des Tg Mi 5,1-3 ist das zweimalige Erwähnen des
Namens des Messias, obwohl dies von der Vorlage des MT gar
nicht erforderlich ist. So wird im letzten Teil von V.3 nicht
vom Messias selbst, sondern - zumindest auf den ersten Blick -
lediglich von seinem Namen geredet:
MT: "denn nun wird er (sc. der Herrscher) groß sein
Tg: "denn nun wird <u>sein Name</u> (שמיא) groß sein

MT: bis an die Enden der Erde."
Tg: bis an die Enden der Erde."

Welche Bedeutung hat diese Veränderung? Steht der Name für
die Person selbst, oder wird mit dieser Einfügung eine Ein-

---

65 Wörtlich: "vor Jahwe"; ein MS ergänzt zu "Kraft": "und Zorn Jahwes".

66 LEVEY, Messiah 93 denkt an die Herrschaft der Römer über Israel (z.B.
    bSanh 98b); für ihn ist V.2 "The source of the notion of the pangs of
    the Messiah".

67 Anders denkt der MT wohl umgekehrt an die Rückkehr eines Restes zu dem
    übrigen Volk.

68 Vgl. PsSal 17,26f; die 10. Bitte des Achtzehngebetes (SCHÄFER, Gottes-
    dienst 405); aber auch Übersetzung nach HOLM-NIELSEN. Im Propheten-
    targum finden sich noch zwei wörtliche Entsprechungen Tg Jes 40,31;
    Tg Hos 14,8. Dtn 30,3f; Jes 11,12; 40,11; Jer 23,3; 29,14; Ez 11,17;
    30,34.41; Mi 2,12; 4,6; Sach 10,8.10; Ps 106,47 = 1 Chr 16,35 u.ö.
    Weiter Sir 36,15f; Lk 1,68f; zum Ganzen SAWYER,THAT Bd.2 Sp.583-586.

schränkung signalisiert?[69] Im atl. Sprachgebrauch ist die
Identifikation von Name und Person zunächst nur für Jahwe und
seinen Namen gebräuchlich; hier können beide als Wechselbe-
griffe einer für den anderen stehen.[70] Allerdings kann diese
Sprachform in späterer Zeit auch allgemein verwendet werden,
sowohl in poetischen[71] wie auch in profanen Texten.[72] Hier in
Tg Mi 5,3 scheint dieselbe Sprachform vorzuliegen: in V.3a und
3c ist die universale Herrschaft des Messias im Blickfeld; er
ist Gottes Stellvertreter auf Erden, und seine Herrschaft wird
reichen bis an die Enden der Erde. Es geht also nicht um ein
distanziertes, abstraktes Respektieren eines Namens eines
Herrschers oder seiner Dynastie, sondern Person und Name des
Messias sind Ausdrücke eines synthetischen Sprachgebrauchs.

Wie kann nun aber die Wendung in V.1 "dessen Name genannt
wurde" interpretiert werden? Ist hier in analoger Weise ebenfalls die Person, der Messias, angesprochen? Oder ist hier
etwa der Name des Messias als Objekt menschlicher Spekulatione
zu verstehen, wie es in der rabbinischen Literatur eine Fülle
von Texten gibt, die das Geheimnis der Person und ihres Namens

69 So bei BILLERBECK, Synagoge, Nathanael 19, 100: "Allein aus Micha 5,1
wird nirgends die reale persönliche Präexistenz des Messias, sondern
ausschließlich und ausdrücklich (??) immer nur die ewige Präexistenz
des Namens des Messias ... bewiesen", weiter ebd. A.2: "Wenn es Thargum Micha 5,1 ... heißt, daß der Name des Messias genannt oder geschaffen sei, ehe die Welt erschaffen wurde, so deutet man dies dahin,
daß Gott von Anfang an nicht bloß die Sendung des Messias in seinem
Weltplane vorgesehen, sondern auch den Mann, der einst der Inhaber
der Messiaswürde sein werde, bereits seit Ewigkeit erkoren habe. Aber
nur der "Name des Messias" ist vor der Welt geschaffen, nicht die
Messiaspersönlichkeit selbst." (Herv. von mir) Andere sind BILLERBECK
in dieser Frage gefolgt; so z.B. SCHOEPS, Paulus S.154 u.a.

70 Vgl. z.B. Dtn 12,5.11.21; 14,24; 2 Sam 7,13; 1 Kön 3,2; 5,17 u.ö. bes.
in den Psalmen. Zum Ganzen GRETHER, bes. S.26-28. 35-43; BIETENHARD,
ThWNT Bd.5 (1954) 242-283; v.RAD, Theologie Bd.1 197f; van der WOUDE,
THAT Bd.2 Sp.935-963. KRAUS, Psalmen II (BK) 1129: "Der 'Name' ist das
Unterpfand der praesentia Dei".

71 Z.B. Hld 1,3.

72 Z.B. Num 1,2.18.20.22; 1 Chr 23,29; vgl. auch ELLIGER, BK XI,1, S.237
ad Jes 42,8: "Der Name ist in alten Zeiten nicht Schall und Rauch,
sondern birgt das Wesen des so Benannten." Ähnlich schon K.L.SCHMIDT,
ThWNT Bd.3 (1938) 490: "Für die antike religiöse und auch die biblisch
Welt ist ja das ὄνομα nicht 'Schall und Rauch', sondern etwas unge-
mein Wirkliches, so daß ein mit Namen Genanntwerden ohne weiteres
ganz nahe an die Bedeutung sein herankommt." (Herv.dort).

zu lüften versuchen?[73]

MT: "Seine Herkunft (reicht zurück) in die Vorzeit
Tg: "Und dessen Name genannt wurde von Anfang

MT: in längst vergangene Tage."
Tg: der Schöpfung der Welt."

Wie ist das hier vorausgesetzte passivum divinum zu verstehen? Hat Gott den Namen schon vorher gekannt und ihn nun
ausgesprochen, oder kommt hier ein übertragener Gebrauch von
"Name" zum Vorschein, denn eine wirkliche Namensgebung gibt
gewöhnlich auch den jeweiligen Namen bekannt?[74] Hierzu gibt
es eine weit verbreitete altorientalische Vorstellung, daß
mit dem Aussprechen eines Namens die Sache selbst als existent
gilt; damit wäre also ein besonderer Schöpfungsakt ausgedrückt.[75] Allerdings ist diese Vorstellung in biblischen Texten
nicht belegt.[76] Es ist m.E. wahrscheinlicher, daß die mündliche aramäische Übersetzung im synagogalen Gottesdienst einen
Bezug zu biblischen Texten herzustellen versucht. Dieser Bezug
könnte da vorliegen, wo von einem bestimmten Berufungsverhältnis der von Gott erwählten Personen gesprochen wird. Ein Beispiel dafür ist der Anfang des zweiten "Ebed-Jahwe-Liedes",
Jes 49,1:

MT: "Jahwe hat mich von Mutterleib berufen (קראני),
Tg:[77] "Jahwe hat mich, als ich noch nicht war, festgestellt,

MT: von Mutterschoß an meinen Namen genannt (הזכיר שמי)".
Tg: von Mutterschoß an brachte er meinen Namen in Erinnerung."

Hier im Tg Jes 49,1 wird dieses Berufungsgeschehen eben nicht

---

73 Vgl. bes. bPes 98b; in verschiedenen Texten wird versucht, die kon-
    krete Hoffnung auf den kommenden Messias zu wecken und zu erhalten.
    U.a. wird der Messias auch mit den Namen der verschiedenen rabbi-
    nischen Lehrhäuser zusammengebracht. Zum Ganzen vgl. BILL 1, 64-67;
    KLAUSNER, Idea 463. Weiter vor allem GOLDBERG, Namen.

74 Vgl. Ri 8,31; 2 Kön 17,34; Neh 9,7 u.ö., jeweils mit der betreffenden
    Namensangabe. Vgl. LXX Ps 72(71),14 und unten zur Offenbarung des
    Menschensohnes in äthHen 48,2.

75 Z.B. Enuma elis I; Pap.Berlin 3055,16.

76 Damit fallen aber vorerst alle Versuche aus, durch eine direkte Ver-
    bindung mit religionsgeschichtlich vergleichbaren Parallelen einen ei-
    genständigen Schöpfungsakt zu postulieren; vgl. z.B. HUMBERT, Le Messie
    RThPh 44 (1911) S.15: "Ce nom a été 'prononcé', et comme tel il sorti
    du pur néant, il est appelé (אמיר) à l'existence et rouvera un jour
    sa réalisation concrète, objective." (Herv. dort).

77 Text nach BIBLE IN ARAMAIC III:
                        1) ייי עד לא הויתי זמנני ממעי אמי אדכר שמי:

mit der Wendung (שמיה אמיר) wie in Tg Mi 5,1 wiedergegeben.
Dasselbe Ergebnis läßt sich auch von anderen Texten her deutlich machen.[78]

Aus dem Prophetentargum muß als Ergänzung noch ein weiterer
Text herangezogen werden: Tg Sach 4,7.[79]

MT:[80] Wer bist du, großer Berg, vor Serubbabel?
Tg:[81] Was bist du wert, törichtes Königreich,[82] vor Serubbabel.

MT: Zur Ebene (mit dir)!
Tg: Nicht wie eine Ebene?

MT: Und er wird den Scheitelstein[83] hervorholen
Tg: Und er wird seinen Messias[84] offenbaren,

MT: unter den Rufen:
Tg: dessen Name von Anfang genannt wurde,

MT: "Glückauf, glückauf für ihn!"
Tg: und er herrscht über alle Königreiche.

Auch hier soll wieder von einer ausführlichen Interpretation des MT abgesehen werden.[85] Für den hier interessierenden
Zusammenhang ist entscheidend, daß Tg Sach 4,7 dieselbe
Wendung אמיר שמיה מלקדמין wie in Tg Mi 5,1 verwendet. Bezug-
wort ist das Rufen (תשאות), das fröhliche Verkünden einer

---

78 Vgl. Jes 45,3 u.ö.

79 Vgl. Tg Sach 6,12f und Tg Jes 9,5f. Bei der zuletzt genannten Stelle
    bleibt für die messianische Gestalt lediglich die Bezeichnung "Messias
    in titularer Bedeutung über.
    Vgl. hierzu auch die Septuaginta: "Auf seine Schultern wird die Herrsc
    gelegt. Und er erhält den Namen: 'Bote des großen Rates' (Μεγάλης βου
    ἄγγελος)." Hierzu bes. REHM 153-156.

80 Übersetzung nach RUDOLPH, Sacharja (KAT) z.St. S.110.

81 Text nach BIBLE IN ARAMAIC III:
    מא את חשיבא מלכותא טפשתא קרם זרובבל הלא כמישרא (7
    ויגלי ית משיחיה ראמיר שמיה מלקדמין
    וישלוט בכל מלכותא:

82 2 MSS deuten dieses Königreich auf Rom.

83 Dieser Ausdruck האבן הראשה bereitete schon früh Schwierigkeiten:
    Wörtlich müßte man übersetzen: Der Stein nach oben hin. Symmachus
    liest: τὸν ἄκρον = den höchsten Stein. Aquila (τὸν πρωτεύοντα), die
    Peschitta und Vulgata (primarium) verstehen dies qualitativ: der den
    ersten Rang einnimmt. Theodotion (τὸν πρῶτον) könnte darunter auch
    den Grundstein verstanden haben: den frühesten Stein. Die LXX liest
    wohl אֶבֶן הַיְרֻשָּׁה (τῆς κληρονομίας): Stein des Besitztums. Zum Ganzer
    vgl. RUDOLPH z.St. S.110f.

84 Die Antwerper Polyglotte und eine HS lesen hier nur: "den Messias";
    dies ist die häufigste Form in den Targumin, siehe DALMAN 240.

85 Vgl. RUDOLPH, 110-115.

guten Nachricht.[86] Dieser Vers aus dem vierten Nachtgedicht
Sacharjas wird in der aramäischen Übersetzung messianisch
interpretiert durch die Deutung des האבן הראשה auf den
Messias, ein Verständnis, das der MT nicht unbedingt provoziert. Ganz aus freien Stücken ist jedoch diese Interpretation
nicht in den Text hineingeraten. Im Ganzen des Buches gab es
für den aramäischen Übersetzer eine Reihe von Texten, die für
ihn Hinweischarakter auf den erwarteten Messias besaßen;
Texte, die insbesondere mit dem geheimnisvollen "Sproß" (צמח)
zusammenhängen.[87] In ähnlicher Weise verwendet der Übersetzer
auch den "Stein" metaphorisch. Darüber hinaus scheint er auch
הראשה nicht etwa als "Kopf", "Haupt" verstanden zu haben,
sondern im zeitlichen Sinn figurativ als "Anfang"; er interpretiert also (מראשית) האבן מראשה.[88] Insofern wird man wohl
besser nicht von einem "schéma coutumier" sprechen dürfen;[89]
diese Bezeichnung wäre lediglich für die Phrase "und er
herrscht über alle Königreiche" angebracht, die zum gängigen
Messiasbild notwendig dazugehört und im vorliegenden aramäischen Text den Freudenruf des MT ersetzt.

Zum Gesamtbild der messianischen Interpretation des Targum
ist bezeichnend, daß der Messias verborgen ist; dies deutet
der Begriff "offenbaren" (גלה) an. Weiterhin steht hinter
diesen kurzen Bemerkungen die Vorstellung, daß Gott selbst
seinen Messias (am Ende der Zeit) als Befreier des Volkes
Israel gebrauchen wird. Auf den ersten Blick scheint sich an
diesem Text noch am ehesten ein Verständnis festmachen zu
können, "Name" als eine von der Person des Messias abstrahie-
rende Bezeichnung zu verstehen; denn im MT wird offensichtlich von einem - wie auch gearteten - Rufen geredet. Dennoch
wird die oben schon zu Mi 5,3 herausgestellte Beobachtung eher

---

86 Normalerweise vom Lärm einer Stadt: Jes 22,2; Ijob 39,7.

87 Vgl. Tg Sach 3,8; 6,12f; weiter 10,4; sonst auch Tg Jes 4,2;
Jer 23,5; 33,15; zur Metapher auch Jes 43,19; 61,11; Ez 29,21;
Ps 132,17; weiter zu Qumran 4 Qpatr 3f; 4 Qflor I,11; 4QpJes[a] III;
auch 4Qtest 12f; vgl.u.a. van der WOUDE 169-172; FITZMYER, "Elect of
God" 129-140; aber auch Lk 1,78. Zum Ganzen GOLDBERG, Namen 40-42.

88 Vgl. zu מראש Jes 40,21; 41,4.26; 48,16; Spr 8,23 u.ö. Zu מראשית
Jes 46,9; Sir 15,14; aber auch Gen 1,1; Spr 8,22. Zum Ganzen
H.P.MÜLLER, THAT Bd.2 Sp.701-715 (Lit!) und ELLIGER, BK XI,1 passim
zu den genannten Texten.

89 So HUMBERT, Messié RThPh 44 (1911) S.18.

zutreffen, "Namen" als Synonym zur Person des Messias zu begreifen. Diese Deutung legt sich durch die Parallelität - und
wie mir scheint - gerade in bezug auf die Gestalt des Messias
getroffene Aussagenkette nahe:
- er wird von Gott offenbart
- er wird von Anfang an genannt
- er herrscht über alle Königreiche.

Insgesamt ist eine entschiedene Nähe von Tg Sach 4,7 und
Tg Mi 5,1 festzuhalten: bei beiden wird die Aussage über ein
"Nennen mit Namen" in einen Kontext eingeflochten, der für de
Übersetzer - einmal explizit, Sach 4.eher implizit - auf eine
ursprünglichen Zeitpunkt hinweist, eine Tatsache, die uns noc
weiter beschäftigen wird. Allerdings stehen sich beide Texte
wiederum so nahe, daß auch in Sach 4 nicht recht deutlich wir
was für ein Geschehen das "Namennennen" eigentlich beinhaltet
Soweit ich sehe, läßt sich für dieses Geschehen aus dem Berei
des Targum kein weiterer Text heranziehen. Eine Lösung der
vorliegenden Frage nach der Interpretation dieser Wendung
ergibt sich m.E. erst durch einen Vergleich mit der später
im einzelnen zu besprechenden Vision aus den Bilderreden des
äthHenoch 48,2f:[90]

(2) "In jenem Augenblick wurde jener Menschensohn beim Herrn der
    Geister und sein Name vor dem Betagten genannt.

(3) Bevor die Sonne geschaffen und die (Tierkreis-)Zeichen geschaffen,
    (und) bevor die Sterne des Himmels gemacht wurden, wurde sein Name
    vor dem Herrn der Geister genannt."

Die Beziehungen zu diesem Abschnitt aus dem äthiopischen
Henoch sind zahlreich. Es seien folgende herausgehoben:
- die gleiche passivische Redeweise vom Nennen des Namens
- es wird kein Name oder Titel explizit erwähnt
- der Hinweis auf einen uranfänglichen Zeitpunkt
- die Herrschaft über die Völker und Königreiche.[91]

Wenn ich recht sehe, und das wird bei der Exegese von
äthHen 48 zu beweisen sein, wird erst über die Vision aus den
Bilderreden ersichtlich, daß mit der Wendung "mit Namen nenne
nun doch wieder ein enger Zusammenhang mit der Vorstellung
Deuterojesajas - der Berufung des auserwählten Gottesknechtes

---

90 Zur Interpretation siehe unten.
91 Vgl. äthHen 48,5.

besteht, auch wenn aus dem Wortlaut des Targum diese Beziehung nicht hergestellt werden konnte. Darüber hinaus wird
aber auch erst über die henochische Vision im letzten verständlich, welche tiefe Bedeutung der nun im folgenden zu besprechenden Aussage über die Herkunft des Messias in Tg Mi
5,1-3 innewohnt, auch wenn sich schon vom MT selbst eine enge
Affinität feststellen läßt.

3.2. Der Ursprung des Messias

Schon der MT macht eine Aussage über Ursprung und Herkunft
der verheißenen Gestalt; dabei haftete an dieser Aussage noch
eine gewisse Unschärfe. In der LXX konnte schon eine leichte
Verlagerung in die Uranfänglichkeit beobachtet werden. Der
Ausdruck "seit der Vorzeit" (MT: מקדם ; Tg: מלקדמין) kann im
Prophetentargum zwar gelegentlich auf eine unbestimmte frühere
Zeit verweisen,[92] ja, zuweilen auch in Verbindung mit dem im
Tg Mi 5,1 parallelen Ausdruck "Tage der Ewigkeit":

Mal 3,4:

MT: "Und Jahwe wird das Opfer Judas und Jerusalem angenehm sein
Tg: "Und das Opfer der Männer Judas und der Bewohner Jerusalems wird
    von Jahwe angenommen werden,

MT: wie in den Tagen der Vorzeit, wie in längst vergangenen Jahren
Tg: wie in den Tagen der Ewigkeit, wie in den Jahren der Vorzeit

MT: (וכשנים   )."
Tg: (כיומי עלמא וכשנין דמלקדמין)."

    Hier wird aber anders als in Tg Mi 5 nicht mit der Prä-
position מן konstruiert, sondern lediglich ein Vergleich verwendet;[93] möglicher Bezugspunkt ist also die Annahme eines
vergleichbaren Opfers in der Väterzeit. Dem Targum von Mi 5
schwebt dagegen eher ein Bezug zum ersten Wort der Bibel vor:

Gen 1,1:

MT: "Am Anfang (בראשית)[94] schuf Gott ..."

---

92 Z.B. Tg Jes 2,6; weiter in einer Interpretation von Gen 3,5: TO
    Gen 3,5, was den kürzesten aggadischen Zusatz von allen anderen Tar-
    gumin darstellt; TO u.a. zu Gen 28,19. Unbeachtet kann hier die
    geographische Bedeutung dieser Wendung bleiben; vgl. TO und TN zu
    Gen 2,8; 3,24 u.ö. Aber aus der doppelten Deutungsmöglichkeit her ist
    verständlich, daß auch diese Aussagen im Sinne einer Uranfänglichkeit
    interpretiert wurden.

93 So auch Tg Jes 51,9b.

94 Zur Diskussion um das erste Wort der Bibel vgl. bes. WESTERMANN,
    Genesis (BK) z.St. S.130-136 (Lit!).

Targumin:[95]

O: "Am Anfang (בקדמין) schuf Gott ..."
N: "Von Anfang an (מלקדמין) schuf Gott mit der Weisheit ..."
F M: "Von Anfang an (מן לקדמין) schuf Gott ..."
Jo: "Vom Anfang an (מן אורלא) schuf Gott ..."

Bezugswort des hebr. Textes ist jeweils בראשית. Diese
Stelle in Gen 1,1 scheint am ehesten den Hintergrund zu bilder
an dem sich Aussagen über eine ursprüngliche Zeit (der
Schöpfung) orientieren. So verhält es sich auch an einer
Stelle im Prophetentargum:

Jes 43,10:[96]

MT:[97] "Ihr seid meine Zeugen, ist Jahwes Spruch,
Tg: "Ihr seid meine Zeugen, spricht Jahwe,

MT: und meine Knechte, die ich erwählt,
Tg: und mein Knecht (ist) der Messias, an dem ich Wohl-

MT: Auf daß ihr erkennt, daß ich es bin.
Tg: gefallen habe. Auf daß ihr erkennt, daß ich es bin.

MT: Mir zuvor ward kein Gott gebildet und hinter mir
Tg: Ich bin es, der von Anfang an ist (דמלקדמין), ja die

MT: kommt keiner mehr."
Tg: Ewigkeiten der Ewigkeiten gehören mir, und außer mir gibt es
       keinen Gott."

In dieser freien Paraphrase des Masoretischen Textes durch
das Targum wird die Einzigartigkeit Gottes nicht im Gegenüber
zu anderen Göttern ausgedrückt, sondern durch die Bestimmung
eines uranfänglichen Zeitpunktes im Sinne der aramäischen
Übersetzungen von Gen 1,1.[98] Nebenbei bemerkt ist dieser Text
insofern auch für ein dahinterstehendes Messiasbild interessant, als der Messias ohne besondere Funktion neben dem
Volk erwähnt wird:

"Le Messie est mis sur le même rang que les hommes, l'expérience a un rôle
à jouer dans sa religion personelle, il lui faut des preuves de
l'omnipotence de Jahvé."[99]

---

95 TO nach BIBLE IN ARAMAIC I; TN nach DIEZ MACHO Bd.1; Fragmenten-
    targum (F; M=Marginalnote) nach GINSBURGER; Targum (Pseudo-)Jonathan
    (Jo) nach GINSBURGER. Zur Interpretation dieser Texte, die eine Zu-
    sammenstellung und Verknüpfung verschiedener Traditionen, die sich u
    das erste Wort der Bibel rankten, darstellen, vgl. H.-Fr.WEISS 115.
    197; BOWKER, Introduction 95.99-101; SCHÄFER, Interpretation; PRIGEN
    Le DEAUT, Targum du Pentateuque Vol. I Genèse, 74 A.1 (Lit!).

96 Vgl. zur Interpretation dieses Textes bes. ELLIGER z.St. S.319-324.

97 Übersetzung ebd. S.306; dort auch die nähere Begründung.

98 Vgl. weiter TgJes 45,21; 46,1o; auch Dtn 33,27; TN Ex 15,18 u.ö.

99 HUMBERT, Messie RThPh 43 (1910) S.443.

Im Gesamten kann für die Aussage über den Ursprung des
Messias im Tg Mi 5 relativ sicher vermutet werden, daß der
Übersetzer den Ausdruck "von Anfang an" (מלקדמין) im Sinne
einer uranfänglichen Zeit verstanden hatte. Von daher wird
auch die parallele Aussage "seit den Tagen der Ewigkeit"
(מיומי עלמא), die für sich genommen auch eine unbestimmte
frühere Zeit bedeuten kann,[100] verstärkend wirken und insgesamt an eine uranfängliche Zeit - wie die der Schöpfung - zu
denken sein. Diese Interpretation läßt sich im Deutschen am
besten durch einen zusammenfassenden Ausdruck "von Anfang der
Schöpfung der Welt" wiedergeben.[101]

3.3. Die Neuinterpretation der aramäischen Übersetzung

Die kurzen Zusätze und Akzentuierungen der aramäischen Übersetzung von Mi 5,1-3 lassen erkennen, daß der Übersetzer eine
relativ fest geprägte Messiasvorstellung auf den ihm vorliegenden MT überträgt:

Mi 5,3:
MT: "und man wird sicher wohnen,
Tg: "und sie werden gesammelt mitten aus ihrer Verbannung,

MT: denn nun wird er groß sein bis an die Enden der Erde."
Tg: denn nun wird sein Name groß sein bis an die Enden der Erde."

Über den MT geht hinaus, daß zur Zeit des Messias sich
die Rückkehr der Exulanten ereignen wird. Inwieweit dies unter
seiner Führung geschieht, wird nicht ausdrücklich expliziert,
ist aber allgemeiner messianischer Topos. Denn betrachtet man
den Zusammenhang genauer, dann ist nicht zu übersehen, daß
vorher von seiner Herrschaft geredet wird und nach der Aussage
über die Heimkehr aus dem Exil wieder von seiner universalen
Macht und Größe. Daraus ist zu schließen, daß der Messias wohl
auch die Führung der Gola übernehmen wird.[102]

---

100 Vgl. die Targumin zu Dtn 32,7.
101 Vgl. im NT Mt 13,35; 25,34; Lk 11,50; bes. Joh 17,24; Eph 1,4;
     1 Petr 1,2o.
102 Vgl. Philo, Praem 95 unter Aufnahme von Num 24,7; IV Esra 13 u.ö.;
     s. VOLZ 174-186, auch HUMBERT, Messie RThPh 44 (1911) S.10 zu Tg
     Hos 14,8: "La version aramméenne renferme ici une allusion inattendue
     au Messie; elle nous montre les exilés se réunissant de toutes parts,
     s'établissant en Palestine sous la protection du Messie".

Mi 5,1a:

MT: "Aber du Bethlehem Ephrata, für Tausendschaften Judas
Tg: "Aber du Bethlehem Ephrat, zu klein bist du,

MT: (ein) klein(er Stamm)!"
Tg: um unter die Tausendschaften des Namen Judas gezählt zu werden."

Der Messias wird aus einer unscheinbaren Verborgenheit
plötzlich hervortreten;[103] das ist wohl die Absicht, die Un-
bedeutendheit von Bethlehem Ephrat gegenüber dem MT noch etwas
stärker zu betonen (V.1 כזעיר). Dieser Zug, vorhandene Akzent
des MT weiter zu verstärken, wird wohl auch hinter dem Ausziehen der Zeitgrenze bis in die uranfängliche Zeit der
Schöpfung zu vermuten sein; schon am Anfang der Schöpfung
wird der Name des Messias genannt.

Mi 5,1c:

MT: "Seine Herkunft (reicht zurück) in die Vorzeit,
Tg: "Und dessen Name genannt wurde

MT: in längst vergangene Tage."
Tg: von Anfang der Schöpfung der Welt."

Vor allem durch die enge Beziehung in der Wendung "dessen
Name genannt wurde" (passivum divinum!, ohne Namens- oder
Titelangabe!) und aus anderen Berührungen wird man wohl
schließen müssen, daß ein Zusammenhang zwischen der Vision des
äthHen 48 und Tg Mi 5 besteht. M.E. ist es am ehesten vorstell
bar, daß dem Übersetzer in der Synagoge jene apokalyptischen
Traditionen von der Gestalt des Menschensohnes oder ähnliche
Überlieferungen bekannt gewesen sein könnten,[104] zumindest
eine solche von der uranfänglichen Namensnennung, die er hier
in Mi 5 wie in Sach 4,7 aus dem MT herauslesen zu können
glaubt.

Aus alledem ist wohl eine Entstehung der hier vorliegenden
Tradition in der Zeit des 1./2.Jh.n.Chr. anzusetzen, in der

---

103 Vgl. auch Tg Mi 4,8.

104 Anders HUMBERT, Messie 42: "Une remarque s'impose: dans son tableau
     du royaume du Messie, Jonathan a gardé une parfaite indépendance à
     l'égard de ces tendances cosmologiques, transcendantes, universalist
     qui prêtent à l'apocalyptique juive et à son messianisme un cachet
     si particulier." (Herv. von mir). Ist dieses Urteil aber in dieser
     Pauschalität gerechtfertigt angesichts der Aussage einer universalen
     Herrschaft des Messias und einer Namensnennung in uranfänglicher Zei
     Tg Mi 5? Andere Beispiele könnten dem zugefügt werden.

auch der Sprache nach das Prophetentargum abgefaßt wurde.[105]
Eine solche, relativ frühe Datierung ist um so wahrscheinlicher, als hier sicherlich eine vom Christentum unabhängige
jüdische Tradition vorliegt:

"On peut comprendre qu'elle se soit maintenue dans le Targum après la
naissance du Christianisme, mais non qu'elle s'y soit introduite après
cette date."[106]

Schließlich spricht noch ein letztes Argument für eine vorliegende sehr alte jüdische Tradition. Bekanntlich gibt es nur
sehr wenig rabbinische Texte, in denen Bethlehem als Geburts-
ort des Messias genannt wird;[107] ob hier eine bewußte Abgrenzung gegenüber dem Christentum (vgl. die Aufnahme von Mi 5 in
Mt 2,6)[108] die entscheidende Rolle gespielt hat? Es spricht
einiges dafür; z.B. daß in einem solchen Text, wo Bethlehem
als (Geburts-?)Ort des Messias genannt wird, noch etwas von
der intensiven Auseinandersetzung zwischen Juden und Christen
mit Händen zu greifen ist. Innerhalb von Diskussion und Erklärung zur richtigen Ordnung des Achtzehnbittengebets wird im
Jerusalemer Talmud über die 14. Benediktion debattiert,
yBer 2,4(5^a,12). Dabei wird folgende anonyme Begebenheit
(Maase)[109] überliefert:[110]

"Ein Jude bebaute einst seinen Acker, da stieß sein Ochse ein jämmerliches
Gebrüll aus; ein vorbeigehender Araber (ערביא) hörte dieses Gebrüll
und sagte zu diesem: Du, Sohn eines Juden, Sohn eines Juden,
du sollst den Ochsen ausspannen und Pflugsterne losmachen, denn der

---

105 Vgl. o. Anm.57.

106 Le DEAUT, Nuit Pascale 25 A.25; er greift wohl Argumente von DIEZ
MACHO auf: "It is inconceivable that the Jews would embody in the
Targum after the rise of Christianity a Messianic interpretation of
this tendency (vgl. Num 24,17), which works so unambiguously in
favour of Christianity ... They could preserve in the Targum these
old Messianic passages (vgl. auch Mi 5,1), but they could not insert
them after the rise of Christianity." Vgl. Recently 226f.

107 Vgl. BILL Bd.1 S.83.

108 Vgl. die Verwendung von Mi 5,1 schon bei den frühen Kirchenvätern:
Iren, Dem 63 (SC 62, 1959 S.129); Adv Haer IV 33 § 4 (SC 100, 1965
S.832); Justin, Apol I 34,1; Dial 78,1; Tert, Adv Jud 13,2 (CCL 2,
1956 S.1384).

109 Zu dieser Erzählform vgl. BACHER, exegetische Terminologie Bd.1 112;
GOLDBERG, Form. Im Text selbst steht der Begriff "Unterstützung"
(מסייעא). Vgl. auch die Parallelüberlieferung EkhaR 1,16,51.

110 Übersetzung nach JERUSALEMER TALMUD in deutscher Übersetzung. Zum
Ganzen vgl. GOLDBERG, Namen 10-17; HENGEL, Zeloten 301f, hält diese
Stelle für einen Hinweis auf Menahem als zelotischen Messiasprätens-
denten.

heilige Tempel wurde zerstört.[111]
Als dann der (Ochse) ein zweites Mal ein Gebrüll ausgestoßen hatte,
sagte er (= der Araber) zu ihm:
Sohn eines Juden, Sohn eines Juden,
du sollst den Ochsen (wieder) einspannen und die Pflugsterne festbinden,
denn der König Messias kam zur Welt.[112] ...
Hierauf fragte er (= der Jude) ihn (= den Araber):
Von wo stammt er (= der Messias)?
Da entgegnete ihm dieser (= der Araber!!):
Aus der Königsstadt Bethlehem in Judäa." ...

   Es ist eben bezeichnend, daß der Jude dem Araber (hier
vielleicht verschlüsselt für den Christen) die Frage stellt
und diesem die Antwort in den Mund gelegt wird:

!מן בירת מלכא דבית לחם יהודה

4. Ein präexistenter Messias?

An Mi 5,1-3 versuchten wir anhand der Übersetzungen bis hin
zum Targum, also bis in das 1./2.Jh.n.Chr., den Wandel in der
Deutung zu verfolgen. Dieser messianische Text war wohl ursprünglich in der Entsprechung der Herkunft des verheißenen
messianischen Herrschers aus dem davidischen Geschlecht zu
seiner zukünftigen universalen Herrschaft verfaßt worden. Der
neue Herrscher wird "ausdrücklich als Mandatar Jahwes (gekennzeichnet). Jahwe ist Subjekt und Initiator alles Geschehens.
Er kündigt das Kommen des Herrschers an; er läßt ihn sich
kommen; seine Wahl fällt auf die unbedeutende Sippe; die
Wiederholung des Erwählungsgeschehens Davids ist sein Werk."[11]
Darüber hinaus interpretierte der Einschub V.2 diese Vorstellung des kommenden Herrschers um im Sinne einer Sohn-Gottes-
Vorstellung der Königspsalmen auf dem Hintergrund "der
Immanuelsverheißung von Jes 7,14, die zur Exilszeit schon
messianisch verstanden worden sein muß, und eine Anspielung
auf Jes 7,5 ('Ein Rest kehrt um')"[114] Die Vorstellung einer
ursprünglichen Geburt, d.h. damit ein Hinweis auf eine Präexistenzvorstellung, konnte nicht verifiziert werden.
   Auch aus der LXX läßt sich kein erheblich anderes Verständnis des Textes erkennen. Möglicherweise zieht sie zwar

---

111 Das Bebauen des Ackers ist somit zwecklos, da das Leben jeden Sinn
    verloren hat.

112 Das Leben hat wieder einen Sinn und die Arbeit einen Zweck.

113 KELLERMANN 31 (Herv. dort).

114 Ebd. S.39f.

die Linien des Ursprungs des verheißenen Herrschers weiter
aus und verlagert die Auffassung über die ursprüngliche Heilszeit in ein eher unbestimmtes "früher"; aber mit einer "Tendenz, das Übermenschliche im Wesen des Messias zu steigern",
von einer "Herkunft des Messias von Anbeginn der Welt", die
"deutlich die Vorstellung von der Präexistenz des Messias"
verrät,[115] wird dem Text sicherlich Gewalt angetan.

Dagegen scheint im Targum ein festes messianisches Konzept
des Übersetzers erkennbar zu sein. Eine Namensnennung des
Messias geschieht in uranfänglicher Zeit - am Anfang der
Schöpfung der Welt. Wenn die Vermutung zutrifft, daß hier ein
Zusammenhang mit den Traditionen, die in der Vision aus
äthHen 48 zu erkennen sind, vorliegt, dann wird mit dieser
"Namensnennung" eine geheimnisvolle uranfängliche Beauftragung
vor dem göttlichen Thron zu verstehen sein; dann kann aber im
Tg Mi 5 mit voller Berechtigung von einem präexistenten
Messias gesprochen werden. Das gleiche gilt auch für die
parallele Stelle in Tg Sach 4,7!

Damit sind beide Texte aus dem Prophetentargum in dieselbe
Tradition einzuordnen, die hinter der noch zu behandelnden
Aussage von den vorweltlichen Messias(namen) in der rabbini-
schen Literatur steht, auch wenn dort im Midrasch der Dinge,
die vor der Welt erschaffen werden, nur an einer einzigen
Stelle Mi 5,1 als Belegstelle aufgeführt wird.[116] Ein letzter
Hinweis darauf, daß in bestimmten jüdischen Kreisen Mi 5 in
dieser Weise verstanden worden ist, ist der Kommentar Raschis
zur Stelle, der zur Erklärung von Mi 5 den bekannten Vers aus
Ps 72 hinzufügt:[117]

(17) "Vor der Sonne sproßt sein Name" oder:
     "Vor der Sonne ist YINNON sein Name."

---

115 BRÜCKNER 106 (Herv. von mir); ebenso WINDISCH 228: "die griechische
    Wendung, die mehr bedeutet als der hebräische Urtext"; "Der vorzeit-
    liche, uranfängliche Ursprung des Messias wird hier in derselben
    Weise betont und fast mit denselben Worten beschrieben, wie der der
    Weisheit."; ähnlich auch ZIENER 115 ad Weish 7,25f; u.a.

116 PRE 3 (als zusätzliches Schriftzitat). M.W. sind die erwähnten Texte
    in yBer 2,4 mit der Parallele in EkhaR 1,16,51 und der Zusatz hier
    in PRE 3 die einzigen rabbinischen Texte, die neben dem Targum Mi 5
    messianisch interpretieren; möglicherweise steckt dahinter ein sich
    Absetzen vom christlichen Verständnis.

117 Hierauf verweisen BRIERRE Bd.1 S.65 und REHM 269 Anm.124.

C. Psalm 110

Das beherrschende Thema des 110. Psalms ist die Einsetzung des
davidischen Priesterkönigs auf dem Zion als Sohn Gottes. Ist
die Thematik also relativ klar zu bestimmen, so ist der Inhalt
selbst, der Aufbau und der ursprüngliche Textbestand mit zahlreichen Hypothesen und Diskussionen behaftet. Allein, ob und
inwieweit der Psalm als "messianischer" Psalm interpretiert
werden kann, ist eine Frage, die weithin umstritten ist;[1] es
fehlt die messianische Deutung im älteren rabbinischen Schrift
tum;[2] auch das im Vergleich zum Prophetentargum weit jüngere
Psalmentargum hat ihn historisierend auf David gedeutet.[3]
Jedoch bezieht ihn das früheste Christentum von Anfang an
ständig auf Christus, so daß eine messianische Auslegung
sicherlich schon damals geläufig war.[4] Ps 110,1 ist der wichtigste zitierte "messianische" Text im NT und hat einen unmittelbaren Einfluß auf die frühe Erhöhungschristologie ausgeübt.
Aber man wird zu Recht schon für die Zeit nach dem Exil eine
solche Auslegung voraussetzen müssen, als dieser Psalm in das
"amtliche" Gebetbuch übernommen wurde und so die Erwartung
eines noch kommenden Königs voraussetzte.[5] Die hier interessierende Fragestellung wird vor allem durch die Übersetzung
der LXX von Ps 110,3 provoziert. Die Interpretation dieses
Verses soll auch im folgenden im Vordergrund stehen. V.3 ist

---

1 Zur Auslegung dieses Psalmes vgl. bes.: KRAUS, Psalmen (BK). Über die
   dort angegebene Literatur hinaus vgl.: COPPENS, messianisme Royal
   57-59.206; GOURGUES, Lecture; und ders., A la Droîte; SCHREINER.

2 Weithin wurde der Psalm auf die Gestalt Abrahams gedeutet; vgl. den
   Exkurs bei BILL Bd.4, 252-465 und schon DALMAN 233f.

3 Der 1. Vers wird im Targum folgendermaßen übersetzt: "Durch die Hand
   Davids. Ein Psalm. Jahwe spricht durch sein Wort, daß er mich als
   Herrscher über Israel einsetzen wird (לשואה יתי רכון על ישראל
   nach LEVY, Chaldäisches Wörterbuch Bd.2 S.401a.461b; HAGIOGRAPHA
   CHALDAICA:לשואתי ריכון כל ישראל)Ja, er spricht weiter zu mir:
   'Warte, bis Saul, der aus dem Stamm Benjamin stammt, sterben wird,
   so daß keine Herrschaft mit einer anderen zusammentrifft. Hierauf
   werde ich deine Feinde zertreten legen unter deine Füße." Der Psalm
   wird also als Heilsorakel für David verstanden. Ebenso auch V.3;
   vgl. LEVEY, Messiah 122.

4 Vgl. Mk 12,36 par; Apg 2,34f; 1 Kor 15,25; Hebr 1,3 u.ö.

5 So REHM 316 A.268; S.329; vgl.GESE, Schriftverständnis 16.

das Mittelstück einer dreiteiligen "Ich-Rede Jahwes";[6] er
ist aber nicht mehr ungestört überliefert, so daß zuerst der
ursprüngliche Sinn zu rekonstruieren ist.[7] Bei seiner Inthronisation auf dem Zion (V.1f) bekommt der König folgendes zugesprochen:

1. Der Text Psalm 110,3

Ps 110,3:

Rek:[8]   "Bei dir ist Adel am Tag deiner Kraft;
MT:[9]   "Dein Volk ist Freiwilligkeit am Tage deiner Nacht;
LXX:[10]   "Bei dir ist die Herrschaft am Tage deiner Macht
Pesch:[11]   "Dein Volk ist ruhmvoll am Tage deiner Macht;

Rek: auf heiligem Bergland aus dem Mutterleib,
MT: in heiligem Schmuck aus dem Schoß der Frühe
LXX: im Glanz der Heiligen. Ich habe dich aus dem Schoß
Pesch: im Glanz der Heiligkeit, aus dem Schoß von Anfang

Rek: aus der Morgenröte habe ich dich geboren."
MT: gehört dir der Tau deiner Kindschaft."
LXX: vor dem Morgenstern gezeugt."
Pesch: an habe ich dich, Jüngling, geboren."

Hiermit wird der neue König am Ort seiner Herrschaft (d.h.
Jerusalem)[12] in sein Amt eingesetzt und an diesem neuen, "wer-
denden Tag ... wird der Davidide als Gottessohn geboren". Eben-

---

6 KRAUS, Psalmen BK 928f: "So werden also in Ps 110 insgesamt drei
   Orakelsprüche anzunehmen sein" (V.1.3.4).

7 So durchweg die Kommentare; allerdings mit sehr verschiedenen Über-
   setzungsversuchen.

8 Rekonstruktion des hebr. Textes nach GESE, Natus 138.

9 Der MT, so wie er vorliegt, ist aber im Kontext nicht verständlich;
   vgl. KRAUS z.St.

10 Zur Übersetzung vgl. REHM 332.

11 Text nach The PESHITTA PSALTER:
   3) עמך משבחא ביומא דחילא בהדרי קודשא מן מרבעא

   מן קדים לך טליא ילדתך:

12 Wie V.2 מצירן , so bezieht sich auch V.3 קדש בהררי (Konj.!) auf
   den Zion; vgl. Ps 87,1; Jes 11,9; 56,7; 57,13; 65,11.25; 66,20;
   Ez 20,40; Joel 2,1; 4,17; Obd 16; Zef 3,11; Ps 2,6 (hier ist aber das
   Personalpronomen zu ändern, vgl. LXX und u.A.15); mit anderem Suffix:
   Ps 3,5; 15,1; 43,3; 99,9; vgl. noch Ex 17,23; 20,40; 34,14.

13 GESE, Natus 138.

so wie hier wird dieses Verständnis des Königwerdens auch in
Ps 2,6f bezeugt:[14]

(6) "Ich aber wurde (auf wunderbare Weise) erschaffen
     als sein König auf dem Zion, seinem heiligen Berg.[15]
(7) Die Ordnung Jahwes[16] will ich kundtun.
     Er sprach zu mir:
     'Mein Sohn bist du,
     heute habe ich dich geboren.'"

Der König ist der Stellvertreter, der Mandatar Gottes auf
Erden; seine Macht ist Gottes Macht;[17] sein Thron ist Gottes
Thron.[18] Der König rückt in die allernächste Nähe Gottes.
"Israel sah in dem Königwerden auf dem Zion eine reale Geburt
durch den auf dem Zion thronenden Weltenkönig."[19] Von einer
urzeitlichen Geburt, d.h. einem Hinweis auf eine präexistente
oder himmlische Geburt ist hier nicht die Rede, sondern vielmehr vom Tag der Inthronisation. "Das 'heute' (hat) durchaus
einen positiven Sinn: jetzt, in diesem feierlichen Moment der
Thronbesteigung vollzieht sich die Geburt."[20]

---

14 Es entsprechen sich
    - der heilige Berg, das heilige 'Bergland', Zion;
    - "heute" (Ps 2,7) und "die Morgenröte" (Ps 110,3);
    - das Gottesorakel zur Inthronisation.
    Vgl. noch Ps 21,9-13; 89,20-38; 132,11f; auch 2 Sam 7,8-16; 1 Chr
    17,4-14. Auf den parallelen Aufbau von Ps 2 und 110 machte besonders
    aufmerksam SCHLISSKE 99.

15 Die Suffixe müssen wohl nach der Überlieferung der LXX geändert werden
    die Lesart des MT ist durch das עַל־דִּבְרָתִי (Subjekt Gott) in V.4 ver-
    anlaßt, also lectio facilior; zur Bedeutung von יְלִדְתִּיךָ vgl. GESE,
    Natus 138f.

16 Vgl. Ps 94,20; 105,10f; Jes 24,5b; nach v.RAD, Königsritual, meint
    hier den Inhalt des Königsprotokolls, das Jahwe dem König bei der
    Krönung übergibt. Zum Ganzen LIEDKE, THAT Bd.1 Sp.630f.

17 KRAUS, z.St. S.931: "Das 'Sitzen zur Rechten Gottes' V.1) hat aber ...
    eine ganz bestimmte Bedeutung: Der König bekommt durch die Ehrenstel-
    lung in der Machtsphäre Gottes Anteil an der Streit- und Siegeskraft
    Jahwes." So wird wie hier von Gott (vgl. auch Ps 68,22) sonst auch
    vom König ausgesagt, daß er den Feinden den Schädel zerschmettert
    (מחץ V.5.6; vgl. Ps 18,38ff).

18 "Im chronistischen Geschichtswerk wird die Vorstellung, daß der König
    auf Jahwes Thron sitze und in Jahwes Reich herrsche, viel stärker be-
    tont (1 Chr 28,5; 29,23; 2 Chr 9,8; 13,8) als in den älteren Quellen.
    Ein sachlicher Unterschied gegenüber der älteren Auffassung besteht
    aber kaum." V.RAD, Theologie Bd.1 S.333 A.5.

19 GESE, Natus 138.

20 Ebd. S.137.

2. Septuaginta und Peschitta

Die LXX von Ps 110 ist in ihrer Interpretation nicht weit vom
Masoretischen Text entfernt.[21] Nur hier in V.3 und in dem
ebenfalls schwierigen Vers 6 gehen sie auseinander. In V.3
scheint aber der LXX fast derselbe Konsonantentext vorgelegen
zu haben, der lediglich anders vokalisiert wurde, wobei zwei
Ausdrücke fehlen und einer in den Plural geändert wurde:

MT :   עַמְּךָ נְדָבֹת בְּיוֹם חֵילֶךָ בְּהַדְרֵי־קֹדֶשׁ מֵרֶחֶם מִשְׁחָר לְךָ טַל יַלְדֻתֶיךָ׃

LXX[22](rek) :   עַמְּךָ[23]דְרָרִילֹת[24]בְּיוֹם חֵילֶךָ בְּהַדְרֵי־קָדְשִׁים[25]מֵרֶחֶם מִשְׁחָר יַלְדֻתֶיךָ׃

Wo und wann findet aber die Geburt des Königs statt? Die
LXX scheint zunächst - wie des öfterén - den ohnehin schwierigen Ausdruck משחר von der allgemeineren Bedeutung "Frühe,
Morgenlicht" speziell auf den Morgenstern (ἑωσφόρος) hin zu
interpretieren.[26]

Darüber hinaus könnte die Präposition מן , anders als im MT,
zeitlich verstanden sein.[27] Eine Bedeutung der Bevorzugung
liegt aber näher, was besonders durch eine ähnliche Verwendung

---

21 Vgl. zur LXX der Psalmen bes. ERWIN, in der aber - bezeichnenderweise -
    Ps 110 nicht erwähnt wird. ROSE, L'influence des Septantes sur la
    tradition chrétienne. II Quelques passages psalmiques, QLP 46 293ff;
    hier auch (S.294) eine synoptische Gegenüberstellung der verschiedenen
    Textüberlieferungen.

22 Zur Rekonstruktion des hebräischen Textes, der vermutlich der LXX
    vorlag, vgl. LAGRANGE, Messianisme 47; SWETE, Introduction 336;
    TOURNEY, Psaume 11f; auch REHM 332 und dort A.338.

23 So wohl auch die ursprüngliche Lesart des MT.

24 Vgl. Jes 32,8; auch Ijob 30,15; Ps 51,14.

25 Vgl. Ps 9o,16f(LXX 89,17).

26 Vgl. LXX Ijob 3,9; 11,17; 38,12; 41,9(10); bes. Jes 14,12, wo der
    König von Babel metaphorisch als Morgenstern (ἑωσφόρος) und "Morgen"
    (πρωί) bezeichnet wird.

27 Vgl. JENNI, Präposition; für מן ist allerdings eine Bedeutung "vor"
    nicht zu belegen! (ebd. S.297). Für eine Vorzeitigkeit wäre höchstens
    an Spr 8,23 zu denken, oder an Mi 5,1, wie COPPENS, Portée 11; jedoch
    ist der Einfluß dieser Stellen höchst ungewiß!

in Ps 72(71) deutlich wird.[28] Damit wäre Ps 110,3 durch die
LXX keineswegs in einem "völlig neuen Sinn" verstanden worden[29],
sie baut lediglich das vom MT vorgegebene Bild weiter aus, um
die Bedeutung der ehrenvollen Inthronisation metaphorisch zum
Ausdruck zu bringen.[30] In diesem Sinne ist wohl auch die Bezeichnung "Glanz der Heiligen" (ἐν ταῖς λαμπρότησιν τῶν ἁγί-
ων) zu interpretieren. "Glanz" (λαμπρότης) kann in der
LXX zwar als Parallelausdruck zu δόξα auftreten und damit die
(himmlische) Herrlichkeit Jahwes beschreiben,[31] ist aber durchaus auch als Beschreibung von Pracht und Glanz Jerusalems verwendet worden.[32] So wird hier nicht an Engelwesen gedacht,[33]
sondern wie im MT an den Schmuck und Glanz der der Inthronisation beiwohnenden Auserwählten, die sich dem Kontext nach
auf den "heiligen Bergen" - d.h. auf dem Zion - befinden. Im
Ganzen ist also nicht von einem ursprünglichen Geschehen, vor
aller Zeit, die Rede, denn außer einer möglichen Bedeutung
der Präposition πρo - die aber hier anders zu verstehen ist -
gibt es dafür keinerlei Anhalt.

Anders liegen die Dinge aber in der syrischen Übersetzung.
Sie übersetzt den letzten Teil von V.3:
"Aus dem Schoß habe ich dich, Jüngling (טליא), von Anfang an (מן קדים)
geboren."[34]

---

28 Einer solchen "komparativen" Bedeutung entspricht durchaus ein mög-
    liches Verständnis von מן ; die sonst übliche Auflösung der LXX durch
    einen Komparativ ist nur bei Adjektiven möglich. Ein ähnlicher Sach-
    verhalt findet sich z.B. in einem profanen Text bei Josephus,
    Bell 1,381: "Es bannte (die Araber) eine tiefe Niedergeschlagenheit
    und angesichts der Truppenmassen (πρὸ τοῦ πλήθους) war auch ihr
    Feldherr Elthimus von Furcht erstarrt".

29 So REHM 332. So schon GFÖRER Bd.2 S.296 u.a. Zu BRÜCKNER und TOURNAY
    s.u.A.33. Ähnlich auch GELIN 313f.

30 Auf den Bildcharakter dieses Verses macht auch BILLERBECK, Nathanael
    21 S.140 aufmerksam: "Gerade die Erwähnung des Mutterschoßes zeigt,
    daß in der Stelle figürliche Redeweise vorliegt." Allerdings inter-
    pretiert er πρό - anders als in Ps 72 - zeitlich und findet hier
    die Idee einer "ideelle(n) Präexistenz des Messias" bezeugt (S.141).
    M.E. ist aber die Interpretation nicht zwingend.

31 Vgl. LXX Ps 89,17; Jes 60,3; auch Theodotion Dan 12,3.

32 So Bar 4,24; vgl. auch Jos, Bell 7,112 u.ö.

33 So BOUSSET/Gressmann. Religion 265, wohl unter Aufgreifen von BRÜCKNER
    106: "Im Zusammenhange mit dem Vorhergehenden scheint hier gleichzei-
    tig die überragende Stellung des präexistenten Messias über die Stern-
    geister (Engel) ausgesprochen zu sein." Ähnlich auch TOURNAY, Psaume
    12.

34 So auch TOURNAY, Psaume 13.

Es wäre zwar möglich, daß hier ein bestimmtes - nachträg-
liches - Verständnis der LXX eingeflossen ist, wahrscheinlich
ist dies jedoch nicht.[35] Vielmehr scheint ein bestimmtes Wortspiel eine Rolle zu spielen; denn טליא kann sowohl als "Jüngling", wie auch als "Lamm" oder "Knecht" gedeutet werden.
Damit interpretiert die Peschitta aber Ps 110,3 eindeutig
christologisch.[36]

Somit wird hier auf eine ursprüngliche Geburt des Messias
(Christus) angespielt. Dies ist insofern nicht überraschend,
da Ps 110,1 der meistzitierte messianische Text des Neuen
Testaments ist.[37] Jedoch ist es bezeichnend, daß im NT V.3
nie zitiert wird! Könnte dies nicht daran liegen, daß zu
dieser Zeit die Übersetzung der LXX eben noch nicht so verstanden worden ist? Wenn ich aber recht sehe, kann ein solches
Verständnis im Sinne der Präexistenz von Ps 110,3 durchaus
aus dem Zusammenhang von Hebr 1,3ff geschlossen werden, wo
V.3 Ps 110,1 zitiert und dann etwas später (V.5) die Gottes-
sohnschaft mit Ps 2,7 belegt wird. Daß hinter dem ganzen Kap.
Hebr 1 eine bestimmte Interpretation von Ps 110 steht, darauf
weist auch, daß am Schluß (V.13) der Psalm noch einmal im
Vordergrund steht.[38]

3. Ein präexistenter Messias?

Die Frage nach einem präexistenten Messias in Ps 110,3, die
besonders durch die Übersetzung der LXX provoziert worden war,
kann nun beantwortet werden. Der griechische Text gibt den
einige Probleme beinhaltenden Urtext nur wenig verändert
wieder. Dabei wurde wahrscheinlich der Psalm messianisch verstanden. Die Inthronisation des verheißenen, messianischen
Herrschers auf dem Zion wurde nun - wie im MT - als eine Geburt zum Gottessohn interpretiert. Ähnlich wie der ursprüngliche hebräische Text wird dabei durch ein Bild die Bedeutung
des Inthronisationstages herausgestellt:

---

35 Vgl. VOGEL 351 und 357.

36 Vgl. TOURNAY 13 und dort A.2; aber auch zur Frage nach einer christo-
    logischen Bezeichnung Joachim JEREMIAS, ThWNT Bd.5 (1954) S.676-713
    passim u.ö.

37 Nach der Tabelle "Loci citati vel allegati" in Nestle 26 sind es 10
    Zitate und 14 Anspielungen.

38 Vgl. die Kommentare und bes. HAY passim; weitere Lit. o.A.1.

- im ursprünglichen hebräischen Text die Zeit der Thronbesteigung als anbrechende neue Herrschaft, wie die Morgenröte einen neuen Tag ankündigt;
- in der Septuaginta die Herrschaft des Messias angesichts des
Lichtes des Morgensternes, vielleicht um auszudrücken, daß
nun mit ihm ein viel größeres Licht aufstrahlen wird. Es
könnte sein, daß hier eine ähnliche Lichtsymbolik eine Rolle
spielt wie bei der Weisheit, deren Licht jedes andere natürliche Licht überstrahlt (Weish 7,29f).[39]

Eine lediglich nur durch die temporale Bedeutungsmöglichkeit
der Präposition προ hervorgerufene präkosmische Interpretation
trägt dagegen fremde Kategorien an den ursprünglichen griechischen Text heran und wird ihm nicht gerecht.[40]

Das heißt nun aber nicht, daß Ps 110,3 später doch in dieser Weise verstanden werden konnte. Dafür ist die Übersetzung
der Peschitta ein (christliches!?) Zeugnis; eine solche Interpretation könnte vielleicht durch ein bestimmtes Interesse an
Hebr 1 hervorgerufen worden sein. Daß jedenfalls eine solche
Auslegung Mitte des 2.Jh.n.Chr. bekannt gewesen ist, dokumen-
tieren mehrere Stellen bei Justin in dem Dialog mit Tryphon:
Dial 45,4:[41]

"Wer das, was allgemein, von Natur und ewig gut ist, tat, ist Gott wohlge-
fällig und wird daher durch unseren Christus bei der Auferstehung wie die
früheren Gerechten ... gerettet und unter jene eingereiht werden, die den
Sohn Gottes in unserem Christus erkannten, der vor dem Morgenstern und vor
dem Mond war.[42] Durch die genannte Jungfrau aus dem Hause Davids wollte er
Fleisch annehmen und geboren werden ..."

---

39 Vgl. auch die Bezeichnung Ἀνατολή der Septuaginta für den Sproß
    (צמח) Davids: Sach 3,8; 6,12; Jer 23,5; aber auch Num 24,17.

40 HAMP 527 A.41: "So wird es nicht zufällig sein, daß der an für sich
    für christologisch-messianische Interpretation sehr geeignete Vers
    Ps 110,3 im Unterschied zu den Versen 1,2 und 4 im ganzen NT nie
    zitiert wird, wahrscheinlich, weil die griechische Fassung sich zu
    sehr unterscheidet von der hebräischen." Ähnlich schon HERKENNE z.St.
    Allerdings ist, wie die Verbindung von Weisheit und Messias im äthHen
    zeigt, eine solche Interpretation nicht unmöglich, sondern vielleicht
    schon in Hebr 1 oder im Anschluß an diesen Text aufgetreten.

41 Übersetzung nach RISTOW (Hrg.), Die Apologeten 155-157 (Hervorh. von
    mir).

42 ...εἴ τινες ἄλλοι γεγόνασι, σωθήσονται σὺν τοῖς ἐπιγνοῦσι τὸν Χριστὸν
    τοῦτον τοῦ θεοῦ υἱόν, ὃς καὶ πρὸ ἑωσφόρου καὶ σελήνης ἦν.

Dial 63,3:[43]

"Und wenn David erklärte: 'Im Glanz deiner Heiligen habe ich dich aus dem Schoße vor dem Morgenstern erzeugt. Der Herr hat es geschworen, und nicht wird er es bereuen: Du bist der Priester ewig nach der Ordnung Melchisedech', deutet er euch nicht an, daß Gott, der Vater des Weltalls, von ihm wollte, daß er in der Vorzeit (ἄνωθεν) und von menschlichem Schoße geboren werde?"

Dial 76,7:[44]

"David aber machte deutlich, daß er vor Sonne und Mond gemäß dem Wille des Vaters aus dem Schoße werde geboren werden, und offenbarte, daß er Christus sei und ein starker Gott und angebetet werde."

Bei Justin wird die enge Verbindung von Ps 110 und Ps 72 deutlich; dies läßt uns weiter fragen nach der ursprünglichen Interpretation dieses anderen für die Frage nach der Präexistenz des Messias herangezogenen atl. Königspsalmes.

D. Psalm 72

Schon in frühchristlicher Zeit, ähnlich wie bei Ps 110, wurde Ps 72 zur Begründung einer vor-zeitlichen Existenz Christi vor oder bei der Schöpfung des Kosmos herangezogen.[1] So ist nicht erstaunlich, daß sich diese Tradition auch in einzelnen

---

43 Übersetzung nach HAEUSER, Des heiligen Philosophen und Märtyrers Justinus Dialog mit dem Juden Tryphon 102 (Herv. dort).

44 Übersetzung nach RISTOW, a.a.O. z.St. S.211 (Herv. von mir).

1 Vgl. oben zu Justin Dial 45,4; 63,3; 76,7. Dazu noch: Clemens von Alexandrien, Excerpta ex Theodoto 20 (113,15-17):
Τὸ γὰρ "πρὸ ἑωσφόρου ἐγέννησά σε" οὕτως ἐξακούομεν ἐπὶ τοῦ πρωτοκτίστου θεοῦ λόγου καὶ "πρὸ ἡλίου" καὶ σελήνης καὶ πρὸ πάσης κτίσεως "τὸ ὄνομά σου".
"Denn das 'vor dem Morgenstern habe ich dich gezeugt' (Ps 110,3), von dem haben wir (schon) vernommen auf Grund des erstgeborenen göttlichen Wortes und (durch) 'vor der Sonne' und Mond und vor aller Schöpfung (war) 'dein Name' (Ps 72,17)." Ähnlich wie schon bei Justin Dial 45 und 76 werden auch hier Ps 72 und 110 zusammengezogen; solch eine Überlieferung ist auch in die LXX eingedrungen, SEPTUAGINTA, ed. RAHLFS z.St. Ps 72 S.200f.
Irenäus von Lyon, Demonstratio 43 (Text und engl. Übersetzung bei J.P.SMITH 29f):
"... Gott ist wahr in allem, auch darin, daß es einen Sohn Gottes gibt und daß derselbe nicht nur existierte, bevor er in der Welt erschien, sondern auch schon, bevor die Welt wurde ..." (Gen 1,1) "Im Anfang der Sohn (sic!), dann schuf Gott den Himmel und die Erde." Mit diesem Zeugnis stimmt der Prophet Jeremias (sic!) zusammen. Er sagt: "Vor dem Morgenstern habe ich dich geboren" (Ps 109,3) und "Vor der Sonne ist dein Name" (Ps 71,17) ...

exegetischen und systematischen Untersuchungen der letzten
150 Jahre durchgehalten hat.[2] Inwieweit hat aber diese Interpretation Anhalt am hebräischen Text und an seinen Übersetzungen? Sind im Laufe der Zeit Umbrüche festzustellen und
wenn ja, wo? In unserem Zusammenhang wird besonders auf V.17
zu achten sein, der in der frühchristlichen Interpretation der
Messias (d.h. Christus) in einen Zusammenhang mit Schöpfung
und Existenz eines kosmischen Schöpfungswerkes (d.h. der
Sonne) stellte.

Wie Ps 110 gehört auch Ps 72 zu den 11 atl. Königspsalmen.[3]
Anders als dort handelt es sich aber in Ps 72 um ein Gebet für
den neuen König. Das Gebet hatte seinen ursprünglichen Ort
sicherlich am Tag der Inthronisation eines israelischen
Königs. Es gibt allerdings Elemente, die - in Art eines altorientalischen Hofstiles - Erwartungen an den neuen König
herantragen, die die realen Grenzen eines irdischen Königs bei
weitem sprengen:

a) die universale Herrschaft (V.8),[4]

b) die Proskynese aller Feinde und Völker (V.9-11),[5]

---

2 Vgl. EDERSHEIM, 1,172: (ad Ps 72; 110; Jes 9) "They convey the idea,
   that the existence of this Messiah was regarded as premundane (before
   the moon, before the morning star), and eternal, and His Person and
   dignity as superior to that of men and Angels". Vgl. GFÖRER und
   BRÜCKNER zu Psalm 110,3.

3 Dazu werden gerechnet Ps 2; (18); 20; 21; 45; 72; 89; 101; 132; 144,1-
   11. Vgl. GUNKEL, Einleitung 140-171 (§5). KRAUS, Psalmen BK 60-62.

4 Vgl. Ps 89,26; Sach 9,10b; auch Ps 2,8; (18,44-46); 45,7; Sir 47,11. Zu
   diesen Ausdehnungsformeln: SAEBØ.

5 Vgl. Ps 2,8ff; 110,1; auch Mi 7,17; Jes 49,23; Klgl 3,29. Die Argumentation von JACQUET, 2, 414.421, daß V.10 (wie auch V.15a) Glosse und
   auf Grund von Ps 68,30 und 1 Kön 10,1f eingefügt worden sei, ist nicht
   überzeugend.

c) die Funktion als Retter für die Armen (V.12f),[6]
d) der universale Friede und Segen (V.16f).[7]

Diese Elemente passen eher in das Bild eines idealen Königs
hinein und bilden die Anknüpfungspunkte für eine messianische,
königliche Rettergestalt. Auf alle Fälle ist mit Aufnahme des
Psalmes in die Sammlung der Davidspsalmen eine solche Erwartung vorauszusetzen (vor dem 3.Jh.v.Chr.).[8]

1. Der Masoretische Text Ps 72,5.17

Zu den Verheißungen des jungen König gehören die guten Wünsche
für die neue Regierungszeit. Diese bilden den Inhalt der Verheißungen für den König, die sich ähnlich noch oft im Alten
Testament finden;[9] dabei ist sicherlich die Nathansverheißung
an David und seine Nachkommenschaft konstituierend.[10] In diesen Zusammenhang gehören die für unsere Fragestellung wichtigen Verse Ps 72,5.17:[11]

5   "(Der König) möge leben, solange die Sonne (scheint), solange
     der Mond (leuchtet) - von Geschlecht zu Geschlecht."

---

6   Der König erscheint hiermit wie Jahwe selbst; eine Identität ist damit
    sicher nicht beabsichtigt; vgl. BERNHARDT, Problem 269ff. Der König
    übernimmt dabei Funktionen gegenüber den Armen und Elenden, wie sie
    auch von Gott ausgesagt werden: durch נצל (wie in V.12) Jer 20,13;
    Ps 33,10; 82,4; durch ישׁע (wie in V.13) Ps 18,28; 76,10 und Ijob 5,15;
    vgl. auch Ps 109,31; durch גאל (wie in V.14) Spr 23,10f; vgl. auch
    Jer 50,34. Zum Ganzen auch bes. Dtn 10,17f. Die nächste Parallele zu
    Ps 72,12 ist Ijob 29,12: "Denn ich (d.h. Ijob) errette (אמלט) den
    Armen (עני), wenn er schrie (משוע, wie hier), die Waise, die keine
    Hilfe hat (לא־עזר לו, wie hier)." Jedoch ist diese Parallele noch
    kein hinreichender Grund - auch nicht im Zusammenhang von Jes 60,6 und
    Sach 9,10 - die Entstehungszeit von Ps 72 in die "Zeit Alexanders des
    Großen" zu legen, wie REHM 343f vermutet. Speziell solche Erstreckungs-
    Angaben wie in Sach 9,10 sind schon "seit dem 11. vorchristlichen
    Jahrhundert in Gebrauch gewesen" und bekannt; vgl. SAEBØ 86. Zum Ganzen
    der Rettung gerade des Armen vgl. auch 1 QH V.18.

7   Zur alten Jerusalemer Friedensvorstellung vgl. STECK, Friedensvor-
    stellungen passim. V.17c/d greift die Abrahamsverheißung auf:
    Gen 12,2; 18,8; 22,18.

8   Vgl.o.S.138.

9   Ps 2,8; 21,5; 45,7.18; 61,7f; 89,5.30; vgl. Jes 55,3 und zurückblickend
    auch Sir 47,11: וירם לעולם קרנו.

10 Vgl. GESE, Davidsbund; GESE hat herausgearbeitet, daß sich der zweite
    Teil der Nathansverheißung (2 Sam 7,12-16; vgl. 1 Chr 17,11-14) nicht
    auf David, sondern auf Salomo bezieht und diesem eine ewige Herrschaft
    verheißt (ebd. S.124ff).

11 Übersetzung nach KRAUS z.St.; dort auch die nähere Begründung.

17   "Sein Name bestehe auf ewig;
     solange die Sonne (scheint), sprosse[12] sein Name ..."

   In beiden Versen werden parallele Aussagen mit Vergleichen
aus dem Kosmos gemacht über die Länge des Lebens und der Frie-
densherrschaft des Königs: (V.5) Sonne/Mond - (V.17) Sonne,
ähnlich wie das Thema der Feuchtigkeit (V.6) dem der Frucht-
barkeit (V.16) entspricht. Diese Vergleiche und Bilder sind
auch aus vergleichbaren Texten des Alten Orients bekannt.[13]

2. Septuaginta

Die Übersetzung der LXX entspricht weitgehend mit geringfügige
Änderungen dem MT.[14] Die auffallendste Veränderung sind die
zwei Überschüsse in V.17, die die schon im MT vorhandene
Affinität zur Segensverheißung Abrahams unterstreichen und
diese mit der an den König verklammern:

Ps 72,17a:

MT: "Sein Name bestehe auf ewig;"
LXX: "Sein Name sei gepriesen (εὐλογημένον)[15] auf ewig;"

Ps 72,17b: (MT = LXX)

"Solange die Sonne (scheint), sprosse/bleibt sein Name"
(διαμενεῖ = יהון ?)[16]

---

12 Dieses crux interpretum scheint am ehesten von der Wurzel נון oder
    נין abgeleitet zu sein, dessen Substantiv immer in Parallele zu נכד
    (Gen 21,33; Ijob 18,19; Jes 14,22; Sir 41,5; 47,22f) die Nachkommen-
    schaft bezeichnet. Vgl. auch die Interpretation von V.17 in der rabbi-
    nischen Literatur; zur LXX siehe unter Anm.16.

13 Vgl. z.B. SCHMID, Schalom 24-27; 30-44. KEEL, Welt passim. KRAUS z.St.
    und neuerdings SPRINGER 169-173; vgl. vor allem 2 Sam 23,3f.

14 Die wichtigsten Unterschiede sind:
    a) V.1f   die Verbindung durch den Infinitiv κρίνειν und den Singular
              (V.1) δικαιοσύνην.
    b) V.9   aus den ציים ("Wüstenbewohner") werden Äthiopier.
    c) V.10   aus Scheba wird Arabien.
    d) V.12   aus "er rettet den Armen, wenn er um Hilfe schreit" wird "er
              rettet den Armen aus der Hand des Mächtigen", was einem מושע
              entspricht, vgl. GESENIUS, Handwörterbuch 814b s.v.
    e) V.14   aus "kostbar ist ihr Blut in seinen Augen" wird "kostbar ist
              ihr Name vor ihm", was einem שמם entspricht; übrigens wird
              hier nun τὰς ψυχὰς αὐτῶν mit τὸ ὄνομα αὐτῶν paralleli-
              siert! Vgl. oben zum Tg Mi 5,1-3.
    Zum Ganzen vgl. CALOZ 322f.364-366. SPRINGER 130f; sie verweist noch
    auf V.7a, wo LXX (und Pesch) statt "Gerechter" (צדיק) "Gerechtigkei
    lesen; צדיק sei "zu diesem Zeitpunkt zum Begriff für den Gerechten
    Jahwes geworden" (S.131).

15 Dieses Prädikat ist wohl unter dem Eindruck der dreimaligen Wurzel ברך
    ergänzt worden; vgl. auch LXX Ps 112,2.

16 Nach GESENIUS, Handwörterbuch S.158.

Ps 72,17c:

MT: "Und in ihm sollen sich segnen,
LXX: "Und in ihm sollen gesegnet werden alle Volksstämme der Erde;[17]

MT: ihn sollen glücklich preisen alle Völker."
LXX: jedes Volk preise ihn glücklich."

Der Segenswunsch wird dadurch zum Ausdruck göttlicher Erwählung; so wie damals Abraham, so wird nun der königliche
(messianische) Herrscher erwählt. Der dauernde Bestand des
königlichen Thrones wird außerdem noch dadurch hervorgehoben,
daß die LXX V.5 und 17 durch συμπαραμενεῖ [18] und διαμενεῖ [19]
verknüpft. Wie steht es aber mit der immer wieder betonten und
frühchristlich belegten sogenannten "Präexistenzaussage"?
Stellt diese nicht eine entscheidende Uminterpretation dar?
Wo findet sie Anhaltspunkte im Text der LXX Ps 72?

Einziger Anhaltspunkt ist wieder — wie schon in Ps 110,3 -
die eine Möglichkeit, die Präposition πρό zeitlich zu verstehen. Sicher wäre es grundsätzlich möglich, daß die LXX ein
לפני mit ursprünglich räumlicher Bedeutung durch die Präposition πρό absichtlich in eine zeitliche verändert hat.[20]

---

17 Vgl. die Abrahamsverheißung Gen 12,3 und 28,14 (auch 18,18), woraus
   die zusätzlichen Wörter stammen.

18 Hapax legomenon!

19 Dieses Verb wird in der LXX noch einmal als Wunsch in einem Gebet für den
   König verwendet:
   Ps 61(6o),7f:
   "Füge Tage hinzu den Tagen des Königs!
   Seine Jahre mögen währen wie die Tage von Geschlecht zu Geschlecht. Er
   throne (hebr.: ישב ; LXX: διαμενεῖ εἰς τὸν αἰῶνα)ewig vor Jahwes
   Angesicht."
   Ähnlich von der Dynastie der Nachkommenschaft in Ps 89(88),37f:
   "Ihr Name soll ewig bestehen (hebr.:יהיה; LXX: εἰς τὸν αἰῶνα
   μενεῖ) ihr Thron wie die Sonne vor mir. Wie der Mond soll er ewig
   dauern (hebr.:יכון ; LXX: κατηρτισμένη) und, solange es Wolken
   gibt, währen."
   Zum langen Leben des Königs vgl. noch Ps 18,51; 21,5.7; 1 Kön 3,11.14;
   2 Kön 2o,6. Zur Übersetzung der LXX mit διαμενειν vgl. noch LXX
   Ps 18,1o; 118,89; Sir 4o,17; 41,13; 44,11(vgl.V.13). Diese Aussagen
   verlaufen parallel zu solchen über Gott selbst. So vor allem in:
   Ps 102(101),13:
   "Du aber, Jahwe, thronst auf ewig (hebr.: תשב ; LXX: μένεις) Dein
   Name für und für."
   Ps 102(101).27f:
   "(Himmel und Erde) vergehen - du aber bleibst (hebr.:תעמד ; LXX:
   διαμενεῖς) ... sie gehen dahin, du bleibst derselbe
   und deine Jahre enden nicht."
   Zur Übersetzung der LXX vgl. noch Ps 9,8.

20 Wie z.B. Spr 8,25; Jes 18,5 u.ö.

Allerdings ist πρό in der LXX durchaus nicht nur temporal
verwendet worden, sondern auch in übertragener Funktion.[21]
Darüber hinaus kann μένειν auch anderswo gelegentlich mit
προ konstruiert werden.[22] Schlagendes Argument gegen eine
durch "christliche Exegese" unterlegte Interpretation eines
vorzeitlichen Seins ist aber das jeweils verwendete Futur in
diesen beiden fraglichen Versen (V.5.17)![23] Damit wird keine
Vergangenheitsaussage ausgedrückt! Eine übertragene Bedeutung
der Präposition ist also zwingend. Somit entsprechen und verstärken sich die beiden Wünsche in V.17, die präpositional
konstruiert sind:

- πρὸ τοῦ ἡλίου
- εἰς τοὺς αἰῶνας

Ähnlich verhält es sich mit der Peschitta, die in Ps 72
offensichtlich auf der LXX fußt oder zumindest die gleiche
Tradition verkörpert.[24]

3. Das Targum

Das Targum[25] interpretiert den ganzen Ps 72 als messianischen

---

21 Vgl. oben zu Ps 110,3. Diese Beobachtungen werden bestätigt durch die
    neueste Untersuchung von SOLLAMO, der darauf hinweist, daß z.t. bei
    Alexandrinischen Poeten der nichttemporale Gebrauch genauso häufig ode
    häufiger als der temporale Gebrauch erscheint (S.321f).

22 Vgl. z.B. Jos, Bell 5,8: "Die Freunde ... drangen (mit vielen Worten)
    in (Titus), er möge sich vor den Juden, die den Tod geradezu suchten,
    zurückziehen und sich nicht für solche in Gefahr begeben, die zu seine
    Schutze hätten stehen bleiben müssen (οὓς ἐχρῆν πρὸ αὐτοῦ μένει
    anders LXX Ps 60,8 (διαμενεῖ.. ἐνώπιον; s.o.A.19); LXX Ps 88,37
    (μενεῖ ··· ἐναντίον).

23 Hierauf machte schon BILLERBECK, Nathanael 21 S.139f aufmerksam.

24 Vgl. VOGEL 340.345 u.ö.; vgl. aber die Zusammenfassung S.499ff. in de
    er sich gegen ein ursprüngliches Abhängigkeitsverhältnis ausspricht.
    Anders BARNES und in The PESHITTA PSALTER XXXIVf.

25 Das Targum zu den Psalmen ist in der Endabfassung sicher später als
    das Prophetentargum, aber doch wohl noch vor dem Ende des 5.Jh.n.Chr.
    (KOMLOSH). Ähnlich interpretieren auch Teile des MTeh den Psalm
    messianisch, MTeh 72,3 u.ö.; anders wohl MTeh 72,2. So ist man auf de
    Text der Londoner Polyglotte BIBLIA SACRA POLYGLOTTA Bd.III oder
    HAGIOGRAPHA CHALDAICA mit den Ergänzungen von TECHEN, Targum, ange-
    wiesen. Speziell zum Psalmentargum vgl.: CHURGIN, Hagiographa 17-62.
    Le DÉAUT, Introduction 131-148. KOMLOSH, Features 265-270; Bible
    68-72.

Psalm, wie es sich aus seinem Verständnis der Überschrift und
des 1. Verses ergibt:[26]

Ps 72,1:

MT:[27]   "Von Salomo.[28]
Tg:[29]   "Durch die Hand Salomos wurde prophetisch verkündigt:

MT: Jahwe,[30] deine Rechtssprüche übergib dem <u>König</u>
Tg: Gott, Auslegungen deines Rechts übergib dem <u>König</u> Messias,

MT: und deine Gerechtigkeit dem <u>Königssohn</u>!"
Tg: und deine Gerechtigkeit dem <u>Sohn</u> des Königs David!"

    Der Begriff מלך wird demnach durch Zusätze im Targum
zweimal verschieden interpretiert; das erstemal durch
"Messias", als dem Nachkommen Davids, und das zweitemal durch
den Stammvater David selbst. Als prophetischer Dichter des
Psalms gilt Salomo.

    Auch innerhalb des Psalmes geht das Targum freier mit dem
Masoretischen Text um als die anderen Übersetzungen LXX und
Pesch. Neben der einführenden messianischen Interpretation
des Psalmes tauchen neue Bilder und andere Zusätze auf, um
den Text für die damalige Zeit deutlicher zu machen.[31] So

---

26 So werden im Psalmentargum durch interpretierende Zusätze auch andere
    Psalmen als messianische Psalmen verstanden: Tg Ps 18 (nach V.32): 21
    (nach V.2.8); 45 (nach V.3); 61 (nach V.7.9); 80 (nach V.16); 89
    (nach V.52); 132 (nach V.17). Die Texte sind übersetzt bei LEVEY,
    Messiah 104-125. Ähnlich geben hier bei Ps 72 und anderswo die Über-
    schriften von Pesch und Vulg Hinweise auf ein messianisches Ver-
    ständnis eines Psalmes: diese sind aber auf jeden Fall erst in christ-
    licher Zeit entstanden. Zu den Überschriften von Pesch vgl. BARNES in:
    PESHITTA PSALTER Introduction § 6.

27 Übersetzung nach KRAUS z.St.

28 Natürlich könnte die Überschrift auch wie die LXX "für (=εἰς)
    Salomo" verstanden werden.

29 Text nach HAGIOGRAPHA CHALDAICA: על ידוי דשלמה אתאמר בנבואה (1
    אלהא הילכות דינך למלכא משיחא הב
    וצדקתך לבריה דדוד מלכא:

30 Vgl. KRAUS z.St.; das Targum hält sich natürlich an den MT.

31 Weitere deutliche Abweichungen gegenüber dem MT sind:
    V.6 Tg interpretiert den Ausdruck גז durch "Gras, was durch die Heu-
        schrecke abgenagt ist", d.h. also, was besondere Schwierigkeiten
        hat, nachzuwachsen.
    V.7 Tg interpretiert den Ausdruck עד־בלי ירח durch "bis die Mond-
        anbeter vernichtet werden", also durch eine Polemik gegen den
        Götzendienst.
    V.16 Tg interpretiert den Ausdruck des MT: "sie sollen blühen aus der
        Stadt" durch den Zusatz "Jerusalem", wobei an die Restitution
        Jerusalems gedacht ist.
    Zu beachten sind noch zwei griechische Lehnwörter: V.9 איפרכיא :
    ἐπαρχία und V.10 אוקינוס: ὠκέανος .

bezieht das Targum das Subjekt in V.5 nicht mehr auf den
König selbst, wie LXX den wohl ihr vorliegenden ursprünglicher
Text versteht,[32] sondern, wie die Masoreten, auf das Volk;
darüber hinaus bezieht das Tg aber die Aussage des Verses auf
die morgendlichen und abendlichen Gebetszeiten:

Ps 72,5:

MT:[33] 'Sie mögen dich fürchten' solange die Sonne (scheint)
Tg:[34] Sie werden vor dir anbeten[35] bei aufgehender Sonne

MT: solange der Mond (leuchtet) von Geschlecht zu Geschlecht.
Tg: und zu dir[36] beten bevor der Mond leuchtet von Geschlecht zu
     Geschlecht.

In ähnlicher Weise geht auch die Übersetzung von V.17 über
den hebräischen Text hinaus:

Ps 72,17:

MT:[33] Sein Name bestehe ewig,
Tg:[37] Sein Name wird in Erinnerung bleiben ewiglich;

MT: solange die Sonne (scheint), sprosse sein Name!
Tg: bevor die Sonne (geschaffen)[38] war, war sein Name festgesetzt.

MT: Und in ihm sollen sich segnen,
Tg: Und es werden gesegnet durch seine Gerechtigkeit[39]

MT: ihn sollen preisen alle Völker!
Tg: alle Völker; und sie werden sprechen: es ist gut mit ihm!

Gegenüber dem an sich schon nicht leicht verständlichen
Ausdruck des MT יְנוֹן (Qere) macht aber auch die Übersetzung
des Tg durch מזומן[40] nicht weniger Schwierigkeiten. Dieser

---

32 LXX Ps 72,5: "Er (der König) wird bleiben solange wie die Sonne"
   (συμπαραμένειν mit Dat.). Vgl. KRAUS z.St. Anm. c.

33 Übers. nach KRAUS z.St.

34 Text nach HAGIOGRAPHA CHALDAICA:
   (5 ירדחלון מינך עם מיסק שמשא ויצלון קדמך קדם מנהר סיהרא
   דרי דריא:

35 Möglicherweise handelt es sich um das morgendliche Sch[e]ma.

36 Die Antwerpener Polyglotte hat קדמך , wohl wegen Homoioarkton, übersehen (nach TECHEN z.St.).

37 Text nach HAGIOGRAPHA CHALDAICA:
   (17 יהי שמיה מדכר לעלם וקדם מהוי שמשא מזומן הוה שמיה
   ויתברכון בזכותיה כל עמיא ויימרון טב ליה:

38 Die Antwerpener Polyglotte verstärkt die ohnehin durch מהוי vorliegende Aussage über die Schöpfung der Sonne noch durch den Zusatz
   דאתברי.

39 Durch diesen Ausdruck könnte auf den rabbinischen Topos des "Verdienstes der Väter" (זכות אבות) angespielt sein. Vgl.u.S.212.

40 De LAGARDE liest nach der Bamberger HS hebraisierend: מזומן .

aramäische Ausdruck bedeutet im Pael "bestimmen", "vorbereiten"; so z.B. wenn jemand eingeladen wird,[41] oder wenn Gott etwas im voraus bestimmt und festgesetzt hat.[42] Was soll aber dann "einen Namen festsetzen" bedeuten? J.LEVY hat an die Existenz des Messias gedacht;[43] das wäre nach den obigen Überlegungen zur möglichen Identität von Messias und seinem Namen durchaus denkbar. Nur läßt sich, soweit ich sehe, kein Beleg dafür finden, der זמן im Sinn von "existieren" versteht.[44] So liegt hier wohl die Bedeutung "vorherbestimmen", "festsetzen" - wie auch jemand als Ehepartner (durch die Eltern) bestimmt wird[45] - recht nahe.

Als engste Parallele zur Erklärung der aram. Übersetzung des hebr. יכון[46] kann wohl die Berufung des Jeremia in der Übersetzung des Tg gelten:

Tg Jer 1,5:[47]

"Als du noch nicht geschaffen warst, von Mutterleib an habe ich dich eingesetzt,

---

41   Z.B. Tg 1 Sam 9,24: "Das Volk habe ich zum Essen eingeladen (זמינית)"; aber auch in der Beziehung zu Gott TO, TJo Ex 19,10: (Gott spricht) "Bereite sie (d.h. Mose das Volk) vor (ותזמינון) heute und morgen" statt MT: וקדשתם und ebenso V.14: "Mose bereitete das Volk vor (וזמין)" statt MT: ויקדש; ähnlich verhält es sich auch mit der Redewendung: "ich werde (dir) mein Wort (מימרי) dorthin bestellen (ואזמין לך)" TO u.a. Ex 25,22; 29,42f u.ö.

42   Z.B. Tg Ijob 2,11: "Der Ort, der ihnen im Gehinnom vorausbestimmt (מזומן) war." Tg Ijob 30,33: "Das Grab (wörtlich: Gehäuse) ist vorausbestimmt (מזמן) für alles Lebende." Ähnlich bAZ 17a (Ende). Diese Bedeutung von זמן kommt dem griechischen ἑτοιμάζω sehr nahe; vgl. DALMAN 104f; zum Ganzen BILL 1, 982f.

43   Chaldäisches Wörterbuch Bd.1 S.224a: "bevor die Sonne war, ... war sein Name bestimmt, d.h. existierte der Messias" (Herv. von mir).

44   Vgl. BILL 1, 982.

45   Z.B. TO Gen 24,44: "Dies sei die Frau, die Jahwe dem Knecht meines Gebieters bestimmt hat (דזמין)", TJo hat zusätzlich "durch das Schicksal"; MT: הכיח.

46   Möglicherweise hat das Tg nicht יכון, sondern יכרן gelesen; die Wurzel כון wird in den Qumrantexten gern als Ausdruck der göttlichen Prädestination und Determination verwendet. Vgl. 1 QH 15,22; 1 QS 3,15; 1 QH 1,7; zum Ganzen LICHTENBERGER 184-189.

47   Text nach BIBLE IN ARAMAIC:
5) עד לא בריתך ממעין אתקינתך ועד לא אתיתא לעלמא זמינתך
נבי משקי כס דלוט לעממיא מניתך:
Das aram. זמן gibt ein hebr. הקדשתיך wieder, was des öfteren für den "Aufgebotsruf" zum Krieg verwendet wird, vgl. Jer 6,4; Joel 4,9; Mi 3,5 (zum Ganzen H.P.MÜLLER, THAT Bd.2 Sp.595).

als du noch nicht auf die Erde gekommen warst, habe ich dich
festgesetzt als einen Propheten, der den Kelch des Fluches zu trinken
gibt,
für die Völker habe ich dich bestimmt."

Ähnlich das zweite Lied vom Gottesknecht in der Übersetzung
des Tg:

Tg Jes 49,1:[48]

"Als ich noch nicht war, hat Jahwe mich festgestellt,
vom Mutterschoß an brachte er meinen Namen in Erinnerung."

Es scheint hier durch die Wurzel זמן beidemal ein besonderes Erwählungshandeln Gottes ausgedrückt zu sein. Diese
präexistierende göttliche Erwählung ist auch der Grund, daß
im Tg die bildhafte Aussage des MT über die Sonne nun auf die
Schöpfung der Sonne und damit auf die Schöpfung des Kosmos
überhaupt übertragen wird. In Tg Ps 72 ist nicht von einer
Geburt und dem Mutterleib die Rede wie bei Tg Jeremia und
Jesaja, sondern es geht hier um zwei sich entsprechende unbe-
grenzte Aussagen über den Messias(namen): wie die Erinnerung
an ihn in Zukunft nicht mehr aufhören wird, so war Gottes Erwählung ("festsetzen") an ihn schon vor der Weltschöpfung vorhanden.

Damit gehört die Tradition von Tg Ps 72 am ehesten in die
Reihe der rabbinischen Texte, die den Namen des Messias schon
vor der Schöpfung im Gedanken Gottes aufsteigen lassen[49] und
dadurch ein besonders ursprüngliches Berufungsverhältnis ausdrücken. Das Kommen des Messias wird zu einem ursprünglichsten
Plan Gottes, festgestellt schon vor der Schöpfung der Welt.[50]

4. Ein präexistenter Messias?

Die besonders durch eine exegetische Tradition zur Auslegung
von Ps 72,5.17 hervorgerufene Frage nach der Vorstellung einer
Präexistenz des Messias kann nun beantwortet werden. Sowohl im

48 Text nach BIBLE IN ARAMAIC:
    1) עד לא הויתי זמנני ממעי אמי אדכר שמי:
    In diesem Fall gibt das aram. זמן ein hebr. קראני wieder, was z.B.
    bei Dtjes gängiger Terminus für die Berufung durch Jahwe ist, vgl.
    Jes 41,4.9; 42,6; (46,11; 48,15); 51,2; 54,6; 55,5; u.ö. Zum Ganzen
    LABUSCHAGNE, THAT Bd.2 Sp.670. Aber nur hier Jes 49,1 wird im aram.
    Text זמן verwendet.

49 Siehe unten zu PRE 3.

50 Ist das vielleicht der Sinn des merkwürdigen Bekenntnisses in
    Tg Ps 72,17: "Es ist gut mit ihm"? Dann wäre dies eine Replik auf
    Gen 1,10.12.18.21.25: "Und siehe es war gut", d.h. die Wiederherstel-
    lung der guten Schöpfung.

MT wie auch in Septuaginta und Peschitta geht es um eine
Verheißung für den zukünftigen Herrscher (Messias);[51] überall
dort wird das Bild von Sonne und Mond verwendet, um die ewige
beständige Dauer von Dynastie, Namen und königlicher Herrschaft herauszustellen. Im Gesamten erfleht das Gebet von
Gott für den König göttliche Qualitäten, damit dieser als
Mandatar und Stellvertreter Gottes in rechter Weise sein Amt
wahrnehmen kann. Bleibender Segen auf dem Königshaus ist dabei ein Zeichen der göttlichen Erwählung. Diese Erwählung hat
die Septuaginta besonders durch die enge Verknüpfung mit der
Väterverheißung (Gen 12.18 und 28) verstärkt.

Das Targum gestaltet seine Übersetzung des ganzen Psalmes
eher als Paraphrase. Die Übersetzung von V.17 bleibt demgegenüber näher am hebr. Text und entfernt sich auch inhaltlich
weniger weit als sonst; auch sie betont in besonderer Weise
die Erwählung des verheißenen Messias. Was im Tg als Eigen-
tümlichkeit zu verzeichnen ist, ist lediglich ein Ausziehen
der Linien bis hin zu einem ursprünglichen Erwählungsgeschehen von Anfang an.

Von einer präexistenten Gestalt im strengen Sinne kann hier
nicht gesprochen werden. Es ist deshalb auch nicht verwunderlich, daß Ps 72 - obwohl auch er für eine christologisch-
messianische Auslegung sich sonst anbieten würde - im NT nie
zitiert wird. Dagegen kommt eine Tradition einer uranfänglichen Erwählung zum Tragen, die sich dann wohl auch im NT
niedergeschlagen hat, wenn mit ähnlicher Terminologie die Erwählung der Gemeinde beschrieben wird.[52]

E. Bilderreden des Äthiopischen Henoch

1. Einleitung

Es gibt wohl kaum einen Teil einer pseudepigraphischen Schrift,
in der nachalttestamentlichen Zeit, um dessen historische und
theologische Einordnung mehr Auseinandersetzungen stattge-

---

51 Für Ps 72 gelten die gleichen Argumente, wie für die Messianität der
    Gestalt in Ps 110; allerdings sind hier ganz offensichtlich die Grenzen
    eines irdischen Königs bei weitem gesprengt.

52 Vgl. z.B. Eph 1,4; vom Aufschreiben der Namen: Offb 17,8; vom "be-
    reiten" (ἑτοιμάζειν) des Reiches: Mt 25,34. Zur neutestamentlichen
    Formel πρὸ καταβολῆς κόσμου vgl. oben zum Ursprung des Messias im
    TgMi 5,1-3.

funden haben, wie gerade die Kapitel 37-71, die sogenannten
Bilderreden, oder das Buch der Parabeln, des äthiopischen
Henoch.[1] Diese kontroversen Ansichten sind bis heute wirksam
und durch die Funde in Qumran, in denen bis jetzt keine Fragmente aus den Bilderreden (BR) gefunden worden sind, eher
noch verschärft worden. Die Bedeutung der BR für die exegetische Forschung ist im Hinblick auf die neutestamentlichen
Evangelien mit Recht so hoch eingeschätzt worden, weil sie
"ein relativ deutliches, wenn auch teilweise fremdartiges Bild
einer Gestalt mit der Bezeichnung M(enschen) S(ohn) zeichnen."[2]
Zu diesem "teilweise fremdartigen Bild" gehört auch die Beschreibung der Erscheinung dieser Gestalt vor dem Thron
Gottes, wobei ihr eine Präexistenz vor aller Welt zugeschrieben wird.

In der bisherigen Forschung wurden die Aussagen aus den
Bilderreden zum größten Teil lediglich bruchstückhaft zitiert,
ohne daß darauf geachtet wurde, welche Funktion sie in ihrem
Kontext besitzen, kann doch ein Aussagegehalt oft erst durch
seinen Kontext hinreichend erschlossen werden. So wird es im
folgenden vor allem um das Herausarbeiten dieses Zusammen-
hanges gehen, um von da aus einen neuen Zugang zum Inhalt der
Präexistenzaussagen zu erhalten.

---

1 Benannt nach 37,5: "Drei Bilderreden wurden mir zu teil" und 68,1:
   "Buch der Parabeln". Vgl. grHen 1,2 (im äth. Text ausgefallen, aber in
   4 Q En[a]: [י]מתלוה ; äthHen 38,1; 45,1; 58,1; 68,1. Als משל werden -
   abgesehen von den Proverbien und Psalmen - schon die Reden des Bileam
   bezeichnet: Num 23,7.18; 24,3.15.2o.21.23;   oder die Reden Ijobs
   Ijob 27,1; 29,1; vgl. auch den ironischen Sprachgebrauch beim Lied
   über den König von Babel Jes 14,4. Im folgenden wird äthHen nach der
   bisher besten deutschen Übersetzung von BEER, in: APAT Bd.2 zitiert,
   wenn nicht anders vermerkt. RAU bereitet die neue deutsche Übersetzung
   vor, die in den JSHRZ erscheinen soll. Die neue englische Ausgabe von
   KNIBB habe ich verglichen, ebenso die in der Sammlung GCS erschienene,
   besonders eng am äthiopischen Text sich haltende konkordante Übersetzung von FLEMMING/Rademacher. Wichtig sind weiterhin die Bemerkungen von CHARLES, The Book of Enoch sowie ders., Enoch, in: APOT
   Bd.2 (1913). Darüberhinaus die in ihrer Geschlossenheit noch nicht
   überholte Monographie von E.SJÖBERG, Menschensohn.

2 THEISOHN 1. Zur breiten Diskussion um den Begriff und Titel
   "Menschensohn" und der Beziehung der BR zur Botschaft der Evangelien
   des NT vgl. u.a.: E.SJÖBERG, Der verborgene Menschensohn passim;
   SCHWEIZER, Menschensohn; TÖDT; VIELHAUER; HAUFE 134f; HOOKER, Son of
   Man 44ff; COLPE, ThWNT Bd.8 (1969) 403-481; ders., Der Begriff;
   MARSHALL, Son of Man in Contemporary Debate; MADDOX; CASEY, 'Son of
   Man' Problem; BLACK, "Parables"; GESE, Messias 142-144.

Da der Text des äthiopischen Henoch selbst erst aus dem
4.-6.Jh.n.Chr. stammt,[3] ist zunächst kurz zu begründen, warum
dieses Buch dennoch für unsere Fragestellung herangezogen
werden muß,[4] zumal sich immer wieder Stimmen erheben, die
frühchristliche Kreise für die Autorenschaft der Bilderreden
geltend machen wollen.[5]

Zum letzteren ist zu sagen, daß die Versuche, die BR als
christliche Schrift zu erklären, als gescheitert angesehen
werden müssen; ja selbst die Bemühungen, Textteile als christliche Einschübe in einen jüdischen Grundtext zu deklarieren,
sind nicht überzeugend. So haben die neueren Untersuchungen
zu den BR sowie die ausführliche Diskussion auf internationa-
len Kongressen erneut bestätigt, daß hier, wie in den anderen
Teilen des äthHen, genuin jüdisches Traditionsgut vorliegt.[6]

Eine Datierung der Bilderreden zwischen 37 v.Chr. und der
Zerstörung Jerusalems und des Tempels 70 n.Chr. ist m.E.
immer die wahrscheinlichste.[7]

---

3 So Ephraim ISAAC auf dem SNTS-Kongress in Tübingen August 1977; vgl.
   CHARLESWORTH, SNTS Pseudepigrapha Seminars 312. Ähnlich auch FUHS.

4 Manche Autoren gehen sogar einer näheren Untersuchung aus dem Weg,
   obwohl die Behandlung der BR für ihr Thema notwendig dazugehören würde, wie z.B. WIED 54 mit Berufung auf DILLMANN (1853!).

5 So schon Mitte des letzten Jahrhunderts: HILGENFELD 148-184; PHILIPPI;
   zu diesem vgl. die ausführliche Diskussion bei E.SJÖBERG, Menschensohn
   3-20. Heute wieder mit anderen Argumenten MILIK (ed.), The Books of
   Enoch 91-98, wie vorher schon in verschiedenen Aufsätzen, s. Litera-
   turverzeichnis.

6 Hier soll nur auf U.B.MÜLLER 36-60 und noch einmal auf THEISOHN verwiesen werden sowie auf die Ergebnisse der SNTS-Seminare zu den
   Pseudepigraphen 1977 und 1978 in Tübingen und Paris; vgl. den Bericht
   von CHARLESWORTH SNTS Pseudepigrapha Seminars und auf die dort vor-
   getragenen Referate: KNIBB; MEARNS, Dating. CHARLESWORTH faßt die
   Diskussion so zusammen: "no one agreed with MILIK's late date for the
   Parables; this date from the early or later part of the first
   century A.D. This conclusion is significant; yet the real issue
   remains open. Are these Jewish Parables pre-Christian and a source
   for understanding either Jesus' ipsissima verba or the theologies of
   the Evangelists? Or, are they post-Christian and a significant development independent of the canonical gospels, or a Jewish reaction to
   Christianity?" ebd. 322f (erste Hervorh. von mir).

7 Auch wenn MEARNS, Dating 361f, zu einer ähnlichen Datierung der BR
   kommt, bleibt seine Erklärung von äthHen 56,5-8 unbefriedigend.
   KNIBB 348.352-355 behandelt die Stelle zwar ausführlich, läßt sich
   aber in der Auseinandersetzung mit MILIK und HINDLEY von der Gegen-
   seite so sehr beeindrucken - ohne weitere Argumente hinzuzufügen -,
   daß er die Bedeutung des Textes herunterspielt.

2. Die Forschungsgeschichte

Die Bilderreden sind als ein in sich geschlossenes Ganzes
zu interpretieren. Auch wenn es verschiedentlich Versuche
gab, sie literarkritisch in verschiedene Stränge aufzuteilen,
scheint der vorgegebene Rahmen aus drei "Parabeln" und einem
Anhang der ursprüngliche zu sein.[8] Die Aussagen zur Präexistenz der messianischen Gestalt gehören der 2. und 3.
Bilderrede an. Die bisherigen Forschungsergebnisse lassen
sich folgendermaßen zusammenfassen:

2.1. E.SJÖBERG[9]

SJÖBERG ist stark von der Auseinandersetzung über eine
"ideelle" Präexistenz und eine "reale" Präexistenz bestimmt.[10]
Maßgebend sind für ihn in den BR selbst äthHen 48,2-7(6) und
62,7, dazu besonders äthHen 70, die "Erhöhung zu Gott und dem
Menschensohn",[11] sowie dann auch 40,5; 46,3; (48,3).[12] In
einem zweiten Teil beschreibt er systematisierend die messianische Gestalt, seine "hohe Stellung":[13]

---

8 ÄthHen 37,1-5   Einleitung
         38,1-44,1   1. "Parabel"
         45,1-57,3   2. "Parabel"
         58,1-69,29   3. "Parabel"
         70,1-72,17   Anhang

   Zur Einleitung der Bilderreden (äthHen 37,1-5) und zu ihrer Gattung
   und Form vgl. bes. RAU 34-41. Eine überzeugende literarkritische und
   formkritische Untersuchung der BR wurde bisher noch nicht geschrieben.
   Zu BILLERBECK s.o.S.1o7-111. Die Studie von STIER, auf die U.B.MÜLLER
   36-38 eingeht, versucht die bestehenden Probleme quellenkritisch so
   zu lösen, daß er eine Redenquelle und vier Visionsquellen annimmt.
   Andere versuchen, auf Grund der Beobachtungen BEERs in: APAT Bd.2,227
   zu der Verschiedenheit der Bezeichnungen des Deuteengels im Schema
   Grundschrift - Überarbeitungsschicht das Problem des Aufbaus der BR
   einer Lösung näher zu bringen. Aber das letzte Wort ist noch nicht
   gesprochen; vgl. auch die Ankündigung von THEISOHN zu einer solchen
   Studie über die hier bestehenden Probleme, 221 A.31; 225 A.9 u.ö.

9 Vgl. auch die kritische Rezension von Joachim JEREMIAS, ThLZ 74
   (1949) 405f. · Über die seinerzeit bestehende Forschungslage berichtet E.SJÖBERG, Menschensohn 83-93.

10 Vgl. die ersten Sätze des Kapitels: "Der präexistente Menschensohn"
   83-101, bes. zu DILLMANN, Henoch und zu OTTO.

11 Menschensohn 87.

12 Allerdings nicht äthHen 49,2.

13 Menschensohn 93-101.

a) seine "besondere Vorzugstellung in der himmlischen Welt
   den Engeln gegenüber"
b) als den Auserwählten "in der nächsten Nähe Gottes"
c) als den Gerechten und "Erlöser von Anfang an"
d) nicht aktiv, "ruhend im Himmel aufbewahrt"
e) in naher Verbindung zu den Gerechten.

Diese Gestalt eines präexistenten Menschensohnes ist damit
unterschieden von dem eschatologischen, aktiven Menschensohn,
den Gott am Ende der Zeiten offenbaren wird.[14] Für SJÖBERG
ist es dann "eine einfache Konsequenz", wenn von der Verborgenheit des Menschensohnes in den BR die Rede ist; denn er
"ist für die eschatologische Situation bereitet, und diese
tritt durch seine Erscheinung ein - vorher muß er darum verborgen bleiben."[15] Leider macht sich bei SJÖBERG immer wieder
der Mangel einer unklaren Begrifflichkeit bemerkbar, wenn er
nirgends ausdrücklich sagt, was er unter "Präexistenz" eigentlich versteht. Weiterhin herrscht auch bei ihm weithin ein
atomistisches Zusammenstellen verschiedener Zitate zu einem
Begriff oder einer Vorstellung vor, ohne daß er weiter nach
ihrer Funktion innerhalb des Kontextes fragt.

2.2. U.B.MÜLLER[16]

In bewußter Aufnahme und Weiterführung von E.SJÖBERG stellt
U.B.MÜLLER seine Studie in einen weiten Zusammenhang jüdischer
Apokalypsen.[17] Damit kann er auch die Vorstellung der Präexistenz des Menschensohnes in den BR mit viel schärferen
Strichen zeichnen. Dabei versucht er diese - in Abgrenzung
von einer Ableitung aus der Urmenschvorstellung, wie sie noch
SJÖBERG vertrat - lediglich "aus dem Zusammenhang der Bilderreden (zu) erklären".[18] Die messianische Gestalt sei, wie die
anderen Dinge, die Henoch im Himmel bei Gott sieht, Teil der
bei Gott von Uranfang an existierenden Heilsgüter. MÜLLER
übernimmt diese ihm überkommene Behauptung einer "Präexistenz"

14 Vgl. das Kapitel "Die eschatologische Funktion des Menschensohnes"
    S.61-82.

15 A.a.O. S.102-115 (102).

16 U.B.MÜLLER 36-60.

17 Ebd. S.19.

18 Ebd. S.50f.

alles Irdischen im Himmel", ohne diese Hypothese aber näher
an den Texten zu überprüfen. Denn gerade, wenn er als "Grundstruktur biblischer Präexistenzaussagen" "den Präexistenzgedanken im Sinne einer Schöpfung vor dem übrigen Geschaffenen" definiert, ist völlig unklar, wie MÜLLER sich einen
Zusammenhang beider Bestimmungen vorstellt.[19]

2.3. J.THEISOHN

In einer Nachzeichnung der Richtergestalt der BR hat THEISOHN
ausführlich auf die beiden auch für die Präexistenzvorstellung
wichtigsten Textteile der BR (äthHen 48 und 62) Bezug genommen. Er analysiert die Texte und versucht, die dahinterlie-
genden Traditionen aufzuzeigen.[20] Dabei kommt er zu folgendem
Ergebnis:

"Die Richtergestalt der BR verrät den Einfluß der Ebed-
Jahwe-Tradition (Jes 49,1ff) und einer auf Prov 8 bezogenen
Weisheitsüberlieferung."[21]

Entscheidende Bedeutung für die Verbindung einer von
THEISOHN postulierten nachatl. eschatologischen Richtergestalt mit der Richtergestalt der BR hat der Gedanke einer
göttlichen, vorzeitlichen Erwählung, wie er in Jes 11 und
Spr 8 wiederzufinden ist:[22]

"Nicht völlig fremd, aber in dieser Ausprägung neu und überraschend ist
der Gedanke der vorzeitlichen Erwählung bzw. der Präexistenz, der in
dieser Form der Weisheitstradition zuzuschreiben sein wird; er dürfte
erst über das Motiv der Erwählung, wo sich Weisheitstradition und Ebed-
Jahwe-Tradition überschneiden, Eingang gefunden haben."[23]

Diese Thesen THEISOHNs sind zunächst noch einmal an den
Texten zu prüfen, wobei wichtig ist, sich die Struktur der
Texte zu verdeutlichen, bevor es zu einer ausführlichen
Einzelanalyse kommen wird.

---

19 Ebd. S.47.

20 Vgl. das Kapitel "Die Besonderheiten der Richtergestalt der Bilder-
    reden", S.114-143.

21 A.a.O. S.204.

22 Vgl. bes. "Der eschatologische Richter im Rahmen der Erlösererwartung
    des nachalttestamentlichen Judentums", S.100-113.

23 Ebd. S.141.

3. Äthiopischer Henoch 48,1-7

Zentraler Text zur Präexistenzvorstellung des Messias in den
Bilderreden ist äthHen 48,1-7. Er soll deshalb im Mittelpunkt
der Untersuchung stehen. Parallele Stellen aus den BR werden
gegebenenfalls zur Erläuterung hinzugezogen.

(1) "An jenem Orte sah ich eine Quelle[24] der Gerechtigkeit, die uner-
schöpflich war. Rings umgaben sie viele Quellen der Weisheit; alle
Durstigen tranken daraus und wurden voll von Weisheit, und sie
hatten ihre Wohnungen bei den Gerechten, Heiligen und Auserwählten.

(2) In diesem Augenblick[25] wurde jener Menschensohn bei dem Herrn der
Geister und sein Name vor dem Betagten genannt.

(3) Bevor die Sonne und die (Tierkreis-)Zeichen geschaffen, (und) bevor
die Sterne des Himmels gemacht wurden, wurde sein Name vor dem Herrn
der Geister genannt.

(4) Er wird ein Stab für die Gerechten und Heiligen sein, damit sie sich
auf ihn stützen und nicht fallen; er wird das Licht der Völker und
die Hoffnung derer sein, die in ihrem Herzen betrübt sind.

(5) Alle, die auf dem Festland wohnen, werden vor ihm niederfallen und
anbeten und preisen, loben und lobsingen dem Namen des Herrn der
Geister.

(6) Deshalb[26] war er auserwählt und verborgen vor ihm (Gott), bevor
die Welt geschaffen wurde und bis in Ewigkeit.[27]

(7) Die Weisheit des Herrn der Geister hat ihn den Heiligen und
Gerechten geoffenbart; denn er bewahrt das Los der Gerechten, weil
sie diese Welt der Ungerechtigkeit gehaßt und verachtet und alle
ihre Taten und Wege im Namen des Herrn der Geister gehaßt haben;
denn in seinem Namen werden sie gerettet, und nach seinem Willen
ist er zu ihrem Leben geworden."[28]

---

24 Dieser Ausdruck ist treffender und illustriert das Gemeinte heute
sicher besser als der von BEER gewählte "Brunnen"; vgl. auch
äthHen 96,5.

25 Zu diesem Ausdruck, anstatt "in jener Stunde" wie bei BEER, vgl. u.
im Text.

26 So der bessere kausative Anschluß; BEER: "Zu diesem Zwecke"; hier
wird aber doch auf V.4 und 5 zurückgegriffen!

27 So die meisten HSS; BEER: "(er wird) bis in Ewigkeit vor ihm (sein)."

28 Hier ist der äth. Text unklar; BEER übersetzt: "Er ist der Rächer
ihres Lebens". KNIBB: "He is the one who will require their lives";
ursprünglicher scheint aber die obige Übersetzung zu sein; vgl.
THEISOHN 39 und den Apparat bei FLEMMING/RADEMACHER z.St.; so auch
E.SJÖBERG, Menschensohn 87.

3.1. Gliederung und Aufbau

Dieses Textstück befindet sich innerhalb von einem der wenigen
größeren Abschnitte der BR, die sich thematisch als zusammen-
gehörig und einheitlich verstehen lassen. Diese Kapitel
46-51 stehen unter dem Thema "Erscheinen des eschatologischen
Richters, Anbruch der eschatologischen Wende".[29] Die hier
weiter zu unterscheidenden "Unterabschnitte beschreiben jeweils verschiedene Aspekte des Geschehens, nicht den Ge-
schehensablauf".[30]

Diese Unterabschnitte stellen Motive dar, die zusammenge-
nommen als Antwort auf die Frage Henochs nach Person, Herkunf
und Funktion des Menschensohnes (MS) dienen, äthHen 46,2:

"Ich fragte einen der Engel,[31] der mit mir ging und mir alle Geheimnisse
zeigte, über jenen Menschensohn, wer er sei, woher er stamme, (und)
weshalb er mit dem betagten Haupte gehe?"

Als ein eigenständiger Unterabschnitt der Bilderreden wird
äthHen 48,1-7 eingeleitet durch ein "an jenem Orte sah ich",
eine Wendung, die in den BR die fiktive Himmelsreise Henochs,
die in 39,3 beginnt, durch die dort geschilderte Entrückung,
begleitet und weiterführt.[32] Er endet mit zwei Begründungs-
sätzen zur Offenbarung der Weisheit (V.7); der nächste Unterabschnitt beginnt dann äthHen 48,8 durch eine neue Zeitangabe "in jenen Tagen".

Der Unterabschnitt selbst baut sich folgendermaßen auf:

A Die Vision   V.1f
B Die Rückblende   V.3-6
   a) Zeitangabe   V.3
   b) Inhalt des Auftrags   V.4
   c) Doxologische Authori-
      sierung   V.5f
C Deutung   V.7

Die hier vorgeschlagene Lösung, äthHen 48,1-7 als eine in
sich geschlossene Einheit zu verstehen, ist nicht unbestritten. Es existieren z.T. recht phantasievolle Versuche,

---

29 THEISOHN 54.

30 Ebd. Vgl. 46,1-3.4-8; 47,1-4; 48,1-7.8-10; 49,1-4; 50,1-5; 51,1-5.

31 So der äth. Text; BEER konjiziert wie in 52,3: "den Engel". Weiter
    zum Text äthHen 46,2 siehe unten.

32 In der zweiten Bilderrede vorher schon: 46,1: "Ich sah dort" ...
    47,3: "In jenen Tagen sah ich" ...

Teile daraus zu entfernen, um vermeintlichen Wiederholungen zu entgehen, Brüche zu glätten und ein einheitlicheres Bild zu erhalten.[33]

Es ist aber zu beachten, daß sich ein solcher scheinbar zusammenhangloser, assoziativer Stil[34] immer wieder an den Bilderreden beobachten läßt und somit wahrscheinlich zum ureigensten Kennzeichen des Verfassers gehört. Ein besonderes Problem stellt die Verbindung von V.1 und 2 dar. Wie ist die V.2 einleitende Zeitangabe "zu jener Stunde" (so nach BEER) zu verstehen? Welche "Stunde" ist hiermit gemeint? Gewöhnlich versteht man diese Angabe als die eschatologische Stunde am Tage des Gerichts, mit Hinweis auf das in den BR häufige "in jenen Tagen".[35] Demgegenüber haben DILLMANN und CHARLES hierin den Zeitpunkt der Vision Henochs wiedergefunden.[36] Aber beide Versuche befriedigen nicht.

Warum wird hier ein Ausdruck verwendet, der sonst nie wieder in den BR auftaucht? Soll vielleicht hierdurch auf ein bestimmtes Urdatum in der Vergangenheit verwiesen werden, wie gelegentlich in den BR?[37] Damit wäre aber m.E. immer noch nicht der eigentliche Kern dieser Angabe getroffen. Gerade im Vergleich mit anderen allgemeineren Zeitangaben wie "in jenen Tagen" und "in jener Zeit" scheint es doch gerade auf einen Zeitpunkt, diese Stunde, anzukommen. Ein entsprechender Ausdruck wäre z.B. das biblisch-aramäische בה‎־שעתא wie:

---

33 So schon DALMAN 135, der 48,6f als störend ausschaltet; BILLERBECK nimmt in seiner Rekonstruktion von verschiedenen Visionen Henochs als verbindendes Element des Textes einen Ort am Ende der Himmel (= im Paradies) an; hier wies er 48,1; 48,6; 48,2 je verschiedenen Versionen zu! Aber auch THEISOHN hat sich kürzlich für eine Trennung zwischen Vers 1 und V.2-7 entschieden, obwohl ein Fragezeichen auch seine Unsicherheit signalisiert (54). Vgl. auch MESSEL 50 ganz kategorisch: "V.3 ist ganz eine Interpolation." Neuerdings auch AGOURIDIS, der mit christlichen Interpolationen rechnet (136.138).

34 Vgl. E.SJÖBERG, Menschensohn 13; vgl. THEISOHN 221 Anm.31.

35 So E.SJÖBERG, Menschensohn 87f; ähnlich MESSEL 52: "Aus dem allen ist klar, daß 'jene Stunde' die Zeit des anbrechenden oder schon eingetretenen (!) Heils bezeichnet."

36 Jeweils z.St.; dieser Zeitpunkt wird durch die Wendung "in jenen Tagen" ausgedrückt: 39,9; 59,1; 61,1; vgl. 52,1.

37 Zu den Tagen Henochs 39,1.2; zu den Tagen Noahs 65,1; 67,1. Die Entrückung wird mit "in jener Zeit" ausgewiesen, was vielleicht einem aram. בזדמנא‎ entsprechen könnte.

Dan 3,6.15:

"Und wer nicht niederfällt und anbetet, sofort (בה־שעתא = "in jener
Stunde") wird er in den feurigen Ofen geworfen."

Vielleicht kann das hiermit Intendierte an einer von der
Form her näher liegenden Stelle deutlicher gemacht werden:

In Dan 4,4-14 sieht Daniel eine Vision über das Fällen
eines Baumes. Die Beschreibung der Erfüllung dieser Vision
wird 4,28f von einer Himmelsstimme dem König Beltschazzar
übermittelt. Darauf folgt V.30:

"Sofort (בה־שעתא = zur selben Stunde) wurde das Wort an Nebukadnezzar
erfüllt."

Diese Zeitaussage bezieht sich also auf das sofortige Eintreten des zuvor Geschilderten, man könnte fast von einem
Synchronismus sprechen; fast im selben Augenblick geschieht
das Angekündigte.

Nun auf äthHen 48 übertragen:[38] Im Augenblick der Sättigung
der Durstigen mit Weisheit aus den Quellen in der himmlischen
Welt wird der Menschensohn vor dem "Betagten" genannt; d.h.
sofort erkennen die mit Weisheit Gesättigten das Geschehen
der "Namensnennung" vor dem "Betagten". Dieser Augenblick
scheint den Offenbarungsmoment zu bezeichnen. Offensichtlich
bezieht sich dann 48,7 in der Deutung des ganzen Geschehens
ebenfalls auf diesen Moment der Offenbarung des Menschensohne
und des "Betagten". Damit gehören V.1 und 2 unmittelbar zusammen.

3.2. Die Vision (V.1f)

3.2.1. Die Quellen der Gerechtigkeit und Weisheit. Die Vision
Henochs beschreibt zuerst das Erfülltwerden der Gläubigen mit
Weisheit aus den himmlischen Quellen. Mit "Quelle der Gerech-
tigkeit" und "Quellen der Weisheit" werden Metaphern aufge-

---

38 Ähnlich übersetzen auch KAHANA/PITLOBITZ, Henoch 1 in: KAHANA,
Hasoferim Haḥiṣonim, Tel Aviv 1956 diesen Ausdruck (z.St.S.51):
וכשעה ההיא. Zum Ganzen vgl. auch JENNI, THAT Bd.2 Sp.372 und
REHKOPF, Grammatik § 288,2 Anm.4.

griffen, die im AT für die lebendige Nähe Gottes stehen.[39]

Ein Beispiel aus dem kultischen Bereich ist Ps 36,8-10:[40]

"Wie köstlich ist deine Huld, o Gott! 'Zu dir kommen' die Menschenkinder, finden Schutz im Schatten deiner Flügel. Sie laben sich am Fett
deines Hauses, am Bach der Wonnen tränkst du sie. Ja, bei dir ist die
Quelle des Lebens, in deinem Lichte schauen wir das Licht."

In der Botschaft Deuterojesajas wird in ähnlicher Weise
das Tränken und Führen an die Wasserquellen als Heilsver-
heißung aufgenommen:

Jes 49,10:

"Sie leiden weder Hunger noch Durst,
Hitze und Sonnenglut werden sie nicht treffen;
denn ihr Erbarmer wird sie führen
und sie zu den Wasserquellen (ועל־מבועי מים) leiten."[41]

Mit diesem Bild sind wir der Vision Henochs schon sehr
nahe; auch in der Verheißung Deuterojesajas wird den Durstigen
ihr Durst gestillt werden. Aber ihre Erfüllung steht noch aus.
Bei Henoch dagegen wird der Vollzug festgestellt und beschrieben. Damit ist das Eschaton angebrochen: den Durstigen
wird Weisheit ausgegossen und sie werden voll davon.[42]

---

39 "Quelle des Lebens" ist bei Jeremia - wie auch äthHen 94,6 - eine
    Gottesbezeichnung: Jer 2,13; 17,13; vgl. ähnlich Jes 12,3. Anders in
    der Weisheitsliteratur: Spr 10,11; 13,14; 14,27; 16,22; und mit dem
    wohl ursprünglichen Ausdruck "Quelle der Weisheit" 4,23. Das gleiche
    Bild wird auch oft in den Texten von Qumran verwendet:
    "Quelle der Gerechtigkeit" 1 QS 11,5.6;
    "Quelle des Lebens"   1 QH 8,12.14;
    "Quelle der Erkenntnis"   1 QS 12,12; 1 QH 2,18; 12,29;
    "Quelle der Einsicht"   1 QH 5,26.
    Offensichtlich variieren die Appositionen zu Quelle (מעין : מקור)
    ständig; vgl. zum Ganzen auch 1 QH 12,11-13: "Und als ein Einsichtiger
    habe ich dich erkannt, mein Gott, durch den Geist, den du in mich ge-
    geben hast, und Zuverlässiges habe ich gehört hinsichtlich deines
    wunderbaren Rates durch deinen heiligen Geist. Du hast mir Erkenntnis
    im Geheimnis deines Verstandes (er)öffnet und die Quelle (deiner)
    Stärke ..." Auch in dem sogenannten "Buch der Wächter" (äthHen 1-36)
    wird als Ort, wo die Gerechten sich befinden, eine Wasserquelle (πηγή
    ὕδατος ἀνὰ μέσον αὐτοῦ) genannt (grHen 22,2, ähnlich 22,9: πηγὴ
    τοῦ ὕδατος ; dabei lesen hier äthHen 22,9 zwei HSS: "Wasserquellen
    des Lebens"). Allerdings ist dort nicht ausdrücklich - anders als in
    äthHen 48,1 - von einem Ausgießen und Erfülltwerden mit Weisheit und
    Erkenntnis die Rede und auch nicht unbedingt im Bild enthalten.

40 Übersetzungen nach KRAUS, Psalmen (BK) z.St., der die elohistische
    Überarbeitung berücksichtigt; zur Konjektur eines ausgefallenen יב(א)ו
    vgl. BHS und ebd.

41 Vgl. auch Jes 41,17f; 43,20; 44,3; (48,21); 55,1. Bei Deuterojesaja
    spielen Quellen und Wasser eine große Rolle; vgl. zum Ganzen ELLIGER
    162 ad Jes 41,17. Jes 49 wird in Offb 7,16f zitiert; vgl. auch Offb 21,6
    und Joh 4,14.

42 Vgl. o. zu äthHen 49,3 unter Aufnahme von Jes 11.

In einem ähnlichen Bild redet auch die Esraapokalypse von
diesem Ereignis; am Ende des Buches heißt es:
IV Esr 14,38-40:[43]

38   "Am folgenden Tag aber, horch, da rief mir eine Stimme zu also:
     Esra, thue den Mund auf und trinke, womit ich dich tränke!
39   Da that ich den Mund auf, und sieh, ein voller Kelch ward mir
     gereicht; der war gefüllt wie von Wasser,
40   dessen Farbe aber dem Feuer gleich war. Den nahm ich und trank;
     und als ich getrunken, entströmte meinem Herzen Einsicht, meine
     Brust schwoll vor Weisheit, meine Seele bewahrte die Erinnerung."

Das, was in der prophetischen Verkündigung Deuterojesajas
als Verheißung, in der Vision Henochs als Erfüllung im Vollzug dargestellt war, wird hier bei Esra zu einer Symbol-
handlung, die der Seher an sich geschehen läßt: die Übergabe,
das Überfließen der göttlichen Weisheit und Offenbarung, und
damit auch die Enthüllung, Erinnerung und Einprägung der verborgenen Geheimnisse von Reden und Bildern, die Esra erlebt
und aufgeschrieben hat.

Dieses Bild der Quelle der Weisheit wurde auch auf die
Bücher der Tora übertragen; so heißt es von den den Weisen
des Volkes übergebenen 24 kanonischen und 70 apokalyptischen
Büchern, IV Esr 14,47:[44]

"Denn in ihnen fließt der Born der Einsicht,
der Quell der Weisheit, der Strom der Wissenschaft."

Was dort bei Esra für die schriftlich vorliegenden Bücher
der Offenbarung gilt, ist bei Henoch aber mit einer ganz
anderen Intention vorhanden. Bei ihm geht es um eine letzte
eschatologische Offenbarung der mit "Weisheit trunkenen
Gläubigen"; daß hierbei mit der Bezeichnung "Quelle der Gerechtigkeit" die atl. Gottesbezeichnung "Quelle des Lebens"
aufgegriffen wird, während "Quellen der Weisheit", die um jene
herumgelagert sind, demgegenüber die dem Menschen zugängliche
Seite betonen soll, mag als eine Feinheit der apokalyptischen
Vision auszumachen sein. Es geht für Henoch um ein Thema, das
sich durch die ganzen Bilderreden durchzieht, die Offenbarung
des auserwählten Menschensohnes:[45]

---

43   Übersetzung nach GUNKEL, in: APAT Bd.2 z.St.
44   Ebd. In ähnlicher Weise kann auch in Qumran von der Offenbarung des
     göttlichen Geheimnisses geredet werden (s.o.A.39; vgl. bes. BETZ,
     Offenbarung 114-116 "Die Offenbarung als Wasser").
45   Vgl. äthHen 38,2ff; 39,5ff; 45,3ff; 46,1ff; u.ö. Auch u. zu 48,7.

"In diesem Augenblick wurde jener Menschensohn bei dem Herrn der
Geister und sein Name vor dem Betagten genannt." (48,2)

3.2.2 Die Offenbarung des Menschensohnes. Diese Offenbarung
des Menschensohnes wird in einer eigenartigen Weise als
"Nennen seines Namens vor dem Herrn der Geister/Betagten"
bezeichnet. Was ist unter dieser Wendung zu verstehen?
Eine Namensgebung kann damit nicht gemeint sein, denn es
wird der Name selbst gar nicht genannt.[46] Folglich scheint
ein anderer Sprachgebrauch vorzuliegen. Daß hierbei passivisch
konstruiert wird, mag ein Hinweis darauf sein, daß Gott dabei
selbst (Passivum divinum) der Handelnde ist. Um herauszube-
kommen, welche Vorstellung hinter der Formulierung "jdn. mit
Namen nennen" steht, muß also nach Situationen gesucht werden,
die jeweils mit dieser Wendung eine besondere Tätigkeit
Gottes beschreiben.

Verschiedentlich wurde hierbei an einen besonderen
Schöpfungsakt Gottes gedacht. Im folgenden V.3 ist ja auch
von der Schöpfung (von Sonne, Zeichen und Sternen) die Rede;
also könnte hier in V.2 von einer (vor-kosmischen) "Schöpfung"
des Menschensohnes die Rede sein. Demzufolge würde dann die
fragliche Wendung ein "Existieren" als Geschöpf zur Folge
haben.[47] Zu dieser weitverbreiteten Ausdrucksweise gibt es
eine Reihe von Belegen aus der altorientalischen Umwelt
Israels. Wahrscheinlich schon aus dem 14.Jh.v.Chr. stammt ein
sumerisches "Handerhebungsgebet" an den Mondgott Nanna-Suen
(Sin):[48]

1f   Herr, Götterheld,
     der im Himmel und auf Erden hocherhaben ist ...

---

46 Vgl. Ri 8,31; 2 Kön 17,34; Neh 9,7; Gen 3,20; 4,25.26; 5,2.3.29; u.ö.
    Hier wird aber jedesmal der jeweilige Name selbst angegeben. Wenn
    nicht, dann wird aber wenigstens ein Personenkreis, unter dem der Be-
    treffende lebt, genannt, vgl. Gen 26,18; Jes 65,15 u.ö. Vgl. oben zum
    "Namennennen" des Messias im TgMi 5,1-3. Ausnahmen sind selten:
    Gen 2,20; Ruth 4,11. Ähnlich verhält es sich bei einer Namensänderung,
    vgl. 2 Kön 23,34 = 2 Chr 36,4; 2 Kön 24,17 und die Glosse Num 32,38.
    Zum Ganzen vgl. LABUSCHAGNE, THAT Bd.2 Sp.670f.

47 So MARTIN 93; LAGRANGE, Judaisme 248.

48 Der Text dieses Gebetes findet sich bei A.SJÖBERG 167ff. Übersetzung
    nach BEYERLIN (Hrg.), Textbuch 129. Weitere Belege für diese Redensart
    im Akkadischen Handwörterbuch Bd.2, 699f s.v. nabu(m).

15   Der das Land geschaffen, die Heiligtümer gegründet
     (und) mit Namen benannt hat,
     Vater, der Götter und Menschen gezeugt hat,
     auf hohem Sitz thront, die Opfergaben bestimmt ...

Diese Vorstellung findet sich in einem anderen mesopota-
mischem Text, der großen Schöpfungserzählung Enuma elis -
"Als oben":[49]

I   Introitus

1   Als oben der Himmel (noch) nicht genannt,
     Drunter der Grund (noch) nicht benannt war,
     Als der uranfängliche Apsu, ihr Erzeuger ...

7   Von den Göttern keiner erstanden,
     Sie (noch) unbenannt und die Geschicke nicht bestimmt waren,
     Da wurden in ihrer Mitte[50] die Götter erschaffen
10   (Als erste) erschienen Lachma (und) Lachamu und wurden
     mit Namen benannt.

Ähnliche Vorstellungen finden sich auch in ägyptischen
Texten; der Schabaka-Stein (Denkmal memphischer Theologie):[51]

55   "... Die Götterneunheit[52] ist die Zähne und die Lippen in diesem
     Munde, der den Namen aller Dinge nannte, aus dem Schu und Tefnut
     hervorgegangen sind,
56   der die Neunheit geschaffen hat ..."

2 Papyri aus der Ramessidenzeit (= 19.+20. Dynastie
1305 - 1080 v.Chr):[53]

Re gibt den letzten geheimen Namen erst preis, nachdem er andere
"Namen", d.h. seine Schöpfungswerke genannt hat.

Pap.Berlin 3055,16,3-4[54]

(Amun ist der Gott), "der im Uranfang war, als noch kein Gott entstanden
war, als noch nicht der Name irgendeines Dinges genannt worden war;
da öffnete der Gott seine Augen und ließ so Helligkeit für die Menschen
entstehen ..."

Diese besondere Schöpfungsvorstellung läßt sich in den
biblischen Texten nicht so klar belegen. Anklänge dazu finden

---

49   Text bei LAMBERT-PARKER. Übersetzung nach BEYERLIN, a.a.O. S.108.

50   Sc.: Apsus und Tiamat.

51   Text bei JUNKER Nr.23. Übersetzung bei BEYERLIN, a.a.O. S.32.

52   Darunter ist hier die Gruppe der dem Schöpfungsgott zur Seite
     stehenden untergeordneten Götter zu verstehen.

53   Text bei GARDINER, Hieratic Papyri Tafel 64f. Übersetzung der ent-
     scheidenden Stelle in ANET[2] S.13b:
     Then Isis said to Re:
     Thy name is not really among these which thou hast told me. If thou
     tellest it to me, the poison will come forth, for a person whose name
     is pronounced lives.

54   Text bei MORET und bei GRAPOW 36; dort auch die Übersetzung. Vgl. auch
     BEYERLIN, a.a.O. S.34.

sich zwar in der Priesterschrift und bei Deuterojesaja sowie
in den Psalmen;[55] aber es herrschen doch eher Befehlsformen
vor anstatt regelrechte Benennungen. Anders ist dies, soweit
ich sehe, in einem Text in der Esraapokalypse, der aber nicht
unbedingt zum Verständnis vorausgesetzt werden kann:
IV Esr 6,1-6:[56]

(1)   "Er (sc. Gott) sprach zu mir:
      Im Anfang der Welt, ehe des Himmels Pforten standen,
      ehe der Winde 'Stöße' bliesen ...
(4)   ehe die Höhen der Lüfte sich erhoben, ehe die 'Räume' des
      Himmels Namen trugen; ...
(6)   damals habe ich dies alles vorbedacht und durch mich und niemand
      weiter ward es erschaffen."

Gelegentlich wird auch zu einem biblischen Text auf dieses
Verständnis aufmerksam gemacht:

Ps 147,4:

"Er (sc. Jahwe) setzt die Zahl der Sterne fest,
ruft sie alle mit Namen (לכלם שמות יקרא)."

So redet z.B. H.-J.KRAUS in seiner Erklärung zur Stelle
vom "zugleich schöpferische(n) Akt und Bekundung des Herren-
rechtes",[57] jenes "zugleich" ist irreführend. Es handelt sich
nicht um einen gleichzeitigen Akt. Auf keinen Fall beinhaltet
ein "Rufen mit Namen" hier einen Schöpfungsakt, wie sich aus
einem Vergleich mit der wörtlich fast genauso formulierten
Parallelstelle Jes 40,26 ergibt:[58]

"Hebt empor eure Augen und seht:
Wer hat die geschaffen?
Der herausführt nach der Zahl ihr Heer,
er ruft sie alle mit Namen (לכלם בשם יקרא)."

Der Schöpfungsakt ist abgetrennt vom Gehorsamsverhältnis;
allerdings könnte in diesem Fall (Jes 40) die Schöpfung das
Gehorsamsverhältnis begründen. Hier geht es offensichtlich um

---

55 Vgl. die Zusammenfassungen zu diesem Thema bei W.H.SCHMIDT, Schöpfungs-
    geschichte 173-177. WESTERMANN, Genesis (BK) 52-57. An Texten vgl.
    Gen 1,3-5; Jes 41,4; 44,26; 48,13; auch Ps 33,6.9; 148,5 u.ö.

56 Übersetzung nach GUNKEL, in: APAT Bd.2 z.St. Lat. Text (nach Violet I
    z.St.):
    (1) "Et dixit ad me: Initium mundi ...
        et antequam starent exitus saeculi,
        et antequam spirarent conventiones ventorum, ...
    (4) et antequam extollerentur altitudines aerum,
        et antequam nominarentur mensurae firmamentorum, ...
    (6) tunc cogitavi, et facta sunt haec per mè et non per alium."

57 KRAUS, Psalmen (BK) z.St. S.1136; Herv. von mir.

58 Übersetzung nach ELLIGER.

eine "Berufung ... zu einer gewissen Aufgabe",[59] um ein
"Befehls- und Gehorsamsverhältnis": "Wenn ... Jahwe das Heer
der Sterne aufruft, dann haben sie sich zur Stelle zu melden
und seiner Befehle zu harren."[60] Ein ähnlicher Sprachgebrauch
findet sich auch einmal in den Bilderreden:
ÄthHen 43,1:[61]

"Abermals sah ich Blitze und die Sterne des Himmels, und ich sah, wie er
sie alle bei ihrem Namen rief, und (wie) sie auf ihn hörten."

In anderen Zusammenhängen wird eben solch ein "Namennennen
als ein besonderer Rechtsakt verstanden, "wenn im Falle des
Eigentumswechsel der Name des neuen Besitzers offiziell ausge
rufen wird".[62] Jedoch liegen m.E. alle diese Möglichkeiten
nicht nahe genug, um die Bedeutung hier in äthHen 48 weiter
zu erhellen. Das ist aber anders bei Texten, die mit dieser
Wendung ein besonderes Erwählungs-, Berufungs- oder Beauf-
tragungsverhältnis beschreiben.

Oft werden im AT gewisse Personen von Gott namentlich
berufen. Sie erhalten bestimmte Aufträge und Aufgaben und
werden von Gott an ihre verordnete Arbeit gestellt:[63]
Jes 49,1:[64]

"Hört auf mich, ihr Gestade, merkt auf, ihr Nationen von ferne!
Jahwe hat mich von Mutterleib berufen (מבטן קראני),
von Mutterschoß an meinen Namen genannt (הזכיר שמי)."

In diesem Sinne deutet H.MESSEL diesen Ausdruck
äthHen 48,2 mit der Bedeutung "einen bei Gott in Erinnerung
bringen"; das "bedeutet, daß seine Sache erledigt werden soll
daß Gott sich seinethalben in Bewegung setzen will, ihm zu
helfen, wenn er sein Freund ist, ihn zu strafen, wenn er sein
Feind ist."[65]

---

59 Van der WOUDE, THAT Bd.2 Sp.961f; dort weitere Stellen.

60 ELLIGER z.St. S.89.

61 Zum Text weiter unten; vgl. auch äthHen 69,21.

62 Vgl. 2 Sam 12,38; Jes 4,1; Ps 49,12. LABUSCHAGNE, THAT Bd.2
    Sp. 671 (Lit!).

63 Ohne den Begriff שם: Jes 41,9; 51,2; 54,6; Jer 1,15; 25,29; Ez 38,21;
    Hos 11,1; Joel 3,5; Am 5,8; Hag 1,11; Ps 105,16 u.ö., LABUSCHAGNE,
    ebd. Sp.670.

64 Mit שם kann hier wohl nicht konstruiert werden, weil dieser Begriff
    in der parallelen Wendung mit זכר erscheint. Zum Tg z.St.s.oben.

65 MESSEL 53; er verweist auf Koh 6,10; Jer 44,26, die s.M. nach termino
    logisch äthHen 48,2 nahestehen.

In diesem Fall (Jes 49) wird vor einem bestimmten Kreis von
Zeugen an eine vorher erfolgte Berufung erinnert. Der Zeitpunkt der Berufung liegt in der Vergangenheit und wird als
eine Berufung schon von Anfang an, "von Mutterleib" (מבטן),
"von Mutterschoß" (ממעי אמי), beschrieben.[66]
Der zeitliche Schwerpunkt ist etwas verschoben, wenn in
einem bestimmten Augenblick aktuell solch eine Berufung ausgesprochen wird; dann wird auf den augenblicklichen Beginn
dieses Verhältnisses abgehoben; die Zeit vorher ist völlig
uninteressant und bleibt im dunkeln:
Jes 45,3f:[67]

"Und ich gebe dir (sc. Kyros) die Schätze im Finstern und die Vorräte
im Versteck,
auf daß du erkennst, daß ich Jahwe bin,
(daß) der dich beim Namen gerufen (הקורא בשמך), der Gott Israels ist.
Um meines Knechts Jakob willen
und um Israels, meines Erwählten,
hab ich dich (jetzt) bei deinem Namen gerufen (ואקרא לך בשמך), geb
dir (den) Ehrentitel, wiewohl du mich nicht kennst."

Dort wird zum Ausdruck gebracht, "daß der Gott, der ihn (sc. Kyros) an
seine geschichtliche Arbeit gestellt hat, tatsächlich Jahwe, der Gott
Israels, ist. Für 'jem. an die Arbeit stellen' findet sich hier und
sofort in 4b noch einmal die Formulierung קרא בשם 'jem. bei seinem
Namen rufen', die uns Heutigen nicht ohne weiteres vermittelt, was gemeint ist ... Im Hintergrunde steht das Verhältnis des Patronatsdienst-
herrn zu seinem Vasallen, dem er aber als Dienstherr Schutz angedeihen
läßt und Beistand leistet, dem er aber als Dienstherr natürlich auch
Befehle zu geben und Aufgaben zu stellen hat. In letzterem Bereich hat
die Wendung ihren Platz, und zwar ganz allgemein, wenn sie nicht im Spe-
zialfall den Anfang eines solchen Verhältnisses meint, also die In-
dienstnahme, die Berufung."[68]
Auch in späteren Königsinschriften ist solch eine aktuelle
Berufung belegt, z.B. in einer Tonzylinder-Inschrift des Kyros
(um 538 v.Chr.):[69]

11   "Alle Länder musterte er (sc. der Herr der Götter),
     hielt nach ihnen (sc. den Göttern) Ausschau

12   und suchte einen gerechten Herrscher nach seinem Herzen, dessen
     Hände er erfasse.
     Kyros, König der Ansan,[70] seinen Namen sprach er aus,
     zur Herrschaft über die ganze Welt berief er ihn.

66 Vgl. auch Jer 1,5, wo in ähnlicher Weise von der Berufung Jeremias
    gesprochen wird (קרא, aber ohne שם). Zum Tg z.St. s. oben.
67 Übersetzung nach ELLIGER.
68 ELLIGER z.St. S.494f.
69 Text und Übersetzung bei WEISSBACH 2ff. Vgl. GALLING, Textbuch 83.
70 D.h. Kyros den Großen, 559-529 v.Chr.

13   Das Land Quiti, alle Umman-Manda legte er zu seinen Füßen ..."

Auf äthHen 48 übertragen heißt dies, daß der Menschensohn
von Gott in einen besonderen Dienst genommen wird, wenn sein
Name genannt wird. Er erfährt von Gott seine Berufung vor dem
himmlischen Thronrat, der hier nicht näher beschrieben zu
werden braucht. Dieses geschieht vor den Augen der nun mit
Erkenntnis und Weisheit erfüllten Frommen. Um eine (Neu-)
Schöpfung scheint es sich nicht zu handeln, sondern um ein
ganz besonderes Berufungs- und Erwählungsgeschehen. Darum
wird auch im folgenden von seiner Aufgabe und Funktion für
die Gerechten geredet werden (V.4).

So versteht E.SJÖBERG, unter Berufung auf die angegebenen
Stellen, äthHen 48,2 in "Verbindung mit der altorientalischen
Königsideologie; der König wird durch die Nennung seines
Namens im voraus für das Regiment auserwählt. Der Menschensohn ist in derselben Weise für das Weltrichtertum und die
Welterlösung auserwählt."[71] An dem Geschehen zwischen Gott
und dem Menschensohn ist noch eine weitere Beobachtung zu
machen. Hier in V.2 wechseln die Bezeichnungen "jener
Menschensohn" und "sein Name", sind von daher wohl synonym gebraucht; ähnlich wechseln die Gottesbezeichnungen. Das bedeutet aber, daß sich hinter der Umschreibung "sein Name" die
Gestalt des Menschensohnes selbst verbirgt. Diese Beobachtung
wird besonders für den nächsten Vers (3) wichtig, wenn nunmehr nur vom "Namen" gesprochen wird und manche Ausleger von
einem "prämundanen Namen" glauben sprechen zu müssen.[72] Diese
Interpretation widerspricht auch nicht äthHen 69,26:

"Große Freude herrschte unter ihnen (sc. die Auserwählten?), und sie
segneten, lobten, priesen und erhoben, weil ihnen der Name jenes
Menschensohnes geoffenbart wurde."

Als Abschluß der dritten Bilderrede, oder vielleicht alle
drei BR insgesamt,[73] wird auf das Ganze des zuvor Geschilder-

---

71 E.SJÖBERG, Menschensohn 95.

72 Vgl. OTTO 143: (Die Existenz des Messias) "ist zunächst nur die des
    "Namens", der im Anbeginn vor Gott genannt ist: das heißt eigentlich
    nur eine Existenz in der bestimmenden und schöpferischen Idee Gottes."
    (Herv. von mir). Ähnlich auch GOLDBERG, Namen 80 (ad PRE 32, 72b); vgl
    u.S.21off. Zu ähnlichen Texten, die מש quasi als Wechselbegriff für
    die Person verwenden, s.o.S.123ff, weiter auch Hld 1,3; äthHen 70,1
    und im NT Apg 1,15; Offb 3,4; 11,13. Vor allem LXX Ps 72,14 könnte
    als Vorbild eine Rolle gespielt haben.

73 Vgl. hierzu die Bemerkungen von BEER, CHARLES u.a. z.St.

ten zurückgeblickt. In dieser eschatologischen Szene ist somit auch das ganze Geschehen im Blickfeld, und nicht etwa -
wie es auf den ersten Blick scheinen möchte - die Kenntnis
eines Namens oder einer Bezeichnung für den MS. Damit ist mit
dem "Namen" wieder die Person des MS gemeint! Offensichtlich
wird in äthHen 48,2 im Augenblick des Erkennens der Beauftragung des Menschensohnes den mit Weisheit erfüllten Frommen ein
ursprüngliches Geschehen vermittelt. Dies herauszustellen
scheint nun die Aufgabe der Rückblende 48,3-6 zu sein.

3.3. Die Rückblende (V.3-6)

3.3.1. Die präexistente Beauftragung (V.3). Während V.2 eine
Beziehung zwischen Gott und dem MS beschreibt, soll nun offensichtlich in V.3 eine solche zwischen MS und Schöpfung hergestellt werden.

Erstes Thema dieser Rückblende ist also eine eindeutige
Vorordnung des MS vor aller Schöpfung:

(3) "Bevor die Sonne und die (Tierkreis-)Zeichen geschaffen, (und) bevor
     die Sterne des Himmels gemacht wurden, wurde sein Name vor dem Herrn
     der Geister genannt."

Dieses Nebeneinander kosmischer Elemente ist wohl eine ferne
Anspielung auf Gen 1,14-19, dem vierten Schöpfungstag im Bericht von P, wo "Sonne", ("Mond") und "Sterne"[74] zu "Zeichen"
(לאחת) bestimmt werden.[75] Durch die Konjunktion "bevor" wird
somit auf einen Zeitpunkt vor der Schöpfung verwiesen. Ähnliche Konstruktionen sind aus der Weisheitsliteratur bekannt.
Vergleicht man sie, so kann eine Abhängigkeit in der Vorstellung eindeutig nachgewiesen werden, besonders zu Spr 8:

- es werden Schöpfungswerke aufgezählt

- die Vorordnung wird durch Konjunktion und Verb ausgedrückt

- auch die Satzform ist gleichgestaltet: "Der untergeordnete Satz, der die
  Präexistenz anzeigt, ist dem Hauptsatz, der das Ereignis nennt, vorangestellt."[76]

---

74 Hebr.: הכוכבים , vgl. die mess. Verheißung aus Num 24,17.

75 So THEISOHN 130. Ein ähnlicher Bezug zu Gen 1,14-19 liegt außerhalb
    der BR im astrologischen Buch äthHen 75,3: "Denn die Zeichen und Zeiten,
    die Jahre und Tage zeigte mir der Engel Uriel, den der ewige Herr der
    Herrlichkeit über alle Lichter des Himmels, am Himmel und in der Welt,
    gesetzt hat, damit sie an der Oberfläche des Himmels herrschen, über
    der Erde erscheinen und Führer seien für den Tag und die Nacht, Sonne,
    Mond und Sterne und alle dienstbaren Geister ..."

76 THEISOHN 131, der zusätzlich auf die gleichen Elemente in Ps 90,2b
    verweist.

Die Präexistenzvorstellung der Weisheit ist somit auf den
Menschensohn übertragen worden. Was für ein Motiv könnte für
eine solche Übertragung bestimmend gewesen sein? M.E. kann
eine solche inhaltlich an der Aussage der Vision (V.1f) deutlich gemacht werden. Hier wird ein Erwählungsgeschehen vor
den Augen der Frommen in der himmlischen Welt beschrieben;
wie hätte ihnen gegenüber die Exklusivität dieser Erwählung
anders hervorgehoben werden können, als durch die Schilderung
einer vorzeitlichen, prä-kosmischen Erwählung? Das Interesse
des Apokalyptikers ist durch ein Herausheben der Erwählung
des Menschensohnes ihnen gegenüber bestimmt, und er drückt
diese durch die Vorstellung der Präexistenz aus. Über die
Schöpfung des MS selbst wird in keiner Weise zusätzlich spekuliert, sondern sie ist nur aus einer solchen der Weisheit
wahrscheinlich zu machen.

Auch auf den Ort in der Nähe Gottes, im himmlischen Thronrat, wird nicht weiter abgehoben; aber durch den Ausdruck
"vor dem Herrn der Geister/Betagten" scheint sich das Geschehen eben dort abzuspielen. Durch diesen Ort bei Gott
läßt sich ein wirklich verbindlicher Zug von messianischer
Gestalt und Weisheit herstellen.[77]

Darüber hinaus könnte noch ein weiterer Gedanke eine Rolle
gespielt haben. Im Unterschied zu den aufgezählten Schöpfungswerken in der Weisheitsliteratur, werden hier in äthHen 48
nur kosmische Elemente, Sonne, Zeichen und Sterne, erwähnt.
Könnte dieser Bezug lediglich zu den kosmischen Elementen ein
Hinweis darauf sein, daß der Apokalyptiker mit diesen Elementen noch etwas besonderes verbindet? Sie stellen weithin für
ihn das kosmische Gegenbild zu den Menschen dar; so stehen im
besonderen die Sterne in einem spezifischen Verhältnis zu
den Menschen.

ÄthHen 43,1-4:

(1) "Abermals sah ich Blitze und Sterne des Himmels, und ich sah, wie
     er sie alle bei ihren Namen rief, und (wie) sie auf ihn hörten ...
(3) Da fragte ich den Engel, der mit mir ging (und) mir das Verborgene
     zeigte: 'Was sind diese?'

---

77 THEISOHN verweist zu Recht auch auf Ps 110,1 und Dan 7 (ebd. S.135).

(4) Er sagte zu mir: 'Ihre sinnbildliche Bedeutung[78] hat dir der Herr
der Geister gezeigt. Dies sind die Namen der Gerechten,[79] die auf
dem Festland wohnen und an den Namen des Herrn der Geister immer-
dar glauben'."

Diese Vorstellung eines kosmischen Gleichnis- oder Ab-
bildcharakters, ja sogar einer Identifikation der Menschen
mit den Gestirnen, steht nicht vereinzelt da.[80] Wenn die uranfängliche Erwählung des Menschensohnes ausgedrückt werden
sollte, dann mußte das so geschehen, daß er diese kosmischen
Elemente weit übertrifft.

Aufs Ganze gesehen wird also die präexistente Berufung
und Beauftragung des Menschensohnes von zwei Seiten her be-
leuchtet. War in der Vision selbst allein der Ort des Geschehens vor dem Herrn der Geister wichtig, so hier in der Rückblende der Zeitpunkt. Ob und wie der MS auch geschaffen worden
ist, bleibt dabei unbedeutend und kann zurücktreten.

3.3.2. Inhalt des Auftrages (V.4). Neben dem Zeitpunkt der
Berufung des Menschensohnes wird als zweites Thema der Rückblende der Inhalt der Beauftragung beschrieben:

(4) "Er wird ein Stab für die Gerechten und Heiligen sein, damit sie
sich auf ihn stützen und nicht fallen; er wird das Licht der Völker
und die Hoffnung derer sein, die in ihrem Herzen betrübt sind."

Als Gottes auserwähltes Werkzeug, das alles übertrifft,
wird dem MS eine Verheißung für seinen Auftrag mitgegeben.
Sie greift zwei Bilder auf, die dann weiter expliziert werden.

Das erste ist das Bild des Stabes, auf dem sich der
Schwache auf seinem Weg stützen kann. In der Psalmensprache
des AT wird dieses Bild gern für das Verhältnis von Mensch
und Gott verwendet.[81] Als Hintergrund ist vor allem aber an
die wichtigsten zeitgenössischen messianischen Texte der

---

78 Das entspricht dem hebr. משל ; vgl. oben A.1.

79 BEER und CHARLES übersetzen nach 2 HSS: "Heiligen".

80 So Dan 12,3; PsSal 18,10-12; AssMos 10,9f u.ö. Vgl. auch das Bildwort
vom strahlenden Stern (הילל ; LXX: "Morgenstern") im Spottlied auf
den König von Babel, Jes 12,12-15. Zum Ganzen VOLZ 397-399.

81 Vgl. mit שען Ps 18,15; Jes 10,20b; 50,10 (s.u.im Text); 2 Chr 13,18;
14,10; 16,(7).8; auch Mi 3,11. Zum Ganzen JENNI (Hrg.), THAT Bd.2
Sp.161 und mit סמך Ps 37,16f.23f; 119,16; auch 3,6; 51,14; 54,6 u.ö.
Zum Ganzen vgl. STOLZ, THAT Bd.2 Sp.160. Möglicherweise spielt hier
auch ein Wortspiel hinein, das den Stabträger (מחקק) als Führer und
Gebieter beschreibt, im Deboralied (Ri 5,14) und im Mosesegen
(Dtn 33,21).

Tora, Gen 49,10, und Num 24,17 zu denken:

Gen 49,10:

"Nie weicht von Juda der Stab (שבט), das Zepter (מחקק) von
seinen Füßen, bis er nach Silo kommt,[82] dem es gehört, er,
dem der Gehorsam der Völker gebührt."

Num 24,17:

"Es geht ein Stern auf aus Jakob (דרך כוכב מיעקוב),
es erhebt sich ein Stab aus Israel (קם שבט מישראל)."

Im letzten sind wieder beide Bilder vom Stab und dem Licht-
stern verbunden; besonders dieser Text hat auch in Qumran und
im rabbinischen Judentum eine entscheidende Rolle gespielt.[83]
In ähnlicher Weise greift auch ein Text bei Deuterojesaja
diese beiden Bilder von Stab und Licht auf:

Jes 50,10:

"Wer von Euch Jahwe fürchtet,
der höre die Stimme seines Knechtes.
Wer im Dunkeln lebt und wem kein Licht (נגה) leuchtet,
der vertraue (יבטח) auf den Namen Jahwes
und stütze sich (וישען) auf seinen Gott."

Bei dem zweiten Bild vom "Licht der Völker" läßt sich ein
doppelt enger Bezug zu Deuterojesaja nachweisen; einmal zum
ursprünglich dritten Kyroslied Jes 42,5-9,[84] das aber in
späterer Zeit messianisch verstanden wurde:[85]

---

82 Oder nach LXX und HSS שֶׁלּוֹ (vgl. Ez 21,32): "bis der kommt, dem es
gebührt"; vgl. ABERBACH/GROSSFELD 12-16.

83 Vgl. CD 7,18-21 (hier auch Bezug zu Am5,26: כוכב); 1 QM 11,6f;
4 Q test 9-13; weiter TestLevi 18,3; TestJud 24,1; Jos, Bell 6,312f;
yTaan 4,2 (68d,49; BILL Bd.1 S.13) u.ö.; weiter auch die alten Übersetzungen von Num 24,17. Zum Ganzen vgl. HENGEL, Zeloten 243-246 und
VERMES, Scripture 59.165.

84 Vgl. hierzu ausführlich ELLIGER z.St.

85 Wie man an der Geschichte der Exegese sieht, konnte das Lied durchaus
immer wieder von Jes 42,1 her auf den Ebed-Jahwe bezogen werden.
Älteste Zeugnisse sind z.B. auch einige HSS des Prophetentargum, die
in V.1 "mein Knecht, der Messias" lesen; im Targum werden V.6f so
paraphrasiert.
(6) "Ich habe dich groß gemacht (oder: ernannt) in Wahrheit,
    ich habe deine Hand ergriffen;
    ich werde dich einsetzen und dich geben als Verpflichtung für das
    Volk, als Licht für die Völker,
(7) zu öffnen die Augen des Volkes Israel, die wie blind für das
    Gesetz sind, zu befreien die Verbannten aus der Mitte der Völker,
    wo sie Gefangenen gleichen, und sie zu erlösen aus der Unter-
    jochung der Königreiche, wo sie eingekerkert sind wie Gefangene
    in der Finsternis."

(6) "Ich, Jahwe, habe dich <u>gerufen</u> heilvoll (קראתיך בצדק),
     und deine Hand ergriffen.
     Und hab dich gebildet und hab dich gemacht
     zur Verpflichtung für das Volk, zum <u>Licht für die Völker</u>."

Zum anderen im zweiten Gottesknechtslied, Jes 49,1-9:[86]

(1) "Jahwe hat mich von Mutterleib <u>berufen</u> (מבטן קראני),
     von Mutterschoß an meinen Namen genannt (הזכיר שמי).

(6) Es ist zu wenig, daß du mein Knecht bist,
     herzustellen die Stämme Jakobs
     und die Bewahrten Israels wiederzubringen, -
     ich mache dich zum <u>Licht der Völker</u> (לאור גוים)."

     Die letzte Verheißung für den Menschensohn - Hoffnung zu

sein - entspricht wieder gängigen Aussagen über Gott selbst,

z.B. auch bei Deuterojesaja:

Jes 40,29-31:[87]

(29) "Er (sc. Jahwe) gibt den Müden Kraft
     und dem Ohnmächtigen Stärke in Fülle.
(30) Es werden müde die Jünglinge und matt,
     und die jungen Männer <u>straucheln und fallen</u> (כשול יכשלו)
(31) Doch die auf Jahwe <u>hoffen</u> (וקוי),
     erneuern ihre Kraft,
     sie treiben Schwingen wie die Adler,
     sie laufen und werden nicht matt,
     sie wandern und werden nicht müde."

     Dasselbe Motiv der Hoffnung auf Jahwe findet sich bei

Deuterojesaja noch in einem anderen Zusammenhang, der auf das

nächste Thema des Rückblickes Bezug nimmt - die Autorisierung

in der Proskynese:[88]

Jes 49,23:

"Mit dem Gesicht zur Erde <u>werfen sie sich nieder</u> (ישתחוו) vor dir[89]
und lecken dir den Staub von den Füßen. Dann wirst du erkennen, daß ich
Jahwe bin, und daß keiner beschämt wird, der auf mich <u>hofft</u> (קוי)."

     Übersieht man bei Henoch den Inhalt der Verheißung des

berufenen Menschensohnes, so entsteht der Eindruck, daß an

die messianische Gestalt unter einer Fülle von atl. Anklängen

Erwartungen geknüpft werden, die sonst der Fromme und das

Volk auf Jahwe, seinen Gott, richtet. Somit scheint auch hier

---

86 Vgl. auch die Erwartung von Gottes כבוד und אור Jes 60,1ff und die
    Aussagen über die Licht- und Führerfunktion der Weisheit: Weish 7,22-
    26, zum Lichtmotiv vgl. Jes 9,1 und 2 Sam 21,17; 23,4.

87 ELLIGER z.St. S.93. Vgl. weiter in den Psalmen mit קוה Ps 25,3.5;
    37,9; 69,7 u.ö. Zum Ganzen WESTERMANN, THAT Bd.2 Sp.625ff. Möglicher-
    weise findet sich hier auch ein Bezug zur eschatologischen Armen-
    frömmigkeit Jes 61,1; 66,2.

88 Vgl. auch schon Jes 49,7, wo von Fürsten die Rede ist, die sich
    "niederwerfen" (וישתחוו).

89 Hier ist das zurückgeführte Volk angesprochen.

wieder eine einzigartig enge Beziehung von MS und Gott bestimmend zu sein. Auch wenn dies ein "Vers in den Bilderreden
(ist), der am christlichsten klingt",[90] hat SJÖBERG völlig
recht, daß von "einer christlichen Interpolation" nicht geredet werden kann.[91] Ähnlich wie schon in den Königspsalmen
werden auch hier bestimmte Aussagen über Gott für die Aufgabe
des Menschensohnes übernommen.

3.3.3. Doxologische Autorisierung (V.5f). Wie vom atl. Hintergrund zu erwarten, kommen Proskynese und Anbetung in den BR
fast ausschließlich Gott zu - sowohl von Seiten der Frommen
als auch von den sündigen Machthabern der Welt.[92] Das ist
hier in äthHen 48,5 anders. Obwohl es in den BR nur eine
Stelle gibt, an der ausdrücklich vom Preis des Auserwählten/
MS die Rede ist, legt sich aber vom Kontext hier ebenfalls
ein Bezug zum MS nahe.[93] Vor ihm fallen alle Erdenbewohner
nieder, und damit wird er zum Gegenstand ihrer universalen

---

90 E.SJÖBERG, Menschensohn 19.
91 Ebd. S.20. Gegen AGOURIDIS 136.
92 ÄthHen 39,7 von den Auserwählten und Gerechten, ein Lobpreis, in den
    der entrückte Henoch selbst mit einstimmt (V.9f); 63,1f von den
    Mächtigen und Königen. Vgl. weiter 47,2; 57,3; 61,9.11; u.ö.
93 Von der Stimme des zweiten Angesichtsengels werden der Auserwählte und
    die Auserwählten Gottes gepriesen; die anderen Texte sind teilweise
    nicht ganz sicher überliefert. Andererseits muß in den BR auch damit
    gerechnet werden, daß ohne vorige Einführung der Objektbezug wechseln
    kann. Vgl. aber 48,10: (KNIBB zieht hier die Lesart "vor ihnen", d.h.
    den Auserwählten und Gerechten, vor; so auch CHARLES und FLEMMING/
    RADEMACHER z.St.; THEISOHN S.39 entscheidet sich nicht; BEER liest
    den Singular); 61,7: BEER und SJÖBERG S.68 A.32 vermuten eine Ver-
    ehrung des MS; KNIBB und FLEMMING/RADEMACHER lassen die Entscheidung
    offen; 62,6: hier ist wohl die Stelle, die noch am ehesten von einer -
    allerdings vergeblichen - Anbetung des MS durch die Mächtigen der
    Erde redet; 62,9: hier könnte auch die parallele Aussage "jener MS"
    die nächste Bestimmung sein; 69,26: auch THEISOHN S.40 ist sich un-
    sicher! Es fällt auf, daß die zwei noch möglichen Stellen (62,6.9)
    sich beide auf den MS beziehen, der die richterliche Funktion wahr-
    nimmt (zum Ganzen vgl. THEISOHN S.39f; zu 51,3, wo der Auserwählte
    auf dem Thron Gottes sitzt und vom Herrn der Geister "verherrlicht"
    wird, vgl. u. im Text).

doxologischen Huldigung.[94] Es ist noch etwas davon zu spüren,
daß diese Verehrung etwas besonderes darstellt; nicht ohne
Grund wird neben die Proskynese das Lob (des Namens) Gottes
gestellt.[95]

Verständlich wird aber die ganze Szene durch die Zuordnung
von MS und Gott: der MS steht wohl vor dem göttlichen Thron,
ja, sitzt vielleicht sogar selbst auf diesem Thron.[96] Die
Aufeinanderbezogenheit von MS und Gott ist also so eng, daß
im doxologischen Preis eine präzise Unterscheidung nicht mehr
möglich ist. Durch universale Proskynese und Lobpreis wird
der MS als Gottes endzeitlicher Bevollmächtigter autorisiert
und in seinem Amt bestätigt. Die Ineins-Setzung von MS und
Gott erweist sich auch - man möchte fast sagen folgerichtig -
an der anschließenden Begründung V.6:

"Deshalb war er auserwählt und verborgen vor ihm (Gott),
bevor die Welt geschaffen wurde und bis in Ewigkeit."

Den beiden unbestimmten Zeitbestimmungen am nächsten stehen
die im doxologischen Zusammenhang gern verwendeten atl. Doppelformeln, wie z.B. Ps 90,2:[97]

"Ehe die Berge geboren wurden
und die Erde entstand und das Weltall,
bist du Gott von Ewigkeit zu Ewigkeit."

In doxologischer Form wird die uranfängliche Erwählung und
Beauftragung des MS durch die universale Proskynese und den
begründenden Zuspruch der unendlichen Dauer abgeschlossen.

Lediglich die beiden Ausdrücke "auserwählt" und "verborgen"
machen noch einige Schwierigkeiten. Ihnen soll noch weiter
nachgegangen werden. Wie passen sie zu dem vorher Gesagten?
Werden dadurch neue Aspekte angesprochen, oder fassen sie das
Vorherige nur in andere Worte zusammen?

3.3.4. Exkurs über "Auserwählung" und "Verborgenheit" in den
Bilderreden. Noch in anderen Zusammenhängen wird von der

---

94 46,5 wurde ihm die Verehrung von den Königen versagt; vgl. aber ihre
    endgültige Vernichtung 48,10. Ähnlich ist auch im Philipperhymnus
    (2,9-11) mit der Namensverleihung die Proskynese verbunden.

95 Nur einige - allerdings gewichtige HSS - überliefern "dem Namen ...";
    so hat sich KNIBB für diesen Zusatz entschieden gegen FLEMMING/
    RADEMACHER, während BEER unsicher bleibt.

96 Vgl. 45,3; 51,3; 55,4; 61,8; 62,3; 69,27.29; vgl. THEISOHN 37f.

97 Vgl. Jer 7,7; 25,5; Ps 41,14; 103,17 weiter oben zu Ps 90,2.

"Auserwählung" und "Verborgenheit" des MS/Erwählten in den
Bilderreden gesprochen; beidemale ist der "Herr der Geister"
bestimmendes Subjekt der Erwählung:

ÄthHen 46,3:

(Der Engel) "antwortete mir und sagte zu mir:
'Dies ist der Menschensohn, der die Gerechtigkeit hat, bei dem die Gerechtigkeit wohnt, und der alle Schätze dessen, was verborgen ist, offenbart; denn der Herr der Geister hat ihn auserwählt, und sein Los hat vor
dem Herrn der Geister alles durch Rechtschaffenheit in Ewigkeit übertroffen.'"

ÄthHen 49,4:

"Er (sc. der Auserwählte) wird die verborgenen Dinge richten, und niemand wird eine Lügenrede[98] vor ihm führen können; denn auserwählt ist er
vor dem Herrn der Geister nach seinem Wohlgefallen."

Hierin entsprechen die Bilderreden dem alttestamentlichen
Sprachgebrauch, insbesondere aber Deuterojesaja, in dessen
Botschaft der Erwählungsgedanke in konzentrierter Form erscheint.[99] Besonders der zweite Text läßt eine enge Affinität zu Dtjesaja erkennen, wenn dort wie hier der "Erwählte"
(בחיר) als Ziel des göttlichen Wohlgefallens erscheint.[100]
Demgegenüber hat aber anscheinend der Topos der "Erwählung"
für die messianische Gestalt in den Bilderreden schon titu-
lare Bedeutung angenommen; "Auserwählter" ist die häufigste
Bezeichnung für diese eschatologische Gestalt.[101] Aber nicht
nur die Bezeichnung "Auserwählter" läßt sich auf dem Hintergrund der atl. Texte in ihrer Vorprägung erkennen; auch die
Verknüpfung von "Erwählung" und Beständigkeit, Dauer, ja
"Ewigkeit" (עולם) des durch die Erwählung geschaffenen Verhältnisses, wie sie in äthHen 48,6 zutage tritt, läßt sich
schon an einem Ausspruch Gottes an den Davididen belegen:

---

98 BEER übersetzt: "eine nichtige Rede"; vgl. auch 62,3 und gegenüber
    Gott 67,9. Zur Interpretation und Übersetzung vgl. bes. THEISOHN 59-

99 Zum Ganzen siehe WILDBERGER, THAT Bd.1 Sp. 290f (Lit!); auch SEEBASS
    u.a., ThWAT Bd.1 (1973) Sp.592-608. Vgl. bes. die tabellarische Über
    sicht bei WILDBERGER, a.a.O. Sp.277, der zu entnehmen ist, daß in de
    meisten Fällen Gott selbst der Erwählende ist.

100 Vgl. bes. Jes 49,7: "Der Heilige Israels, der dich erwählt hat"
    (ויבחרך); aber auch 42,1.

101 Neben vierzehnmal MS mit jeweils kleinen sprachlichen Variationen;
    einmal "Gerechter" (53,6), zweimal "Messias" (48,10; 52,4), erschein
    "Auserwählter" dreizehnmal in den BR: 40,5; 45,3(bis).4; 49,2; 51,3.
    52,6.9; 53,6; 55,4; 61,5; 62,1; auszuschließen sind wohl 39,6; 61,1C
    62,11; vgl. THEISOHN 31f.

Ps 89,4f:

"Ich schloß einen Bund mit meinem Erwählten (לבחירי), schwur meinem
Knechte David:
In Ewigkeit (עד־עולם) gebe ich Bestand deinem Samen und baue auf deinen
Thron für alle Geschlechter."

Wenn sich auch eine Reihe von Unterschieden feststellen
lassen, ist doch dieselbe Verknüpfung, ein herausragender
Stellenwert im göttlichen Heilsplan, nicht zu übersehen.[102]
Der auserwählte Menschensohn befindet sich damit zwar einerseits auf einer Linie mit den ebenfalls auserwählten Frommen;[103]
und wie sich schon an dem gemeinsamen Lobpreis durch den Angesichtsengel Raphael zeigte (äthHen 40,5), läßt sich nicht nur
der Bezeichnung nach eine enge Verbindung zwischen dem Auserwählten und den Auserwählten herstellen,[104] andererseits wird
aber gerade hier die Unterschiedenheit deutlich: die besondere
Funktion des Auserwählten als ausgesondertes Werkzeug Gottes
muß den Frommen noch offenbar gemacht werden, denn dies ist
ihnen bis zu dem Augenblick verborgen, da ihnen, voll der Erkenntnis aus den Quellen der Weisheit, das Geheimnis gelüftet
wurde.[105]

Demgegenüber wird mit dem Stichwort "verborgen" ein Thema
angeschlagen, das die ganze apokalyptische Literatur, und

102 So wird die Dauer der Dynastie im Psalm auch auf die Nachkommenschaft
des Davididen übertragen, während in 48,6 allein der MS im Vordergrund
steht. Weiterhin wird im Psalm die Besonderheit des Davididen noch dadurch hervorgehoben, daß die ewige Zusage als Gottesspruch gestaltet
wird. Zu Ps 89 und seinen Beziehungen zur Nathansverheißung (2 Sam 7)
vgl. KRAUSS, Psalmen (BK) z.St.

103 "Auserwählte" ist die gängige Bezeichnung der BR für die Frommen,
neben "Gerechten", "Heiligen" und gelegentlich ganz allgemein "Alle,
die auf dem Festland (= Erde) wohnen" wie hier äthHen 48,5. In diesem
Sprachgebrauch spiegelt sich die atl. Verwendung von בחר wieder, womit neben der Erwählung des Königs besonders die des Volkes - spätestens seit dem Dtn - bezeichnet wird, WILDBERGER, THAT Bd.1 Sp.283ff.
Weiter ders., Neuinterpretation.

104 Vgl. äthHen 62,14; auch 38,1: hier findet sich die Auffassung, daß die
"Gemeinde der Gerechten" sichtbar, offenbar wird, "wenn der 'Gerechte'
vor den auserwählten Gerechten erscheinen wird". Ob allerdings die
Parallele so eng ist, wie SCHRENK sie beschreibt (ThWNT IV (1942) 188-
190), wenn er den "Zusammenschluß und die Korrespondenz zwischen dem
Auserwählten und den Auserwählten" "ein Lieblingsthema des äthHen"
nennt, ist wohl etwas überzeichnet.

105 Vgl. SEEBASS u.a., ThWAT Bd.1 (1973) 603 für den Gebrauch im AT:
"Überall, wo בחר in bezug auf Personen vorkommt, bezeichnet es die
Auswahl aus einem Ganzen ..., dergestalt, daß der Gewählte in bezug
auf das Ganze eine Funktion wahrnimmt. בחר hat dabei durchaus die
Komponente des Abgrenzenden, aber gerade so, daß das durch בחר Abge-
grenzte umso klarer der Gesamtheit zu Diensten stand."

nicht nur sie, durchzieht.[106] Hier im Zusammenhang von
äthHen 48,1-7 geht es weniger um die allgemeine Vorstellung,
daß bei Gott bestimmte Dinge verborgen sind, sondern durch
die weitere Bestimmung "vor ihm (d.h.Gott)" wird ein Ort in
der himmlischen Welt angegeben, von dem die höchste göttliche
Offenbarung ausgeht - der himmlische Thronrat. In diesen
höchsten Offenbarungskreis wurde Jesaja durch Entsühnung aufgenommen,[107] hier lauscht Jeremia dem geheimen Gespräch (סוד)
zu welchem Gott "seinen Knechten, den Propheten" Zugang ge-
währt,[108] hier wird Deuterojesaja von höchster Autorität beauftragt,[109] und auch der Ebed-Jahwe erfährt dort seine Berufung.[110] Das ist der Ort, wohin Henoch in den beiden den BR
anhängenden Kapiteln entrückt wird, wo er als der "Mannessohn

---

106 Vgl. bes. OEPKE, ThWNT Bd.3 (1938) 959-979; WEHMEYER, THAT Bd.2
     Sp.173-181; E.SJÖBERG, Menschensohn 102-115.

107 Jes 6,1-11; vgl. auch den Bericht von Micha ben Jimla 1 Kön 22,19-
     22; ähnlich, und erst auf diesem Hintergrund zu verstehen, Ez 1,1-
     3,15. Zum Ganzen vgl. besonders ZIMMERLI, Ezechiel (BK) 16-21: Zur
     Form- und Traditionsgeschichte der prophetischen Berufungserzählunge
     Auch v.RAD, Theologie Bd.2, 72-78. Zum Ganzen SAEBØ, THAT Bd.2 Sp.
     144-148 (Lit!).

108 Jer 23,18.22; deswegen kann er den anderen Propheten totale Unkennt-
     nis des göttlichen Willens vorwerfen. Vgl.auch o.zu Ijob 15,8. Deute
     ronomische Theologie sieht hierin geradezu ein Indiz für die wahre
     Prophetie: Am 3,7: "Denn nichts tut der Herr Jahwe, ohne seine ge-
     heime Beratung (סוד) seinen Knechten, den Propheten, zu offen-
     baren." Vgl. WOLFF, Amos (BK) z.St.

109 Jes 40,1-8; dort spielen alle drei kurzen Szenen (40,1f.3-5.6-8) in
     der himmlischen Welt. Deuterojesaja ist in eine Versammlung des
     himmlischen Heeres versetzt und hört dort den Willen Gottes verkün-
     digen. Vgl. ELLIGER z.St. S.10-12.

110 Jes 42,1-4; "im Hintergrund (steht) ein spezifisch prophetisches Er-
     lebnis, bei dem der Prophet sich in die himmlische Sphäre aufgenom-
     men sieht und bei dem er ... Jahwes Stimme selbst vernimmt, die ihn
     dem himmlischen Rat präsentiert." ELLIGER z.St. S.200.

vom Engel (Michael) angesprochen wird.[111] Diese Vorstellung,
daß sich der MS in der nächsten Nähe Gottes, eben unter dem
himmlischen Thronrat, im Verborgenen aufhält, findet sich in
abgewandelter Form noch mehrmals in den Bilderreden wieder;[112]
es bleibt aber fraglich, ob sich hieraus unmittelbar ein Zusammenhang mit einer Präexistenzvorstellung herstellen läßt.

ÄthHen 39,6f:

(6) "An jenem Orte schauten meine Augen den[113] Auserwählten der Gerechtigkeit und Treue; Gerechtigkeit wird in seinen Tagen walten
und unzählige Auserwählte und Gerechte[114] werden für immer vor ihm
sein.

(7) Ich sah seine Wohnung unter den Fittichen des Herrn der Geister ..."

Während seiner Himmelsreise schaut Henoch das himmlische
"Wohngebiet", und unter den Gerechten und Heiligen auch Gottes
auserwähltes Werkzeug. Dieses befindet sich, im Unterschied
zu den anderen himmlischen Wesen, in der unmittelbaren Nähe
Gottes. In der Sprache der atl. Vertrauenpsalmen heißt das:
"unter den Fittichen Gottes":

---

111 ÄthHen 70,1-4.71,1-4.5-17. Zu der Vorstellung eines Menschen, der in
den Himmel, d.h. zum himmlischen Thronrat, entrückt wird, vgl.
2 Kön 2,3.5 (auch V.16 mit נשא) mit dem terminus technicus לקח
und besonders V.11 mit der Benennung der himmlischen Elemente Feuer
und Sturm; vielleicht machte der hebräische Text von Sir 48,12a
schon eine Aussage über die Verborgenheit des Elia (nach BARTHÉLEMY/
Rickenbacher, Konkordanz s.v. סתר:סתתר[נ] [ ]ל[ ]), diese Angabe
fehlt aber in der Ausgabe von The Historial Dictionary of the Hebrew
Language, The Book of Ben Sira z.St.: "(E)l(ia war im Wettersturm im
Himmel ver)borgen". Wenn E.SJÖBERG in äthHen 71,14 den Begriff MS
"mit dem Inhalt geladen" sein läßt, der ihm von den BR her zugehört,
damit also "der präexistente himmlische Menschensohn gemeint" ist
(S.187), dann erliegt er einem Zirkelschluß. Denn nach S.87 soll die
"deutliche" Stelle "hinsichtlich des Gedankens der Präexistenz des
Menschensohnes" äthHen 70(f) sein, was eben zu beweisen wäre! Zu
Henoch selbst vgl. Gen 5,24; dieselbe Sprache von einer "Entrückung"
(לקח) findet sich auch in den Psalmen wieder, Ps 49,16; 73,24. Vgl.
v.RAD, Theologie Bd.1, 418f. In äthHen 48,6 ist der MS schon seit der
Zeit vor der Weltschöpfung in Gottes Nähe und wird nicht erst dorthin
entrückt!

112 THEISOHN (123) findet das Motiv der Verborgenheit in den BR lediglich
in 48,6; 62,7 und 39,7. Es wäre aber der Kreis der Texte durch die
hier kurz gestreiften Stellen 40,1-10; 46,1-3 zu erweitern gewesen.
Bei THEISOHN mag die vorgegebene Fragestellung nach den traditionsgeschichtlichen Verbindungen zu den Ebed-Jahwe-Liedern den Blick zu
sehr verengt haben.

113 Andere HSS lesen den Plural in beiden Versen; der Singular und damit
der Bezug auf den Auserwählten allein ist aber vorzuziehen (so BEER;
CHARLES; KNIBB u.a.z.St.).

114 BEER zieht diese Ausdrücke zusammen: "auserwählte Gerechte".

Ps 17,8:

"Behüte mich wie ein Augapfel,
birg mich im Schatten deiner Flügel (בצל כנפיך תסתירני)"[115]

Ähnlich wird auch hier äthHen 39 der verborgene, nun in
der Vision dem Apokalyptiker enthüllte, himmlische Ort des
Auserwählten angegeben. Die Zeitangabe "für immer" betrifft
lediglich die zukünftige Dauer und Verbindung mit der
messianischen Gestalt. Deswegen ist es unglücklich, in diesem
Zusammenhang von einer "himmlischen Präexistenz" zu reden![116]
Verborgenheit bedeutet keineswegs auch gleichzeitig eine "Vor-
zeitigkeit" oder Präexistenz, wie an vielen Texten zu belegen
ist, sondern vielmehr eine Existenz vor der endzeitlichen
Offenbarung.

ÄthHen 40,1-10:

(2) "Der Engel, der mit mir ging, ... zeigte mir alle verborgenen Dinge.
(3) Ich hörte die Stimme jener vier Angesichts(engel),
     wie sie vor dem Herrn der Herrlichkeit lobsangen.
(5) Die zweite Stimme hörte ich preisen den Auserwählten und die Aus-
     erwählten, die dem Herrn der Geister anhängen [117] ..."

---

115 Ähnlich Ps 36,8; 57,2; 63,8; auch 61,7; 91,4; Rut 2,12; Klgl 4,20.
     Vgl. v.RAD, Theologie Bd.1, 415f; v.d.WOUDE, THAT Bd.1 Sp. 835 (Lit!)
     auch Jes 49,2: "Im Schatten seiner Hand hat er mich verborgen (בצל
     ידו החביאני), in seinem Köcher mich versteckt (הסתירני)."

116 So BEER, in: APAT Bd.2 z.St. A.h, der sich aber zu Unrecht auf DALMAN
     107 beruft. DALMAN redet - zu Recht - lediglich von "eine(r) himm-
     lische(n) (aber nicht vorweltlichen) persönlichen Präexistenz des
     Messias", wobei allerdings die Wahl des Begriffes "Präexistenz" nicht
     glücklich ist; wenn DALMAN dann allerdings äthHen 48,6 - aus nicht
     angegebenen Gründen - als unecht ausscheidet, erliegt er dabei einer
     petitio principii (ebd.). Hier in der Diskussion von äthHen 39,6f
     verfällt sogar der sonst so kritische BILLERBECK im Eifer des Ge-
     fechts einem Irrtum, wenn er schreibt (Nathanael 21 (1905) S.103),
     "daß der Messias seit alters persönlich im Himmel gegenwärtig sei."
     (Herv. von mir) Die Angabe "seit alters" hat aber am Text keinerlei
     Anhalt. Die Unterscheidung E.SJÖBERGs zwischen einer "Zukunftsvision"
     und einer "Gegenwartsvision" hält dem Versuch ebenfalls nicht stand,
     äthHen 39,6f als "einen Beleg für die Präexistenz des Menschensohnes
     anzusehen (Menschensohn 91f). Wie BILLERBECK liest auch er - aus
     äthHen 62,7 - eine Zeitbestimmung "von Anfang an" unangemessen in
     den Text hinein. MESSEL (23-25) zieht sich aus der Affäre, indem er
     aus theologischen (!) Gründen den Plural für ursprünglicher hält.

117 BEER liest "die bei dem Herrn der Geister aufbewahrt sind", was aber
     dem äthiopischen Text nicht gerecht wird. Obige Übersetzung bei
     FLEMMING/RADEMACHER, ebenso auch KNIBB: "who depend on the Lord of
     Spirits", jeweils z.St.

Im Zusammenhang mit der Angabe, daß der Angelus interpres
Henoch auf seiner Himmelsreise die Geheimnisse (μυστηρία)[118]
der himmlischen Welt zeigt, stehen auch die Engel vor dem Thron
Gottes. Der zweite Angesichtsengel "Rafael" preist die Auserwählten und den Auserwählten selbst. Als erläuternder Zusatz
wird hier, wie auch 46,8 (38,2 von den Werken der Gerechten),
angegeben, daß sie dem Herrn der Geister "anhängen". Hiermit
wird im Grunde lediglich die Zugehörigkeit zu Gott unterstrichen und erläutert somit die Begriffe "Auserwählt". Eine
Interpretation, die hier eine Ortsaussage wiederfindet, ja sogar eine Präexistenzvorstellung erkennen zu meinen glaubt, be-
ruht auf einer Fehlinterpretation des äthiopischen Textes.[119]

ÄthHen 46,1-3:

(1) "Ich sah dort den, der ein betagtes Haupt[120] (hat), und sein Haupt
    (war) weiß wie Wolle; bei ihm (war) ein anderer, dessen Antlitz wie
    das Aussehen eines Menschen (war), und sein Antlitz (war) voll Anmut
    gleichwie eines von den heiligen Engeln.
(2) Ich fragte einen der Engel,[121] der mit mir ging und mir alle Geheim-
    nisse zeigte, über jenen Menschensohn, wer er sei, woher er stamme,
    (und) weshalb er mit dem betagten Haupte gehe?
(3) Er antwortete und sagte zu mir:
    'Dies ist der Menschensohn, der die Gerechtigkeit hat, bei dem die
    Gerechtigkeit wohnt, und der alle Schätze dessen, was verborgen ist,
    offenbart; denn der Herr der Geister hat ihn auserwählt, und sein Los
    hat vor dem Herrn der Geister alles durch Rechtschaffenheit in Ewig-
    keit übertroffen.'"

Hier in äthHen 46 befindet sich der MS ähnlich wie in 48,2
in nächster Nähe Gottes; er ist "bei ihm" und "geht mit ihm".

---

118 Im griechischen Text ist dieser Ausdruck erhalten: grHen 9,6.; 10,7;
     16,3(3x); 103,3; 104,12. Der aramäische Ausdruck רז erscheint in
     den Fragmenten von Qumran 4QEn[a] 1,IV,f,Z.5, was wohl zu äthHen 8,3
     gehört (MILIK, Books S.157; 4QEnG[a] 9, Z.3 (ebd. S.316); 1Q 23 9+14+
     15, Z.2 (ebd. S.302); 4QEn[c] 5, IIb,Z.26, was zu äthHen 106,19 gehört
     (ebd. S.209), vgl. 107,3.

119 Gegen E.SJÖBERG (S.93); MESSEL hält diese Stelle wieder aus theolo-
     gischen Gründen für unecht "trotz dem einstimmigen Zeugnis der Hss."
     (S.19). Dabei ist allerdings ein Moment bei MESSEL richtig erfaßt,
     wenn er sich bei aller Parallelität gegen eine zu große Harmoni-
     sierung von Auserwählten und dem Auserwählten wehrt. Denn wenn hier
     äthHen 40,5 von einer Präexistenz des MS die Rede wäre, wie E.SJÖBERG
     es versteht, wie sollte dann eine solche auch von den Auserwählten
     behauptet werden? Hier merkt man, wie sehr SJÖBERG bezüglich "Prä-
     existenz" einer klaren Begrifflichkeit entbehrt.

120 Diese Gottesbezeichnung ist sicherlich eine Aufnahme von Dan 7,9.13.
     22, auch wenn dies nicht eine exakte Übersetzung in die äthiopische
     Sprache darstellt. Vgl. äthHen 1,2; 47,3; 55,1; 60,2; auch 71,10.13.
     14. Zum Ganzen THEISOHN 211f A.18 gegen E.SJÖBERG, Menschensohn 45f.

121 BEER konjiziert wie in 52,3: "den Engel".

Darüber hinaus gehören beide, Gott und der MS, zu den Geheim-
nissen, die Henoch auf seiner Himmelsreise durch den Engel
erklärt bekommt. Durch zwei Dinge zeichnet sich der MS aus:
einmal ist er "vom Herrn der Geister auserwählt"; darüber
hinaus hat er "alles durch seine Rechtschaffenheit übertroffen" und spiegelt den Glanz der göttlichen כבוד in seinem
Angesicht wieder. Die temporale Bestimmung "in Ewigkeit" verstärkt wiederum nur seine bleibende, überragende Bedeutung.
Darum aber an dieser Stelle dem MS eine Präexistenzvorstellung zuzusprechen, heißt sicherlich, dem Text Zwang anzutun;[122]
es fehlt ein Vergangenheitsbezug.

ÄthHen 62,6-8

(6) "Die Könige und[123] die Mächtigen und alle, die die Erde besitzen,
    werden rühmen, preisen und erheben den, der über alles herrscht,
    was <u>verborgen</u> ist.[124]

(7) Denn der Menschensohn war von Anfang an[125] <u>verborgen</u>, und der
    Höchste hat ihn <u>vor seiner Macht aufbewahrt</u> und ihn den Auser-
    wählten geoffenbart.

(8) Die Gemeinde der Heiligen und Auserwählten wird gesät werden, und
    alle Auserwählten werden an jenem Tag vor ihm stehen."

    War in den vorhergehenden Texten nur indirekt auf die Ver-
borgenheit des MS angespielt,[126] so ist hier in der dritten
Bilderrede ausdrücklich davon die Rede. Darüber hinaus - und
das ist das Eigentümliche an äthHen 62,7 - wird jetzt mit
der Aussage über die Verborgenheit des MS eine Zeitangabe

---

122 So E.SJÖBERG, Menschensohn 93. Zu Recht verwirft er allerdings die
     Annahme, daß äthHen 49,2 durch die Wendung "stehen vor dem Herrn der
     Geister" ebenfalls in die Kategorie solcher Texte hineingehört. Hier
     ist sicher nicht mehr gemeint, als was auch sonst im AT durch den
     Begriff עמד ausgedrückt wird, "die Haltung des Dieners, der vor
     seinem Herrn steht und seine Befehle empfängt"; (so im himmlischen
     Thronrat vor Gott 1 Kön 22,19.21). AMSLER, THAT Bd.2 Sp. 331.
     ÄthHen 49,2 gehört allerdings nicht zu den Texten, die von einer
     Verborgenheit des MS sprechen.

123 Andere HSS ziehen die beiden Begriffe zusammen und lesen: "die
     mächtigen Könige"; so auch KNIBB z.St.

124 Die letzte Apposition kann auch als eigener Nebensatz aufgefaßt
     werden; so BEER z.St.: "der über alles herrscht, der verborgen war."
     Wie oben FELMMING/RADEMACHER und KNIBB z.St., so auch THEISOHN
     S.122.219f A.25. Wer allerdings gemeint ist, ist nicht eindeutig. Es
     kann Gott selbst damit angesprochen sein, was einer traditionellen
     Auffassung entsprechen würde, oder aber auch der MS.

125 BEER übersetzt etwas blaß: "vorher".

126 Oft in den BR: 40,2.8; 41,1.3(bis); 43,3 u.ö.

verknüpft: "von Anfang an". Man kann sich dabei an die zu dem
hebr. Ausdruck מקדם gemachten Bemerkungen erinnern; es wäre
dann hier wohl nicht etwa auf eine unbestimmte Vorzeit angespielt, sondern auf den Zusammenhang mit der uranfänglichen
Schöpfungszeit der Welt. Solch ein Bezug wäre an dieser
Stelle keineswegs aus der Luft gegriffen, sondern ein deutlicher Rückgriff auf die zweite Bilderrede (48,1ff); schließlich liegt auch der gleiche Bezug zu Jes 49 vor.[127]

Demgegenüber bleibt die parallele Aussage über die Aufbewahrung "vor seiner Macht" etwas rätselhaft und singulär.[128]
Wahrscheinlich soll nun nicht der zeitliche Aspekt, sondern
der Ort vor seinem Machtantritt im Vordergrund stehen. So
wird diese Wendung ausdrücken wollen, daß der MS bis zum Zeitpunkt der endgültigen Offenbarung seiner Macht in der nächsten
Nähe Gottes zurückgehalten wird. ÄthHen 48 und 62 verbindet
das Bekenntnis und die Doxologie, eine uranfängliche Zeitbe-
stimmung, die nächste Nähe des MS zu Gott und das Reden von
der abschließenden Offenbarung. Hier im Zusammenhang der
dritten BR geht es andererseits aber um die Einsetzung des
auserwählten Richters am Ende der Tage zum endgültigen Gericht
über alle Welt: dann wird Gott aller Welt die Augen öffnen
und sein Werkzeug erkennen lassen.[129] Damit unterscheidet sich
die Situation von der in äthHen 48 grundsätzlich. Was dort
nur für die Augen des Frommen und des Apokalyptikers galt,[130]

---

127 Diese Beziehung zwischen äthHen 62 und Jes 49 (in ähnlicher Weise wie
   zwischen äthHen 48 und Jes 49) hat THEISOHN überzeugend herausgearbeitet, S.121-123; vgl. die synoptische Gegenüberstellung S.122.

128 MESSEL (58-62) will diese Aussage als die Bewahrung des Volkes (!)
   durch die Macht Gottes während seiner Geschichte verstehen; damit
   hat er aber dem Text sicher Gewalt angetan! THEISOHN (S.43.121f)
   übersetzt den Vers mit "der Höchste bewahrte ihn in seiner Hand"
   wohl zu frei und läßt sich dabei zu sehr durch die atl. Parallele
   Jes 49,2 bestimmen. Allerdings hat er damit den wesentlichen Punkt
   getroffen.

129 Vgl. äthHen 62,1: "Also befahl der Herr den Königen, den Mächtigen,
   den Hohen und denen, die die Erde bewohnen und sprach: 'Öffnet eure
   Augen und erhebt eure Hörner, wenn ihr imstande seid, den Auserwählten zu erkennen.'" Dazu sind diese aber jetzt nicht imstande,
   sondern erst später (V.4), wenn sie den Auserwählten auf dem Thron
   sitzen sehen!

130 Auf die "Offenbarung der Weisheit des Herrn der Geister" in 48,(1-)7
   wird hier in der dritten BR durch "der Höchste hat ... ihn den Auserwählten geoffenbart" angespielt.Damit ist der ganze Begründungs-
   satz in äthHen 62,7 ein offensichtlicher Rückgriff auf die dort in
   der zweiten BR geschilderte Vision mit ihrer Rückblende und Deutung.

wird nun von Gott für die ganze Welt sichtbar gemacht; dabei
gelten die Könige und Mächtigen lediglich pars pro toto für
die ganze gefallene Schöpfung.

Im Vergleich mit 48,6 und besonders 48,3 scheint die Aussage in 62,6-8 über eine (ur)anfängliche Verborgenheit bei
Gott viel zurückhaltender. Hier ist nicht von kosmischen
Dingen die Rede, und selbst der Bezug zur Schöpfung läßt sich
aus dem Ausdruck "von Anfang an" nur wahrscheinlich machen.
Brauchte der Verfasser aufgrund des zuvor in der zweiten
Bilderrede Geschilderten nicht deutlicher zu werden? Eine be-
friedigende Antwort auf die Frage, aus welchem Grund nun in
der dritten Bilderrede so zurückhaltend von der Offenbarung
des (verborgenen) MS geredet wird, wird man aber erst nach
einer gründlicheren Bearbeitung des Verhältnisses der BR zueinander erhalten können, was hier nicht geleistet werden
kann.[131] So müssen wir uns vorläufig damit zufrieden geben,
daß sich die Aussagen nicht immer gleich zur Deckung bringen
lassen.[132]

Im Gesamten ist deutlich zu erkennen, daß die Begriffe
"verborgen" und "auserwählt" in den Bilderreden gängige Ausdrucksmöglichkeiten zur Beschreibung der messianischen Gestalt darstellen. Sie sind aber keineswegs auf diese Gestalt
allein beschränkt, denn als Bezeichnung für die frommen
Menschen erscheint der Ausdruck "auserwählt" durchweg in den

---

131 Vgl. dazu die Veröffentlichungen von SUTER, Tradition, und seinen
     Aufsatz Patterns. In dem genannten Aufsatz (S.3f) stellt er einige
     Elemente der 2. und 3. Bilderrede nebeneinander:
     1. the enthronement of the Elect one as judge
     2. the relevation of the Son of Man
     3. the judgement of the kings and mighty
     4. the naming of the Son of Man
     5. the punishment of the kings and mighty.
     Dabei kommt SUTER vor allem von einer Analyse des Materials über die
     gefallenen Engel äthHen 54,1-56,4 und 64,1-69,12 her. SUTERs metho-
     discher Weg müßte weiter beschritten und auf eine Untersuchung der
     gesamten BR ausgedehnt werden.

132 Sicher hängt dies mit der bisher noch nicht durchsichtig gemachten
     Überlieferungs- und Traditionsgeschichte der BR zusammen. Aber bevor
     hier nicht der Schlüssel gefunden worden ist, lassen sich darüber nur
     Spekulationen erheben. Auf keinen Fall darf man aber wieder zurück-
     fallen in den Versuch, aufgrund einer Sekundärübersetzung, auf lite-
     rarkritischem Weg hinter dem vorliegenden Text nach Quellen zu
     suchen. Darauf hat zuerst E.SJÖBERG mit Nachdruck hingewiesen.

BR,[133] im Singular כחיר sogar einmal - wenn auch außerhalb
der BR - für Henoch selbst.[134] Ähnlich verhält es sich mit
dem Begriff "verborgen". Auch er erscheint sowohl im Zusammenhang mit dem MS/Auserwählten als auch in breiterer Bedeutung;
mit ihm wird gewöhnlich die himmlische Sphäre gekennzeichnet
- in Verbindung mit der messianischen Gestalt - wohl ein ganz
bestimmter Ort in der unmittelbaren Nähe Gottes. Mit dieser
Terminologie wird also keineswegs gleichzeitig eine Aussage
über eine Vor-Zeitigkeit, über die Präexistenz, gemacht.
Eine Verbindung der Motive der Verborgenheit und Auserwählung
scheint im atl. Bereich zuerst bei Deuterojesaja zu belegen zu
sein. Dort wird die Erwählung des Volkes aus der unscheinbaren
Verborgenheit folgendermaßen ausgedrückt, ohne daß der Begriff "Verborgenheit" selbst erscheint:

Jes 41,9:

"Ich (sc. Jahwe) habe dich von den Enden der Erde geholt, aus dem
äußersten Winkel habe ich dich gerufen (ומאצליה קראתיך). Ich habe
zu dir gesagt:
Du bist mein Knecht, ich habe dich erwählt (בחרתיך) und dich nicht
verschmäht."

Der göttlichen Erwählung entspricht als besonderes Kennzeichen der Ruf "aus dem äußersten Winkel" der Erde. In ähnlicher Weise kennzeichnen diese Motive im ganzen AT das Heilshandeln Gottes.[135] Andererseits ist aber der Unterschied zu
den Aussagen über die Verborgenheit der erwählten messianischen Gestalt nicht zu übersehen; nicht der Zustand der
Niedrigkeit steht im Vordergrund, sondern der Gegensatz zur
endzeitlichen Offenbarung.

---

133 Vgl. darüber hinaus auch En^a I,1,1 (MILIK S.141; äthHen 1,1) und
     En^g I,4,12 (MILIK S.265; äthHen 93,10).

134 En^g I,2,23 (MILIK S.260; äthHen 92,1).

135 Ähnlich wird es auch im "locus classicus" der biblischen Er-
     wählungslehre Dtn 7,6-8 von Israel ausgesagt,daß es nicht wegen be-
     sonderer Vorzüge, sondern um seiner "Kleinheit" (המעט) willen er-
     wählt worden sei. Darüber hinaus ist schon bei Deuterojesaja ein Zug
     der Verlegung der göttlichen Erwählung schon in uranfänglicher Zeit
     zu beobachten; so z.B. Jes 43,21 durch das Attribut "gebildet" (יצר),
     ähnlich das Bild vom Mutterleib Jes 44,1f. Daß dieses Motiv der
     uranfänglichen Erwählung wie äthHen 62 besonders in apokalyptischen
     Kreisen tradiert worden ist, dokumentieren die Texte von Qumran;
     vgl. bes. in Abgrenzung von den Gottlosen CD 2,7f. Zu 4Q Mess aram
     FITZMYER, "Elect of God" und LICHTENBERGER 143 A.4(Lit!).

3.3.5. Der atl. Hintergrund von äthHen 48,2-6. Auf dem Hintergrund einer Fülle von atl. Assoziationen und Vorstellungen wird hier in Vision und Rückblick die uranfängliche Berufung und Beauftragung des Menschensohnes beschrieben. Besonders enge Verbindungen konnten zu einzelnen Psalmen und zu Deuterojesaja gezogen werden. Darüber hinaus können eindeutige Abhängigkeitsverhältnisse zu zwei Texten verzeichnet werden, einmal zu Spr 8 - zur Begründung der präkosmischen Existenz des MS, zum anderen zu Jes 49 - zu seiner erwählenden Berufung und Beauftragung; dabei können die Verbindungen von Jes 49 und äthHen 48 in zwei Gruppen klassifiziert werden:
a) direkte terminologische Entsprechungen:

Äth Hen 48,1:	Quellen der Weisheit
Jes 49,10:	Wasserquellen
48,2:	Der MS wurde bei dem Herrn der Geister genannt
Jes 49,1:	Jahwe hat mich berufen
48,2.(3b):	sein Name wurde vor dem Betagten genannt
Jes 49,1:	(Jahwe) hat meinen Namen genannt
48,3:	Licht der Völker
Jes 49,6:	Licht der Völker
48,5:	sie werden niederfallen
Jes 49,7:	(Fürsten) werden sich niederwerfen
48,6:	er war auserwählt
Jes 49,7:	der dich erwählt hat
48,6:	(er war) verborgen vor dem Herrn der Geister
Jes 49,2:	(im Schatten seiner Hand) hat er mich verborgen ... und versteckt.

b) allgemeinere Entsprechungen
Sowohl Jes 49 wie auch äthHen 48 sprechen im Parallelismus von Person und Namen der betreffenden Gestalt. Beide Texte

beschreiben eine Berufung von Anfang an.[136] Die Inhalte der
Beauftragung sind streng aufeinander bezogen; auch die Proskynese entspricht sich in beiden Abschnitten.

Insgesamt liest sich äthHen 48 wie eine Kommentierung des
deuterojesajanischen Ebed-Jahwe-Liedes. Allerdings ist dabei
auch die eigene Ausgestaltung nicht zu übersehen. So fehlen
das dort durch den Kontext herausgestellte Motiv der Zurück-
führung aus dem Exil (Jes 49,6) sowie die Leiden und Ver-
achtung, die der Ebed zu ertragen hat (vgl. 49,7).[137] In
ähnlicher Weise unterscheidet sich äthHen 48 auch durch ein
Entbehren des gerade für Spr 8 entscheidenden Motivs der präkosmischen Schöpfung. Aufs Ganze gesehen geht also äthHen 48
über die ihm vorgegebene Tradition hinaus. Hier wird Über-
kommenes zu einer eigenen Einheit zusammengeschmolzen. Inwieweit sich darin ein mündlicher Vorgang erkennen läßt, wie es
D.W.SUTER für die Gestaltung der gesamten Bilderreden vermutet,[138] mag dahingestellt bleiben, obwohl diese Annahme
vielleicht am ehesten die Brüchigkeit und Unausgewogenheit
des Stils erklären könnte.

Wurde in 48,2-6 in einer Rückblende das Geschehen der
Offenbarung an den Quellen der Weisheit kommentiert, so verlangt das ganze Ereignis noch nach einer umfassenden Erklärung, die sich nun als Deutewort in 48,7 anschließt.

---

136 Anders als THEISOHN interpretiere ich den jesajanischen Ausdruck
     "von Mutterleib an" nicht als eine mit der Zeitbestimmung "in jener
     Stunde" (äthHen 48,2) zu vergleichende Aussage; allerdings scheint
     auch mir die jesajanische Aussage den entscheidenden Kristallisations-
     punkt für die weisheitliche Ursprungsangabe darzustellen. Hier liegt
     ein ähnlicher Vorgang vor, wie er sich an dem späteren Verständnis
     von Jer 1,5 in Pesiqta Rabbati nachweisen läßt: PesR 27f,1 (ed.
     FRIEDMANN S.133b; BRAUDE S.547): Gott spricht in einem Gespräch zu
     Jeremia:
     עד שלא בראתי את העולם (הייתי)[היית] מתוקן לדבר...(Jer 1,5).
     ואין טרם אלא עד שלא נברא העולם שנאמר ...(Gen 2,5).
     "Noch bevor ich die Welt geschaffen habe, habe ich dich für die
     Aufgabe bereitet, (wie es heißt: Jer 1,5) 'Noch ehe ich dich formte
     im Mutterleib (habe ich dich ausersehen, noch ehe du aus dem Mutter-
     schoß hervorkamst, habe ich dich zum Propheten für die Völker be-
     stimmt)'; aber (lies) nicht טרם sondern 'als die Welt noch nicht
     geschaffen war',denn es heißt (Gen 2,5): 'Noch war kein (טרם) Ge-
     sträuch des Feldes auf der Erde (und noch war kein (טרם) Kraut des
     Feldes gewachsen)'."

137 Zur Auseinandersetzung mit J.JEREMIAS, der in die messianische Ge-
     stalt in den Bilderreden auch die Leidenszüge des dtrjesajanischen
     Gottesknechtes übertragen sieht, vgl. E.SJÖBERG, Menschensohn 116-139.

138 SUTER, Tradition 125.139-145.

4. Die Deutung (V.7)

"Die Weisheit des Herrn der Geister hat ihn den Heiligen und Gerechten
geoffenbart; denn er bewahrt das Los der Gerechten, weil diese die Welt
der Ungerechtigkeit gehaßt und verachtet und alle ihre Thaten und Wege
im Namen des Herrn der Geister gehaßt haben; denn in seinem Namen werden
sie gerettet, und nach seinem Willen ist er zu ihrem Leben geworden."

Mit dieser Deutung des ganzen Geschehens wird 48,1-7 abgeschlossen; das Stichwort "Weisheit" greift deutlich auf V.1
zurück. Allerdings tritt nun die Weisheit als eine selbständige Größe auf, die den MS offenbart. Eine solche Vorstellung
der Weisheit ist in den BR, wie auch in der apokalyptischen
Literatur überhaupt, bekannt. Das Eigentümliche in äthHen 48
ist aber, daß auch die apokalyptische Weisheit - ähnlich wie
in der Weisheitsliteratur - Offenbarungsqualitäten zugesproch
bekommt, ja selbst zum Offenbarungsmittler wird.[139] Im Zusammenhang von V.1 ist dabei jedoch nicht an eine verbale, sonde
eher an eine "pneumatisierte Form" der Enthüllung gedacht;
sie durchströmt und erfüllt die Frommen mit der neuen Erkennt
nis - dem seit Uranfang bestehenden Heilsplan Gottes mit seinem auserwählten Werkzeug.

Die beiden folgenden Begründungssätze heben noch einmal
die Würde und Aufgabe des neben Gott präexistenten MS hervor:
- er bewahrt die Gerechten vor der verdorbenen Welt[140]
- er ist ihr eschatologischer Retter[141]
- er ist nach Gottes Willen nun zu ihrem Leben geworden.

---

139 Vgl. dieselbe Aussage von Gott selbst im Passivum divinum im Anschl
an die Bilderreden äthHen 69,26.

140 In einer für die BR typischen Weise wird vom "Los der Gerechten"
gesprochen (vgl. 58,2.(5); 71,17; oder vom Los der Sünder: 45,2;
auch 27,4; 37,4). Die atl. Vorstellung vom "Schicksal", "Geschick",
"Bestimmung", z.B. Jes 17,14גורל : חלק, erhielt in apokalyptische
Kreisen wohl eine eigentümliche Ausprägung. In Qumran wurden solche
Aussagen über die besondere Erwählung verbunden (vgl. 1 QS 11,7f;
siehe dazu bes. GRINTZ 318ff; H.-W.KUHN 72-75; LICHTENBERGER 184ff)
GREENFIELD/Stone halten das Reden vom "Los" für ein Argument dafür,
daß die Bilderreden zwar nicht in Zusammenhang, aber doch in einem
vergleichbaren "sectarian (though not necessarily Qumran sectarian)
milieu" entstanden sind (The books 56f).

141 Vgl. die Retterfunktion des Königs in Ps 72,12ff.

Die zwei abschließenden Begründungssätze von äthHen 48,7 werden nach einem Einschub[142] in Kap. 49 weiter fortgesetzt. Hier wird auch die schon atl. vorgegebene Verbindung von messianischer Gestalt und Weisheit aufgegriffen:

ÄthHen 49,3:

"In ihm wohnt der Geist der Weisheit und der Geist dessen, der Einsicht gibt, und der Geist der Lehre und Kraft und der Geist derer, die in Gerechtigkeit entschlafen sind."

Eine ähnliche Aussage wird auch etwas später in den BR vom Auserwählten gemacht:[143]

ÄthHen 51,3:

"Der Auserwählte wird in jenen Tagen auf meinem Thron sitzen und alle Geheimnisse der Weisheit werden aus den Gedanken seines Mundes hervorkommen, denn der Herr der Geister hat es ihm verliehen und hat ihn verherrlicht."

Wurde 49,3 die messianische Verheißung aus Jes 11,2 regelrecht zitiert,[144] so ist 51,3 ebenso im Licht dieses atl. Hintergrundes zu verstehen. Die Gabe der Weisheit gehört zu den außerordentlichen Befähigungen des idealen Königs.[145] Mit dieser Gabe ist er Geistträger und Repräsentant der Weisheit in einem.

Hier in den BR kommt aber ein entscheidendes Moment hinzu. Die im AT noch verheißene Gestalt gewinnt nun eine viel weitreichendere Bedeutung, wird zum eschatologischen König und Richter katexochen und ist ein wesentlicher Teil der Geheimnisse der Endzeit. Sein Geheimnis wird lediglich den Frommen und Gerechten enthüllt; die Herrschenden der Welt werden ihn nur als den Herrscher und Richter erleben. Das Moment des Gerichts und der Vernichtung fehlt merkwürdigerweise in

---

142 Zum kompositorischen Zusammenhang vgl. THEISOHN 54f; zum Einschub 48,8-10 selbst: SUTER, Patterns 3.

143 Vgl. auch äthHen 62,2: "Der Herr der Geister setzte ihn auf den Thron seiner Herrlichkeit. Der Geist der Gerechtigkeit war über ihm ausgegossen; die Rede seines Mundes tötete alle Sünder, und alle Ungerechte wurden vor seinem Angesicht vernichtet." Diese Aussage ist nur als eine solche über den Auserwählten verständlich; leider vermerkt dies KNIBB in seiner Ausgabe nicht und fällt damit hinter DILLMANN zurück; vgl. z.St. THEISOHN 87.

144 Über Jes 11 hinaus vgl. auch 2 Sam 23,4!

145 Vgl. die Beschreibung Salomos 1 Kön 3,28; 5,9, wo dies in exemplarischer Weise dargestellt wird; auch Spr 8,15f, wo die Befähigung der "Exekutive" und "Legislative" durch die Weisheit erfolgt (siehe oben zur apokalyptischen Weisheit).

48,1-7, oder ist wenn, dann nur äußerst schwach ausgeprägt.[146] Also scheint es in der Schilderung Kap. 48 vor
allem um die Bedeutung des auserwählten MS für die Gerechten
zu gehen.

Der weisheitliche Kontext, in den die Vision hineingestellt ist, wird wohl auch der Bereich sein, der die sprachlichen Mittel geliefert hat, um der Würde und Erhabenheit
des göttlichen, präexistenten Werkzeuges einen letzten Ausdruck zu verleihen.

5. Die Präexistenz des Auserwählten / Menschensohnes

J.THEISOHN macht auf 4 Motive aufmerksam, die von der Weisheitstradition geprägt worden sind:[147]

a) der Gedanke der Präexistenz   (V.3.6)

b) das Verhältnis des MS zum Herrn der Geister   (V.2.4)

c) der himmlische Charakter der eschatologischen Gestalt

d) die Offenbarerfunktion   (V.7)

Dem ist zuzustimmen. Trotzdem ist damit die Eigenart des
Abschnittes noch nicht vollständig beschrieben.

Wie wir gesehen haben, kommt durch den Gedanken der Präexistenz dem MS eine universale Überlegenheit über alle anderen Geschöpfe zu. Diese Überlegenheit und Herausgehobenheit
kam auf einer anderen Ebene schon durch die besondere Art der
himmlischen Berufung als "Nennen mit Namen" zum Ausdruck. In
die gleiche Richtung weist der Gebrauch der Bezeichnung "auserwählt". Vielleicht läßt sich in diese Reihe auch noch das
Motiv der Verehrung einreihen, auch wenn dies nicht ganz eindeutig auf die Gestalt des MS bezogen ist. In alledem können
wir eine Anhäufung verschiedener Motive erkennen, die die Gestalt des MS aus der ganzen Schöpfung herausheben und damit
überhaupt alles Vorgegebene auf eine eigentümliche Weise
überbieten.

Formal ist dabei bedeutsam, daß hier in den BR in eigenartiger Weise sehr verschiedene Motive und Traditionen miteinander in Beziehung gebracht und verbunden werden. Den

---

146 Dieses Moment wird erst in den folgenden Versen weiter ausgeführt,
     obwohl es auch hier als Hintergrund nicht ganz fehlt, wenn von der
     Welt der Ungerechtigkeit geredet wird (V.7).

147 THEISOHN 135.

Verfassern standen dabei eine Fülle von Überlieferungen zur
Verfügung, die die sprachlichen Mittel für die Visionen ge-
boten hatten, wobei die sprachlichen Elemente der Psalmen,
Deuterojesajas und der theologischen Weisheit überwogen.
M.HENGEL hat diesen Prozeß vor kurzem mit Recht als eine
"Traditionsmischung" gekennzeichnet.[148] Über die Vorgeschichte
ist aber noch zu wenig bekannt, als daß der Weg der Ver-
knüpfung vorliegender Traditionen präziser beschrieben werden
könnte; aber solch ein Vorgehen ist überhaupt für das ganze
Henochbuch kennzeichnend.[149]

Das besondere Merkmal von Vision, Rückblende und Deutung
äthHen 48,1-7 ist die Offenbarung des Menschensohnes als eine
präexistente Gestalt von Uranfang an. Schon E.SJÖBERG konnte
- wenn auch mit anderen Argumenten - formulieren:[150]
"Durch den Präexistenzgedanken wird die hohe Stellung des
Menschensohnes deutlich."
Der MS wird für sein Werk und seine Aufgabe vor dem göttlichen Thronrat auserwählt und beauftragt. Dabei handelt es
sich aber um eine Beauftragung, die durch die besondere
zeitliche Komponente einen nur ihm zukommenden Akzent erhält.
In einer anderen zentralen Stelle der zweiten Bilderrede wird
dieser Akzent folgendermaßen formuliert:
ÄthHen 46,3:
"Dies ist der Menschensohn, der die Gerechtigkeit hat, bei dem die
Gerechtigkeit wohnt und der alle Schätze dessen, was verborgen ist,
offenbart;
denn der Herr der Geister hat ihn auserwählt und sein Los hat vor dem
Herrn der Geister alles durch Rechtschaffenheit in Ewigkeit übertroffen."
Mit diesem Akzent der "Superiorität" erscheint in den
Bilderreden der Auserwählte/MS als eine protologisch-eschato-
logische Gestalt par excellence. Im Zusammenhang mit anderen
himmlischen Wesen, wie Engeln und kosmischen Elementen, wird
er in Kap. 48 als auserwähltes Werkzeug in die unmittelbare
Nähe Gottes gestellt und erhält damit wohl auch Anteil an

148 HENGEL, Jesus 180f.

149 Darum spricht E.SJÖBERG zu Recht davon, daß in den BR oft weniger
mit einem "logischen", die Darstellung jeweils erkenntlich weiter-
führenden Zusammenhang gerechnet werden darf, als mit einem lediglich "assoziativen Zusammenhang" (Menschensohn 13); auch v.RAD verweist wohl auf einen solchen literarischen Charakter, wenn er
schreibt: "Das Äth(iopische) Henochbuch ist eine ganze Bibliothek
wissenschaftlicher Schriften" (Theologie Bd.2 S.324).

150 E.SJÖBERG, Menschensohn 93.

dessen Transzendenz von Raum und Zeit. Im Aufgreifen von
prophetischen und weisheitlichen Sprachmustern wird er dabei
als eine Gestalt beschrieben, die letztgültige Autorität besitzt.

Daß dabei Motive zum Tragen kommen, die sonst lediglich
Gott selbst zuerkannt werden, ist in diesem Kontext nicht
verwunderlich. Die Präexistenzvorstellung selbst scheint dabei nur eines unter anderen zu sein; darüber hinaus kommt dem
MS sogar doxologische Verehrung zu, auch wenn davon nur zurückhaltend die Rede ist. Weiterhin wird an dem obigen Zitat
von äthHen 46,3 deutlich, daß ihm - ähnlich wie der Weisheit -
Offenbarungsqualitäten zugesprochen werden.[151]

Mit der Übertragung der Präexistenzvorstellung auf die
messianische Gestalt wird für die Bilderreden ihre Überlegenheit in letzter Konsequenz ausgestaltet. "Hinter dieser Anschauung steht die Lehre von der Schöpfungspräexistenz der
Weisheit; dem Wesen der Weisheit entspricht ihr vornehmster
Träger. Folgerichtig wird der universale Charakter des
Messias als des endgültigen Offenbarers des transzendenten
Gottesreiches erkannt."[152] In den Bilderreden ist anscheinend
mit der Übertragung dieser Züge noch eine ursprüngliche Form
solcher Traditionsverknüpfung zu beobachten; denn in anderen
apokalyptischen Schriften dieser oder der folgenden Zeit sind
solche Züge der Erhöhung der messianischen Gestalt durch die
Präexistenzvorstellung nicht wiederzufinden - auch wenn in
der Sekundärliteratur weithin anderes behauptet wird.[153] In
einem Anhang soll deshalb dieser Frage in Texten, die terminologisch den BR nahestehen, kurz nachgegangen werden.

---

151   Das ist offensichtlich im unmittelbaren Zusammenhang mit äthHen 48,7
      der Fall.

152   GESE, Messias 143.

153   Vgl. BOUSSET/Gressmann, Religion 264 zu IV Esra: "Auch hier ist der
      Menschenähnliche, obwohl über seinen Aufenthalt nichts Genaueres
      ausgesagt wird, als daß er aus dem Meere aufsteigt (13,25; 14,9),
      als ein präexistentes (himmlisches) Wesen aufgefaßt." Ähnlich STONE,
      Features 108: "The Messiah is pre-existent, he will rule over the
      people in the land for a time and then the end will come." (vgl.
      ebd. S.75f u.ö.); auch FERCH 143.150 und andere.

F. Anhang: *Eine Präexistenz des Messias in anderen apokalyptischen Schriften?*

Im Zusammenhang von äthHen 62,7 wurde die Wendung diskutiert:
"Der Höchste hat ihn (sc. den MS) vor seiner Macht aufbewahrt." Wir interpretierten diese Wendung als eine Aussage
über den himmlischen Aufbewahrungsort des MS in der unmittelbaren Nähe Gottes. Nun findet sich eine sehr ähnliche Aussage
über den Messias auch in der Esra-Apokalypse:
IV Esr 12,32:[1]

(Der Löwe aber, der vor deinen Augen ... hervorgestürzt ist,)
"das ist der Messias, den der Höchste bewahrt für das Ende der Tage,
der aus dem Samen Davids erstehn und auftreten wird ..."

Hiermit wird die Deutung der Adlervision (IV Esr 11,1-
12,35), bzw. der Löwenvision als deren Schlußepisode (11,36-
46), eingeleitet, der das besondere Interesse des Apokalyptikers gilt.[2] Ähnlich wie in äthHen 62,7 ist der Schwerpunkt des Aussagegefälles das Offenbaren (so äthHen) oder
Auftreten (so IV Esr) der messianischen Gestalt. Das Stichwort "Aufbewahrung" ist damit der vorbereitende, die Aussage ermöglichende Teil. Damit entspricht die Struktur dieser
Aussage der sonst in der apokalyptischen Literatur immer
wieder anzutreffenden Gegenüberstellung von verborgenen
Dingen, die am Ende der Zeit offenbar werden oder eintreten.[3]
Allerdings fällt dabei auch gleich ein nicht zu übersehender
Unterschied zwischen äthHen 62 und IV Esr 12 ins Auge: war
bei Henoch der Versuch zu erkennen, eine - wenn auch nur an-
deutende und umschreibende - Ortsangabe in der himmlischen

---

1 Lat. Text nach: BIBLIA SACRA iuxta Vulgatam versionem Bd. II: "hic
 est unctus, quem reservavit" ist hap.leg. Syrischer Text nach: The
 OLD TESTAMENT IN SYRIAC; danach auch die obige Übersetzung, denn
 hier ist der ursprüngliche Text am besten überliefert:
   (32 הויו משיחא הו דנתר מרימא לשולמהון דיומתא.

   הו דרנח מן זרעה דדויד•
2 Vgl. die Analyse der Adlerversion bei HARNISCH 250-257.
3 Vgl. z.B. äthHen 52,2: "Dort sahen meine Augen alle die verborgenen
 Dinge des Himmels, die da geschehen sollen auf der Erde". IV Esr 7,77:
 "Du hast einen Schatz an guten Werken, der dir beim Höchsten aufbewahrt bleibt (lat.: "repositus", syr: סיק); der soll dir aber erst
 am jüngsten Tag offenbar werden (lat:"demonstrabitur", syr: נתחזא)."

Welt mit einzuflechten, so ist bei IV Esr davon nichts zu erkennen.[4]

Dabei muß man sich klarmachen, daß der im syrischen Text verwendete Ausdruck נטר sowohl im Aramäischen wie auch im Syrischen eine recht schillernde Bedeutung innehat.[5] Anscheinend werden bestimmte Dinge, die Gott am Ende der Zeit im Sinne einer fürsorgenden Gabe - im guten wie auch im strafenden Sinne - den Menschen überkommen lassen will, in der himmlischen Welt dinglich vorbereitet gedacht. Damit wird aber keine Aussage über eine Präexistenz gemacht; anscheinend wird hier lediglich über seine himmlische, göttliche Herkunft reflektiert. Für diese Vorstellung wäre es geeigneter, den Begriff "himmlische Existenz" zu prägen.[6] Hierbei bleibt dann offen, inwieweit auch ein Vorgeordnetsein vor die geschaffenen Dinge impliziert ist oder nicht. Weil der Messias bis jetzt noch verborgen ist, kann diese Begrifflichkeit auch auf ihn übertragen werden.

---

4 Ähnlich ohne zeitliche Komponente spricht auch die Deutung der Vision des fliegenden Menschen IV Esr 13 von einem Mann, "den der Höchste lange Zeit hindurch aufspart" (IV Esr 13,26 lat: "conservat", syr: נחר); er wird nach dem Eintreffen der Ereignisse der Endzeit erscheinen: "dann wird mein Sohn erscheinen" (lat: "revelabitur", syr: נתגלא) 13,32.

5 Als Übersetzung des hebr. שמר z.B. Tg Hos 12,14: Auf dem Weg durch die Wüste wurde Israel "durch einen Propheten behütet" (ועל ידי נביא אתנטר); Tg Jer 3,5: "Sollen dir deine Sünden ewig aufbewahrt werden?" (האפשר דיתנטרון ליך חוביך לעלם) IV Esr 6,49 werden die Urtiere Behemot und Leviatan als "geschaffen" (so syr: ברית) und "aufbewahrt" (lat: "conservati", syr: נתרת) erklärt (genauso wie syrBar 29,4, wo sogar parallel zur Offenbarung des Messias von ihnen als von einer "Offenbarung" gesprochen wird). IV Esr 12,31 wird von den im Muster von Dan 7 erwähnten Königreichen gesprochen, die "für jene (End)zeit aufgespart werden" (lat: "servabuntur in tempore", syr: נתנטרון לזבנא). Vgl. syrBar 27,1.14 von Zeitabschnitten. In ähnlicher Weise, aber mit variierenden Begrifflichkeiten, ist syrBar von "rühmenswerten Herrlichkeiten" die Rede, die "Geschaffen und bereitet sind" (66,7: אתכרי ואתעתדי תשכחתא מיקרתא), u.ö. Zum Ganzen vgl. SAUER, THAT Bd.2 Sp. 982-987; RIESENFELD, ThWNT Bd.8 (1969) S.232-237; DALMAN 104-108; U.B.MÜLLER 147-154.

6 Der von HAMERTON-KELLY geprägte Begriff der "eschatological pre-existence" (Pre-existence 269) wird von ihm selbst in Wirklichkeit nicht als eine echte Differenzierung behandelt. Recht undifferenziert wird weithin lediglich von "Präexistenz" geredet: vgl. VOLZ 114-117; STONE, Concept 296.310; FERCH 143.150. Einer zu voreiligen Übernahme der Begrifflichkeit aus gängigen Nachschlagewerken und Lehrbüchern ist deshalb Vorsicht geboten; man muß zwischen den verschiedenen Formen der "Präexistenz" differenzieren.

Diese Eigenart einer "himmlischen Existenz" des Messias
in der syrischen Baruchapokalypse und bei IV Esra hat
U.B.MÜLLER zu Recht herausgearbeitet:[7]

"Präexistenz des Messias in 4 Esra heißt nicht Dasein <u>vor allem</u> Geschaffenen wie beim Menschensohn in 1 Hen 48,3.6, sondern schlicht eine
Form der Existenz vor dem Erscheinen auf Erden."

Ob das aber gleichzeitig ein Beweis dafür ist, daß die
Menschensohnvorstellung und die Gestalt des Messias Ideen
sui generis darstellen, die traditionsgeschichtlich streng
voneinander zu trennen sind, wie MÜLLER zu folgern meint,
muß gerade für den parallelen Text äthHen 62,7 fraglich
bleiben.[8] Eine Beschreibung des verborgenen Ortes dieser
eschatologischen Gestalt tritt bei syrBar und IV Esr zwar
weit in den Hintergrund; inwieweit aber gleichzeitig auch
eine Abwehr der Vorstellungen der BR vorliegt, läßt sich
nicht beweisen.[9] Ähnliches gilt auch für die Erwähnung eines
"Menschen aus dem Himmel", d.h. doch eines von Gott gesandten
Erlösers, in der 5. Sibylle, wo ebenfalls eine "himmlische
Existenz" vorausgesetzt wird:

Sib V, 414f (KURFESS S.142):[10]

ἦλθε γὰρ οὐρανίων νώτων ἀνὴρ μακαρίτης
σκῆπτρον ἔχων ἐν χερσίν, ὅ οἱ θεὸς ἐγγυάλιξεν.

"Denn vom Himmelgewölbe kam ein seliger Mensch;
er hielt ein Szepter in den Händen, das Gott (ihm selbst) verliehen
hatte."

Ohne daß expressis verbis von einer himmlischen Gestalt
gesprochen wird, scheint durch die Angabe der Herkunft eine
ähnliche Vorstellung wie bei IV Esra und syrBar vorzuliegen.
Aber auch hier bleibt es offen, ob ein Vorgeordnetsein im

---

7 U.B.MÜLLER 149 (Herv. dort).

8 Vgl. die kurze Analyse und Kritik an den Thesen MÜLLERs zu IV Esra 13,
   THEISOHN 144-148.

9 U.B.MÜLLER, in seinem Schlußwort (S.218): "Der Einfluß der Menschen-
   sohnidee auf die Messiasvorstellung war nicht von langer Dauer.
   Schon Pseudoesra und -baruch wehrten sich gegen diese weitgehende
   Veränderung der Messiasvorstellung in den ihnen überkommenen Über-
   lieferungseinheiten."

10 Dagegen stellt Sib V,256-259 einen erst christlichen Text dar; vgl.
   NOACK, Mann. Möglicherweise hängen mit dem Text aus Sib V,414
   (vgl. V,108) noch weitere eschatologisch-messianische Texte aus der
   3. Sibylle zusammen (46-50; 286-290; 652); zu diesen Texten vgl. vor
   allem COLLINS und NIKIPROWETZKY, Sibylle jeweils z.St.

Sinne der jüdischen Präexistenzvorstellung dabei im Hintergrund steht oder nicht. Die Sendung durch Gott "vom Himmel"
erinnert dabei an die ntl. Sendungsaussagen vom Sohn Gottes.[11]

G. Die Präexistenz einer messianischen Gestalt

Im zweiten Hauptteil wurde der Frage nach der Präexistenz des
Messias in den Übersetzungen des AT, dem äthiopischen Henoch
und anderen apokalyptischen Texten nachgegangen. Die von
vielen Forschern geäußerte Skepsis gegenüber dieser Vorstellung konnte zu einem guten Teil bestätigt werden; es gibt nur
wenige Texte, die diese Vorstellung erkennen lassen. Besonders die herangezogenen Belege aus der Septuaginta hielten
einer kritischen Untersuchung nicht stand. Die dort von
christlichen Kirchenvätern herausgelesenen Aussagen sind
offensichtlich von einem bestimmten christologisch bedingten
Vorverständnis geprägt.
    Andererseits ist aber die Präexistenz einer messianischen
Gestalt in aller Deutlichkeit in der apokalyptischen Komposition der Bilderreden des äthHen vorhanden und nicht durch
literarkritische Manipulationen zu entfernen. Die dort gemachten Aussagen zum MS passen sich durchaus sinnvoll in einen vielschichtigen Kontext ein. In der Rückblende und Deutung
der Vision der Beauftragung und Berufung des Menschensohnes
vor dem himmlischen Thron in äthHen 48 wird gerade diese Vorstellung der Präexistenz auf die messianische Gestalt übertragen und herausgestellt. Mit Recht machte darüber hinaus
schon BOUSSET auf "das Problem nach der Entstehung dieser
merkwürdigen Gestalt" aufmerksam.[1] Wir konnten allerdings
dem von ihm vorgeschlagenen Weg nicht folgen. Vielmehr ließ
sich überzeugend ein Einfluß der weisheitlichen Vorstellungen
aus Spr 8 nachweisen. Sowohl der Kontext der Vision äthHen 48
wie auch eine weitgehende Übertragung anderer weisheitlicher
Züge auf die messianische Gestalt sprechen für eine solche

---

11 Vgl. bes. die joh. Angabe der Sendung "in die Welt", Joh 3,17;
    1 Joh 4,9; eine ähnliche Terminologie auch Sib III,286!

1   BOUSSET/Gressmann, Religion 265; dort auch eine ausführliche Begrün-
    dung, daß es nicht möglich ist, die Vorstellung der Präexistenz der
    messianischen Gestalt als ein Mißverständnis von Dan 7 zu verstehen
    (S.265-267).

weisheitliche Prägung. Dieser Vorgang der Verknüpfung verschiedener Traditionen wird mit dem Begriff "Traditionsver-
mischung" zutreffend beschrieben werden können. Daß die
eigentümliche Vorstellung der Präexistenz des Messias in
äthHen 48 nicht ohne Auswirkung geblieben ist, ließ sich an
der Übersetzung des Prophetentargum in Mi 5 und Sach 4 wahrscheinlich machen. In Bruchstücken über den vorliegenden
hebr. Text hinaus schimmerten Anklänge an eine himmlische,
präkosmische Berufung und Beauftragung des Messias durch.
Sie scheinen mit den Vorstellungen der BR vertraut gewesen
zu sein, woraus sich ergibt, daß diese nicht etwa auf
"häretische" apokalyptische Kreise beschränkt geblieben sind.
Dafür spricht auch, daß in der mündlichen synagogalen Über-
setzungsarbeit der Targumin eher schon vorhandene Überlieferungen aufgegriffen und weiter tradiert, als neue Vorstel-
lungskomplexe geschaffen wurden.

Weiterhin ist bemerkenswert, daß die in den BR aufgezeigte
Verbindung von Präexistenzvorstellung und Aufgabe der
messianischen Gestalt sich anscheinend noch in einem ursprünglichen Stadium befindet, während die Targumin in ihrer Übersetzung die Anklänge an Zeitangaben im hebr. Text dazu be-
nutzten, die herausragende Gestalt des Messias zu bekräftigen
und seine universale und alle geschaffenen Dinge übertreffen-
de Autorität zu begründen. Es gibt noch zwei weitere Texte,
die die Übertragung einer Präexistenzvorstellung auf eine
(messianische?) Gestalt erkennen lassen.

Einmal handelt es sich um eine Rede des Mose bei der Übergabe seines Führungsamtes an Josua am Ende seines Lebens in
der pseudepigraphischen Schrift "Assumptio Mosis", die allerdings nur in einer recht fehlerhaften lateinischen Übersetzung erhalten ist.[2]

---

2 Zur Beschaffenheit des lateinischen Textes siehe CLEMEN, in: APAT
Bd.2 S.316; neuerdings LAPERROUSAZ, Le Testament de Moise, der auch
eine Reproduktion der Erstausgabe von Ceriani (1861) wiedergibt
(S.55-62).

AssMos 1,12-14:[3]

12 "Creauit enim orbem terrarum propter plebem suam[4]

13 et non coepit eam inceptionem creaturae
    et ab initio orbis terrarum palam facere
    ut in eam gentes arguantur et humiliter inter se
    disputationibus arguant se

14 itaque excogitauit et inuenit me
    qui ab initio orbis terrarum praeparatus sum
    ut sim arbiter testamenti illius."

"Denn er (sc. der Herr der Welt) hat (zwar) die Welt um seines Volkes
willen geschaffen,
aber er hat nicht (damit) angefangen, es,
den Erstling der Schöpfung, auch von Anfang der Welt an offenbar zu
machen, so daß die Heiden dadurch überführt würden und demütig durch
Erörterungen einander hätten überführen können.
Deshalb hat er mich ausersehen und gefunden, der ich von Anfang der
Welt bereitet worden bin, der Mittler jenes Bundes zu werden."

Israel[5] ist in seiner Sonderstellung als erwähltes Volk
vor den Heiden verborgen geblieben, denn Gott hat diese noch
nicht offenbar werden lassen. Demgegenüber rühmt sich nun
Mose, daß er "Mittler" (arbiter = μεσίτης) des Bundes geworden ist, also der Offenbarer des göttlichen Willens.

Diese Offenbarerfunktion des Mose wird von einer Aussage
begleitet, die ihn mit dem Anfang der Schöpfung zusammen-
schließt. Die Terminologie ist auf den ersten Blick etwas
undurchsichtig. Zuerst wird mit "excogitare" und "inuenire"

---

3 Text nach der Ausgabe von LAPERROUSAZ ebd. S.55 z.St. Übersetzung
   nach BRANDENBURGER, in: JSHRZ z.St.

4 CLEMEN, in: APAT Bd.2 z.St. (vgl. auch seine Ausgabe des lat. Textes
   in: KLT 10 z.St.) schlägt vor, statt "plebem suam" "legem suam" zu
   lesen; die Tora als "Erstling der Schöpfung", um deretwillen die
   Welt geschaffen wurde, vgl. mAv 3,14 (siehe unten). Es gibt aber auch
   eine weitverbreitete Überlieferung, daß die Welt um des Volkes
   (Israel) willen geschaffen worden sei; vgl. IV Esr 6,55-59; 7,11;
   8,1; syrBar 14,19; 15,7; vgl. 21,24; so wird Israel/Jakob בכרי,
   primogenitus, πρωτότοκος genannt, vgl. Ex 4,22; PsSal 18,4; IV Esr
   6,58. Diese Tradition wird also doch die ursprüngliche in AssMos darstellen (gegen CLEMEN). Das ergibt sich besonders aus dem Gesamten
   von AssMos, wo durchweg das Volk als "erwähltes Volk" (4,2) im Vordergrund steht; dagegen wird vom Gesetz (lex) nur noch an einer Stelle
   gesprochen (im Plural 8,5; vgl. ebd. "verbum"; 1,16 "scriptura"),
   sonst lediglich von den "Geboten" und dem "Bund". Die Inhaltsangabe
   von ROST, Einleitung 111 ist irreführend: die Konjektur CLEMENs wird
   dort dem Leser als Urtext mitgeteilt; vgl. auch H.-Fr.WEISS 285 A.3!

5 Zur Gegenüberstellung von "erwähltem Volk" und den "Völkern" im Zusammenhang der Weltschöpfung vgl. bes. IV Esr 6,55-59; zu den rabbinischen Texten siehe unten.

wohl eine besondere Erwählung angesprochen.[6] "Praeparare"
kann in zweifacher Weise verstanden werden: einmal im Sinne
von "etwas planend vorbereiten" und zum anderen von "etwas
schon fertig bereitstellen".[7] "Über die wirkliche Bedeutung
kann nur der Zus(ammen)hang entscheiden."[8] Für beide Möglichkeiten lassen sich im ganzen Corpus der Schrift jeweils
ein Beleg anführen, die ebenfalls einen Zusammenhang mit dem
Anfang der Schöpfung zum Thema haben.[9] Im ersten Sinne hat
auch Gelasius Cyzicenus in einem Kommentar zu den Akten des
Konzils von Nicäa diese Stelle verstanden, wo er aus einem
Buch Ἀνάληψις Μωσέως ein Wort des Mose an Josua vor seinem
Tod, also mit genauer Wiedergabe der Situation von AssMos 1,14
zitiert:[10]   καὶ προεθεάσατό με ὁ θεὸς
πρὸ καταβολῆς κόσμου εἶναί με τῆς διαθήκης αὐτοῦ μεσίτην.

Hier entspricht dem lat. praeparare das gr. προθεᾶσθαι ,
obwohl der folgende Wortlaut nur in etwa mit der lateinischen
Fassung in Übereinstimmung zu bringen ist.[11] Gelasius spricht
deutlich von der "Vorherbestimmung Moses zu einer geschichtlichen Rolle als Bundesmittler."[12] Jedoch braucht dieses
Verständnis von AssMos 1,14 keineswegs das ursprüngliche ge-

---

6 Mit Gott als Subjekt des Findens sind bes. die Texte der Erwählung
des Volkes zu vergleichen (Dtn 32,10; Hos 9,10) und speziell von
Personen (Abraham: Neh 9,7f). Zum Ganzen vgl. GERLEMANN, THAT Bd.1
Sp. 924f.

7 "praeparare"/ ἑτοιμάζειν im Sinne von "Schöpfung" z.B. Spr 8,27 u.ö.
Zum Ganzen vgl. GRUNDMANN, ThWNT Bd.2 (1935) S.702-704.

8 BILL Bd.1 S.981-983 ad Mt 25,34; Zitat S.981.

9 Die Schriftrollen sollen von Josua an einem Heiligen Ort (dem Zion)
aufbewahrt werden: "quem fecit ab initio creaturae orbis terrarum"
(1,17); hier ist an ein reales Fertigstellen gedacht. Gott wird in
der Schlußrede Moses als der Schöpfer Israels und der Heiden verstanden; er sieht alles von Uranfang vorher: "praeuidit illos et nos ab
initio creaturae orbis terrarum" (12,4). Im zweiten Gelasiuszitat erscheint ein weiteres Mal ein Bezug zur Schöpfung Gottes durch den
Geist in der Diskussion um die Auslegung von Spr 8,22 (ed. DENIS,
Fragmenta S.63f).

10 Text nach ed. LOESCHKE/HEINEMANN, GCS 28 (1918), S.74; abgedruckt bei
DENIS a.a.O. 63; auch CLEMEN (KLT S.15).

11 Zum Vergleich dieser beiden Texte bes. HAACKER, Stiftung 122-127. Es
wird den Texten nicht genügend Rechnung getragen, wenn man die Unterschiede verwischt wie in der neuesten Untersuchung zur AssMos durch
v.NORDHEIM 194-207, der schreibt, daß das gr. Zitat des Gelasius dem
lat.,von Ceriani entdeckten Fragment,"wörtlich entspricht"(ebd.S.196).

12 HAACKER, Stiftung 123f.

wesen zu sein; denn die Vorstellung der göttlichen Erwählung
πρὸ καταβολῆς κόσμου ist auch im NT weithin geläufig.[13] In
dem vorhandenen lat. Text der AssMos wird diese Vorstellung
aber mit prouidere wiedergegeben.[14] Somit muß vom Wortlaut
praeparare her auch die andere Möglichkeit einer präexistenten Bereitstellung erwogen werden. K.HAACKER hat in diesem
Zusammenhang die Möglichkeit eines weisheitlichen Hintergrundes zur Diskussion gestellt.[15] Die Tatsache, daß weisheitliche Züge auf Mose übertragen worden sind, ist weithin
bekannt.[16] Auch in AssMos hat sich dieser Vorgang niedergeschlagen. So wird Mose in der Klage des Josua am Ende des
Buches als "sacrum spiritum dignum domino multiplicem et
incompraehensibilem" (11,16) beschrieben. Daß hierin weisheitliche Terminologie eingeflossen ist, wird allgemein an-
erkannt.[17] Auch der Zusammenhang legt dies nahe.[18]

Damit ist dort die Gestalt des Mose als Träger von Geist
und Weisheit verstanden; ja Mose erscheint als der Repräsentant von Weisheit und Geist selbst.[19] In diesem Zusammenhang
eines Herausstellens der Gestalt des Mose als dem geistbe-
gabten Führer des auserwählten Volkes wäre ein ursprüngliches Verständnis von AssMos 1,14 im Sinne einer Existenz
des Mose von Anfang der Schöpfung an durchaus verständlich
und konsequent. Wie jedoch schon das griechische Zitat

13 Vgl. mit der Präposition πρo Joh 17,24; Eph 1,4; 1 Petr 1,20. Mit απc
    Mt 13,35; 25,34; Lk 11,50; Hebr 4,3; 9,26; Offb 13,8; 17,8.

14 S.o. ad AssMos 12,4.

15 Er weist auf Ijob 28 (LXX V.27b) hin.

16 So besonders in der alexandrinischen Tradition; vgl. KÜCHLER 122 ad
    Eupolemos Judaeus (2.Jh.v.Chr.); auch VERMES, Moses 67f.74)

17 Vgl. CLEMEN, BRANDENBURGER u.a. z.St. mit Verweis auf Weish 7,22.

18 So fragt Josua in seiner Klage: "Und welche Weisheit (sapientia) und
    Einsicht (intellectus) habe ich", um Richter usw. zu sein? (AssMos
    11,15). In der gleichen Situation der Übergabe des Führungsamtes an
    Josua wurde ja auch bei Philo die Frage nach der Weisheit laut
    (Virt 62).

19 Da in den bekannten Fragmenten keine Anhaltspunkte vorliegen, die auf
    die Ausgestaltung und Aufnahme einer reflektierten Weisheit schließen
    lassen, wird man bei Mose nicht von einer "Inkarnation der Weisheit"
    oder einer Identifikation mit der Weisheit sprechen dürfen, auch wenn
    im hellenistischen Judentum Mose als der Geistträger schlechthin er-
    scheint. Vgl. weiter auch einen samaritanischen Text aus dem 13.Jh.
    von Aaron ben Manir: "Moses was the first that he created"; MACDONALD
    163, wo Mose mit dem (kosmischen) Urlicht parallelisiert wird. Vgl.
    HAACKER, Stiftung 120.

von Gelasius zeigt, wurde der Text nicht im Sinne einer präkosmischen Existenz aufgefaßt.

Ähnliche Implikationen scheinen in einem zweiten Text vor-
zuliegen, einer ebenfalls im Ganzen verlorengegangenen
jüdischen Schrift, die zuerst durch ein Kirchenväterzitat
bekannt und tradiert wurde; sie ist unter dem Titel Προσευχὴ
Ἰωσήφ bekannt und wird bei Origenes mehrmals zitiert.[20]
In seiner Auslegung von Joh 1,6 interpretiert Origenes
Johannes den Täufer als Vorboten des Messias mit den Worten
Israels/Jakobs aus dieser apokryphen Schrift:[21]

ἄγγελος θεοῦ εἰμι ἐγὼ καὶ πνεῦμα ἀρχικόν,
καὶ Ἀβραὰμ καὶ Ἰσαὰκ προεκτίσθησαν πρὸ παντὸς ἔργου...
ὅτι ἐγὼ πρωτόγονος παντὸς ζῴου ζωουμένου ὑπὸ θεοῦ.

"Engel Gottes bin ich und leitender Geist. Auch Abraham und Isaak sind
vor jedem Werke geschaffen ..., da ich Erstgeborener bin unter allen von
Gott belebten Lebewesen."

Jakob/Israel ist - und die beiden anderen Urväter sind es
mit ihm - als Erstgeborener vor der Schöpfung präexistent;
biblische Belegstelle ist dabei sicher Ex 4,22. Durch die
rätselhafte Bezeichnung πνεῦμα ἀρχικόν wird anscheinend auf
einen weisheitlich geprägten Pneumabegriff Bezug genommen;[22]
hier"wird offenbar auf ein präexistentes höchstes Geistwesen"
angespielt, "das in Jakob Menschgestalt annimmt und zum Stammvater des Volkes Israel wird. Jakob-Israel kann darum auch
seinen Söhnen die ganze Zukunft des Gottesvolkes verkündigen,
weil er sie auf den himmlischen Schicksalstafeln gelesen
hat."[23]

Daß in der jüdischen Tradition mit einer Reihe von Spekulationen über himmlische, weisheitliche Gestalten gerechnet
werden muß, belegt auch ein sonst nicht leicht zu exegesie-
rendes Fragment aus den Höhlen von Qumran, in dem Melchisedek (?) als ein himmlisches, mit Weisheit begabtes Engel-

20 Vgl. die Zusammenstellung der Fragmente bei DENIS (ed.), Fragmenta 61f.

21 Text ebd. S.61; Übersetzung nach STEIN 281.

22 Vgl. zum Ganzen den ausführlichen Aufsatz von J.Z.SMITH; zum Pneuma
und seiner Beziehung zur Weisheit im Weisheitsbuch vgl. oben.

23 HENGEL, Sohn Gottes 76f; das zweite Zitat bezieht sich auf das zweite
Zitat des "Gebets Josephs" bei Origenes, in Gen(1,14), III,9; bei:
DENIS, Fragmenta S.62. Über den Stammvater Jakob wird das Volk selbst
präexistent.

wesen erscheint.[24]

Im Gesamten ist festzuhalten, daß die Verschmelzung der
Traditionen, wie sie im äthHen zu beobachten war, nicht als
ein vereinzeltes Phänomen zu bewerten ist. Doch ist die Überlieferung - wie so oft - nur sehr fragmentarisch erhalten.
Es ist weiter zu fragen, ob und inwieweit solche Traditionen
einer präexistenten weisheitlichen Gestalt auch in der
rabbinischen Literatur in Grundlinien wiederzufinden sind.
Im nächsten Hauptteil wird es also vor allem um die Frage
gehen, wie das rabbinische Judentum die beschriebenen Phänomene aufgegriffen, verarbeitet oder aber abgelehnt hat.

H. Thesenhafter Überblick

75 Jahre nach den Untersuchungen BILLERBECKs zur Präexistenzvorstellung des Messias in der jüdischen Tradition und seinem
dort vorgelegten negativen Befund wird man diesen kaum noch .
uneingeschränkt teilen können.

Schon in den Übersetzungen der Königspsalmen Ps 72 und
Ps 110 in Septuaginta und Targum lassen sich tiefgreifende
Neuinterpretationen und andere Aussageschwerpunkte gegenüber
den alten Texten beobachten. Die Gestalt des davidischen
Königs ist transzendiert und zeigt Züge einer eschatologischen
Messiaserwartung. Die ursprünglichen Aussagen über Herkunft
und Zukunft des davidischen Herrschers in Micha 5 werden in
esoterischen Zirkeln, die der apokalyptischen Henochtradition
verbunden waren, weiterentwickelt und in den Bilderreden des
äth Henoch zu einem alles überragenden Bild einer messianischen Menschensohngestalt ausgeprägt.

Diese Gestalt ist von Uranfang an vor der Schöpfung der
Welt von Gott erwählt und somit aus der gesamten Schöpfung
herausgehoben. Sie ist eine mit den Zügen der präexistenten
Weisheit aus Spr 8 ausgestattete präexistente Person, die in
engster Nähe bei Gott anwesend vorgestellt wird. Ihre Herrschaft ist mit der Gottes identisch. Ihr gebührt ein Thron

---

24 Vgl. die Auslegung von MILIK, Milkī-sedek 12ff von 4 Q 180; vgl. weiter
    neuerdings KOBOLSKI 117-122 zum rätselhaften Ausdruck אלהים .

neben Gott, ja sie sitzt sogar auf dem göttlichen Thron
selbst. Am Ende der Tage wird dieser Messias/MS die Völker un-
terwerfen und die Herrschaft Gottes auf der Erde sichtbar aufrichten. Das Prophetentargum ist wahrscheinlich dieser Tradition verpflichtet und kann dabei an die messianische Verheißung von Micha 5,1-3 anknüpfen.
Anders allerdings hält sich die Auslegung von Ps 72 und
Ps 110 zunächst nicht an diese Weiterentwicklung der messianischen Gestalt. Ein Einfluß auf diese Texte ist aber in
Hebr 1, bzw. in Anknüpfung an dieses Kapitel, zu erkennen.
Möglicherweise sind also die jüdischen Texte zurückhaltend
gegenüber diesen Traditionen, wahrscheinlich auch im bewußten
Absetzen gegenüber einem christlichen Verständnis. Werden nun
aber diese beiden "messianischen" Texte miteinander verbunden,
dann fließen auch die Niederschläge einer schon in den Weisheitstexten verbreiteten Lichtsymbolik und das Element der
uranfänglichen Erwählung einer messianischen Gestalt zusammen,
wie sie in den frühen christlichen Texten z.B. bei Justin
sichtbar werden. Unabhängig davon gibt es aber auch vereinzelt
in jüdischen Texten ähnliche Einflüsse einer Präexistenzvorstellung auf Spekulationen über himmlische (messianische?)
Gestalten. Jedoch bleiben diese Texte zu sehr im dunkeln, als
daß traditionsgeschichtliche Verknüpfungen so ohne weiteres
postuliert werden können. Allerdings wird damit signalisiert,
daß die beobachteten Phänomene der Verschmelzung der präexistenten Weisheit mit der messianischen Gestalt in den BR
des äthHen keinen Einzelfall jüdischen Denkens darstellen.
Parallel hierzu wird man sich auch die Entstehung einer Präexistenzchristologie vorzustellen haben, die dann die Grundlage für die Aussagen der Kirchenväter und ihrer Exegese der
atl. Texte bildete.

D R I T T E R   T E I L

DIE PRÄEXISTENZ VON TORA UND MESSIAS IN DEM RABBINISCHEN SCHRIFTTUM

A. *Einleitung*

1. Vorüberlegungen

Die Präexistenzvorstellung der Weisheit/Tora ist zu einem
nicht mehr wegzudenkenden Baustein in der jüdischen theologischen Tradition geworden. Sie hat in bestimmten apokalyptischen Kreisen das Herausarbeiten einer präexistenten
messianischen Gestalt gefördert und gestützt. In einem
dritten Teil soll nun untersucht werden, inwieweit die Präexistenzvorstellung von Tora und Messias auch im rabbinischen
Schrifttum aufgegriffen und verarbeitet wurde. Dabei ergeben
sich Schwierigkeiten, die mit der Besonderheit und dem Wesen
der rabbinischen Literatur zusammenhängen.[1]

Hier ist vor allem zu erwähnen, daß sich die rabbinischen
Texte weithin der Möglichkeit einer präzisen Datierung entziehen. Die frühesten Sammlungen sind schon in tannaitischer
Zeit entstanden, aber der weitaus größte Teil der hier zur
Sprache kommenden Texte stammt aus späterer Zeit. Zu den
spätesten Quellen gehören die Sammelwerke der Yalqutim, in
denen in "Kommentaren" zur Tora aber viel verlorengegangene
ältere Stücke vorkommen - auch wenn z.T. darin enthaltenes
Material wegen seiner Bruchstückhaftigkeit und Überarbeitung
nur bedingt heranzuziehen ist.[2] Durch diesen enormen Zeit-
umfang der Quellen von über einem Jahrtausend stößt man auf
eine Vielfalt von Auslegungen und Variationen derselben
Thematik, wie sie in keiner anderen vergleichbaren Literatur
zu finden ist. Dabei haben die überlieferten Texte verständ-

---

1 Die rabbinischen Quellen werden nach den nun weithin geläufigen Abkürzungen der FRANKFURTER JUDAISTISCHEN BEITRÄGE zitiert; vgl.
   FJB 2 /1974) S.67-73. Die Namen der Rabbinen ebenfalls nach der dort
   angegebenen Transskription, soweit nicht ein Name so bekannt ist,
   daß er in deutscher Schreibweise erscheint (z.B. Akiba).

2 Eine gute graphische Übersicht über die zeitliche Ansetzung der
   rabbinischen Texte bis zur Periode der Yalqutim gibt HERR, Art.
   Midrash, EJ 11 (1971) Sp.1507-1514 (1511).

licherweise eine Fülle von großen und kleinen Veränderungen
erfahren, die geordnet und, wenn möglich, in einen über-
lieferungsgeschichtlichen Zusammenhang zu bringen sind.[3] Nur
z.T. ist es möglich, anhand der Namen von überlieferten Tradenten genauere Anhaltspunkte zur historischen Einordnung
bestimmter Texte zu gewinnen; aber selbst diese Angaben sind
zum großen Teil nur mit Vorsicht zu verwenden.[4] Zu oft wird
nur ein typischer Vertreter der älteren Traditionen genannt,
ohne daß es wahrscheinlich zu machen ist, daß diese Tradition
von ihm stammt. Hinzu kommt noch, daß ein Teil der Texte
anonym überliefert wird. Sofern die Texte es erlauben, wird
es nötig sein, einzelne Überlieferungen bis hin zur frühen
tannaitischen Zeit zurückzuverfolgen.

Eine andere Besonderheit des rabbinischen Schrifttums
besteht in der Fülle von verschiedenen einzelnen Aspekten
zu einer bestimmten Thematik, die sich kaum oder nur schwer
in einen systematischen Zusammenhang stellen lassen. "Systematisches Denken und systematische Entwürfe sucht man bei den
Rabbinen ... vergeblich; jede grundlegende theologische Vorstellung muß aus zahllosen in den Texten verstreuten Einzel-
aussagen erschlossen werden."[5] Allerdings sind diese vielfältigen Texte keineswegs nur unter dem Aspekt ihrer Verschiedenheit zu betrachten; vielmehr ist gerade nach ihrer gemeinsamen Aussage zu suchen. Sie wären nicht überliefert und verbunden worden, wenn sie nicht doch eine verborgene Einheit
besitzen würden. Bei der Suche nach ihrer Einheit ist vor
allem nach dem inneren Aufbau zu fragen, der jedem einzelnen

---

3 Ausgeschlossen habe ich die poetische und esoterische Literatur (z.B.
die Piyyutim und die Hekhalotliteratur der Kabbala). Diese stellen
einen eigenen literarischen Beitrag dar und bedürfen einer gesonder-
ten Untersuchung.

4 Anders noch bei BACHER und seiner Rekonstruktion der frühen rabbinischen Tradition in seinen bisher unübertroffenen Werken: "Die
Agada der Tannaiten" und "Die Agada der palästinischen/babylonischen
Amoräer" sowie "Tradition und Tradenten in den Schulen Palästinas
und Babyloniens." Heute ist man jedoch weitaus zurückhaltender; vgl.
ECKART passim; OSWALD 124-128; NEUSNER, The Rabbinic Traditions
3 Bde., bes. III S.180ff; SCHÄFER, Studien 3-7.

5 SCHÄFER, Zur Geschichtsauffassung 25.

geprägten Text, dem jeweiligen Midrasch,[6] zugrundeliegt.
Auch wenn die Midraschim oftmals auf den ersten Blick nur
wie eine zufällige Sammlung ähnlicher Dinge erscheinen, sind
sie doch in der Regel das sorgfältige Ergebnis einer theologischen Gedankenführung und eines langen Traditionsprozesses,
deren Bedeutung je und je neu erschlossen werden muß.

Schließlich ist in besonderer Weise auf den Zusammenhang,
bzw. die auszulegenden Bibeltexte, die den jeweiligen Anlaß
für die Überlieferung des Midrasches bildeten, zu achten.
Dieser Zusammenhang ist oft für Veränderungen und Akzentuierungen des Midrasch verantwortlich und bestimmend.

Abgesehen von Materialsammlungen wie die von BILLERBECK,
GINZBERG, MOORE sowie den jeweiligen Kommentaren zu den
Texten gibt es - soweit ich sehe - kaum irgendwelche Vorar-
beiten, die die Frage nach Präexistenz von Tora und Messias
in dem rabbinischen Schrifttum thematisieren.[7] So stellt
dieser dritte Teil einen ersten Versuch dar, die Linie der
Präexistenzvorstellung von den Anfängen bis in die späten rabbinischen Texte zu verfolgen. Ein Vergleich dieser späten Texte mit der Exegese der frühen Kirchenväter würde aber den hier
gesteckten Rahmen weit überschreiten.[8]

2. Zur Auswahl der Texte

Grundsätzlich empfiehlt sich als Ausgangspunkt einer Untersuchung der Präexistenzvorstellung von Tora und anderen
theologisch bedeutsamen Gegenständen die Auslegungsgeschichte
von Spr 8, wo im AT zum erstenmal ausdrücklich und ausführlich von einer Präexistenz der Weisheit im Sinne einer prä-

---

6 "Midrasch" ist in der rabbinischen Literatur u.a. die Auslegung einer
   Schriftstelle; vgl. BACHER, Die exegetische Terminologie I S.103f.
   Zur Gattung "Midrasch" vgl. BLOCH, Ecriture; WRIGHT, Midrash. Weiterhin wird dieser Begriff auch für ein literarisches Werk verwandt, in
   dem Auslegungen zu den biblischen Büchern gesammelt und redigiert sind.

7 Zum Messias vgl. noch M.ZOBEL; KLAUSNER, Idea; weiter zu den einzelnen
   Texten BLAU/KOHLER, Art. Preexistence, JE 10 (1905) S.182-184; auch
   HARVEY, Art. Torah, Origin and Preexistence. EJ 15 (1971) Sp.1236-
   1238.

8 Vgl. die alte Untersuchung von GINZBERG, Haggada.

kosmischen Schöpfung die Rede ist.[9] Das zeigt sich allein
schon daran, daß dieses Kapitel im Zusammenhang mit ähnlichen
Texten eine weitverbreitete Wirkung auf die rabbinische Literatur erkennen läßt, wie auch in der christlichen Exegese
bis zum arianischen Streit Spr 8 immer wieder im Hintergrund
steht.

So wird in einem ersten Abschnitt die Vorstellung der
Tora als kosmisches "Werkzeug" und Schöpfungsmittler kurz
gestreift und anhand von mAvot 3,14 deutlich gemacht. Es
folgt die Untersuchung und Besprechung eines der ältesten
Texte, die die Präexistenz der Tora in einen Zusammenhang
mit anderen (präexistenten) Dingen stellt, Lehrsatz und
Midrasch über die von Gott geliebtesten präexistenten Dinge;
zwei Stichwörter verbinden die behandelten Texte, die göttliche "Liebe" (Wurzel: חבב) und der Aspekt der "Vorordnung"
(Wurzel: קדם).

Den weitaus breitesten Raum nimmt die Untersuchung des
Midrasch der Dinge ein, die schon vor der Weltschöpfung erschaffen worden sind und deswegen gepriesen werden. Weil
dieser Midrasch in einer sehr großen Zahl von Variationen
überliefert wird, gilt es die Traditionen zu ordnen und miteinander in Beziehung zu setzen. In welchen Zusammenhängen
erscheinen dabei Präexistenz von Tora und (Name des) Messias?
In welchem Kontext erscheint die Präexistenzaussage und wie
wird sie zu verstehen sein?

Am Schluß der Texte aus dem rabbinischen Judentum wird noch
einmal gesondert nach den Stellen gefragt, die speziell die
Präexistenz des Messias bezeugen, wenn auch diese Traditionen
sich vor allem in relativ späten Werken niedergeschlagen haben

Den Abschluß der Untersuchung bildet die Frage, inwieweit
wirklich in den rabbinischen Texten in angemessener Weise
von einer Präexistenzvorstellung geredet werden kann.

3. "Name des Messias" als Umschreibung der messianischen Gestalt

Schon vorher rührte die Frage nach der Präexistenz des
Messias an das Problem der Verbindung von Person und Name der

---

9 Hier zeigt sich in gewisser Weise eine Analogie zu dem ebenfalls für
   die Christologie der Alten Kirche bedeutsamen Text; vgl. die Fülle von
   Zitaten bei den Kirchenvätern in: ALLENBACH (Hrg.) u.a., Biblia
   patristica, jeweils zu Spr 8.

messianischen Gestalt. Ist es richtig, wie einige Exegeten
voraussetzen, daß Name und Gestalt voneinander zu trennen
sind?

Für äthHen 48 ließ sich von Sprachgebrauch und Zusammenhang her deutlich machen, daß "sein Name" und "Menschensohn"
lediglich zwei Seiten derselben Medaille darstellen, daß
also der Name von seinem Träger nicht zu trennen ist und
lediglich die Person meint. Gilt diese Identität auch für
die rabbinischen Texte? Was bedeutet es z.B., wenn in einem
aufzählenden Midrasch von den Dingen, die vor der Welt geschaffen werden, als Glied nicht der Messias, sondern (lediglich?) der "Name des Messias" erscheint?

So soll hier vorab erst einmal untersucht werden, ob und
inwieweit auch in rabbinischen Texten eine Identität von
"Name des Messias" und der Gestalt des Messias möglich und
wahrscheinlich ist.

Eine solche Identifikation ist noch an der Überlieferung
einer Baraita wahrscheinlich zu machen. Es ist der Midrasch,
der unter dem Stichwort ראשון verschiedene Dinge zusammen-
stellt und verbindet. Drei Fassungen dieses Midrasch sind
überliefert; es werden folgende Dinge aufgezählt:

A	B	C
	Gott	Gott
Nachkommenschaft Esaus	Esau	Zion
Heiligtum	Heiligtum	Esau
Name des Messias	König Messias	Messias

Fassung A: bPes 5a[10]

דמנא רבי ר׳ ישמעאל
בשכר שלשה ראשון זכו לשלשה ראשון
להכרית זרעו של עשו לבנין בית המקדש ולשמו של משיח•

"Man lehrte in der Schule des Rabbi Yishmael:
Als Entgelt für (die Erfüllung der) drei (Gebote Lev 23, bei denen das
Wort) ראשון (geschrieben steht),[11] erlangte (Israel) drei (Güter, deren
jedes als) ראשון (bezeichnet ist), nämlich
die Vernichtung der Nachkommenschaft Esaus,
die Errichtung des Tempelheiligtums
und den Namen des Messias." [12]

---

10 Ebenso Yalq bō 201 (64d, oben; ed. Jerusalem 1977 S.162, 69-72);
    YalqM Jes 41,27 (S.125f).

11 Das sind: Passah, Wochenfest und Festtrauß am Laubhüttenfest.

12 Zur Übersetzung vgl. M.ZOBEL 102f.

Es folgen jeweils die drei biblischen Belegstellen Gen 25,25;
Jer 17,12 und Jes 41,27.[13]

Fassung B: BerR 63,8 (63,10 LEWIN/EPSTEIN Bd. 1 S.133b)[14]

(Gen 25,25)   ריצא הראשון אדמוני

א״ר חגי בשם ר׳ יצחק

(Lev 23,40)   בזכות ולקחתם לכם ביום הראשון

[אני נגלה לכם ראשון   ופורע לכם מן הראשון

ובונה לכם ראשון ומכיא לכם ראשון]

[15](Jes 41,4)   אני נגלה לכם ראשון שנא׳ ...

(Gen 25,25) ...ופורע לכם מן הראשון זה עשו דכתיב.

(Jer 17,12) ...ובונה לכם ראשון זה בהמ״ק דכתיב ביה.

(Jes 41,27) ...ואביא לכם ראשון זה מלך המשיח דכתיב ביה.

"Der erste (הראשון), der herauskam, war rötlich (Gen 25,25)."[16]
R.Haggai (sagte) im Namen R.Yishaqs:[17]
"Wegen[18] (der Erfüllung meines Gebotes Lev 23,40) 'und ihr sollt nehmen
am ersten Tag (יום הראשון , Früchte von schönen Bäumen)'
werde ich mich euch als ein ראשון offenbaren,
für euch einen הראשון bestrafen[19]
euch einen ראשון bauen,
euch einen ראשון bringen.
Ich werde mich euch als ein ראשון offenbaren, (denn es heißt Jes
41,4): '(Der die Geschlechter vom Anfang her rief) ich, Jahwe, bin der
Erste (ראשון , und bei den Letzten bin ich's noch)'.

---

13   Vgl. u. den Text von BerR 63,8.

14   Ebenso Yalq tōledot 11o   (33c, unten; ed. Jerusalem 1973 S.518,
     85-91); Yalq Jes 450 (397c, oben); Yalq Jer 298 (413a), wo der
     Midrasch im Anschluß an die vor der Weltschöpfung geschaffenen Dinge
     steht - wohl lediglich wegen des gemeinsamen Schriftzitates von
     Jer 17,12 dort zusammengestellt (gegen GOLDBERG, Namen 74). Weiter
     PesK 28 (Ende, S.185a) mit Tradentenangabe von: R.Berekhya im Namen
     R.Abba b.Kahana; WaR 30,16 (30,15 LEWIN/EPSTEIN Bd.3 S.84a) mit:
     R.Berekhya im Namen R.Lewis.

15   Im folgenden wird das jeweilige biblische Zitat nur noch wenn unbe-
     dingt nötig im hebr. Text wiedergegeben; anders aber in der Über-
     setzung, wo es vollständig erscheint.

16   Die Überlieferung des Textes ist nicht immer genau gewährleistet;
     einige HSS lassen die Aufzählung der vier ראשונים aus.

17   R.Yishaq (Nappaha) und R.Haggai lehrten an der Akademie von Tiberias
     Anfang/Mitte des 4.Jh.n.Chr. Auch die anderen Tradenten gehörten der-
     selben Akademie an.

18   Wörtlich: "Im Verdienst", eine Wendung, die eine weitgestreute Bedeu-
     tung inne hat.

19   פרע bedeutet in Verbindung mit der Präposition מן "zur Rechenschaft
     ziehen", "Vergeltung üben" oder auch "bestrafen"; vgl. die Wörter-
     bücher.

Und ich werde für euch einen הראשון bestrafen; das ist der frevel-
hafte Esau, denn es heißt (Gen 25,25): 'Der erste (הראשון), der
herauskam, war rötlich'.
Und ich werde euch einen ראשון bauen; das ist der Tempel, denn es
heißt (Jer 17,12): 'Thron der Herrlichkeit, erhaben von Anbeginn
(מראשון), eine Stätte unseres Heiligtums (מקדשינו)'.
Und ich werde euch einen ראשון bringen; das ist der König Messias,
denn es heißt (Jes 41,27): 'Als Erster (ראשון,[20] habe ich es ver-
kündet) Zion, siehe ihnen und Jerusalem (einen Freudenboten gegeben)'."

In einer Auslegung zu Gen 25,25 wird hier in Bereshit
Rabba der Bogen geschlagen von der Uranfänglichkeit (ראשון)
Gottes bis hin zur zukünftigen Erwartung des Messiaskönigs.
Der Messias als das letzte deutet auf seine Klimax hin: damit
wird Gottes Heil zum Abschluß gebracht. Der Midrasch von den
Rishonim interpretiert also die Schriftstelle aus dem ersten
Buch der Bibel messianisch.[21] Dabei ist wahrscheinlich das
Aufgreifen und Erweitern der Fassung A aus dem Babylonischen
Talmud noch zu erkennen; daran erinnert der einführende Hin-
weis auf Lev 23,40, der nun nicht mehr ein Hinweis auf die
Dreizahl der aufgezählten Dinge enthält, sondern lediglich
den Hinweis auf zukünftige Heilsgüter. Weiter ist der Bezug
zur zugrundeliegenden Baraita noch an dem erklärenden Hinweis זה abzulesen, das in BerR nur bei den auch dort aufgezählten Dingen erscheint, aber beim zusätzlich hinzugekom-
menen ersten Glied (Gott) fehlt. Diese ursprüngliche dreigliedrige Fassung hatte als letztes Glied der Aufzählung die
Verheißung des "Namen des Messias", wogegen nunmehr in der
hier vorliegenden erweiterten Fassung die Person des Messias
(-königs) selbst erscheint.[22] Da nun beide Fassungen in ihrem
Ziel messianisch-eschatologisch orientiert sind, scheint -
trotz unterschiedlicher Terminologie - dieselbe Intention
und Aussage vorzuliegen: die konkrete Erwartung des Messias.
Aus der Identität des Satzes über den Messias in den beiden
Fassungen des Midrasch von den Rishonim ist zu schließen,
daß dort, wo vom "Namen des Messias" geredet wird, mit einem
Verständnis von der "Person des Messias" gerechnet werden

---

20 Vgl. aber ELLIGER 174f z.St.

21 Auch die Geburtsgeschichte von Perez und Serach Gen 38,27-30 wird
gelegentlich als ein messianischer Hinweis interpretiert - ebenfalls
wegen des ראשון -; vgl. TJo z.St.; Aggadat Bereshyt 64,3 (ed.
BUBER S.129) u.ö.

22 Meistens wird "Messiaskönig" überliefert; jedoch in zwei HSS, wie
auch in ShemR 15,1 lediglich "Messias".

214   A. Einleitung

muß, so wie hier BerR die ihm vorliegende Tradition aus
dem babylonischen Talmud aufgegriffen hatte.

ראשון , "der Erste", ist also keineswegs ein Name des
Messias [23] oder gar ein messianischer Titel.[24] Ist aber dann
mit diesem Begriff implizit ein Bezug zur Schöpfung hergestellt, wenn in dem ersten Glied die Uranfänglichkeit Gottes
thematisiert wird und die Belegstelle für das Heiligtum
(Jer 17,12) in anderen Zusammenhängen auf eine Vorweltlich-
keit gedeutet wird?[25] Ist also "gemeint, daß Israel den
Messias erhält, dessen Name als 'Erster' genannt wurde, nämlich noch vor der Erschaffung der Welt?"[26] Dieser vorschneller
Deutung widerspricht aber das dritte Glied der Aufzählung,
die Bestrafung oder Vernichtung (der Nachkommenschaft) Esaus,
eines Ereignisses, das keinesfalls schon in uranfänglicher
präkosmischer Zeit geschehen ist.[27] Die Einheitlichkeit des
ganzen Midrasch unter dem Stichwort ראשון widerspricht also
der Exegese, hier einen Hinweis auf eine Präexistenzvorstellung wiederzufinden. Vielmehr wird in kunstvoller Weise die
feste, unerschütterliche Hoffnung auf die eschatologische
Gabe des Messias zum Ausdruck gebracht; zumindest ist es so
zu erklären, daß der Midrasch von den Rishonim mit Vorliebe
an den Schluß von Predigten gestellt ist, die mit einem
eschatologischen Trost enden;[28] an ähnlicher Stelle steht
auch die dritte Fassung in ShemR 15,1.[29] Allerdings enthält
diese Fassung eher eine kleine Abänderung von BerR, denn in
der den Midrasch hier abschließenden Paranomasie, dem Teil,
der alle Dinge miteinander verbindet,[30] wird in leichter
Variation wieder die Fassung B aufgegriffen:

---

23 So auch GOLDBERG, Namen 72.
24 Ebd. S.74: "Den Texten ist nicht zu entnehmen, daß Rishon ein Name
    oder auch nur ein Epitheton des Messias ist."
25 So zusammengestellt in Yalq Jer 298.
26 GOLDBERG, Namen 73.
27 Hiermit wird sicherlich auf das Römische Reich angespielt.
28 Vgl. GOLDBERG, ebd.
29 Als Abschluß einer sog. Petiha; vgl. zu dieser literarischen Form
    SCHÄFER, Peticha.
30 TOWNER nennt diese Art von Aufzählung in Anlehnung an die rabbi-
    nischen 32 hermeneutischen Regeln "ma'al Formular", Enumeration 169f.

Schluß der Fassung C: ShemR 15,1 (15,2 LEWIN/EPSTEIN Bd.2
                       S.33a)[31]

יבא הקב״ה שנקרא ראשון ויבנה בהמ״ק שנקרא ראשון

ויפרע מן עשו שנקרא ראשון ויבא משיח שנקרא ראשון

"Der Heilige, g.s.E.,[32] der ראשון genannt wird, wird kommen und das
Heiligtum (!) bauen, das ראשון genannt wird, und Vergeltung üben an
Esau, der ראשון genannt wird; dann wird der Messias kommen, derראשון
genannt wird.[33]

Die ganze Auslegung des Midrasch zu Exodus schließt dann
durch die Zeitangabe für das Auftreten des Messias im "ersten
Monat", womit die Auslegung wieder auf den auszulegenden Vers
Ex 12,2 zurückgeführt wird.

Im Ganzen wird aus der Auslegungsgeschichte des Midrasch
der Rishonim noch erkennbar, daß die weithin feststehende
Wendung "Namen des Messias" keinesfalls unbedingt als ein
Attribut des Messias, sondern durchaus als Bezeichnung des
Messias selbst verstanden worden ist.

Damit kann davon ausgegangen werden, daß die Identität
von Name und Träger auch in der rabbinischen Literatur gebräuchlich war.

Anders ist dies aber, und dies sei hier abschließend auch
angemerkt, wenn ausdrücklich nach der Bezeichnung, dem
"Namen des Messias" gefragt wird, und wo dann die Texte eine
Fülle von Antworten bereithalten.[34] Nur ist hier die Frage
nach dem Namen entscheidend, während demgegenüber in dem
untersuchten Midrasch die Person des Messias im Blickfeld
steht. So wird "Name des Messias" eine Umschreibung der
messianischen Gestalt selbst.[35]

---

31 Ebenso auch Yalq tōledot 110 anonym überliefert.

32 Zu dieser Gottesbezeichnung "der Heilige, gepriesen sei Er" vgl. ESH.

33 Die andere Reihenfolge der aufgezählten Dinge kann hier außer acht
    bleiben.

34 Vgl. bes. bSan 98; zum Ganzen GOLDBERG, Namen passim.

35 Vgl. auch unten ad yBer 1,6 (4a).

B. *Die Texte*

1. Die präexistente Tora als Schöpfungsmittler

In einer bestimmten Auslegungstradition von Spr 8,30 wurde
im 2.Jh., spätestens im 3.Jh.v.Chr - wie die Übersetzung der
LXX diese Stelle dokumentiert - die Weisheit als Gottes
Schöpfungsorgan, als sein "Handwerker" bezeichnet. Mit dieser
Bezeichnung wurde ihr, die sich als eine selbständige Gestalt schon vor der Schöpfung bei Gott befand, eine Schöpfungsmittlerschaft zugesprochen. Es ist von daher nicht verwunderlich, daß, nachdem die Weisheit weithin mit der Tora
parallelisiert, ja spätestens seit Jesus Sirach identifiziert
wurde, auch diese kosmologischen Funktionen und Vorstellungen
auf die Tora übertragen wurden. In der rabbinischen Literatur
wurde nur noch selten über die Weisheit (חכמה) reflektiert.[1]
An ihre Stelle ist nun die Tora getreten. So wird, wenn von
ihren kosmologischen Aufgaben die Rede ist, das Gesagte
durchweg mit weisheitlichen Belegstellen begründet.[2] Da die
Darstellung der Schöpfungsmittlerschaft und kosmischen
Funktion der Tora schon in der Literatur ausführlich beschrieben worden und weitgehend bekannt ist, kann auf eine
eigene Darstellung weitgehend verzichtet werden. Hier sollen
nur an einem naheliegenden und frühen rabbinischen Text noch
einmal exemplarisch die verschiedenen Implikationen herausgestellt werden.[3]
Soweit es sich noch rekonstruieren läßt, hat als einer
der ersten in der rabbinischen Literatur R.Akiba der Tora
eine kosmologische Schöpfungsmittlerrolle zugesprochen:

---

1 Eine der wenigen ist die Auslegung von Spr 3,19f im Sinne von drei
"Eigenschaften" Jahwes, mit denen er die Welt erschaffen hat,
ShemR 48,4 (48,6 LEWIN/EPSTEIN Bd. 2 S.111a, העולם auch das Wüsten-
zelt und der Tempel); vgl. u. zu Seride TanBer 5.

2 Vgl. H.-Fr.WEISS 289: "Diese (sc. Tora) tritt fast durchweg in den
rabbinischen Quellen an die Stelle der Weisheit und ist damit zu
einem der wichtigsten kosmischen Prinzipien innerhalb des späteren
palästinischen Judentums geworden. Eine ganze Reihe von Stellen des
Alten Testaments, an denen ursprünglich von der Weisheit die Rede war,
wird nunmehr im Sinne der Tora interpretiert".

3 Vgl. die Zusammenstellung einer großen Anzahl von Texten bei BILL
Bd.2 S.353ff. Weiter bes. H.-Fr.WEISS 283-300.

mAv 3,14[4]

הוא היה אומר׃

חביב אדם שנברא בצלם חבה יתרה נודעת לו שנברא בצלם

שנאמר ... (Gen 9,6)

חביבין ישראל שנקראו בנים למקום חבה יתרה נודעת להם

שנקראו בנים למקום שנאמר... (Dtn 14,1)

חביבין ישראל שנתן להם כלי שבו נברא העולם חבה יתרה

נודעת להם שנתן להם כלי שבו נברא העולם שנאמר...(Spr 4,2)

"Er sagte:[5]
Geliebt ist der Mensch, denn er wurde im Bild (Gottes)[6] geschaffen.
Noch größere Liebe ist es, daß ihm kundgetan wurde, er sei im Bild
(Gottes) geschaffen; denn es heißt (Gen 9,6): 'Im Bilde Gottes hat Er
den Menschen erschaffen'.

Geliebt sind die Israeliten, denn sie wurden Kinder Gottes genannt. Noch
größere Liebe ist es, daß ihnen kundgetan wurde, daß sie Kinder Gottes
genannt wurden; denn es heißt (Dtn 14,1): 'Kinder seid ihr für Jahwe,
euren Gott'.

Geliebt sind die Israeliten, denn ihnen wurde das Werkzeug gegeben, mit
dem die Welt erschaffen ist. Noch größere Liebe ist es, daß ihnen kundgetan wurde, daß sie das Werkzeug der Weltschöpfung erhalten haben; denn
es heißt (Spr 4,2): 'Eine gute Lehre habe ich euch gegeben; laßt nicht
los meine Tora'."

Dieses dreigliedrige Wort Akibas[7] gehört zu einer Sammlung
von solchen zentralen Aussprüchen bekannter Rabbinen in
Avot Kap.3 und 4; es ist das dritte von insgesamt vier, die
von ihm hier zusammengestellt sind. Ausdrückliches Thema

---

4 MARTI/BEER z.St.; in anderen Ausgaben andere Zählung! Vgl. auch ARN[a]
   39, wo bei einem ähnlichen Text (es fehlt jeweils der Satzteil: noch
   größere Liebe ...) R.Meir, ein Schüler, als Tradent angegeben wird; es
   wird jedoch dort wahrscheinlich ein "im Namen R.Akibas" ausgefallen
   sein; vgl. BACHER, Tannaiten Bd. 1, 278 A.1. Weiter ARN[b] 44, wo aber
   die beiden ersten Glieder zusammengefaßt werden und auch der jeweilige
   zweite Teil etwas verändert ist; als Tradent wird dort R.Eliezer ben
   R.Jose dem Galiläer angegeben, einem der letzten sieben Schüler
   Akibas.

5 Wörtlich: "er pflegte zu sagen"; durch היה wird die Dauer oder
   Wiederholung ausgedrückt.

6 Akiba versteht אלהים nicht als Attribut sondern als Subjekt von
   Gen 1,27: "Gott schuf ihn als Bild"; vgl. auch WESTERMANN, Genesis
   (BK) 214 z.St.: "Der Text aber macht nicht eine Aussage über den
   Menschen, sondern über ein Tun Gottes" (Herv. von mir).

7 Zur Person des Rabbi Akiba vgl. u.a. GINZBERG, Art. Akiba JE Bd.1
   (1901) Sp. 304-309; BORNSTEIN, Art. Akiba EJ.D. Bd.2 (1928) Sp. 7-22;
   FREEDMANN, Art. Akiva EJ Bd.2 (1971) S.488-492; NEUSNER, Art. Akiba
   ben Josef TRE Bd.2 (1978) S.146f (jeweils Lit!).

der drei Glieder ist die erwählende Liebe Gottes.[8] Sie wird
dem Menschen wegen seiner Gottesebenbildlichkeit zugesprochen;
er ist nach Gottes Bild geschaffen und darf sich dieser Auszeichnung auch bewußt sein.[9] In diesen "Rahmen der Menschheit"
ist das Volk Israel hineingestellt;[10] oder treffender: die
göttliche Liebe zu dem Menschen zielt auf die erwählende Liebe
Gottes für sein Volk;[11] seine Gegenwart ist "durch die heilvolle Zuwendung Gottes in der Vergangenheit und Zukunft bestimmt."[12] Israel ist an Kindesstatt von Gott angenommen worden, und ihnen wurde die Gabe der Tora zuteil. Dieser dritte
Liebeserweis Gottes ist die größte Auszeichnung, denn erst
durch sie werden auch die beiden ersten als solche erkannt.
Ohne Einschränkung ist das ganze Volk in einen göttlichen Er-
wählungsplan von Uranfang an mit hineingenommen; denn ihnen
ist das präkosmische Schöpfungswerkzeug, die Tora, übergeben.

   Ähnlich formuliert es R.Elazar b.Sadoq in einem Midrasch
zu Dtn 11,22:[13]

---

8 HERFORD (ed.), Pirke Aboth 87: "reflexion of a devout mind upon the
   love of God". Sechsmal wird die Wurzel חבב verwendet, was einem atl.
   אהב entspricht.

9 "The 'greater love' was not merely a further but also a later
   manifestation of the divine love; for the knowledge was first imparted
   not to man (or Adam) when he was created, but to Noah (Gen 9,6)."
   (HERFORD, Pirke Aboth 88 z.St.).

10 BETZ, Rolle Israels 3.

11 Dieses Gefälle im Spruch Akibas hat vor allem NISSEN betont heraus-
   gestellt: "hierbei ist ... zu berücksichtigen, daß dieser Spruch
   auf die Aussagen über Israel hin entworfen ist" (S.124; Herv. dort).
   Vgl. weitere Texte mit חביב über die besondere Erwählung Israels:
   MekhY zu Ex 21,30 (ed. HOROVITZ/RABIN S.286); MekhY zu Ex 16,4
   (S.160f); vgl. MekhY zu Ex 13,21 (S.82); bMen 43b; bYom 52a;
   SifDev 36 (zu 6,9; ed. FINKELSTEIN S.67f); SifDev 309 (zu 32,6;
   S.349f); zu SER 15 und BerRbti 31,29 s. unten.

12 BETZ, ebd.

13 SifDev 48 (ed. FINKELSTEIN S.114,3-6) vgl. bNed 62, wo aber statt
   "wer sich des Gerätes bedient, mit dem die Welt erschaffen wurde"
   erscheint: "der sich der Krone der Tora bedient"; Übersetzung nach
   SCHÄFER, Lehre 266; zu R.Elazar b.Ṣadoq, dessen Identifikation wegen
   des gängigen Namens nicht leicht ist, vgl. BACHER, Tannaiten Bd.1
   S.48; hier auch der Vergleich mit bNed 62a; GILAT, Art. Eleazar
   (Eliezer) ben Zadoq, EJ Bd.6 (1971) Sp.600f; wahrscheinlich ist der
   ganze Ausspruch eine Weiterführung einer Sentenz Hillels, der den
   frevelhaften Gebrauch der Tora mit dem Verlust des Lebens bestraft
   lassen will; vgl. Avot 1,13; Midrash Tannaim S.211; vgl. NEUSNER,
   The Rabbinic Traditions Bd.I S.276 u.ö.

"Wenn schon das Leben Belschazzars, der die Geräte (בכלי) des Tempels
benutzte, obwohl sie (dadurch) entweiht waren, aus dieser und aus der
zukünftigen Welt ausgerottet wurde -
wer sich (in unnützer oder frevelhafter Weise) des Gerätes (בכלי) bedient, mit dem die Welt erschaffen wurde, um wieviel mehr gilt für den,
daß sein Leben aus dieser und der zukünftigen Welt ausgerottet wird."

Sachlich wird mit der Bezeichnung "Werkzeug", "Gerät"
(כלי)[14] das ausgedrückt, was im AT weithin mit der Präposition
ב im instrumentalen Sinn beschrieben wird (wie in Spr 3,19):[15]

"Jahwe hat mit Weisheit (בחכמה) die Erde gegründet, mit Einsicht
(בתכונה) den Himmel befestigt."

Wie dort die Weisheit, so ist nun die Tora als eine kosmische, präexistente Größe verstanden. Diese Vorstellung ist
in der rabbinischen Literatur auf Schritt und Tritt anzu-
treffen. Da, wo ursprünglich von der Schöpfungsfunktion der
Weisheit die Rede war, ist nun die Tora gemeint. Sie ist der
Bauplan, der Gott bei der Schöpfung der Welt leitete,[16] sie
ist der Garant für das Bestehen der Welt,[17] ja überhaupt erst
ihretwegen wurde die Welt erschaffen;[18] in der Auslegung von

---

14 Zum Ausdruck vgl. Hld 7,2; dazu bSuk 49a: "Das Werk der Künstlerhände
    (מעשי ידי אמן), das ist das Kunstwerk (זה מעשה ידי אומנו)
    des Heiligen, g.s.E."

15 Zur rabbinischen Auslegung dieser Stellen vgl. bes. H.-Fr.WEISS
    294-300. Zu den Targumin von Gen 1,1 vgl. oben.

16 BerR 1,1 (ed. THEODOR/ALBECK S.2): "(Andere Þeutung; statt) אמון
    (lies) אומן ; die Tora sagt: Ich war das Werkzeug des Heiligen; g.s.E.
    (... אני הייתי כלי), wie es in der Regel auch in der Welt (begeg-
    net): Ein König aus Fleisch und Blut baut einen Palast. Er baut aber
    nicht aus eigenem Wissen, sondern mit Hilfe eines Baumeisters
    (האומן). Der Baumeister baut wiederum nicht aus eigenem Wissen,
    sondern verwendet Pläne und Beschreibungen, um zu wissen, wie er
    Zimmer und Türen anordnen soll. Ebenso hat der Heilige, g.s.E., in
    die Tora geblickt (מביט) und die Welt geschaffen." Yalq bereshyt 2;
    TanB bereshyt 2; Tan bereshyt 1. Vgl. z.St. u.a. H.-Fr.WEISS 296f; bes.
    zum Vergleich mit Philo, Op. 17ff (vgl. weiter unten); SCHÄFER, Ge-
    schichtsauffassung 34-37; WEISSKOPF 227-234.

17 Die Welt würde sonst in das Tohuwabohu zurücksinken; ShemR 47,4
    (zu Ex 34,27): "Hätten (die Israeliten) nicht die Tora angenommen,
    ich hätte die Welt in das Tohuwabohu zurückgebracht, wie es heißt
    (Jer 33,25): 'So gewiß ich meinen Bund mit dem Tag und mit der Nacht
    und die Ordnungen von Himmel und Erde festgesetzt habe, so sicher
    werde ich auch die Nachkommen Jakobs ... nicht verwerfen'. Denn mit
    der Tora schuf ich Himmel und Erde, wie es heißt (Spr 3,19f) ..."
    Vgl. bShab 28a; MTeh 6,1 (S.30a); MTeh 20,9 (S.87b.88a).

18 BerR 1,4(1,5): "R.Benaya sagte: 'Die Welt wurde nur um der Tora willen
    geschaffen (העולם לא נברא אלא בזכות התורה)'" Weiter vgl.
    BerR 1,10(1,14); Yalq bereshyt 2; WaR 36,4 u.ö.

Spr 8,30 ist sie der אומן , der Künstler und Handwerker
Gottes.[19] Gelegentlich kann sie sogar neben Gott, dem
Vater, als Mutter (אם) bezeichnet werden.[20]

Neben dieser Fülle von Ausdrucksmöglichkeiten für die
schöpferische Tätigkeit der Tora ist aber - gerade hier in
Avot 3,14 - noch ein anderer Aspekt zu beachten. Die Tora
ist nicht allein ein kosmisches Prinzip, sondern gerade und
vor allem ethische, heilvolle Weisung; dieser Aspekt ist
sicherlich durch das letzte Zitat von Spr 4,2 betont herausgestellt.[21] Ähnliches findet sich auch in dem bekannten
Ausspruch von Simon dem Gerechten, dem vielleicht ältesten
Text, mAv 1,2:[22]

על שלשה דברים העולם עומד
על התורה ועל העבודה ועל גמילות חסדים•

"Auf drei Dingen steht die Welt:
auf der Tora, auf dem Opferdienst und auf den Liebestaten."

Im Zusammenhang mit den zwei nächsten "Säulen" des Welt-
bestandes ist hier die Tora sicher im ethisch-paränetischen
Sinne verstanden. Jedoch im Bild von dem bleibenden Bestand
der Welt (עומד) wird auch für Simon dem Gerechten die kosmische Rolle der Tora für die Welt bestimmend gewesen sein.[23]

---

19 Vgl. die Diskussion um·die fünf Auslegungsmöglichkeiten, die in
    BerR 1,1 als Haggada R.Hoshayas überliefert sind.

20 Vgl. ShemR 30,5 (Ende, zu Ex 21,15): "Als Israel anfing, die Gebote
    zu verachten, da war es, als ob sie Vater und Mutter verfluchten;
    denn es gibt keinen anderen Vater als den Heiligen, g.s.E., denn es
    heißt (Jes 64,7): 'Aber du, Jahwe, bist unser Vater'; und die Mutter,
    das ist die Tora, denn es heißt (Spr 1,8): '(Höre, mein Sohn auf die
    Mahnung des Vaters) und verachte die Tora deiner Mutter nicht.' Diese
    hat uns auf dem Sinai erzogen (מגודלת), denn es heißt (Spr 4,11)
    ..." Vgl. oben zu Philo, ebr 30f.

21 Das ergibt sich auch aus den Texten, die die Liebe Gottes zu Israel
    (חביבין) durch die Gabe der (Gebets-)Ordnungen ausgedrückt sieht,
    vgl. bMen 43b; SifDev 36; siehe oben Anm.11.

22 MARTI/BEER z.St.; ARN[a] 4; ARN[b] 5; yTaan 4,2 (68a unten); yMeg 3,7
    (74b Mitte).

23 "Die Tora (ist) hier in erster Linie als die Zusammenfassung der Ge-
    bzw. Verbote aus dem ethischen und kultischen Bereich verstanden,
    andererseits kommt aber auch schon jene Vorstellung zum Ausdruck, die
    das Gesetz als das die Welt in ihrem Bestand überhaupt erst konstitu-
    ierende Faktum ansieht, ohne allerdings dabei grundsätzlich zwischen
    dem Gesetz als einer kosmischen Größe einerseits, als einer kultisch-
    ethischen Größe andererseits zu unterscheiden." (H.-Fr.WEISS 285).
    Vgl. HENGEL, Judentum 290f.

Im Ganzen ist so die Sentenz des Rabbi Akiba in Avot 3,14
ein frühes Zeugnis für die weitreichenden Implikationen, die
mit der Größe der Tora verbunden wurden. Gerade durch den
"Besitz" dieser alles umfassenden Tora ist das Bewußtsein
des Volkes geprägt; durch sie unterscheidet es sich eben
von den "Völkern".[24] Durch die Verbindung mit dem Anfang der
Schöpfung ist dabei im besonderen der Aspekt der göttlichen
Erwählung betont, der die Stabilität, Sicherheit und Unabhängigkeit des Volkes von jeglichem fremden Einfluß von
Außen garantiert.

Dem Thema der Tradition von R.Akiba - der unergründlichen
Liebe Gottes zu seinem Volk - entspricht die Gabe der präexistenten, schöpferischen Tora. Wahrscheinlich in ebensolch
relativ frühe Zeit führt ein anonymer haggadischer Lehrsatz,
mit dem die liebende Erwählung Gottes - bis hin zur Präexistenz der Tora - zusammengefaßt wird. Durch ihn bekommt
die temporale Komponente der Ausdrucksweise ein besonderes
Gewicht.

2. Lehrsatz und Midrasch der von Gott geliebtesten Dinge

2.1. Die Version der drei Dinge:
     Tora, Heiligtum, Land Israel (SifDev 37)

Text SifDev Eqev 37 (ed.FINKELSTEIN S.70):[1]

וכן אתה מוצא בדרכי מקום

שכל מי חביב קודם את חבירו

(Spr 8,22)   ...תורה לפי שחביבה מכל נבראת קודם לכל שנאמר

(Spr 8,23) .ואומר..

(Jer 17,12)...בית המקדש לפי שחביב מכל נברא לפני כל שנאמר

(Spr 8,26)   ...ארץ ישראל שחביבה מכל נבראת לפני כל שנאמר

---

24 Vgl. IV Esr 3,33-36; syrBar 48,38-40; MekhY zu Ex 20,2 (ed.
    HOROVITZ/RABIN S.221); SifDev 343 (zu 33,3; S.142b); bSot 35b
    (Baraita) u.a. Auf dem Hintergrund der Auseinandersetzung mit sich
    abspaltenden Gruppen (wie Qumran und das Christentum) versucht URBACH
    528f, Avoth 3,14 zu verstehen.

1 Vgl. weiter MHG Bam 13,22 (ed. FISCH Bd.1 1957 S.303); Yalq Shelah
   lekha 743 (243d); Yalq Sprüche 943 (480b unten).

"Und so findest du es in der Art Gottes,[2] daß alles, was (von Gott)
geliebt ist, dem anderen[3] vorausgeht.[4] Die Tora, weil sie das Geliebteste von allem ist, wurde vor allem erschaffen, wie es heißt
(Spr 8,22): 'Jahwe schuf mich als Anfang seines Waltens, vorlängst,
früher als seine (Schöpfungs)-Werke'. Und (die Schrift) sagt (weiter,
Spr 8,23): 'Seit Urzeit bin ich auf wunderbare Weise gebildet, von
Anfang an, seit dem Ursprung der Erde'.
Das Heiligtum, weil es das Geliebteste von allem ist, wurde vor allem
geschaffen, wie es heißt (Jer 17,12): 'Thron der Herrlichkeit, erhaben
von Anfang her, Ort unseres Heiligtums'.
Das Land Israel, weil es das Geliebteste von allem ist, wurde vor allem
geschaffen, wie es heißt (Spr 8,26): 'Ehe er das Land noch die Fluren
gemacht hatte, noch die Masse der Schollen des Erdkreises ...'."

Die Parasche (Abschnitt) Eqev, in der dieser Text enthalten ist, handelt von einer Auslegung zu Dtn 11,10:

"Denn das Land, in das du (sc. Israel) kommst um es zu besitzen, ist
nicht wie das Land Ägypten, aus dem ihr ausgezogen seid."

Schon direkt im Anschluß an das Zitat der zugrundeliegenden biblischen Schriftstelle wird das Thema angegeben und
damit der Hinweis darauf, in welcher Weise die Abgrenzung
"nicht wie das Land Ägypten" im folgenden verstanden werden
soll:[5] Das Land Israel ist besser als das Land Ägypten! An
der Stadt Hebron wird dieses Thema als erstes Beispiel ausgeführt; Hebron ist nach Num 13,22 sieben Jahre älter als
die Stadt Zoan in Ägypten. Dabei wird, um das eigene Urteil

---

2 So der Erstdruck u.a.: המקום ; die von FINKELSTEIN bevorzugte Lesart
   מקום bedeutet eigentlich "der Ort", dann "die Schrift". Aber durch
   die Genetivverbindung wird, wie im ersten folgenden Belegvers
   Spr 8,22, wohl auf das Tun Gottes abgehoben. Vgl. auch die Lesart
   zwei anderer alter HSS: "des Heiligen, g.s.E." Zum Ganzen vgl. URBACH
   66-79.

3 Wörtlich: "seinem Nächsten"; der Begriff חבר ist aber in
   rabbinischen Texten in seiner Bedeutung erweitert worden zur "nächst-
   liegenden, vergleichbaren Sache". Vgl. ALBECK, Einführung 309; in
   exegetischer Terminologie: BACHER, exegetische Terminologie I S.55:
   ein "benachbarter Bibelvers, im Verhältnis zu dem in Frage stehenden",
   auch ebd. II S.64.

4 YalqSprüche 943 liest: "Und so findest du es in der Art Gottes, daß
   jeder, der (von Gott) geliebt ist, vor dem anderen erschaffen ist
   (נברא קודם לחברו)." Hier ist also die ursprüngliche Schöpfung
   aus dem Midrasch selbst in den einleitenden Lehrsatz eingedrungen,
   was aber sicherlich durch den Kontext, der Erklärung und Kommentierung von Spr 8, bedingt ist, wo es an mehreren Stellen um die ursprüngliche Schöpfung geht.

5 Der hier verwendete Terminus מגיד : "(dieser Bibeltext) lehrt ..."
   deutet vielleicht hin auf die Tradition der Schule Ismaels. "Im
   Midrasch der Schule Ismaels ist ... מגיד ש der bei weitem vorwie-
   gende Ausdruck, mit dem angegeben wird, daß der Schrifttext etwas anzeigt, lehrt, sei es bei halachischem, sei es bei nichthalachischem
   Inhalte", BACHER, exegetische Terminologie I 31; aufgegriffen von
   TOWNER, Enumeration 160 A.2.

noch zu untermauern, besonders auf die Minderwertigkeit
(**פסולת** = Abfall) des palästinischen Teiles abgehoben; im
Gegenüber zur Überlegenheit der ägyptischen Seite wird darüber hinaus noch das Paradoxon der göttlichen Erwählung
sichtbar. Jüdische Polemik gegenüber Ägypten ist schon in
biblischen Texten enthalten und hat sich als Thema in der
jüdischen Tradition durch die Jahrhunderte hindurch gehalten.[6]
Der Beweis am ersten Beispiel Hebron wird nun durch Lehrsatz
und Midrasch der von Gott geliebtesten Dinge abgeschlossen;
es werden bis zum Beginn des nächsten Beispieles - ausgeführt am Berg Zion[7] - noch einige exegetische Erwägungen zum
Thema anhand der letzten Belegstelle, Spr 8,23, angeschlossen.
    Der Midrasch ist aus zwei Bestandteilen zusammengesetzt:
- dem einleitenden Lehrsatz und
- der Aufzählung und Begründung der drei Dinge.

2.1.1. Der Lehrsatz.
"Und so findest du es in der Art Gottes, daß jeder, der (von Gott)
geliebt ist, dem anderen vorausgeht."
    Der Anfang dieses den Midrasch einleitenden Lehrsatzes
וכן אתה מוצא ist eine gebräuchliche Wendung zur Kennzeich-
nung eines Schriftbeweises, Hervorhebung einer biblischen
Gestalt oder geschichtlichen Sachverhaltes wie auch - allerdings seltener - der göttlichen Handlungsweise.[8] Soweit ich
sehe, ist allerdings die Wendung "Art Gottes" (**בדרכי מקום**)
außergewöhnlich; vielleicht ist sie durch den ersten folgenden Belegvers "Anfang seines Waltens" (**דרכו** ; Spr 8,22)

---

6   Vgl. 1 Kön 5,10; Jos, Ant 1,168 und der dort zuvor zitierte Text
    von Hekataios; auch Artapanos (1.Jh.v.Chr); hier erscheint die
    Gegenüberstellung von Israel und Ägypten jeweils in apologetischer
    Absicht, vgl. KÜCHLER 117-136. Zur polemischen Gegenüberstellung vgl.
    bes. die Auslegung zu Jes 19,11-15 bei WILDBERGER, Jesaja 2 (BK)
    717-726; dort vertritt wie hier in SifDev Zoan das reiche Ägypten.
    Vgl. zu den rabbinischen Texten BILL Bd.1, S.657-659.

7   Ed. FINKELSTEIN S.71f.

8   Zum Ganzen vgl. BACHER, exegetische Terminologie I S.113f; diese Art
    von Einleitung ist ebenfalls in der Schule Yishmaels sehr beliebt.
    Mit Gott als Objekt z.B. MekhY Wayehī beshallah (zu Ex 14,24 ed.
    HOROVITZ/RABIN S.107,14); MekhSh zu Ex 14,24 (ed. EPSTEIN/MELAMED
    S.64,3; 65,8); zu Ex 15,1 (Ende) (S.73,3). Vgl. auch TOWNER,
    Enumeration S.14 A.3 u.ö.; er nennt diese Formel "testimony pattern".

bedingt.[9] Im Ganzen ist solch ein Lehrsatz in thetischer
Form im Vergleich mit verschiedenen Dingen in SifDev gebräuchlich; so heißt es z.B. am Ende der Parasche Eqev, S.73:
"Und das belehrt dich (ולמדך):[10]
was höher ist als etwas anderes, ist auch wertvoller (משובח) als das
andere."

Daraufhin werden dort zwei Beispiele genannt, die auch
im obigen Midrasch vorkommen - das Land Israel und das
Heiligtum.[11] Eine ähnliche These findet sich auch - unter
Verwendung von קדם - in einer thematischen Überschrift in
mHor 3,6:[12]

כל התדיר מחברו קודם את חברו
וכל המקודש מחברו קודם את חברו
"Alles, was häufiger in Übung ist als anderes, geht dem anderen voraus;
und alles, was heiliger ist als anderes, geht dem anderen voraus."

Danach folgen wieder einige Beispiele, in denen nach dem
genannten methodischen Leitsatz die Reihenfolge von Opfern
bestimmt wird. Wie in der Mischna ist also in SifDev 37 anscheinend der zeitliche Aspekt der Vorordnung entscheidend.
Allerdings geht es dabei um eine absolute Vorordnung. Diese
wird im Midrasch selbst durch den Superlativ חביב מכל ausgedrückt; mit חביב im Lehrsatz ist ein Stichwort angegeben,
das im Midrasch selbst bei allen aufgezählten Beispielen
wieder aufgegriffen wird. Theologische Spitze der Aussage
ist hier - wie schon in mAv 3,14 - die besondere göttliche
Erwählung, die diesen Dingen zu eigen ist.[13]

Das andere Stichwort ist die Wurzel קדם . Das Verb bedeutet hier im Lehrsatz als Partizip zunächst eine zeitliche
Voranstellung, während die Wurzel in der Aufzählung selbst
als Präposition wieder aufgegriffen wird und eine zeitliche
Vorordnung herstellt. Allerdings taucht diese Präposition

---

9 Möglicherweise ist das Reden von der "Art Gottes" (כדרכי מקום) als
Gegenbegriff zu der geläufigen Wendung דרך ארץ zu verstehen;vgl.u.A.3

10 Vgl. BACHER, a.a.O. I S.94-96; II S.96-98.

11 Diese Zusammenstellung der beiden Dinge Land Israel und Heiligtum ist
in SifDev häufiger; vgl. z.B. SifDev Shoftim 152 (S.266 zu Dtn 17,8);
in SifDev haazipu 317 (S.357 zu Dtn 32,14) werden in nächster Nähe
Tora und Heiligtum angeführt.

12 Auch bHor 13a; ebenso mZev 10,1f; tZev 10,1; bZev 89a.

13 Vgl. hierzu auch die verschiedenen Midraschim, die dieses "Thema"
der besonderen Erwählung unter den Stichworten קנין und ידיד thematisieren, u. zu SifDev 309 u.a.

nur im ersten Beispiel, der Tora, auf, während später לפני
an ihre Stelle tritt. Unter Umständen hängt dies damit zusammen, daß auch nur im ersten Schriftbeleg קדם erscheint
(Spr 8,22f).

2.1.2. Die Aufzählung. Im Ganzen ist die Aufzählung der drei
Dinge Tora, Heiligtum und Land Israel parallel und durchsichtig aufgebaut:

- zuerst der Gegenstand selbst,
- dann die Beschreibung der besonderen göttlichen Erwählung
  "das Geliebteste",
- die eine zeitliche Vorordnung bewirkt "geschaffen vor allem",
- zum Schluß der biblische Beleg,jeweils eingeleitet mit שנאמר .

Einen überschießenden Teil beim Schriftbeweis der Tora
bildet der daran anschließende Vers als zweiter Schriftbeleg.

Überraschenderweise wird im Midrasch selbst von einer ursprünglichen Schöpfung gesprochen, was nach dem einleitenden
Lehrsatz nicht vorbereitet ist. Auch vom Argumentationsgang
des Kontextes her ist eine Schöpfungsaussage nicht unbedingt
angelegt; in der Beweisführung für das Land Israel gegenüber
Ägypten wirkt diese Aussage sogar wie ein Fremdkörper und
berechtigt zu der Annahme, daß hier ein Traditionsstück eingeflossen ist. Diese Beobachtung wird durch einen weiteren
Tatbestand verstärkt. Dreimal wird bei den Schriftbeweisen
ein Vers aus Spr 8 zitiert, gegenüber nur einer Propheten-
stelle (Jer 17,12). Vermutlich liegt ursprünglich eine Exegese zu Spr 8 vor, von woher der Aspekt der zeitlichen Vorordnung wie auch der uranfänglichen Schöpfung vor allem
anderen erklärt werden kann.[14]

Im Zusammenhang von Spr 8 ließe sich auch die Reihenfolge
der aufgezählten Dinge verständlich machen, und zwar bedingt
durch die vorliegenden Belegverse, Spr 8,22.23.26. Es war
oben schon angemerkt worden, daß der im Lehrsatz erscheinende Begriff כר in exegetischer Terminologie der Tannaiten
- BACHER nennt sie "exegetische Kunstsprache"[15] - den benach-
barten Schriftvers bezeichnet; in diesem Sinne konnte der
Lehrsatz so gemeint sein: die Dinge, die bei Gott angesehen

---

14 Vgl. GOLDBERG, Schöpfung 33 A.33: "Der Schriftbeweis aus Jer ist
    sicher sekundär und aus den ähnlichen Midraschim übernommen. Der vor-
    liegende Text will alle vier (sic!) Dinge aus Prov. 8 ableiten."

15 BACHER, exegetische Terminologie I S.55 u.ö.

sind, erscheinen in der Schrift in der ihnen zukommenden
Reihenfolge. Der Midrasch lehnt sich also an den biblischen
Text an: die Tora ist offensichtlich wirklich allem vorge-
ordnet, auch dem im Argumentationsgang entscheidenden Land
Israel.

Auffällig ist das an zweiter Stelle aufgezählte Heiligtum;
zum einen ist der Belegvers ein Prophetentext, zum anderen
läßt sich auch vom Kontext her kein unmittelbar innerer Zusammenhang festmachen. Das Heiligtum ist also der ursprünglichen Exegese zu Spr 8 erst sekundär zugewachsen. Das kann
verschiedene Gründe haben, die sich vielleicht noch aus anderen Zusammenhängen in SifDev erhellen lassen. In einer
weitverbreiteten Auslegung von Dtn 17,8, wo es um die Schlich-
tung besonders schwieriger Rechtsstreitigkeiten geht, die
allein im sakralen Gerichtsverfahren am Tempel entschieden
werden sollen, wird das Hinaufziehen (עלה) als eine Vorordnung der sakralen Gerichtsbarkeit vor der auf "dem Lande"
gedeutet:[16]

SifDev 152 (ed.FINKELSTEIN S.206 zu Dtn 17,8):

"(Dieser Bibelvers) lehrt:
Das Land Israel ist höher (גבוה) als alle (anderen) Länder, aber
das Heiligtum ist höher (גבוה) als das Land Israel."

Später wird dann in SifDev 317 (S.359) sogar formuliert:
"Das Heiligtum ist höher (גבוה) als die ganze Welt (עולם)".[17]
Es ist wahrscheinlich, daß diese Exegese von Dtn 17,8 die
Hinzunahme des Heiligtums verursacht hat. So ergibt sich im
ganzen eine eindeutige Abstufung in der Reihenfolge der auf-
gezählten Dinge:[18]

16 So auch bQid 69a; bSan 87a; bZev 54a u.ö. in den Sammelwerken von MHG
    und Yalqut z.St. Dt 17,8.

17 Möglicherweise wird hier die atl. Tradition der Völkerwallfahrt aufge-
    griffen, Jes 2,2-4; Mi 4,1-5.

18 Vgl. die Polemik gegenüber einer solchen Auffassung"was in dem Bibel-
    text vorangeht, geht auch in Wirklichkeit voran" (כל הקורם במקרא
    הוא קורם במעשה) MekhY bo zu Ex 12,1 (ed. HOROVITZ/RABIN S.1),
    eine These, die in der Schule des R.Yishmael vertreten wurde. Zum
    Ganzen vgl. BACHER, exegetische Terminologie I S.112. Wie weit solch
    eine Exegese selbstverständlich verbreitet war, zeigt sehr schön die
    Diskussion zur Frage, ob zuerst der Himmel, oder zuerst die Erde er-
    schaffen worden sei, eine Frage, die zwischen Schammaiten und
    Hilleliten kontrovers beantwortet wurde, aber jeweils mit den gleichen
    exegetischen Prinzipien nach dem angegebenen Grundsatz, vgl. yHag 2,1
    (77c); BerR 1,15 (ed. LEWIN/EPSTEIN 1,2 S.4a); WaR 36,1 (ed. LEWIN/
    EPSTEIN S.98a) u.ö., weiter URBACH 185f.

Zuerst erscheint die Tora, als präexistente, weil präkosmische und allem überlegene Größe. Hier werden auch zwei
Belegverse zitiert, um ihr Gewicht noch zu verstärken.

An zweiter Stelle erscheint das Heiligtum, dessen Vorordnung - wie sich aus den Parallelen ergibt - in der sakralen Gerichtsbarkeit besteht.

An letzter, und für den Argumentationsgang in SifDev 37
entscheidender Stelle durch das Achtergewicht, wird das Land
Israel aufgeführt, dessen exklusive Vorordnung wohl die Auserwählung des Volkes Gottes symbolisiert. Im Zusammenhang
mit Spr 8 wird hier ein Bezug hergestellt zwischen Land Israel
und dem Anfang der Schöpfung der Welt. In diesen Zusammenhang
gehört auch ein Text, der sich in einer ähnlichen Position,
am Anfang zum Abschnitt Eqev, innerhalb eines unveröffent-
lichten Fragmentes eines Midrasch zum Buch Dtn, Abschnitt
Eqev und Reeh, befindet:[19]

"(Deut 7,12): 'Wenn ihr nun (diesen Vorschriften gehorcht)'. (Gott)
hat Israel aus allen Völkern erwählt und sie zu seinem Anteil und zu
seinem Erbgut gemacht, denn es steht geschrieben (Deut 32,9): 'Denn
Gottes Anteil ist sein Volk' usw. Er hat für sie, bevor er die Welt
erschuf, die Tora vorbereitet, denn es steht geschrieben (Spr 8,22):
'...'"

Solch einen Bezug stellen auch andere rabbinische Texte
her. Ein Beispiel ist bTaan 10a, wo auch derselbe Belegvers
wie in SifDev zitiert wird:[20]

"Unsere Lehrer lehren:
Das Land Israel wurde zuallererst erschaffen; die ganze Welt erst danach,
denn es heißt (Spr 8,26): 'Bevor er das Land (im Sinn des Midrasch: das
Land Israel) und die Fluren (das, was draußen ist = die übrige Welt, im
Sinn des Midrasch) gemacht'.
Das Land Israel wird vom H, g.s.E., selbst bewässert, die ganze Welt
aber durch einen Boten, denn es heißt: (Ijob 5,10): 'der der Erde
(= das Land Israel) Regen spendet und Wasser den Fluren (das, was
draußen ist = der übrigen Welt) sendet'.
Das Land Israel wird zuerst bewässert; die ganze Welt erst danach, denn
es heißt (Ijob 5,10): '...'"[21]

Einen ähnlichen Text aus späterer Zeit - aber ohne ausdrückliches Zitieren von Spr 8,26 - bietet SEZ 2 (ed.FRIEDMANN
S.173) innerhalb einer Homilie über den Lohn nach den Werken:

---

19 Text: Universitätsbibliothek Cambridge Nr. T-S 194. Nach HOROVITZ,
   Fragmente aus dem Midrasch und der Haggada 112f (Abschnitt 145).

20 Das Land Israel ist somit erster Teilbereich der ganzen Welt und nicht
   prämundan erschaffen. Vgl. GOLDBERG, Schöpfung 33 A.34.

21 Die Stellung der beiden letzten Sätze nach der HSM.

"Das ist der Lohn des Landes Israel. Der H, g.s.E., stellte (es während der Schöpfung) in die Mitte und schuf (dann) alle anderen Länder. Und er entfernte Israel als Hebe (תרומה) von allen Völkern."

Diese Gedanken und Exegesen zu Spr 8,26 über das Land Israel in Verbindung mit der übrigen Schöpfung der Welt berühren sich mit den Vorstellungen, daß die Welt von ihrer Mitte aus, von Zion (in späteren Überlieferungen als Nabel der Welt), vom Ort des Heiligtums aus geschaffen worden ist.[22] Innerhalb der Exegese des einzelnen Satzes über das Land Israel in SifDev 37 bezieht sich "vor allem geschaffen" zum einen auf alle Länder, zum anderen aber auf die ganze übrige Welt und damit auf den Anfang der Weltschöpfung, so daß das Land Israel als der Ansatzpunkt der Schöpfung erscheint. Im Ganzen wird der Midrasch durch die drei bzw. vier Zeitbestimmungen miteinander verknüpft, die in den Belegversen die Vorordnung קודם את חכרו aufgreifen:[23]

-	קרם : ראשית	aus Spr 8,22
-	מקדמי־ארץ : מראש : מעולם	aus Spr 8,23
-	מראשון	aus Jer 17,12
-	עד־לא	aus Spr 8,26.

Wie aus dieser Tabelle zu entnehmen ist, sind die Bezüge auch in den Belegversen keinesfalls zufällig oder unbedeutend, sondern äußerst kunstvoll und gekonnt zusammengestellt. Göttliches Handeln, die Schrift und die exegetische Kunst der Auswahl der Bezüge haben miteinander zu tun.

Im Zusammenhang des "Midrasch der von Gott geliebtesten Dinge" kann die jeweilige Bedeutung eines Gegenstandes grundsätzlich von der "heilsgeschichtlichen Größe" katexochen, der Tora, hergeleitet werden. In diesem Zusammenhang scheint die

---

22 Vgl. zu dieser Frage: GINZBERG, Legends Bd. V S.15f A.39; APTOVITZER, Kosmologie; SCHÄFER, Tempel 124-129; BÖHL, Verhältnis.

23 Vielleicht kann man in der Aufzählung aus SifDev 37 einen Vorläufer des späteren meist siebengliedrigen Midrasch der Dinge, die vor der Welt geschaffen wurden, erblicken; auch hier ist für die einheitliche Verknüpfung der Moment der Zeitbestimmungen verantwortlich, auch hier geht es um "eine Schöpfung vor allem" im Sinne einer prämundanen Existenz. Andererseits sind die Unterschiede nicht zu übersehen; es fehlt in SifDev das numerische Element, außerdem ist ein exegetischer Gesamtzusammenhang zu Spr 8 nicht zu verkennen. In den von TOWNER geschaffenen Kategorien rabbinischer Aufzählreihen würde sich der Text am ehesten unter die Rubrik "lexical analogy" einordnen lassen, auch wenn nicht immer dasselbe, sondern nur ein vergleichbares Stichwort erscheint; vgl. TOWNER, Enumeration 154-180.

Vorordnung von Tora, Heiligtum und Land Israel als ursprüngliche "Schöpfung vor allem" bis zur Absolutheit, d.h. prämundan, gesteigert zu sein. Zumindest die späte Sammlung der
Yalqutim hat den Midrasch so verstanden, wenn sie das Stichwort "Schöpfung" nun schon in den einleitenden Lehrsatz mit
hineinnimmt. Vielleicht ist solch ein Verständnis bedingt
durch eine Verknüpfung mit dem später zu besprechenden
"Midrasch der Dinge, die vor der Welt geschaffen wurden",[24]
der ebd. kurz vorher zitiert wurde.

Obwohl im "Midrasch der geliebtesten Dinge" zunächst von
einer Vorordnung der aufgezählten Dinge untereinander und in
einem zeitlichen Vorhersein vor anderen Dingen gesprochen
werden soll, verschiebt sich im Gesamten des Midrasch das
Schwergewicht auf eine qualitative,prämundane Prä-Existenz.
Die Größe der göttlichen, erwählenden Liebe wird an einem
absoluten zeitlichen Vorher des Schöpfungswerkes abgelesen.
Offensichtlich wird hier eine Grundstruktur jüdischen Denkens
zum Ausdruck gebracht, die für jüdische Ohren selbstverständlich, ja notwendig ist. Der Wert eines Gegenstandes wird an
seiner Ursprünglichkeit gemessen. Vorordnung bedingt
"Qualität".

2.2. Die Version der zwei Dinge: Tora, Volk Israel als Homilie

Die zwei für SifDev 37 kennzeichnenden Stichwörter der Liebe
Gottes (חביב) und der Vorordnung (קדם) erscheinen in zwei
späteren Schriften im homiletischen Zusammenhang in gleicher
Begrifflichkeit wieder (חביב : אהב : קדם). Die Diskussion
geht in beiden Fällen um die Reihenfolge und damit auch
gleichzeitig um den Wert von Tora und erwähltem Volk. Offensichtlich wird in gewisser Weise die weithin bestimmende Vorstellung der unüberbietbaren Vorordnung der Tora vor allen
Dingen in Frage gestellt.

2.2.1. SER 15(14) (Ed.FRIEDMANN S.71)
אמר לי·רבי שני דברים יש לי בלבכי·
ואני אוהכן אהכה גדולה·תורה וישראל·
אבל איני יורע אי זה מהן קורם·
אמרתי לו·דרכן של כני אדם שאומרים·

_____

24 Zur "Präexistenzaussage" über Israel vgl. unten.

תורה קדומה לכל·שנאמר... (Spr 8,22).

(Jer 2,3) ...שנאמר·[קדומין]²⁵ אבל הייתי אומר·ישראל

"Er[26] sprach zu mir:[27]
Rabbi, zu zwei Dingen in meinem Herzen habe ich eine ganz besonders
große Liebe: zur Tora und zu Israel. Aber ich weiß nicht, welches den
Vorrang haben soll.
Ich antwortete ihm:
Art der Menschen ist es zu sagen: die Tora geht allem voraus (Spr 8,22)
'Jahwe schuf mich als Anfang seines Waltens'.
Ich aber sage:
Israel hat den Vorrang, denn es heißt (Jer 2,3): 'Heilig ist Israel für
Jahwe als Erstling der Ernte'."

Die Ausgangsfrage in diesem Midrasch[28] lautet:

"Warum sind die Worte der Tora geliebter als alles, was in die Welt
kommt und jedes Schöpfungswerk in der Welt?"[29]

Danach wird in einer ersten Antwort die besondere Liebe
Gottes zur präexistenten Tora damit begründet, daß sie die
Israeliten auf die "Seite des Verdienstes" bringe, sie in
die Gebote einführe und sie ins ewige Leben bringe.[30] Diese
erste Antwort führt weiter zu der oben zitierten Auslegung.
Der Sinn der Aussage ist deutlich. Hier wird in einer über-
raschenden Weise der Schwerpunkt der alles übertreffenden
erwählenden Liebe Gottes vor allem auf das Volk Israel ge-
lenkt; vorausgesetzt wird, daß beide, Tora und Volk Israel,
in besonderer Weise von Gott geliebt sind, und diese Liebe
Gottes auch eine vorordnende Exklusivität gegenüber anderen
Dingen beinhaltet.

---

25 So konjiziert FRIEDMANN für ein sicher aus der zitierten Bibelstelle
    Jer 2,3 eingedrungenes קדושים .

26 Es spricht "ein Mensch, in dem zwar מקרא (etwa: Bibelkenntnis) aber
    keine משנה (hier etwa: Auslegung) war". Zur Gegenüberstellung diese
    beiden Begriffe, die zusammen die ganze rabbinische Tradition bein-
    halten, vgl. BACHER, Exegetische Terminologie I S.34f.117f; ders.,
    Tannaiten 478.483. Zum Ganzen vgl. auch Mt 5,21ff.

27 Gemeint ist R.Eliyyahu.

28 Zur kontroversen Datierung dieses Sammelwerkes haggadischer
    Traditionen mit dem aramäischen Namen Tanna debe Eliyyahu vgl.
    BOWKER, Targums 90 (Anfang des 3.Jh.n.Chr.); ELBAUM, Art. Tanna debe
    Eliyyahu EJ Bd.15 (1971) Sp.804f (Lit!).

29 FRIEDMANN S.70: מפני מה חביבין [על הקב״ה] דברי תורה יותר
    מכל באי העולם ומכל מעשה ידיו שברא בעולם•
    FRIEDMANN konjiziert für ein unverständliches עליך .

30 Ebd. S.70f: [מפני] שמכריעין את ישראל לכף זכות•
    ומחנכין אותן כמצרות•ומביאין אותן לחיי עולם הבא•
    FRIEDMANN konjiziert eine fehlende Konjunktion, analog zur obigen
    Eingangsfrage.

So geht die Tora allen Schöpfungswerken voraus, ja bestimmt
und erhält durch ihre Existenz die ganze Schöpfung in ihrem
Bestand. Dieser Satz von der Präexistenz der Tora (תורה
קורם לכל) wird als allgemein bekannte und vertretene Tatsache bezeichnet (דרכן כני אדם).[31] Wie aus dem Zusammenhang ersichtlich ist, bezeichnet hier Tora sowohl eine transzendente, präexistente Größe wie auch die ethische Lebens-
weisung in der Hand der Israeliten. Demgegenüber betont nun
der Verfasser die besondere Liebe Gottes zu dem auserwählten
Volk, dem ja die Tora in die Hand gegeben ist. Wahrscheinlich
steckt dabei der Gedanke dahinter, daß, wenn ihnen die Tora
als Weisung übergeben ist, ihnen die Tora in gewisser Weise
auch untergeordnet erscheint, wie ein Instrument.[32] Der zugrundeliegende Schriftbeweis ist mit Jer 2,3[33] in der parallelen Überlieferung in Bereshit Rabbati ausführlicher
dargestellt:

2.2.2. BerRbti 31,29 (ed.ALBECK S.144)

שאל זקן אחד את אליהו•

כ׳ דברים יש בלבכי ואני אוהכן אהבה גמורה•תורה וישראל•

ואיני יודע איזה מהן קודם את חברו• תורה או ישראל•

א׳ל כני•

דרכן של כני אדם לומר תורה קדמה לכל שנאמר .. (Spr 8,22)

אבל אני אומר ישראל קדמו לכל שנאמר .. (Jer 2,3)

בה׳׳ כתוב לומר ראשית היו ישראל לתורה שהיא ה׳ ספרים

ואין תכוצתו אלא תורה שנאמר ותכואתי מכסף נבחר (Spr 8,19)

---

31 Zur Gegenüberstellung der "Wege Gottes" und der "Wege der Menschen"
    vgl. den Ausspruch Rabbi Shimon ben Gamliel MekhY Wayehi beshallah
    zu Ex 15,25 (ed.HOROVITZ/RABIN S.156): "Komm und sieh wie verschieden
    (מפרשים) die Wege des Heiligen, g.s.E., von den Wegen der
    Menschen sind"; in MekhSh zu Ex 15,25 (ed.EPSTEIN/MELAMED S.104) und
    den meisten anderen wird Rabbi Yishmael ben Rabbi Yohanan ben Beruqa
    (dessen Schüler) genannt.

32 Vgl.KADUSHIN, Theology Vol. 1,21: "If Israel precedes Torah, the
    reason is what while Israel is central, Torah is an instrument for
    training Israel." Leider ist die Fortsetzung des Textes in SER un-
    verständlich; es folgt ein korrumpiertes Königsgleichnis, dessen
    Verbindung zu den folgenden wiederaufgegriffenen Bibelstellen Jer 2,3;
    Spr 8,22; auch Jer 31,3 nicht mehr ermittelt werden kann (vgl. FRIED-
    MANN z.St.).

33 Vgl. u. zu einer Auslegung von Gen 1,1ff in TanB 3(1b).

"Ein Gelehrter fragte (R.) Eliyyahu:
Zu zwei Dingen habe ich eine besonders große Liebe in meinem Herzen:
zur Tora und zu Israel.
Aber ich weiß nicht, welches den Vorrang gegenüber dem anderen haben
soll, die Tora oder Israel.
Er sprach zu mir:
Art der Menschen ist es zu sagen: die Tora geht allem voraus, denn es
heißt (Spr 8,22) ...
Ich aber sage: Israel geht allem voraus, denn es heißt (Jer 2,3) ...
Hier ist gemeint:
ראשית ist Israel gegenüber der Tora, der Schrift Gottes, denn (lies)
nicht 'seine Ernte' sondern 'Tora',
wie es heißt (Spr 8,19): 'Meine Ernte (= Israel) ist wertvoller als
Geld (= Tora)'."

Anders als in SER 15 fragt hier ein gebildeter Mensch
Elia um seine Meinung nach der Rangordnung von Tora und aus-
erwähltem Volk; aufs Ganze gesehen ist der Inhalt identisch.
Der überraschende Schluß, die Vorordnung des Volkes gegenüber
der Tora, wird durch ein Formelement begründet, das vor allem
"ungewöhnlich anmutende Aussagen" signalisiert, die אין...אלא
Formel.[34] Mit einem Schriftvers, der im selben Kapitel aus
dem Sprüchebuch noch kurz vor (!) dem bekannten Wort 8,22
seinen Platz hat, wird scharfsinnig geschlossen, daß dem Volk
Israel der entscheidende Vorrang gegenüber der Schrift Gottes
gebührt. Diese ungewöhnliche Aufwertung des Volkes Gottes
treibt die Aussage von der Erwählung und Liebe Gottes auf die
Spitze. Das Volk wird dem präkosmischen Schöpfungswerkzeug
vor- und übergeordnet. Wahrscheinlich ist die temporale Bedeutung des Verbes קדם in dieser Stelle zurückgetreten
gegenüber einer solchen im Sinne von "Vorrang haben"/"das
Wichtigste sein". Eine solche legt sich - unter derselben
Verwendung von Spr 8,22 - in einem anderen Zusammenhang -
einer Auslegung zu Ps 5,1 - nahe:
MTeh 5,2 (ed.BUBER S.26a)
"Eine andere Deutung zu (Ps 5,1): למנצח אל הנחילות
So sagt die Schrift[35] (Spr 8,21): '(Ich führe auf den Weg der Gerechtig-
keit ...) um denen, die mich lieben, Gaben zu verleihen (להנחיל)'.
R.Hanyan bar Ada[36] sagte:

---

34 Die Formel אין...אלא signalisiert eine "Kontroversaussage"; sie
    stellt ein "verdeutlichendes Formelement für ungewöhnlich anmutende
    Aussagen" dar; vgl. REISS 68.

35 Zu dieser Formel (זהו שאמר הכתוב), die den auszulegenden Text
    mit einem anderen biblischen Wort verbindet, vgl. BACHER, exege-
    tische Terminologie I S.49f, II 62f.

36 Dieser Rabbi ist, soweit ich sehe, unbekannt.

Die Tora spricht (von sich selbst; Spr 3,16): 'Langes Leben birgt sie
in ihrer Rechten, in ihrer Linken Reichtum und Ehre.'
Aber meine armen Kinder sind (doch) inmitten ihrer Armut mit (dem
Studium) der Tora beschäftigt; siehe, ich (Jahwe) werde sie dreihundert-
zehn Welten erben lassen, denn es heißt (Spr 8,21): 'um denen, die mich
lieben (Gaben zu verleihen) und ihre Scheunen zu füllen.'
Aber warum sind sie in dieser Welt arm?
Damit sie sich nicht mit unnützen Dingen beschäftigen und die Tora ver-
gessen;[37] denn es ist die Pflicht (des Menschen), von seiner Tätigkeit
auszuruhen und sich mit der Tora zu beschäftigen.
Denn die Tora hat vor allem Vorrang (שהתורה קודמת לכל), denn es
heißt (Spr 8,22) ..."

Die Vorordnung des Volkes Israel vor der Tora in SER und
BerRbti ist eine enorme Provokation;[38] vielleicht erklärt
sich daraus, daß diese Erzählung von R.Eliyyahu nur zweimal
überliefert worden ist.[39] Wie dem auch sei, auch in der
Version der zwei Dinge, die von Gott geliebt sind und allem
anderen vorausgehen, wird deutlich, daß eine exklusive Erwählung durch die Liebe Gottes selbstverständlich auch eine
zeitliche Vorordnung impliziert.

3. Der Midrasch der Dinge, die vor der Welt erschaffen wurden

3.1. Einleitung

Dieser Midrasch ist der ausführlichste Text zur Frage der
Präexistenzvorstellung in der rabbinischen Literatur und soll
deshalb auch im Mittelpunkt der Ausführungen stehen. Es
werden eine Reihe von Dingen aufgezählt, die schon vor der
Weltschöpfung von Gott geschaffen sein sollen. Dazu gehören:
Tora, Umkehr, Garten Eden, Gehinnom, Thron der Herrlichkeit,
Heiligtum, (Name des) Messias, Israel, Väter (der Welt). Das
Diktum des Geschaffenseins vor der Welt und die Variationen
in der mannigfaltigen Überlieferung haben gelegentlich schon
eine Beschäftigung mit diesem Midrasch hervorgerufen.

---

37 Der folgende Satz bis zum Schriftzitat (exklusiv) fehlt in einigen
HSS, was aber wohl einen Abschreibfehler darstellt, vgl. BUBER,
MTeh z.St. A.21.

38 Vgl. KADUSHIN, Theology Vol. 1,21 (zu SER 15): "Taken together, the
two passages, following one another leave no room for doubt that our
author, on this occasion, emphasized Israel as against Torah."

39 So ALBECK zu BerRbti z.St. A.:   •והמאמר אינו שייך לכאן
וכנראה שחסר פה•

Allerdings ist erst in jüngster Zeit auf die Fragestellung
nach der Einheit des Textes und seiner Gesamtaussage aufmerksam gemacht worden.[1]

3.1.1. Zur neueren Auslegungsgeschichte. Als einer der ersten
stellte 1968 A.GOLDBERG unter den Stichworten "Schöpfung und
Geschichte" die Frage nach einer Gesamtinterpretation und
"Lehre" dieses Midrasch. Schöpfung und Geschichte sind deswegen die bestimmenden Themen des Midrasch, weil "wenn die
Rabbinen von bestimmten Dingen sagen, daß sie der Schöpfung
vorausgingen, weil sie der Welt notwendig sind ... sich hinter
diesem Satz ein Weltbild und ... ein Geschichtsbild (verbirgt)
das erschlossen werden will".[2]
  Im Blick auf die präexistente Tora kommt GOLDBERG dann zu
dem Ergebnis, daß nach dem Midrasch mit dem Begriff "Urbild",
d.h. zugleich mit dem Schema: Urbild - Abbild, nicht ein
wesentlicher Punkt ihrer Bestimmung getroffen sei, denn sie
"ist ein Plan mit zeitlichen Projektionen".[3] Nicht das Thema
einer abgeschlossenen Existenz vor der Weltschöpfung sei für
den Midrasch bestimmend, sondern das eines Planes Gottes, der
in der Welt "in der Gemeinschaft Gottes mit den Menschen vollendet werden wird".[4] Demzufolge ist die kosmische Funktion
nur von untergeordneter Bedeutung; zwar sei eine wirkliche
"Schöpfung vor der Schöpfung" bei der Tora - wie auch beim
Thron der Herrlichkeit - selbstverständliche Voraussetzung,
jedoch liege das Interesse der Zusammenstellung auf der Vollendung im Lauf der menschlichen Geschichte. Dieses Verständnis
einer "Schöpfung vor der Schöpfung" gelte im besonderen für
die anderen aufgezählten Dinge, also auch für den (Namen des)
Messias. GOLDBERG interpretiert "Namen des Messias" als na-
mentliches Bekanntsein der Person des Messias;[5] wie die anderen Dinge ist dieser Name bei Gott schon vor der Schöpfung
bekannt. GOLDBERG hat diese Vorstellung kürzlich in einem

---

1 Aus älterer Zeit vgl. z.B. EDERSHEIM I S.175; BILL Bd.2 S.335.

2 GOLDBERG, Schöpfung 28.

3 Ebd. S.42.

4 Ebd. S.44.

5 Ebd. S.29 A.14: "D.h. bevor die Sonne geschaffen wurde, war sein
   Name schon bekannt." (Herv. von mir).

längeren Aufsatz näher begründet und ausgeführt.[6] Danach
soll Name "zunächst nur sagen, daß es diesen Messias in der
Vorausschau Gottes (oder realistischer) als Person gibt".[7]
Allerdings räumt auch er von anderen Texten her ein, daß dort
"der prämundane Name ... den zukünftigen Messias als den
(bezeichnet), der er in seinem irdischen Leben sein wird".[8]

Die von GOLDBERG vorgezeichneten Linien des Verständnisses
des ganzen Midrasch wurden später von P.SCHÄFER weitergeführt.
Ähnlich wie auch GOLDBERG wendet er sich gegen ein Hinein-
tragen des Präexistenzgedankens in den Midrasch.[9] So versteht er den Midrasch als eine Explikation der Erkenntnis,
daß "die Erschaffung der Welt ... der Anfang der Geschichte
Gottes mit Israel ist".[10] Nach SCHÄFER ist die Tora vor allem
eine "geschichtliche Größe, nämlich als Dokument der Erwählung Israels".[11] Allerdings interpretiert er nur eine
Version des Midrasch, die schon den Gedanken des göttlichen
Planens eingearbeitet hat.[12]

Diese beiden Untersuchungen stellen einen großen Fortschritt gegenüber der 50 bis 100 Jahre zurückliegenden Forschung dar, in der es hauptsächlich - da unter den aufgezählten Dingen auch der Name des Messias genannt wird - um
die Auseinandersetzung geht, ob in diesem Midrasch von einer
"reellen" oder "idealen" Präexistenz (des Messias) die Rede
ist. Diese Fragestellung wird unten noch einmal aufgegriffen

---

6 GOLDBERG, Namen 76-80: "der vorweltliche Messiasname".

7 Ebd. S.80 (Herv. von mir).

8 Ebd. Es sei nur angemerkt, daß GOLDBERG sich grundsätzlich gegen eine
   Verwendung des Begriffes "Präexistenz" in diesem Zusammenhang
   sträubt, weil er offenbar diesen Begriff anders füllt. "Wenigstens
   die Texte der rabbinischen Traditionsliteratur nehmen keine Präexistenz des Messiasnamen an. Wir wissen nicht, wie weit die Frage
   der Präexistenz - irgendwelcher Dinge - die Rabbinen beschäftigt
   hat, aber sie haben jede Präexistenz ausgeschlossen, indem sie nicht
   nur alle diese Dinge, im besonderen aber die Tora, für geschaffen
   erklären" (S.77).

9 SCHÄFER, Geschichtsauffassung 28: Tora und Thron der Herrlichkeit
   "sind die Voraussetzung für die Erschaffung der Welt und als solche
   zwar nicht zur 'Welt' im engeren Sinne gehörig, aber deswegen keineswegs außergeschichtlich oder präexistent, denn auch sie wurden
   geschaffen." (Herv. dort).

10 Ebd. S.26.

11 Ebd. S. 36.

12 Zu BerR 1,4 s.unten.

werden.

3.1.2. Zum Vorgehen. Im folgenden sollen die bekannten Texte
noch einmal gründlich gesichtet und ergänzt werden, so daß
dabei nunmehr statt der bei GOLDBERG behandelten neun über
dreißig Textüberlieferungen zur Sprache kommen; die Vielfalt, mit der der Midrasch überliefert worden ist, wurde bisher noch erheblich unterschätzt. Hier wird auch die Bedeutung
sichtbar, die das rabbinische Judentum bis in das Mittelalter
hinein diesem beigelegt hat. Anders als bei SCHÄFER kann aber
schwerlich von BerR als der ältesten Fassung des Midrasch
ausgegangen werden.[13]

Dagegen spricht vor allem, daß dort schon alle späteren
Probleme zur Frage der Präexistenzvorstellung wirksam werden.
Andererseits kann für ein hohes Alter der Baraita im Babylonischen Talmud angeführt werden, daß sich eine ganze Reihe
von Texten nur von ihr her verstehen lassen, so daß in gewisser Hinsicht von rezeptiver Aufnahme oder Rezensionen gesprochen werden kann.[14]

Dabei werden drei verschiedene Gruppierungen zu besprechen
sein. Zuerst die Baraita und ihre "Rezensionen", dann die
Gruppe, die anstelle irgendeines anderen Gliedes das Volk
Israel und die Väter (der Welt) als zu dem Midrasch zugehörig
betrachtet. Zwar hatte schon GOLDBERG drei verschiedene Gruppen unterschieden, die,die sieben Dinge aufzählen, die sechs
Dinge aufzählen und ein siebtes ergänzen und schließlich die
Version, "die die vorher geschaffenen Dinge konkretisiert".[15]
Jedoch bei seinem Vorgehen hat er festgestellt, daß "der
grundlegende Unterschied zwischen beiden (sc. ersten) Versionen ... nicht so sehr in den Zahlen (6+1: 7), sondern in
den aufgezählten Dingen besteht".[16] Diese Erkenntnis wurde im
folgenden aufgenommen und präzisiert, so daß die hier vorliegende Untersuchung eher nach inhaltlichen Unterschieden

---

13 SCHÄFER, Geschichtsauffassung S.26: "vermutlich älteste Fassung".

14 TOWNER, Enumeration 53.55.56 u.ö. spricht, ohne daß damit fest-
    gelegte Begriffe geprägt würden, gern von "reflections" oder
    "recensions".

15 GOLDBERG, Schöpfung 28.

16 Ebd. S.34.

fragt und einteilt. Darüber hinaus wird die Frage nach den
Beziehungen der verschiedenen Gruppen untereinander nur am
Rande besprochen werden können, da sich solche traditionsgeschichtlichen Fragestellungen erst in den Anfängen methodischer Besinnungen befinden.[17]

3.2. Die Baraita im Babylonischen Talmud

3.2.1. Der Text: Pes 54[a]; Ned 39[b]; MHG Ber 1,1 (S.8,11-19)[1]

והא תניא
שבעה דברים נבראו קודם שנברא העולם ואלו הן
תורה ותשובה וגן עדן וגהינם וכסא הכבוד ובית המקדש
ושמו של משיח
תורה דכתיב... (Spr 8,22)
תשובה דכתיב... (Ps 90,2)   וכתיב... (Ps 90,3)
גן עדן דכתיב... (Gen 2,8)
גיהנם דכתיב... (Jes 30,33)

כסא הכבוד
ובית המקדש דכתיב... (Jer 17,12)
שמו של משיח דכתיב... (Ps 72,17)

Und dies wird gelehrt (Baraita):

"Sieben Dinge wurden geschaffen, bevor die Welt geschaffen wurde, und
diese sind es:

Die Tora, die Umkehr (= Buße), der Garten Eden, das Gehinnom, der Thron
der Herrlichkeit, das Heiligtum und der Name des Messias.

Die Tora, denn es ist geschrieben (Spr 8,22): 'Jahwe schuf mich als
Anfang seines Waltens (vorlängst, früher als seine Werke)'.
Die Umkehr, denn es ist geschrieben (Ps 90,2): 'Ehe noch Berge geboren
wurden und in Wehen lagen (Erde und Festland - von Ewigkeit zu Ewigkeit
bist du, Gott)';und es ist geschrieben (Ps 90,3): 'Du führst die Menschen

---

17 Vgl. die Auseinandersetzung mit dem methodischen Vorgehen von
    NEUSNER bei TOWNER, a.a.O. S.44-48; SCHÄFER, Studien 3-8.

1   Text nach Pes 54[a] (vgl. neuerdings hierzu Ginze Talmud Babli, ed.
    KATSH, Fragments from the Cairo Geniza 57f, ein Verzeichnis der
    Textvarianten; jedoch sind sie durchweg exegetisch von geringem
    Wert). Ned 39[b] ergänzt aber einen eigenen Schriftbeweis für den
    Thron der Herrlichkeit: "Der Thron der Herrlichkeit, denn es ist
    geschrieben (Ps 93,2): 'Fest steht dein Thron von uran'," ebenso
    auch YalqM Ps 72,34 den Text von Ned 39b, während Yalq Jer 298
    (413a) und Yalq bereshyt 20 (13b): allerdings ohne den Aufzählsatz!)
    den Text von Pes 54a überliefern. Daß hierbei schon damals die Un-
    terschiede in der Überlieferung des Midrasch erkannt wurden, sieht
    man daran, daß in der Yalqutim in der Regel im Anschluß an die Über-
    lieferung der Baraita auch ein Stück aus anderen Versionen tradiert
    wird (bes. BerR 1,4). MHG Ber 1,1 (S.8,11.19) schließt sich ebenfalls
    Pes 54a mit geringfügigen unbedeutenden Änderungen an; so sind z.B.
    Thron der Herrlichkeit und Heiligtum in der Reihenfolge vertauscht.

zurück zum Staub (und sprichst: Kehrt um, Menschenkinder)'.
Der Garten Eden, denn es ist geschrieben (Gen 2,8): 'Und Gott, Jahwe,
pflanzte einen Garten in Eden vormals (MT: im Osten; so im Sinn des
Midrasch)'.
Das Gehinnom, denn es ist geschrieben (Jer 30,33): 'Denn längst ist
eine Feuerstätte (= Gehinnom im Sinn des Midrasch) gerüstet'.
Der Thron der Herrlichkeit und das Heiligtum, denn es ist geschrieben
(Jer 17,12): 'Thron der Herrlichkeit, erhaben von Anfang her, Ort
unseres Heiligtums'.
Der Name des Messias, denn es ist geschrieben (Ps 72,17): 'Sein Name
sei in Ewigkeit. Vor der Sonne sproßt sein Name'."

Im Kontext der beiden Traktate Pesahim und Nedarim, in
denen der Midrasch überliefert wird, geht es um die Frage
nach dem Zeitpunkt der Schöpfung des Gehinnom, ob es am Vor-
abend des Sabbats geschaffen worden sei oder nicht. Der
Midrasch liefert dabei das Argument, daß das Gehinnom schon
vor der Welt von Gott geschaffen sei. Neben der formelhaften
Baraitaeinleitung ergibt sich so auch aufgrund dieser Tatsache, daß der Midrasch als eine feste Traditionsgröße benutzt wird.[2] Der Aufbau des Midrasch ist durchsichtig:

- Einleitungsformel (Baraita)

- Aufzählsatz mit numerischem Element

- Aufzählung mit Belegversen.

3.2.2. Die Einleitungsformel. Die aramäische Einleitungsformel והא תניא kennzeichnet den Midrasch als eine
tannaitische Überlieferung außerhalb der Mischna.[3] Ähnliche
Einleitungen finden sich sowohl in den engeren Parallelen
wie auch in den anderen Versionen der Überlieferung des
Midrasch - zwar in anderer Formulierung, aber mit gleicher
Intention:

שנו רבותינו (Yalq Jer 298)
תנו רבנן (MHG Ber 1,1)

המן תנינן (MMishB; MMishRbti)
שאמרו חכמים (Midrash HaTora des R.Tanhuma)
ילמדנו רבינו (TanB naso 19; Tan naso 11)

Das bedeutet, daß der Charakter dieser tannaitischen
Lehrtradition allgemein bekannt und weit verbreitet ist.

---

2 Vgl. auch die unmittelbare Nähe eines anderen Midrasch in Pes 54a,
der zehn Dinge aufzählt, die im Zwielicht des Sabbatabend geschaffen
worden sind, MekhY wayehī beshallah 6 (ed.HOROVITZ/RABIN S.171 zu
Ex 16,32) und die zahlreichen Parallelen; vgl. hierzu besonders
TOWNER, Enumeration 66-71.

3 Vgl. BACHER, exegetische Terminologie II S.238f; STRACK, Einleitung 2.

Dabei ist weniger bedeutend, daß im Kontext von Ned 39b
der Midrasch im Munde Rabbas überliefert wird; anders ist
das vielleicht, wenn ein Rabbi selbst als Tradent angegeben
wird. Jedoch scheint solch ein Name in diesem Fall lediglich
einen typischen Vertreter bezeichnen zu wollen.[4] Man hat also
von einer anonymen Überlieferung auszugehen, wobei eine genauere zeitliche Fixierung nicht mehr möglich ist; eine
frühe Abfassungszeit ist aber wahrscheinlich.[5]

3.2.3. Der Aufzählsatz. Nach der Einleitungsformel werden
alle Dinge in einem Satz aufgezählt und damit als ein Ganzes
vorgestellt. Daß dabei die "runde" Zahl sieben erscheint,
ist sicher nicht zufällig, sondern bedeutungsvoll; man wird
aber nicht zu hohe Erwartungen an dieses numerische Element
stellen dürfen, denn in einigen anderen Fällen werden nur
sechs Dinge aufgezählt[6] oder zu den sieben gar einige weitere
ergänzt.[7] Jedoch ist damit nicht alles gesagt, denn eine andere Absicht des Aufzählsatzes ist das Herausstellen des allen
Gliedern gemeinsamen Elementes:[8] die Schöpfung vor der

4   Andere Namen überliefern: Seride Tanhuma: Resh Laqish; Midrash Mishle
    Rabbati: R.Nehemya; Midrash Mishle BUBER: R.Hanina (B.Hama). Vgl.
    weiter die Überlieferung des Satzes von der Umkehr durch R.Ahaba bar
    Zeira BerR 1,4.

5   Vgl. WEISSKOPF 219: Es läßt sich vermuten, "daß die Tradition ...
    schon in tannaitischer Zeit weit verbreitet war und selbstverständ-
    liche Geltung besaß. Wahrscheinlich ist sie also sehr alt." Kritisch
    gegenüber dem Alter der Baraita äußert sich GOLDBERG, Schöpfung 36
    Anm. 36: "Man muß jedoch auch dem Alter der Baraita gegenüber
    kritisch sein.", was jedoch m.E. angesichts der Fülle von Hinweisen
    auf das Alter in diesem Fall nicht berechtigt ist.

6   Vgl. PRE 3; BerR 1,4; MTeh Ps 93,3 und Yalq Psalmen 847 (946a).

7   So TanB naso 19; Seride Tanhuma 5 und BerR 1,4.

8   TOWNER zählt unter "proverbial enumeration" sechs verschiedene
    Typen auf, die ihm in der Mekhilta begegnet sind. Davon ist am
    ehesten der vierte Typ, "syntactical analogy" mit dem vorliegenden
    Midrasch vergleichbar. TOWNER beschreibt den Typ wie folgt:
    "The syntactical analogies seize upon a grammatical peculiarity
    common to a number of texts in order to draw some of these texts
    together for comparison. But the point of analogy is only the
    beginning of a larger comparison and interpretation between the
    texts. The thrust of these enumeration pericopes is finally theo-
    logical and homiletical. At the same time, the exact scriptural
    contents of these passages is less important than the message being
    conveyed." (Enumeration 190)
    Weiter macht TOWNER auf das Gewicht des numerischen Elementes dieser
    Texte aufmerksam.

Schöpfung. Jedoch wird hiermit auch ein Problem signalisiert, dem im folgenden noch weiter nachgegangen werden muß:
wie wird dieser gemeinsame Nenner unter den einzelnen Dingen
hergestellt? Es ist offensichtli.ch, daß hierin eine wichtige
Funktion der folgenden Schriftbelege zu erkennen ist.

3.2.4. Die Aufzählung mit den Schriftbelegen. Hier wird das
gemeinsame Element zu suchen sein, das oben unter dem Terminus "Schöpfung vor der Schöpfung" zusammengefaßt worden ist
(נבראו קודם שנברא העולם);[9] dies besteht in erster Linie in
dem allen Schriftbelegen zugrundeliegenden Verweis auf ein
"Vorher", das überall präpositional oder ähnlich ausgedrückt
wird:[10]

- ראשית
- בטרם
- מקדם
- מאתמול
- מראשון
- לפני

Doch ist hiermit die gemeinsame Seite der sieben Dinge
noch nicht ausgeschöpft. Schon an der Formulierung נבראו
kann abgelesen werden, daß dabei auch eine besondere göttliche Tätigkeit zum Ausdruck gebracht werden soll. Diese ist
im Fall von Tora und Garten Eden durch den Jahwenamen offensichtlich und bei den meisten anderen Gliedern ebenfalls vom
biblischen Beleg selbst gefordert. Nur bei den letzten beiden Schriftstellen ist ein Hinweis darauf etwas schwerer zu
finden; möglicherweise liest aber der Midrasch in Jer 17,12
im Attribut "erhaben" (מרום) einen Hinweis auf Jahwe,[11]

---

9 KLAUSNER hat sicher unrecht, wenn er die Schriftbeweise nicht ursprünglich zum Midrasch zugehörig sein lassen will; vgl. KLAUSNER,
   Vorstellungen 66 und Idea 460 A.10: "Here are given Biblical verses
   appropriate to each one of the seven things; but the verses may not
   belong to the Baraitha, since they are introduced by the late
   (Aramaic) formula 'for it is written' instead of the earlier (Hebrew)
   formula 'as it is said'." Aus dieser Formel allein läßt sich aber
   keine Unechtheit erweisen!

10 Vgl. besonders hervorgehoben in PRE 3.

11 Vgl. Ps 92,9: "Du bist (in der) Höhe (?, מרום) auf ewig Jahwe";
   die LXX liest: "Du aber bist in Ewigkeit erhaben (ὕψιστος : מרמם ?),
   Herr."

oder, was ebenfalls möglich wäre, in dem Begriff "Ort"
(מקום), der weithin zur Gottesbezeichnung verwendet wird.

Unklar ist diese Beziehung zur besonderen Tätigkeit Gottes
im letzten Glied, dem Namen des Messias; vielleicht ist das
ohnehin schwer zu interpretierende Verb aus Ps 72 "sprossen"
(ינון) als ein solcher Hinweis verstanden worden. Zwei Belege fallen etwas aus der sonst ganz parallelen "Beweisführung" heraus; so wird bei der Umkehr (Buße) der Schriftbeleg
durch den dort folgenden Vers erweitert,und bei dem Thron
der Herrlichkeit und Heiligtum fällt der Beleg zusammen in
eine Schriftstelle. Auch wenn anderswo eine solche Hinein-
setzung dieser letzten beiden Größen durch eine zweite
Schriftstelle wieder "entflochten" wird,[12] scheint dies
nicht zufällig zu sein, denn dadurch ist der himmlische und
der irdische Ort Gottes angegeben. Bei der Umkehr ist ein
homiletisch didaktisches Interesse nicht auszuschließen, so
daß hiermit durch den Schriftbeleg eine Hervorhebung impliziert sein könnte.[13]

Kurz soll hier schon auf die Reihenfolge der sieben Dinge
aufmerksam gemacht werden, die sich wie selbstverständlich
in Aufzählsatz und Schriftbelegen entsprechen.[14] Dabei hat
es programmatischen Charakter, wenn die Tora am Anfang erscheint; sie ist die präexistente Größe katexochen. Ebenso
ist auch die Stellung des (Namens des) Messias am Ende nicht
ohne tieferen Sinn; seine Ankunft wird (in nächster) Zukunft
erwartet, und außerdem bildet die eschatologische Komponente
als solche einen Ausblick, der sich für den Schluß des
Midrasch anbietet.[15] Abgesehen von der schon durch zwei
Schriftstellen (Ps 90,2.3) herausgestellten Umkehr gehören
die anderen Dinge jeweils zu einem Paar zusammen. So ist der
Garten Eden als "Bereich" des Lohnes der Kontrapunkt zur
Gehinnom, dem Bereich der Strafe; schon oben wurde auf die

---

12 So wird in der Regel für beide Dinge eine eigene Belegstelle ange-
    geben, bis auf Pes 54a; MHG Ber 1,1; Yalq Jeremia 298.

13 Vgl. bes. PRE 3; Pes Hadta; MTeh Ps 90,12 und vielleicht auch BerR 1,4,
    wo die Umkehr besonders thematisiert ist.

14 Eine Ausnahme bildet, aus mir nicht ganz verständlichen Gründen,
    Midrash Mishle BUBER.

15 Vgl. ebenso oben den Midrasch unter dem Stichwort ראשון vor allem
    den Schluß der Fassung C (ShemR 15,1), der diese Reihenfolge mit
    seiner eschatologischen Aussage thematisiert.

Zusammengehörigkeit von Thron und Heiligtum verwiesen, wie
sie in der gemeinsamen Schriftstelle zum Ausdruck kommt.

Vielleicht fällt durch die Reihenfolge der beiden ersten
Dinge, Tora und Umkehr, ein neues Licht auf die Interpretation eines Textes, in dem die Umkehr ausdrücklich als die
"zweite" im Hinblick auf die Tora genannt wird: dort wird
die Reihenfolge des Aufbruchs der Stämme Israels folgendermaßen gedeutet:

BamR 2,10 (2,9; LEWIN/EPSTEIN Bd.4 S.6):

"(Num 2,9): 'Alle Gemusterten im Heerlager Judas ... sollen zuerst
(ראשונה) aufbrechen', denn die Tora wird Erste (ראש) genannt.
(Spr 8,23) ...

...

(Num 2,16): ... 'Alle Gemusterten im Heerlager Rubens ... sollen an
zweiter Stelle (שנים) aufbrechen', denn die Umkehr (שהתשובה) ist
die zweite zur Tora (שניה היא לתורה)(."[16]

Aufs Ganze gesehen scheint also nichts an diesem Midrasch
zufällig zu sein oder als überflüssig abqualifiziert werden
zu können. Er ist in sich stimmig und konsequent. Inwieweit
sich aber durch einen anderen Kontext Schwerpunktverschie-
bungen und damit auch andere Interpretationsmöglichkeiten
ergaben, soll eine Untersuchung der Stellen zeigen, in denen
die Baraita des Babylonischen Talmud mit anderer Akzen-
tuierung tradiert worden ist.

3.3. Die Rezensionen der Baraita

Die sieben Schöpfungen vor der Schöpfung, Tora, Umkehr,
Garten Eden, Gehinnom, Thron der Herrlichkeit, Heiligtum und
Name des Messias, scheinen bewegliche Glieder des Midrasch
gewesen zu sein, die einerseits durch einen besonderen Akzent
des Kontextes, andererseits durch eine Umstellung der Reihenfolge der Glieder herausgestellt werden konnten.

---

16 Vgl. MONTEFIORE 257; C.F.MOORE, Judaism I S.266.526.

3.3.1. Texte mit lediglich geänderter Reihenfolge (Midrash
Mishle BUBER; Maase Tora; Hupat Eliyyahu Rabba).

Pes(Ned;MHG)	MMishleB Aufzählung	MMishleB Schriftbeweise
Tora	Tora	Thron
Umkehr	Thron	Heiligtum
GanEden	Heiligtum	GanEden
Gehinnom	Umkehr	Gehinnom
Thron	GanEden	Umkehr
Heiligtum	Gehinnom	Name d. Mess.
Name d. Mess.	Name d. Mess.	Tora

Neben der Reihenfolge ist im Midrasch zum Sprüchebuch im
besonderen der Zusammenhang zu Spr 8,9, dem Anknüpfungsvers,[1]
interessant, der die Überleitung von Bibelvers zum Midrasch
selbst herstellt:
Midrash Mishle BUBER 8,9 (S.30a):

אמר ר׳ חנינא בא וראה

כמה מדה טובה ברא הקב״ה בעולמו עד שלא נברא העולם

ואיזו זה תורה•

(Spr 8,9: Sie alle (sc. die Worte: כל־אמרי־פי) sind klar für den
Verständigen und richtig für den, der Erkenntnis fand)

"R.Hanina (b.Hama) sagte:[2]

Komm und sieh, was für ein Maß an Güte der Heilige, g.s.E., in seiner
Welt geschaffen hat, bevor die Welt geschaffen wurde. Welches? Das ist
die Tora."

(Es folgt der Midrasch mit der Einleitungsformel: תמן תזינן)

Offensichtlich liegt von der Auslegung von Spr 8 her das
Schwergewicht auf der Schöpfung der Tora. Auch wenn wohl kaum
mehr der Grund der unterschiedlichen Reihenfolge von Aufzählsatz und Schriftbeweisen hinreichend erklärt werden kann,[3]
ist die Betonung der Tora als erstes und bei den Schriftbeweisen wieder letztes Glied nicht zu übersehen. Damit rahmt
sie den ganzen Midrasch förmlich ein. Daß dieser Zug beabsichtigt sein könnte, gibt eine vor kurzem veröffentlichte

1 Der bei TOWNER verwendete Begriff "lemma" ist im deutschen Sprachraum sonst nicht gebräuchlich.
2 Anders in den anderen Fassungen des Midrash Mishle.
3 Sonst habe ich nur noch einen ähnlichen Fall bemerkt, der aber
  offensichtlich auf einen Abschreibfehler zurückzuführen ist, vgl.
  unten eine HS von PRE 3.

Geniza-Handschrift zu erkennen, die zwar nicht den ganzen
Midrasch, statt dessen aber einen Satz über die Präexistenz
der Tora überliefert:

Ginze Midrash Mishle 2:[4]

חמן תנינן כנגד דברי נביאים עד שלא נברא העולם

[גרש] תורה מנין... (Spr 8,22)

"Dort lehren sie:[5]
Gemäß den Worten der Propheten (existierte) die Tora, als die Welt noch
nicht geschaffen war, גרש wie es heißt (Spr 8,22) ..."

Allerdings weist der Ausdruck גרש auf eine von anderswoher
bekannte weitere und hier ausgefallene Tradition hin.[6] Daß
es im Zusammenhang des Midrash Mishle vor allem um die präexistente, himmlische Tora geht, die durch Mose den Israeliten übergeben worden ist, wird auch aus dem direkt darauf
folgenden Text deutlich:

כתחילה היתה תורה בשמים שנ׳ ... (Spr 8,30)

ואחר כך עמד משה והורידה לארץ ונתנה לבני אדם

שנ׳ ... (Spr 8,31)

"Am Anfang[7] war die Tora im Himmel, denn es heißt (Spr 8,30): 'Ich war
ihm zur Seite als Liebling' (?).[8] Darauf stand Mose auf und brachte sie
herab auf die Erde und gab sie den Menschen, denn es heißt (Spr 8,31):
'Spielend auf dem Erdenrund'."

Wie wir schon oben feststellen konnten, geht es also auch
in der Auslegung von Sprüche 8 um die präexistente und den
Menschen in schriftlicher Form vorliegende Tora als Anwei-
sung für das ganze Leben. Es ist nicht erstaunlich, daß der
Midrasch in ähnlicher Form auch in verschiedene Sammlungen
von Zahlensprüchen aufgenommen wurde. Daß diese Sammlungen
aber von geringerem Wert sind, zeigt die Tatsache, daß dort
viel weniger Wert auf eine zuverlässige Überlieferung gelegt
wurde. Das zeigt sich einmal an der wohl ohne weitere Überlegung angeordneten Reihenfolge und der weniger sorgfältigen

---

4 RABINOVITZ, Ginzé Midrash 235.

5 Dieselbe Einleitungsformel wie sonst im MMishle.

6 Vgl. die ausführliche Anmerkung 21 bei RABINOVITZ, mit Literatur!

7 Vgl. ebd. A.27.

8 Erstaunlich ist, daß in diesem Zusammenhang die verschiedenen Deu-
   tungen von אמון nicht mittradiert werden.

Beachtung der Belegverse:[9]

Pes 54a	Maase Tora[10]	Hupat Eliyyahu Rabba[11]
Tora	Tora	Tora
Umkehr	Gan Eden	Gan Eden
Gan Eden	Gehinnom	Gehinnom
Gehinnom	Name d. Mess.	Name d. Mess.
Thron	Thron	Thron
Heiligtum	Heiligtum	Umkehr
Name d. Mess.	Umkehr	Heiligtum

3.3.2. Ein um ein Glied verkürzter Text (SER 31). Einen
Sonderfall stellt die Überlieferung der Baraita aus dem Babylonischen Talmud mit nur sechs Gliedern dar, wie sie in Seder
Eliyyahu Rabba tradiert wird. Aus einer voranstehenden Exegese von Jes 40,14 ist noch zu erkennen, daß dem Verfasser
andere Traditionen über die Maase Bereshit und Maase Merkava,
den rabbinischen Geheimlehren über Schöpfung und himmlischer
Welt, bekannt waren.[12] Ähnlich wie in BerR 1,1 führt er aus,
daß die Tora der Ratgeber Gottes in der himmlischen Welt gewesen ist;[13] ein Königsgleichnis über den Bau eines Palastes,
das auf die Schöpfung gedeutet wird, erinnert ebenfalls an
die in BerR überlieferten Traditionen. So ist wahrscheinlich,
daß auch von dorther die Reduktion des Midrasch auf lediglich

---

9 So wird bei beiden Zahlensprüchen als Beleg zum Heiligtum aus dem
   Moselied Ex 15,17 zitiert: "Das Heiligtum, Jahwe, das deine Hände
   gegründet haben." Allerdings paßt dieser Text nicht mehr so recht
   in die Reihe der anderen. Weiterhin ist aus dem ersten Beleg zur
   Umkehr nicht mehr Ps 90,2 sondern - aus einem fälschlich interpretierten בטרם - Jes 66,7 geworden: "Bevor (בטרם) (die Schwangere)
   Schmerzen hat, hat sie schon geboren." Ähnlich ist auch in einem
   weiteren Text aus einer Sammlung von Zahlensprüchen eine klare Ordnung nicht mehr erkennbar, zumal auch nur der Aufzählsatz erscheint:
   Rabbanu HaQadosh Pereq 7,1 (SEPHER HA-LIKKUTIM Bd.3 S.76; OsM S.512)
   "Sieben Dinge wurden geschaffen vor der Schöpfung der Welt: der
   Thron der Herrlichkeit, das Heiligtum, die Tora, der Garten Eden,
   die Umkehr, das Gehinnom und der Name des Messias."

10 BHM Bd.2 S.99.

11 OsM 164b.

12 Vgl. KADUSHIN, Theology Vol.1 S.89.91; zur Thematik WEWERS, Geheimnis
   224ff.

13 Vgl. auch PRE 3 auf den Midrasch folgend.

sechs Glieder zu erklären, und daß gerade die Umkehr heraus-
gefallen ist.[14] So werden nunmehr folgende Dinge aufgezählt:[15]

Pes 54a	SER 31
Tora	Tora
Umkehr	-
Gan Eden	Gehinnom
Gehinnom	Gan Eden
Thron	Thron
Heiligtum	Name des Mess.
Name des Mess.	Heiligtum

Bemerkenswert ist bei dieser Überlieferung neben dem
Fehlen der Umkehr, daß nun auch das Gehinnom direkt hinter
die Tora rückt. Offensichtlich kommt es dem Verfasser gerade
auf eine Problematisierung dieses Satzes an. Von daher wird
auch die ausführliche Erweiterung erklärbar, die in die Aufzählung der Schriftbelege hinter Jes 30,32 - der für das
Gehinnom - eingefügt wird:

SER 31 (29) (ed.FRIEDMANN S.160):

גֵיהִנֹם מנין שנאמר... (Jes 30,33) אין **תפתה** אלא גֵיהִנֹם•
שהיא ברואה קורם לכל•
כיון שברא הקב״ה גֵיהִנֹם עמד וקילם את כל מעשה ידיו•
שנאמר... (Gen 1,31) גם הוא למלך הוכן (Jes 30,33)
אין מלך אלא יצר הרע•שנאמר... (Koh 4,13) זה יצר טוב
ממלך זקן וכסיל (ebd.13b) זה יצר הרע•
ד״א [טוב ילד וגו׳] זה ר׳ עקיבה•ממלך זקן וכסילזה רופוס הרשע•
העמיק הרחיב מלמד שהעמיקה לו והרחיבה לו
למלאך המות כדי שתהא לו מלא קומתו... (weiter Jes 30,33)

"Das Gehinnom, woher? Wie es heißt (Jes 30,33): 'Denn gerüstet ist
längst eine Feuerstätte (**תפתה**). Nicht **תפתה** sondern **גֵיהִנֹם** , denn
dies ist vor allem geschaffen.

Als der Heilige, g.s.E., das Gehinnom schuf, stand er und lobte jede
Tat seiner Hand, wie es heißt (Gen 1,31): 'Und Gott sah alles, was er
gemacht hat (und siehe es war sehr gut)'.
(weiter Jes 30,33): 'auch dem König ist es bereitet'. Nicht der König,
sondern es bedeutet nichts anderes als der böse Trieb, wie es heißt
(Pred 4,13a): 'lieber ein armer Jüngling, aber weise', - das ist der
gute Trieb - (ebd. V.13b) 'als ein alter König, aber ein Tor', - das

---

14 Zur Erklärung der Sechszahl vgl. unten.
15 Die Schriftbelege entsprechen denen von Ned 39b.

ist der böse Trieb.[16]

Eine andere Deutung:

('lieber ein armer Jüngling, aber weise') - das ist Rabbi Akiba; 'als ein König, aber ein Tor' - das ist der gottlose Rufus.[17]

(weiter Jes 30,33): 'tief und weit'.

Das lehrt, daß er es (= Gehinnom) tief und weit (gemacht hat) für den Engel des Todes,[18] damit dieser einen Raum hat zum Stehen.

(weiter Jes 30,33): 'Ihr Holzstoß hat viel Feuer und Holz'."

(weiter die anderen Schriftbelege)

Dem Verfasser geht es also um das Problem, warum das Gehinnom unter die Dinge gezählt wird, die vor der Welt erschaffen wurden, die also eigentlich doch zur guten Schöpfung[19] gehören. Er löst dieses Problem dadurch, daß er das Gehinnom (in der zukünftigen Welt) nur noch für den Todesengel,[18] den bösen Trieb[16] und Menschen wie Tineius Rufus, den Mörder des R.Akiba,[17] geschaffen sein läßt.

Ungewöhnlich an der Aufzählung ist, daß das Heiligtum an das Ende rückt und damit der (Name des) Messias zwischen Thron und Heiligtum. Hat das eine besondere Bedeutung? Wenn ja, dann könnte hiermit angedeutet sein, daß das zerstörte Heiligtum (von Gott? oder vom Messias?) wieder aufgebaut werden muß.

Erstaunlich ist schließlich, daß, obwohl deutliche Beziehungen zwischen BerR und SER nachgewiesen werden können, hier im Text nicht der dort unübersehbare Gedanke des göttlichen Planens mit hineingeflossen ist.[20] Hängt dieser Tat-

---

16 Zu der in der rabbinischen Literatur weitverbreiteten Thematik der zwei Triebe צר הרע und יצר הטוב vgl. z.B. schon Sir 15,14: "Gott hat am Anfang den Menschen erschaffen und ihn der Macht der eigenen Entscheidung überlassen" (HS A: אלהים מבראשית (א) ברא אדם וישתיהו ביד חותפו ויתנהו ביד יצרו:); auch Test.Ass 1; 1 QH 7,13. 15,13ff; weiter URBACH 471-483.

17 Zu Q.Tineius Rufus vgl. SCHÜRER, History Bd.1 S.518.547-549;BACHER, Tannaiten S.287-292; FLUSS, Art. Q.Tineius Rufus PRE Suppl. 6 A.2 (1937) Sp.1376-1379.

18 Vgl. KADUSHIN, Theology Vol.1,93:
"The Rabbis permit themselves to gloat over his (sc. den Todesengel) removal, assigning him to Gehenna ... Their inconsistency in designating punishment to the Angel of Death when he only performed his unavoidable mission may be explained on the ground that he personified in their imagination all the evils overwhelming man, even Death itself." Auch URBACH 170 u.ö. s.v. Angel of Death.

19 So besonders durch das Zitat Gen 1,31.

20 Anders aber zu Unrecht OCHSER, Art. Tanna Debe Eliyahu JE 12 (1905) Sp.46-49(47), wenn er schreibt: "The six series of the world-system, however, were created in the divine mind even before any being, with the exception of Israel, existed." (Herv. von mir).

bestand damit zusammen, daß der Verfasser sehr konkret an
geschaffene Dinge vor der Schöpfung denkt, wie z.B. die Erschaffung der vielen Engel in der himmlischen Welt,[21] wie er
ja überhaupt sehr gern die Welt in bestimmte, klar abgrenz-
bare Perioden und Zeiträume vor und nach der Schöpfung einteilt? Damit steht der Midrasch in SER wohl in der Tradition,
die sich in spekulativer Weise über Wesen und Gestalt der
geheimnisvollen Welt des himmlischen Bereiches Gedanken
macht.[22]

3.3.3. Die Baraita in Verbindung mit dem göttlichen Planen
(PRE 3; PesHadta). Innerhalb einer Homilie über die Schöpfung,
die schon mit den Dingen vor der Schöpfung beginnt, eröffnet
R.Eliezer ben Hyrkanos[23] seinen (fiktiven) Vortrag mit dem
Petihavers Ps 106,2: "Wer kann die großen Taten Jahwes erzählen, all seinen Ruhm verkündigen?" Nach einer kurzen Einleitung beginnt die Schilderung der Taten Gottes mit dem
allerersten Anfang der Schöpfung:[24]

PRE 3 (ed. LURIA 5b/6a)

עד שלא נברא העולם היה הקב״ה ושמו [הגדול] כלבד•
ועלה במחשבה לברוא את העולם והיה מחריט את העולם לפני
ולא היה עומד•[משלו] משל למה הדבר דומה
למלך שהוא רוצה לבנות פלטרים שלו אם אינו מחריט בארץ
יסודותיו ומובאיו ומוצאיו אינו מתחיל לבנות•
כך הקב״ה החריט לפניו את העולם ולא היה עומד
עד שכרא את התשובה•

---

21 So im Abschnitt vorher SER 31.

22 Vgl. unten zu MTeh 90,12.

23 Die beiden ersten Kapitel handeln von seiner Jugend; wahrscheinlich
    liegt hier Pseudepigraphie vor. Zur Person: BACHER, Tannaiten 96-123;
    zur Pseudepigraphie S.120ff; neuerdings auch NEUSNER, Eliezer ben
    Hyrcanus.

24 Zum Ganzen des Textes vgl. die Aufnahme von PRE 3 in der Chronik des
    Yerahmeel 1,2 und die Fassung des Midrasch (vgl. die Übersetzung von
    GASTER, The Chronicles of Jerahmeel S.5): "Sieben Dinge wurden ge-
    schaffen, bevor die Welt geschaffen wurde, und diese sind es: Die
    Tora, die Umkehr, der Thron der Herrlichkeit, der Garten Eden, das
    Gehinnom, der Ort des Tempels und der Name des Messias. Und für alle
    diese Dinge gibt es einen Beleg in der Schrift." Zur Textkritik von
    PRE vgl. die Edition von HIGGER 85-88.

"Bevor die Welt geschaffen wurde, da war der Heilige, g.s.E., und sein (großer) Name allein.[25] Da stieg im Gedanken auf, die Welt zu erschaffen,[26] und er zeichnete die Welt vor sich auf, doch sie stand nicht. Man machte ein Gleichnis.[27] Womit ist das zu vergleichen? Einem König, der sich einen Palast bauen wollte. Bevor er seinen Grundriß, seine Eingänge und Ausgänge, nicht in die Erde eingezeichnet hat, beginnt er nicht zu bauen.

So zeichnete der Heilige, g.s.E., die Welt vor sich auf, und sie stand nicht, bevor er die Umkehr schuf."

Es folgt der Midrasch von den Dingen, die vor der Welt geschaffen wurden, in folgender Reihenfolge:

Pes 54a	PRE 3
Tora	Tora
Umkehr	Gehinnom
Gan Eden	Gan Eden
Gehinnom	Thron
Thron	Heiligtum
Heiligtum	Umkehr[28]
Name des Mess.	Name des Mess.

Die Schriftbelege sind aus Pes 54a bzw. Ned 39b bekannt; aber am Schluß wird für den Messias noch ein weiterer Beleg angeführt:

"Und ein anderer (Schrift)vers sagt (Mi 5,1): 'Und du Bethlehem Ephrata, für Tausendschaften Judas (ein) klein(er Stamm), aus dir wird mir herkommen der künftige Herrscher über Israel. Seine Herkunft (reicht zurück) in die Vorzeit, (in längst vergessene Tage.)'"

Noch eine weitere (Stil-)Eigentümlichkeit von PRE sei hier am Anfang vermerkt; offensichtlich will der Verfasser die Gemeinsamkeit aller aufgezählten Dinge eigens betont herausstellen, und so greift er hinter jedem Schriftbeweis das jeweilige Wort für "vorher" noch einmal auf, wodurch so

---

25 In einigen HSS ausgelassen; zum Namen Gottes vgl. URBACH 125f und 734 A.12.

26 Die meisten HSS lesen במחשבו ; vgl. auch URBACH 777 A.74. Sehr viele Autoren erkennen hier eine enge Verwandtschaft zu Philo's Ideenlehre, bes. Op mundi 17f (siehe unten).

27 Der Erstdruck (1514) liest lediglich משל .

28 Eine HS rückt die Umkehr an das Ende des Aufzählsatzes, tradiert aber bei den Schriftbelegen wieder die gewöhnliche Reihenfolge; wahrscheinlich liegt ein Abschreibfehler vor.

etwas wie ein Refrain entsteht.[29]

Tora, woher?   Wie es heißt(Spr 8,22):...   bevor die Welt
               קורם (meist: מאז)   ersch. wurde

Gehinnom,	"	"	(Jes 30,33) מאתמול	"
Gan Eden,	"	"	(Gen 2,8) מקרם	"
Thron,	"	"	(Ps 93,2) מאז	"
Heiligtum,	"	"	(Ps 90,2f) (כ)טרם	"
Name Mess,	"	"	(Ps 72,17) ינון	"
			(Mi 5,1) מקרם	"

Die Reihenfolge der aufgezählten Dinge selbst entspricht
etwa der der Baraita; vielleicht kann man hier in PRE 3 sogar noch eine systematisierende Gestaltung erkennen. So erscheinen wieder Tora und Messias jeweils zu Beginn bzw. am
Ende als Ausblick, wobei die Erwartung des Messias selbst(!),
und nicht etwa nur sein Name, durch eine zweite Belegstelle
(Mi 5,1) bekräftigt wird;[30] dieser Beleg Mi 5,1 läßt sich
auch gut in das den anderen Belegstellen zugrundeliegende
Schema einordnen: auch dort taucht eine präpositionale Wendung auf, um ein "vorher" (מקרם) zu bezeichnen, und vielleicht
ist auch aus dem nicht zitierten Zwischenstück der besondere
Bezug zu Jahwe beabsichtigt.[31] Das "systematisierende" Interesse des Verfassers ist wiederum erkennbar an den beiden
Paaren Gehinnom/Gan Eden, die Strafe bzw. Lohn in bezug auf
das menschliche Verhalten gegenüber der Tora implizieren, und
Thron der Herrlichkeit/Heiligtum, dem himmlischen und irdischen Ort der Gegenwart Gottes.

29 Die Anm. 28 erwähnte HS liest statt des wiederholten Stichwortes
    immer nur הוי. Solch eine wiederholende Erweiterung scheint ein be-
    liebter Stil gewesen zu sein. Im Midrash HaTora des R.Tanhuma wird
    z.B. am Ende des Midrasch ebenso das Stichwort aus Jes 30,33 wieder-
    holt: "מאתמול, vor der Schöpfung der Welt". Vgl. auch den Kommen-
    tar von R.D.Kimchi zu Jer 17,12:
    "Sieben Dinge wurden erschaffen, bevor die Welt erschaffen wurde.
    Und eins davon ist der Ort des Heiligtums, wie es heißt (Jer 17,12):
    ..., מראשון bevor die Welt erschaffen wurde."

30 Daß in PRE nicht an einen (zukünftigen) Schöpfungsplan Gottes ge-
    dacht ist, sondern an eine wirkliche Schöpfung vor der Schöpfung,
    wird an einem, in einem Teil der HSS überlieferten, anderen Midrasch
    deutlich, der zehn Dinge aufzählt, die "im Gedanken Gottes aufstei-
    gen", um geschaffen zu werden (PRE 3 ed.LURIA S.7); vgl. aber die
    Übersetzung von FRIEDLÄNDER S.14f A.1.

31 Mi 5,1 scheint eine spätere Zufügung an den Schriftbeweis Ps 72,17
    darzustellen, die die Person, den Messias selbst, im Blick hat;
    allerdings überliefern diesen Beleg alle bekannten HSS. Diese Beleg-
    stelle ist deswegen besonders auffällig, weil im rabbinischen Schrift-
    tum Mi 5,1 nur sehr zurückhaltend als messianischer Beleg verwendet
    ist.

Daß der Verfasser auch ein starkes Interesse am Herausstellen der nahe an den Schluß gerückten Umkehr bekundet, ist
an der Einleitung abzulesen; ja, hier scheint die Umkehr sogar die Voraussetzung für die ganze Schöpfung vor der
Schöpfung darzustellen. Die Umkehr ist sozusagen das Fundament der ganzen Welt, ohne die sie - als gefallene Welt -
wieder in das Chaos zurückversinken würde. Ist die Umkehr
der Zielpunkt der Einleitung und des Vorspannes zum Midrasch,
so beginnt die ganze Schöpfertätigkeit Gottes mit seinem
Schöpfungsplan, denn das ist mit der Wendung "in Gedanken
aufsteigen" gemeint:

"Denn dieses Aufsteigen in den Gedanken Gottes ist eine Vorausschau
Gottes. Was in Gottes Gedanken aufsteigt, ist sein Plan mit der Welt,
und so auch vorherbestimmt."[32]

Gottes Plan läßt die Geschichte nach seinem eigenen Willen
ablaufen; alles hat seinen von ihm verordneten, präexistenten·
Platz - in dieser Weise war in Qumran Schöpfung und Geschichte
gedacht worden.[33] Der eigenartige Zug von Einleitung und besonders dem darin enthaltenen Königsgleichnis[34] ist aber ein
anderer: durch den Plan allein ist die Welt noch nicht auf
Beständigkeit, Ordnung und Dauer eingerichtet; dazu benötigt
man erst die entscheidenden Bedingungen, wie vielleicht am
ehesten die "Eingänge und Ausgänge" des Gleichnisses paraphrasiert werden könnten. Die Umkehr stellt das fundamentale
Angebot Gottes für eine heilvolle Zukunft dar, und darum gehört sie auch unmittelbar mit dem Messias zusammen. Es ist
wohl nicht von ungefähr, daß die Umkehr eine so zentrale
Stellung am Uranfang der Schöpfung der Welt in einem Werk
erhält, das R.Eliezer b.Hyrkanos zugeschrieben wird. So wird
eine Diskussion zwischen ihm und R.Yehoshua b.Hananya gerade
über dieses Thema überliefert.[35] Und hier ist es die Absicht
R.Eliezers, eine subjektiv-synergistische Sicht der Geschichte

32 GOLDBERG, Erlösung 105 ad PesR 34.

33 Vgl. LICHTENBERGER 184-189. Z.B. 1 QS 11,11 u.ö.

34 Der Form nach ist das Gleichnis dem in BerR 1,1 sehr ähnlich; dort
    kommt es aber noch stärker auf den Plan Gottes mit seiner Schöpfung
    an. Zum Vergleich mit Philo Op 17. siehe besonders SCHÄFER, Geschichts-
    auffassung 35f; WEISSKOPF 230-234. Vgl. unten z.St.

35 bSan 97b/98a; auch mit Varianten yTaan 1,1 (63d); TanB Behuqqai 5
    (Bd. 2 S.111). Vgl. die Anmerkungen bei BUBER; BACHER, Tannaiten 138f;
    NEUSNER, Eliezer ben Hyrcanus Bd.1 S.477-479 und Bd.2 S.418. SCHÄFER,
    Hoffnungen 216f und 238 Anm.12.

zu entwickeln gegenüber einer objektiv-deterministischen des
R.Yehoshua. Damit erhält die Umkehr eine entscheidende Rolle
"als ethisch-religiöses Korrektiv gegenüber allzu einseitiger
Betonung eines terministischen Geschichtsablaufes. Dieser
Hinweis auf die Buße und damit auf die Möglichkeit und Notwendigkeit menschlicher Mitwirkung und Mitverantwortung beim
Erlösungsvorgang ist vielleicht der wichtigste Beitrag des
rabbinischen Judentums zur jüdischen Messiaserwartung und
für die Bewältigung der Zukunft aus jüdischer Sicht."[36]

Damit kann der Akzent der Verwendung des Midrasch im PRE
so zusammengefaßt werden, daß die Tora als erstes präexistentes Wesen den Midrasch eröffnet, und dann je drei
Paare sich anschließen, dessen letztes die Heilszukunft betrifft: Buße und Messias und damit die Ermöglichung der
messianischen Friedenszeit als Ziel der Geschichte Gottes mit
seiner Welt. In einer kürzeren Pesiqta, die sich nur auf den
eigentlichen Festzyklus erstreckt, wird in der Auslegung zu
Gen 1 am Neujahrstag ein ähnlicher Vorspann zum Midrasch
überliefert:

Pesiqta Hadta Rosh Hashanna[37] (JELLINECK, BHM VI S.59,8ff;
                                  EISENSTEIN, OsM S.494a/b)

(Gen 1,2) ...שנאמר ובהו ותהו מים כלו היה העולם שנברא קודם

•••

•ויעמוד העולם יברא האיך מחשב הקב״ה היה לכראות במחשבה וכשעלה

ואחי״כ ברא חשובה והקדים לחטא שעתידים אדם של עונותיו מפני

•ואחי״כ ברא העולם

"Bevor die Welt erschaffen wurde, war alles Wasser und Tohuwabohu, denn
es heißt (Gen 1,2): ..."

"Als der Heilige, g.s.E., plante[38] (die Welt) zu erschaffen, dachte er
darüber nach, wie er die Welt schaffe, so daß sie auch Bestand habe.

Wegen der Sünde des Menschen, die (dies)er in Zukunft begehen werde,
schuf er aber zuvor die Umkehr und danach schuf er (erst) die Welt."

Danach wird der Midrasch in der folgenden Reihenfolge und
den bekannten Belegen zitiert:

_____

36 SCHÄFER, Hoffnungen 236.

37 Vgl. die Einleitung zur Textedition von JELLINEK, BHM Bd.6 S.XIX-XXI;
    diese Pesiqta ist die jüngste von drei bekannten Pesiqta-Redaktionen.

38 Wörtlich: "als es im Gedanken aufstieg..."

Pes 54a	PRE 3	Pes Hadta
Tora	Tora	Tora
Umkehr	Gehinnom	Thron
Gan Eden	Gan Eden	Gan Eden
Gehinnom	Thron	Gehinnom
Thron	Heiligtum	Umkehr
Heiligtum	Umkehr	Heiligtum
Name des Mess.	Name des Mess.	Name des Mess.

Der Vorspann zum Midrasch berührt sich aufs engste mit dem von PRE 3. Wie dort ist der Beginn des Schöpfungsaktes Gottes sein Plan; weiter ist von dem "Problem Gottes" die Rede, wie er die Welt schaffen könne, daß sie auch Bestand (עמד) habe, und schließlich ist die Lösung die Schöpfung der Umkehr. Inwieweit weiterhin auch andere Vorstellungen auf die veränderte Reihenfolge der aufgezählten Dinge Einfluß gehabt haben könnten, ist aus dem Kontext nicht mehr zu entnehmen und wäre reine Spekulation. Aber allein aus einem Vergleich mit den drei oben nebeneinandergestellten Schemata ergibt sich, daß die Umkehr das beweglichste Glied der Aufzählung darstellt, ja im Grunde als ein Fremdkörper erscheint, wie sich auch aus einem Vergleich auf breiterer Textbasis ergibt. Die Stellung der Tora am Anfang und die eschatologische Absicht am Ende durch den (Namen des) Messias sind nicht zu verkennen.

3.3.4. Zwei interpretative Erläuterungen zur Baraita. Die homiletische Absicht, den Midrasch auf die Präexistenz der Umkehr auszurichten, ist anscheinend ein häufig zu beobachtendes Phänomen. Dies bestätigt sich auch an einer Einarbeitung des Midrasch in eine Auslegung zu Ps 90,2f im Midrash Tehillim. Nach dem Zitat des Anknüpfungsverses Ps 90,3, der innerhalb des Midrasch als Belegvers eben für die Umkehr angeführt wird, erscheint folgender Text, der nun statt der Schriftbeweise eine Beschreibung der sieben präexistenten Dinge enthält:
MTeh 90,12 (BUBER S.196af)[39]

אמר ר׳ אבהו בר זעירא גדולה תשובה שקדמה לבריאת עולם•
ומה היתה התשובה•היתה בת קול שמכרזת ואומרת שובו בני אדם•

---

39 Im Shoher Tov z.St. fehlt diese Beschreibung.

שבעה דברים קדמו לעולם אלפים שנה•׃התורה וכסא כבוד
וגן עדן וגיהנם ותשובה והבית המקדש של מעלה ושם משיח•
ואנה היתה התורה כתובה•׃באש שחורה על אש לבנה•ומונחת
על ברכו של הקב״ה•׃והקב״ה יושב על כסא הכבוד•
וכסא הכבוד מתוקן בחסדו של הקב״ה על הרקיע שעל ראשי החיות•
אבל החיות לא היו באותה שעה•וגן עדן מימינו של הקב״ה•
וגיהנם משמאלו•וכית המקדש מתוקן לפניו•
ושם משיח חקוק על אבן יקרה על גבי המזבח•
וכת קול מכרזת שובו   בני אדם•

"R.Abahu b.Zeira sagte:
Groß ist die Umkehr, denn sie ging der Erschaffung der Welt voraus.[40]
Und was war die Umkehr? Eine Hallstimme, die ausruft: Kehrt um, Menschen-
kinder!

Sieben Dinge gingen der Welt um zweitausend Jahre voraus:
Die Tora, der Thron der Herrlichkeit, der Garten Eden, das Gehinnom, die
Umkehr, das Obere Heiligtum und der Name des Messias.

Und wo war die Tora geschrieben? Sie war schwarzes[41] Feuer auf weißem
Feuer, und lag auf den Knien des Heiligen, g.s.E., und der Heilige,
g.s.E., saß auf dem Thron der Herrlichkeit, der bereitet war durch die
Huld des Heiligen, g.s.E., über dem Firmament, welches sich über den
Häuptern der Tiere befindet - doch die Tiere gab es zu jener Stunde noch
nicht. Der Garten Eden war zur Rechten des Heiligen, g.s.E., und das
Gehinnom zu seiner Linken, und das Heiligtum war vor ihm bereitet. Der
Name des Messias aber war auf einem Edelstein auf dem Altar eingegraben,
und eine Hallstimme ruft aus: Kehrt um, Menschenkinder!"

Die Auslegung des Schriftverses beginnt mit einem Preis
der Umkehr. Dieser Preis "Groß ist die Umkehr" ist auch anderswo mit verschiedenen Begründungen überliefert.[42] Die älteste, wenn ich recht sehe, ist eine Baraita, die R.Meir zugeschrieben wird: "Groß ist die Umkehr, denn wegen eines
Menschen, der umgekehrt ist, wird der ganzen Welt vergeben."[43]

---

40 Soweit auch die Überlieferung in Shtov Ps 90 (S.134. b.Zeira ist dort
     ausgefallen); vgl. auch BUBER A.66 u. 68.

41 Vgl. auch ein Fragment zum Midrash Tehillim (BHM Bd.5 S.164), in dem
     das Adjektiv "schwarz" ausgefallen ist; sonst ist das Fragment mit
     dem BUBERschen Text fast identisch. Zum Material, auf dem die Tora
     geschrieben ist, vgl. ySheq 6,1 (49d Ende) u.ö. Zum Ganzen vgl. auch
     E.P.SANDERS 221f. In ähnlicher Weise wird am Anfang des Midrash Konen
     (BHM Bd.5 S.23; OsM S.253b) unter der Fragestellung: "Diese Tora,
     welches ist ihr Name und wo war sie?" der Ort der Tora "angebunden an
     den Arm des Heiligen, g.s.E." beschrieben.

42 Vgl. die Zusammenstellung bei BILL Bd.1 S.164-168; in ähnlicher
     Weise kann auch die Stärke Gottes (גבורה) gepriesen werden.

43 bYom 86b; z.St. vgl. URBACH 466. Hierher passen auch die "verschie-
     denen, halb historischen, halb sagenhaften Berichte" (BACHER,
     Tannaiten 431) von Elisha b.Abuyah mit seinem Schüler R.Meir yHag 2,1
     (77b) und ihre Parallelstellen, URBACH 892 A.75.

Ein anderer Spruch, der im Zusammenhang mit dem Midrasch
interessant ist, wird auf R.Lewi zurückgeführt: "Groß ist
die Umkehr, denn sie reicht bis an den Thron der Herrlichkeit".[44]

Es ist nicht möglich, hier diesen Text aus MTeh im einzelnen zu besprechen. Aber durch die Einleitung ist deutlich,
daß man der Umkehr eine besondere paränetische Bedeutung zu-
sprach, denn durch sie war das Heil der Menschen erst möglich
geworden. Darum gehört auch die Umkehr zu Gottes Heilshandeln
mit der Welt notwendig hinzu.[45] Hier in MTeh wird dabei als
Tradent des Satzes von der Umkehr R.Ahaba b.Zeira angeführt,
wie auch BerR 1,4. Allerdings wird direkt im Anschluß daran
das besondere Interesse des Verfassers deutlich, der mit der
Frage "was war die Umkehr" an der Konkretisierung des hör-
baren Bibelwortes anknüpft. Danach wird nach einem üblichen
Aufzählsatz in einer Reihenfolge, die der von Pes Hadta entspricht, auch für den Rest der Dinge eine konkrete Schilderung versucht. Jedes Glied erhält einen bestimmten Ort in der
transzendenten himmlischen Sphäre zugewiesen. Metaphern werden
beim Wort genommen, Bilder werden konkretisiert; das ist der
Stil apokalyptischer Beschreibungen.[46] Insgesamt wird dadurch die hypothetische Frage beantwortet: wo sind denn nun
diese Dinge, wenn sie nicht in der Welt sind?

Aber nicht nur die Dinge selbst werden konkretisiert;
auch die Zeit wird in konkreten Zahlen ausgedrückt:
Alle Dinge sind 2000 Jahre vor der Schöpfung geschaffen!

Im Hintergrund dieser "Berechnung" steht eine Auslegung
zu Spr 8.30: "Tag für Tag war ich (sc. die Weisheit/Tora)
sein (sc. Gottes) Entzücken" in Kombination mit Ps 90,4:
"Denn tausend Jahre sind für dich wie der Tag, der gestern
vergangen ist, wie eine Nachtwache." Gelegentlich wird diese
Tradition auf Shimon ben Laqish zurückgeführt:[47]

---

44 bYom 86a mit Bezug zu Hos 14,2.
45 Zum Ganzen vgl. bes. SCHECHTER, Aspects 313-343; G.F.MOORE, Judaism
    Bd.1 S.507-534; NISSEN 130-146; URBACH 462-471; E.P.SANDERS 175-180.
46 GOLDBERG, Schöpfung 40.
47 So auch im Anschluß an MTeh 90,12 (BUBER S.196b); vgl. weiter BerR
    28,4 u.ö., aber auch H.-F.WEISS 293.

WaR 19,1 (LEWIN/EPSTEIN S.47b)

"R.Huna hat im Namen R.Shimon ben Laqish gesagt:
Zweitausend Jahre ging die Tora der Weltschöpfung voraus."

Allerdings steht diese "Berechnung" nicht vereinzelt da.
Nach einer anderen Tradition und Zählung ging die Tora eintausend Geschlechter (**לאלף דור**) vor der Übergabe der Tora
am Sinai,[48] d.h. 974 (bzw. 980) Geschlechter vor der Erschaffung der Welt, voraus:[49]

BerR 28,4 (LEWIN/EPSTEIN 56b/57a):

אלף דור עלו במחשבה להבראות• וכמה גימוחו מהם•

ר׳ הונא בשם ר׳ אליעזר בנו של ר׳ יוסי הגלילי אמר   ט׳ מאות

וע׳׳ד דורות מ׳׳ט•   ...   (Ps 105,8) זה התורה•

ר׳ לוי משום ר׳ שמואל בר נחמן אמר   ט׳ מאות ושמונים...

זו המילה•

"Eintausend Geschlechter stiegen im Plan (Gottes) auf, um geschaffen
zu werden und wieviele davon wurden vernichtet?
R.Huna sagte im Namen R.Eliezer dem Sohn R.Yose, dem Galiläer: 974 (mit
Verweis auf Ps 105,8 mit Erkl.: 'Tora').
R.Lewi sagte im Namen R.Shemuel bar Nahman: 980 (ebenfalls mit Verweis
auf Ps 105,8 mit Erkl.: 'Beschneidung')."

Solche Versuche dienen der Veranschaulichung des ganzen
Midrasch. So ist es nicht verwunderlich, daß hier in MTeh
vom "oberen Heiligtum" gesprochen wird; dies ist das Abbild
oder Gegenbild des (unteren) Heiligtums in Jerusalem.

Schließlich ist noch ein weiterer Zug der konkretisieren-
den Auslegung von MTeh interessant;[50] der Name (!) des
Messias ist "auf einem Edelstein auf dem Altar eingegraben".

---

48   MTeh Ps 105,3 (BUBER S.225af; bes. ebd. A.8 und 9); MTeh Ps 119,4
     (BUBER 245b); KohR 1,15 § 1 (4,4 S.89a); 7,28 § 1 (7,49 S.110a) u.ö.

49   974 Geschlechter sind Eintausend ohne die sechsundzwanzig von Adam zu
     Mose; das bezieht sich also auf die Übergabe der Tora auf dem Sinai; .
     980 Geschlechter sind Eintausend ohne die zwanzig von Adam bis
     Abraham; das bezieht sich also auf den Bundesschluß mit Abraham. Vgl.
     BILL Bd.2 S.353f; H.-F.WEISS 293f; URBACH 297 und bes. 752f Anm.81.
     781 Anm. 81.

50   Zur Beschreibung des Ortes der Tora in der himmlischen Welt auf Gottes
     Schoß (ebenfalls mit einer Zeitangabe von 974 Geschlechtern vor der
     Schöpfung) s. auch ARNa 31 (SCHECHTER S.91). Es könnte sein, daß das
     Verbot (bSuk 41b) auf diese Tradition zurückgeht: "Man darf nicht
     Tefillin an seiner Hand oder eine Torarolle auf seinem Schoß halten
     und beten". Ähnliche Gedankengänge stehen hinter der Frage im Kommen-
     tar von R.Issac Albaraloni zum Sefer Yesira S.88: "Wie ist es möglich,
     daß die Tora vor der Welt geschaffen wurde? Denn jedes geschaffene
     Ding benötigt einen (eigenen) Ort; und wenn der Ort in der Welt noch
     nicht geschaffen war, wo befand sich die Tora?"
     Vgl. URBACH 778 A.92.

Da in der rabbinischen Literatur nicht sehr oft von den
Leiden des Messias die Rede ist, kommt diesem Zug noch eine
besondere Bedeutung zu.[51] Dahinter steht sicher die Tradition vom leidenden Gottesknecht aus Dtjesaja; der Messias
muß für sein Volk viel leiden.[52]

In ähnlicher Weise wie im MTeh ist auch bei einem anderen
Text ein zweiter, interpretativer Teil der in Pes 54a vor-
liegenden Baraita zugewachsen. Zuerst wird der Midrasch von
Pes 54a zitiert, dann folgt nach einer kurzen Überleitung
die interpretierende Erweiterung, an der ebenfalls deutlich
Mischtraditionen zu erkennen sind:

MHG Ber 1,1 (FISCH S.8f)

עד שלא ברא הקב״ה עולמו עלה במחשבה לפניו
ששבעה דברים אלו יהיו בעולם•
תורה להתנהג בה בני אדם וללמוד ממנה עבודת בוראן•
וכך עלה בדעתו לקבל תשובתן אם חטאו•שאלמלא כן אין העולם
עומד•
שאין לך אדם שאינו כא לידי חטא•שזה טבעו שלאדם•
וכן הוא אומר כי יחטאו לך כי אין אדם אשר לא יחטא•
גן עדן וגיהנם שעלו בדעתו ליתן שכר לצדיקים•
והוא גן עדן•וליפרע מן הרשעים על שחטאו•והוא גיהנם•
וכן בית המקדש ושמו שלמשיח•שעלו בדעתו לזכות אומה בעולם
והן ישראל ולהשרות שכינתו ביניהן ולהעמיד להן מלכות
שאינה פוסקת לעולם ולהרש להם דברים באחרית הימים•
והן ימות המשיח•מהרה יגלה•כדי שיזכו לחיי העולם הבא
שהוא סוף כל האדם•
וכן כסא הכבוד זה אור השכינה שנגלה במראה הנבואה•
בראו הקב״ה לכבודו ולהעיד על גדלו ועצמו וייחודו•
ברוך שמו•

"Bevor der Heilige, g.s.E., seine Welt geschaffen hatte, stiegen sieben
Dinge im Gedanken vor ihm auf, die in der Welt sein sollten:
Die Tora, damit die Menschen sich ihr gemäß verhalten, um das Werk des
Schöpfers von ihr zu lernen.
Und so stieg in seiner Absicht auf, auch ihre Umkehr anzunehmen, wenn
sie gesündigt haben; andernfalls hätte die Welt keinen Bestand - denn
es gibt keinen Menschen, der nicht sündigt, denn das ist die Natur des
Menschen. Und so sagt die Schrift (1 Kön 8,35): 'denn sie haben gesündigt
vor dir'. Denn es gibt keinen Menschen, der nicht sündigt.

---

51 Vgl. die Zusammenstellung der rabbinischen Texte, die von einem
    leidenden Messias handeln, bei M.ZOBEL 141-150.

52 Diese Tradition von einem eingegrabenen Namen auf dem Altarstein wird
    auch in einem späten Sammelwerk aus dem 17.Jh. in Prag aufgegriffen:
    Yalq Reubeni 1 (S.22 unten).

Der Garten Eden und das Gehinnom stiegen in seiner Absicht auf, um den
Gerechten Lohn zu geben - das ist der Garten Eden; um die Schuld von
den Gottlosen einzufordern, weil sie gesündigt haben - das ist das
Gehinnom.
Und das Heiligtum und der Name des Messias stiegen in seiner Absicht
auf, als Verdienst für das Volk auf der Erde - das ist Israel; und um
seine Schechina wohnen zu lassen bei ihnen, um für sie aufzurichten das
Königreich, das in Ewigkeit nicht aufhört, um für sie zu erneuern die
Worte in den kommenden Tagen - und diese sind die Tage des Messias, er
möge sich bald offenbaren, damit sie für das Leben des kommenden Äon
würdig werden, der das Ziel jedes Menschen ist. Und so (auch) der Thron
der Herrlichkeit - das ist das Licht der Schechina, die sich offenbart
im Spiegel der Weissagung. Der Heilige, g.s.E., schuf ihn zu seiner
Herrlichkeit zum Zeugnis seiner Größe, seiner Stärke und seiner Einzigartigkeit.
Gepriesen sei sein Name."

An diesem Text ist klar zu erkennen, daß der Gedanke des
Schöpfungsplanes Gottes in die Baraita Eingang gefunden hat.
Sicherlich steht hier die modifizierte Form aus BerR 1,4 im
Hintergrund, die - wie hier - allein Thron und Tora erschaf-
fen sein lassen will, alles andere aber lediglich im Plan
Gottes voraussehen läßt. Weiterhin ist die Tora, wie schon
oft beobachtet, als präexistente Größe doch auch zugleich
das den Israeliten in die Hand gegebene Buch der göttlichen
Weisung, das hier aber im besonderen den Menschen das
Schöpfungswerk vor Augen führen soll.[53] Ebenso leitet der
Verfasser von dem Namen des Messias hin zu den Tagen des
Messias, der messianischen Endzeit (קץ); daß hier eine ausführliche, fest ausgeprägte Messiaserwartung zur Sprache
kommt, liegt auf der Hand. Immerhin wird auch hier anscheinend "Name des Messias" als konkreter Hinweis auf seine
Person verstanden; anders wäre es nicht zu verstehen, daß
auch der Name unter den Dingen erscheint, die die Absicht
des göttlichen Planes darstellen.

Insgesamt sind Rahmen und anschließende Interpretationen
des Midrasch bei den vielfältigen Rezensionen der Baraita
deutlich von Mischtraditionen geprägt; in den meisten Fällen
erscheint der Midrasch selbst in einer nur in der Reihenfolge geänderten Fassung. Diese Änderungen zeugen noch von
der Beliebtheit und dem spielerischen Umgang mit dem vorgegebenen Text. Hieran wird deutlich, daß noch eine lebendige
Tradition vorhanden ist. Jedoch wird der Midrasch nicht nur

53 Schließlich liegt ja eine Auslegung zu Gen 1,1 vor!

mit den sieben[54] Gliedern der Baraita aus dem Babylonischen
Talmud überliefert; in einer Reihe von Texten sind auch andere Dinge an ihre Stelle getreten. Diese Texte sollen in
den nächsten beiden Abschnitten behandelt werden.

3.4. Die Textgruppe, in der das Volk Israel eingefügt ist

3.4.1. Volk Israel statt Heiligtum. In einem von J.MANN
1940 veröffentlichten Fragment eines Midrasch, der von späterer Hand R.Tanhuma zugeschrieben wurde,[1] erscheint am Ende
einer Petiha, die anscheinend auf eine Auslegung von Gen 1,1
hinführt, auch der Midrasch von den Dingen, die vor der Welt
erschaffen wurden. Nach dem Zitat von Spr 3,19: "Durch Weisheit hat Jahwe die Erde gegründet" wird folgender Text zitiert:

Midrash HaTora des R.Tanhuma (J.MANN, The Bible Bd.1 hebr.
                              Teil S.33f)

                     (Spr 3,19)   •••

•ורכו]ר אשית[ר שהוא(Spr 8,22) ... שני תורה אלא חכמה ואין
•הן ואלו העולם שנברא קודם נבראו דברים שבעה חכמים שאמרו
עדן גן שלמשיח שמו ישראל ככור כסא תשובה [תו]רה
•ס[וגיהן]

(es folgen die bekannten Schriftbelege)

                     (Jer 2,3)   ... שני מנין ישראל
(weiter die bekannten Belege)

•השמים את אלהים ברא בראשית אמר·העולם שנברא קודם מאחמול

"... (Spr 3,19); aber (lies) nicht 'Weisheit', sondern 'Tora', wie es
heißt (Spr 8,22): ...; denn sie ist דרכו בראשית.
Davon sagen die Weisen:
Sieben Dinge wurden geschaffen, bevor die Welt geschaffen wurde, und
diese sind es:
Die To(ra), die Umkehr, der Thron der Herrlichkeit, Israel, der Name
des Messias, der Garten Eden (und das Gehinno)m.
Die Tora, woher? Wie es heißt (Spr 8,22): ...
Die Umkehr, woher? Wie es heißt (Ps 90,2): ... usw.
Hierauf ist gesagt (Ps 90,3): ...
Der Thron der.Herrlichkeit, woher? Wie es heißt (Jer 17,12): ...
Israel, woher? Wie es heißt (Jer 2,3: '(Heilig ist Israe(l) dem Herrn,
als erstes Teil seiner Ernte' usw.
Der Name des (Messias, wo)her? Wie es heißt (Gen 2,8):[2] ...

---

54 Vgl. die Ausnahme mit den sechs Gliedern (SER 31).

1   MANN, Vol.1, hebr. Teil S.32ff; S.33 Anm. 2 zur Überschrift.

2   Hier ist versehentlich ausgefallen: "(Ps 72,17): ... Der Garten Eden
    ..."Vgl. MANN 34 A.11.

Das (Ge)hinnom, woher? Wie es heißt (Jes 30,33): ... מאתמול , vor der
Schöpfung der Welt.
(Die Schrift) sagt (Gen 1,1): 'Am Anfang schuf Gott Himmel (und Erde)'
..."

    Durch das Stichwort ראשית aus Jer 2,3 paßt das Volk
Israel durchaus überzeugend in die Reihe der aufgezählten
Dinge hinein, zumal ein Hinweis auf Gott auch explizit vor-
handen ist. So ist dem Midrasch hier in diesem Fragment eine
Einheitlichkeit nicht abzusprechen. Anscheinend wird durch
die Einleitungsformel שאמרו חכמים auf eine vorliegende
Tradition verwiesen. Im Vergleich zur Baraita sind folgende
Änderungen festzustellen:

Pes 54a	MidrashHaTora des R.Tanh
Tora	Tora
Umkehr	Umkehr
Gan Eden	Thron
Gehinnom	Israel
Thron	Name des Messias
Heiligtum	Gan Eden
Name des Messias	Gehinnom

    Neben dem An-das-Ende-Rücken von Gan Eden und Gehinnom
erscheint statt des Heiligtums das Volk Israel; ja, wahrscheinlich ersetzt das Volk Israel hier auch dieses wegge-
fallene Glied, denn in keiner anderen Überlieferung des
Midrasch sonst wird das Heiligtum ausgelassen. Ob damit das
Volk im Verständnis des Verfassers auch inhaltlich als Tempel
Gottes verstanden wurde?[3]

    Solch eine Verbindung von Israel und dem Heiligtum wäre
vielleicht möglich,[4] ist aber, soweit ich sehe, in der rabbinischen Literatur nicht belegt. Anders aber eine Verbindung
mit dem uranfänglichen Schöpfungswerk Gottes. So wird z.B.
eine Auslegung von Gen 1,1 überliefert, die בראשית mit Hilfe
der ebenfalls oben im Midrasch verwendeten Bibelstelle
Jer 2,3 auf Israel hindeutet:

---

3 Vgl. bei Paulus das Bild des Tempels für die Gemeinde 1 Kor 3,16f;
   6,19; vgl. Röm 8,11.

4 So besonders, weil der Tempel zerstört ist; vgl. z.B. das bekannte
   Wort, mit dem R.Yohanan b.Zakkai seinen Gefährten R.Yehoshua tröstet:
   "Wir haben eine (Möglichkeit der) Sühne, die der (des Opfers im
   Tempel) gleichwertig ist. Und welche ist es? Der Erweis von Liebes-
   werken (גמילות חסדים)." ARN^a 5 (SCHECHTER S.11a oben). Vgl. z.
   Stelle NEUSNER, Yohanan ben Zakkai 188-192; auch URBACH 348f-434f.

WaR 36,4 (LEWIN/EPSTEIN 99b)

א״ר ברכיה   שמים וארץ לא נבראו אלא כזכות[ו שליעקב ששמ][5]

ישראל [מאי טע׳   [... (Gen 1,1)   ואין ראשית אלא ישראל

שנא... (Jer 2,3)

"R.Berekhia[6] sagte:
Himmel und Erde wurden nur wegen[7] Jakob, d.h. Israel willen geschaffen;
was ist der Grund?[8] (Gen 1,1): ... Aber (lies) nicht **ראשית**, sondern
Israel, denn es ist geschrieben (Jer 2,3): ..."

Ähnlich in einem anderen Fragment einer Auslegung zu
Gen 1,1ff, bei J.MANN a.a.O. S.10ff (S.10 nach der Ergänzung
dort): nach TanB 3 (1b):[9]

[כזכות ישראל נברא העולם•מקדם ברא אלהים אין כתי׳ כאן•

ומתחלה אין כתי׳ כאן•אלא] בראשית•

[ואין ראשית אל]א   ישראל• הה״[ד]... (Jer 2,3)

"R.Yehuda bar Shalom sagte: (so nach TanB)
Um des Verdienstes Israels willen ist die Welt erschaffen; 'Vormals'
schuf Gott - so ist es aber nicht geschrieben; 'von Anfang an' schuf
Gott - so ist es (auch) nicht geschrieben. Aber: **בראשית**
(Lies) nicht **ראשית** sondern 'Israel'.
Dies ist geschrieben (Jer 2,3): ..."

Diese Tradition, die sich dann auch in einem Midrasch
findet, der verschiedene Dinge unter dem Stichwort **ראשית**
aufzählt,[10] verbindet den Anfang der Schöpfung Gottes mit
seinem Bund mit dem Volk Israel.[11] Jedoch ist solch eine Verbindung keineswegs erst in amoräischer Zeit hergestellt worden, sondern auch in der 4. Esraapokalypse erhalten; auch
dort steht allein Israel im Mittelpunkt als Schöpfungsziel:

---

5 So in einigen HSS; vgl. ed. MARGULIES S.847 z.St.

6 Pal.Amoräer aus der Akademie von Tiberias.

7 Wörtlich: "um des Verdienstes willen".

8 Zu dieser Formel, die die ältesten HSS wahrscheinlich enthielten,
   vgl. BACHER, exegetische Terminologie Bd.2 S.69f. LEWIN/EPSTEIN
   lesen nur: **דכתיב** .

9 Vgl. die Anmerkung 10 bei BUBER z.St. TanB 3, mit Verweis auf die
   Parallelstellen.

10 . Vgl. Seder Rabba BerR (OsM Bd.2 S.314), dort folgend auf eine Tradition allein über Israel (S.313af; BatM Bd.1 S.22); Midrash Otiot
   de R.Akiba (BatM Bd.2 S.357).

11 Lev 26,42: "Dann werde ich meines Bundes mit Jakob (= Israel; so der
   Midrasch) gedenken ..." wird ausgelegt!

IV. Esra 6,55-59[12]

"Dies alles habe ich vor dir, Herr, gesprochen, weil du gesagt hast,
daß du um unseretwillen diese erste Welt geschaffen habest, die übrigen
Völker aber, ... hast du für Nichts erklärt: ...
Nun aber, Herr: eben jene Völker, die für nichts geachtet sind, über-
wältigen und zertreten uns;
wir aber, dein Volk, das du deinen Erstgeborenen, deinen einzigen Sohn,
deinen Anhänger und Freund genannt hast, wir sind in deine Hand gegeben!
Wenn aber die Welt um unseretwegen geschaffen ist, warum haben wir nicht
diese unsere Welt im Besitz? Wie lange soll es bleiben?"

Nach diesen Traditionen ist also Israel das alleinige Ziel
Gottes mit seiner Schöpfung. Der Gedanke der uranfänglichen
Erwählungsgeschichte Gottes mit seinem Volk findet hierin
einen besonders prägnanten Ausdruck: Israel ist "Anfang der
Schöpfung".[13] Es ist möglich, daß durch die Verbindung mit
der Tora, dem präexistenten Werkzeug, das dem Volk Gottes in
die Hand zur Befolgung der Gebote gegeben wurde, der Zeitpunkt vom Anfang der Weltschöpfung noch weiter in die "Vergangenheit" gerückt worden ist; hierdurch wäre dann der Gedanke der besonderen Würde und Erwählung bis ins Unüberbiet-
bare gesteigert. Es gibt aber noch einen weiteren biblischen
Bezug, der diesen Vorgang begünstigt haben könnte, und zwar
eine Auslegung von Ps 74,2:

"Gedenke deiner Gemeinde (עדתך), die du vormals (קדם) erworben
(קנית ; oder: erschaffen)",

wie sie noch in MTeh (Shoher tov) z.St. überliefert hat:
ShTov Ps 74,1 (S.112)[14]

מהו קדם   מלמד שברא את ישראל עד שלא נברא העולם

---

12 Übersetzung nach GUNKEL, in: APAT Bd.2 S.368; dort auch die Hervor-
    hebungen; Text: VIOLET I z.St.:
    "... quoniam dixisti quia propter nos creasti primogenitum saeculum ..
    Et si propter nos creatum est saeculum ..."
    In ähnlicher Weise war es wahrscheinlich in AssMos 1,13 gemeint:
    "(Gott) hat nicht damit angefangen (sein Volk), den Anfang der
    Schöpfung, auch von Anfang der Welt offenbar zu machen ..." Vgl.
    auch das Thomasevgl. 12; weiter unten zu BerR 1,4.

13 Zu WaR 36,4 siehe oben.

14 Vgl. BUBER S.336 Anm.2 z.St.; BRAUDE, The Midrash on Psalms z.St.
    Bd.2 S.5. Weiter Yalq Ps 809 (466a, unten); YalqM Ps 74,2. Mit dieser
    Bibelstelle hängt sicher auch die neutestamentliche Aussage über die
    uranfängliche Erwählung der Gemeinde Eph 1,4 zusammen. Die Aussagen
    über eine "Präexistenz" der Gemeinde werden dann in der späteren
    christlichen Überlieferung - durchaus vergleichbar mit den rabbi-
    nischen Vorstellungen - denen über Christus angeglichen. So formu-
    liert z.B. der sogenannte 2. Klemensbrief eine Schöpfung "vor Sonne
    und Mond" unter Aufgreifen des 72. Psalmes (2 Klem 14,1; vgl. oben
    zu Ps 72,5.17).

שני ... (Ps 90,1f)

"Was (bedeutet) קדם?
(Das) soll dich lehren, daß der Heilige, g.s.E., Israel schuf, bevor
die Welt geschaffen wurde, denn es heißt (Ps 90,1f) '(Herr),[15] Wohnung
bist du uns gewesen in jedem Geschlecht, bevor noch die Berge geboren'."

Auch wenn diese Lesart mit כרא vielleicht nicht die ursprüngliche ist,[16] zeigt sie, wie der Text auch als Aussage
über eine prämundane Schöpfung des Volkes Israel interpretiert werden konnte! Wenn die Stelle richtig verstanden
wurde, ist daraus zu schließen, daß es anscheinend Kreise
gab, die - ohne weiter daran Anstoß zu nehmen - von einer
Schöpfung Israels vor der Weltschöpfung sprechen konnten.

3.4.2. Volk Israel statt Garten Eden. In ähnlicher Weise
wie in Midrash HaTora des R.Tanhuma wird in einer anderen
Fassung des Midrash Mishle die Präexistenz von sieben Dingen
überliefert:
MMishleRabbati 8,9 (S.10a)[17]

(Spr 8,9) ..

אמר רבי נחמיה בוא וראה כמה מדה טובה ברא הקב״ה לעולם
עד שלא ברא עולמו•ואי זו זו תורה• חמן תנינך•
שבעה דברים נבראו קודם לכרייתו של עולם•ואלו הן•
כסא הכבוד שנאמר... (Ps 93,3)
ומלך המשיח שנאמר... (Ps 72,17) ולמה נקרא שמו ינון
שהוא עתיד ליינן ישיני עפר•
והתורה שנאמר... (Spr 8,22)
וישראל שנאמר... (Ps 74,2)
בית המקדש שנאמר... (Jer 17,2) והתשובה שנאמר... (Ps 90,2)
ותאמר••• גיהנם שנאמר••• (Ps 90,3) (Jes 30,33)

"(Spr 8,9): 'Sie alle (sc. die Worte) sind klar für den Verständigen
und richtig für den, der Erkenntnis fand.'

---

15 Dieser Anfang des Schriftzitates fehlt im Shtov.

16 MTeh 74,1 (BUBER S.168b) liest:
מהו קדם•מלמד שקנאם הקב״ה לישראל קודם שנברא העולם•
"Das bedeutet, daß der Heilige, g.s.E., um Israel eiferte (!) bevor
die Welt erschaffen wurde ..."
GOLDBERG, Schöpfung 31 Anm. 21, deutet dieses - hier hinzugekommene -
Wort als Wortspiel zu קנה (= "erwerben"?).

17 Text der Edition BUBERs und aus der Kairoer Geniza (ed.RABINOVITZ)
ebd. Abweichungen neben dem Tradenten und solche geringeren Wertes
sind der Zusatz zum Messias und die sieben aufgezählten Dinge, was
weder bei BUBER noch bei RABINOVITZ vermerkt wird.

R.Nehemya[18] sagte:
Komm und sieh, was für ein Maß an Güte der Heilige, g.s.E., in seiner
Welt geschaffen hat, bevor die Welt geschaffen wurde. Welches? Das ist
die Tora.
Dort haben sie gelehrt:
Sieben Dinge wurden geschaffen vor der Schöpfung der Welt und diese
sind es:
Der Thron der Herrlichkeit, wie es heißt (Ps 93,3): ...
Der König Messias, wie es heißt (Ps 72,12): ...
Warum wird sein Name יִנּוֹן genannt? Weil er bald die, die im Staub
(der Erde) ruhen, erwecken ('sprossen' lassen) wird.[19]
Die Tora, wie es heißt (Spr 8,22): ...
Israel, wie es heißt (Ps 74,2): 'Gedenke deiner Gemeinde ...!'
Das Heiligtum, wie es heißt (Jer 17,2): ...
Die Umkehr, wie es heißt (Ps 90,2-3): ...
Das Gehinnom, wie es heißt (Jes 30,33): ..."

Aus einem Vergleich mit der Baraita und dem Midrash HaTora
des R.Tanhuma lassen sich die Besonderheiten deutlich herausstellen:

Pes 54a	MHaToraTan	MMishleRbti
Tora	Tora	Thron
Umkehr	Umkehr	König Messias
Gan Eden	Thron	Tora
Gehinnom	Israel	Israel
Thron	Name des Messias	Heiligtum
Heiligtum	Gan Eden	Umkehr
Name des Messias	Gehinnom	Gehinnom

Hieraus ist ersichtlich, daß sich im Stettiner Druck des
Midrash Mishle eine ganz eigene Tradition niedergeschlagen
hat. So fehlt der sonst fast ohne Ausnahme vor den Schriftbelegen erscheinende Aufzählsatz. Weiterhin tritt der Thron
der Herrlichkeit an die erste Stelle der Aufzählung, während
die Tora erst an die dritte Stelle hinter den Messiaskönig (!
rückt. Außerdem fehlt in dieser Fassung der Garten Eden; dieser wird aber sonst, wenn das Gehinnom erscheint, mit dem er
"zusammengehört", durchweg mitüberliefert. Was für eine be-

18   Ed.BUBER und RABINOVITZ lesen R.Hanina (b.Hama); wahrscheinlich soll
     hier ein Schüler Akibas in Usha gemeint sein.

19   Vgl. zu diesem Zusatz Dan 12,2:
     "Von denen, die im Land des Staubes schlafen, werden viele erwachen
     (יָקִיצוּ), die einen zum ewigen Leben, die anderen zur Schmach, zur
     ewigen Abscheu."
     Der Zusatz ist in der rabbinischen Literatur weit verbreitet; vgl.
     PRE 32,1 (72b; aber in einer HS ausgelassen, vgl. HIGGER z.St.);
     Shtov Ps 93 (S.141); YalqM Ps 72,37; YalqM Ps 93,7; mit Variationen:
     Yalq Melakh 200 (ad 1 Kön 13,2); Yalq Ber 44 (ed.1973 S.158 und dort
     Anm.8).

sondere Tradition könnte sich also in der vorliegenden
Fassung wiederspiegeln? Wahrscheinlich ist mit dem Thron der
Herrlichkeit "der Ort verstanden, von dem aus Gott seine Welt
geschaffen hat (und mußte insofern vor der Erschaffung der
eigentlichen Welt bereits vorhanden sein)".[20] Ist zudem hier-
durch angedeutet, daß er auch das Zentrum des himmlischen
Königtums Gottes darstellt, dann ist es durchaus möglich,
daß man sich im Sinn von äthHen 48 ein "konkretes" Verständnis des Satzes über den Namen des Messias als Existenz der
Gestalt am himmlischen Ort vorgestellt hatte. Dies würde jedenfalls den Platz am Anfang des Midrasch dieser zwei Glieder
Thron und Messias am überzeugendsten erklären. Daß solch eine
Vorstellung einer Schöpfung des Messiaskönigs vor der
Schöpfung und im Zusammenhang mit dem himmlischen Thron
Gottes nicht vereinzelt dasteht, belegen weitere, z.T. frag-
mentarische Texte aus dem Midrash Tehillim. Fundstellen sind
die Auslegungen zu den bekannten Belegstellen aus Ps 72,17
und Ps 93,2.
MTeh Ps 72,6 (BUBER S.164a)

(Ps 72,17) ...

שבעה דברים היו קודם שנברא העולם•

כסא הכבוד ושם משיח ותורה•

"(Ps 72,17): 'Vor der Sonne sproßt sein Name'.
Sieben Dinge existieren, bevor die Welt erschaffen wurde:
Der Thron der Herrlichkeit, der Name des Messias, die Tora."

In diesem fragmentarischen Text sind von sieben Dingen,
die aufgezählt werden sollen, nur noch drei übriggeblieben;
die anderen (vier) sind wohl zu ergänzen.[21] Eigentümlich ist
der Beginn des Aufzählsatzes, der - anders als sonst mit
ברא - hier mit dem Verb היה formuliert. Leider fehlen die
Schriftbeweise, so daß man zurückhaltend sein muß, aus dem
Fragment weitere Schlüsse zu ziehen.

Anders als in den bisherigen Texten, in denen das Volk
Israel zu den prämundanen Dingen gezählt wird, ist in einer

---

20 SCHÄFER, Geschichtsauffassung 29; vgl. auch GOLDBERG, Schöpfung 38.
    Über den Zusammenhang von Messias und göttlichem Thron vgl. unten
    ad PesR 36,3.

21 Aber anders als BUBER in seiner Edition es vorschlägt; Israel, Gan
    Eden, Gehinnom, Umkehr, Heiligtum. Hiermit wäre von acht (!) Dingen
    die Rede, was aber nicht geht. Deswegen muß man von den engeren
    Parallelen her (vgl. u. die Gegenüberstellung ad MTeh Ps 93,3) er-
    gänzen: "Israel, Heiligtum, Umkehr, Gehinnom".

Auslegung von Ps 93 nur von <u>sechs</u> Gliedern die Rede.
MTeh Ps 93,3 (BUBER S.207b)[22]

(Ps 93,3) ...

זֶה אחד משׁה דברים שעלו במחשבה קודם בריאת העולם

ואלו הן•

כסא הכבוד מלך המשיח והתורה וישראל ובית המקדש

והתשובה•

(es folgen die bekannten Schriftbelege)

"(Ps 93,2): 'Fest steht dein Thron von uran'.
Das ist eines von sechs Dingen,[23] die im Gedanken Gottes aufsteigen
vor der Schöpfung der Welt,
und diese sind es:

Der Thron der Herrlichkeit, der König Messias, die Tora, Israel, das
Heiligtum, die Umkehr."

Auch hier lohnt wieder ein Vergleich mit den bisherigen
Texten dieses Kapitels, die Israel einfügen:

MHaToraTanh	MMishleRbti	MTeh Ps 72	MTeh Ps 93
Tora	Thron	Thron	Thron
Umkehr	König Mess	Name des Mess	König Messias
Thron	Tora	Tora	Tora
Israel	Israel		Israel
Name des Mess	Heiligtum		Heiligtum
Gan Eden	Umkehr		Umkehr
Gehinnom	Gehinnom		_[24]

Aus dieser Gegenüberstellung ergibt sich, daß die Ausle‐
gung von Ps 93 im MTeh offensichtlich mit der Tradition aus
MMishleRabbati zusammenhängen muß. Mit dem Text dort stimmt
die Reihenfolge ganz überein, weiterhin, daß statt Name des
Messias nun Messiaskönig erscheint;[25] allerdings sind auch
zwei Unterschiede zu bemerken: die Zahl der aufgezählten
Dinge (hier nur sechs) und die Wendung "stiegen in Gedanken
auf", womit also der Schöpfungsplan Gottes thematisiert wird;

22 Vgl. mit Variationen ShTov (S.141) und YalqM Ps 93,7. Als numerisches
    Element erscheint wieder "sieben" und es wird als dieses siebte Glied
    das Gehinnom angefügt; weiterhin wird der bekannte Satz aus Dan 12,2
    über die Totenauferstehung an Ps 72,17 angefügt.

23 Als numerisches Element erscheint "sechs" nur in einer HS; trotzdem
    werden in den anderen HSS nur sechs Dinge (ohne das Gehinnom) aufge‐
    zählt! Vgl. BUBER S.207b A.11. Das numerische Element "sechs" ist
    weiterhin aus Yalq Psalmen 847 (946a) bekannt.

24 ShTov ergänzt: Gehinnom.

25 Im ShTov ist auch noch die Ergänzung zur Totenauferstehung überein‐
    stimmend.

es ist wahrscheinlich, daß hiermit ein Einfluß des Aufzählsatzes von BerR 1,4 vorliegt, in dem beide Elemente ihren
Platz haben. Somit stellt MTeh Ps 93,3 eine Mischtradition
dar, die mit den Gliedern der Stettiner Ausgabe von MMishle
die Tradition von BerR weiterüberliefern will; von dorther
ist auch verständlich, daß in der ursprünglichen Fassung
- wie dort BerR 1,4[26] - Gan Eden und Gehinnom nicht zum
Midrasch dazugehören. Daß mit der Festsetzung des Gottesthrones vor der Schöpfung der Welt, und damit der Königsherr-
schaft Gottes, ein unmittelbarer Zusammenhang mit der
Existenz des Volkes Israel besteht - nach Meinung der
Rabbinen - bestätigt eine Auslegung von Ex 15,1: "Damals
(מאז; d.h. nach der Errettung Israels aus der Hand der Ägypter) sangen Mose und die Söhne Israels dieses Lied dem Herrn"
mit Hilfe desselben Psalmverses Ps 93,2: "Fest gegründet ist
dein Thron seit damals (אז)" in
ShemR 23,1 (LEWIN/EPSTEIN S.59b)[27]

הה״ר נכון כסאך מאז א״ר ברכיה בשם ר׳ אבהו
אע״פ שמעולם אתה לא נתיישב כסאך ולא נודעת בעולמך
עד שאמרו בניך שירה·לכך נאמר נכון כסאך מאז·
משל למלך שעשה מלחמה ונצח ועשו אותו אגוסטוס·
אמרו לו עד שלא עשית המלחמה היית מלך עכשיו עשינוך אגוסטוס·
מה יש כבוד בין המלך לאגוסטוס·אלא המלך עומד על הלוח·
ואגוסטוס יושב·
כך אמרו ישראל באמת עד שלא בראת עולמך היית אתה ...
אבל משעמדת בים ואמרנו שירה לפניך באז·
נתיישבה מלכותך וכסאך נכון הוי נכון כסאך ...

"R.Berekhja sagte im Namen des R.Abbahu:
Obwohl du (gemeint ist Gott) seit Ewigkeit bist,
wurde dein Thron dennoch erst fest gegründet und wurdest du erst bekannt
in deiner Welt, als deine Söhne das (Dank-)Lied (für die Errettung aus
der Hand der Ägypter) sangen.
Deswegen heißt es (Ps 93,2): 'Fest gegründet ist dein Thron seit damals'
(nämlich seit dem Danklied Israels). Ein Gleichnis von einem König, der
Krieg führte und siegte und den man (daraufhin) zum Augustus machte.
Man sagte zu ihm:
Bevor du Krieg geführt hast, warst du (nur) König, jetzt aber hat man
dich zum Augustus erhoben.

---

26 Dort werden Gan Eden und Gehinnom gar nicht überliefert. Anders aber
    in Tan naso 11 und TanB naso 19.

27 Übersetzung nach SCHÄFER, Geschichtsauffassung 30.

Welcher Unterschied besteht denn zwischen einem König und einem Augustus?
Vielmehr, der König steht auf dem Gemälde,[28] während der Augustus sitzt.
So sagte auch Israel (zu Gott):
Wahrhaftig, bevor du deine Welt erschufst, warst du (König) und seit
du sie erschaffen hast, bist du (König). Jedoch, wenn man so sagen
darf, (eben nur) stehend ..., seit du aber am (Schilf)meer gestanden
hast (uns zu helfen) und wir das (Dank-)Lied vor dir sangen, von dem
Zeitpunkt an wurde dein Königtum fest gegründet (wörtl.: setzte sich
dein Königtum) ..."

In dem Königsgleichnis wird treffend beschrieben, worum
es sich nach Meinung des Verfassers bei der uranfänglichen
Aufrichtung des Gottesthrones gehandelt habe:[29] Gott war
schon immer König (= Caesar); jedoch zum Augustus, d.h. zum
auf seinem Thron sitzenden wirklichen Weltherrscher, wurde
Gott erst durch die Rettungstat am Schilfmeer und das aner-
kennende Lob des Volkes. "Das Heilshandeln Gottes in der
Geschichte und die Antwort Israels auf dieses Heilshandeln
bedingen sich gegenseitig. Nicht nur die Welt ist im Blick
auf Israel erschaffen, sondern auch Gott ist, überspitzt
formuliert, nur als Gott Israels wirklich Gott."[30] Mit einer
vergleichbaren Tendenz wird eine Auslegung dieser Episode
am Schilfmeer durch den Tannaiten R.Eleazar aus Modiim[31]
überliefert:

MekhY Messekhta deWayehi 3 (HOROVITZ/RABIN S.99)

רבי אלעזר המודעי אומר ...

מה תצעק אלי על בני אני צריך צרוי שנאמר ... (Jes 45,11)

והלא כבר מוכנים הם לפני ימי מששת בראשית שנאמר. (Jer 31,35)

"R.Eleazar aus Modiim sagte:
(Ex 14,15f): 'Warum schreist du zu mir wegen der Kinder (Israels)?
(Sag ihnen, sie sollen aufbrechen. Und du hebe deinen Stab hoch ...
spalte das Meer, damit die Israeliten auf trockenem Boden in das Meer
hineinziehen können).'
Benötige ich einen Befehl? (denn es heißt Jes 45,11): '(Wollt ihr mir
etwa Vorwürfe machen) wegen meiner Kinder und Vorschriften über das
Werk meiner Hände?'

---

28 Dieses Wort ist hier schwierig. In der Regel ist damit eine Schrift-
    tafel gemeint, in diesem Zusammenhang muß aber ein gemaltes oder in
    Stein gehauenes Bild gemeint sein; vgl. LEHRMAN, Midrash Rabba,
    Soncino 1951 Bd.3 Exodus S.279 A.3: "Possible the allusion is to the
    stone tablets depicted vassal kings bringing tribute to the emperor."

29 Zum folgenden vgl. auch SCHECHTER, Aspects 82ff.

30 SCHÄFER, Geschichtsauffassung 31.

31 Vgl. BACHER, Tannaiten 208.

Habe ich sie nicht längst bereitet[32] seit den sechs Tagen der Schöpfung?,
denn es heißt (Jer 31,35f): '(So spricht Jahwe ... der das Meer auf-
wühlt, daß die Wogen brausen ...) Nur wenn jemals diese Ordnungen vor
meinen Augen ins Wanken gerieten - Spruch Jahwes - dann hörten auch
Israels Nachkommen auf, für alle Zeit vor meinen Augen ein Volk zu sein.'"

Das Exodusereignis wird damit als ein Zeichen der uner-
schütterlichen Treue Gottes gegenüber seinem Volk gewertet,
und jeder Zweifel daran ist ein Mißtrauen gegenüber der göttlichen Schöpfermacht. Die Schöpfung des Volkes vor der
Schöpfung der Welt wird dabei als Vorstellung verstanden,
"that the election of Israel had been planned by God when the
world was created makes the election, of course, absolute and
independent of any circumstances".[33] Das Volk Israel - besonderes Zeichen der erwählenden Liebe Gottes[34] - wird damit mit
der uranfänglichen göttlichen Schöpferabsicht zusammengeschlossen. Wohl nur in diesem Sinne gehört auch das Volk zu
den präexistenten Dingen vor der Schöpfung der Welt.

3.5. Die Textgruppe, in der die Väter (der Welt) und das Volk
     Israel aufgezählt werden

3.5.1. Ein Text mit dem eingearbeiteten Gedanken des göttlichen Planens (BerR 1,4)

BerR 1,4 (1,5 LEWIN/EPSTEIN Bd.1 S.1b/2a; Text nach THEODOR/
     ALBECK S.6f)[1]

ו׳ דברים קדמו לבריית עולם·יש מהם שנבראו ויש מהם שעלו
במחשבה להבראות·

(Ps 93,2)...(Spr 8,22)...   התורה וכסא הכבוד נבראו
(Hos 9,10)   ... האבות עלו במחשבה להבראות דכת׳
(Ps 74,2)   ... ישראל עלו במחשבה דכת׳
(Jer 17,12)   ... בית המקדש עלה במחשבה דכת׳

32 Anders aber MekhSh 14,15 (EPSTEIN/MELAMED S.59,2ff): "Bedarf ich denn
   Anweisungen? Längst sind sie (in meinem) Gedenken (מוזכרים) seit
   den sechs Tagen der Schöpfung." In diesem Sinn interpretieren auch
   LAUTERBACH z.St. und URBACH 527f die Stelle; vgl. BILL Bd.2 S.341.
33 URBACH 528.
34 Vgl. oben zu mAv 3,14.

1 Vgl. Yalq Sprüche 942 (490b; ohne Schriftbelege); YalqM Ps 74,2
  (Bd.2 S.3b); YalqM Ps 72,6 (mit Verweis auf BerR 1,4); in Yalq Jer 298
  (413a) erscheint nach der Baraita: "Einige sagen: die Tora und der
  Thron der Herrlichkeit wurden geschaffen, die anderen (Dinge) stiegen
  im Gedanken auf um erschaffen zu werden;" (weiter bis ausschließlich
  der Überlieferung von R.Huna usw.). Vgl. auch Kusari 3,73 (ed.
  D.CASSEL 1869² S.295f) und R.D.Kimchi zu Jes 22,11!

שם המשיח עלה במחשבה דכת ...   (Ps 72,17)

ר' אהבה בר' זעירא אמר אף התשובה הה'יד ...   (Ps 90,2)

מאותה השעה ... (Ps 90,3)

אבל איני יודע אי זה קודם

אם התורה לכסא כבוד אם כסא כבוד לתורה׃

אמר ר' אבא בר כהנא התורה קדמה לכסא הכבוד שנ' ...   (Spr 8,22)

קדם לאותו שכתוב כו' ... (Ps 93,2)

ר' הונא ר' ירמיה בשם ר' שמואל בר' יצחק מחשבתן של ישראל קדמה לכל׃

למלך שהיה נשוי למטרונה אחת ולא היה לו ממנה בן׃פעם אחת נמצא

המלך עובר בשוק׃אמר טלו מילבין וקלמין וקולדלין אילו לבני׃׃

חזרו ואמרו המלך אסטרולוגוס הוא וצפהשעתיד להעמיד כן אתמהא[2]׃

כך אילולי צפה הקב״ה שאחר כ״ו דור עתידין ישראל לקבל

התורה לא היה כותב בה ... (Num 5,2) אתמהא[2]׃

"Sechs Dinge gingen der Erschaffung der Welt voraus. Einige wurden ge-
schaffen, einige stiegen im Gedanken auf, um erschaffen zu werden.
Die Tora und der Thron der Herrlichkeit wurden geschaffen.
(Es folgen die zwei Schriftbeweise Spr 8,22 und Ps 93,2)
Die Väter stiegen im Gedanken auf um geschaffen zu werden (Hos 9,10): ...
    Israel, sie stiegen im Gedanken auf, (Ps 74,2): ...
Das Heiligtum stieg im Gedanken auf, (Jer 17,12): ...

R.Ahaba bar Zeira sagte:
Auch die Umkehr. Das ist, was die Schrift sagt (Ps 90,2): ...
Von dieser Stunde (Ps 90,3) ...
Aber ich weiß nicht, was vorausging, die Tora dem Thron der Herrlichkeit
oder der Thron der Herrlichkeit der Tora?
Es sprach R.Abba bar Kahana:
Die Tora ging dem Thron der Herrlichkeit voraus, denn es heißt (Spr 8,22):
'Jahwe schuf mich als Anfang seines Waltens vorlängst, früher als seine
(Schöpfungs-)Werke'. - (also noch) vor dem, von dem geschrieben ist
(Ps 93,2): 'Fest ist dein Thron von jeher' usw.

R.Huna (und) R.Yirmeya (sagten) im Namen des R.Shemuel b. Yishaq:
Der Gedanke an Israel ging allem voraus.
Das gleicht einem König, der mit einer Matrone verheiratet war, aber von
ihr keinen Sohn hatte. Eines Tages ging der König über den Markt und
sagte (zu seiner Begleitung): Nehmt diese Tinte, diese Tintenfässer und
diese Schreibfedern für meinen Sohn.
Da sagten (diese zueinander): Er hat doch keinen Sohn - wozu braucht er
Tinte und Schreibfedern? Schließlich meinten sie: Der König ist sicher
ein Astrologe und hat vorausgesehen, daß er einst einen Sohn haben wird!?
So auch der Heilige, g.s.E.; hätte er nicht vorausgesehen, daß Israel
dereinst nach 26 Generationen die Tora annehmen würde, hätte er doch
nicht in ihr geschrieben (Num 5,2 u.ö.): 'Befiehl den Israeliten ...'!?"

    Im Unterschied zur Baraita im babylonischen Talmud fallen
neben der im Anschluß an den Midrasch geführten "Diskussion"
als besondere Eigentümlichkeiten drei Dinge auf und bedürfen

---

2 Zu dieser, besonders BerR eigenen, Interrogation vgl. BACHER, exegetische Terminologie II S.236f.

der Erklärung: einmal, daß hier nur sechs Dinge aufgezählt
werden, sodann, daß zwei Dinge besonders herausgehoben sind
(Tora und Thron), während die anderen dagegen im Gedanken
Gottes "aufsteigen", und schließlich, daß dort aufgeführte
Dinge hier in BerR fehlen (Gehinnom/Gan Eden), bzw. als Zusatz erscheinen (Umkehr), während zwei andere dazugekommen
sind (Väter und Israel). Es ist sicher nicht zufällig, daß in
BerR 1,4 mit der Aufzählung der sechs Dinge, die der Schöpfung
der Welt vorausgehen, - nach sechs verschiedenen Petihot[3] -
die "eigentliche" Auslegung von Gen 1,1 beginnt. Aber noch eine
zweite Beobachtung läßt darauf schließen, daß hier am Anfang
des Midrash Rabba zum Pentateuch eine kunstvolle, jedoch traditionsgeschichtlich sekundäre Komposition vorliegt.

Aus anderen Traditionen ist bekannt, daß schon in früher
Zeit das erste Wort בראשית als Notarikonauflösung[4] gelesen
wurde: Lies nicht בראשית, sondern lies בְּרָא שִׁית.[5] D.h. also,
daß mit dem Wort בראשית gleichzeitig impliziert sein soll:
Gott schuf sechs (Dinge).[6] Diese Tradition steht wahrscheinlich überall dort hinter dem Midrasch, wo statt der bekannten
sieben Dinge nur sechs aufgezählt werden.[7] Diese Notarikonauflösung konnte aber auch noch anders verstanden werden; שִׁית
heißt auch "Grundstein", "Fundament". Damit impliziert das
erste Wort der Bibel im Sinne des Midrasch: Gott schuf ein
Fundament von sechs Dingen. Dies wird im folgenden noch einmal

---

3 In der Reihenfolge der "Proömien" liegt wahrscheinlich eine Ver-
   wechslung vor; vgl. THEODOR Bd.1 S.2 Anm.6 und FREEDMAN, Midrash
   Rabbah Bd.1 Genesis S.2 Anm.1, so daß sich für die sechs Petihot
   folgende Reihenfolge ergibt: (1,1) R.Oshaya; (1,5) R.Huna (im Namen
   Bar Kapara); (1,6) R.Yehuda Bar Simon; (1,7) R.Yishaq; (1,2)
   R.Yehoshua Desikhnim; (1,3) R.Tanhuma.

4 Vgl. BACHER, a.a.O. I S.125; weiter Art. Notarikon EJ 12 (1971)
   Sp.1231f, wo auch diese Notarikonauflösung angegeben wird. "Notarikon"
   deshalb, weil ein Wort in zwei Wörter aufgeteilt wird. Im strengen
   Sinn handelt es sich aber um eine al-tiqre Lesung.

5 Vgl. THEODOR z.St. S.6 A.4; G.F.MOORE, Judaism Bd.3 S.161 Anm. ad.I,
   526 n.7, MANN, Bd.1 hebr. Teil S.17 A.41; GOLDBERG, Schöpfung 37.

6 Nach aram. שִׁית = "sechs"; vgl. auch andere Midraschim, die so das
   erste Wort der Bibel auslegen: mit sechs Materialien oder Urstoffen
   (BerR 1,8); sechs Richtungen des Raumes (MHG Ber 1,1 (S.12). GOLDBERG
   a.a.O. S.37: "Raum und Urstoff und Grundgestein sind der kosmischen
   Welt nötig. Sie zu schaffen und ihr Bestand ist eine physikalisch zu
   lösende Aufgabe. Diese kann Gott, dank seiner Schöpferkraft durch
   den bloßen Hauch seines Mundes, durch sein Wort schaffen."

7 Vgl. SER 31, wo auch ein Bezug zur uranfänglichen Schöpfung vorliegt.

aufgegriffen werden.

Obwohl zunächst nur sechs Dinge aufgezählt werden, wird
am Ende noch unter dem Namen R.Ahaba b.Zeira die Umkehr als
ein siebtes Glied dem Midrasch angefügt. So scheint auf den
ersten Blick die Umkehr eine eigene, vom übrigen Midrasch unabhängige Überlieferung darzustellen. Zweifellos bekommt sie
durch ihre Stellung am Ende ein eigenes starkes Gewicht und
unterstreicht dadurch die Intention des Midrasch. Im Rahmen
der Untersuchung der Rezensionen der Baraita wurde deutlich,
daß die Umkehr in den meisten Fällen im besonderen homiletischen Interesse der (anonymen) Tradenten gestanden hat. Zwar
ist R.Abahu (b.Zeira) als Einzeltradent dieses Satzes von der
Umkehr auch aus dem MTeh 90,12 bekannt, jedoch ist die Einzelüberlieferung eines Satzes nicht unbedingt Zeichen eines späteren Zuwachsens.[8] Der Satz von der Umkehr ist zweifellos
älter als sein Tradent.[9] Im Rahmen der Besonderheit, bedingt
durch die Auslegung des Wortes בראשית , und im Vergleich mit
der weitaus größeren Zahl der insgesamt siebengliedrigen
Überlieferung des Midrasch könnte hier sogar eine bewußte Abänderung vorgenommen worden sein; schließlich gab es ja bei
den Rabbinen keinen maßgeblichen Kanon der Haggada. R.Abahu
wäre dann ein typischer Vertreter dieser Tradition gewesen,
wie überhaupt besonders aus der frühen amoräischen Zeit eine
Reihe von Aussprüchen zur Umkehr tradiert werden.[10]

Schon oben bei den Rezensionen der Baraita konnten wir gelegentlich eine Verbindung der Überlieferung vom uranfänglichen Schöpfungsplan Gottes mit dem Midrasch beobachten.
Hier in BerR 1,4 ist diese Vorstellung selbst mitten in den
Midrasch hineingenommen worden. Die Dinge werden unterschieden
in solche, die "wirklich" erschaffen werden, und solche, die
"nur" im Gedanken, Plan Gottes "aufsteigen". Es wird also anscheinend auf ein durch die "Präexistenzvorstellung" aufge-
worfenes Problem eine Antwort versucht: Es gibt im strengen

---

8 GOLDBERG (Schöpfung 39) und SCHÄFER (Geschichtsauffassung 32) halten
   diesen Satz für eine Ergänzung bzw. einen Zusatz.

9 Vgl. die Anmerkung von GINZBERG in C.F.MOORE, Judaism Bd.3 S.161
   Anm. ad I 526 n.7.

10 URBACH 467: "The Amoraim followed the doctrine of the Tannaim, and
   even enlarged the sphere and power of repentence, to the point of
   extravagance".

Sinne nur zwei Dinge, die der Welt als Schöpfung vorausgehen,
Thron und Tora. Die Tora ist also vorher vorhanden, weil sie
den Plan Gottes selbst darstellt, in den er bei der Schöpfung
hineinblickt (מביט), wie es am Ende der Petiha von R.Oshaya
BerR 1,1 heißt; sie muß also notwendig allem anderen als
Schöpfungsordnung vorausgehen. Womit aber nicht gleichzeitig
impliziert ist, daß sie eine ungeschichtliche Größe darstellt:[11]

"Wenn es heißt, daß die Tora Bauplan der Welt war - darum
mußte sie ja schon vor der Welt da sein - dann nicht, weil sie
das Weltengesetz enthielt oder die kosmische Ordnung, sondern
weil sie den Menschen und die göttliche Ordnung für den
Menschen enthielt. Durch sie würde der Mensch leben und gerecht sein können. Die Tora enthält aber auch Gottes Welten-
plan, sie zeigt die Welt, wie Gott sie und den Menschen in
ihr will, und mehr noch: Sie enthält schließlich noch ein
letztes großes Einverständnis Gottes mit dem Verlauf der
menschlichen Geschichte, die ja von Gott vorausgesehen war."[12]

Auch der Thron der Herrlichkeit im Sinne von BerR gehört
als solch eine "wirklich" geschaffene Größe zeitlich vor die
Schöpfung der Welt. Er ist der Ort des Planens Gottes, von
dem aus die Schöpfung erst stattfinden konnte.

Anders ist das mit den beiden danach aufgezählten Dingen,
Väter und Israel. Mit ihnen kommt die Schöpfung zu ihrem Ziel,
auf sie hin ist sie konzipiert; oder anders gesagt: Sie bilden
den Grund der Schöpfung. Dieser Gedanke, daß die Väter und
Israel zu den Voraussetzungen der Welt gehören, kommt auch
in anderen Texten zum Tragen. Es sei im folgenden auf einen
längeren Text verwiesen, auf den besonders P.SCHÄFER aufmerksam gemacht hat:[13]

Yelamdenu balaq 23 (GRÜNHUT, Sefer Halikkutim Bd.4 66bf)[14]

(Num 23,9) ר״א כי מראש צורים אראנו

אני רואה אותם שקדמו לבראשית בריית של עולם

משל למלך שהי׳ מבקש לבנות הי׳ הופר ויורך ומבקש תמליו.

והי׳ מוצא בצים של מים וכן במקומות הרבה•לא עשה אלא חפר במקום אחד

---

11 So zu Recht SCHÄFER gegen RÖSSLER, in: Geschichtsauffassung 34.

12 GOLDBERG, Schöpfung 38.

13 Geschichtsauffassung 29f; dort auch die Übersetzung; vgl. auch
    GOLDBERG, a.a.O. S.39 Anm. 47.

14 So Yalq balaq 766 (530b unten); vgl. auch ShemR 15,7 (15,8 LEWIN/
    EPSTEIN Bd. 2 S.34a/b).

הי׳ מוצא למטה פטרא אמר כאן אני כונה ונתן תמליי׳ ובנה׳

ך הקב׳׳ה הי׳ מבקש לבראות העולם והי׳ יושב ומחכונן כדור אנוש

כדור המבול אמר היאך אני כורא את העולם ורשעים אלו עומדין

מכעיסין(אותו)[ואתי] כיון שצפה הקב׳׳ה באברהם שעתיד לעמוד

מר הרי מצאתי פטרא לבנות עליה יליסד את העולם

כך קרא לאברהם צור שנא׳ הביטו אל צור חצבתם (Jes 51,1f)

ישראל קרא צורים וכן הוא אומר... מחשבתן של ישראל (Ps 74,2)

דמה לכל... (Gen 1,1)... אין ראשית אלא ישראל שנ׳. (Jer 2,3)

"Andere Auslegung:
(Num 23,9): "Ja, vom Gipfel (ראש) der Felsen seh ich's".[15]
Ich sehe jene, die dem Anfang der Schöpfung vorausgehen. Ein Gleichnis
von einem König, der (einen Palast) bauen wollte. Er hub (Erde) aus und
kam in die Tiefe und wollte Fundamente legen, fand aber nur schlammigen
Grund. Dies passierte ihm an vielen Stellen. Schließlich fand er an einer
Stelle felsigen Untergrund.
Da sprach er (bei sich): Hier will ich bauen; legte die Fundamente und
baute (seinen Palast).

So wollte der Heilige, g.s.E., die Welt schaffen. Als er aber saß und
auf das (zukünftige) Geschlecht Enoschs und auf das Geschlecht der Sint-
flut blickte, sprach er (bei sich): Wie kann ich die Welt erschaffen, wo
doch jene Frevler aufstehen und mich erzürnen werden.
Als der Heilige, g.s.E., aber Abraham voraussah, der einst erstehen würde,
da sprach er: Siehe, ich habe einen Felsen gefunden, auf den ich bauen
und die Welt gründen kann.

Deswegen wurde Abraham "Fels" genannt, denn es heißt (Jes 51,1f): 'Blickt
auf den Felsen, aus dem ihr gehauen seid ... (Blickt auf Abraham ...).'
Und Israel wird "Felsen" genannt. So sagt es auch die Schrift (Ps 74,2):
...
Der Gedanke an Israel geht allem voraus ...
(es folgt ein Königsgleichnis wie in BerR 1,4) ...
Und so sagt die Schrift (Gen 1,1): ...
Es gibt kein ראשית außer Israel, wie es heißt (Jer 2,3): ..."

Die Entsprechung zu BerR 1,4 ist offensichtlich.[16] Hier in
Yelamdenu stellt Abraham den Typus der Väter der Welt dar. Au╪
ihm kann die Schöpfung gründen und Bestand haben. Er ist eine

---

15 Im MT sieht Bileam das israelitische Lager; der Midrasch versteht
den Bibelvers als eine temporale Aussage: "Vom Anfang sehe ich
'Felsen' (d.h. die Väter)".

16 Dieser Bezug wird hergestellt durch die Deutung von ראש
im Bibeltext mit dem בראשית der Schöpfungsgeschichte Gen 1,1.
Tan naso 11 wird in ähnlicher Weise eine Interpretation der Fertig-
stellung des Wüstenheiligtums mit der Vollendung der Schöpfung
parallelisiert. Zum Bild des Fundamentes, auf dem weitergebaut wird,
vgl. auch - ohne Bezug zur Schöpfung - 1 Kor 3,10.

der (drei) Säulen, auf die die Welt steht.[17] Weiterhin ist
BerR und dem Text aus dem Yelamdenu gemeinsam, daß in beiden
vom "Sehen" (ראה) geredet wird.[18] Ob in dem hier vorliegen-
den Sprachgebrauch von "Sehen" und "Finden" nicht eine Ent-
sprechung vorliegt zu dem Gedanken des "Aufsteigen im Plan
Gottes, um erschaffen zu werden"? Die zukünftige Existenz des
Urvaters Abraham ist vor den Augen Gottes offenbar; in seiner
Gestalt erhält die Schöpfung erst ihr unerschütterliches Fun-
dament.[19] Der Gedanke an das Erscheinen des Urvaters im
Schöpfungsplan Gottes kann nun so zusammengefaßt werden:[20]

"Der geschichtliche Abraham mit seinen guten Taten ist nach diesem Gleichnis der Grund der von Gott erschaffenen Welt. Anders ausgedrückt: Die
Existenz der Welt ist nicht nur von der Schöpferabsicht Gottes abhängig,
sondern auch vom ethischen Verhalten des Menschen in der Geschichte."

Ähnliches gilt auch für den Satz über Israel: "Der Gedanke
an Israel geht allem voraus", der wie in BerR 1,4 am Ende angefügt ist. Wie dort wird auch hier deutlich, warum Israel in
die Weltschöpfung mit einbezogen wird. Beide Größen gehören
notwendig dazu, weil sie den Bestand der Welt garantieren,und
Israel im besonderen, weil ihnen das Schöpfungswerkzeug selbst,
die präexistente Tora, anvertraut ist.

Hier wird wohl am eindrücklichsten deutlich, wie die Präexistenz der Weisheit/Tora die Vorstellung eines Aufsteigens
der Väter und des Volkes Israel im Schöpfungsplan Gottes be-
einflußt hat. Gott hat mit ihnen einen besonderen Bund geschlossen.[21] Diesem Gedanken versucht nun der Verfasser von
BerR Ausdruck zu verleihen, wenn er streng zwischen den Dingen
unterscheidet, die zur wirklichen Voraussetzung der Schöpfung
gehören (Tora und Thron) und denen, die für die Verwirklichung

---

17 In diesen Zusammenhang gehört auch die Schwurformel in ShirR 7,8
    (Ende; 7,13 LEWIN/EPSTEIN Bd.3 S.72a): "Der die Welt auf drei Säulen
    gestellt hat", die in der ersten Fassung dann auf die Erzväter
    Abraham, Isaak und Jakob gedeutet ist (siehe unten). Zur Verbindung
    von Abraham mit der Schöpfung vgl. BerR 12,9 (12,8 LEWIN/EPSTEIN
    S.25a) u.ö. Zum Ganzen vgl. GOLDBERG, Gerechte passim.

18 BerR 1,4 im Schriftbeweis für die Väter der Welt (Hos 9,10); dieser
    Schriftbeweis scheint auf dem Hintergrund der Metapher von der Säule
    (des Gerechten) zu verstehen sein. Im Yelamdenu ראה. parallel zu
    מצא.

19 Vgl. die ähnliche Terminologie bei dem Satz von der Umkehr und dem
    dazugehörigen Kontext in PRE 3.

20 SCHÄFER, Geschichtsauffassung 30.

21 Bei Abraham den Bund der Beschneidung; mit Israel den Bund am Sinai.

der Schöpfung und für den Ablauf der Geschichte unersetzbar
sind (Väter/Israel/Heiligtum und (Name des) Messias). Der
biblische Gedanke des göttlichen Schöpfungsplanes wird aufgegriffen, der die Schöpfung als eine noch nicht endgültig ab-
geschlossene beschreibt. Hierdurch wird ein Zeitraum eröffnet,
der sich von Anfang des göttlichen Schöpfungsaktes - vor der
Weltschöpfung - bis zu ihrer endgültig abgeschlossenen geschichtlichen Verwirklichung spannt. Schöpfung und Geschichte
sind auf diese Weise einerseits ganz klar unterschieden, andererseits aber unmittelbar miteinander verbunden. Es ist von
daher unglücklich, wenn dabei bei einer Reihe von Exegeten
eine Terminologie einfließt, die von "realen" und "ideellen"
Dingen redet; denn es geht bei der Formulierung von BerR nicht
um irgendwelche "Ideen", die unabhängig von der Geschichte
und ihrem Ablauf existieren und ihr zugrundeliegen.[22]

Die Vorstellung, daß Gottes Schöpfung erst in der Geschichte der Menschen zu ihrer Vollendung und zu ihrem Ziel
kommt, gilt auch für das letzte Paar, das BerR 1,4 aufzählt,
Heiligtum und (Name des) Messias. Das Heiligtum ist in dieser
Auffassung der Ort der unmittelbaren Begegnung Gottes mit dem
Menschen; ohne ihn wäre - nach dem Midrasch - eine beständige,
vollendete Schöpfung gar nicht möglich.[23] Von dieser grundsätzlichen Aussage wird die Zerstörung des Tempels nur bedingt
berührt; jedenfalls tritt an dieser Stelle die Verarbeitung
dieses Problems zurück.[24]

---

22 Zum Zusammenhang von Schöpfung und Geschichtsverständnis vgl. aber
    GOLDBERG, Schöpfung 44f: "Gott sah nur voraus, daß die Welt ohne sie
    (sc. die im Midrasch aufgezählten Dinge) nicht bestehen könnte, d.h.
    er wollte, daß es sie gäbe, insofern ist es Schöpfung, aber er konnte
    sie selbst durch seinen allmächtigen Willen nicht schaffen, weil sie
    nur durch die Einwilligung des Menschen in den Schöpfungsplan und in
    den Willen Gottes möglich waren. Gott konnte nur die Voraussetzungen
    ihrer Existenz schaffen." Ähnlich SCHÄFER, Geschichtsauffassung
    28.43f.

23 Vgl. auch PesK 1,4 (ed. MANDELBAUM S.8f); zum Ganzen SCHÄFER, Tempel
    131.

24 Das liegt sicher an der hier im Midrasch grundsätzlichen Verarbei-
    tung des Problems von Schöpfung und Geschichte; vielleicht ist das
    auch ein Zeichen, daß der Midrasch in seinem ursprünglichen Bestand
    in die Zeit des zweiten Tempels hineinreicht. Es ist möglich, daß
    die Einsetzung des Volkes Israel in den Midrasch an der Stelle des
    Heiligtums eine solche Reflexion noch erkennen läßt. Andererseits
    kann dadurch jedoch auch an das eschatologische, himmlische Heilig-
    tum gedacht sein.

Es ist durchaus möglich, daß sich der Anschluß des letzten
Gliedes (Messias) mit der Erwartung der Wiederherstellung
des Tempels verbunden hatte;[25] jedenfalls ist die Stellung
des Messias am Ende des Midrasch fast ohne Ausnahme.[26] Merkwürdig ist aber, daß lediglich der geläufige Ausdruck "Name
des Messias" erscheint, obwohl er doch im Zusammenhang mit
den anderen geschichtlich-personalen Größen Väter der Welt und
Israel aufgezählt wird. Das könnte ein Beweis dafür sein, daß
für den Verfasser Name und Person des Messias identisch sind.
Auch er gehört damit notwendig zur vollkommenen Schöpfung,
weil mit ihm die endgültige Herrschaft Gottes auf Erden aufgerichtet wird.[27] Wie aber durch die Anfügung des (nunmehr
siebten) Satzes von der Umkehr deutlich wird, geht es dem
Verfasser in homiletischer Hinsicht um die Umkehr, die dem
Menschen immer wieder neu einen Anfang ermöglicht. Hiermit
ist der Midrasch endgültig abgeschlossen.[28]

   Es folgen danach noch zwei kontroverse Stellungnahmen,
einmal zu den beiden ersten Dingen, Tora und Thron, sodann zu
Israel. An dieser Kontroverse wird deutlich, daß die Reihenfolge der Dinge nicht dem Zufall überlassen, sondern bedacht
und "diskutiert" worden ist. Durch die "Lösung" von R.Abba
bar Kahana wird die Tora implizit aufs engste mit dem Schöpfer

25 Vgl. die 14. Bitte des täglich gebeteten Achtzehn-Bitten-Gebets
    (babyl. Fassung) und die gleiche Erwartung der Wiederherstellung
    Jerusalems und des Tempels sowie die Ankunft des Messias in anderen
    alten jüdischen Gebeten. Zum Ganzen vgl. SCHÄFER, Geschichtsauffas-
    sung 40f.

26 Diese Stellung ist nur geändert, wenn die Umkehr in belehrender Ab-
    sicht an den Schluß des Midrasch tritt (zu Maase Tora vgl. oben),
    oder in der besonderen Betonung des Messias im MTeh 90,12. Andere
    Ausnahmen sind SER 31 und MMishleB 8,9. Es ist in diesem Zusammenhang
    erstaunlich, daß in Yelamdenu balaq 28 dieser eschatologische Bezug
    auf den Messias fehlt.

27 SCHÄFER, a.a.O. S.37: "Die Geschichte zielt auf die Erlösung, bzw.
    die Erlösung ist nur möglich durch die Geschichte hindurch, als Voll-
    endung der Geschichte." Inwieweit hinter solch einem Satz eine kon-
    krete, politische Erwartung sichtbar wird, oder lediglich eine eher
    theologisch abstrakte Erörterung ohne erkennbaren politischen Zu-
    sammenhang, ist schwer zu entscheiden. Es gibt in der rabbinischen
    Literatur für beides Beispiele.

28 Anders allerdings GOLDBERG, Schöpfung 39: "Der Zusatz R.Ahaba b.Zeira
    'auch die Umkehr' paßte nicht ganz in dieses Schema. Die Umkehr ge-
    hört vielmehr an die vierte Stelle (sic!) der Version II" (d.h. der
    Baraita Pes 54a).

verbunden und ihre präexistente Schöpfung gegenüber anderen
absolut gesetzt.[29] Im anderen Fall (Israel) wird die Intention
des Midrasch mit der impliziten Einarbeitung des Schöpfungsplanes Gottes aufgegriffen und in einer Einzeltradition weiter
geführt: "Der Gedanke an Israel ging allem voraus." Das anschließende Königsgleichnis unterstreicht noch einmal die
paradoxe Fragestellung: wie kann - noch vor der Schöpfung -
Israel im Blickfeld des Schöpfers stehen? Aber gerade daran
zeigt sich exemplarisch die erwählende Liebe Gottes zu seinem
auserwählten Volk.[30]

Die ganze Erklärung zu Gen 1,1 wird schließlich wieder
implizit auf den Anfang des Midrasch zurückgeführt, wenn die
Übergabe der Tora - dem ראשית der Schöpfung - am Sinai als
eine solche unergründliche Liebe Gottes gedeutet wird; dabei
findet der Verfasser in dem von Anfang an vollkommen fertig
geschriebenen Buch der Tora schon einen Hinweis auf den
Empfänger Israel.

3.5.2. Ein Text ohne Verbindung mit dem göttlichen Planen
(Tanhuma). Aus der Einleitungsfrage des Textes geht hervor,
daß hier ein didaktisches Modell der Verwendung des Midrasch
vorliegt:
TanB naso 19 (BUBER S.17b)[31]

ילמדנו רבינו   כמה דברים קדמו למעשה בראשית

כך שנו רבותינו• שבעה דברים קדמו לעולם ואלו הן•

(Num 7,1: "An dem Tag, an dem Mose die Wohnstätte errichtet hatte
(כלות...להקים את המשכן),[32] salbte und weihte er (die Israeliten)
...")

---

29 In ähnlicher Weise wie in SifDev 37.

30 MAv 3,14 bleibt gewissermaßen das Grundmotiv.

31 Der Paralleltext in Tan naso 11 (ed. WARSCHAU S.56b/57a) bietet zwar
    den philologisch besseren Text, steht aber m.E. wegen der poetischen
    Wiederholung des Satzes "bevor die Welt erschaffen wurde" hinter dem
    jeweiligen Schriftbeleg in dem Verdacht, spätere Ausgestaltung zu über-
    liefern. Dem Inhalt nach entspricht dieser Text aber dem BUBERschen.
    Vgl. auch noch das Fragment in Yalq Psalmen 806 (465d oben; zu
    Ps 72,17): "Sieben Dinge gingen der Schöpfung der Welt voraus. Der
    Name des Messias, wie es heißt (es folgt der Schriftbeweis)". Da dies
    Fragment קדם im Einleitungssatz wie hier in der Überlieferung des
    Tanhuma als Verb benutzt wird, scheint dem Verf. auch diese vorgelegen
    zu haben.

32 Wörtlich: "... vollendete, die Wohnstätte aufzurichten." Zum Wüsten-
    heiligtum (משכן) vgl. HULST, THAT Bd.2 Sp.908 (Lit!).

"Unser Lehrer lehre uns:
Wieviele Dinge gingen dem Schöpfungswerk voraus?
So lehrten unsere Lehrer:
Sieben Dinge gingen der Welt voraus, und diese sind es ..."
(es folgt der Midrasch)

Die Vollendung des Wüstenheiligtums (כלות) führt den
Verfasser zu der Frage, welche Dinge eigentlich damit fertig-
gestellt und zu ihrem Abschluß gekommen sind und fragt damit
nach den Schöpfungen vor der Schöpfung. In der Form einer
Schülerunterweisung durch Frage und respondierende Antwort
wird der Midrasch zitiert; dadurch erhält er Anklänge an die
homiletische Form des sogenannten "Yelamdenu-Midrasch".[33] Es
werden die Dinge aufgezählt, die auch BerR 1,4 beinhaltete:

BerR 1,4	TanB naso 19[34]
Tora	Thron
Thron	Tora
Väter	Heiligtum
Israel	Väter
Heiligtum	Israel[35]
Name des Mess.	Name des Messias
(Umkehr)[36]	(Gan Eden
	Gehinnom)[37]

Anders als in BerR scheint hier in Tan kein unmittelbares
Interesse an der künstlerischen Form von Aufbau und Reihenfolge vorzuliegen. So werden die Dinge nicht etwa in "Paaren"
miteinander verbunden, vielmehr sind, wie schon die Frageform
wahrscheinlich macht, lediglich die verschiedenen Dinge in der
Form der Unterweisung aufgezählt und mit den jeweiligen Belegen begründet;[38] so ist auch die traditionelle Form der sieben
Dinge zu verstehen, wie auch die Ergänzung - wohl aus der
Baraita - von Gan Eden und Gehinnom. Vermutlich läßt sich von

---

33 Vgl. besonders BÖHL, Aufbau passim.

34 In TanB naso 19 fällt - anders als Tan naso 11 - der obige Zusatz
    "und einige sagen ..." bei den Schriftbelegen aus; sicher hat das mit
    der schlechteren Textüberlieferung zu tun.

35 "Israel" ist im Aufzählsatz versehentlich ausgefallen; vgl. BUBER z.St.

36 Als Einzelüberlieferung des R.Ahaba b.Zeira.

37 Als Zusatz gekennzeichnet durch "und einige sagen auch ..."
    (ויש אומרים אף ...).

38 Erstaunlich ist der Anfang mit dem Thron und das "Vorrücken" des
    Heiligtums; dagegen scheint die Umkehr am Schluß wieder homiletischer
    Absicht zu entsprechen.

daher auch erklären, daß der Gedanke an den Schöpfungsplan
Gottes keinen Einfluß auf den Midrasch genommen hat. Schließlich soll ja nicht der Anfang der Schöpfung ausgelegt werden,
sondern gerade ihr Ende, die Vollendung. Dieses Verständnis
wird aus einer anderen Auslegung derselben Stelle Num 7,1 in
Pesiqta de Rab Kahana 1,4 (5,8f) deutlich. In der anonymen
Überlieferung wird Spr 30,4: "Wer setze alle Enden der Erden
fest (הקים)?" mit dem Aufrichten (להקים) aus Num 7,1 verbunden. Danach erscheint folgender Text:[39]

PesK 1,4:

"R.Jehoschua b.Levi (sagt) im Namen R.Schimon b.Johais:
Eine Wohnung aufzurichten steht nicht geschrieben, sondern die Wohnung
(oder, wie man im Sinne des Midrasch auch übersetzen kann: mit der
Wohnung) aufzurichten. Was wurde (nämlich) mit ihr aufgerichtet? Die Welt
wurde mit ihr aufgerichtet! Ehe das Wüstenheiligtum aufgerichtet wurde,
schwankte die Welt; (aber) von dem Augenblick an, an dem das Wüstenheilig
tum aufgerichtet wurde, wurde die Welt gefestigt. Deswegen heißt es
(Num 7,1): ..."

Der geschichtliche Augenblick der Errichtung des משכן
durch Mose, also lange Zeit nach der Erschaffung von Himmel
und Erde, wird zur Vollendung der Schöpfung deklariert.

Noch ein anderer Überlieferungskomplex ist als Hintergrund
der Aussage der Schöpfung der Väter vor der Welt in Betracht
zu ziehen. So konnten in der rabbinischen Literatur die guten
Taten der Väter als "Verdienst bei Gott" gerechnet werden.[40]
In dieser Weise ist des öfteren ein Kausalzusammenhang zwische
den Vätern und der Schöpfung hergestellt worden. So wird z.B.
von R.Berekhiya in der Diskussion, die auf den Midrasch der
Dinge, die vor der Welt geschaffen wurden, folgt, Mose in
solch eine Verbindung zur Schöpfung gebracht:
BerR 1,4 (1,6 LEWIN/EPSTEIN Bd.1 S.2a)[41]

(Dtn 33,21)   ...משה בזכות • אמר ברכיה ר'

---

39 Übersetzung nach SCHÄFER, Geschichtsauffassung 31f und ders., Tempel
    131f. Vgl. den anderen Gedanken der unabgeschlossenen Schöpfung bei
    Aristobul (siehe oben), der den Sabbat des siebten Schöpfungstages als
    ein Weiterarbeiten Gottes an seiner Schöpfung uminterpretierte.

40 Zu diesem Gedanken, der in der christlichen Exegese der rabbinischen
    Literatur oft mißverstanden wurde, vgl. ausführlich E.P.SANDERS 90-92,
    183-198 und passim.

41 WaR 36,4 mit R.Aha als Tradent im Erstdruck (nach MARMORSTEIN 113 der
    ursprüngliche Text), nach drei HSS: R.Berekhia (wohl aus BerR 1,4); im
    Text bei MARGULIES S.847: R.Benaya, vgl. den textkritischen Apparat
    ebd.

"R.Berekhiya sagte: (Die Welt wurde geschaffen allein) um des Verdienstes
Moses willen (wie es heißt, Dtn 33,21) 'Das erste Stück (ראשית) hat er
sich ausgesucht (, denn dort ist der Anteil (חלק) des verborgenen
Anführers; und die Häupter des Volkes versammelten sich. Er tat, was vor
Jahwe recht (צדקת) ist)'."[42]

Oder in ähnlicher Weise auch von Abraham:

BerR 12,9 (12,8 LEWIN/EPSTEIN Bd.1 S.25a)[43]

אמר ר׳ י[הושע] ב[ן] ק[רחה]•בהבראם•כאברהם•בזכותו של

אברהם•

(Gen 2,4): Dies ist die Entstehung des Himmels und der Erde bei ihrem
Erschaffenwerden.

"R.Yehoshua b.Qorhas sagte: בהבראם (das heißt:) mittels Abraham;
(denn) um des Verdienstes Abrahams willen (wurde die Welt erschaffen)."

In diesem Sinne können die Väter auch als die Säulen der
Welt bezeichnet werden:

ShirR 7,8 (7,13 LEWIN/EPSTEIN Bd.3 S.72a)

דאקום עלמא על תלתא עמודים•

אות אמרו אברהם יצחק ויעקב•

"Der die Welt auf drei Säulen gestellt hat, auf Abraham, Isaak und
Jakob."[44]

Mit anderen Worten sind die geschichtlichen Gestalten der
Väter mit ihren guten Taten der Grund der von Gott erschaffenen Welt. "Nach den anonymen Weisen, den Hakhamin, ist es die
Gemeinschaft Israels, die geschichtliche und die gegenwärtige,
welche den Bestand der Welt rechtfertigt."[45]

3.5.3. Eine Mischtradition (Seride TanBer 5). Anders wieder
als TanB naso 19 ist in einem kürzlich von E.E.URBACH veröffentlichten Text der Midrasch in einer Auslegung von Gen 1,1
durch Ps 104,24 überliefert. Er wird folgendermaßen eingeleitet:

---

42 Dieser schwierige Text aus dem Mosesegen wird im Midrasch nicht vom
    Angeredeten (Gad) her verstanden, sondern vom Sprecher (Mose). Nach
    einer jüdischen Tradition soll Mose auch im Gebiet des Stammes Gad
    begraben worden sein, vgl. SifDev 355 (zu Dtn 33,20; FINKELSTEIN 417f);
    dazu HAACKER/SCHÄFER, Tod des Mose 166; auch GOLDBERG, Schekhina 335-
    338 (dort auch die Übersetzung und rabbinische Parallelstellen).

43 Weiter TanB Ber 16 (S.6a): R.Tahlifa; Tan B lekh lekha 4 (S.31a/b):
    R.Halafta b.Hana; MTeh Ps 104,15 (S.222b) und die dort angegebenen
    Parallelen.

44 Es folgt: "Und einige sagen: Dies sind Hananja, Mischael, Asarja"
    (d.h. die drei Gefährten Daniels)."

45 GOLDBERG, Gerechte 151. In vergleichbarer Weise wird auch von Israel
    als Grund der Schöpfung geredet; vgl. TanB Ber 3 (S.1b); TanB Ber 10
    (3b) und die dort angegebenen Parallelstellen.

Seride TanBer 5 (URBACH, Seride S.9)

ד״א כולם בחכמה עשית

אמ׳ ר׳ שמעון בן לקיש־שבעה דברים עלו במחשבה
קודם שנברא העולם ואלו הן...

"Eine andere Auslegung (Ps 104,24): '(Jahwe, wie zahlreich sind deine
Werke), mit Weisheit hast du sie alle gemacht (, die Erde ist voll von
deinen Geschöpfen).'
R.Shimon ben Laqish sagte:[46]

Sieben Dinge stiegen im Gedanken (Gottes) auf, bevor die Welt geschaffen
wurde und diese sind es ..."

Es folgt der Midrasch mit dem Aufzählsatz und den bekannten
Schriftbelegen in der Weise wie in Tan naso 11; dabei lohnt
sich ein Vergleich aller Texte, die die Väter und Israel aufzählen, mit der Baraita:

BerR 1,4	TanB naso 19	Seride TanBer 5	Pes 54a
Tora	Thron	Tora	Tora
Thron	Tora	Umkehr	Umkehr
Väter	Heiligtum	Väter	Gan Eden
Israel	Väter	Israel	Gehinnom
Heiligtum	Israel	Thron	Thron
Name des Mess	Name d. Mess	Heiligtum	Heiligtum
(Umkehr)	Umkehr	Name des Mess	Name d.Mess
	(Gan Eden	(Gan Eden	
	Gehinnom)	Gehinnom)[47]	

Aus dieser Gegenüberstellung ist klar ersichtlich, daß die
Mischtradition des Seride TanBer 5 die Baraita aus dem Babylonischen Talmud mit der Tradition, die die Väter und Israel
aufzählt, verbindet; den "Grundstock" bildet die Baraita, wie
sich aus der identischen Reihenfolge und der gemeinsamen Belegstelle (Jer 17,12) für Thron und Heiligtum ergibt; es werden lediglich Gan Eden / Gehinnom durch die Väter und Israel
ersetzt und am Ende - wie in TanB naso 19 - durch "einige
sagen" wieder ergänzt. An der Einleitung durch die Einführung
des Schöpfungsplanes Gottes zeigt sich, daß der Verfasser auch

46 Es könnte sein, daß der Name dieses Tradenten durch - die davor tra-
    dierte - Überlieferung der 2000-jährigen Präexistenz der Tora verur-
    sacht ist; vgl. aber einen Text, auf den GINZBERG, Genizah I 470 auf-
    merksam gemacht hat, in dem sogar R.Akiba als Tradent erscheint: 26
    אורחות צדיקים .

47 Als Zusatz eingeführt durch "und einige sagen" (יש אומרים); den
    Abschluß des Midrasch bildet wieder eine Hinführung auf Ps 104,24:
    "Darum heißt es (Ps 104,24): ...".

mit diesem Gedanken vertraut war.

3.6. Zusammenfassender Überblick

Übersieht man die Fülle der Traditionen des Midrasch der
Dinge, die vor der Welt geschaffen wurden, dann kann man sich
des Eindrucks nicht erwehren, daß durch die präexistente Tora
die bestimmende Größe vorgegeben ist; allerdings scheint auch
die Umkehr ein entscheidendes Gewicht bei dem Umgang mit
diesem Midrasch gespielt zu haben, und schließlich ist wohl
als eines der konstantesten Elemente der (Name des) Messias
zu beachten. Diese drei Dinge sollen in diesem Überblick noch
einmal im Zusammengang thematisiert und in das gesamte Umfeld
des Midrasch gestellt werden.

3.6.1. Die Tora. Die Tora steht bis auf ganz wenige Ausnahmen
am Anfang des Midrasch.[1] Sie bildet auch oft - besonders in
den exegetischen Kommentarwerken - die Verbindung zum Kontext. So wird z.B. das erste Wort in Gen 1,1 auf die Tora gedeutet, um die besondere Bedeutung der Tora herauszustreichen.
An dieser Stelle ist auch noch eine eigentümliche Auslegung
dieses ersten Verses der Bibel durch Ps 104,24 nachzutragen,
in der anscheinend die präexistente Tora mit der außerge-
wöhnlichen Bezeichnung "große Weisheit" versehen wurde:
Seride TanBer 5 (URBACH, Seride S.8)[2]

בראשית ברא אלהים

זש-ה ברוח הקדוש על ידי דוד מלך ישראל · מה רבו מעשיך ה'
כנגד מי אמר דוד המקרא הזה כנגד שמים וארץ
שהיתה חכמה גדולה לפני הקב-ה כשעה שברא שמים וארץ שנ-'...
(Spr 3,19) ר-א כולם בחכמה עשית ואין חכמה אלא תורה מלמד[3]שלא
נטל הקב-ה עצה אלא מן התורה לפי שהתורה קדומה לכל מעשה בראשית·

"(Gen 1,1): 'Am Anfang schuf Gott (Himmel und Erde)'
Das ist, was im Heiligen Geist durch die Hand Davids, des Königs von
Israel geschrieben ist (Ps 104,24): 'Wie sind deine Werke so zahlreich,

---

1 So in dem Zahlenspruch Rabbanu HaQadosch 7,1, wo Tora und Heiligtum
  vorangestellt sind; drei Texte, in denen Thron und Messias vorher-
  gehen (MMishle Rbti; MTeh 72,6; MTeh 93,3); schließlich noch Tan naso
  11 und TanB naso 19.

2 Zwischen dem Midrasch der Dinge, die vor der Welt erschaffen wurden,
  und vorliegendem Text wird die bekannte Notarikonauflösung von בראשית
  überliefert; vgl. oben zu BerR 1,4.

3 Zu dieser Wendung vgl. BACHER, exegetische Terminologie II S.39.

Jahwe, (mit Weisheit hast du sie alle gemacht, die Erde ist voll von
deinen Geschöpfen)'.
Wem gegenüber sagt David diesen Bibeltext? Gegenüber Himmel und Erde;
denn große Weisheit war bei dem Heiligen, g.s.E., als er Himmel und Erde
schuf, denn es heißt (Spr 3,19): 'Jahwe hat mit Weisheit die Erde gegründet (und mit Einsicht den Himmel befestigt)'.

Eine andere Auslegung (zu Ps 104,24): 'Mit Weisheit hast du sie alle
gemacht'; lies nicht 'Weisheit' sondern 'Tora'; daraus folgt:[3]
Der Heilige, g.s.E., hat sich ausschließlich mit der Tora beraten, denn
die Tora ging jedem Schöpfungswerk voraus."

Hieran wird ein besonderes Kennzeichen der rabbinischen
Literatur deutlich: die Tora hat die kosmischen Funktionen
der Weisheit übernommen. Soweit ich sehe, wird in den rabbinischen Texten nirgends mehr Spr 8,22 auf die Weisheit an
sich als separate Größe bezogen, sondern nur noch auf die
Tora. Das bedeutet: Weisheit und Tora sind völlig eins geworden.

Sie ist in der gängigen Auslegung das wertvollste, geliebte
Geschöpf Gottes vor und in der Welt,[4] in einigen Texten -
unter Aufgreifen von Spr 8 - personalisiert als Tochter und
Gemahlin Gottes. In der Präexistenz der Tora finden die verschiedenen bisher besprochenen Texte ihre gemeinsame Basis.
So ist es wahrscheinlich, daß sie auch den Kristallisationspunkt bildete, um den sich die anderen Glieder des Midrasch
gruppieren konnten. Die Tora als kosmischer, präexistenter
Plan der Welt und als geschichtlich geoffenbartes Buch der
Weisung in den Händen des Volkes Israel[5] ist das Element,
von dessen uranfänglicher Vorordnung alle anderen aufgezählten
Teile ihre jeweilige Vorordnung ableiten konnten. Als Bauplan der Welt, als geschriebenes Buch, aus dem das Kommende
herausgelesen werden konnte, auf dem Schoß des Schöpfers
liegend, wird dabei die Tora veranschaulicht. Jedoch wird

---

4   Vgl. auch einen Midrasch von den Besitztümern Gottes, die unter dem
     Stichwort קנין zusammengefaßt sind. Hier werden in der einen Ver-
     sion Tora/Israel/Heiligtum zusammengestellt (SifDev 309; S.349f und
     Parallelen), in einer zweiten Israel/Land Israel/Heiligtum/Tora
     (MekhY wayehi beshallah 9 (Ende, zu Ex 15,16,S.148f und Parallelen);
     in einer dritten Version Tora/Himmel und Erde/(Heiligtum)/Israel
     (bPes 87b; wo in versch. HSS das Heiligtum fehlt), und in einer
     vierten Version Tora/Himmel und Erde/Abraham/Israel/Heiligtum
     (mAvot 6,10; BEER S.182f). Auch hier erscheint die Tora in einem be-
     sonderen Eigentumsverhältnis zu Gott. Allerdings tritt der Aspekt
     ihrer Präexistenz ganz zurück. Zur Auslegung dieses Midrasch vgl.
     TOWNER, Enumeration 168-175.

5   Zum Verhältnis von Erwählung und Tora vgl. E.P.SANDERS 419-422 und
     passim.

hierbei nicht übersehen, daß die Gabe der Tora auch unbe-
dingten Gehorsam verlangt und gegebenenfalls die Strafe bestimmt. Aus dieser ernsten Einsicht heraus ist es nicht verwunderlich, daß die Tora weithin im Midrasch direkt mit der
Umkehr verbunden wurde: ohne die Umkehr führt die Tora in das
Unheil.

3.6.2. Die Umkehr.[6] Äußerlich betrachtet fällt die Umkehr
völlig aus dem Rahmen des Midrasch heraus, denn sie ist ja
als einzige unter den aufgezählten Größen nicht Gottes Tat,
sondern die des noch zu erschaffenden Menschen. Von Gott her
gesehen ist sie nur die den Menschen eingerichtete Möglichkeit, von ihrem Verderben bringenden Ungehorsam gegenüber
der Tora umzukehren und dadurch Sühne zu wirken, Vergebung
zu erlangen. Aber trotz der gelegentlichen Trennung vom
Midrasch scheint die Umkehr doch ursprünglich zum Midrasch
dazuzugehören.[7] Gott hat den Menschen als Menschen geschaffen,
und dies impliziert die Möglichkeit der Sünde; aber "die Ver-
fehlung des Menschen ist noch nicht endgültig, solange er
umkehren darf und kann."[8] Formal betrachtet ist die Umkehr
der beweglichste Teil des Midrasch; es gibt kaum einen Platz
in den Aufzählungen, den sie nicht eingenommen hat. Wie
wichtig den Rabbinen die Umkehr war, ergibt sich auch aus den
verschiedenen einleitenden Texten, die vor allem die Umkehr
thematisieren, so daß sie als conditio sine qua non in Bezug
auf die Weltschöpfung erscheint:

(PRE 3): "So zeichnete der Heilige, g.s.E., die Welt vor sich auf, und
sie stand nicht, bevor er die Umkehr schuf."

(PesHadta): "Als der Gedanke aufstieg (die Welt) zu erschaffen, dachte
der Heilige, g.s.E., darüber nach, wie er sie schaffe, so daß sie auch
Bestand habe. Wegen der Sünde des Menschen, die (dies)er in Zukunft begehen würde, schuf er aber zuvor die Umkehr, und danach schuf er die
Welt."

Ein weiteres Indiz für die theologisch-paränetische Bedeutung der Umkehr sind die Sprüche, die von der "Größe" der
Umkehr sprechen. Diese Sprüche sind den Makarismen nachge-
bildet. Eine Aufzählung von verschiedenen Makarismen über die

---

6 Zum Ganzen der "Lehre" von der Umkehr in tannaitischer Zeit vgl. bes.
   E.P.SANDERS 167ff und passim s.v.repentence.

7 Eine Ausnahme bildet nur SER 31; sonst wird die Umkehr nur in BerR 1,4
   als Einzeltradition an den Midrasch angefügt.

8 GOLDBERG, Schöpfung 39.

Umkehr findet sich bYoma 86a/b. Auch im Zusammenhang mit dem
Midrasch fand sich als Einleitung ein solcher Spruch:

(MTeh Ps 90,12; = Shtov z.St.): "Groß ist die Umkehr, denn sie ging der
Erschaffung der Welt voraus."

In späterer Zeit konnte die Frage nach der Bedeutung der
Umkehr sogar folgendermaßen zusammengefaßt werden:

SEZ 22 (PRE 4), FRIEDMANN S.37

"Ich habe ihnen (den Israeliten) auch die Umkehr geschaffen, die der
Tora gleichwertig (שקולא) ist."

Aus dem allen ergibt sich der Ernst, mit dem die Rabbinen
die Möglichkeit des Herausfallens aus der Gnade und Liebe
Gottes erwogen haben, und wie entscheidend für sie trotzdem
die immer wieder aus dem Nachdenken über die Liebe Gottes er-
wachsene Notwendigkeit der Eröffnung des Heils durch die Umkehr war. Von daher konnte das Gleichnis aus PRE 3 "Grundriß
der Welt, seine Eingänge und Ausgänge" auf die Umkehr deuten.

In diesem Zusammenhang sind auch die Präexistenz von
Garten Eden und Gehinnom zu stellen, den Orten von Lohn und
Strafe. Auch wenn sie gelegentlich als Zusatz erscheinen[9] oder
gar ganz fehlen,[10] stehen sie meistens in einer unmittelbaren
Nähe zur Umkehr. Die Aufzählung des Garten Eden ist insofern
bemerkenswert, da in der rabbinischen Literatur die Diskussion
überliefert ist, ob und inwieweit sich seine Schöpfung nicht
doch erst am dritten Tag ereignet habe.[11]

BerR 15,3 (15,4 LEWIN/EPSTEIN Bd. 1 S.32a):

אמר ר׳ שמואל כ[ר] נ[חמני]׃• את סכור קודם לבריית של עולם•
ואיני אלא קודם לאד[ם] הר[אשון]•
אדם נברא בששי• ג[ן] ע[דן] בשלישי•

"R.Shemuel b.Nahmani sagte:
Du denkst wohl קדם bedeute vor der Erschaffung der Welt. Nein, sondern
vor Adam Harishon: Adam wurde am ersten Tag erschaffen, der Garten Eden
am dritten."

Darüber hinaus zeigte auch SER 31, inwieweit dem Verfasser
das Gehinnom problematisch erschien. Schon in der tannaitische
Diskussion taucht dabei die Frage auf, ob nicht das Volk

---

9 So in Tan / TanB und Seride Tan Ber 5 (siehe oben).

10 BerR 1,4; MTeh 93,3. Gelegentlich auch nur das Gehinnom: MMishleRbti
   8,9; ShTov Ps 93,3.

11 Vgl. Jub 2,7. Anders aber als der Midrasch der Dinge, die vor der
   Welt erschaffen wurden: TJo Gen 2,8 (vgl. TN z.St.), IV Esr 3,6 und
   slHen 30,1.

auch ohne Buße und Umkehr an der Erlösung teilhaben dürfe.[12]
Hierbei steht der Termin der Erlösung des Volkes im Vorder-
grund. Insbesondere ein prägnanter Satz von R.Jose dem
Galiläer formuliert das dahinterliegende Problem, das die
Erwartung des kommenden Messias im Blick hat:
bYom 86b:[13]

אמר ר׳ יוסי הגלילי•• גדולה תשובה שמקרבת את הגאולה...

"Groß ist die Umkehr, denn sie bringt die Erlösung näher, wie es heißt
(Jes 59,20): 'Nach Zion kommt ein Erlöser (so im Sinn des Midrasch) -
wegen der vom Frevel Bekehrten in Jakob (ebd., wieder im Sinn des
Midrasch)'."

3.6.3. Der (Name des) Messias. Das Kommen des Messias stellt
das Ziel der Tora und der Geschichte Gottes mit seinem Volk
dar. Das ergibt sich überzeugend aus einem Vergleich aller
Überlieferungen des Midrasch, in denen fast durchweg der Satz
über den (Namen des) Messias als letztes Glied erscheint. Die
ganze Heilsgeschichte Gottes mit seinem Volk zielt auf seine
Ankunft. Dem entspricht in der Baraita bPes 54a/bNed 39b, daß
die Umkehr, die einzige Möglichkeit des Menschen, mit der Tora
umzugehen, unmittelbar auf die Tora folgt, so daß sich also
im Ganzen Umkehr und Messias heilsgeschichtlich entsprechen.
Dieselbe Sicht steht hinter der veränderten Reihenfolge der
Aufzählung in PRE 3, wo überhaupt als Einleitung des Midrasch
die Schöpfung der Umkehr angekündigt wird, und dann im Text
selbst Umkehr und Name des Messias zusammen den Zielpunkt des
Gedankenganges darstellen.

Entsprechend bildeten Umkehr/Name des Messias auch in der
Version Tan/TanB und, wenn ich richtig sehe, auch BerR 1,4
den Schlußpunkt des Midrasch. Die gleiche Tradition steht
auch hinter anderen Texten, so z.B.
ShirR 7,5(7,10 LEWIN/EPSTEIN Bd.3 S.70a)

ר׳א זה מלך המשיח [חדרך]
שעתיד להדריך כל בני העולם בתשובה לפני הקב׳׳ה•

---

12 Vgl. SCHÄFER, Hoffnungen 216-218.

13 So Yalq Jes 498; vgl. SCHÄFER, Hoffnungen 239 Anm.15 nach der Angabe
des Kommentars von Ein Yaaqob (1514); die traditionelle Tradentenan-
gabe ist R.Yonatan. Vgl. auch URBACH 671 und S.997 Anm.66, der allerdings dieses Diktum als Aussage gegen die messianischen Leiden betrachtet.

Eine andere Auslegung (zu Sach 9,1: 'Das Wort Jahwes ruht auf dem Land)
Hadrach (, Damaskus ist seine Ruhestätte)!
Der König Messias wird Hadrakh genannt, weil er einst alle Menschen in
die Umkehr vor Gott führen wird.[14]

Oder BerR 2,4 (2,5 LEWIN/EPSTEIN Bd.1 S.5a/b), ein Text,
auf den unten weiter eingegangen werden wird:

"Um wessen Verdienst willen wird er (= der Geist des Messias) dienen und
kommen schwebend auf dem Wasser (Gen 1,2)? Um des Verdienstes der Umkehr
willen, die verglichen wird mit dem Wasser (Klgl 2,19): 'Schütte dein
Herz aus wie Wasser'."

Gehören Umkehr und Messias heilsgeschichtlich eng zusammen, so ist es nicht weiter verwunderlich, daß sie auch bei
den Dingen, die vor der Welt erschaffen wurden, sich dementsprechend einander zuordnen lassen. An einigen Stellen des
Midrasch scheint noch deutlich eine Identifikation von Name
und Person des Messias vorhanden zu sein. So wurde einmal an
der Ergänzung des zweiten Beleges für den (Namen des) Messias
in PRE 3 wahrscheinlich, daß mit diesem letzten Beleg des
Midrasch die konkrete (nahe) Erwartung des Messias selbst zum
Ausdruck gebracht und gleichzeitig mit seiner Präexistenz gerechnet wurde. Von einem ganz anderen Zusammenhang und anderer
Fragestellung her scheint auch in BerR solch eine Identifikation vorzuliegen; weiterhin ist auffällig, daß in den
Texten, in denen des öfteren "Name des Messias" in "Messiaskönig" geändert wurde (bes. im MTeh), auch vom Kontext ein
Interesse besonders an diesem Glied des Midrasch vorliegt.
Auch wenn diese Texte erst relativ spät anzusetzen sind,[15]
kommt diesem Befund insofern Bedeutung zu, als hier anscheinend ein Verständnis zu Tage tritt, das schon in der ältesten
Tradition, die von einer Präexistenz des Messias spricht
(äthHen 48,3), nachgewiesen werden konnte. Von daher wird insgesamt die Feststellung E.E.URBACHs zu bekräftigen sein:

"There are no grounds, therefore, for the distinction between the 'pre-
existence' of his name and the 'pre-existence' of his personality."[16]

Dagegen spricht auch nicht ein anderer Midrasch, in dem
davon die Rede ist, daß die Namen bestimmter Personen schon

---

14 Weiter SifDev 1 (zu Dtn 1,1; S.7); PesK 20 (S.143a). Zum Ganzen bes.
    GOLDBERG, Namen 70-72.

15 Dieser Midrasch zu dem Buch der Psalmen wurde wahrscheinlich erst im
    7.Jh. abgefaßt; vgl. BOWKER, Targums 89; weiter BRAUDE, The Midrash
    on the Psalms XXV-XXXII (S.XXXI: "Over a period of perhaps a thousand
    years - from the 3rd century C.E. to the 13th century").

16 URBACH 685

vor ihrer Geburt von Gott genannt werden,[17] ein Midrasch, der
gern für den Beweis einer gewöhnliche Menschen betreffenden
Präexistenzvorstellung ins Feld geführt worden ist.[18] Zwar
wird auch hier der Messias mit der Belegstelle Ps 72,17 aufgeführt, die auch im Rahmen des Midrasch von den Dingen, die
vor der Welt geschaffen wurden, erscheint; aber wahrscheinlich ist überhaupt die Präexistenzvorstellung erst der Grund
dafür gewesen, einen Satz über den Messias auch dort anzu-
fügen; so stellt das Verständnis von "nennen mit Namen" allein
lediglich eine besondere Hervorhebung der göttlichen Erwählung
dar, ohne daß eine Präexistenzvorstellung damit bereits impliziert wäre.[19] Dies ergibt sich auch daraus, daß im zugrundeliegenden ursprünglichen Text nur von drei Namen gesprochen wird und der jeweilige Name, den Gott ausspricht,
auch expressis verbis aufgeführt ist.

4. Der Messias als präexistentes Licht und Geist Gottes vor der Schöpfung

Die Überlieferungen zum (Namen des) Messias im Midrasch von
den Dingen, die vor der Welt erschaffen wurden, können durch
zwei weitere Textgruppen ergänzt werden, die ebenfalls eine
uranfängliche Existenz des Messias thematisieren und ihn dadurch in einen Zusammenhang mit der Schöpfung bringen.
   In gewisser Weise wäre auch der Midrasch der Rischonim zu

---

17 Dieser Midrasch ist in verschiedenen Versionen überliefert; die wahr-
    scheinlich ursprüngliche Fassung kennt nur drei Namen und wird in
    BerR 45,8 (45,11 LEWIN/EPSTEIN Bd.1 S.95a) und MekhY bo 16 (zu Ex 13,2;
    HOROVITZ/RABIN S.59f) überliefert:
    "Drei (Menschen) haben, noch bevor sie geboren wurden, Namen bekommen;
    diese sind es: Isaak, Salomo, Josia".
    Die ausführlichste Zusammenstellung mit sechs Namen, unter denen
    auch der Messias erscheint, findet sich PRE 32,1 (ed.HIGGER S.196f):
    "Sechs (Menschen) haben, noch bevor sie geboren wurden, Namen bekommen:
    Isaak, Ismael, Mose, Salomo, Josia und der König Messias ...
    Der König Messias, woher? Wie es heißt (Ps 72,17?):
    'Sein Name währe ewig' (יהי שמו לעולם) ; eine andere HS zitiert
    Ps 72,17 wörtlich).
    Und warum ist sein Name Yinnon?
    Wie es heißt (Ps 72,17): 'Solange die Sonne (scheint), sprosse (ינון)
    sein Name'."
    M.ZOBEL, Gottes Gesalbter (1938), subsumiert den Text unter die Über-
    schrift: "Der vorweltliche (!) Name des Messias".

18 Allerdings ist die Textüberlieferung in PRE 32,1 nicht mehr ganz zu-
    verlässig, vgl. o. im Text.

19 Vgl. die neueste Untersuchung von GOLDBERG, Namen 77.

nennen, wo der (Name des) Messias gemeinsam mit Gott als
"Erstem" aufgezählt ist.[1] Dies scheint jedoch nicht das ursprüngliche Verständnis dieses Textes zu repräsentieren, obwohl das Sammelwerk des Yalqut Shimoni ein solches an (allerdings nur) einer Stelle nahelegt.[2] So bleiben, soweit ich
sehe, nur die zwei Textzusammenhänge, die den Messias mit dem
präexistenten Urlicht und mit dem über den Urwassern "schwe-
benden"[3] schöpferischen Geist Gottes identifizieren.

4.1. Der Messias als präexistentes Licht

Innerhalb der Petiha des R.Yehuda bar Simon zu Gen 1,1, die
von einer Auslegung von Dan 2,22 ausgeht: "Er (sc. Gott) enthüllt tief verborgene Dinge; er weiß, was im Dunkeln ist, und
bei ihm wohnt das Licht (נהורא (Qere) עימיה שרי)", erscheint eine andere Überlieferung, die offensichtlich Dan 2,22
mit Gen 1,3f verbindet:
BerR 1,6 (1,8 LEWIN/EPSTEIN Bd.1 S.2b)

א״ר אבא סרונגייא... ‏   (Dan 2,22) ‏זה מלך משיח‏•

"R.Abba Serongayya sagte:[4]
(Dan 2,22): 'und das Licht wohnt bei ihm'. Das ist der Messiaskönig."[5]

Der Text mutet sehr fragmentarisch an. Wie aber aus dem
Zusammenhang hervorgeht, scheint er auf das Urlicht der
Schöpfung (Gen 1,3f) anzuspielen, das nach anderen rabbinischen Traditionen für eine spätere Zeit verborgen worden
ist.[6] Weiterhin scheint die Auslegung von Dan 2 mit dem Ketib

---

1   Besonders die Fassung B: BerR 63,8 (63,10) u.a.

2   Yalq Jer 298 (413a).

3   Vgl. zu diesem Ausdruck WESTERMANN, Genesis (BK)148; weiter ALBERTZ/
    WESTERMANN, THAT Bd.2 Sp.730: "Das Verbum rhp pi. bezeichnet nicht
    einen ersten Schöpfungsakt, sondern es ist gebraucht, weil auch in
    der Zustandsschilderung der 'Welt vor der Schöpfung' רוח ohne eine
    Bewegung einfach nicht denkbar ist".

4   Die Schreibweise des Ortes wechselt in den verschiedenen HSS und
    Texten, die diesem nicht sehr bekannten amoräischen Rabbinen zuge-
    schrieben werden; vgl. BORNSTEIN, Verzeichnis der Amoräer EJ.D. Bd.2
    (1928) Sp.645.

5   Der Erstdruck fügt noch (wohl aus PesR 36,1) hinzu: "denn es heißt
    (Jes 60,1): ..."; damit wäre mit "dein Licht kommt": "der Messias
    kommt", vgl. den textkritischen Apparat bei THEODOR z.St. und
    GOLDBERG, Erlösung 160f.

6   Vgl. die Auffassung R.Elazar's in bHag 12a; SEZ 21 (S.34).

נָהִירָא zu spielen, das dieselbe Punktierung wie מָשִׁיחָא aufweist. Das wird an dem parallelen Text von EkhaR 1,16,51
(1,58 LEWIN/EPSTEIN Bd. 5 S.37b) besonders deutlich:[7]

(Dan 2,22)   ... שנאמר שמו נהירא·אמרי סנגויא ביבא ר׳
               ·כתיב וג׳ ונהירא

R.Bibay Sanguria sagte:[8]

"Nehira ist der Name (des Messias), wie es heißt (Dan 2,22): ... Nehira
ist geschrieben."

Dort wird als Antwort auf die Frage: "Was ist der Name
des Messias?" innerhalb einer Kompilation verschiedener Möglichkeiten auch diese angegeben.[9] "R.Abba war also der An-
sicht, daß der Messias - so wie das Licht des Anfangs - bei
Gott war."[10] Offensichtlich wird durch die Verwendung einer
Lichtsymbolik der Messias mit den Uranfängen der Schöpfung
verbunden.[11]

Wir haben schon oben bei Aristobul und im Weisheitsbuch
gesehen, daß die Verbindung von präexistenter Weisheit/Tora
und Schöpfung mit einer ähnlichen Terminologie beschrieben
wird; auch Weisheit/Tora sind in bestimmter Hinsicht präexistentes göttliches Urlicht.[12] In der apokalyptischen Tradition werden die Menschen gelegentlich mit Sternen verglichen,und somit ist auf sie ebenfalls eine solche Terminologie anwendbar.[13] Vielleicht steht beim Messias ebenfalls
eine solche Verwendung der Lichtsymbolik im Hintergrund. Dafür spricht, daß eine ähnliche Verbindung auch von Abraham
weit verbreitet ist.[14]

---

7 Zu diesem Text vgl. GOLDBERG, Namen 21-24.

8 Hiermit ist wohl dieselbe Person gemeint wie in BerR 1,6.

9 In der parallelen Überlieferung der Frage nach dem Namen des Messias
   yBer 2,4(5a) und bSan 98b (unten) fehlt dieser Satz R.Abba's.

10 GOLDBERG, Erlösung 162.

11 Es gibt zwar in der jüdischen mittelalterlichen Literatur auch eine
   Meinung, die in diesem Begriff נהורא einen Personen- oder Familien-
   namen entdecken will; das ist aber reine Spekulation, GOLDBERG, Namen
   58.

12 Zu apokalyptischen und rabbinischen Parallelen vgl. auch BILL Bd.2
   S.357f zu Joh 1,3.

13 Vgl. oben zu äthHen 43,1-4.

14 Vgl. BerR 43,3 (43,4 LEWIN/EPSTEIN Bd.1 S.88a); ShemR 15,26 (Bd.2
   S.41b); BamR 2,13 (2,12 Bd.4 S.8b); MTeh 1,4 (S.3a), zu PesR 20,6 vgl.
   GRÖTZINGER z.St.

BerR 2,3 (LEWIN/EPSTEIN Bd. 1 S.5a)

(Jes 41,2)   ...הה״ר • ויאמר אלהים יהי אור זה אברהם • הה״ר.

על תקרא העיר אלא האיר•

"(Gen 1,4): 'und Gott sprach: es werde Licht'; das ist Abraham,wie die
Schrift sagt (Jes 41,2): 'Wer hat im Osten den geweckt (העיר) (, dem
Gerechtigkeit folgt auf Schritt und Tritt?)'
Lies nicht העיר , sondern האיר (das Licht zu verbreiten)."

Im Zusammenhang einer anderen Petiha von R.Yehuda bar Simon
wird dabei Gen 1,2 auf die Geschlechter der Väter Israels ausgelegt. Hier wird das Urlicht, oder wie in weiteren Parallelen
die Sonne, mit Abraham in Beziehung gebracht.[15] Es ist zwar
unwahrscheinlich, daß eine Aussage über seine Präexistenz vorliegt; aber der Text macht deutlich, wie die Lichtmetaphorik
aus Gen 1 auch auf die Gestalten der Väterzeit Israels angewendet werden kann. Während es sich hier bei Abraham lediglich um einen antizipierenden Hinweis auf die spätere geschichtliche Gestalt handelt, scheint beim Messias eine qualitativ andere Beziehung im Sinn zu sein. Darauf weist die Auffassung von R.Abba, aber auch die - wohl später hinzugekommene - Ergänzung zu BerR 1,6, die den ganzen Satz mit der
Schriftstelle Jes 60,1 begründet und damit auf einen letzten
Text verweist, für den eben dieser Beleg konstitutiv ist, hin:

PesR 36,3 (FRIEDMANN S.161b; Text nach GOLDBERG S.393)

מהו באורך נראה אור איזה אור שכנסת ישראל מצפה [לו]

זה אורו של משיח שנאמר ...(Gen 1,4)מלם שצפה הקב״ה במשיח

ובמעשיו קודם שנברא העולם[גנז]למשיח לדורו תחת כסא הכבור שלו•

"Was heißt (Ps 36,10): 'in deinem Licht sehen wir das Licht'? Was für
ein Licht ist dies, nach dem[16] die Gemeinde Israels ausschaut?
Das ist das Licht des Messias,[17] (von dem) heißt es (Gen 1,4): 'Gott
sah das Licht, daß es gut war'. Das lehrt, daß der Heilige, g.s.E., den
Messias (und) seine Taten vorausschaute, bevor die Welt geschaffen wurde,
und er verbarg[18] (das Licht) für den Messias[19] (und) seine Generation
unter dem Thron (der Herrlichkeit)."[20]

---

15 Vgl. auch Jes 41,4: "Wer hat das bewirkt und vollbracht? Er, der von
    Anfang an (מראש)die Generationen rief"; dieser Vers wird mitausgele[gt]

16 גנ ist sicher verlesen; vgl. GOLDBERG z.St.

17 Zu dem Ausdruck "Licht des Messias" vgl. noch PesR 36,12,3, wo das
    Licht den Weg erleuchtet!

18 הם ist wohl zu emendieren; vgl. GOLDBERG z.St.

19 HS Prag liest "seinen Messias".

20 Übersetzung nach GOLDBERG, Erlösung 147f.

Aus dem Zusammenhang ist ersichtlich, daß der Verfasser sich
den Messias als Licht verborgen unter dem Thron der Herrlichkeit vorstellt. Dort darf der Satan ihn (bzw. sein Licht)
schauen, fällt dabei aber betroffen zu Boden, denn er hat damit seine eigene Vernichtung und die seiner Gefolgschaft gesehen.

PesR 36,4 (FRIEDMANN S.161b; Text nach GOLDBERG S.393)

אמר השטן לפני הק״בה רבונו של עולם הראהו לי

אמר לו בא וראה אותו וכיון שראה אותו נזדעזע ונפל על פניו

ואמר בודאי זהו משיח שהוא עתיד להפיל לי ולכל שרי אומות

העולם בגיהנ׳ שנאמר... (Jes 25,8)

"(Der Satan) sprach vor ihm: Herr der Welt[21]
Laß mich ihn (sc. den Messias) sehen! Er sprach zu ihm: Komm und sieh
ihn an! (Und) als er ihn sah, da erzitterte er und fiel auf sein Antlitz.
Er sprach: Gewiß ist dies der Messias, der mich (und) alle Fürsten der
Völker der Welt[22] einst in die Hölle stürzen wird, wie es heißt (Jes
25,8): '... und er läßt den Tod verschlingen für immer, und der Herr,
Gott, wird abwischen (die Träne von jedem Antlitz).'"[23]

Die Beziehung und Verknüpfung von Messias und dem präexistenten, verborgenen Licht wird allerdings nicht weiter
präzisiert; stellt sich der Verfasser darunter eine Identifikation vor?[24] Oder meint er lediglich ein Verleihen des
Lichtes an den Messias?[25] Vergleichbar ist dabei PesR 37,3
(GOLDBERG S.381), wo er "mit einem Kleid bekleidet wird, dessen Glanz von einem Ende der Welt bis zum anderen reicht".[26]
Anscheinend wird der Messias mit der alle Welt umfassenden
göttlichen Doxa umkleidet, an der dann auch Israel partizipiert.[27] Weiterhin ist aus dem Zusammenhang zu ersehen, daß
dem Messias durch seine Einwilligung von Anfang an, das Leiden
für sein Volk auf sich zu nehmen, Mittlerqualitäten zuge-

---

21 In einer HS fehlt der Anfang; vgl. GOLDBERG z.St.

22 Yalq z.St. liest: "Götzendiener".

23 Übersetzung nach GOLDBERG, Erlösung 148.

24 So anscheinend BRAUDE, Pesikta Rabbati z.St. u.a.

25 So GOLDBERG, z.St.

26 Hier wird die Einsetzung des Messias zum endzeitlichen Richter über
    die ganze Welt geschildert; vgl. auch 36,12,3, wo Jes 60,3 (das
    Licht) auf den Messias (bzw. sein Licht) gedeutet wird.

27 So die Fortsetzung in PesR 37,7: "Israel bedient sich seines Lichtes."
    (וישראל משתמשין לאורו)

sprochen werden.[28]

Ein anderer Gedanke ist hier ausschlaggebend; er wird im
Text der Pesiqta zwar nur ganz knapp angedeutet, bildet aber
sichtlich den Hintergrund für die ganze Ausführung: bei dem
ursprünglichen Licht handelt es sich vor allem anderen - auch
vor dem Messias - um das Licht der Tora. Diese Vorstellung ist
vom AT für die Rabbinen schon vorgezeichnet und leitet sich
von solchen Bibelversen her wie Spr 6,23: "Denn deine Leuchte
ist das Gebot und die Lehre (Tora im Sinne der Midraschim) ein
Licht" oder Ps 119,105: "Dein Wort (Tora im Sinne der
Midraschim) ist meines Fußes Leuchte, ein Licht für meine
Pfade". Ein gutes rabbinisches Beispiel ist in diesem Zusammenhang eine Auslegung zu Ex 25, der Anordnung für das Heiligtum
und seiner Geräte:

ShemR 34,2 Ende (LEWIN/EPSTEIN Bd.2 S.88b)

ועשו ארון עצי שטים...

מה התורה קדומה לכל כך כמעשה המשכן הקדים את הארון לכל

(Gen 1,3)   הכלים.מה האור קדם לכל מעשה בראשית דכתיב...

(Spr 6,23)   ואף כמשכן התורה שנקראת אור דכתיב...

ותורה אור קדמו מעשיה לכל הכלים.

"(Ex 25,10): 'Macht eine Lade aus Akazienholz'.
Wie die Tora allem vorausgeht, so ist auch beim Bau des Heiligtums die
Lade allen anderen Geräten vorgeordnet.[29] Wie das Licht jedem Schöpfungs-
werk vorausgeht, wie es heißt (Gen 1,3): ... so auch beim Heiligtum die
Tora, die 'Licht' genannt wird, wie es heißt (Spr 6,23) ... Und die Tora
geht (so) als Licht aller (Anfertigung der) Geräte voraus."

Die Anfertigung der Lade und der damit verbundenen Geräte
für das Heiligtum wird parallel gesetzt mit der präexistenten
Tora, die identisch ist mit dem präexistenten Licht. Auch der
Verfasser von PesR hat sicherlich ähnliche Vorstellungen vor
Augen, wenn er in der angegebenen Weise von der den Israeliten
übergebenen Tora spricht. Die Identität von Tora und prä-
existentem Licht Gottes bildet also offensichtlich den Hintergrund der knappen Andeutung in PesR 36,4. Damit geht die Tora
auch dem Messias voraus. Es ist nicht verwunderlich, daß in
der Gegenüberstellung von Messias und Tora die Gewichtung
durchweg so vorgenommen wird. Das Diktum der präexistenten

---

28 Zur Interpretation vgl. GOLDBERG, Erlösung 59-64; hier auch S.61ff
    zur Diskussion, inwieweit man hier von christlichen Einflüssen
    sprechen kann.

29 Wörtlich: "errichtet über ...".

Tora gehört zu den Selbstverständlichkeiten der rabbinischen
Literatur, während ähnliche Vorstellungen vom Messias als Besonderheit gewertet werden müssen.

Im Ganzen rechnet die Homilie von PesR 36 mit der Vorordnung der Tora vor dem Messias, aber auch zugleich mit der
Notwendigkeit des Kommens des Messias; das "Licht des
Messias" bedeutet dann in diesem Zusammenhang, daß er der
Tora zur allgemein anerkannten Geltung verhelfen wird. Das
wiederum greift vor auf die stellvertretende Tat des Messias,
die Erlösung des Volkes von aller Schuld, bevor er sie dann
konkret von aller Unterdrückung befreien wird. Die beiden vorgegebenen Themen vom Licht der Tora und vom Licht des Messias
werden aufgegriffen und weitergeführt: Licht ist die Tora,
Licht ist der Messias; Leben ist die Tora und dann kommt das
eigentliche Interesse des Verfassers: auch der Messias ist
(das) Leben. "Das ... Neue seiner Predigt ist ... die Gleichsetzung des Messias mit dem Born des Lebens und die Begründung
für dieses Leben: Der Messias war bereit zu leiden."[30]

4.2. Der Messias als Geist Gottes vor der Schöpfung

In ähnlicher Weise wie mit dem präexistenten Urlicht wird der
Messias in rabbinischen Texten auch mit dem Geist Gottes, der
sich nach Gen 1,2 über der Urflut bewegt, in Verbindung gebracht. Im gesamten Kontext handelt es sich um eine allegorische Auslegung R.Shimon ben Laqish zu diesem Bibelvers, wo
dieser das Chaos (Gen 1,2a) mit den vier Weltreichen interpretiert.[31]

---

30 GOLDBERG, Erlösung 210; GOLDBERG kann diesen Text exegesieren, ohne
   mit christlichem Einfluß zu rechnen!
31 Vgl. die Auslegung R.Yehuda b.Simon auf die Geschlechter BerR 2,3
   (2,4, S.5a).

BerR 2,4 (2,5 LEWIN/EPSTEIN Bd.1 S.5a/b)[32]

ורוח אלהים מרחפת זה רוחו של מלך המשיח• היאך מר•א•..

(Jes 11,2)   כאיזו זכות ממשמשת ובאה•המרחפת על פני המים•

(Klgl 2,19)   ... כזכות התשובה•שנמשלה כמים שנא•א

"(Gen 1,2b): 'und der Geist Gottes bewegte sich (über dem Wasser)'; das
ist der Geist des Messias,[33] so wie die Schrift sagt (Jes 11,2): 'Der
Geist Jahwes ruht auf ihm' (sc. dem Messias nach dem Midrasch).
Um wessen Verdienst wird er (sc. der Geist des Messias) dienen[34] und
kommen 'bewegend auf dem Wasser'?
Um des Verdienstes der Umkehr willen, die verglichen wird mit dem
Wasser, wie es heißt (Klgl 2,19): 'Schütte dein Herz aus wie Wasser'."

Diese Interpretation von Gen 1 durch ben Laqish wird unter
der Voraussetzung begründet, daß der Messias in einzigartiger
Weise mit dem Geist Gottes begabt ist und ihm dadurch göttliche Autorität zukommt. Es gibt in dieser Hinsicht eine
breite Auslegungstradition von Jes 11,2, die hier in BerR 2,4
vorausgesetzt werden muß:[35] der Messias ist der (königliche)
Geistträger von Jes 11,2ff.[36] Aus diesem fragmentarischen
Text ist es leider nicht mehr möglich, eine vollständige
Messianologie zu entwickeln, aber ein anderes Motiv der Aus-
legung zu Gen 1,2 ist nicht zu übersehen: der Zeitpunkt der
Erlösung des Volkes wird - nach ben Laqish - durch die Umkehr
bestimmt. Erst wenn das Volk im Einklang mit der zitierten
Klage steht und durch das Ausschütten der Herzen vor Gott
seine Reue und Umkehr zeigt, wird die Erlösung gekommen sein.[3]
Hier in BerR 2,4 wird dadurch ein innerer Zusammenhang von
Umkehr und Messias hergestellt; der Text liegt damit auf eine
Linie mit dem Midrasch der Dinge, die vor der Welt erschaffen

---

32 In den parallelen Auslegungen zu Gen 1,2 wird - auch unter dem Namen
    Shimon ben Laqish - "Geist Gottes" auf den "Geist Adams" gedeutet; so
    in den meisten HSS von BerR 8,1 (LEWIN/EPSTEIN Bd.1 S.14b); in einer
    HS von WaR 14,1 (Bd.3 S.36a); Tan tazrya 1 (ad Lev 12,1); TanB
    tazrya 2 (S.16b); MTeh 139,5 (S.265a); Yalq Ps 888 (zu Ps 139,5;
    S.265a). So werden im Yalq Ber 4 (ed. Jerusalem 1973 S.14) beide
    Überlieferungen nebeneinander tradiert. Die eine Deutung aus der an-
    deren herauszulesen, ist schwerlich möglich; eher wird die Vermutung
    HENGELs zutreffen, daß schon ursprünglich beide Auslegungen dem Tra-
    denten zugeschrieben werden müssen (Sohn Gottes S.110f A.126); vgl.
    auch URBACH 1005 A.36.

33 Andere HSS: König Messias.

34 URBACH, ebd.

35 Vgl. auch HENGEL, Jesus 169ff.

36 So ist auch die Lesart "König Messias" zu verstehen.

37 Zur Auslegung von Klgl 2,19 vgl. auch MTeh 119,56 (S.252a).

wurden, die ebenfalls solch eine Verbindung bedingen. Diese
Texte werden damit ausgelegt.

Wahrscheinlich ist ein so formulierter Zusammenhang vom
schöpferischen Geist Gottes mit dem Geist des Messias überhaupt erst auf dem Hintergrund der Präexistenzaussage dieses
Midrasch zu verstehen, auch wenn eine postulierte Verknüpfung
beider Texte an dieser Stelle keinen direkten Anhalt findet.
Daß es aber eine solche Verknüpfung bei den Rabbinen gegeben
hat, belegt wieder das Aufgreifen dieser alten Traditionen in
der späten Pesiqta Rabbati 33,6.

Aus einer Kombination von Jes 51,12: "Ich bin es, ja ich, der
euch tröstet (מנחמכם)" und Ps 71,20f: "Du ließest mich viel
Angst und Not erfahren. Belebe mich wieder neu, führe mich
herauf aus den Tiefen der Erde! Bringe mich wieder zu Ehren!
Du wirst mich wiederum trösten (תנחמני)" liest der Verfasser
innerhalb einer Trosthomilie einen Hinweis auf den "Tröster"
(מנחם), den Messias:[38]

PesR 33,6 (FRIEDMANN S.152b)

אתה מוצא מתחילת ברייתו של עולם נולד מלך המשיח•

שעלה במחשבת עד שלא נברא העולם•

(Jes 11,1)   [כן הוא [אומר] ...

•[אינו אומר כאן וְיֵצֵא אלא [וְיָצָא]

"Du findest, daß der König Messias (schon) vom Anfang der Weltschöpfung
an geboren war, denn er stieg in den Gedanken (Gottes) auf, als die Welt
noch nicht geschaffen war. So sagt es (die Schrift; Jes 11,1): '... Aus
dem Baumstumpf Isais wächst ein Reis hervor'; nicht וְיֵצֵא ist geschrieben ('er wird hervorwachsen'), sondern וְיָצָא ('er ist hervorgewachsen',
so im Sinne des Midrasch)."

Das Perfekt (יָצָא) wird also auf den Anfang der Weltschöpfung gedeutet; der Messias ist schon damals geboren (!)
worden. Wahrscheinlich handelt es sich hier um eine konkrete
Ausgestaltung des Midrasch von den Dingen vor der Welt, wie
es sich noch an der Reminiszenz an den Schöpfungsplan Gottes
(מחשבה) ablesen läßt. Das, was dort als "Schöpfung" erscheint, wird hier durch ילד ausgedrückt; der Messias ist
von Uranfang an existent.[39] Diese Interpretation wird nach
der bekannten Auslegung von Gen 1,2 auf die vier Weltreiche
noch einmal mit einer Frage nach dem Schriftbeleg aufgegriffen

---

38 Zu dieser Messiasbezeichnung vgl. GOLDBERG, Namen 32-36; ders.,
    Erlösung 43.

39 Wie die Weisheit in Spr 8,22ff durch den Gebrauch der Wurzel קנה .

und auf den Ausgangstext in Jes 51,12 zurückgeführt:

PesR 33,6 (ebd. S.152b)

ומניין אתה אומר שמתחילת ברייתו של עולם היה מלך המשיח•

ורוח אלהים מרחפת זה מלך המשיח•וכן הוא אומר ונחה...

כשתשפכו כמים (**Gen** 1,2b)...מרחפת ואימתי(Jes 11,2)

(Jes 51,12)   ... לבבכם נכח פני ה׳

"Woher willst du beweisen, daß der König Messias (schon) seit dem Anfang
der Weltschöpfung existiert?
(Gen 1,2b): 'und der Geist Gottes bewegte sich'; das (bezieht sich) auf
den König Messias. Und so sagt (auch die Schrift; Jes 11,2): ... Wann?[40]
(Gen 1,2b): 'bewegte sich auf dem Wasser'?
Wenn eure Herzen ausgeschüttet werden (Klgl 2,19): 'vor dem Angesicht
Jahwes'; (denn; Jes 51,12): 'Ich, ich bin es, der euch tröstet.'"

Sowohl mit der Hinführung auf den Ausgangsvers Jes 51,12
wie auch mit der Frage nach dem "Beweis" einer uranfänglichen
Existenz des Messias wird eine Problemstellung angegeben, die
für den Verfasser das eigentliche Thema des Abschnittes bildet; es geht um eine Vor- und Überordnung des Messias gegenüber den das Böse repräsentierenden Mächten und Reichen der
Welt. Im Ganzen ist offensichtlich die Auslegung von R.Shimon
ben Laqish aufgegriffen und weitergeführt worden. Das zeigt
sich z.B. an dem Motiv der Geburt des Messias, dem Bezug zum
Schöpfungsplan Gottes sowie an der wiederkehrenden Betonung
des schon Vorhandenseins des Messias. Wahrscheinlich wird
durch dieses Insistieren auf der Präexistenz der "Trost-
charakter" der Homilie noch verstärkt und die Widerstände
gegen eine Hoffnung auf die (unmittelbare) Erwartung der Gestalt ferngehalten. Es kommt in dieser Homilie eine sehr lebendige Messiashoffnung zur Sprache, wie sie nicht zu allen
Zeiten und von allen rabbinischen Gruppen getragen war. Inwieweit an solchen Stellen auch christliche Einflüsse zum Vorschein kommen, kann hier außer acht bleiben.[41] Es ist für
unsere Fragestellung in erster Linie wichtig, daß auch in der
jüdischen Tradition die Vorstellung einer uranfänglichen
Schöpfung des Messias, wie sie in einem großen Teil des
Midrasch der Dinge vor der Welt zum Ausdruck kam, in anderen
Texten über den Messias wiederzufinden ist.

---

40 Zu diesem Ausdruck vgl. BACHER, exegetische Terminologie II S.5:

"Dieses Wort steht als elliptischer Fragesatz zwischen zwei Bibelversen, um anzugeben, daß der Inhalt des an erster Stelle angeführten
Verses sich bei den im zweiten Verse berichteten Geschehnissen be-
wahrheitete."

41 Vgl. o.Anm. 28.

C. Die Präexistenz von Tora und Messias und der (Schöpfungs-)Plan Gottes

In den behandelten Texten war immer wieder ein Problem aufge-
taucht, das hier abschließend noch einmal zusammenfassend zur
Sprache kommen soll. Es geht um die Vorstellung vom Gedanken
bzw. den Gedanken, die vor der Schöpfung bei Gott "aufsteigen". In den meisten dieser Texte war die Wendung "in Gedanken aufsteigen" nur formelhaft verwendet worden, so daß ihr
Gehalt nicht recht deutlich wurde.[1] Anders ist das aber in
den zwei schon zitierten Texten, die diesen Gedanken in einem
Vorspann zum Midrasch gesondert thematisieren:

PRE 3

"Bevor die Welt geschaffen wurde, da war der Heilige, g.s.E., und sein
(großer) Name allein. Da stieg im Gedanken auf, die Welt zu erschaffen,
und er zeichnete die Welt vor sich auf, doch sie stand nicht.
Man machte ein Gleichnis. Womit ist das zu vergleichen? Einem König, der
sich einen Palast bauen wollte. Bevor er seinen Grundriß, seine Eingänge
und Ausgänge, nicht in die Erde eingezeichnet hat, beginnt er nicht zu
bauen. So zeichnete der Heilige, g.s.E., die Welt vor sich auf, und sie
stand nicht, bevor er die Umkehr schuf."

Pesiqta Hadta

"Als es im Gedanken aufstieg, (die Welt) zu erschaffen, dachte der
Heilige, g.s.E., darüber nach, wie er die Welt schaffe, so daß sie auch
Bestand habe. Wegen der Sünde des Menschen, die (dies)er in Zukunft begehen werde, schuf er aber zuvor die Umkehr und danach schuf er (erst)
die Welt."

In beiden einleitenden Texten wird die "Präexistenz" der
Umkehr thematisiert. Es soll dabei anscheinend ein besonderer
Denkprozeß Gottes beschrieben werden, der ihn die Möglichkeit
der Umkehr für die Menschen in sein Schöpfungswerk "einplanen"
läßt. Dahinter steht offensichtlich die Vorstellung eines aus-
gearbeiteten Schöpfungsplanes für die Erschaffung der Welt.

Von daher ist es auch notwendig, daß in BerR 1,4 zwei
Dinge (Tora und Thron) von den übrigen Dingen abgetrennt werden müssen: wenn die Tora den Schöpfungsplan selbst beinhaltet, dann muß sie einen eigenen vorauslaufenden Schöpfungsakt
für sich beanspruchen; ähnliches gilt auch für den göttlichen
Thron. Es wird nun in der exegetischen Literatur bis heute oft
für diese Vorstellung des Schöpfungsplanes Gottes eine Abhängigkeit von griechisch-philosophischen Schöpfungstra-
ditionen postuliert und dabei besonders auf die Nähe der

---

1 Vgl. MHG Ber 1,1; MTeh 93,3; Seride TanBer 5.

philonischen Logoslehre verwiesen. Dabei wird in den meisten
Fällen eine "ideelle Präexistenz" von einer "realen Präexistenz" unterschieden. Soweit ich sehe, hat F.WEBER in seinem "System der altsynagogalen palästinischen Theologie" 1880
zum erstenmal diese Unterscheidung getroffen und dabei
Dinge, die "wirklich vor der Zeit geschaffen"[2], und solche,
die "nicht wirklich, sondern in Gottes ewigem Heilsrath vorhanden waren",[3] unterschieden. Diese Terminologie wurde weithin akzeptiert.[4] Als Beleg für eine solche Beeinflussung von
griechischer Philosophie, ja eine "für den jüdischen Hellenismus charakteristische platonisch-stoische Synthese",[5]
diente das dem obigen Gleichnis aus PRE 3 ähnelnde Gleichnis
in BerR 1,1:[6]

"Wenn, nach der Weise der Welt, ein König aus Fleisch und Blut einen
Palast baut, dann verläßt er sich nicht auf sich selbst, sondern zieht
einen Baumeister (אומן) hinzu. Und auch der Baumeister verläßt sich nicht
auf sich selbst, sondern benutzt Pläne und Zeichnungen,[7] um daraus zu
ersehen (לידע), wie er Zimmer und Türen[8] anlegen soll. So blickte
(מביט) auch der Heilige, g.s.E., in die Tora und erschuf die Welt."

Danach wird also die Tora als Gottes aufgezeichneter Bauplan für die Schöpfung verwendet; sie ist - nach PRE - ein in
den Sand gemalter Grundriß für zukünftige Fundamente (des
Palastes). Ist sie aber damit zugleich auch Vorbild und Modell, κόσμος νοητός, wie es in dem vergleichbaren philonischen Architektengleichnis heißt, Opificio mundi 17f?[9]

"Wenn eine Stadt gegründet wird nach der großen Ehrsucht eines Königs
oder irgendeines Stadthalters ..., dann tritt einer der ausgebildeten
Architekten auf, der, nachdem er das gute Klima und die gute Lage des
Ortes gesehen hat, zuerst in Gedanken (ἐν ἑαυτῷ) nahezu alle Teile
der Stadt, die entstehen soll, entwirft: Tempel, Gymnasium, Rathäuser,
Marktplätze, Häfen, Werften, Straßen, aufzuführende Mauern, die Bauten
von Wohnhäusern und anderer öffentlicher Gebäude. Dann, nachdem er in

2 WEBER 198.

3 Ebd. S.355.

4 So BILLERBECK, Nathanael 19 (1903) 100; 21 (1905) 96f.101f u.ö.; ders.
   Kommentar Bd.2 S.334 u.ö.; SCHOEPS, Paulus 154; weiter z.B. im eng-
   lischen Sprachraum BARTON, der allerdings vor allem Autoren und nicht
   Texte diskutiert.

5 SCHUBERT, Religion 23; auch HAMERTON-KELLY, Pre-Existence 20.

6 1,2 LEWIN/EPSTEIN S.1a; Übersetzung nach SCHÄFER, Geschichtsauffassung 34f.

7 Wörtlich: "Lederrollen" und "Schreibtafeln".

8 Wörtlich: "Pförtchen".

9 Übersetzung nach WEISSKOPF 228.

seiner Seele (τῇ ἑαυτοῦ ψυχῇ) gleich in Wachs von jedem Bilder
empfangen hat, trägt er die vorgestellte Stadt (νοητὴν πόλιν) mit
sich herum. Nachdem er deren Bilder im eingepflanzten Gedächtnis bewegt und ihre Charakteristika noch stärker eingeprägt hat, hinein-
schauend in das Beispiel (ἀποβλέπων εἰς τὸ παράδειγμα   ), beginnt
er, die Stadt wie ein guter Bauunternehmer aus Steinen und Bauholz auf-
zuführen, indem er jeder körperlosen Idee das verkörperte Sein ähnlich
macht (τὰς σωματικὰς ἐξομοιῶν οὐσίας)."

Bei aller formalen Ähnlichkeit vom Bauvorhaben eines Königs,
der Durchführung eines Baumeisters und dem Hineinblicken in
Pläne bzw. in das Beispiel (παράδειγμα)[10] sind jedoch die
Übereinstimmungen sehr spärlich, ja, bei der letzten "Übereinstimmung" wird man sogar nur noch von "Analogie" sprechen
können.[11]

Philo selbst kommt somit als literarische Vorlage nicht in
Frage; höchstens Anklänge an ihn werden in die mündliche
Predigt oder in die rabbinische Schriftauslegung eingeflossen
sein. So ähneln sich eine Reihe von Momenten wie z.B. die
"Ideen" bei Philo[12] und die "Gedanken Gottes" bei den Rabbinen. Aber schon im AT werden die Gedanken/Pläne Gottes
(מחשבות) gelegentlich auf die Geschichtstaten[13] und wohl
auch auf das Werk der Schöpfung angewendet:
Ps 92,5:[14]

"Denn du erfreust mich (Jahwe) durch deine Taten (בפעלך); über die
Werke deiner Hand (מעשיך ידיך) juble ich. Wie groß sind deine Werke
(במעשיך), Jahwe, wie tief deine Gedanken (מחשבתיך)!"

Etwas anders allerdings sprechen die Texte aus Qumran[15]
vom Plan Gottes in Bezug auf den Anfang der Schöpfung, wie

---

10 Dieser Begriff findet sich auch häufig bei Plato, Timaios 28a-29d;
    dort spricht Timaios auch vom "Hinblicken (ἀποβλέπω) des Schöpfers"
    auf das Vorbild (παράδειγμα).

11 Vgl. WEISSKOPF 231. Sicher hängt diese Differenz damit zusammen, daß
    bei Philo und den (späteren) rabbinischen Texten unterschiedliche
    literarische Gattungen vorliegen.

12 Vgl. bei Philo: "vorgestellte Stadt", "körperlose Idee".

13 Vgl. Jes 55,9f; Mi 4,12.

14 Vgl. Ps 33,11; 40,6; im biblischen Sprachgebrauch hängen die Begriffe
    "Rat" (עצה) und "(Himmlischer Thron-)Rat" (סוד) mit dieser Vor-
    stellung zusammen.

15 Vgl. weiter 1 QS 11,11; 4Q 180 fr.20 (rek.); 1 QM 14,14 (rek.). An
    diesen Stellen vermutet SCHUBERT ebenfalls platonisch-stoischen Ein-
    fluß (Religion 17f: "Gott konzipierte zuerst die Idee der Welt - hier
    ist platonischer Einfluß unverkennbar. Dieses göttliche Konzept ist
    aber als Ordnungspotenz allem Sein immanent - hier wirken stoische
    Denkformen."). Vgl. auch HAMERTON-KELLY, Pre-Existence 18. Den Ge-
    danken zeigt auch äthHen 39,11, vgl. AssMos 12,4.

z.B. 1 QS 3,15f:[16]

"Vom Gott der Erkenntnis kommt alles Sein und Geschehen. Ehe sie sind,
hat er ihren ganzen Plan festgesetzt (הכין כול מחשבתם). Und wenn
sie da sind zu ihrer Bestimmung, so erfüllen sie nach seinem herrlichen
Plan (כמחשבת כבודו) ihr Werk, und keine Änderung gibt es."

Das bedeutet: "Gott hat seinen Plan für die Erschaffung
und Regierung der Welt. Bevor die Dinge waren, die alle durch
ihn entstanden, hat er ihren gesamten Plan aufgestellt."[17]
Gegen einen direkten Einfluß solcher Texte spricht aber vor
allem die ausgeprägte Prädestinationsvorstellung, wie sie in
weiten Teilen der Gemeinderegel zum Ausdruck kommt.[18]

Andererseits spricht für den Einfluß der jüdisch-hellenistischen Synagoge, daß die rabbinischen Texte von einem
Schauen in den Bauplan der Welt sprechen, um den es zunächst
bei der Schöpfung selbst geht. Trotzdem sollte man in diesem
Zusammenhang zumindest für die tannaitischen Texte zurückhaltend sein gegenüber einer Begrifflichkeit wie "ideelle Präexistenz".[19]

Vielmehr ist der Begriff der Präexistenz in diesen Texten,
die den Akt des göttlichen Planes mit der Wendung "aufsteigen
in (Gottes) Gedanken" thematisieren, mit den (anthropomorphen,
intellektuellen) Vorstellungen zu füllen, wie sie im Hellenismus verbreitet waren, daß Gott bei seiner Schöpfung ein
bestimmtes Ziel verfolgt und ihre Vollendung fest im Blickfeld hat. So soll BerR 1,4 mit der Differenzierung zwischen
den zwei bereits geschaffenen Dingen und den vier nach Gottes
Plan noch zu erschaffenden nur das besagen: daß die einen
schon geschaffen, während die anderen noch nicht (endgültig)
abgeschlossen sind. So wird ein Zeitraum eröffnet, der sich

---

16 Übersetzung nach LOHSE (Hrg.), Die Texte z.St.

17 NÖTSCHER 53.

18 Vgl. E.P.SANDERS 267.

19 Wahrscheinlich handelt es sich um einen späteren Sprachgebrauch! Vgl.
    aber eine Stelle, die möglicherweise als das früheste Zeugnis dieses
    Gedankens gelten kann: SyrBar 4,3 (in bezug auf den himmlischen
    Tempel): "Es ist bei mir, was offenbar werden wird, was hier schon
    seit der Zeit bereitet war (מעזד), in der ich das Paradies zu
    schaffen beschlossen hatte (ראעבד אתחשבת)." Es ist nicht ganz
    deutlich, welchen Zeitpunkt der Erschaffung des Heiligtums und des
    Paradieses der Verf. vor Augen hat. Es ist durchaus möglich, daß er
    eine präkosmische Existenz meint; so z.B. CHILDS, Myth 73 - anders
    HAMERTON-KELLY, Pre-Existence 18.

vom göttlichen Schöpfungsakt selbst - vor der Schöpfung -
bis zur geschichtlichen Verwirklichung in Schöpfung und Geschichte spannt.

Gleiches gilt auch für den Messias, für ihn sogar umso bestimmter, als die des öfteren in der Sekundärliteratur getroffene Übertragung des Modells "ideell" und "real" bei seinem Namen und seiner Gestalt keine Anhaltspunkte findet. Das
Bild, das dahinter steht und durch die Präexistenzvorstellung
vermittelt wurde, ist nicht in eine Verbindung mit der platonischen Ideenlehre zu bringen.[20] Vielmehr ist auch die Gestalt des Messias in die Schöpfung einbezogen und wartet auf
die Vollendung in der Geschichte, so wie die anderen Dinge
noch auf ihre endgültige Verwirklichung warten.[21] Durch das
Postulat der Präexistenz werden Tora und Messias in die unmittelbare Nähe des Schöpfers gerückt. Durch die Vorordnung
vor die Welt erhalten sie ihren qualitativen Wert vor allem
anderen, was in der Welt existiert. Sie gehören zu den ursprünglichsten Geschöpfen Gottes und haben an dessen Macht
und Größe Anteil. Daß dabei die vorgegebenen Sprachmuster
der "reflektierten Weisheit" nur noch bedingt zum Tragen kommen, ist in einer veränderten Zeit verständlich.

---

20 Gegen KLAUSNER, Idea 461 (zu bPes 5a): "We have here, in some measure,
the Platonic doctrine of ideas.", ein Satz, der in der ursprünglich
deutschen Ausgabe, Berlin 1904 S.67, noch fehlt!

21 Zu den (späten) rabbinischen Belegen, die eine ausgeprägte Seelen-
lehre ·bezeugen, die mit der hier behandelten Frage nach dem "Aufsteigen in Gedanken Gottes" und dem Messias verbunden sind, gehören
z.B. WaR 15,1 (LEWIN/EPSTEIN Bd.3 S.38a; allerdings nur in wenigen
HSS, vgl. ed.MARGULIES z.St.); BerR 24,4 (Bd.1 S.51a); KohR 1,6
(1,12 Bd.5 S.68a); vgl. BILL Bd.2 346f.

VIERTER TEIL

RÜCKBLICK UND AUSBLICK

A. Rückblick: Die Präexistenzvorstellung im Judentum

Ziel der bisherigen Untersuchung war es, Wesen und Wirkung
der Präexistenz von Weisheit und Messias in der jüdischen
Tradition zu erfassen und zu beschreiben. Im Blick auf die
Texte des Neuen Testaments sollen nun noch einmal in wenigen
Strichen vier Hauptlinien nachgezeichnet und herausgestellt
werden, die für das Verständnis der Präexistenzvorstellung
wichtig geworden sind, nachdem jeweils am Ende eines Kapitels
zusammenfassend nach ihrem Spezifikum gefragt worden war.

1. Der Übergang von der reflektierten Weisheit zur reflektierten Tora

Ausgehend von den Texten über die reflektierte Weisheit in
den Weisheitsgedichten und -liedern des Alten Testaments ließ
sich eine starke Tendenz feststellen, den himmlisch-transzen-
denten Bereich mit dem irdisch-menschlichen zu verknüpfen. Die
Weisheit wurde dabei zur persönlich vorgestellten _mediatrix_
dei. In ihr wurde der Bogen gespannt zwischen Uranfang der
Schöpfung und menschlicher Geschichte, genauer: der Heilsgeschichte Gottes mit seinem Volk Israel, zwischen dem präexistenten Sein bei Gott und irdisch-menschlichem Verhalten
in der Zeit. In der sich den Menschen annehmenden und anem-
pfehlenden Gestalt der Weisheit ist dabei eine Mittlergestalt
auf den Plan getreten, die den Menschen zur Teilhabe an Gott
bringen und ihm Anteil geben will an dem Werk der Schöpfung.
Nun wäre zu erwarten gewesen, daß sich die kosmologisch-
spekulativen Seiten der Weisheit im Laufe der Überlieferung
herausbilden und verstärken würden. Dies ist aber, wie sich
an den späteren Übersetzungen der Weisheitstexte gezeigt hat,
nicht der Fall. So kann man einerseits auf einen selbstverständlich vorausgesetzten Umgang, andererseits auf einen

Rückgang des Interesses an den kosmologischen Funktionen der
Weisheit schließen, weil andere Theologumena wie Pneuma und
Logos (und Tora) diese an sich ziehen.

In der unmittelbaren Nähe der Weisheit zum Zion und Kult,
in denen sie sich verkörpert, ist sie erfahrbar und mitteil-
sam, ja im Buch der Tora ist sie den Menschen vor Augen, er-
lernbar und verfügbar. Die Verbindung von Weisheit und Tora
ist dabei auf der einen Seite so stark und überwältigend geworden, daß in den späteren rabbinischen Texten eine feste,
fast ausschließliche Verkoppelung von beiden entstanden ist.
Die Tora steht an der Stelle der Weisheit. Werden nun im
nachhinein die Texte der Weisheit gleichsam von hinten gelesen, dann ergibt sich für die den Platz der Weisheit einneh-
mende Tora ein neuer Ansatzpunkt der Reflexion; auch die spekulativen, kosmologischen Aspekte der Weisheit, Präexistenz und
Schöpfungsmittlerschaft werden bewußt aufgegriffen und weitergeführt. Die Tora als transzendent-präexistente Größe, die
am Sinai den Israeliten übergeben wurde, wird so zum all-ver-
mittelnden Element.

2. Die Verknüpfung der Weisheit/Tora mit Licht und Geist Gottes

Als weiterer Schwerpunkt in den Weisheitstexten wurde ihre
Annäherung und Verknüpfung mit den Vorstellungen von Licht und
Geist Gottes herausgearbeitet. Solche Terminologie erscheint
einerseits dort, wo es um die Bestimmung der Weisheit - aus
der unmittelbaren Nähe der Doxa Gottes - geht, andererseits
da, wo vor allem ihre soteriologische Seite betont zum Tragen
kommen soll. Die Lichtsymbolik wird dabei besonders bei
Aristobul und dem Weisheitsbuch als noetisches und ethisches
Motiv aufgegriffen, wobei vorgeprägte alttestamentliche Aussagen aufgenommen und weitergedacht werden; überhaupt wird
dort im alexandrinischen Bereich vor allem die weisheitlich
menschliche Verhaltensebene betont. Die Weisheit ist das
göttliche Licht, das schon seit Anfang der Welt den Weg des
Menschen erleuchtet; sie erfüllt den bedürftigen Menschen mit
dem lebensspendenden Geist Gottes. Somit wird der Mensch be-
fähigt, nach dem Willen Gottes coram deo zu leben und zu wandeln. Präexistenz der mit dem Geist identischen Weisheit bedeutet in diesem Kontext, daß sich ihr auf keinen Fall irgend-

ein Mensch entziehen kann; es sei denn, er würde sich gegen
diese Gabe wenden oder ihr bewußt ausweichen und damit Schuld
auf sich laden, so daß er der Umkehr bedarf, eine Thematik,
die dann später besonders in den rabbinischen Texten im Zusammenhang mit dem Midrasch der präexistenten Dinge immer
wieder mit besonderem Nachdruck thematisiert wird. Sowohl
aus den Texten des alexandrinischen Bereichs wie auch aus
der Apokalyptik sind dann die kosmologischen Hintergrunds-
vorstellungen der Weisheit noch deutlich erkennbar, auch
wenn eine Identifizierung von Weisheit und Tora in den letzteren nicht ausdrücklich expliziert wird.[1]

3. Die Übertragung der Weisheitsvorstellung auf den Messias

Verdeutlichten schon die beiden ersten Punkte die enorme
Flexibilität der Präexistenzvorstellung der Weisheit, so
wurde ihr im zweiten Hauptteil der Untersuchung ein weiterer
Punkt hinzugefügt - die Übertragung ihrer Präexistenz auf den
Messias, den von Gott beauftragten eschatologischen Gesandten.
Wie die Weisheit gehört auch er in die unmittelbare Nähe des
göttlichen Thrones; hier wird er "inthronisiert"; und wie die
Weisheit erhält auch er seinen Auftrag schon vor dem Beginn der
Geschichte. Der Messias wird so zur von Gott von Uranfang an
bereitgestellten Erlösergestalt. Er nimmt dann in den BR des
äth.Henoch direkt Motive der präexistenten Weisheit von Spr 8
auf. Daß diese ursprünglich weisheitlich-apokalyptischen Aussagen auch in andere Bereiche weitergewirkt haben, ist durch
das Zeugnis der aramäischen Übersetzungen von TgMi 5,1 und
TgSach 4,7 sehr wahrscheinlich. Andererseits wurde an den
behandelten Königspsalmen deutlich, daß dort eine solche
Übertragung nicht ursprünglich vorgegeben war.

Vielmehr mußte erst ein bestimmtes Interesse auf den Plan
treten, das diese Texte in einem neuen Licht erscheinen ließ.
Insgesamt ließ sich aber das von einer Reihe von Exegeten
gefällte Urteil, daß es in der jüdischen Tradition keinen
präexistenten Messias gegeben habe, nicht bestätigen. In den
apokalyptischen Texten der Bilderreden des äthHen im 1.Jh.

1 Allerdings stehen auch in syrBar 38,1-4; 44,14; 48,24; 51,3f.7; 77,16
und 4 Esr 13,54 (vgl. 4 Esr 14,45-47) Gesetz und Weisheit eng zusammen.

n.Chr., die natürlich nicht unbedingt eine breite Öffentlich-
keit repräsentieren, und als Hintergrund von verschiedenen
rabbinischen Texten, läßt sich erkennen, daß die Präexistenzvorstellung seinerzeit weiter verbreitet war, als dies nach
dem ersten Eindruck vermutet werden konnte. Die Frage nach dem
"woher" des Messias war aber anscheinend doch so brennend,
daß die Rabbinen sich nicht gescheut haben, auf diese Möglichkeit zurückzugreifen. Trotzdem muß man sich darüber im
klaren sein, daß diese Vorstellung nur das Interesse kleiner
Gruppen gefunden hat. Erst in späterer Zeit wurden diese
alten Traditionen einer Präexistenz des Messias auf breiterer
Basis in den rabbinischen Texten aufgegriffen.

Der in der exegetischen Literatur weit verbreitete Ein-
wand, daß in den rabbinischen Texten lediglich vom Namen des
Messias geredet werde, konnte nicht nachvollzogen werden; denn
es ließ sich wahrscheinlich machen, daß unter der Wendung
"Name des Messias" die messianische Gestalt selbst vermutet
werden muß. Eine Trennung von Name und Person ist für die
rabbinischen Texte keinesfalls konstitutiv und auch im Zusammenhang von Präexistenzaussagen wenig wahrscheinlich. Daß nun
in der rabbinischen Literatur trotzdem vom Namen des Messias
als "Schöpfung vor der Schöpfung" in dieser ausgeprägten Weise
geredet wird, mag seinen Grund darin haben, daß die Gestalt
des Messias gegenüber seiner eschatologischen Aufgabe mög-
lichst in den Hintergrund treten soll. Aber auch dort heißt
"der Name" einfach "die Person".

4. Die Vollendung der Welt durch die Schöpfung der präexistenten heilsnotwendigen Dinge

Zum Schluß soll noch eine vierte Hauptlinie nachgezeichnet
werden, wie sie gerade für die rabbinischen Texte, die von
den präexistenten Dingen reden, bestimmend ist. Fast allen
ist gemeinsam, daß die Tora als betont herausgehobenes präexistentes Geschöpf, als Größe katexochen erscheint und die
anderen Dinge ihr nachgeordnet werden. Dies kann als formeller
Hinweis gewertet werden, daß die Präexistenzvorstellung der
Weisheit/Tora einen entscheidenden Einfluß auf die übrigen
aufgezählten Dinge gehabt haben wird. Diese heilsnotwendigen
Dinge orientieren sich an ihr, darum wird auch für sie die

Präexistenzvorstellung übernommen. Sie sind von Gott schon
von Uranfang an für seine noch zu schaffende Welt bestimmt.
Durch ihre präkosmische Existenz werden sie der übrigen
Schöpfung übergeordnet. Vor- und Überordnung signalisieren
dabei höchste Autorität und spiegeln Gottes Wille und Rat-
schluß für seine Schöpfung und sein Volk wieder. Gott legt
die media salutis fest, bevor er das Objekt des künftigen
Heils erschaffen hat. D.h., er hat von Anfang an Heil im
Sinn; sein Denken und Wollen ist auf das Heil seiner Geschöpfe gerichtet, bevor er sie erschuf.

Alles in allem läßt sich dabei eine spielerische Beeinflussung und Vermischung verschiedener Konzeptionen erkennen,
die sich um den Kristallisationspunkt - die Präexistenz von
Weisheit und Tora - herumlagern und ein für die Entstehung
der neutestamentlichen Christologie fruchtbares Milieu bilden.

B. Ausblick: Die Präexistenz Christi in den frühen neutestamentlichen Schriften

Forschungsgeschichtlicher Ausgangspunkt dieser Arbeit war die
Feststellung, daß die Frage nach der Präexistenzchristologie
im Neuen Testament sehr umstritten ist. Nachdem nun der
jüdische Hintergrund für die Präexistenz von Weisheit und
Messias dargestellt und beschrieben worden ist, bleibt für
einen kurzen Ausblick übrig, die aufgezeigten Linien bis in
die neutestamentlichen Schriften hinein auszuziehen. Es wird
dabei gefragt werden müssen, wo und wie die alten Vorstellungen von der Präexistenz von Weisheit und Messias im NT aufgegriffen und verändert werden. Dabei wird es leider nur bei
einer Skizze bleiben; lediglich die ältesten Texte werden
gründlicher befragt werden können, ohne allerdings auch die
jüngeren ganz aus dem Auge zu verlieren.

I. DIE PRÄEXISTENZ DER WEISHEIT

1. Die Präexistenz der Weisheit in der Jesustradition

Die kosmologisch-spekulative Seite der alttestamentlichen
Weisheit wurde - wie wir gesehen haben - schon in den späteren Weisheitstexten zurückgedrängt und auf andere Größen

übertragen. Im Zuge dieser Beobachtung ist es dann auch
nicht weiter verwunderlich, wenn in den Evangelien aufs
Ganze gesehen der Begriff der "Weisheit" und andere Erkennt-
nisbegriffe nur spärlich oder gar nicht erscheinen. Um so
verwunderlicher ist es aber, wenn trotzdem schon in der ältesten (hypothetischen) Sammlung der Logien Jesu gelegentlich Texte erscheinen, die nur auf diesem Hintergrund verstanden und ausgelegt werden können. Ja, an einer Stelle
spricht sogar die personifizierte Weisheit selbst:

1.1. Das Weisheitswort[1]

Lk 11,49-51:[2]

"Darum sprach auch die Weisheit Gottes:
ich werde ihnen Propheten und Boten senden,
und einige werden sie töten und verfolgen,
damit gefordert werde das Blut aller Propheten,
das vergossen wurde seit Grundlegung der Welt, von diesem Geschlecht,
vom Blute Abels bis zum Blute des Zacharias,
der umkam zwischen dem Altar und dem Tempel.
Ja, ich sage euch, es wird gefordert werden von diesem Geschlecht."

Innerhalb der Weherufe gegen die "Richter"(νομικοί)[3],
die polemisch als Besitzer und Träger "des Schlüssels der
Erkenntnis", den sie ihren Mitmenschen vorenthalten, dargestellt werden, spricht die "Weisheit Gottes" schroff ein
Drohwort aus.[4] Es wird ganz stilgerecht mit διὰ τοῦτο (= לכן)
und der Botenformel eingeleitet.[5] Wie in Spr 1,22-33 und
8,4-36 redet die Weisheit von sich in der ersten Person;
anders aber als z.B. Spr 8 redet sie nicht über sich selbst
und ihr Wesen, sondern lediglich von ihrem Tun und der darauf folgenden Reaktion.

Bei alledem wird die personifizierte Weisheit als prä-

---

1 Formulierung nach CHRIST.

2 Par Mt 24,34-36. Ich zitiere die im ganzen ursprünglichere lukanische
   Fassung nach der Übersetzung bei HENGEL, Jesus 156f.

3 7x bei Lk neben Mt 22,35; vgl. SCHÜRER, History Bd.II S.324.

4 Mt hat aus diesem Weisheitswort ein "Ich-Wort" gemacht; zum synoptischen Vergleich STECK, Israel 29-33; CHRIST 120-123.

5 STECK, ebd. S.52; auch H.H.SCHMID, THAT Bd.2 Sp.215. Auf die Frage,
   inwieweit hier ein echtes Jesuslogion vorliegt, in der (schriftlich?)
   vorliegende Tradition zitiert wird, braucht in unserem Zusammenhang
   nicht näher eingegangen zu werden.

existente Größe vorgestellt. Hierauf deutet die Verwendung des Aoristes (εἶπεν)[6] und des Futurs (ἀποστελῶ)[7] sowie das Überblicken der gesamten Geschichte vom Anfang der Welt (erste Ermordung eines Menschen: Abel) bis in die jüngere Geschichte des jüdischen Volkes (letzte Ermordung eines Menschen im AT: Zacharias = Saharja).[8] Obwohl eine Präexistenzaussage nicht explizit im Text erscheint, ist damit dieser Vorstellungshintergrund einer präexistent redenden Weisheit gesichert. In der zurückhaltenden Formulierung fällt dabei der Text durchaus nicht aus dem Rahmen des Gewohnten.

Durch die Sendung von "Propheten und Boten" erscheint die Weisheit "als Bevollmächtigte für die Heils- oder besser Unheilsgeschichte Israels".[9] Da ihre Gesandten abgelehnt werden, wird sie mit ihrer Botschaft zugleich auch selbst abgewiesen. Schon Spr 1,24ff sprach von der Weigerung, die Botschaft der Weisheit anzunehmen, und kündigte ernste Folgen an. Näher allerdings liegen die Parallelen aus der Weisheit der Apokalyptiker. Hier hat die Thematik der zurückgewiesenen und abwesenden Weisheit ihren speziellen Ort. Wie wir schon zu äthHen 42; 93,8 und 94,5 sahen, bedeutet die Abwesenheit der Weisheit gleichzeitig den Untergang der Menschen. Vor allem in äthHen 94-103 werden eine Fülle von Weheworten aneinandergereiht. Sie bilden eine dunkle Folie neben dem Trost und den Ermunterungen für die Frommen und Gerechten.[10] Die engste Parallele erscheint in äthHen 95,7:[11]

"Wehe euch Sündern, weil ihr die Gerechten verfolgt,
denn ihr werdet dahingegeben und verfolgt werden, ihr Ungerechten,
und ihr (der Gerechten) Joch wird schwer auf euch lasten!"

---

6 STECK, ebd.A.6.

7 Mt ändert das Futur in ein Präsens um! Von daher erscheint mir die Schlußfolgerung von HAMERTON-KELLY nicht zwingend zu sein, daß durch die Matthäische Identifikation von Weisheit und sendendem Jesus auch gleichzeitig die Präexistenzvorstellung ohne weiteres übernommen wird; vgl. Pre-Existence 67-83(83).

8 Vgl. 2 Chr 24,17-22.

9 HENGEL, ebd. 157.

10 MILIK (ed.), The Books of Enoch, spricht sogar von einem "anti-epistle" S.51f.

11 Übersetzung dieses und des nächsten Textes nach APAT z.St.; vgl. u.a. auch äthHen 96,8; 98,13f; 100,7; siehe auch STECK, Israel 156f.

Ähnlich auch äthHen 98,9:[12]

"Wehe euch Toren, denn ihr werdet durch eure Torheit umkommen;
ihr habt auf die Weisen nicht gehört und werdet nichts Gutes empfangen."

Durch die Drohung im Munde der präexistenten Weisheit
wird die Aussage radikalisiert und zu einer fast unmensch-
lich klingenden Gerichtsaussage. Die Weisheit übernimmt damit fast die Rolle des Richters selbst,[13] der sein letztes
Urteil über die Angeklagten ausspricht.

Noch eine andere Beobachtung läßt sich hieran anschließen.
Durch die Verwendung der Botenformel ist der Text Lk 11,49ff
vergleichbar mit ähnlichen Aussagen, die die Formel "der
Geist spricht" verwenden.[14] In göttlicher Vollmacht vermittelt die Weisheit letzte autoritative Botschaft. Im Munde
Jesu ist solch eine Verschmelzung von Weisheits- und (geist-
erfülltem) Prophetenwort höchst bemerkenswert!

Nach der Redenquelle Q entspricht darüber hinaus in der
Verkündigung Jesu auch eine himmlische Gestalt für die Zu-
kunft der drohenden präexistenten Weisheit. In einem weite-
ren eng verwandten Gerichtswort fehlt zwar das Stichwort
"Weisheit", der Form nach erweist es sich aber eindeutig als
Weisheitslogion:

1.2. Das Jerusalemwort
Lk 13,34f:[15]

"Jerusalem, Jerusalem, die die Propheten tötet
und steinigt die, die zu ihr gesandt sind!
Wie oft wollte ich deine Kinder sammeln,
wie ein Vogel seine Nestbrut unter den Flügeln,
aber ihr habt nicht gewollt.
Siehe, euer Haus wird euch verlassen werden.
Ich aber sage euch, ihr werdet mich nicht (mehr) sehen
bis daß kommen wird, da ihr sagen werdet:
Gepriesen sei der da kommt im Namen des Herrn."

Bei diesem schwierigen und exegetisch stark umstrittenen
Text ist in unserem Zusammenhang vor allem wieder nach den
aufgegriffenen Strukturen der Weisheitstradition zu fragen.

---

12 Griechisch: οὐαὶ ὑμῖν ἄφρονες,
    ὅτι ἀπολεῖσθε διὰ τὴν ἀφροσύνην ὑμῶν καὶ τῶν [φρονίμων] οὐ μὴ ἀκού-
    σητε καὶ τὰ ἀγαθὰ οὐκ ἀπαντήσει ὑμῖν, τὰ δὲ κακὰ [περιέξει] ὑμᾶς.

13 Vgl. oben zu äthHen 92,1, wo nach THEISOHN die Weisheit möglicherweise
    als eschatologische Richterin selbst erscheint.

14 So Apg 21,11 und ähnlich Offb 14,13; 22,17.

15 Übersetzung wieder nach HENGEL, Jesus 157f.

So ist zunächst das Bild von der Sammeltätigkeit der Vogel-
mutter klare weisheitliche Reminiszenz.[16] Durch die passive
Konstruktion "euer Haus wird euch verlassen werden (ἀφίεται
ὑμῖν)" kann mit dem Ich des Jerusalemwortes kaum Gott selbst
gemeint sein.[17] Auch von der Form her läßt sich am ehesten
die Weisheit wie in Lk 11,49-51 als ursprüngliche Sprecherin
des Logions verstehen; es begegnet "dieselbe geschichts- und
traditionskritische Haltung".[18] Diese Drohung der Weisheit
kündigt an, "daß Gottes Gegenwart im Tempel ein Ende hat."[19]
Im Munde der Weisheit wird damit die äußerst kunstvoll und
breit erzählte bleibende Einwohnung der Weisheit in Jerusalem
von Sir 24,8-12 aufgehoben. Die Vorstellung von der sich ver-
bergenden Weisheit mit der daran anschließenden Weissagung
von der Ankunft des kommenden Messias kann mit der apokalyptischen Weisheitstradition in Verbindung gebracht werden:
die jetzt noch verborgene Weisheit wird erst mit der Akkla-
mation bei der Ankunft des Menschensohnes/Messias wieder
sichtbar werden und ihre Herrschaft erneuern.[20] "Gerade die
noch nicht ausgesprochene Beziehung zwischen der Weisheit
Gottes als der Repräsentantin der jetzt abgeschlossenen, ver-
fehlten Heilsgeschichte Israel   (sic!) und dem kommenden
Menschensohn-Richter weist auf das Alter des Logions hin,
das noch nicht 'christologisch verfremdet' ist ... Selbst
die Herkunft aus dem Munde Jesu ist nicht a limine auszuschließen."[21]
     Damit sind wohl schon sehr früh in der Redenquelle Q die
(präexistente) Weisheit und die eschatologische Gestalt in
eine Beziehung mit dem irdischen Jesus von Nazareth gebracht
worden. Auch wenn man wohl noch nicht von einer ausgeprägten
Weisheitschristologie angesichts der wenigen Logien sprechen

---

16 LXX Spr 16,16. HENGEL verweist weiter auf Sir 1,15; 14,26f.

17 STECK, Israel 230.

18 HENGEL, Jesus 157. So wird das Wort weithin in der ntl. Exegese vom
    weisheitlichen Hintergrund her verstanden.

19 Ebd. S.158. Vgl. z.B. eine ähnliche Tradition als Vorzeichen der Zer-
    störung Jerusalems bei Josephus, Bell 6,299f.

20 Vgl. o. zu äthHen 48,7 und die dort sichtbare Verbindung von Weisheit
    und Messias/Menschensohn.

21 HENGEL, Jesus 159; dort der Verweis auf das andere Weisheitslogion
    im Munde Jesu Lk 7,35!

kann[22] und Jesus noch nicht direkt mit der Weisheit identifiziert wird,[23] sind hier Ansätze zu erkennen, die durchaus
zum Auslöser für die nachösterlich einsetzende christologische Reflexion werden konnten. Ein weiterer Hinweis auf die
dann spätestens bei Mt sichtbar werdende konsequente Identifikation von göttlicher Weisheit mit Jesus selbst ist der
Heilandsruf aus dem Sondergut Mt 11,28-30, möglicherweise
"die positive Kehrseite der weisheitlichen Drohworte aus Q."[24]

Aber schon an den wenigen Texten aus der Jesustradition
wird deutlich, daß die Vorstellung der präexistenten Weisheit
in Palästina zur Zeit Jesu, wahrscheinlich sogar bei Jesus
selbst, bekannt war und rezipiert wurde. Durch die Form der
Gerichtsansagen und Drohung gegen die νομικοί und Einwohner
Jerusalems sind die besprochenen Texte der Weisheit der
Apokalyptiker zuzuordnen.[25] Vor allem die Thematik der verborgenen Weisheit und ihrer endzeitlichen Gabe wird aufgenommen, ihr Ort und Verhältnis zur Schöpfung bleiben dabei aber
im Hintergrund.

---

22 Vgl. noch Lk 11,31f par Mt 12,41f, ebenfalls ein Gerichtswort!

23 Auch HAMERTON-KELLY erkennt diesen Tatbestand an. Allerdings hält er
    eine frühere - wenn auch nicht ausdrücklich nachweisbare (!) -
    Identifikation schon bei Q für wahrscheinlich. Hierbei stützt er sich
    auf die allerdings fragwürdige Hypothese, daß schon in Qumran "Mensch"
    als messianischer Titel nachweisbar sei und dort mit der Weisheit im
    Zusammenhang stehe, ähnlich wie schon in der Hellenistisch-Jüdischen
    Tradition bei Philo eine Verbindung von Urmensch und Weisheit im Logos-
    begriff eingegangen worden sei (Pre-Existence 98-100). Im Zusammenhang
    der von ihm vorausgesetzten Selbstbezeichnung als Menschensohn folgert
    er: "In using this self-designation, Jesus implied his own pre-
    existence" (ebd.S.100). Hierbei wird bei HAMERTON-KELLY aber den
    vorösterlichen Sammlern von Q - die nach dem Verf. noch kein Passions-
    oder Osterkerygma kennen! - eine zu große konzeptionelle Beweislast
    aufgebürdet. Bei der hypothetischen Argumentation mit der Hilfsgröße
    Q ist jedoch grundsätzlich die Frage zu stellen, ob und inwieweit hier
    mit einer festgefügten theologischen Ausgestaltung gerechnet werden
    kann. Ganz unsicher ist, welche apokalyptischen und weisheitlichen
    Vorstellungen für die Tradenten maßgebend waren. Es ist zu schwach und
    überzeugt nicht, wenn bei dieser schmalen Ausgangslage ganz allgemein
    von "recurrent components" bei den Menschensohnerwartungen zur Zeit
    Jesu gesprochen wird (ebd.).

24 HENGEL 162; vgl. oben zu Mt 23,34-36.

25 Vgl. für Q noch Lk 10,21 par Mt 11,25; Lk 7,31-35 par Mt 11,16-19.

2. Die Präexistenz der Weisheit bei Paulus

Ähnlich wie schon oben für Philo[1] wird auch bei Paulus sichtbar, daß ihm die traditionellen Vorstellungen von der Präexistenz und Offenbarerfunktion der Weisheit, ihre Mittlerstellung und Heilswirksamkeit bekannt waren. Für unseren Zusammenhang sind vor allem die teils enigmatischen, teils pole-
mischen Äußerungen aus den ersten Kapiteln des 1 Kor aufschlußreich; auch hier lassen sich Strukturen atl. Weisheitstheologie wiederfinden.

2.1. Gottes Weisheit

In einer heftigen Diskussion mit den führenden Köpfen der
korinthischen Gemeinde geht es gleich zu Beginn des Briefes
um die alles entscheidende Interpretation des "Wort vom
Kreuz". Soweit es sich noch erkennen läßt, lassen die durchweg von weisheitlicher Terminologie durchdrungenen Abschnitte[2]
auf eine Gegnerschaft schließen, die mit dieser Vorstellungs-
welt vertraut war. "Der Kampf gegen die Spaltung wird so inhaltlich zum Kampf gegen jegliche Menschenweisheit und der
Kampf für die Einheit der Gemeinde zum Kampf für eine Weisheit, die nicht dem Weisen selbst zukommt, sondern allein
Gott (2,6f) und also zum Gegenteil menschlicher Weisheit, zur
Torheit, werden muß (3,18f)."[3]

1 Kor 2,7f:

"Wir verkündigen aber das Geheimnis[4] der verborgenen Weisheit Gottes,
die Gott vor allen Zeiten zu unserer Herrlichkeit vorausbestimmt hat,
(und) die keiner der Machthaber dieser Welt erkannt hat; denn hätten sie
(die Weisheit Gottes) erkannt, hätten sie nicht den Herrn der Herrlichkeit gekreuzigt."

Das Stichwort der "verborgenen Weisheit" (σοφία ἡ ἀπο-
κεκρυμμένη) erinnert - wie bei der Weisheit in der Jesustradition - an die Weisheitsvorstellung der Apokalyptik. Hierzu

---

1 Vgl. oben zu Philo, virt 62.

2 Bei Pls erscheinen σοφός|σοφία über 3omal; davon hier im Korinther-
   brief allein über 2omal! Vgl. auch ELLIS, Prophecy 5o A.21.

3 WILCKENS, 1 Kor 2,1-16 S.5o2.

4 Ebd. 51o A.22: "ἐν μυστηρίῳ ist wahrscheinlich zu σοφίαν zu ziehen."
   Ebenso die Einheitsübersetzung z.St.

paßt auch gut der Begriff des μυστήριον:[5] hier wird der Bereich angesprochen, in dem Gottes Entschlüsse nur für den
Berufenen zugänglich sind. In diesem Zusammenhang kann darum
"Weisheit" nur als Inbegriff des Heilsplans Gottes verstanden
werden.[6]

Gott hat die Weisheit "vor allen Zeiten" vorausbestimmt,
d.h. ähnlich wie in den rabbinischen Texten die präexistente
Tora zum universalen Schöpfungsplan Gottes wurde, deren endgültige Verwirklichung in der Geschichte noch nicht abgeschlossen ist.[7] Sie gehört zu den Dingen, "die Gott bereitet hat
denen, die ihn lieben".[8] Damit steht die Weisheit auf Gottes
Seite und alle menschliche "Weisheit" wird zu ihrem Gegenteil, zur Torheit, verkehrt. Es scheint, daß Paulus die
Weisheit der Apokalyptik als Hintergrund für die aktuelle
Auseinandersetzung in Korinth benutzt.[9] Die Vorstellung der
präexistenten, bei Gott verborgenen Weisheit, die er am Ende
der Zeit offenbaren und austeilen wird, ist dafür konstitutiv. "Paulus reklamiert nun ... den sophia-Begriff ebenso
für die Offenbarung Gottes, wie zuvor den Korrelatbegriff
δύναμις ."[10] Dabei ist für die korinthische Situation aber
nicht eine Differenz zwischen Paulus und seinen Gegnern in
bezug auf diesen Vorstellungshintergrund festzustellen,[11]
sondern vielmehr in der Frage nach einer konstitutiven Form
christlicher "Weisheitsrede" im Zusammenhang des Zusammen-
haltes und der Einheit der Gemeinde.[12]

Nichtsdestotrotz schimmert die Vorstellung einer objekti-
vierten und reflektierten Weisheit in der paulinischen Argu-

---

5   Vgl. oben zu äthHen 40,1-10; 46,1-3; aber auch 51,3. HAMERTON-KELLY
    114 u.a.; er verweist besonders auf äthHen 63,11.

6   WILCKENS, Weisheit 66 verweist vor allem auf IV Esr 8,52ff.

7   Vgl. oben zu BerR 1,4; aber auch unten zu 1 Kor 8,6.

8   Vgl. oben zu AssMos 1,12-14; aber auch HAMERTON-KELLY 114f.

9   Paulus selbst zitiert zunächst lediglich die kritische Propheten-
    stelle Jes 29,14 in Kombination mit Jes 9,11f (Kap 1,19f), dann hier
    in Kap 2 aber eine apokryphe weisheitlich-apokalyptische Tradition
    (WILCKENS, 1 Kor S.510; vgl. auch A.25!).

10 Ebd. S.506.

11 So noch WILCKENS, Weisheit (1959) und nun auch HAMERTON-KELLY 123 u.ö.

12 Vgl. bes. 1 Kor 1,17; 2,1.4.13. Das wird bei WILCKENS, 1 Kor klar
    herausgestellt.

mentation noch durch. Darüber hinaus wird in der folgenden An-
wendung auf die Gemeindesituation wahrscheinlich die Identifikation von Weisheit und Geist vorausgesetzt; dabei stellt
nun der Geist das "Medium" der göttlichen Erkenntnis und Offenbarung dar.[13] Möglicherweise werden hier theologische Traditionen aufgenommen, die wir oben in der Wirkungsgeschichte
der atl. Weisheitstradition in Alexandrien und bei den Apokalyptikern beobachten konnten.[14]

Zwei Beobachtungen sind noch hinzuzufügen. Paulus redet
hier in 1 Kor 2,7f in besonderer Zuspitzung der Auslegung des
Kreuzesgeschehens. Es bleibt dabei zwar noch offen, inwieweit
traditionsgeschichtlich gerade die Bedeutung des Todes Jesu
für die Ausbildung der Präexistenzchristologie die entscheidende Rolle gespielt hat.[15] Hierzu wird man erst die paulinischen Aussagen zur Präexistenz des Messias/Christus hinzu-
ziehen müssen.

Zum anderen ist es methodisch wichtig mitzubedenken, daß
alle Texte bei Paulus in die aktuelle Auseinandersetzung einer
Gemeinde hineingeschrieben worden sind. Wir haben leider keine
grundlegende paulinische "Belehrung" zu dieser Frage überliefert, so müssen wir uns mit den wenigen fragmentarischen
Aussagen begnügen. Aber um so mehr Gewicht bekommen dann natürlich die Texte, die den Vorstellungshintergrund der Präexistenz der Weisheit noch erkennen lassen.

2.2. Die Schöpfungsmittlerschaft

Im Zusammenhang mit der Frage nach dem Essen des Götzenopfer-
fleisches (8,1: Περὶ δὲ τῶν εἰδωλοθύτων   ) nimmt Pls Argumente der korinthischen Gemeinde auf und diskutiert sie:
a) Es gibt keine Götzen in der Welt,
b) es gibt keinen Gott außer dem einen.

Der beherrschende Gedanke des als eine kleinere Einheit
vom Kontext abzuhebenden Abschnittes 1 Kor 8,4-6 ist die
paulinische Argumentation für den den christlichen wie jüdischen Glauben kennzeichnenden Monotheismus. Der Glaube an die

---

13 Zu 1 Kor 2,10-16 vgl. wieder ebd. S.511f.

14 Vgl. oben besonders die Identifikation von Pneuma und Sophia im Weis-
    heitsbuch.

15 So MERKLEIN 58 zu 1 Kor 2,6-10.

"Einzigkeit Gottes" wird dabei ganz traditionell gekoppelt
mit den Aussagen über sein Schöpfertum und seine Weltherrschaft. Paulus macht nun im folgenden - im scharfen Gegensatz
zu den aus der Umwelt der Korinther bekannten polytheistischen
Bekenntnissen - deutlich: "ein Theos" und "ein Kyrios". Ähnlich wie auch in anderen Zeugnissen urchristlicher Missionspredigt[1] wird Gott als der bekannt, der die Welt geschaffen
hat und als der, der mit seinem Volk und mit der (christlichen) Gemeinde seine Heilsgeschichte in Gang gesetzt hat.
Beides gehört unmittelbar miteinander zusammen. Unter dem
Begriff "Schöpfungshandeln Gottes" muß nach pls. Verständnis
eben beides verstanden werden, einmal daß Gott als der
Schöpfer anfänglich gehandelt hat, andererseits daß er in der
Geschichte seiner Gemeinde weiter handelt und, wie auch die
kurze Wendung εἰς αὐτόν beinhaltet, seine Heilsgeschichte zu
ihrem gewollten Ende bringen wird.[2] Ursprüngliches und darauf
folgendes soteriologisches (Schöpfungs-)Handeln sind zwei Seiten ein und derselben Medaille und sind voneinander nicht zu
trennen. Diese Auffassung spiegelt sich auch in dem darauf fol
genden Bekenntnis zu dem "einen Kyrios" wider:
1 Kor 8,6b:
"Durch den Kyrios Jesus Christus ist alles, und wir sind durch ihn."

   Es gibt zwar Exegeten, die eine doppelte Bewegung - eine
protologische und eine teleologische - auf einem so engen
Raum eines formelhaften Bekenntnisses nicht für möglich hal-
ten;[3] aber aus anderen Texten, die vom Inhalt und von der
Form her 1 Kor 8,6 nahestehen, kann diese Meinung klar wider-
legt werden:
OrSib Fr. 1,15-17:[4]
"Ehret den einzigen wirklichen Gott (τὸν μόνον ὄντα   ),
der der Lenker des Weltalls (ἡγήτορα κόσμου)
Einzig von Ewigkeit ist und in Ewigkeit (herrscht und regiert)
(ὃς μόνος εἰς αἰῶνα καὶ ἐξ αἰῶνος ἐτύχθη   )
Selbsterzeugt und anfangslos und alles beherrschend."

---

1 Vgl. bes. Röm 1,25 und Apg 14,15-17.

2 Zum rabbinischen Geschichtsdenken vgl. oben zu BerR 1,4.

3 Z.B. MURPHY-O'CONNOR, Cosmology 264 mit Bezug auf F.M.M.SAGNARD,
  A propos de 1 Cor 8,6, ETL 26 (1950) 54-58(55f).

4 Übersetzung nach KURFESS (Hrg.), Sib.Weissagungen z.St. Er stellt
  allerdings - entgegen dem griechischen Text - die Zukunftsaussage in
  den Vordergrund.

Obwohl der Ton durch die wiederholenden Angaben auf den Aussagen über den Ursprung liegt, erscheint doch auch eine
solche über die Zukunft, womit dann das Ganze in einen weiten
Spannungsbogen gespannt wird. In diesen Zusammenhang gehören
auch die alttestamentlichen Texte, denen ähnliche zeitüber-
greifende Angaben über das Sein und die Herrschaft Gottes
nicht fremd sind.[5] Ebenso ist bei Philo solch eine Doppelbe-
wegung, genauer sogar eine Dreierbewegung, auf engstem Raum
möglich:

Philo, Sacr. 8:[6]

"Als Mose sich nun anschickte zu sterben, wird er nach dem Abscheiden
nicht wie die Vorigen 'hinzugefügt' (προστίθεται) ..., sondern er
scheidet von hinnen 'durch das Wort' des Urgrundes (ἀλλὰ "διὰ ῥήματος"
τοῦ αἰτίου μετανίσταται ; vgl. Dtn 34,5 LXX), durch das auch die ganze
Welt geschaffen wurde, damit du erkennst, daß Gott ... (durch dasselbe)
Wort das All erschafft und den Vollkommenen von den irdischen Wesen
hinaufführt."

Mit dem ersten präpositionalen Ausdruck δι'οὗ   wird also
1 Kor 8,6 für den Kyrios Jesus Christus eine (uranfängliche)
Schöpfungsmittlerschaft festgestellt. Wie die Weisheit bei
der Schöpfung als das Werkzeug Gottes handelte,[7] so wird auch
hier dem Kyrios eine solche zugesprochen; wie dort bei der
Weisheit dieses protologische Handeln mit der Heilsgeschichte
in einen Zusammenhang gestellt wird, so wird auch hier bei
Paulus die Existenz der Gemeinde auf das Wirken Christi zurückgeführt. Schöpfungsgeschichte und Heilsgeschichte sind
in diesem Zusammenhang die zwei Pole des einen göttlichen
Handelns im Kyrios Jesus Christus.[8]

Wie nun Paulus zu dieser Aussage gekommen sein mag - ob
er sie in einem formelhaften vorgeprägten Kurzvers übernommen
hat, was viel Wahrscheinlichkeit für sich hat, oder ob er sie

5 Vgl. oben zu Ps 90,2; Sir 39,20 u.a.

6 Übersetzung nach LEISEGANG, in: Philo Werke deutsch Bd.3 z.St.; vgl.
   COHN 324; HORSLEY 133f.

7 Vgl. oben zu Weish 9,2.18; den Targumin zu Gen 1; weiter aber auch
   bei Philo, z.B. Det 54: "Wenn du ... als Vater den Schöpfer der Welt
   und als Mutter die Weisheit, durch die (δι'ῆς) das All vollendet
   wurde, deiner Ehrung für wert hältst, dann wird es dir selbst wohl-
   ergehen."

8 Vergleichbar ist z.B. auch die oben beschriebene Funktion und Denkstruktur von Umkehr, (Garten Eden) und Gehinnom in dem Midrasch von
   den Dingen, die vor der Welt erschaffen wurden; sie gehören von Anfang an zum Schöpfungshandeln Gottes hinzu, obwohl sie erst gegenwärtig oder zukünftig zur Wirkung kommen.

selbst prägte - für ihn gehört beides notwendigerweise und
unmittelbar zusammen: das ursprüngliche, protologische Geschehen in Schöpfung und Erhaltung der Welt, wie auch das
teleologische Geschehen, das Heilshandeln an der Gemeinde und
dem einzelnen Christen.

Es ist ganz unbestreitbar, daß in dem Kontext des ganzen
Briefes der Ton und das Gefälle des kurzen Diskussionsge-
dankens 1 Kor 8,4-6 zu der paränetischen Ermahnung hindrängt,
so daß man durchaus feststellen kann, daß die Schöpfungsmitt-
ler-Aussage mehr oder weniger zufällig in die Auseinandersetzung des Paulus mit seiner Gemeinde in Korinth hineingeraten ist.[9] Aber im Zusammenhang mit der übergreifenden Aussage über Gottes ursprüngliches und eschatologisches Handeln
ist Christi Schöpfungsmittlerschaft und gegenwärtige Vermittlung des Heils an die Gemeinde so konsequent aufeinander zugeordnet und miteinander verbunden, daß eine aktuelle,
situationsbezogene ad hoc Bildung in der korinthischen
Situation kaum wahrscheinlich ist.[10]

Durch das Aufgreifen und Weiterführen vorgeprägter Traditionen aus der Weisheitsliteratur wird für die neutestamentliche Christologie, wie sie hier bei Paulus sichtbar wird,
"der kühne Weg der Christologie" vom Zimmermannssohn aus
Nazareth "bis hin zu Gottes protologischem und eschatologischem Bevollmächtigten" nachvollzogen.[11]

2.3. Der heilspendende Fels in der Wüste

Ebenfalls ohne daß der Begriff σοφία selbst erscheint, ist
für die Kenntnis der Präexistenzvorstellung der Weisheit bei

---

9 HENGEL, Sohn Gottes 29.

10 Im Vergleich mit anderen neutestamentlichen Texten, die die
    Schöpfungsmittlerschaft Christi bezeugen (vgl. Joh 1,3.10; Hebr 1,2
    und siehe unten zu Kol 1,16f), ist sie als gemeinsames urchristliches
    Kerygma erkennbar!

11 HENGEL, Jesus 185. Die vor allem seit BAUR, Lehre Bd.1 (1841) 84f
    A.25 immer wieder vertretene Exegese, die eine paulinische Aussage
    über den Kyrios als Schöpfungsmittler leugnet, ist durch das Argu-
    ment, daß dann eine solche Vorstellung nur hier - abgesehen von Kol 1
    - bei Paulus bezeugt würde, nicht stichhaltig. Wieviel wissen wir
    überhaupt von "der paulinischen Theologie"? Vgl. HENGEL, Sohn Gottes
    29.

Paulus im 1. Korintherbrief ein dritter Text sehr aufschlußreich: die allegorische Exegese der Vorgeschichte Israels aus
der Wüstenzeit 1 Kor 10,1-11. Sechs bzw. sieben Situationen
werden schlaglichtartig aufgezählt, auf die Gemeindesituation
bezogen und paränetisch verwertet; zwei bzw. drei handeln
von der heilvollen Zuwendung Gottes, die restlichen vier von
der unheilvollen menschlichen Reaktion des Volkes:

1Kor 10,1f	(Ex 14,19-22)	Durchzug durchs Rote Meer	(Taufe?)
V.	3f	(Ex 16,4ff;17,6f)	Speisung durch Manna; Trank aus dem Felsen	(Abendmahl?)
V.	7	(Ex 32,6)	Verehrung des Goldenen Kalbes	(Götzendienst)
V.	8	(Num 25,1-9)	Bluttat des Pinhas	(Unzucht)
V.	9	(Num 21,5ff)	Die erhöhte Schlange	(Versuchung Gottes)
V.	10	(Num 14 oder:16)	Das murrende Volk (oder: die Korachiten)	(Murren)

    Hier interessieren besonders die ersten Situationen, die
sich durch das Stichwort "alle" (viermal), durch ihren Inhalt
(Schutz und Durchhilfe) und durch den nichtausgesprochenen
direkten Bezug zur Gemeinde von den übrigen vier abheben;
V.5 und 11 dienen der "hermeneutischen" Aufschlüsselung des
Textes, V.12f zieht dann die Konsequenz.

1 Kor 10,1-5:

"Ich will euch aber, liebe Brüder, nicht in Unwissenheit lassen, daß
unsere Väter alle unter der Wolke gewesen und alle durchs Meer gegangen
sind; und alle sind auf Mose getauft worden mit der Wolke und im Meer
und haben alle dieselbe geistliche Speise gegessen und denselben geistlichen Trank getrunken; sie tranken nämlich von dem geistlichen Felsen,
der ihnen folgte; dieser Fels war der Christus. Aber an den meisten von
ihnen hatte Gott keinen Wohlgefallen, denn er ließ sie in der Wüste umkommen."

    Die ganze Wüstenzeit über ließ Gott also dem Volk seine
Wohltaten zukommen: durch die Speise (das Manna) wurden die
Israeliten mit Nahrung versorgt, durch den Trank (das Wasser
aus dem Felsen) wurde ihr Durst gestillt. Den Anlaß für diese
allegorische Auslegung der Wüstenzeit des Volkes Israel bildet wohl die biblische Anordnung einer Erzählung vom Fels
am Anfang der Wüstenzeit (Ex 17) und einer Wiederaufnahme
am Ende der Wüstenzeit (Num 20).[1] Ähnlich wird auch in der
jüdischen Haggada des öfteren auf diese andauernde Wasserver-
sorgung "bergauf und bergab" verwiesen. So z.B. bei Pseudo-

---

1 Ähnlich wird auch die Mannageschichte zweimal erzählt: Ex 16 und
Num 11.

Philo (Liber Antiquitates Biblica) 10,7:[2]

"Sein Volk führte der Herr in die Wüste, und vierzig Jahre lang ließ
er jenen vom Himmel Brot regnen, und die Wachteln führte er ihnen zu
vom Meer, und den Brunnen mit dem nachfolgenden Wasser (puteum aque
consequentis) ließ er für sie ausziehen."[3]

Ähnliche Anschauungen finden sich auch in den Targumin;
so z.B. TgN Dtn 2,6:[4]

מזון לית אתון צריכין מזבון מן לוותהון בכסף רמנה נהית לכון
מן שמיא ולהוד מיין לית אתון צריכין מזבון מן לוותהון דבירה
דמיא סלקא עמכון לראשי טווריה [ונחתה] (ו)לחלתתה עמיקתה•

"Ihr braucht von ihnen keine Nahrung mit Geld zu erwerben, denn das
Manna kommt für euch vom Himmel; ebenso braucht ihr auch kein Wasser
von ihnen zu kaufen, denn der Wasserbrunnen steigt mit euch die Berg-
gipfel hinauf und (folgt euch) in die tiefen Täler."

Gottes Wohltaten[5] begleiten das Volk Israel; sie sind
Zeichen seiner Anwesenheit und Nähe. Diese Thematik war auch
in der Weisheitsliteratur bekannt und wurde dort rezipiert.[6]
Bei Philo findet sich eine besonders nahe Parallele, die
neben dem Versorgen mit Nahrung und Trinken in diesem Zusammenhang auch das Motiv des Abfallens und sich Abwendens von
Gott erwähnt; in einer Auslegung von Dtn 32,13 führt Philo
folgendes aus:[7]

Det 115-116:

"Mit dem harten und unzerstörbaren Fels aber deutet er (sc. der Gesetz-
geber = Mose) klar auf Gottes Weisheit, die Amme, Pflegerin und Ernähre-
rin derer, die nach unsterblicher Kost begehren. Denn sie, gleichsam

---

2   Übersetzung nach DIETZFELBINGER, in: JSHRZ z.St.; vgl. auch LAB 11,15,
    wo aber der Bezug nicht ganz eindeutig ist, ob Gott selbst das Volk
    in der Wüste die ganze Zeit über begleitet (so ergänzt eine HSGruppe
    "dominus"; so auch DIETZFELBINGER), oder ob wie hier lediglich vom
    mitziehenden Wasserquell gesprochen wird.

3   "Eduxit"; gemeint ist wohl: "er ließ aufquellen" (vgl. DIETZFELBINGER
    Anm. c).

4   Text nach M.L.KLEIN, Converse Translation: A Targum Technique,
    Bibl 57 (1976) 515-537 (527). Vgl. auch LE DEAUT, Targum du Penta-
    teuque Bd.4 z.St. Weiter TJo Num 21,6 (s.u.); TN Dtn 32,10 u.ö.
    Zum Ganzen BILL Bd.3 S.406-408.

5   Vgl. TJo Num 21,6: "Eine Himmelstimme ertönte plötzlich von der Höhe
    des Himmels, die sprach: Kommt (und) seht, ihr Menschenkinder, alle
    die Wohltaten (כל טבון), die ich an dem Volk getan habe ..."
    (es folgt eine Aufzählung).

6   Vgl. Weish 11,1.4: "Sie (sc. die Weisheit) ließ alles gelingen, was
    sie (sc. die Israeliten) unter der Führung des heiligen Propheten
    (= Mose) unternahmen ... Als sie dürsteten und dich anriefen, wurde
    ihnen Wasser aus dem schroffen Felsen gegeben, so daß sie ihren Durst
    stillen konnten aus hartem Gestein." Weiter: 11,7-14; 16,2-4. Aber
    auch Sir 24,4.10; siehe hierzu oben.

7   Übersetzung nach LEISEGANG, in: Philo Werke deutsch Bd.3 z.St.

zur Mutter aller Dinge in der Welt geworden, bringt ihre Speisen aus sich
selbst sogleich den aus ihr Geborenen. Aber nicht alles wurde göttlicher
Nahrung für wert befunden, sondern nur die Erzeugten, die sich als ihrer
Erzeuger würdig herausstellten ...“[8]

Der Parallelismus Fels/harter Fels (חלמיש · סלע; LXX: πέτρας
στερεᾶς πέτρας) wird bei Philo als πέτρα ... στερεὰ καὶ
ἀδιάκοπος übersetzt und auf die präexistente Weisheit Gottes[9]
gedeutet (ἐμφαίνων σοφίαν θεοῦ), die die Seele des
Menschen erfüllt und fähig macht, das Gute und Tugendhafte zu
tun. Die mythologische Deutung der Wüstenerzählung wird bei
ihm also wieder ethisch interpretiert und paränetisch ausge-
wertet. Trotzdem weist die eher nur beiläufig eingeflossene
Präexistenzvorstellung der Weisheit darauf hin, daß Philo mit
den traditionellen Weisheitsvorstellungen vertraut war. Es
ist sehr wahrscheinlich, daß auch Paulus eine solche Auslegung
gekannt und ähnlich im Brief an die Korinther angewandt hat.
Dieser Bezug zu den Weisheitstraditionen ist um so wahrscheinlicher, als die rabbinischen Quellen denselben Traditions-
hintergrund bestätigen.[10] Wenn Paulus nun den πνευματικῆ (!)

---

8 Es folgt noch eine andere Auslegung - auf den Logos bezogen, "dem
   ältesten unter allem Sein". Genau wie in der Parallelstelle All II,
   86f ist diese Auslegung wohl erst sekundär zugewachsen; vgl. noch
   her 191 und bes. congr 174; mut 258f.

9 Siehe oben zu Ebr. 31.

10 So ist die direkte vergleichbare Beziehung der Tora auf diese Wohl-
   taten Gottes in der Wüste relativ selten: so z.B. in Qumran CD VI,4:
   "Der Brunnen (vgl. Num 21,18), das ist das Gesetz"; vgl. III,16;
   Mekhilta zu Ex 13,17 (HOROWITZ/RABIN 76,5-8; EPSTEIN/MELAMED 45,4-7):
   "Der Heilige, g.s.E., sprach: Wenn ich jetzt die Israeliten ins
   Land bringe, so werden sie ... nachlässig sein (בטלים) im Tora-
   studium; doch ich will sie einen Umweg führen durch die Wüste 40 Jahre,
   damit sie Manna essen und das Wasser des Brunnens trinken und so die
   Tora mit ihrem Körper vermischt werde (so Rabbi Yishma'el: נבללת ;
   anders Rabbi Shim'on b.Yohai: "und so die Tora in ihrem Körper wohnt"
   מתישבת)." Ähnlich in der Mekhilta zu Ex 15,25 (HOROWITZ/RABIN 156,2f;
   EPSTEIN/MELAMED 104,1-3): "Die alten Schriftausleger (דורשי רשומות
   vgl. BACHER, exegetische Terminologie I,183f) haben gesagt: Er
   (= Jahwe) ließ ihn (= Mose) sehen die Worte der Tora, die mit einem
   Holz verglichen wird wie es heißt (Spr 3,18): 'Ein Holz des Lebens ist
   sie für die, die an ihr festhalten'." Durch das Schriftzitat aus dem
   Sprüchebuch wird dort der weisheitliche Hintergrund noch deutlich
   sichtbar! Etwas anders bringt eine weithin bekannte Tradition den
   Wassermangel bei der Wüstenwanderung mit dem Nichtbefolgen der
   Gebote der Tora zusammen; vgl. z.B. TJo Ex 15,22 u.ö.; siehe
   LE DEAUT, Targum du Pentateuque Bd.II S.129 z.St.

mitziehenden Felsen auf den Messias deutet,[11] dann will er
damit sagen, daß durch ihn auch die "geistlichen" Gaben
Gottes an die Menschen vermittelt werden.

So wird auch hier bei Paulus in der paränetischen Auslegung der Wüstenzeit wieder der weisheitliche Hintergrund klar
sichtbar. Paulus hat die traditionelle Vorstellung der Präexistenz der Weisheit gekannt und macht sie sich in seiner
eigenen Schriftauslegung zu eigen. Wahrscheinlich aber hat
er die enge Parallelisierung von der Weisheit und Christus
schon aus der urchristlichen Tradition übernommen; dafür
spricht, daß sie für ihn kein eigenständiges Thema in seinen
Briefen wird, auch wenn wir aus diesem argumentum e silentio
nicht zu weitreichende Schlüsse ziehen dürfen.

2.4. Die Sendungsaussagen

Wie schon in 1 Kor 8,6 und 1 Kor 10,4 erscheint auch bei
diesen Texten nicht explizit der Begriff der Weisheit. Es ist
aber zu fragen, ob nicht doch im Hintergrund Aussagen über
die transzendente, sich bei Gott befindliche Weisheit stehen.
Vor allem SCHWEIZER hat immer wieder diesen traditionsge-
schichtlichen Hintergrund betont.[1] So kann besonders die Sendung der Weisheit vom Thron Gottes zu den Menschen in Weish
9,10 als enger, vorgegebener Bezugstext gelten.[2]

Paulus kommt in einer Auseinandersetzung mit den galati-
schen Gemeinden über die Bedeutung des Gesetzes für die Nicht-
juden auf die Unterscheidung von Sklavenschaft und Sohnschaft

---

11   Nur eine Stelle hat - soweit ich sehe - die Erklärung der reich-
     lichen Versorgung mit Wasser mit dem Erscheinen des Messias in Ver-
     bindung gebracht, ohne allerdings direkt vergleichbar mit 1 Kor 10
     zu sein, denn der Vergleichspunkt ist weniger das Wasser, sondern
     die Fülle: TN Num 24,6f; siehe LE DEAUT a.a.O. Bd.III S.230-233 z.St.:
     "Comme des torrents qui débordent, ainsi Israel l'emportera sur vos
     ennemis ... Comme (les cieux que y'a étendus) comme demeure pour sa
     Shekinah, ainsi Israel vivra et subsistera à jamais comme les cèdres
     (du bord) de l'eau, fameux et exaltés entre ses créatures. D'entre
     eux se lèvera leur roi et leur libérateur sera (l'un) d'eux." Wahr-
     scheinlich besteht aber eine enge Beziehung zwischen 1 Kor 10,4 und
     der Offenbarungsrede Jesu Joh 7,37ff. Hier bei Johannes kommt die-
     selbe Tradition wieder zur Sprache (vgl. auch unten zu den Sendungs-
     formeln Gal 4,4; 1 Joh 4,9 u.ö.).

1   Z.B. Herkunft (1959) 108; Hintergrund (1966) passim; Jesus (1968)
     83-87 u.ö.

2   Siehe oben zu Weish 9.

zu sprechen (Gal 4,1-7). In diesen Zusammenhang hinein, also
an zentraler Stelle des Briefes, ist eine Aussage über die
Sendung des Gottessohnes eingeflochten:

Gal 4,4:[3]

"Als aber die Fülle der Zeit gekommen war, sandte Gott seinen Sohn, geboren von einem Weibe und unter das Gesetz gestellt, damit er die unter
dem Gesetz (Versklavten) loskaufte, damit wir die Sohnschaft empfingen."

Mit dem Bild vom unmündigen und mündigen Erben (V.1f) wird
die vorchristliche und christliche Zeit der Gemeinde einander
gegenübergestellt und mit der Bedeutung des Gesetzes in einen
Zusammenhang gebracht. Ohne viel Geheimnisvolles nun in den
Begriff τὸ πλήρωμα τοῦ χρόνου hineininterpretieren zu wollen,
wird dann in V.5 die eschatologische Bedeutung des Kreuzes
Christi herausgestellt. Die Sendung des Gottessohnes ist somit eschatologisch qualifiziert; sie zielt auf den Loskauf
von der Herrschaft des Gesetzes, d.h. den Freikauf von dem
Bann des Fluches, der über den ausgesprochen wird, der nicht
den Vorschriften des Gesetzes entspricht.[4] Die Sendung kommt
zu ihrem Ziel im Tod Christi am Kreuz, auf den hier deutlich
angespielt wird.[5] Durch den Tod des Gottessohnes am Kreuz
wird das Heil geschaffen - das ist der soteriologische Aspekt
der Sendung. Auch anderswo verweist Paulus auf die Vorstellung
von genau bemessenen Zeiten der Weltgeschichte;[6] Vorstellungen,
die vor allem in apokalyptischen Kreisen des Judentums ge-
pflegt wurden.[7] Was hat nun Paulus unter der "eschatologischen
Sendung des Gottessohnes" verstanden? Meint er hiermit eine
"Sendung vom Himmel in die Welt"; ist also eine Präexistenzvorstellung impliziert?

Zwar kann im Neuen Testament "Senden" durchaus eine beson-

---

3 Übersetzung nach HENGEL, Sohn Gottes 21.
4 Vgl. Gal 3,13!
5 Paulus hat der Gemeinde den "gekreuzigten Christus von Augen gemalt"
   Gal 3,1 u.ö.
6 Vgl. z.B. 1 Thess 5,1.
7 Für Qumran vgl. vor allem die Auslegung von Hab 2 in: 1QpHab 7,2.7.
   12; aber auch CD 4,9.10 u.ö. Im NT besonders Mk 1,15; aber auch
   Lk 21,24; Joh 7,8; Eph 1,10 u.ö. Zum Ganzen vgl. DELLING, ThWNT Bd.6
   (1959) bes. S.293.303f.

dere (prophetische) Beauftragung bedeuten;[8] hierdurch wäre
dann in der Auseinandersetzung mit den Gemeinden lediglich
Jesu Judesein ("unter das Gesetz gestellt") und sein Gehorsam
gegenüber der Gesetzeserfüllung im Blick. Jesus hätte dann
die Belastung des Gesetzes auf sich genommen, um sie durch
seinen Tod am Kreuz aufzuheben.

Was impliziert dabei aber der Sohnestitel, der ihm schon
vor (!) der Geburt und irdischem Leben zukommt? Wird er im
Sinne der Inkarnation verwendet?[9] Die Entscheidung ist nicht
mehr allein vom Galaterbrief her zu fällen, weil hier die Bedeutung des Sohnestitels besonders bei der Anspielung auf die
Damaskusvision 1,16 als bekannt vorausgesetzt wird.[10] Nach
Röm 1,3f bedeutet der Titel selbst aber zunächst lediglich
die "Davidsohnschaft", d.h. die Messianität.[11] Auch wenn sons
von einer "Sendung des Messias" in der hier vorliegenden Terminologie - soweit ich sehe - nicht die Rede ist, könnte
Paulus in seinem Argumentationsgang eine solche vorausgesetzt
haben.

Die andere Möglichkeit ist die oben angesprochene Parallele
zur Sendung der Weisheit vom Thron Gottes. Diese wird allerdings durch eine weitere Beobachtung bekräftigt. Entsprechend
der Sendung des Sohnes wird als Zeichen und Bestätigung der

---

8 Mit der wohl damit austauschbaren Bezeichnung "Knecht Gottes" (παῖς
  θεοῦ) in Verbindung mit der Sendung von Propheten Apg 3,26: "Für
  euch zuerst hat Gott seinen Knecht erweckt und gesandt, damit er
  euch segnet ..." Ziel der im Blick auf 3,20 sozusagen ersten Sendung
  des irdischen Jesus (allerdings anders als bei Pls nicht mit einem
  ἵνα-Satz konstruiert!) ist hier bei Lukas, das Volk Israel zur Umkehr
  zu bewegen. Eschatologische Koordinaten, eine Einordnung in den Ablauf der Weltgeschichte, erscheinen nicht, auch die Heilsbedeutung
  des Todes am Kreuz steht hinter der Auferweckung (3,15.26) zurück.
  Umstritten ist die Interpretation von Mk 12,1-9 parr, wo allerdings
  ἔσχατον nur bei Mk erscheint!

9 Vgl. HENGEL, Sohn Gottes, besonders 18-31; 104-143.

10 Vgl. weiter Gal 2,10; an zentralen Stellen z.B. auch in Thess 1,9f;
   1 Kor 1,9; 2 Kor 1,18f usw., aber auch Apg 9,20; 13,33.

11 Die Erläuterung, die Paulus dort selbst für angebracht hält, besteht
   formal aus zwei parallelen Partizipialsätzen und sachlich in der Ver-
   gegenwärtigung einer Geschichte: Er, dieser Sohn Gottes, kam, was
   seine irdische Herkunft betrifft (κατὰ σάρκα), als Nachkomme
   Davids zur Welt und wurde zum Sohn Gottes (vgl. Ps 2,7) eingesetzt,
   und zwar mit der wirklichen Vollmacht betraut, die dem heiligen
   Geist (κατὰ πνεῦμα) entspricht, nämlich auf Grund der Auferstehung
   aus dem Totenreich.

schon jetzt den Christen verliehenen Sohnschaft durch Gott
auf die Sendung des Geistes verwiesen. Ähnlich hatte auch
das Weisheitsbuch die Sendung der Weisheit mit der Sendung
des Geistes verbunden.[12] Ja, hier kann im Blick auf die behandelten Texte aus dem rabbinischen Judentum sogar noch
einen Schritt weiter gegangen werden. War es dort nur konsequent, unter Aufgreifen der prophetischen Tradition von Jes 11
auch das ursprüngliche Schöpfungshandeln des Geistes Gottes
- nach der dortigen Auffassung - mit dem verheißenen Messias
in einen Zusammenhang zu bringen,[13] so wird dann bei Paulus
in vergleichbarer Weise die Umkehr der Gemeinde und der damit konstitutive Geistempfang als die entscheidende eschatologische Gabe Gottes interpretiert und mit dem Kommen des
Messias/Christus in Verbindung gebracht.

Aus den zusammengetragenen Texten scheint also für Paulus
die Vorstellung einer Inkarnation und die damit vorausgesetzte Präexistenz des Messias/Christus näher zu liegen, auch
wenn diese Aussagen geradezu zufällig in den Argumentationsgang mit hineinfließen. Genauso wird dies für die Parallelstelle in Röm 8,3 vorauszusetzen sein, wo ebenfalls der Sohnestitel
erscheint und eine finale, soteriologische Angabe mit Bezug
auf das Kreuz Christi sowie eine Aussage zum irdischen Leben
Christi unter dem Machtbereich der Sünde.[14] Vermutlich hat
Paulus diese Sendungsaussagen, die bei ihm selbst erstaunlich
fest geprägt scheinen, nicht selbst formuliert, sondern, wie
wieder die Parallelen im corpus johanneum zeigen,[15] aus der
urchristlichen Tradition übernommen.[16]

---

12 Siehe oben zu Weish 9,17. Die neuere Kritik von BÜHNER 93ff, in
    Weish 9 sei weniger eine Grundvorstellung beschrieben, sondern ledig-
    lich eine Beschränkung auf den engeren Bereich der Gattung des
    Gebetes und der Gebetserfahrung vollzogen, überzeugt nicht. Allein
    schon in der atl. Psalmenliteratur läßt sich des öfteren der Wandel
    von einer (z.T. individuellen) Gebetserfahrung zu einer allgemein
    gültigen Grunderfahrung beobachten.

13 Siehe oben zu BerR 2,4 und der dort vorliegenden inneren Verbindung
    zwischen Umkehr und Messias; weiter ebd. zu PesR 33,6.

14 Vgl. HENGEL, a.a.O. 24; aber auch KLAPPERT 282 mit Bezug auf
    DEICHGRÄBER 163f.

15 Joh 3,16f; 1 Joh 4,9.10.14; der Angabe der Sendung "in den Kosmos"
    entspricht hier in Gal 4,4 in Angabe der "Fülle der Zeit" - "Zeit-
    lichkeit" gehört zur "Welt".

16 Zum Ganzen MERKLEIN 34.43f.

Auch wenn hier noch nicht alles Rätselhafte gelöst werden
kann und man besonders den in verschiedenen Punkten parallel
aufgebauten Philipperhymnus noch berücksichtigen muß, scheint
der Inhalt der paulinischen Missionspredigt Jesus Christus
als präexistenter, menschgewordener und in den Tod am Kreuz
dahingegebener Gottessohn/Messias gewesen zu sein. Mit diesem eschatologischen Ereignis, das für die ganze Völkerwelt
gilt und Heiden und Juden miteinander verbindet[17] und das in
Kategorien der Weisheitsliteratur interpretiert wird, ist die
Frage nach der Präexistenz des Messias gestellt.

II. DIE PRÄEXISTENZ DES MESSIAS

Durch die letzten besprochenen Texte, die von Christus, also
dem Messias, sprachen, sind wir schon auf die Frage nach der
Präexistenz des Messias in den frühen neutestamentlichen
Schriften gestoßen. Hier soll nun diese Frage noch einmal
abschließend aufgegriffen und anhand zweier hymnischer Texte
geprüft werden. Dabei wird es wieder nur bei einer Skizze
bleiben, somit die Exegese nur exemplarisch vorgeführt werden
können. Auch die Frage nach der Genese der einzelnen Aussagen wird notgedrungen nur angeschnitten werden können.[1]

1. Der Philipperhymnus

Der Hymnus Phil 2,6-11 ist in seinem Briefkontext sehr gut
eingebettet. Erst LOHMEYER löste ihn aus diesem Zusammenhang
und interpretierte ihn als einen selbständigen Text.[2] Obwohl
zwar im ganzen Brief verstreut Anklänge mannigfacher Art an
die Sprache und Ausdrucksweise des Hymnus festzustellen sind,
ist aber doch ganz offensichtlich, daß in 2,6-11 ein in sich
geschlossener, eigenständiger Text vorliegt.[4]

---

17 Das "wir" Gal 4,3 schließt Heiden- und Judenchristen mit ein!

1 Vgl. hierzu neuerdings bes. MERKLEIN.

2 LOHMEYER, Kyrios (1927); vielleicht schon im angelsächsischen
   Sprachraum WAY in einer Übersetzung von 1901 (vgl. TALBERT, Problem
   141f A.4).

3 MARTIN, Carmen 58f A.2; neben Anklängen, die schon vor dem Hymnus
   erscheinen, tauchen in 3,20f nicht weniger als 6 Worte gesammelt
   wieder auf. Vgl. weiter zum Kontext EICHHOLZ, Bewahren.

4 Vgl. die Zusammenstellung von untypischen Begriffen bei SCHWEIZER,
   Erniedrigung 52 A.224; FEUILLET, L'hymne 483f; MARTIN, Carmen 48-51.

Stil, Aufbau und Form sind in einem Hymnus grundsätzlich sehr
eng miteinander verknüpft; das eine läßt oft Rückschlüsse auf
das andere zu.[5] Jede Interpretation neigt deswegen mehr oder
weniger dazu, ihre eigene Gliederung zu schaffen;[6] es ist
aber fraglich, ob heutiges ästhetisches Empfinden dem der urchristlichen Sänger entspricht. Obwohl deshalb eher Skepsis
angebracht ist gegenüber einer formalen Strukturierung des
Hymnus, ist aber im Philipperhymnus der Parallelismus unübersehbar.[7] Daneben erscheinen eine Fülle ungewöhnlicher Begriffe
und Wendungen; die zwei für unsere Untersuchung wichtigsten
sollen zunächst kurz gestreift werden.
Phil 2,6-8:[8]

Christus Jesus
(6) "der in Gottesgestalt war,
    hielt nicht gierig daran fest, Gott gleich zu sein,
(7) sondern entäußerte sich selbst,
    nahm Sklavengestalt an,
    wurde Menschen gleich und wie ein Mensch gestaltet,
(8) er erniedrigte sich selbst,
    wurde gehorsam bis zum Tode,
    ja zum Tode am Kreuz."

Der Begriff μορφή und seine Verbindungen sind im NT sehr
selten;[9] weithin bedeutet μορφή die visuell erfaßbare Ge-

---

5 Man braucht nur die geniale Abgewogenheit der Interpretation von
   Phil 2 in der Untersuchung von LOHMEYER zu betrachten.

6 TALBERT 153: "Analysis of the form of the hymn yields the conclusion
   that it means to speak only of the human existence of Jesus."
   TALBERT orientiert aber seine Interpretation eben zu Unrecht lediglich an einer von ihm herausgearbeiteten äußeren Form und achtet
   selbst viel zu wenig auf die innere Struktur des Hymnus. Diesen Vor-
   wurf muß man bei aller Würdigung auch gegenüber LOHMEYER erheben;
   vgl. die Kritik von DEICHGRÄBER 121.

7 Vgl. besonders Joachim JEREMIAS, Gedankenführung 274ff; ähnlich
   schon BULTMANN in der Rezension zu LOHMEYER, DLZ 51 (1930) 777f.

8 Übersetzung – mit der Änderung von "göttlichen Wesens" in: "Gottesgestalt" – nach HENGEL, Sohn Gottes 9.

9 Es ist bemerkenswert, daß diese Begriffe (außer in der Verklärungs-
   geschichte Mk 9,2 par Mt 17,2 und textlich unsicher Mk 16,12) ganz
   und gar auf das paulinische Schrifttum beschränkt sind!

statt.[10] Die hier erscheinende Redeweise ist aber ungewöhnlich[11] und für heutiges Empfinden auch darum schwer nachzu-
vollziehen, weil wir gewöhnt sind, zwischen "Äußerem" und
"Innerem" zu unterscheiden; aber μορφή bedeutet mehr als das,
was mit dem Auge erfaßbar ist.[12] Vor allem in der Verbindung
mit der Antithese zu V.7: "wie ein Mensch gestaltet (μορφὴ
δούλου)" geht es hier nicht um die Alternative "äußere Erscheinungsform" - "(bleibende) Substanz"; auch die Interpretation als Wechsel der "Daseinsweisen" ist dem Text unange-
messen.[13] Vielmehr ist "die spezifische Gestalt gemeint, an
der Identität und Status hängen".[14] Man darf bei alledem
aber nicht übersehen, daß der Hymnus sich der metaphorischen
Redeweise bedient.[15] Das bedeutet, daß sich der Hymnus "in
der ungeschützten Sprache des Lobens, nicht in der nach allen
Seiten abgesicherten Diktion exakter Dogmatik" bewegt.[16]
Allein von der Erfahrung des gegenwärtigen Heils in der durch
Christus gestifteten und vermittelten Gemeinschaft der Gemeinde und dem von ihm geprägten Leben her muß sich also der
Hymnus interpretieren lassen. Damit ist er vergleichbar den
Hymnen der Weisheitsliteratur im AT. So ist vor allem die
innere Struktur von Sir 24 als Parallele zu benennen. In
Universalität und uranfänglicher Präexistenz als "Schöpfungslogos" konzentriert sich dort die Weisheit in der Wüstenzeit
auf die Begleitung des Volkes Israel (bei den Gefahren) in
der Wüste und kommt schließlich endgültig an einem Punkt, auf
dem Zion, zur Ruhe. Durch die daran anschließende Identifikation mit der (schriftlich) vorliegenden Tora wird diese

---

10 So z.B. bei Josephus von Menschen im Zusammenhang des καλὸς κ'ἀγαθός
    von der schönen Gestalt der Jünglinge in der Josephsgeschichte:
    Ant 2,61 (5,1).98 (6,2). 102 (6,3) u.ö.; von Tieren bei der Be-
    schreibung des Stiftszeltes Ant 3,113 (6,2).126 (6,4). 137 (6,5) u.ö.

11 Die Konstruktion mit ἐν ist ungewöhnlich (übrigens wird auch ὑπάρχω
    nur selten mit ἐν konstruiert), meist wird der Dativ verwendet. Bei
    Josephus wird an den 11 Stellen, die von einer menschlichen Gestalt
    reden, nur in Ant 15,51 (3,3) die Präposition ἐν verwendet, sonst
    in diesem Zusammenhang überhaupt nie.

12 Vgl. BEHM, ThWNT Bd.4 (1942) 754-756 μορφὴ θεοῦ im Griechentum.

13 PÖHLMANN, EWNT Bd.2 (1981) Sp.1090.

14 Ebd. 1091.

15 HOFIUS 58.61 u.ö.

16 Ebd. 58.

Konzentration und "Materialisierung" auf die Spitze getrieben: die Weisheit ist für den Menschen nur in dieser spezifischen Gestalt verfügbar.[17] Auch wenn hier in Phil 2 keine direkte sprachliche Abhängigkeit behauptet werden kann, scheint nach dem oben Gesagten diese "Manifestation" der Weisheit in der jeweils spezifischen Situation auch für den Hintergrund des μορφή-Begriffes und damit für das 1. Glied des Hymnus bedeutsam zu sein.[18] In verhüllender Form versucht die erste Aussage über den Christus ein ganz besonderes Gottesverhältnis zu beschreiben; durch μορφή θεοῦ wird seine Identität und sein Status herausgestellt.

Durch den parallelen Ausdruck ἴσα θεοῦ in Antithese zum Begriff der "Gottesgestalt" mit der ihr innewohnenden besonderen Nähe zu Gott könnte nun das von der Versuchlichkeit und der Sünde geprägte Gegenstück des Menschen verstanden sein; so wird "in der jüdisch-hellenistischen Literatur ... wiederholt von Menschen, die glauben, Gott gleich zu sein, in verächtlicher Form gesprochen".[19] Derselbe Befund zeigt sich ja schon im AT: niemand ist Gott gleich; "niemand (kann) sich mit Jahwe an Macht und Herrlichkeit messen".[20] "Gottgleichheit" bezeichnet dann in seiner Paradoxität die ganz anders geartete göttliche Macht und Herrlichkeit. Damit wird die

---

17 Formal ist insofern eine Verbindung zu Sir 24 herzustellen, als auch dort vor allem die Verben die tragende Bedeutung für den Hymnus besitzen. Zum Ganzen vgl. oben zu Sir 24; die verbindenden Elemente sind enthalten in der Spannung von "Universalität" und "Partikularität".

18 Weisheitlichen Hintergrund der Begriffe und Sprache vermuten GEORGI und die sehr polemisch tendenziöse Studie von BARTSCH, vgl. S.27-40; neuerdings wieder MURPHY-O'CONNOR, Anthropology; dagegen zu Recht HOWARD. Ganz abwegig ist aber ein Bezug zum "Anthropos-Mythos"; vgl. KÄSEMANN, Analyse; dagegen MARTIN, Carmen 90-93. Anders als in der Valentinischen Gnosis ist hier in Phil 2,6-8 eben nicht von einem "Fall" der Weisheit/Christus die Rede! Die "Kenose", wie sie in der späteren Zeit der Kirchenväter entwickelt wurde, findet sich so noch nicht im NT. Zum Ganzen vgl. MARTIN, Carmen 74-84.

19 GNILKA (HThK) z.St. S.117. Er verweist auf Josephus Ant 19,1ff, die Geschichte von der Ermordung des Gajus Caligula; vgl. auch Philo, All I,49 u.ö.

20 HOFIUS 57; vgl. Ex 15,11; Ps 35,10; 40,6 u.ö. Besonders aufschlußreich ist Jes 14,13f: "Zum Himmel steig ich empor, höher denn Gottes Sterne errricht ich meinen Thron ... Ich steig auf Wolkenhöhen, stell mich dem Höchsten gleich (LXX: ἔσομαι ὅμοιος τῷ ὑψίστῳ)." Weitere Stellen bei HOFIUS, a.a.O.; vgl. auch STÄHLIN, ThWNT Bd.3 (1938) 352.

Aussage von V.6 vergleichbar mit den Texten, die die Weisheit
als Mitthronerin Gottes beschreiben[21] und der Konzeption der
BR des äthHen, wo der Menschensohn ebenfalls auf dem göttlichen Thron sitzt.[22] Ähnliches läßt sich darüber hinaus auch
in der Vorstellung der Fragmente von Qumran finden, in denen
Melchisedek als himmlisches Engelwesen von göttlichem Rang
dargestellt wird.[23] Auch wenn in diesen Parallelen eine solche
Stellung nirgends weiter kritisch hinterfragt wird, wird für
den Dichter eine solche Aussage nötig im Blick auf die erste
Zielaussage des Hymnus: die Gegenüberstellung zur völligen
Ohnmacht und Schmach des Kreuzes.[24] Ganz im Gegenteil zu den
angeführten Parallelen wird aber die göttliche Stellung in
keiner Weise näher bestimmt und ausgemalt. Kurz und knapp
angedeutet, ohne irgendwelche (irdische) Zeitbegriffe einge-
grenzt, wird daraufhin, durch das antithetische ἀλλά abge-
setzt und viel breiter ausgeführt, also der erste Schwerpunkt
des Hymnus auf die ganz andere irdische Existenz gelegt. In
metaphorischer, meditativer Sprache wird in den folgenden
Versen mehrfach wiederholend nun der auf Erden erschienene
und gekreuzigte Christus besungen. Wurden zuerst Christus und
Gott ganz eng in die allergrößte Nähe gerückt, so wird jetzt
die tiefste Erniedrigung beschrieben in der Preisgabe dessen,
was der Christus vor allen anderen Dingen voraus besaß. Die
maßgebliche Wendung ἑαυτὸν κενοῦν ist zwar im Griechischen
bisher nicht belegt, aber ihre Bedeutung ist nicht schwer zu e
schließen. In der Sprache der LXX wird mit κενός der bezeich-

---

21 Siehe oben zu Weish 9,4.10.

22 S.o. zu äthHen 46,1; 48,2. Aber auch die rabbinischen Texte, die
    (das Licht für) den Messias unter dem Thron verborgen halten; vgl.
    zu PesR 36,3.

23 S.o. zu 4 Q 180; vgl. aber auch Joh 5,18!

24 Aus dem Dargelegten wird deutlich, daß die verbale Wendung οὐχ
    ἁρπαγμὸν ἡγήσατο nicht etwa ethisch als "res rapienda", sondern als
    "res rapta" verstanden werden muß; gegen dieses Verständnis kämpfte
    schon KÄSEMANN, Analyse 70f. Eine Abgrenzung zu Gen 3,5 – schon aus
    terminologischen Gründen nicht überzeugend (LXX: ὡς θεοί) – liegt
    also m.E. nicht vor. Zum Ganzen vgl. MARTIN, Carmen 138-153.

net, der "um etwas gebracht worden ist, das er zuvor be-
sessen hat".[25] Hierbei spielt der Aspekt der Totalität, die
vollkommene "Entleerung", eine bedeutende Rolle.[26] Während
es allerdings in den "Parallelen" um Verluste geht, die besonders die Menschen gegen ihren Willen erleiden müssen, bezeichnet Phil 2,7a durch das Reflexivpronomen ἑαυτόν die
freiwillige Entscheidung.[27] Der Messias/Christus gibt etwas
in bewußtem Verzicht auf; er macht sich selbst arm.[28]

Es springt ins Auge, daß hier in dieser metaphorischen
Aussage ein besonderes, schwer zu beschreibendes Geschehen
thematisiert wird. Hiermit wird die totale freiwillige Erniedrigung ausgedrückt![29] Die parallele Formulierung "er nahm
Sklavengestalt an" bestätigt diese wunderbare Umschreibung
der Selbsterniedrigung Gottes in Jesus Christus. In der Spannung von uranfänglicher Präexistenz bis zur völligen Entleerung in die Sklavengestalt drückt sich das aus, was in der
christlichen Gemeinde bekannt gemacht wird und das Zentrum
des ersten Hymnusteiles ausmacht: Christus erniedrigt sich

---

25 HOFIUS 59. Vgl. hierzu Rut 1,21; LXX Ps 33,11, was in Lk 1,53 dann
    wieder aufgenommen wird. Besonders aber Jer 15,9: "Eine Mutter von
    sieben Söhnen sank um, verlor ihre Sinne: ihr sank die Sonne am
    hellichten Tage, sie ward um ihre Ehre betrogen"; hier übersetzt die
    LXX den ersten Teil mit ἐκενώθη ἡ τίκτουσα ἑπτά   .

26 Zu Josephus vgl. Bell 3,186.259; Ant 12,250; auch Bell 2,457, wo
    κενόω parallel zu ἀναιρέω und ἀποσφαγέω verwendet wird im Sinne
    von "ausgerottet werden".

27 HOFIUS 60 (hervorg. von mir).

28 "Die Zeilen (Phil 2,)6a.b und 7a stimmen somit genau mit der - eben-
    falls metaphorischen - Aussage in 2 Kor 8,9 überein, wonach Jesus
    Christus 'arm wurde, obwohl er reich war'";HOFIUS a.a.O. In diesem
    Zusammenhang fragt HOFIUS weiter, ob nicht gerade der metaphorische
    Charakter die Wahl der beiden ungewöhnlichen Ausdrücke ἁρπαγμὸν
    ἡγεῖσθαι und ἑαυτὸν κενοῦν erklärt, insofern nämlich beide durch
    die assoziierende Vorstellung des "Raubes" bzw. des "Besitzes" mit-
    einander verbunden und aufeinander bezogen sind. Vgl. wieder
    Bell 1,355: "Der König (sc. Herodes) aber hielt einige (Soldaten)
    durch Ermahnungen ... zurück. Ja, er machte auch den Plünderungen
    (τὰς ἁρπαγάς) in der Stadt ein Ende; er hielt dem Sossius vielfach
    vor, ob die Römer die Stadt von Werten und Menschen entleeren
    (κενώσαντες) und ihn als König über eine Wüste (ἐρημίας) zurück-
    lassen wollten."

29 Demgegenüber scheint mir die scharfsinnige Interpretation von ἑαυτὸν
    ἐκένωσεν durch Joachim JEREMIAS (in: ThWNT Bd.5 (1954) 708 und in:
    Phil 2,7) zu wenig der freien Formulierungsmöglichkeit des Hymnus
    Rechnung zu tragen; zur Kritik vgl. DEICHGRÄBER 124.

ganz und gar in der Sklavengestalt, bis hin zum Tod des
Sklaven, dem Verbrechertod am Kreuz![30]

Wenn wir diese Spannung des Hymnus richtig verstanden haben
und nicht voreilig umbiegen in ein vorgefaßtes "dogmatisches"
Ergebnis, dann kann die Entsprechung zwischen Anfang und Ziel
dieses ersten Teiles nur zwischen höchster "gottgleicher"
Würde und Macht einerseits und tiefster Ohnmacht und Schande
im Tod am Kreuz andererseits liegen.

Schließlich ist auch noch im zweiten Hymnusteil eine Verbindung zu der beschriebenen Vorstellung eines präexistenten
Messias herzustellen: in Phil 2,9f wird der sich in die größte
menschliche Schande erniedrigende Christus in die höchste
Höhe erhoben.[31] Diese Erhöhung wird durch die Proskynese und
das Bekenntnis der Kyrioswürde bekräftigt. "Namensnennung"
(ἐν τῷ ὀνόματι Ἰησοῦ) und "Inthronisation" waren im Zusammenhang von TgMi 5,1 und äthHen 48,1-7 sich gegenseitig be-
dingende Phänomene; im Lichte der Wirkungsgeschichte der atl.
Königsvorstellung und der messianischen Gottesknechtsaussagen
ist die Namensgebung mehr als ein bloßes "Benennen"; es wird
jemand in "Amt und Würden" eingesetzt. Ähnlich wie in den
Bilderreden des äthHen erscheint auch Phil 2,10 die universale
Proskynese.[32] Der Vers legt die Deutung nahe, daß Christus
vor dem himmlischen Hofstaat erscheint und Gott ihn als Kyrios
über die himmlische, irdische und unterirdische Welt einsetzt.
Die Huldigung bezieht sich dann nicht mehr nur auf (die den
Hymnus singende) glaubende Gemeinde, sondern "auf alle der
Anbetung fähigen Wesen im gesamten Raum der Schöpfung Gottes".[33]
Christus hat damit teil an der universalen Herrschaft Gottes
selbst. Er steht im Sinne von Ps 110,1 an der (rechten) Seite
Gottes.

---

30 Die Zeile "ja bis zum Tode am Kreuz" ist auch vom Stil her nicht als
    nachträgliche Interpretation zu werten; das hat HOFIUS überzeugend
    dargestellt!

31 ὑπερυψοῦν   erscheint in der LXX nur noch an einer Stelle, wo von
    der höchsten Würde und Hoheit Gottes geredet wird: Ps 97(96),9
    (ὕψιστος...σφόδρα ὑπερυψώθης   ); vgl. aber auch die vergleich-
    bare Aussage vom Gottesknecht Jes 52,13.

32 Das Zitat von Jes 45,23 erscheint damit in einem neuen Licht: nun wird
    nicht mehr vor Gott allein - wie Röm 14,11 - sondern auch vor dem
    Messias/Christus die universale Huldigung vollzogen.

33 HOFIUS 53; vgl. Oßfb 5,13 (viergliedrig).

Damit setzt der Hymnus eine göttliche Herrschaft Christi über
alle Mächte des Kosmos voraus. Christus gehört - vergleichbar
mit der Weisheit im Weisheitsbuch und dem MS in den BR - in
die allernächste Nähe des Thrones Gottes; niemand steht Gott
so nahe wie er. Nur er allein erhält dabei auch den (göttlichen) Kyriosnamen. Diese Übergabe der göttlichen Herrschaft
an ihn ist seit Kreuz und Auferweckung für alle, die diesen
Hymnus singen, schon offenkundig und Realität, auch wenn die
endgültige universale kosmische Huldigung noch aussteht. Das
Geschehen, das in der Präexistenz Christi seinen Anfang hat,
ist damit bisher noch nicht endgültig zu seinem für alle Welt
offenkundigen Abschluß gekommen. Die Präexistenzaussage
braucht gar nicht weiter expliziert zu werden. Der Hymnus hält
sich nicht an irgendwelche temporale Ausdrücke des "vorher",
"jetzt" oder "noch nicht"; dies erreicht er allein durch die
Bewegung, die den Hymnus von der ersten Zeile an durchzieht.[34]
Darum wird eine allegorische Interpretation einzelner Aussagen
der Gesamtstruktur in keiner Weise gerecht. Nicht als Allegorie, sondern als Metapher muß der Hymnus gedeutet werden.[35]
Nicht geheimnisvolle Anspielungen, in die man erst eingeweiht
werden müßte, sondern das, was ins Auge springt, wird interpretiert und als Beispiel vor Augen gemalt: (am Anfang) die
Präexistenz Christi, (in der Mitte) der schmähliche Sklaven-
tod am Kreuz, (am Ende) die universale Macht und Herrlichkeit,
wie sie in der lobenden Huldigung aller Mächte und Welten
sichtbar wird.

Nicht erst für Paulus, sondern auch schon für den Hymnus
selbst ist darum die Vorstellung des präexistenten messianischen Gottessohnes vorauszusetzen. Es ist sicher kein Zufall, daß der Hymnus mit dem absoluten Gottesprädikat "Vater"
schließt.[36] Dem entspricht der Sohnestitel, der dann in anderen Texten konsequenterweise auch erscheint.[37] "Damit stand

34 Sie wird hervorgerufen und dann verstärkt durch die tragende Funktion
    der verba finita: ἐκένωσεν ; ἐταπείνωσεν ; ὑπερύφωσεν . Ὑπάρχω
    bereitet diese Bewegung, die in V.7 explizit einsetzt, schon in der
    ersten Aussage vor. Darum verweilt auch der Hymnus nicht bei der Prä-
    existenzaussage!

35 Vgl. HOFIUS 58f.

36 So schon GNILKA z.St. S.130: "Dieses Nebeneinander kann in einem
    christlichen Hymnus nur auf den Vater Jesu Christi verweisen."

37 Siehe oben zu den Sendungsaussagen Gal 4,4 und Röm 8,3.

aber der Sohn - bei aller deutlichen Subordination - nicht
mehr nur auf seiten der Geschöpfe, sondern zugleich auf
seiten Gottes".[38] Durch die Erhöhung des "Gottessohnes" und
durch die Verleihung des Kyriostitels wird das ganz deutlich.
Für die Ausbildung der Präexistenzaussage könnte dann der
Gedanke bestimmend gewesen sein, daß der, der in die allernächste Nähe Gottes gehört, schon immer bei Gott war, auf
jeden Fall schon bei der Schöpfung der Welt. Diese alles
andere überbietende Stellung und Würde ist zwar durch den
gehorsamen Weg der Erniedrigung ausgelöst, letztlich aber
doch Hinweis auf die freie Tat Gottes (θεός ist im Hymnus
Leitwort!). Entscheidend für die Präexistenzchristologie ist
der hier neugewonnene Kontrast zwischen transzendentem Sein
bei Gott und irdisch-menschlicher Existenz in der "Sklavengestalt" und mit dem unauswechselbaren gehorsamen Tod eines
Sklaven am Kreuz. Im Grunde wird auf diese Weise "Urgeschichte" mit der "Heilsgeschichte" kontrastiert, die ihrer-
seits in die eschatologische Erwartung der universalen
Huldigung einmündet. Der Philipperhymnus stellt also den
ersten Anfang eines Nachsinnens über das präexistente Sein
Christi dar, wenn man auch zugeben wird, daß er "viel mehr
an dem vom Präexistenten herkommenden Heilsgeschehen als an
diesem selbst orientiert" ist.[39]

2. Der Kolosserhymnus

Anders als im Philipperhymnus haben wir hier in bezug auf
die christologischen Präexistenzaussagen des Neuen Testaments
unbestritten sicheren Boden unter den Füßen; weil der
Kolosserhymnus explizit von der Präexistenz Christi spricht,
lohnt es sich, seinen Aussagen genauer nachzugehen. Sie sollen darum auf Grund der Ergebnisse der bisherigen Untersuchungen neu belichtet werden. Dabei werden zunächst die
Christusprädikationen und die Schöpfungsmittlerschaft im
Mittelpunkt stehen.
  Es springt sofort ins Auge, daß der Hymnus vor der Aussage über die Schöpfungsmittlerschaft Christi, also schon
vor dem Schöpfungsakt selbst, ursprüngliches Abbild Gottes

---

38 HENGEL, Sohn Gottes 119.
39 GNILKA 114.

ist (Kol 1,15):

"Er (Christus) ist das Bild des unsichtbaren Gottes".

Eine solche Bezeichnung ist für das Neue Testament auffallend. Am ehesten ist sie zu verstehen auf dem Hintergrund der Beschreibung der spiritualisierten Weisheit in Weish 7,25f. Wie oben bei der Exegese dieses Textes festgestellt wurde, wird dort im Weisheitsbuch der transzendente Ort der Weisheit schon vor der Schöpfung herausgestellt; sie befindet sich im Himmel, in der Nähe des göttlichen Thrones. In ihr, die praktisch mit dem Geist Gottes identisch ist, kann sich die Gegenwart Gottes den Menschen vermitteln. Wie dort bei der Weisheit ist nun auch im Kolosserhymnus in Christus Gottes Gegenwart ganz und gar auf Erden präsent; d.h. wer die Schöpfung als Werk des Schöpfers begreifen will, kann das nur tun durch sein "Bild" hindurch, Christus. Es ist nicht von ungefähr, daß die Tradition aus dem Weisheitsbuch auch auf andere ntl. Texte sich ausgewirkt hat; vor allem 2 Kor 4,4 ist hier zu nennen:

"Der Gott dieser Weltzeit hat das Denken der Ungläubigen verblendet, daß ihnen nicht aufstrahlt das Licht des Evangeliums der Herrlichkeit Christi, der Gottes Ebenbild (εἰκών) ist."

Dort ist Christus aber nicht Schöpfungsmittler, sondern Mittler der Offenbarung Gottes, so daß die, die das Evangelium hören, nun mit geöffneten Augen der Herrlichkeit Gottes durch Christus teilhaftig werden, während dies dem Denken der Ungläubigen verborgen bleibt. Trotzdem ist die Parallele beachtenswert.[1] Wahrscheinlich drückt εἰκών hier wie dort die Gegenwart des Repräsentierten aus; so ist im "Bild" der "unsichtbare Gott"[2] aus seiner Verborgenheit herausgetreten und für die Menschen sichtbar geworden. Damit ist die Herrlichkeit Gottes auf Christus, seinen präexistenten Repräsentanten übergegangen. Wer sich bei Gott befindet, bekommt

---

1 Εἰκών erscheint nur achtmal in den neutestamentlichen Briefen, davon sechsmal bei Paulus und hier dreimal auf Christus bezogen; vgl. F.ELTESTER.

2 Zum Ausdruck vgl. Jes 40,28: "Unerforschlich ist (Gottes) Einsicht" und besonders Jes 45,15: "Führwahr, du bist ein verborgener Gott (אל מסתתר), der Gott Israels, ein Erretter". (LXX umschreibt diese Aussage mit: σὺ γὰρ εἶ θεός , καὶ οὐκ ᾔδειμεν).

Teil an der göttlichen Herrlichkeit; das gilt auch für die
eschatologischen Texte.[3] So gehörte in vergleichbarer Weise
auch der Menschensohn in den Bilderreden des äth. Henoch
wie auch der Messias in den behandelten rabbinischen Texten
in die unmittelbare Nähe Gottes.[4] Die göttliche Doxa strahlt
auf seinen Boten ab und ist in ihm präsent und manifest. Der
im Kolosserhymnus besungene Christus gehört so als εἰκὼν θεοῦ
in die unmittelbare Nähe und Gemeinschaft mit Gott in der
himmlischen Welt - auf die Seite Gottes und nicht auf die
der Menschen. Christus vermittelt also das Geheimnis der
göttlichen Offenbarung, so daß die ganze Schöpfung es wahrnehmen kann.

Christus ist der "Erstgeborene der ganzen Schöpfung".
Das kann nach dem Gesagten nicht heißen, daß er das erste
Glied der Schöpfung ist. Diese Aussage muß also kompara-
tivisch verstanden werden: "Christus ist früher als alle
Schöpfung geboren", was später im Hymnus noch einmal aufgenommen wird (Kol 1,17): "er ist vor allem (gewesen)". Der
Erstgeborene hat als der vom Vater besonders Geliebte eine
hervorragende Stellung. Diese Würde ist schon dem Präexistenten verliehen worden.[5] Allerdings ist nicht das Verhältnis
des Erstgeborenen zu Gott entscheidend, sondern, wie der
Genitiv zeigt, zur Schöpfung. Sicherlich wirken hier die Aussagen über den Erstling der Schöpfung nach, wie sie in Spr 8
beschrieben worden sind. Etwas unbedingt Einmaliges wird der
ganzen Schöpfung gegenübergestellt; durch die temporale Bestimmung πρό, durch die Wiederaufnahme des πρωτότοκος[6] wird
dann die Folgerung vorbereitet, die V.18 abschließend formuliert: "damit er in allem Erster werde". Anknüpfend an den
weisheitlichen Hintergrund wird in den Christusprädikationen
eine alles andere überbietende Würde und Ehre wirksam. Als
ntl. Parallele legt sich vor allem Röm 8,29 nahe, wo εἰκών

---

3 Vgl. Dan 12,3 und die von dort beeinflußten Texte wie äthHen 38,4;
   39,7 und bes. oben zu 43,1-4.

4 Vgl. äthHen 51,3 und bes. oben zu 46,1-3; aber auch zu BerR 1,6;
   BerR 2,3 und PesR 36,3.

5 Zur Begründung siehe SCHWEIZER, Kolosser (EKK) z.St. S.58f. Zu Jakob/
   Israel als πρωτόγονος παντὸς ζῴου ζωουμένου vgl. oben zum Gebet des
   Joseph.

6 Durch die viermalige Häufung der Silbe πρό wird klanglich das Ganze
   unterstützt und unüberhörbar gemacht!

und πρωτότοκος· ebenfalls nebeneinander erscheinen:

"Denn die er ausersehen hat, die hat er auch vorherbestimmt, daß sie
dem <u>Bild</u> seines Sohnes gleich sein sollten, damit dieser der <u>Erstgeborene</u>
<u>unter vielen Brüdern</u> sei."

Christus ist schon das Bild Gottes, in dem die Herrlichkeit Gottes ausstrahlend erscheint; das impliziert dann auch
die Wesensteilnahme durch die ihm angehörende Gemeinde:
Christus ist ihr in allem voraus und zieht sie nach. Was im
Römerbrief soteriologisch ausgeführt ist, gilt im Kolosserhymnus kosmologisch-universal. Selbst den Toten ist Christus
voraus; Christus eine "Leiche"?, eine unerhörte Aussage, genauso anstößig wie die Betonung des Todes am Kreuz im
Philipperhymnus. Die Paradoxie der Heilsgeschichte wird somit
auch in der "Poesie" des Hymnus keinesfalls ausgespart. Auch
der Begriff des "(Gottes)sohnes" wird wie dort im Kolosserhymnus impliziert sein, hier durch πρωτότοκος möglicherweise
eine Auslegung und Aufnahme von Ps 2,7. So expliziert
πρωτότοκος z.B. in Hebr 1,6 den durch die alttestamentlichen
Zitate herausgestellten Begriff des υἱός, indem er "als
Überordnung ... interpretiert und in V.10 durch den Hinweis
auf Christi Schöpfertätigkeit (!) entfaltet wird".[7] Im Lobpreis wird damit ausgesagt, was Christus <u>bleibend</u> für die
ihm gegenüberstehende Gemeinde ist: der, durch den Gott, der
grundsätzlich unzugängliche Schöpfer, sich seiner Schöpfung
zuwendet, die ihn sonst nicht sehen und erkennen könnte;
erst durch sein "Bild" und seinen "Erstgeborenen" wird Gott
seiner Schöpfung verständlich. In vergleichbarer Weise wurde
auch in einem Teil der rabbinischen Texte die Vorstellung
des ursprünglichen Schöpfungslichtes auf den Messias übertragen, in PesR 33,6 sogar die Vorstellung einer präexistenten Geburt. Dieser vom Kolosserhymnus sicher unabhängige
Text macht es unmißverständlich deutlich, daß die zeitliche
und die qualitative Komponente der Präexistenzaussage unmittelbar miteinander verkoppelt sind.

Als der, der allem anderen zeitlich und in der Stellung
vorgeordnet ist, konzentriert sich nun auch das Schöpfungswerk <u>selbst</u> auf diesen einen Menschen. So wird im Hymnus das

7 SCHWEIZER, Kolosserbrief S.59 (Herv. dort). Als Hintergrund könnte
   auch ein messianisches Verständnis von Ps 89,28 gedient haben, der
   dann im Licht von Ps 2 und Ps 72 interpretiert wurde; vgl. hierzu
   auch ShemR 19,7, wo Ps 89,28 auf den Messias gedeutet wird!

Verhältnis Christi zu der Schöpfung in den drei Präpositionen
ἐν, διάund εἰς ausgedrückt; zu dieser Nominalaussage ist natürlich das Verb ἐστίνzu ergänzen (Kol 1,16):

"Denn in ihm wurde alles geschaffen ...
alles ist durch ihn und auf ihn hin erschaffen."

In vielfältiger Weise wird damit die Schöpfungstätigkeit
Christi, seine Schöpfungsmittlerschaft ausgedrückt. Das
Schöpfungswerk selbst wird in der damals verbreiteten und
geläufigen "All-Formel" beschrieben.[8] Die Schöpfungstat muß
dabei in der Vergangenheitsform ausgedrückt werden. Für die
gegenwärtige Welt ist Christus der Herr; er ist an Gottes
Stelle getreten. So redet in ähnlicher Weise auch Röm 11,36:

"Denn aus ihm und durch ihn und auf ihn hin ist alles. Ihm sei Ehre in
Ewigkeit! Amen."

Diese die Kapitel 9-11 abschließende Doxologie aus dem
Römerbrief faßt auch in präpositionalen "Ketten" zusammen,
was Gott gibt in Schöpfung und Heilsgeschichte.[9] Wenn im
Kolosserhymnus nun genau dies als Christi Werk beschrieben
wird, dann wird aber der Unterschied zwischen ihm, dem Schöpfungsmittler, und Gott, dem Schöpfer, trotzdem nicht verwischt. Vergleichbar wird in Hebr 1,10 die ursprüngliche
Gottesaussage von Ps 102,26ff auf Christus übertragen; trotzdem bleibt Christus eindeutig von Gott, dem Schöpfer, unterschieden.[10] "Gilt also, daß die Welt in ihrer Vergangenheit,
von der sie herkommt, in ihrer Gegenwart, in der sie jetzt
existiert, und in ihrem Ziel, auf das sie hinläuft, nur aus
Gottes guter Zuwendung leben kann, so gilt auch, daß diese
Zuwendung Gottes den Namen Jesus Christus trägt."[11] In
Christus ist die Welt bewahrt und durch seine Herrschaft
kommt sie auch an ihr Ziel. So findet in ihm alles seinen
Zusammenhalt. Auch hier ist wieder weisheitliche Reminiszenz
mit Händen zu greifen.[12] So z.B. im Schöpfungshymnus
Sir 43,26:

"In seinem Dienst hat sein Bote (das Wort Gottes) Erfolg,
und durch sein Wort vollzieht er seinen Willen."

8 Vgl. PÖHLMANN, passim.

9 Vgl. noch Eph 4,6; Hebr 2,10 und besonders oben zu 1 Kor 8,6.

10 Deutlich zu Anfang Kol 1,15 durch εἰκὼν θεοῦ ; wahrscheinlich wird
   durch den Begriff πρωτότοκος wieder auf den Sohnes-Titel angespielt!

11 SCHWEIZER, Kolosserbrief S.62.

12 Vgl. FEUILLET, Sagesse 215.

Oder auch Weish 1,6 von der spiritualisierten Weisheit:
"Der Geist des Herrn erfüllt den Erdkreis,
und er, der alles zusammenhält, kennt jeden Laut."

Fast könnte man meinen, daß hier im Kolosserhymnus aus
der weisheitlichen biblischen Tradition und aus dem griechischsprechenden Judentum lediglich verschiedene Epitheta
der Weisheit aufgegriffen und dann auf Christus übertragen
worden sind, wenn auch bei der Verwendung von κτίζειν in der
hellenistischen Tradition noch nicht von der Schöpfertätigkeit gesprochen wurde.[13] Aber in seinem ganzen Duktus geht
der Hymnus doch weit über alle bekannten jüdisch-hellenistischen Parallelen hinaus. Unwahrscheinlich ist auch, daß
ein zuerst außerchristliches Lied nachträglich christlich
adoptiert worden ist.[14] Die Konzentration auf den einen
Menschen Jesus Christus ist nur als genuin christliche Aussage zu verstehen. Weiterhin wird man auch die vielgeäußerte
Vermutung nicht mehr so selbstverständlich vertreten können,
daß vom Verfasser des Kolosserhymnus gelegentlich Zusätze an
den ihm vorliegenden Hymnus eingefügt worden sind.[15]

Im zweiten Teil des Hymnus fällt es leichter, genuin
frühchristliche Gedanken wiederzufinden. Durch die Ver-
söhnungsaussage scheint die jüdisch-weisheitliche Redeweise

---

13 Erst in den später übersetzten Schriften des Alten Testaments, so
    grundsätzlich in den Psalmen und bei (Deutero-)Jesaja,steht dieser
    Ausdruck durchweg für das göttliche Schaffen ברא . Vgl. FOERSTER,
    ThWNT Bd.3 (1938) S.1025f.

14 So überzeugend nachgewiesen durch GABATHULER 135f gegen KÄSEMANN,
    Taufliturgie.

15 So vor allem durch den Vortrag 1978 in Uppsala von GESE, Weisheit
    104-108. Man mache sich einmal klar, daß außer V.15a: "Er ist das
    Ebenbild" und V.16a: "denn in ihm ist alles geschaffen" jedes Wort
    des Hymnus hier und da in den Auslegungen unter den Tisch gefallen
    ist! GESE macht auch wahrscheinlich, daß die Zeile: "und er ist das
    Haupt des Leibes, der Kirche" nicht als nachträgliche Ergänzung zu
    verstehen ist. Dem Hymnus ist ein Interesse an der Gemeinde nicht
    abzusprechen; im Haupt der Kirche ist die Kirche (Gemeinde) schon
    existent. Hierzu paßt die protologische Aufwertung der Kirche, wie
    sie auch in den rabbinischen Texten zum Ausdruck kommt; vgl. oben zum
    Midrasch der Dinge, die vor der Welt geschaffen wurden, in dem eine
    Textgruppe die Väter und das Volk Israel aufzählt (z.B. BerR 1,4),
    aber auch zu AssMos 1,12-14. Die Intention der Schöpfung zielt auf
    die leibliche Verwirklichung in der (Volks-)Gemeinschaft, wie im NT
    auch Eph 1,4 und 1 Petr 1,20 die präkosmische Erwählung der Gemeinde
    herausstellen!

durchbrochen zu werden. Zwar schafft auch die Weisheit Frieden, aber nur unter Mitwirkung der Menschen; sie wohnt auch in der Welt und findet dort ihren Ort. Aber vor allem die Wiederaufnahme des anfänglichen πρωτότοκος in der Wendung "Erster von den Toten" ist nur als original christliches Motiv zu verstehen. Für griechische Ohren ist sie eine höchst provozierende Behauptung: ein Toter wird wieder zum Leben erweckt, mehr noch: mit ihm wird die allgemeine Totenauferstehung eingeleitet. Der Hymnus schwebt also nicht etwa in spekulativen Höhen, sondern bringt in poetischer Form nur das zum Ausdruck, was in dem von Gott geschenkten Werkzeug Jesus Christus, in seinem Leben und Tod, in Kreuz und Auferstehung und in der Erhöhung zum Herrn der Welt über alles, was im Himmel und auf der Erde ist, geschehen war.

So ist es sicher kein Zufall, daß im Zweiten Teil des Hymnus - wie vorher vom "All" und von der (kosmischen) Schöpfung die Rede war - in betont reicher Weise von Bestimmungen die Rede ist, die eine Form der hebräischen Wurzel ראשׁ anklingen lassen. Beide Teile sind nicht voneinander zu trennen,[16] sondern in beiden geht es um "die grundsätzliche Erkenntnis des Wesens Christi in seinem Verhältnis zum Sein der Schöpfung".[17] Somit ist Christus als der Schöpfungsmittler der Offenbarer des verborgenen Gottes. Nicht unbekannte Mitteilungen sollen weitererzählt werden oder in logischer Folge und Vollständigkeit berichtet werden. Es sind zwei Themen, die den Hymnus im Ganzen bestimmen:
Christus ist als das präexistente "Bild Gottes" gegenüber der Schöpfung temporal und qualitativ als der Erste und Besondere herausgehoben.
Christus gründet und behält die Schöpfung, wie es letztlich in seiner Versöhnungstat zum Ausdruck kommt. Durch den Hymnus wird er also gleichzeitig als der Schöpfer und der Erlöser in der Gemeinde gepriesen. Erst in den vorgegebenen Traditionen der alttestamentlichen Weisheitsliteratur wird dabei das Christusereignis faßbar und aussagbar. So wie die Weisheit als Einwohnung der Schechina nach Sir 24 der Ort der

---

16 So halten z.B. JERVELL und VISCHER den ersten, dagegen HEGERMANN und
    GOPPELT den zweiten Teil für ursprünglich.

17 GESE a.a.O. 106.

Begegnung von Gott und Mensch wurde und sie das Volk Israel
in den Zusammenhang mit Gottes universaler Wirksamkeit stellte,[18] so wohnt hier für den Kolosserhymnus im gekreuzigten
Christus die ganze Fülle der Gottheit.[19] Daher konnte durch
ihn allein "die Versöhnung vollzogen werden und durch das
Blut seines Kreuzes der Frieden gestiftet werden, der die
erschaffene Welt in den neuen Äon der Heiligkeit Gottes
stellt".[20] Neben den Weisheitshymnen des Alten Testaments
zeigen jedoch auch die Bilderreden des äthHenoch, daß die
Themen von protologischem Sein und eschatologischem Handeln
auch für die Beschreibung der Menschensohngestalt wirksam
wurden. In diese Traditionszusammenhänge läßt sich auch die
Präexistenzvorstellung des Kolosserhymnus ohne weiteres einfügen; temporale und qualitative Bedeutung von "Präexistenz"
sind hierbei klare Indizien für eine voll ausgebildete Präexistenzchristologie.

Es würde zu weit führen, wollten wir hier den Weg der
daran anschließenden Ausformung der neutestamentlichen Christologie weiter verfolgen. Sicher ist, daß der Weg der ntl.
Christologie gerade in bezug auf die Frage nach der Präexistenz Christi damit noch keineswegs am Ende war. Es war
allerdings ein konsequenter Weg von den wenigen von Paulus
überlieferten Präexistenzaussagen über die geistgewirkten
Hymnen in den paulinischen und deuteropaulinischen Schriften
und dem Hebräerbrief bis schließlich hin zur vollen Ausgestaltung im Johannesprolog.[21] Natürlich bilden diese Aussagen
kein Lehrthema in dem Sinne, daß hierüber schon ausführlich
reflektiert oder spekuliert worden wäre. Aber durch sie konnte in einer unüberbietbaren Weise der einmalige, unwieder-
holbare Offenbarungscharakter von Jesu Tod und Auferstehung
als ein ein für allemal gültiges - endgültiges - Handeln
Gottes ausgesagt werden.

---

18 Vgl. oben zu Sir 24,8-12.
19 Kol 1,19: κατοικῆσαι entspricht Sir 24,9, die bleibende Einwohnung
    der Weisheit auf dem Zion.
20 GESE, Weisheit 108.
21 Ausführlich auch GESE, Johannesprolog, passim; vgl. bes. S.185.

Somit werden nun in dieser Untersuchung zur Präexistenzvor-
stellung in der jüdischen Tradition die Thesen des jüdischen
Gelehrten David FLUSSER bestätigt, die hier den Abschluß der
Arbeit bilden sollen:[22]

"Jesu Lehre war jüdisch, und das gleiche gilt für die Christologie und
alle ihre Bestandteile. Die Christologie entwickelte sich einerseits
aus Jesu starkem Selbstbewußtsein und aus dem, was mit Jesus geschah
oder was als Geschehen angenommen wurde, und andererseits aus den verschiedenen Leitgedanken der jüdischen Religion, die man mit Jesus in
Verbindung brachte. Jesu persönliche Erfahrung der göttlichen Sohnschaft
wurde mit dem jüdischen Konzept der Prä-Existenz des Messias verknüpft,
und dies ebnete den Weg für den Gedanken, daß Christus gleichzeitig
göttlichen Wesens (eine Hypostase Gottes) ist, daß 'der Sohn der Abglanz
der Herrlichkeit Gottes und das Ebenbild des göttlichen Wesens ist und
alle Dinge durch sein kräftiges Wort trägt' und daß Gott durch ihn die
Welt geschaffen hat. (Hebr 1,2-3)."

---

22 FLUSSER 216 (Herv. von mir).

LITERATURVERZEICHNIS

1. Quellen

1.1. Bibelausgaben und Alte Übersetzungen

Die Bibel, Altes und Neues Testament, Einheitsübersetzung, Freiburg u.a. 1980

The Bible in Aramaic, Based on Old Manuscripts and Printed Texts, ed. A.Sperber (hebr.)
Vol. 1 The Pentateuch according to Targum Onkelos, 1959
Vol. 2 The Former Prophets according to Targum Jonathan, 1959
Vol. 3 The Later Prophets according to Targum Jonathan, 1962
Vol.4a The Hagiographa. Transition from Translation to Midrash, 1968
Vol.4b The Targum and the Hebrew Bible, 1973

Biblia Hebraica, ed.R.Kittel. Textum masoreticum P.Kahle, Stuttgart 1937

Biblia Hebraica Stuttgartiensia, ed.K.Elliger et W.Rudolph, Textum Masoreticum H.P.Rüger, Masoram G.E.Weil, Editio funditus renovata, Stuttgart 1967-1977

Biblia Sacra iuxta Vulgatam versionem, rec. et brevi apparatu instruxit R.Weber, Editio altera emendata
Vol.1 Genesis - Psalmi, Stuttgart 1975[2]
Vol.2 Proverbia - Apocalypsis. Appendix, Stuttgart 1975[2]

Biblia Sacra Polyglotta, ed.B.Walton, 6 Bde. London 1653-1657. Nachdruck Graz 1963-1965

Le Déaut, R. (avec la collaboration de J.Robert), Targum du Pentateuque, Traduction des deux recensions palestiniennes complètes avec introduction, parallèles, notes et index
Vol.1 Genèse (SC 245), Paris 1978
Vol.2 Exode et Lévitique (SC 256), Paris 1979
Vol.3 Nombres (SC 261), Paris 1979
Vol.4 Deutéronome (SC 271), Paris 1980

Etheridge, J.W., The Targums of Onkelos and Jonathan ben Uzziel on the Pentateuch, With the Fragments of the Jerusalem Targum, From the Chaldee, 2 Bde., London 1862-1965. Nachdruck 1968

Das Fragmententhargum, ed.M.Ginsburger, Berlin 1899

Hagiographa Chaldaice, ed.P.de Lagarde. Photomech. Nachd. der Ausgabe Leipzig 1973, Osnabrück 1967

Neophyti I. Targum Palestinese. MS de la Biblioteca Vaticana, ed. A.Diéz Macho, 5 Bde. (Textos y Estudios 7-11), Madrid 1968-1978

Novum Testamentum Graece, post Eberhard Nestle et Erwin Nestle communiter ediderunt K.Aland, M.Black, C.M.Martini, B.M.Metzger, A.Wikgren, apparatum criticum ... et editionem novis curis K.Aland et B.Aland, Stuttgart 1979, 26. neu bearbeitete Auflage

The Old Testament in Syriac According to the Peschitta Version, ed.
    The Peschitta Institute Leiden
    Vol.4,3 Apocalypse of Baruch, ed.S.Derering 1973, 4 Esdras,
        ed.R.J.Bidawid, 1973
    Vol.4,6 Apocryphal Psalms, ed.W.Baars, 1972, Psalms of Solomon,
        ed.W.Baars, 1972

The Peshitta Psalter According to the West Syrian Text, ed. with an
    Apparatus Criticus by W.E.Barnes, Cambridge 1904

Pseudo-Jonathan, Thargum Jonathan ben Usiel zum Petateuch, nach der
    Londoner HS (Brit.Mus.Add.27031), ed.M.Ginsburger, Berlin 1903. Nach-
    druck Hildesheim u.a.1971

Das Samaritanische Targum zum Pentateuch, Zum erstenmale in hebr. Qua-
    dratschrift nebst einem Anhang kritischen Inhalts, ed.A.Brüll,
    Nachdr. der Ausgabe Frankfurt 1873-1876, Hildesheim 1971

Septuaginta, Id est Vetus Testamentum graeca iuxta LXX interpretes, ed.
    A.Rahlfs, 9.Aufl.
    Vol.1 Leges et historiae, Stuttgart 1935
    Vol.2 Libri poetici et prophetici, Stuttgart 1935

Septuaginta, Vetus Testamentum Graecum. Auctoritate Societatis
    Litterarum Gottingensis
    Vol.10   Psalmi cum Odis, ed.A.Rahlfs, 1931
    Vol.12,1   Sapientia Salomonis,ed.J.Ziegler, 1962
       12,2   Sapientia Iesus Filii Sirach, ed.J.Ziegler, 1975
    Vol.13   Duodecim prophetae, ed.J.Ziegler, 1943
    Vol.15   Ieremias, Baruch, Threni, Epistula Ieremiae, ed.J.Ziegler,
               1957

The Historical Dictionary of the Hebrew Language, The Book of Ben Sira,
    The Text, Concordance, and an Analysis of the Vocabulary, Jerusalem
    1973 (hebr.)

Targum des Chroniques (cod.Vat.urb.ebr.1), ed.R. Le Déaut/J.Robert,
    (AnBib 51), Rom 1971
    Vol.1 Introduction et traduction
    Vol.2 Texte et glossaire

F.Vattioni, Ecclesiastico, Testo ebraico con apparato critico e versioni
    greca, latina e sirica, Napoli 1968, in: Publicazioni del Seminario
    di Semitistica, a cura di G.Garbini

1.2. Alttestamentliche Umwelt

Beyerlin, W. (Hrg.), Religionsgeschichtliches Textbuch zum Alten
    Testament (GAT 1), 1975

Galling, K. (Hrg.), Textbuch zur Geschichte Israels, Tübingen (1950)1968[2]

Gardiner, A.H., Hieratic Papyri in the British Museum,3.Series,London1935

Gordon, C.H., Ugarit Manual. Newly revised grammar, texts in trans-
    literation cuneiform selections, paradigms, glossary, indices
    (AnOr 35), 1955

-, Ugaritic Textbook. Grammar, Texts in Translation ... , Rom 1965

Grelot, P. (Ed.), Documents aramées d'Egypte (LAPO), 1972

Gressmann, H. (Hrg.), Altorientalische Texte und Bilder zum Alten
    Testament, 2 Bde., Leipzig 1909. Nachdruck der 4.Aufl. Berlin 1965

1.3. Rabbinica (Abkürzungen nach FJB in Klammern)

Aboth de Rabbi Nathan, ed.S.Schechter, London u.a. 1887. Nachdruck
   Hildesheim u.a. 1979 (ARN)

Aggadat Bereshit, ed.S.Buber, Krakau 1892f. Nachdruck Jerusalem 1962f
   (AgBer)

Ozar Midrashim, A Library of Two Hundred Minor Midrashim, ed.J.D.Eisen-
   stein, New York 1915. Nachdruck 1928 (OsM)

Bet ha-Midrasch, Sammlung kleinerer Midraschim und vermischter Abhandlungen aus der älteren jüdischen Literatur, 6 Teile, Leipzig 1853-1873.
   Nachdruck Jerusalem 1967[3] (BHM) ed.Jellinek.

Batei Midrashot, Twenty Five Midrashim, ed.A.J.Wertheimer, 2 Bde.
   Jerusalem 1951.1953 (BatM)

Braude, W.G., The Midrash of Psalms, 2 Bde. New Haven 1959 (MidrPs)

-, / I.J.Kopstein, Pesiqta de-Rab Kahana, London 1975

-, Pesiqta Rabbati. Discourses for Feasts, Fasts, and Special Sabbaths,
   2 Bde. New Haven u.a.1968

Cassel, D. (Hrg.), Kusari (mit hebr. Text), 1869[2]

Cohen, A. (Ed.), The Minor Tractates of the Talmud, 2 Bde., London 1965

Freedmann, H. (Ed.), u.a., Midrash Rabba, 10 Bde., London 1939.
   Nachdruck New York 1961

Friedlander, G., Pirke de Rabbi Eliezer, London 1916

Gaster, M., The Chronicles of Jerahmeel (POTF 4), 1899

Goldin, J., The Fathers According to Rabbi Nathan, New Haven 1955

-, The Song at the Sea. Being a Commentary On A Commentary in Two
   Parts, New Haven u.a. 1971

Goldschmidt, L. (Hrg.), Der Babylonische Talmud, mit Einschluß der voll-
   ständigen Mišnah, 9 Bde. Haag 1933-1935 (mit hebr.Text)

Herford, R.T., Pirke Aboth. The Tractate 'Fathers' From The Mishnah,
   New York 1945 (mit hebr.Text)

Horowitz, Ch., Fragmente aus dem Midrasch und der Haggada; masch.Exemplar
   einer Durchschrift (SS 1932). Bibliothek des Institutes für antikes
   Judentum der Univ.Tübingen: Nr.Ra VIIIb 278

Der Jerusalemer Talmud in deutscher Übersetzung, hrg. vom Institutum
   Judaicum der Universität Tübingen Bd.1 Berakhoth, übers. von
   Ch.Horovitz, Tübingen 1975

Katsch, A.J., One Hundred and Seventy Eight Fragments from the Cairo
   Geniza ..., Jerusalem 1975

Kittel, G./K.Rengstorf (Hrg.), Rabbinische Texte.
   Zweite Reihe
   Sifre zu Numeri, übers. v.K.G.Kuhn, Stuttgart 1959
   Sifre zu Deuteronomium, übers. v. H.Ljungman (1 fasc.), Stuttgart 1964

-, Sifre zu Deuteronomium (1 fasc.), Stuttgart 1922

Lauterbach, J.Z., Mekilta de-Rabbi Ishmael, 3 Bde., Philadelphia 1933-1935.
   Nachdruck 1949 (mit hebr. Text)

Lekach-Tob (Pesiqta Sutarta), ed.S.Buber, Wilna 1880. Nachdruck 1926
   2 Bde. (LeqT)

Marti, K. / G.Beer, Abot (Väter), Text, Übersetzung und Erklärung, nebst
   einem textkritischen Anhang, Gießen 1927 (mAv)

Mekhilta De Rabbi Yishma'el, ed.H.S.Horovitz/I.A.Rabin, Breslau 1930.
   Nachdruck Jerusalem 1960 (MekhY)

Mekhilta De Rabbi Shim'on B.Yohai, ed.J.N.Epstein/E.Z.Melamed, Jerusalem
   1955 (MekhSh)

Midrash Hagadol, (MHG)
   Sefer Bereshit, 2 Bde., Jerusalem 1947
   Sefer Shemot, Jerusalem 1956
   Sefer Wayiqra, Jerusalem 1975
           , ed.E.N.Rabinowitz, New York 1932
   Sefer Bamidbar, Jerusalem 1967
           , ed.S.Fisch, 2 Bde., London 1963
   Sefer Devarim, Jerusalem 1972

Midrash Mishle, ed.S.Buber, Wilna 1892f. Nachdruck Jerusalem 1955 (MMish)

Midrash Mishle Rabbati, Stettin 1860f (MMishRbti)

Sefer Midrash Rabba, 2 Teile, Wilna 1923

Midrash Rabba, ed.Lewin/Epstein, 5 Bde., Jerusalem 1954

Midrash Bereshit Rabba, ed.J.Theodor/Ch.Albeck, 4 Teile, Berlin 1912-1936
   (BerR)

Midrash Bereshit Rabbati ex libro R.Mosis Haddarsan, ed.Ch.Albeck,
   Jerusalem 1940 (BerRbti)

Midrash Bereshit Zuta, ed.M.HaKohen, Jerusalem 1962 (BerZ)

Midrash Tanhuma, 2 Teile, Warschau o.J. (Tan)

Midrash Tanhuma, ed.S.Buber, Wilna 1885 (TanB)

Midrash Tehillim (Shoher Tov), ed.S.Buber, Wilna 1891 (MTeh)

Pesiqta DeRav Kahana, ed.B.Mandelbaum, New York 1962, 2 Bde. (PesK)

Pesiqta Rabbati, ed.M.Friedmann/M.Güdemann, Wien 1879f (PesR)

Sefer Pirqe De Rabbi Eli'ezer,ed. (mit Kommentar v.) R.Luria, New York
   1946 (PRE)

Pirqe De Rabbi Eli'ezer, ed.M.Higger, Horeb 8 (1944)

Rabinovitz, Z.M., Ginzé Midrash. The Oldest Forms of Rabbinic Midrashim
   According to Geniza Manuscripts, Tel Aviv 1976

Seder Eliyyahu Rabba und Seder Eliyyahu Zuta (Tanna debe Eliyyahu),
   ed.M.Friedmann, Wien 1902. Nachdruck Jerusalem 1959f (SER und SEZ)

Sefer Ha-Likkutim. Sammlung älterer Midraschim und wissenschaftlicher
   Abhandlungen, 3 Teile, ed.L.Grünhut, Jerusalem 1898-1903, Nachdruck
   Jerusalem 1967

Sifre al Sefer Devarim, ed.L.Finkelstein, Breslau 1935-1939 (SifDev)

Talmud Bavli, Wilna 1927 (abgekürzt: b)

Talmud Yerushalmi, Neudr. der Ausg. Venedig 1523f, Berlin 1925
   (abgekürzt: y)

Midrash Shoher Tov 'al Tehillim, Shemuel, Mishle, ed.I.Kohen,
   Jerusalem 1968 (ShTov)

Urbach, E.E. Seridim Tanhuma Yelamdenu, in: Qobes al yad. Minora
    Manuscripta Hebraica Bd.6 (16), Jerusalem 1966

Winter, J./A.Wünsche, Mechilta. Ein tannaitischer Midrasch zu Exodus.
    Erstmalig ins Deutsche übersetzt und erläutert, Leipzig 1909

Wünsche, A., Aus Israels Lehrhallen. Kleine Midraschim zur späteren
    legendarischen Literatur des Alten Testaments, zum ersten Male über-
    setzt, 2 Teile, Leipzig 1907-1910 (Nachdruck 1967)

-, Der Midrasch Bereschit Rabba.Das ist die haggadische Auslegung der
    Genesis, Leipzig 1881

-, Midrasch Rabba zu den 5 Megillot, Leipzig
    1. Der Midrasch zum Buche Esther, 1881
    2. Der Midrasch Ruth Rabba, 1883
    3. Der Midrasch Echa Rabbati, 1881
    4. Der Midrasch Schir Ha-Schirim, 1880
    5. Der Midrasch Mischle. Das ist eine Auslegung der Sprüche Salomonis,
       1885
    6. Der Midrasch Kohelet (neue Ausgabe)

-, Midrasch Tehillim oder Haggadische Erklärung der Psalmen, Trier 1892f
    2 Bde.

Yalqut Makhiri al Mishle, ed.L.Grünhut, Jerusalem 1901f. Nachdruck
    Jerusalem 1964 (YalqM Mish)

Yalqut Makhiri al Tehillim, ed.S.Buber, Berdyczew 1899. Nachdruck
    Jerusalem 1964 (YalqM Teh)

Yalqut Makhiri al Jeshayahu, ed.M. ben Abba Mani 1893, Nachdruck
    Jerusalem 1964 (YalqM Jes)

Yalqut Re'ubeni, 2 Bde., Warschau 1883f. Nachdruck Jerusalem 1961f

Yalqut Shimoni, ed.Princ.Saloniki 1520-1526, Nachdruck 1967f, 5 Bde.
    ed. Venedig 1566. Nachdruck 1966f
    ed. Jerusalem (kritische Ausgabe)
    Vol.1 Bereshit, 2 Bde. 1975.1976   (YalqBer)
    Vol.2 Shemot, 1977   (YalqSh)

1.4. Übriges Judentum

Black, M. (Hrg.), Apocalypsis Henochii Graeci (PVTG 3), 1970

Bonwetsch, G.N., Die Bücher der Geheimnisse Henochs. Das sogenannte
    slavische Henochbuch (TU 44,2) 1922

Charlesworth, J.H., The Odes of Solomon, Oxford 1973

Clemen, C., Die Himmelfahrt Mose (KIT 10) 1924

Clementz, H., Des Flavius Josephus Jüdische Altertümer, Wiesbaden o.J.
    (Nachdruck)

-, Des Flavius Josephus kleinere Schriften. Selbstbiographie, Gegen
    Apion, Über die Makkabäer, Halle o.J.

Cohn, L. (Hrg.), Die Werke Philos von Alexandrien in deutscher Über-
    setzung, Breslau 1909-1938, 6 Bde., Bd.7 (1964)

Charles, R.H. (Ed.), The Apocrypha and Pseudepigrapha of the Old
    Testament in English (APOT)
    Vol.1 Apocrypha, Oxford 1913
    Vol.2 Pseudepigrapha, Oxford 1913

-, The Book of Enoch, translated (1893) 1912[2]

Flemming, J./L.Radermacher, Das Buch Henoch (GCS 5), 1901

Flavii Josephus Opera, ed.B.Niese, Berlin 1889-1895, 6 Bde. und Indexband

Jüdische Schriften aus Hellenistisch-Römischer Zeit (JSHRZ)
  Bd.1 Lief.2 Fragmente jüdisch-hellenistischer Historiker, übers. von
              N.Walter, 1976
  Bd.2 Lief.1 Aristeasbrief, übers.v.N.Meisner, 1973
       Lief.2 Pseudo-Philo, Antiquitates Biblicae, übers.v.
              Chr.Dietzfelbinger, 1975
  Bd.3 Lief.1 Die Testamente der zwölf Patriarchen, übers.v.J.Becker,1974
       Lief.2 Das Buch Baruch, Der Brief Jeremias, übers.v.A.H.J.Gunne-
              weg, 1975
              Fragmente jüdisch-hellenistischer Exegeten, Aristobulos,
              Demetrios, Aristeas, übers.v.N.Walter, 1975
  Bd.4 Lief.1 Die fünf syrischen Psalmen, übers.v.A.S.van der Woude, 1974
       Lief.2 Die Psalmen Salomos, übers.v.S.Holm-Nielsen, 1977
  Bd.5 Lief.2 Himmelfahrt Moses, übers.v.E.Brandenburger, 1976
              Die syrische Baruch-Apokalypse, über.v.A.F.J.Klijn, 1976

Kahana, A., Hasoferim Hahisonim, 2 Bde. Tel Aviv 1956 (hebr.)

Kautzsch, E. (Hrg.), Die Apokryphen und Pseudepigraphen des Alten
    Testaments (APAT)
    Bd.1 Die Apokryphen des AT, Tübingen 1900. Nachdruck Darmstadt 1975
    Bd.2 Die Pseudepigraphen des AT, Tübingen 1900. Nachdruck Darmstadt
    1975

Knibb, M.A., The Ethiopic Book of Enoch. A New Edition in the Light of
    the Aramaic Dead Sea Fragments, 2 Bde., Oxford 1978

Michel, O./O.Bauernfeind, De bello judaico. Der jüdische Krieg. Griechisch
    und Deutsch, 3 Bde., München (1959), 2., überprüfte Aufl. 1962

Milik, J.T. (Ed.), with the Collaboration of M.Black, The Books of Enoch.
    Aramaic Fragments of Qumran Cave 4, Oxford 1976

Laperrousaz, E.-M., Le Testament de Moise. Généralement appelé
    "Assomption de Moise". Traduction avec introduction et notes
    (Semitica 19), 1970

Lohse, E. (Hrg.), Die Texte aus Qumran. Hebräisch und Deutsch. Mit
    masoretischer Punktation, Übersetzung, Einführung und Anmerkungen,
    2., kritisch durchges. und erg. Auflage, Darmstadt 1971

Martin, F., Le livre d'Henoch traduit sur le texte éthiopien (Documents
    pour l'étude de la Bible), Paris 1906

Odeberg, H. (Ed.), 3 Henoch or the Hebrew Book of Henoch, Cambridge u.a.
    1928. Neu herausgeg. v.J.Greenfield, 1973

Philoni Alexandrini opera quae supersunt, ed.L.Cohn/P.Wendland, 7 Bde.,
    Berlin 1896-1930. Nachdruck Berlin 1962f.

Ploeg, J.P.M. van der, Le Targum de Job de la grotte XI de Qumran
    (11 Qtg Job). Première communication (MNAW.L 25), Amsterdam 1962

-, /A.S.van der Woude, Le Targum de Job de la Grotte XI de Qumran,
    Leiden 1971

Riessler, P., Altjüdisches Schrifttum außerhalb der Bibel, Augsburg 1928.
    Darmstadt 1966^2

Sokoloff, M., The Targum to Job from Qumran Cave XI, Ramat-Gan 1974

Vaillant, A., Le Livre des Secrets d'Henoch. Texte slave et traduction
   française (Textes publiés par l'Institut d'Etudes slaves 4), Paris 1952

Violet, B. (Hrg), Die Apokalypsen des Esra und des Baruch in deutscher
   Gestalt (GCS 32), 1924 (= Violet II)

-, (Hrg.), Die Esra-Apokalypse (IV.Esra). Teil 1: Die Überlieferung
   (GCS 18), 1910 (= Violet I)

1.5. Frühchristliche Schriften; Alte Kirche

Barnabasbrief. Doctrina Duodecim Apostolorum Barnabae Epistula, ed.
   Th.Klauser (FlorPatr Fasc.1), 1940

Clemens Alexandrinus (3.Bd.), hrg.v.O.Stählin, in zweiter Auflage neu
   hrgg.v.L.Früchtel (GCS 17,2), 1970

Fischer, J.A. (Hrg.), Die apostolischen Väter (SUC 1), (1958) 7. durchges.
   Aufl. 1976

Goodspeed, E.J. (Ed.), Die ältesten Apologeten. Texte mit kurzen Einleitungen, Göttingen 1914

Hennecke, E./W.Schneemelcher, Neutestamentliche Apokryphen 4.Aufl.
   Bd.1 Evangelien, Tübingen 1968
   Bd.2 Apostolisches, Apokalypsen und Verwandtes, Tübingen 1971

Haeuser, Ph., Des heiligen Philosophen und Märtyrers Justinus Dialog mit
   dem Juden Thryphon (BKV 33), München o.J.

Iustini Philosophi et Martyris Opera quae feruntur omnia, hrg.v.J.C.Otto
   (CorpAp 2), Jena 1876f. Nachdruck 1969

Ristow, H. (Hrg.), Die Apologeten. Ausgewählt und übersetzt (Quellen.
   Ausgewählte Texte aus der Gesohichte der christlichen Kirche, H.2-I),
   Berlin 1963

Smith, J.P., Hebrew Christian Midrash in Irenäus, Epid.43 Bib 38 (1957)
   24-34 = Irenäus von Lyon, Demonstratio 43 (Text und engl.Übersetzung)

1.6. Verschiedenes

Bowmann, J. (ed.), Samaritan Documents. Relating to their History,
   Religion, and Life, Pittsburgh 1977

Denis, A.-M. (ed.), Fragmenta Pseudepigraphorum quae supersunt graece
   (PVTG 3b), 1970

Festugière, A.J. (Ed.), La Révélation d'Hermes Trismegiste, (EtB), 4 Bde.
   1949-54

Heidenheim, M., Die Samaritanische Liturgie. (Eine Auswahl der wichtigsten Texte), Leipzig 1885-1887

Kippenberg, H.G./G.A.Wewers (Hrg.), Textbuch zur neutestamentlichen
   Zeitgeschichte (GNT 8), 1979

Kurfess, A. (Hrg.), Sibyllinische Weissagungen. Urtext und Übersetzung
   (Tuskulum Bücherei), Berlin 1951

Macdonald, J., Memar Marqah. The Teaching of Marqah (BZAW 84)
   Bd.1 The Text, 1963; Bd.2 The Translation, 1963

Stoicorum Veterum Fragmenta, hrg.v.J.v.Arnim (Indices v.M.Adler) 4 Bde.
   Leipzig 1905-1924   (SVF)

2. Hilfsmittel

2.1. Lexika und Wörterbücher

Akkadisches Handwörterbuch, bearbeitet von W.v.Soden, Bd.2, 1972

Bauer, W., Griechisch-Deutsches Wörterbuch zu den Schriften des Neuen
    Testaments und der übrigen urchristlichen Literatur, Durchges.Nachdr.
    der 5., verb. u. stark verm. Aufl., Berlin u.a. 1971

Bacher, W., Die exegetische Terminologie der jüdischen Traditionslitera-
    tur, 2 Bde., Leipzig 1899.1905. Nachdruck Darmstadt 1965

Biblisch-Historisches Handwörterbuch. Landeskunde, Geschichte, Religion,
    Kultur, Literatur, hrg.v.B.Reicke und L.Rost, 3 Bde. 1962-1966

Buxdorf, J., Lexicon Chaldaicum, 1875

Delitzsch, Fr., Assyrisches Handwörterbuch, Leipzig 1896

Jastrow, M., A Dictionary of the Targumin, the Talmud Babli and
    Yerushalmi, and the Midrashic Literature, 2 Bde. (1903) Nachdruck
    New York 1950

Encyclopaedia Judaica, 16 Bde. New York 1971f

Gesenius, W., Hebräisches und Aramäisches Handwörterbuch über das AT,
    bearbeitet von F.Buhl, 17.Aufl. Leipzig 1921

The Jewish Encyclopedia, A descriptive Record of the History, Religion,
    Literature, and Customs of the Jewish People from the Earliest Times
    to the Present Day, 12 Bde. New York u.a. 1901-1906

Jüdisches Lexikon. Ein enzyklopädisches Handbuch des jüdischen Wissens,
    4 Bde. Berlin 1927-1930

Lampe, G.W.H., A Patristic Greek Lexicon, Oxford 1961

Levy, J., Chaldäisches Wörterbuch über die Targumin und einen großen
    Theil des rabbinischen Schriftthums, 2 Bde. Leipzig 1881. Nachdruck
    Köln 1959

-, Wörterbuch über die Talmudim und Midraschim, 4 Bde. Berlin 1924^2.
    Nachdruck Darmstadt 1963

Lexikon der Alten Welt, hrg.v.C.Andresen u.a., Zürich u.a. 1965

Der Kleine Pauly, Lexikon der Antike. Auf der Grundlage von Pauly's
    Realencyclopädie der classischen Altertumswissenschaft, 5 Bde.
    Stuttgart 1964-1975

Reallexikon der Assyrologie und vorderasiatischen Archäologie, hrg.v.
    E.Weidner u.a. Bisher 3 Bde. erschienen,Berlin 1932-1971

Reallexikon für Antike und Christentum. Sachwörterbuch zur Auseinander-
    setzung des Christentums mit der antiken Welt, hrg.v.Th.Klauser,
    bisher 9 Bde. erschienen, Stuttgart 1950-1976

Die Religion in Geschichte und Gegenwart. Handwörterbuch für Theologie
    und Religionswissenschaft
    1. Aufl., 5 Bde. 1909-1913
    2. Aufl., 6 Bde. 1927-1932
    3. Aufl., 6 Bde. 1957-1965

Payne Smith, R., Thesaurus syriacus, Oxonii 2 Bde. 1897.1901, Nachdruck
   London o.J.

Payne Smith, J., A Compendious Syriac Dictionary. Founded Upon the
   Thesaurus Syriacus by R.Payne Smith, Oxford (1903). Nachdruck 1976

Sophocles, E.A., Greek Lexicon of the Roman and Byzantine Periods (From
   B.C.146 to A.D.1100), New York 1888. Nachdruck 1957

Suicerus, J.C., Thesaurus ecclesiasticus, e patribus graecis ordine
   alphabetica exhibens...Editio secunda, tomus primus, Amsterdam 1728

Theologisches Handwörterbuch zum AT, hrg. v. E.Jenni/ C.Westermann
   Bd.1 München u.a. 1971. 3., durchges.Aufl.1978
   Bd.2 München u.a. 1976. 2., durchges.Aufl.1979

Theologische Realenzyklopädie, hrg.v.G.Krause und G.Müller. Bisher ersch.
   5 Bde. 1977-1980

Theologisches Begriffslexikon zum Neuen Testament, hrg.v.L.Coenen u.a.,
   Studien-Ausgabe 2 Bde. 4.Auflage der Gesamtausgabe, Wuppertal 1977

Theologisches Wörterbuch zum Alten Testament, hrg.v.G.J.Botterweck und
   H.Ringgren. Bisher ersch. 2 Bde. Stuttgart u.a. 1970-1977

Theologisches Wörterbuch zum Neuen Testament, hrg.v.G.Friedrich. 10 Bde.
   Stuttgart u.a. 1933-1979

2.2. Grammatiken

Brockelmann, C., Grundriß der vergleichenden Grammatik der semitischen
   Sprachen, 2 Bde. Wiesbaden 1907.1913. Nachdruck Hildesheim 1961

-, Syrische Grammatik. Mit Paradigmen, Literatur, Chrestomathie und
   Glossar (Lehrbücher für das Studium der orientalischen und afrika-
   nischen Sprachen 4), Leipzig 1968⁴

Moulton, J.H., A Grammar of New Testament Greek, Bd.4 Style,
   Edinburgh 1976

Rehkopf, Fr.(Bearb.)/Fr.Blass/A.Debrunner, Grammatik des neutestamentlichen Griechisch, 15. durchges. Aufl. Göttingen 1976

2.3. Konkordanzen und ähnliche Indices

Allenbach, J.(Hrg.) u.a., Biblia patristica. Index des citations et
   allusions bibliques dans la litterature patristique, 2 Bde.
   Paris 1975.1977

Brederek, E. (Hrg.), Konkordanz zum Targum Onkelos (BZAW 9), 1906

Barthélemy, D./O.Rickenbacher, Konkordanz zum hebräischen Sirach. Mit
   syrisch-hebräischem Index, Göttingen 1973

Goodspeed, E.J., Index Apologeticus sive clavis Justini Martyris operum
   aliorumque apolegetarum pristinorum, Leipzig 1912

Fischer, B.(Hrg.), Novae Concordantiae Bibliorum Sacrorum iuxta Vulgatam
   Versionem critice editam, 5 Bde. Stuttgart 1977

Hatch, E./H.A.Redpath, A Concordance to the Septuagint and the Other
   Greek Versions of the Old Testament (including the Apocryphal Books)
   2 Bde. Oxford 1897. Nachdruck Graz 1954

Kasowsky, Ch.J., Concordantiae totius mischnae omnes voces sex librorum
   mischnae, 2 Bde. Frankfurt 1927 (hebr.)

-, Thesaurus thosephtae. Concordantiae verborum quae in sex thosephtae ordinibus reperiuntur, 6 Bde. Jerusalem 1932-1961 (hebr.)

Katz, E., A Classified Concordance to the Writings in their Various Subjects, New York u.a. 1974

Kuhn, K.G., Konkordanz zu den Qumrantexten, Göttingen 1960

Mandelkern, S., Veteris Testamenti Concordantiae Hebr.atque Chal.,1978(N)

Mayer, G., Index Philoneus, Berlin u.a. 1974

Moulton, W.F./A.S.Geden, A Concordance to the Greek Testament According to the Texts of Westcott and Hort ..., 1963[4]

Rengstorf, K.H.(Hrg.), A Complete Concordance to Flavius Josephus, bisher 3 Bde. erschienen, Leiden 1973-1979

Wahl, Chr.A., Clavis Librorum Vetis Testamenti Apocryphorum Philologica, Leipzig 1853. Nachdruck mit gr.Index Graz 1972

2.4. Einleitungen und Bibliographien

Albeck, Ch., Einführung in die Mischna (SJ 6), 1977

Belanger, Jeannine, Bibliographie des Psaumes (1955-1970). Mémoire présenté à la Faculté des Etudes supérieures en vue de l'obtention de la Licence, (Mai) 1975 Univ. de Montréal

Bowker, J., The Targums and Rabbinic Literature. An Introduction to Jewish Interpretations of Scripture, Cambridge 1969

Brock, S.P./Ch.T.Fritsch/S.Jellicoe, A Classified Bibliography of the Septuagint (ALGHL 6), 1973

Charlesworth, J.H., The Pseudepigrapha and Modern Research (Septuagint and Cognate Studies 7), 1976

Delling, G.(Hrg.), Bibliographie zur jüdisch-hellenistischen und inter-testamentarischen Literatur 1900-1965 (TU 106), (1969) 2. überarb. und bis 1970 fortgeführte Aufl. 1975

Denis, A.-M., Introduction aux Pseudépigraphes Grecs d'AT (SVTP 1), 1970

Eissfeld, O., Einleitung in das AT. Unter Einschluß der Apokryphen und Pseudepigraphen sowie der apokryphen und pseudepigraphenartigen Qumrân - Schriften (NTG), 1964[3]

Grossfeld, B., A Bibliography of Targumic Literature, 2 Bde., 1972.1977

Harrison, R.K., Introduction to the OT. With a Comprehensive review of Old Testament Studies and a Special Supplement on the Apocrypha, London 1969

Index of Articles on Jewish Studies, Compiled and Edited by the Editorial Board of "Kiryat Sefer", bisher ersch. Bd.1-13 (Jerusalem 1978)

Le Deaut, R., Introduction à la littérature targumique I (ad usum privatum), Rom 1966

Nickels, P., Targum and New Testament. A Bibliography Together with a NT Index, Rom 1967

Oesterly, W.O.E., An Introduction to the Books of Apocrypha, London 1953. Nachdruck 1958

Rappaport, U., in Collaboration with M.Mor, Bibliography on Works on
Jewish History in the Hellenistic-Roman Periods (1971-1975),
Jerusalem 1977

Rost, L., Einleitung in die alttestamentlichen Apokryphen und Pseudepigraphen einschließlich der großen Qumran-Handschriften, Heidel-
berg 1971

Starck, H.L., Einleitung in Talmud und Midrasch (1920[5]), Sechste Aufl.,
mit einem Vorwort und einem bibliographischen Anhang von G.Stemberger,
München 1976

Swete, H.B., An Introduction to the OT in Greek, Cambridge (1900), 2.Ed.
by R.R.Ottley 1914. Nachdruck New York 1968

Vielhauer, Ph., Geschichte der urchristlichen Literatur. Einleitung in
das NT, die Apokryphen und die Apostolischen Väter, Berlin 1975

3. Monographien und Aufsätze

Lexikonartikel werden nicht eigens aufgeführt.

Aalen, S., Die Begriffe 'Licht' und 'Finsternis' im AT, im Spätjudentum
und im Rabbinismus (SNVAO 2. 1951,1), 1951

Aall, A., Der Logos, Geschichte seiner Entwicklung in der Philosophie
und der christl. Literatur, 2 Bde., Leipzig 1896.1899

Aartun, K., Beiträge zum ugaritischen Lexikon ad Spr 8,28,WO 4 (1967f)
278-299

Abelson, J., The Immanence of God in Rabbinic Literature, London 1912,
Nachdr. N.Y.1969

Aberbach, M./Grossfeld, B., Targum Onqelos on Gen 49, Translation and
Analytical Commentary (Aramaic Studies Nr.1), 1976

Agouridis, S., The Son of Man in Enoch, DBM 2 (1973) 130-147

Agus, J.B., The Evolution of Jewish Thought from Biblical Times to the
Opening of the Modern Era, London u.a. 1959

Ahrens, Th., Die ökumenische Diskussion kosmischer Christologie seit
1961. Darstellung und Kritik, Lübeck 1969, Diss. Hamburg 1969

Albeck, Ch., Einführung in die Mischna (Aus dem Hebräischen übersetzt),
(SJ 6) 1971

Albright, W.F., Some Canaanite - Phoenician Sources of Hebrew Wisdom, in:
Wisdom in Israel and the Ancient Near East. FS für H.H.Rowley
(VT.S 3, 1955) 1969[2], 1-15

-, Von der Steinzeit zum Christentum. Monotheismus und geschichtliches
Werden (übertr. von I.Lande), München 1949

Aletti, J.N., Proverbs 8,22-31. Etude de structure, Bib 57 (1976) 25-37

-, Séduction et Parole en Proverbes I-IX, VT 27 (1977) 129-144

Alldrit(t), N.S.F., The Hellenistic Background of the Doctrine at the
Incarnation, Diss. Oxford 1969/70

Alonso-Schökel, L., Proverbios y Ecclesiastico (Libros sagrados 8,1),
Madrid 1968

Alt, A., Die Weisheit Salomos, in: Kleine Schriften zur Geschichte des
    Volkes Israel I, München (1953) 1963[3], 90-99

-, Befreiungsnacht und Krönungstag (1950), in: Kleine Schriften zur
    Geschichte des Volkes Israel II, München (1953) 1959[2], 206-225

Althaus, P., Die christliche Wahrheit. Lehrbuch der Dogmatik, 2 Bde.,
    Gütersloh (1947f) 1969[8]

Altmann, A., A Note on the Rabbinic Doctrine of Creation, JJS 7 (1956)
    195-206

Amir, Y., Die Begegnung des biblischen und des philosophischen Mono-
    theismus als Grundthema des jüdischen Hellenismus, EvTh 38 (1978) 2-19

Andersen, F.I., Job. An Introduction and Commentary (TOTC), 1976

Andresen, C., Justin und der mittlere Platonismus, ZNW 44 (1952f) 157-195

-, Logos und Nomos, Die Polemik des Kelsos wider das Christentum
    (AKG 30), 1955

Appel, H., Die Komposition des äthiopischen Henochbuches (BFChTh 10
    Heft 3), 1906

Aptowitzer, V., The Heavenly Temple in the Agada (hebr), Tarbiz 2 (1931)
    137-153. 257-277

-, Christliche Talmud-Forschung, MGMJ 57 (1913) 1-23. 129-152. 272-283

-, Zur Kosmologie der Agada. Licht als Urstoff, MGWJ 72 (NF 36) (1938)
    363-370

-, Arabisch-Jüdische Schöpfungstheorien, HUCA 6 (1930) 205-246

Arens, E., The ΗΛΘΟΝ-Sayings in the Synoptic Tradition. A Historic-
    Critical Investigation (OBO 10), 1976

Argyle, A.W., πρωτότοκος πάσης κτίσεως   (Colossians 1.15), ET 66
    (1954f) 61f.318f

Arvedson, T., Das Mysterium Christi. Eine Studie zu Mt 11,25-30 (AMNSU 7),
    1937

Ashley, E., The Coming of the Son of Man, ET 72 (1961) 360-363

Aspects of Wisdom in Judaism and Early Christianity (ed. R.L.Wilken),
    Notre Dame, London 1975

Bacher, W., Die Agada der palästinischen Amoräer, Straßburg 1892-1899
    3 Bde.

-, Die Agada der Tannaiten, 2 Bde., Straßburg (1884.1890) 1903[2] (Nach-
    druck Berlin 1965)

-, The Church Father, Origen and Rabbi Hoshaya, JQR 3 (1891) 357-360

-, Kritische Untersuchungen zum Propheten-Targum, ZDMG 28 (1874) 1-72

-, Das Targum zu den Psalmen, MGWJ 21 (1872) 408-416. 462-473

-, Tradition und Tradenten in den Schulen Palästinas und Babyloniens.
    Studien und Materialien zur Entstehungsgeschichte des Talmuds, Leipzig
    1914. Nachdruck Berlin 1966

Bächli, O., Die Erwählung des Geringen im AT, ThZ 22 (1966) 385-395

Baeck, L., Zwei Beispiele midrachischer Predigt (1925), in: Aus drei
    Jahrtausenden. Gesammelte Aufsätze zur jüdischen Religionsgeschichte,
    Tübingen 1958, 157-175

Baillie, D.M., Gott war in Christus. Eine Studie über Inkarnation und Versöhnung (übersetzt von E.Fischer; Thö 7), 1959

Balz, H.R., Methodische Probleme der ntl. Christologie (WMANT 25), 1967

Bamberger, B.B., The Dating of Aggadic Materials, JBL 68 (1949) 115-123

Barnes, W.E., The Influence of the Septuagint Upon the Pesitta Psalter,
JThS 2 (1901) 186-197

Barbour, R.S., Creation, Wisdom and Christ, in: Creation, Christ and
Culture. Studies in Honour of T.F.Torrance (ed. R.W.McKinney),
Edinburgh 1976, 22-42

Barnard, L.W., Justin Martyr. His Life and Thought, Cambridge 1967

Barnikol, E., Mensch und Messias. Der nichtpaulinische Ursprung der Präexistenz - Christologie. Prolegomena zur neutestamentlichen Dogmengeschichte I (FEUC 6), 1932

Barr, J., Alt und Neu in der biblischen Überlieferung. Eine Studie zu den
beiden Testamenten (übersetzt von E.Gerstenberger), München 1967

-, Jewish Apocalyptic in Recent Scholarly Study, BJRL 58 (1975) 9-35

-, Rez. von: J.T.Milik, The Books of Enoch (1976), JThS 29 (1978) 517-530

Barrelet, J., Un Pont de l'Ancien au Nouveau Testament. Les Apocryphes et
les Pseudépigraphes, RThPh 43 (1910) 5-38

Barthélemy, D., Les devanciers d'Aquila. Première publication intégrale
du texte des Fragments du Dodekapropheton, trouvés dans le désert de
Juda (VT.S.10), 1963

-, Etudes d'Histoire du Texte de l'Ancien Testament (OBO 21), 1978

Bartina, S., La Sabiduria en Proverbios 8,22-36, EstB 35 (1976) 5-22

Barth, H./O.H.Steck, Exegese des AT. Leitfaden der Methodik. Ein Arbeits-
buch für Proseminare, Seminare und Vorlesungen,(1971) 1978[8]

Barton, G.A., On the Jewish-Christian Doctrine of the Preexistence of
the Messiah, JBL 21 (1902) 78-91

Bartsch, H.W., Die konkrete Wahrheit und die Lüge der Spekulation. Untersuchung über den vorpaulinischen Christushymnus und seine gnostische
Mythisierung (Theologie und Wirklichkeit 1) Frankfurt/Main u.a. 1974

Battistone, J.J., An Examination of the Literary and Theological Background of the Wisdom Passage in the Book of Baruch. (Portions of Text
in Greek and Hebrew), Diss. Duke University 1968 (Religion)

Bauer, J.B., Vom Sinn der Schöpfung nach Spr 8, BiLi 19 (1952) 355-359

Bauer-Kayatz, Christa, Einführung in die alttestamentliche Weisheit
(BSt 55), 1969

Baumann, E., Die Verwendtbarkeit der Pesita zum Buch Hiob für die Text-
kritik, ZAW 18 (1898) 305-338. 19 (1899) 15-95. 288-309. 20 (1900)
177-201. 264-307

Baumann, K., Die Ideen und Logoslehre Philons von Alexandrien, Diss.
Köln 1955

Baumstark, A., Die Zitate des Matthäusevangeliums aus dem Zwölfpropheten-
buch, Bib 37 (1956) 296-313

Baur, F.C., Die christliche Lehre von der Dreieinigkeit und Mensch-
werdung Gottes in ihrer Entwicklung, 3 Bde., Tübingen 1841-1843

-, Vorlesungen über Neutestamentliche Theologie (hrg. v.F.F.Baur),
Leipzig 1864. Nachdruck Darmstadt o.J.

358   Literatur

Becker, Joachim, Die kollektive Deutung der Königspsalmen, ThPh 52
   (1977) 561-578

-, Israel deutet seine Psalmen. Urform und Neuinterpretation in den
   Psalmen (SBS 18), 1966

-, Messiaserwartungen im AT (SBS 83), 1977

Becker, Jürgen, Untersuchungen der Entstehungsgeschichte der Testamente
   der zwölf Patriarchen (AGAJU 8), 1970

Benecke, W., Über die Frage, ob das N.T. die Präexistenz lehre. Ein
   Sendschreiben, ThStKr 5 (1832) 616-625

Benoit, P., Préexistence et Incarnation, RB 77 (1976) 5-29

Ben Zion Wacholder, Prolegomenon zu: J.Mann, The Bible Preached and Read
   in Old Synagogue (Nachdruck N.Y. 1971) S. XI-LXXXVI

-, The Date of the Mekilta de Rabbi Ishmael, HUCA 39 (1968) 117-144

Berger, K., Die königlichen Messiastraditionen des Neuen Testaments,
   NTS 20 (1974) 1-44

-, Zum Traditionsgeschichtlichen Hintergrund Christologischer Hoheitstitel, NTS 17 (1970f) 391-425

Bergmann, J., Ich bin Isis, Studien zum memphyschen Hintergrund der
   griechischen Isisaretalogien (AUU.HR 3),Uppsala 1968

Bernhardt, K.H., Zu Eigenart und Alter der messianisch-eschatologischen
   Zusätze in Targum Jeruschalmi I, in: Gott und die Götter. Festgabe
   für E.Fascher zum 60.Geb., Berlin 1958, 68-83

-, Das Problem der altorientalischen Königs-Ideologie im AT. Unter besonderer Berücksichtigung der Geschichte der Psalmenexegese dargestellt und kritisch gewürdigt (VT.S 8), 1961

Bertram, G., Die religiöse Umdeutung altorientalischer Lebensweisheit in
   der griechischen Übersetzung des AT, ZAW 54 (1936) 153-167

Betz, O., Die heilsgeschichtliche Rolle Israels bei Paulus, ThBeitr 9
   (1978) 1-21

-, Offenbarung und Schriftforschung in der Qumransekte (WUNT 6), 1960

Bietenhard, H., Die himmlische Welt im Urchristentum und Spätjudentum
   (WUNT 2), 1951

-, Logos-Theologie im Rabbinat. Ein Beitrag zur Lehre vom Worte Gottes
   im rabbinischen Schrifttum, in: ANRW II 19,2 (1979) 580-618

Bikermann, E.J., The Septuagint as a Translation (1959), in: ders.,
   Studies in Jewish and Christian History I, 1976, 167-200

Billerbeck, P., Hat die Synagoge einen präexistenten Messias gekannt?,
   Nathanael 19 (1903) 97-125.21 (1905) 89-150

-, /H.L.Strack, Kommentar zum NT aus Talmud und Midrasch, 4 Bde., 2 Re-
   gisterbände, München 1922-1928, V. 1956, VI 1961 (Bill)

Black, M., The Composition, Character and Date of the 'Second Vision of
   Enoch', in: Text, Wort und Glaube. Studien zur Überlieferung, Interpretation und Autorisierung biblischer Texte. K.Aland gewidmet, hrg.
   v.M.Brecht, Berlin u.a. 1980, 19-30

-, The "Parables" of Enoch (1 En 37-71) and the "Son of Man", ET 78
   (1976) 5-8

-, The Throne - Theophany, Prophetic Commission and the Son of Man. A
   Study in Tradition History, in: Jews, Greeks and Christians. Religious
   Cultures in late Antiquity. Essays in Honour of W.D.Davies (ed.
   R.Hamerton-Kelly u.a.), Leiden 1976, 57-73

-, Unsolved New Testament Problems. The Son of Man in the Old Biblical
   Literature, ET 60 (1948f) 11-15

Bloch, R., Écriture et Tradition dans le Judaisme, Aperçue sur l'origine
   du Midrash, CSion 7 (1954) 9-34

-, Note méthodologique pour l'Étude de la littérature rabbinique, RSR 43
   (1955) 194-227

-, Note sur l'utilisation des fragments de la Guéniza du Cairo pour
   l'Étude du Targum palestien, REJ 114 (1955) 5-35

Boer, P.A.H. de, The Councellor, in: Wisdom in Israel and in the Ancient
   New East, presented to H.H.Rowley (VT.S; 1955),1969² 42-71

Böhl, E., Christologie des Alten Testaments oder Auslegung der wichtigsten messianischen Weissagungen, Wien 1882

Böhl, F., Aufbau und literarische Formen des aggadischen Teils im
   Jelamdenu-Midrasch, Wiesbaden 1977

-, Das Wunder als Bedingung und die Schöpfung in der Abenddämmerung -
   Zum Verhältnis von Schöpfung und Wunder in rabbinischer Sicht, WO 8
   (1975) 77-90

-, Über das Verhältnis von Shetija-Stein und Nabel der Welt in der Kosmologie der Rabbinen, ZDMG 124 (1974) 253-270

Böhlig, A., Der jüdische und judenchristliche Hintergrund in gnostischen
   Texten von Nag Hammadi, in: Le origidello gnosticismo (ed.U.Bianchi),
   Leiden 1967, 109-140

Boman, T., Das hebräische Denken im Vergleich mit dem griechischen,
   Göttingen (1952) 1977⁶

Bonmard, P.E., La Sagesse en personne annoncée et venue: Jésus Christ
   (LeDiv 44),1966

Bonsirven, J., Le judaisme palestien aux temps de Jésus Christ. Sa
   théologie (BTH 10), 2 Bde. 1934.1935

Bormann, K., Die Ideen und Logoslehre Philons v. Alexandrien. Eine Auseinandersetzung mit H.A.Wolfson, Diss. Köln 1955

Bornkamm, G., Das Vaterbild im NT, in: Das Vaterbild in Mythos und Geschichte, Stuttgart u.a. 1976, 136-154

-, Zum Verständnis des Christus-Hymnus Phil 2,6-11, in: Studien zu Antike
   und Urchristentum. Gesammelte Aufsätze II (BEvTh 28), (1959)
   1970³, 177-187.253

Borsch, F.H., The Son of Man in Myth and History (NTLi), 1967

Botte, B., La Sagesse dans les livres sapientiaux, RSPhTh 19 (1930) 83-94

-, La Sagesse et les origines de la christologie, RSPhTh 21 (1932) 54-67

Bousset, W., Kyrios Christos. Geschichte des Christusglaubens von den
   Anfängen des Christentums bis Irenäus (FRLANT H.4), (1913) 1967⁶

-, /H.Gressmann, Die Religion des Judentums im späthellenistischen Zeitalter (HNT 21), 1966⁴ (hrg.E.Lohse)

Bowker, J., Haggadah in The Targum Onqelos, HSS 12 (1967) 51-65

-, The Son of Man, JThS 28 (1977) 19-48

-, The Targums and Rabbinic Literature, Bib 51 (1970) 417-423

Bowman, J., The Background of the Term 'Son of Man', ET 59 (1947f) 284ff

Box, G.H., The Christian Messiah in the Light of Judaism Ancient and Modern, JThS 13 (1912) 321-338

-, The Idea of Intermediation in Jewish Theology, JQR 23 (1932) 163-119

Brandenburger, E., Fleisch und Geist. Paulus und die dualistische Weisheit (WMANT 29), 1968

Braulik, G., Weisheit, Gottesnähe und Gesetz. Zum Kerygma von Dtn 4,5-8, in: Studien zum Pentateuch. W.Kornfeld zum 60.Gcb. (hrg.v.G.Braulik), Wien u.a. 1977, 165-196

Braun, F.M., Messie, Logos et Fils de l'Homme, in: La Venue du Messie (Rech Bib 6) 1962, 133-147

Bréhier, E., Les Idées philosophiques et religieuses de Philon d'Alexandrie (EPhM 8), (1908) 1950^3

Brierre, J.J., Exégèse rabbinique des Prophéties messianique, 5 Bde., Paris 1934-1968

Browarzik, U., Die dogmatische Frage nach der Göttlichkeit Jesu. Schellings Interpretation von Phil 2,5-11, NZSTh 13 (1971) 164-175

Brown, J.P., The Son of Man: "This Fellow", Bib 58 (1977) 361-387

Brown, R.E., The Birth of the Messiah. A Commentary on the Infancy Narratives in Matthew and Luke, London 1977

Bruce, F.F., Paul and Jesus, London 1977

Brückner, M., Die Entstehung der paulinischen Christologie, Straßburg 1903

Brunner, E., Dogmatik Bd.2. Die christliche Lehre von Schöpfung und Erlösung, Zürich (1950) 1960^2

Bruno, A., Micha und der Herrscher aus der Vorzeit, Leipzig u.a. 1923

Bryant, D.J., Micah 4,14-5,14; an Exegesis, RestQ 21 (1978) 210-230

Buchanan, G.W., Midrashim pré-tannaites, à propos de Prov 1-9, RB 72 (1965) 227-239

-, Jesus and the Upper Class, NT 7 (1964f) 195-209

Bühner, J.-A., Der Gesandte und sein Weg im vierten Evangelium. Die kultur- u. religionsgeschichtlichen Grundlagen d. johanneischen Sendungschristologie sowie ihre traditionsgeschichtliche Entwicklung (WUNT 2.R.2), 1977

Bujard, W., Stilkritische Untersuchungen zum Kolosserbrief als Beitrag zur Methodik von Sprachvergleichen (StUNT 11), 1973

Bultmann, R., Jesus Christus und die Mythologie, in: Glauben und Verstehen. Gesammelte Aufsätze Bd.4, Tübingen (1965) 1975^3, 141-189

-, Der religionsgeschichtliche Hintergrund des Prologs zum Johannes-Evangelium (1923), in: ders., Exegetica, Tübingen 1967, 10-35

-, Rez. von E.Lohmeyer, Kyrios Christos, DLZ 51 (1930) 774-780

-, Theologie des Neuen Testaments (UTB 630; hrg.v.D.Merk), (1954) 1977^7

Burger, C., Schöpfung und Versöhnung. Studien zum liturgischen Gut im Kolosser- und Epheserbrief (WMANT 46), 1975

Burkill, T.A., Ecclesiasticus (IDB 2) 1962, 13-21

Burney, C.F., Christ as the Arche of Creation (Prov 8,22, Kol 1,15-18, Offb 3,14), JThS 27 (1926) 160-177

Burke, D.G., The Poetry of the Book of Baruch: A Reconstruction and Analysis of the Original Hebrew Text of Baruch 3,9-5,9, Diss. John Hopkins Univ., Ph.D., 1974 (Mikrofilm)

Burkert, W., Zur Geistesgeschichtlichen Einordnung einiger Pseudopythagorica, in: Pseudepigrapha I. Pseudopythagorica-Lettres de Platon-Littérature pseudépigraphique Juive, Genève 1972, 25-55

Bussmann, C., Themen der paulinischen Missionspredigt auf dem Hintergrund der spätjüdisch-hellenistischen Missionsliteratur, Frft/M 1971

Caird, G.B., The Apostolic Age, London 1955

-, Wisdom, ET 84 (1972f) 164-168

Caloz, M., Etude sur la LXX origénienne du Psautier: les rélations entre les leçons des Psaumes du MS. Coislin 44, les Fragments des Hexaples et le texte du Psautier Gallicon (OBO 19), 1978

Caquot, A./Geoltrain, P., Notes sur le texte äthiopien des "Paraboles" d'Hénoch, Sem 13 (1963) 38-54

-, Léviathan et Béhémoth dans la troisième "parabole" (Hen aeth 60) d'Hénoch, Sem 25 (1975) 111-122

Casey, P.M., The 'Son of Man' Problem, ZNW 67 (1976) 147-154

-, The Use of Term 'Son of Man' in the Similitudes of Enoch, JSJ 7 (1976) 11-29

Causse, A., L'humanisme juif et le conflit du judaisme et de l'hellénisme, in: Mélanges F.Cumont Bd.2, Bruxelles 1936, 525-537

-, De la Jérusalem terreste à la Jérusalem céleste. In Memoriam A.Causse, RHP 27 (1947) 12-36

Cazelles, H., L'enfantement de la Sagesse en Prov VIII, in: Sacra Pagina, Miscellanea Biblica Congressus Internationalis Catholici de Re Biblica ed.J.Coppens, Bd.1, 1959, 511-515

-, Le Messie de la Bible. Christologie de l'AT, Paris 1978

Cerfaux, L., Christus in der paulinischen Theologie (übertr.v.A.Schorn und E.S.Reich; LeDiv 6), Düsseldorf 1964

-, L'hymne au Christ-Serviteur de Dieu, in: Miscellanea Biblica A. de Meyer, Bd.I 1946, 117-130; = Receuil L.Cerfaux Bd.II, Gembleaux 1954, 425-437

Charlesworth, J.H., The Concept of the Messiah in the Pseudepigrapha, in: ANRW Bd.II 19,1 (1979) 188-218

-, The Pseudepigrapha and Modern Research (Society of Biblical Literature, Septuagint and Cognant Studies 7), Missoula, M. 1976

-, The SNTS Pseudepigrapha Seminars at Tübingen and Paris on the Books of Enoch, NTS 25 (1978f) 315-323

Chevallier, M.A., L'Esprit et le Messie dans le Bas-Judaisme et le Nouveau Testament (EHPhR 49), 1958

Childs, B.S., Myth and Reality in the Old Testament (SBT 27), 1960

-, Exodus - A Commentary (OTL),1972

Christ, F., Jesus Sophia. Die Sophia-Christologie bei den Synoptikern (AThANT 57), 1970

Churgin, P., Targum Jonathan to the Prophets (YOS.R 14), 1907

-, The Targum to Hagiographa (hebr.), New York 1945

-, Targum Psalmen (hebr.), New York 1945

Clarke, G., The Wisdom of Salomon (SNEB), 1973

Cohn, L., Zur Lehre vom Logos bei Philo, in: Judaica. FS zu H.Cohens 70.Geb., Berlin 1912, 303-331

Coleman, G.B., The Phenomenon of Christian Interpretations into Jewish Texts. A Bibliographical Survey and Methodological Analysis, Diss. Vanderbilt Univ. 1976 (Mikrofilm)

Collins, J.J., The Sibylline Oracles of Egyptian Judaism (SBLDS 13), 1974

Colpe, C., Der Begriff "Menschensohn" und die Methode der Erforschung messianischer Prototypen, Kairos 11 (1969) 241-263; 12 (1970) 81-112; 13 (1971) 1-17; 14 (1972) 241-257

-, Die religionsgeschichtliche Schule. Darstellung und Kritik ihres Bildes vom gnostischen Erlösermythos (FRLANT NS 60), 1961

Conzelmann, H., Der erste Brief an die Korinther (KEK V, 11.Aufl.), 1969

-, Die Mutter der Weisheit (1964), in: ders., Theologie als Schriftaus-legung. Aufsätze zum Neuen Testament (BEvTh 65), 1974, 167-176

-, Paulus und die Weisheit, NTS 12 (1965f) 231-244

Cooke, G., The Israelite King as Son of God, ZAW 73 (1961) 202-225

Coppens, J., Le messianisme royal. Ses origines. Son développement. Son accomplissement (LeDiv 54), 1968 (= NRTh 90 (1968)

-, Le messianisme sapiential et les origines littéraires du Fils de l'homme danielique, in: Wisdom in Israel and in the Ancient Near East. FS für H.H.Rowley (VT.S 3), 1955, 33-41

-, La portée messianique du Psaume CX, EThL 32 (1956) 5-23

Couard, L., Die religiösen und sittlichen Anschauungen der alttestament-lichen Apokryphen und Pseudepigraphen, Gütersloh 1907

Coughenour, R.A., (Ethiopic) Enoch and Wisdom. A Study of the Wisdom Elements in the Book of Enoch, Diss. Case Western Reserve Univ. 1972 (Mikrofilm)

Craddock, F.B., The Poverty of Christ. An Investigation of 2 Kor 8,9, Interp. 22 (1968) 158-170

-, The Pre-Existence of Christ in the NT, Nashville u.a. 1968

Cross, F.M., Die antike Bibliothek von Qumran und die moderne biblische Wissenschaft. Ein zusammenfassender Überblick über die HSS vom Toten Meer und ihre einstigen Besitzer (NStB 5), 1967

Cullmann, O., Die Christologie des Neuen Testaments, Tübingen (1957)1975[5]

Dahl, N.A., Christ, Creation and the Church, in: The Background of the NT and its Eschatology, In Honour of C.H.Dodd, Cambridge (1956) 1964[2] 422-443

Dahood, M., Proverbs 8,22-31. Translation and Commentary, CBQ 30 (1968) 512-521

Dalbert, P., Die Theologie der hellenistisch-jüdischen Missionsliteratur unter Ausschluß von Philo und Josephus (ThF 4), 1954

Dalman, G., Die Worte Jesu, mit Berücksichtigung des nachkanonischen jüdischen Schrifttums und der aramäischen Sprache, Leipzig (1898) 1930[2]

Dancy, J.C., The Shorter Books of the Apocrypha (CNEB), 1972

Davies, P.E., The Projection of Preexistence, BR 12 (1967) 28-36

Davies, W.D., Paul and Rabbinic Judaism. Some Rabbinic Elements in Pauline Theology, London (1948) 1970[3]

Deichgräber, R., Gotteshymnus und Christushymnus in der frühen Christenheit. Untersuchungen zu Form, Sprache und Stil der frühchristlichen Hymnen (StUNT 5), 1967

Deissmann, A., Licht vom Osten. Das Neue Testament und die neuentdeckten Texte der hellenistisch-römischen Welt, Tübingen (1908) 1923[4]

Delling, G., Geprägte partizipiale Gottesaussagen in der urchristlichen Verkündigung, in: ders., Studien zum Neuen Testament und zum hellenistischen Judentum. Gesammelte Aufsätze 1950-1968 (ed.F.Hahn u.a.), Göttingen 1970, 401-416

-, MONOΣ ΘΕΟΣ (1952), in: ebd. 391-400

-, Partizipiale Gottesprädikationen in den Briefen des Neuen Testaments, ST 17 (1963) 1-59

-, Perspektiven der Erforschung des hellenistischen Judentums, HUCA 45 (1974) 133-176

Dexinger, F., Die Entwicklung des jüdisch-christlichen Messianismus, BiLi 47 (1974) 31.239-266

-, Ein "messianisches Szenarium" als Gemeingut des Judentums in nachherodianischer Zeit?, Kairos 17 (1975) 249-278

-, Henochs Zehnwochenapokalypse und offene Probleme der Apokalyptikforschung (StPB 9), 1977

Dey, L.K.K., The Intermediary World and Patterns of Perfection in Philo and Hebrews (SBLDS 25), 1975

Dhanis, E., De filio hominis in Vetere Testamento et in judaismo, Gr.45 (1964), 5-59

Dhorme, P., Le livre de Job (EtB 19), 1926

Dickinson, C.C., Pre-Existence, Resurrection and Recapitulation. An Examination of the Pre-Existence of Christ in K.Barth, W.Pannenberg, and the New Testament, Diss. Univ. of Pittsburgh 1973 (Mikrofilm)

Diez Macho, A., Nuevos fragmentos del Targum palestinense, Sef. 15 (1956) 31-39

-, The Recently Discovered Palestinian Targum. Its Antiquity and Relationship with the Other Targums, in: VT.S 7 (1959) 222-245

Dillmann, A., Das Buch Henoch, Leipzig 1853

-, Textkritisches zum Buch Ijob, SDAW 53, 1890, 1345-1373

Dingermann, F., Massora - LXX der kleinen Propheten. Eine textkritische Studie, Diss. Würzburg 1948

Dix, G.H., The Heavenly Wisdom and the Divine Logos in Jewish
Apocalyptic. A Study of the Vision of the Woman and the Man-Child in
Revelation 12,1-5.13-17, JThS 26 (1925) 1-12

Donner, H., kallirhoe. Das Sanatorium Herodes' des Großen, ZDPV 79
(1963) 59-89

-, Die religionsgeschichtlichen Ursprünge von Prov. Sal.8, ZÄS 82 (1958)
8-18

Dorner, J.A., Die Lehre von der Person Christi geschichtlich und biblisch-
dogmatisch dargestellt, 2 Bde. Stuttgart (1839) I 1845², II,1 1853²

Dörrie, H., Zur Methodik antiker Exegese, ZNW 65 (1974) 121-138

Driver, G.R., Ps 110. Its Form, Meaning and Purpose, in: Studies in the
Bible. Presented to M.H.Segal, engl. Section, Jerusalem 1964, 17-31

Drummond, J., The Jewish Messiah. A Critical History of the Messianic
Idea Among the Jews from the Rise of the Meccabees to the Closing of
the Talmud, London 1877

-, Philo Judaeus, or the Jewish-Alexandrian Philosophy in Its Development
and Completion, London 1888, Nachdruck Amsterdam 1969, 2 Bde.

Dunand, F., Le culte d'Isis dans l' oriental de la Méditerranée, 3 Bde.,
Leiden 1973

Eakin, F.E. Jr., Wisdom, Creation, and Covenant, PRSt 4 (1977) 225-240

Eaton, J., Kingship and the Psalmes (SBT 2.Ser 32), 1976

Ebach, J., Weltentstehung und Kulturentwicklung bei Philo von Byblos.
Ein Beitrag zur Überlieferung des altorientalischen und antiken
Schöpfungsglaubens (BWANT F.6, H.8), 1979

Eckart, K.G., Untersuchungen zur Traditionsgeschichte der Mechilta, Diss.
masch. Berlin 1959

Edersheim, A., The Life and Times of Jesus the Messiah, Oxford (1884)
1953³⁶, Nachdruck der 2.u.3. Aufl. (2 Bde.)

Eichholz, G., Bewahren und Bewähren des Evangeliums. Der Leitfaden von
Phil 1-2, in: Tradition und Interpretation (ThB 29), 1965, 138-160

-, Die Theologie des Paulus im Umriß, Neukirchen 1972

Eichrodt, W., In the Beginning. A Contribution to the Interpretation of
the First Word of the Bible, in: Israels prophetic Heritage. FS
J.Muilenburg, London 1962, 1-10

Eissfeldt, O., Phönikische und griechische Kosmogonie (1958), in: ders.,
Kleine Schriften Bd.3, Tübingen 1966, 501-512

-, Taautos und Sanchunjaton, in: SDAW.S 1952 Nr.I, 49-66

Eliade, M. (Hrg.), Die Schöpfungsmythen (Quellen des alten Orient Bd.I),
Darmstadt 1977

Elliger, K., Deuterojesaja. 1.Teilband, Jes 40,1-45,7 (BK XI,1),1978

Ellis, E.E., Midrash, Targum and New Testament Quotations, in: Neotestamentica et Semitica. Studies in Honour of M.Black, Edinburgh 1969,
61-69

-, Paul's Use of the Old Testament, Edinburgh u.a. 1957

-, Prophecy and Hermeneutic in Early Christianity. New Testament Essays
(WUNT 18), 1978

Eltester, F., Eikon im Neuen Testament (BZNW 23), 1958

Eltester, W., Der Logos und sein Prophet, in: Apophoreta (FS für E.Haenchen) (BZNW 30), 1964, 109-134

Erwin, H.M., Theological Aspects of the LXX of the Book of Psalms, Diss. Princeton Univ. 1962 (Mikrofilm)

Esh, S., "Der Heilige (er sei gepriesen)". Zur Geschichte einer nach-biblisch-hebräischen Gottesbezeichnung, Leiden 1957

Farandos, G.D., Kosmos und Logos nach Philon von Alexandria. Eine Aus-einandersetzung mit F.A.Staudenmaier und eine Kritik der Philon-Forschung des 19. und 20.Jhs. (Elementa 4), 1976

Fawcett, T., Hebrew Myth and Christian Gospel, London 1973

Ferch, A.J., The Two Aeons and the Messiah in Pseudo-Philo, 4 Ezra, and 2 Baruch, AUSS 15 (1977) 135-152

Festugière, A.-J., A propos des arétalogies d'Isis, HThR 42 (1949) 209-234

Feuillet, A., Le Christ Sagesse de Dieu. D'après les Epitres pauliniennes (EtB), 1966

-, Christologie paulinienne et tradition biblique, Paris 1973

-, L'hymne christologique de l'épitre aux Philippiens (II, 6-11), RB 72 (1965) 352-380.481-507

Fichtner, J., Die Stellung der Sapientia Salomonis in der Literatur- und Geistesgeschichte ihrer Zeit, ZNW 36 (1937) 113-132

-, Weisheit Salomos (HAT 2,6), 1938

-, Die altorientalische Weisheit in ihrer israelitisch-jüdischen Aus-prägung (BZAW 62), 1933

Finan, T., Hellenistic Humanism in the Book of Wisdom, IThQ 27 (1960) 30-48

Fiorenza, Elisabeth S., Wisdom, Mythology and the Christological Hymns of the NT, in: Aspects of Wisdom (1975) 17-41

Fitzmyer, J.A., The Contribution of Qumran Aramaic to the Study of the New Testament, NTS 20 (1973f) 382-407

-, Implications of the New Enoch Literature from Qumran, TS 38 (1977) 332-345

-, ל as a Preposition and a Particle in Micah 5,1 (5,2), CBQ 18 (1956) 10-13

-, The Aramaic 'Elect of God' Text from Qumran Cave 4 (1965), in: ders., Essays on the Semitic Background of the NT, Missoula 1974, 127-160

Flasher, M., Exegetische Studien zum Septuagintapsalter, ZAW 32 (1912) 81-116.161-185.241-268

Flemming, J./L. Radermacher,Das Buch Henoch (GCS 5), 1901

Flusser, D., Das Schisma zwischen Judentum und Christentum, EvTh 40 (1980) 214-239

Fohrer, G., Hiob (KAT XVI), 1963

Foster, Julia A., The Language and Text of Codex Neofiti I in the Light of Other Palestinian Aramaic Sources, Diss. Boston Univ. 1969 (Mikrofilm)

Fox, M.V., Aspects of the Religion of the Book of Proverbs, HUCA 39
   (1968) 55-69

Franke, A.H., Die neutestamentlichen Grundlagen der Lehre von der Präexistenz Christi, ThStKr 1887, 323-352

Frazer, P.M., Ptolemaic Alexandria, 3 Bde., Oxford 1972

Freudenthal, J., Hellenistische Studien Bd.1, Berlin 1894

Fritzsche, O.F., Die Weisheit Jesus-Sirach's (KEHzu den Apokr.des AT 3),1859

Früchtel, Ursula, Die kosmologischen Vorstellungen bei Philo von
   Alexandrien. Ein Beitrag zur Geschichte der Genesisexegese (ALGHL 2),
   1968

Fuhs, H.F., Die äthiopische Übersetzung des Henoch. Ein Beitrag zur
   Apokalyptikforschung der Gegenwart, Biblische Notizen 8 (1979) 36-56

Fuller, R.H., The Foundations of New Testament Christology, New York
   (1965) 1969[2]

-, The Incarnation in Historical Perspective, in: AThR Suppl. Ser.:
   Theology and Culture. Essays in Honour of A.T.Mollegan and
   C.L.Stanley, 1976, 57-66

Gabathuler, H.J., Jesus Christus, Haupt der Kirche - Haupt der Welt. Der
   Christushymnus Colosser 1,15-20 in der theologischen Forschung der
   letzten 130 Jahre (AThANT 45), 1965

Gamber, K., Der Christus-Hymnus im Philipperbrief in liturgiegeschicht-
   licher Sicht, Bib 51 (1970) 369-376

Gard, D.H., The Exegetical Method of the Greek Translator of the Book of
   Job (JBL.MS 8), 1952

Gärtner, E., Komposition und Wortwahl des Buches der Weisheit, (Schriften
   der Lehranstalt für Wissenschaft des Judentums 2,2-4), Berlin 1912

Gasser, J.K., Die Bedeutung der Sprüche Jesu Ben Sira für die Datierung
   des althebräischen Spruchbuches (BFChTh 8 H. 2/3), 1904

Gelin, A., La Question des "relectures" bibliques à l'intérieur d'une
   tradition vivante, in: Sacra Pagina I (Miscellania Biblica Congressis
   internationalis catholoci de Re Biblica ed.J.Coppens u.a.), Paris
   1959, 303-315

Gemser, B., Sprüche Salomos (HAT R.1 XVI), (1937) 1963[2]

Geoltrain, P./A.Caquot, Notes sur le texte éthiopien des "Paraboles"
   d'Henoch, Sem.13 (1963) 39-54

Georgi, D., Der vorpaulinische Hymnus, in: Zeit und Geschichte. FS für
   R.Bultmann, Tübingen 1964, 263-293

Gerhardsson, B., Die christologischen Aussagen in den Sendschreiben der
   Offenbarung (Kap 2-3), in: Theologie aus dem Norden (Hrg.v.A.Fuchs),
   1976, 142-166

-, Memory and Manuscript. Oral Tradition and Written Transmission in
   Rabbinic Judaism and Early Christianity (ASNU 22), (1961) 1964[2]

Gerlemann, G., The LXX Proverbs as a Hellenistic Document, OTS 8 (1950)
   15-27

-, Studies in the LXX I: Book of Job (Lunds Univ. Arsskrift N.F. Avd.
   1. 43,2), 1946

-, Studies in the LXX III: Proverbs (ebd. 1.52.3), 1956

-, Nutzrecht und Wohnrecht. Zur Bedeutung von אחנה und נחלה, ZAW 89 (1977) 313-325

Gerstenberger, E., Literatur zu den Psalmen, VF 17 (1972) 82-99

-, Zur Interpretation der Psalmen, VF 19 (1974) 22-45

Gese, H., Der Davidsbund und die Zionserwählung (1964),in: ders., Vom Sinai zum Zion. Alttestamentliche Beiträge zur biblischen Theologie (BEvTh 64), 1974, 113-129

-, Das Gesetz, in: ders., Zur biblischen Theologie. Alttestamentliche Vorträge (BEvTh 78), 1977, 55-84

-, Geschichtliches Denken im Alten Orient (1958), in: ders., Vom Sinai zum Zion, 81-98

-, Der Johannesprolog, in: ders., Zur biblischen Theologie, 152-201

-, Der Messias, in: ebd. 128-151

-, Natus ex Virgine (1971), in: ders., Vom Sinai zum Zion,1974, 130-146

-, /Maria Höfner/K.Rudolph, Die Religionen Altsyriens, Altarabiens und der Mandäer (RM Bd.10,2), Stuttgart u.a. 1970

-, Das biblische Schriftverständnis, in: ders., Zur biblischen Theologie 9-30

-, Tradition und biblische Theologie, in: Zu Tradition und Theologie im Alten Testament (Biblisch theologische Studien 2), Neukirchen 1978 87-111

-, Die Weisheit, der Menschensohn und die Ursprünge der Christologie als konsequente Entfaltung der biblischen Theologie, SEA 44 (1979) 77-114

Gförer, A.F., Geschichte des Urchristentums, I.Hauptteil: Das Jahrhundert des Heils, 2 Bde. Stuttgart 1838

Giblin, C.H., Three Monotheistic Texts in Paul, CBQ 37 (1975) 527-547

Gilbert, M., La critique des dieux dans le Livre de la Sagesse (Sg 13-15) (AnBib 53), 1973

-, L'éloge de la Sagesse (Siracide 24), RTL 5 (1974) 326-348

-, La structure de la prière de Salomon (Sap 9), Bib 51 (1970) 301-331

-, Volonté de Dieu et don de la Sagesse (Sap 9,17f), NRTh 93 (1971) 145-166

Ginzberg, L., Genizah Studies in Memoriam of Mr.S.Schechter, I Midrash and Haggadah, New York 1928

-, Die Haggadah in der apokryphischen Litteratur und bei den Kirchenvätern, MGWJ 42 (1898) 537-550; 43 (1899) 17-22. 61-75. 117-125. 149-159. 217-231. 293-303. 409-416. 461-470. 485-504. 529-547

-, The Legends of the Jews. 6 Bde., Philadelphia 1913-1928. Bd.7 Index by B.Cohen, Philadelphia 1938

-, Some Observations on the Attitude of the Synagogue Towards the Apocalyptic-Eschatological Writings, JBL 41 (1922) 115-136

Glasson, T.F., Collossians 1,8.15 and Sirach 24, JBL 86 (1967) 214-216

Gnilka, J., Der Philipperbrief (HThK X,3), (1968) 1976[2]

Goldberg, A., Einige Bemerkungen zu den Quellen und den redaktionellen
    Einheiten der Großen Hekhalot, FJB 1 (1973) 1-49

-, Entwurf einer   formanalytischen Methode für die Exegese der rabbi-
    nischen Traditionsliteratur, FJB 5 (1977) 1-41

-, Erlösung durch Leiden. Drei rabbinische Homilien über die Trauernden
    Zions und den leidenden Messias Efraim (PesR 34.36.37), (FJS 4) 1979

-, Form und Funktion des Ma'ase in der Mischna, FJB 2 (1974) 1-38

-, Der Gerechte ist der Grund der Welt, Judaica 33 (1977) 147-160

-, Ich komme und wohne in deiner Mitte. Eine rabbinische Homilie zu
    Sach 2,14 (PesR 35), (FJS 3) 1977

-, Die Namen des Messias in der rabbinischen Traditionsliteratur. Ein
    Beitrag zur Messiaslehre des rabbinischen Judentums, FJB 7 (1979) 1-93

-, Untersuchungen über die Vorstellung von der Schekhina in der frühen
    rabbinischen Literatur, Berlin 1969

-, Der Vortrag des Ma'asse Merkawa. Eine Vermutung zur frühen
    Merkawamystik, Judaica 29 (1973) 4-23

-, Schöpfung und Geschichte. Der Midrasch von den Dingen, die vor der
    Welt erschaffen wurden, Judaica 24 (1968) 27-44

Goldstein, D.S., Teshuba; the Evolution of the Doctrines of Sin and
    Repentence in Classical Jewish Thought, with Reference to Maimonides'
    Hilchoth teshuba, Diss. Ann Arbour, Mich., 1974 (Mikrofilm)

Goodenough, E.R., By Light, Light. The Mystic Gospel of Hellenistic
    Judaism, New Haven 1935. Neudruck Amsterdam 1969

Goppelt, L., Theologie des Neuen Testaments, 2 Bde., Göttingen 1976

Gordis, R., The Book of Job. Commentary, New Translation, and Special
    Studies, New York 1978

Gordon, C.H., Ugaritic Textbook. Grammar, Texts in Translation...
    (AnOr 35), 1965

Gottlieb, H., Die Tradition von David als Hirten, VT 17 (1967) 190-200

Gottlieb, I.B., Language Understanding in Sifre Deuteronomy. A Study at
    Language Consciousness in Rabbinic Exegesis, New York Univ. Diss.1972
    (Mikrofilm)

Göttsberger, J., Die göttliche Weisheit als Persönlichkeit im AT
    (BZfr.9.F.H.1f), 1919, 2 Bde.

Gourgues, M., A la droite de Dieu. Réssurrection de Jésus et actualisation
    du Ps 110,1 dans le NT (Et Bib), 1978

-, Lecture christologique du Ps CX et fête de la pentecôte, RB 83
    (1976) 5-24

Gowan, D.E., Bridge between the Testaments. A Reappraisal of Judaism from
    the Exile to the Birth of Christianity, Pittsburgh 1976

Grandjean, Y., Une nouvelle Arétalogie d'Isis à Maronée. Avec un
    frontispice et 5 pl (EPRO 49), 1975

Grant, R.M., The Book of Wisdom at Alexandria. Reflections on the History
    of the Canon and Theology, StPatr (TU 92), 1966, 463-472

Grapow, H., Die Welt vor der Schöpfung, ZÄS 67 (1931) 34-38

Gray, J., The Masoretic Text of the Book of Job, the Targum and the LXX Version in the Light of the Qumran Targum (11Qtarg Job); ZAW 86 (1974) 331-350

Green, W.S. (Ed.), Persons and Institutions in Early Rabbinic Judaism, Missoula 1977

Greenfield, J.C./M.E.Stone, The Books of Enoch and the Traditions of Enoch, Numen 26 (1979) 89-103

-, The Enochic Pentateuch and the Date of the Similitudes, HThR 70 (1977) 51-65

Grelot, P., Hénoch et ses écritures, RB 82 (1975) 481-500

-, Le Messie dans les Apocryphes de 1-AT. Etat de la question: La Venue du Messie (Rech Bib 6), 1962, 19-50

Gressmann, H., Der Messias (FRLANT NF 26), 1929

-, Altorientalische Bilder und Texte zum Alten Testament, 2 Bde., Leipzig (1909), Nachdruck der 4. Aufl. Berlin 1965

-, Der Ursprung der israelitisch-jüdischen Eschatologie (FRLANT 6), 1905

Grether, O., Name und Wort Gottes im Alten Testament (BZAW 64), 1934

Grillmeier, A., Mit Ihm und in Ihm: Christologische Forschungen und Perspektiven, Freiburg 1975

Grimm, C.L.W., Das Buch der Weisheit (KEH 6), 1860

Grintz, Y.M., Die Männer der Yahad-Essener (1953), in: Josephus-Forschung (WdF 84), 1973, 294-336

Grötzinger, K.-E., Ich bin der Herr, dein Gott. Eine rabbinische Homilie zum Ersten Gebot, PesR 20 (FJS 2), 1976

Grundmann, W., Weisheit im Horizont des Reiches Gottes. Eine Studie zur Verkündigung Jesu nach der Spruchüberlieferung Q, in: Die Kirche des Anfangs. Für H.Schürmann, Freiburg 1978, 175-199

Gry, L., Messianisme des Paraboles d'Hénoch, Muséon 26 (1908) 319-367

Gunkel, H., Schöpfung und Chaos in Urzeit und Endzeit. Eine religions-geschichtliche Untersuchung über Gen 1 und Ap Joh 12, Göttingen 1895

-, Einleitung in die Psalmen. Die Gattungen der religiösen Lyrik Israels. Zu Ende geführt von J.Begrich, Göttingen (1933) 1945³

Gunneweg, A.H.J., Vom Verstehen des Alten Testaments. Eine Hermeneutik (GAT 5), 1977

Haacker, K., Assumptio Mosis - eine sammaritanische Schrift?, ThZ 25 (1969) 385-405

-, Paulus und das Judentum, Judaica 33 (1977) 161-177

-, /P.Schäfer, Nachbiblische Traditionen vom Tod des Moses, in: Josephus-Studien. Untersuchungen zu Josephus, dem antiken Judentum und dem Neuen Testament, O.Michel zum 70.Geb. gew., Göttingen 1974, 147-174

-, Die Stiftung des Heils. Untersuchungen zur Struktur der johanneischen Theologie (AzTh, R.1, H.47), 1972

Habel, N.C., The Symbolism of Wisdom in Proverbs 1-9, Interp.26 (1972) 131-157

Hahn, F., Christologische Hoheitstitel. Ihre Geschichte im frühen
    Christentum (FRLANT 83), (1963) 1966[3]

-, Methodenprobleme einer Christologie des Neuen Testaments, VuF 15
    (1970) 3-41

Hamburger, J., Art. Messianische Bibelstellen, in: Realenzyklopädie des
    Judentums, Abt. III Suppl. II, Leipzig 1896, 107-136

Hamerton-Kelly, R.G., The Idea of Pre-Existence in Early Judaism. A
    Study in the Background of New Testament Theology, Diss.theol.
    Ann Arbour 1966 (Mikrofilm)

-, Pre-Existence, Wisdom,and the Son of Man. A Study of the Idea of Pre-
    Existence in the New Testament (MSSNTS 21), 1973

-, The Temple and the Origins of Jewish Apokalyptic, VT 20 (1970) 1-15

Hamp, V., Psalm 110,4b und die Septuaginta, in: Neues Testament und die
    Kirche. Für R.Schnackenburg, Freiburg 1974, 519-529

Hanhart, R., Zur Geistesgeschichtlichen Bestimmung des Judentums, in:
    ders., Drei Studien zum Judentum (TEH NF 140), 1967, 23-37

-, Fragen um die Entstehung der Septuaginta, VT 12 (1962) 139-163

Harnack, A.v., Lehrbuch der Dogmengeschichte I, Freiburg (1886) 1931[5]

Harnisch, W., Verhängnis und Verheißung der Geschichte. Untersuchungen
    zum Zeit- und Geschichtsverständnis im 4.Buch Esra und in der syr.
    Baruchapokalypse (FRLANT 97), 1969

Haspecker, J., Gottesfurcht bei Jesus Sirach. Ihre religiöse Struktur
    und ihre literarische und doktrinäre Bedeutung (AnBib 30), 1967

Haufe, G., Das Menschensohn-Problem in der gegenwärtigen wissenschaft-
    lichen Diskussion, EvTh 26 (1966) 130-141

Hay, D.M., Glory at the Right Hand. Ps 110 in Early Christianity
    (SBL Mon Ser 18), 1973

Heather, A.H. (Jr.), A Septuagint Translation Technique in the Book of
    Job, Ann Arbour 1979

Hegermann, H., Die Vorstellung vom Schöpfungsmittler im hellenistischen
    Judentum und Urchristentum, (TU 82) 1961

Heinemann, I., Philons griechische und jüdische Bildung, 2 Bde., Breslau
    1929/1932. Darmstadt 1962

-, Poseidonios' metaphysische Schriften, 2 Bde., Breslau 1921.1928

Hellwag, J., Die Vorstellung von der Präexistenz Christi in der ältesten
    Kirche, ThJB(H) 7 (1848) 144-161.227-263

Hengel, M., Die christologischen Hoheitstitel im Urchristentum. Der ge-
    kreuzigte Gottessohn, in: H. v.Stietencron (Hrg.), Der Name Gottes,
    Düsseldorf 1975, 90-111

-, Jesus als messianischer Lehrer der Weisheit und die Anfänge der
    Christologie, in: Sagesse et Religion. Colloque de Strasbourg
    (Oct. 1976), Vendôme 1979, 147-188

-, Juden, Griechen und Barbaren. Aspekte der Hellenisierung des Juden-
    tums in der vorchristlichen Zeit (StB 76), 1976

-, Judentum und Hellenismus. Studien zu ihrer Begegnung unter besonderer Berücksichtigung Palästinas bis zur Mitte des 2.Jh.s v.Chr. (WUNT 10), (1969) 1973²

-, Mors turpissima Crucis. Die Kreuzigung in der antiken Welt und die "Torheit" des "Wortes vom Kreuz", in: Rechtfertigung. FS für E.Käsemann zum 70.Geb. 1976, 125-184

-, Der Sohn Gottes. Die Entstehung der Christologie und die jüdisch-hellenistische Religionsgeschichte, Tübingen (1975) 1977²

Hengstenberg, E.W., Christologie des AT und Commentar über die Messianischen Weissagungen der Propheten. 3 Bde., Berlin 1829-1835

Herkenne, H., Das Buch der Psalmen (HSAT 5,2), 1936

Hesse, F., Hiob (ZBK 14), 1978

Hick, J. (Ed.), Wurde Gott Mensch? Der Mythos vom fleischgewordenen Gott (Aus dem Engl. v. U.Hühne), (Gütersloher Taschenbücher Siebenstern 315), 1979

Higgins,A.J.B.,Jewish mess.belief in Just.Martyr's Dial..,NT 9(1967)298-305

Hilgenfeld, A., Die jüdische Apokalyptik in ihrer geschichtlichen Entwicklung. Ein Beitrag zur Vorgeschichte des Christentums nebst einem Anhange über das gnostische System des Basilides, Jena 1857, Nachdruck Amsterdam 1966

Hindley, J.C., Towards a Date for the Similitudes of Enoch. A Historical Approach, NTS 14 (1967f) 551-565

Hofius, O., Der Christushymnus Philipper 2,6-11. Untersuchung zur Gestalt und Aussage eines urchristlichen Psalms (WUNT 17), 1976

Hölscher, G., Das Buch Hiob (HAT 1,17a), (1937) 1952²

Hooker, Morna D., Philippians 2,6-11, in: Jesus und Paulus. FS für W.G.Kümmel zum 70.Geb., Göttingen 1975, 151-164

-, The Son of Man in Mark. A Study of the Background of the Term "Son of Man" and Its Use in St.Mark's Gospel, London 1967

Hornung, E., Der eine und die vielen. Ägyptische Gottesvorstellungen, Darmstadt (1971) 1973²

Horowitz, J., Das Buch Jesus Sirach, MGWJ 14 (1865), 101-112.136-147. 178-200

-, Entwicklung des alexandrinischen Judentums unter dem Einflusse Philos, in: Judaica. FS zu H.Cohens 70.Geb., Berlin 1912, 535-567

Horsley, R.A., The Background of the Confessional Formula in 1 Kor 8,6, ZNW 69 (1978) 130-135

Horst, F., Hiob (BK XVI,1), 1968

Howard, G., Phil 2,6-11 and the Human Christ, CBQ 40 (1978) 356-387

Hruby, K., Anzeichen für das Kommen der messianischen Zeit, Judaica 20 (1964) 73-90

-, Begriff und Funktion des Gottesvolkes in der rabbinischen Tradition, Judaica 21 (1965) 230-256

-, La Torah identifiée à la Sagesse et l'activité du "sage" dans la tradition rabbinique, BVC 76 (1967) 65-78

Hühn, E., Die messianischen Weissagungen des israelitisch-jüdischen Volkes bis zu den Targumin, Tübingen u.a. 1899. 1900 2 Bde.

Humbert, P., Le Messie dans le Targum des Prophètes, RThPh 43 (1910) 420-447. 44 (1911) 5-46

-, Trois notes sur Genèse I, in: Interpretationes ad Vetus Testamentum pertinente S.Mowinckel sept. missae, Oslo 1955, 85-96

-, Encore le premier mot de la Bible, ZAW 76 (1964) 121-131

-, Qana en hebreu biblique, in: FS für A.Bertholet, Tübingen 1950, 259-267

Jacquet, L., Les Psaumes et le coeur de l'homme. Etude textuelle, littéraire et doctrinale, 3 Bde., Gembloux 1977-1979

Jeffrey, J., The Massoretic Text and the LXX Compared, with Special Reference to the Book of Job, ET 36 (1924f) 70-73

Jellicoe, S., The Septuagint in Modern Study, Oxford 1968

Jenni, E., Das hebräische Pi'el. Syntaktisch-semasiologische Untersuchung einer Verbalform im Alten Testament, Zürich 1968

-, Die Präposition min in zeitlicher Verwendung bei Deuterojesaja, in: Werden und Wirken des Alten Testaments. FS für C.Westermann zum 70.Geb., Göttingen u.a. 1980, 288-301

-, Das Wort עולם im Alten Testament, ZAW 64 (1952) 197-248; 65 (1953) 1-35

Jeremias, Joachim, Die älteste Schicht der Menschensohn-Logien, ZNW 58 (1967) 159-172

-, Erlöser und Erlösung im Spätjudentum und Urchristentum, in: Der Erlösungsgedanke. Bericht über den deutschen Theologentag in Frankfurt/ Main (Herbst 1928), (DTh 2), 1929, 106-119

-, Zur Gedankenführung in den paulinischen Briefen (1953), in: Abba, 269-7(

-, Rez. von E.Sjöberg, Der Menschensohn (1946), ThLZ (1949) 405f

-, Zu Phil 2,7: ἑαυτὸν ἐκένωσεν , (1963), in: ders., Abba. Studien zur ntl. Theologie und Zeitgeschichte, Göttingen 1966, 308-313

Jeremias, Jörg, Theophanie. Die Geschichte einer alttestamentlichen Gattung (WMANT 10), (1965) 1977^2

Jervell, J., Imago Dei, Gen 1,26ff im Spätjudentum, in der Gnosis und in den paulinischen Briefen (FRLANT 76), 1960

Imschoot, P. von, La Sagesse dans l'Ancien Testament est-elle une hypostase?, Collationes Gandavenses 21, (1934) 3-10. 85-94

-, Sagesse et Esprit dans l'Ancient Testament, RB 47 (1938) 23-49

In Principio, Interprétations des premières versets de la Genèse, Hrg. Centre d' études des religions du livre, Paris 1973

Joel, M., Blicke in die Religionsgeschichte zu Anfang des zweiten christlichen Jahrhunderts, 2 Bde., Breslau 1880. 1883, Neudruck Amsterdam 1971

Jones, G.V., Christology and Myth in the New Testament. An Inquiry into the Character, Extent and Interpretation of the Mythological Element in New Testament Christology, London 1956

Jonge, M. de, The Use of the Word "Anointed" in the Time of Jesus, NT 8 (1966) 132-148

-, The Testament of the Twelve Patriarchs. A Study of Their Text, Composition and Origin, Assen (1953) 1975[2]

Jonssen, F., Von der Christologie zur Jesulogie? Zu einer christologischen Akzentverschiebung, MThZ 29 (1978) 296-311

Ironside, H.A., Notes on the Book of Proverbs, London (1908) 1959[6]

Irwin, W.A., Where shall Wisdom be Found? JBL 80 (1961) 133-142

Isenberg, S.R., Studies in the Jewish Aramaic Translations of the Pentateuch, Diss. Harvard Univ. 1969

Jüngel, E., Paulus und Jesus. Eine Untersuchung zur Präzisierung der Frage nach dem Ursprung der Christologie (HUTh 2), (1962) 1972[4]

-, Das Verhältnis von "ökonomischer" und "immanenter" Trinität. Erwägungen über eine biblische Begründung der Trinitätslehre - im Anschluß an und in Auseinandersetzung mit K.Rahners Lehre vom dreifaltigen Gott als transzendenten Urgrund der Heilsgeschichte, ZThK 72 (1975) 337-364

Junker, H., Die Götterlehre von Memphis (AHAW.PH), 1939

Kadushin, M., Aspects of the Rabbinic Concept of Israel. A Study in the Mekilta, HUCA 19 (1945f) 57-96

-, The Theology of Seder Eliahu. A Study in Organic Thinking, New York 1932, 2 Vol.

Kahle, P.E., Die Kairoer Genisa. Untersuchungen zur Geschichte des hebräischen Bibeltextes und seiner Übersetzungen, Berlin 1962

-, Die Lederrolle mit dem griechischen Text der kleinen Propheten und das Problem der LXX (1954), in: ders., Opera Minora, Leiden 1956, 113-127

Kähler, M., Der Lebensausgang und die Voraussetzungen dieses Lebens, in: Dogmatische Zeitfragen. Alte und neue Ausführungen zur Wissenschaft der christlichen Lehre, Leipzig 1898 H.2, 323-391

Kaminka, A., Septuaginta und Targum zu Proverbien, HUCA 8/9 (1931f) 169-191

Kaplan, C., The Pharisaic Character and the Date of the Book of Enoch, AThR 21 (1929f) 531-537

Käsemann, E., Kritische Analyse von Phil 2,5-11 (1950), in: Exegetische Versuche und Besinnungen, Bd.1, Göttingen (1960) 1970[6], 51-95

-, Eine urchristliche Taufliturgie (1949), in: ebd. 34-51

Kattenbusch, F., Ἁρπαγμόν ? Ἁρπαγμον ! Phil 2,6. Ein Beitrag zur paulinischen Christologie, ThStKr 104 (1932) 373-420

Katz, P., Philo's Bible: The Aberrant Text of Bible Quotations in Some Philonic Writings and Its Place in the Textual History of the Greek Bible, Cambridge 1950

Kayatz, Christa, Studien zu Proverbien 1-9 (WMANT 22), 1966

Kee, H.C., Aretalogy and Gospel, JBL 92 (1973) 402-422

Keel, O., Die Weisheit spielt vor Gott. Ein ikonographischer Beitrag zur Deutung des משחקת in Spr 8,30f, Göttingen 1974 (=FZPhTh 21 (1974) 1-66)

-, Die Welt der altorientalischen Bildsymbolik und das Alte Testament. Am Beispiel der Psalmen, Neukirchen (1972) 1980[3]

Kehl, N., Der Christushymnus im Kolosserbrief: Eine motivgeschichtliche Untersuchung zu Kol 1,12-20 (SBM 1), 1967

Keil, K.-F., Biblischer Kommentar über die zwölf kleinen Propheten (BC II,4), (1866) 1886[3]

Kellermann, U., Messias und Gesetz. Grundlinien einer alttestamentlichen Heilserwartung. Eine traditionsgeschichtliche Einführung (BSt 61),1971

Kerst, R., 1.Kor 8,6 - ein vorpaulinisches Taufbekenntnis?, ZNW 66 (1975) 130-139

Keyser, P.G., Sapientia Salomonis und Paulus. Eine Analyse der Sapientia Salomonis und ein Vergleich ihrer theologischen und anthropologischen Probleme mit denen des Paulus im Römerbrief, Diss.masch. Halle 1971, 2 Bde.

Khanjian, J., Wisdom in Ugarit and in the Ancient Near East with Particular Emphasis on OT Wisdom Literature, Diss. Claremont Grad. School, Ph.D., 1974 (Religion)

Kim, J.K.-D., A Study of Some Alliterative and Assonantal Features of the Language of Proverbs, Diss. Brandeis Univ. 1975 (Mikrofilm)

Kippenberg, H.G., Garizim und Synagoge. Traditionsgeschichtliche Untersuchung zur samaritanischen Religion der aramäischen Periode (RVV 30), 1971

Klappert, B., Die Auferweckung des Gekreuzigten. Der Ansatz der Christologie K.Barths im Zusammenhang der Christologie der Gegenwart, Neukirchen (1971) 1974[2]

Klasen, F., Die alttestamentliche Weisheit und der Logos der jüdisch-alexandrinischen Philosophie auf historischer Grundlage in Vergleich gesetzt. Beitrag zur Christologie, Freiburg 1878

Klausner, J., The Messianic Idea in Israel from Its Beginning to the Completion of the Mishnah (übers. v. W.F.Stinespring), London 1956

-, Die Messianischen Vorstellungen des jüdischen Volkes im Zeitalter der Tannaiten. Kritisch untersucht und im Rahmen der Zeitgeschichte dargestellt, Breslau 1904

Klein, M.L., The Messiah "That Leadeth Upon a Cloud", in the Fragment-Targum of the Pentateuch?, JThS 29 (1978) 137-140

-, The Preposition קדם ('Before'): A Pseudo-Anti-Anthropomorphism in the Targums, JThS 30 (1979) 502-507

Kneucker, J.J., Das Buch Baruch, Geschichte und Kritik. Übersetzung und Erklärung, Leipzig 1879

Knibb, M.A., The Date of the Parables of Enoch. A Critical Review, NTS 25 (1978f) 345-359

Knox, J., The Humanity and Divinity of Christ. A Study of Pattern in Christology, Cambridge 1967

Kobelski, P.J., Melchizedek and Melchiresa'. The Heavenly Prince of Light and the Prince of Darkness in Qumran Literature, Diss. Fordham Univ., Bronx, NY 1978

Koch, K., Esras erste Vision. Weltzeiten und Weg des Höchsten, BZ 22 (1978) 46-75

-, Messias und Sündenvergebung in Jes 53-Targum. Ein Beitrag zu der Praxis der aramäischen Bibelübersetzung, JSJ 3 (1972) 117-148

-, Offenbaren wird sich das Reich Gottes. Die Malkuta Jahwäs im Propheten-Targum, NTS 25,2 (1978f) 158-165

-, Die Propheten Bd.1 (Urban Tb. 280), Stuttgart u.a. 1978

Kohler, K., Grundriß einer systematischen Theologie des Judentums auf geschichtlicher Grundlage, Leipzig 1910

Komlosh, J., Distinctive Features of the Targum Psalms, in: Studies in the Bible. Presented M.H.Segal, Jerusalem 1964, hrg. v. J.M.Grintz u.a., 265-270 (hebr.)

-, The Bible in the Light of the Aramaic Translations (hebr.), Tel Aviv 1973

König, E., Die messianischen Weissagungen des Alten Testaments vergleichend, geschichtlich und exegetisch behandelt, Stuttgart (1923) 1925²

Kramer, W., Christos Kyrios Gottessohn. Untersuchungen zu Gebrauch und Bedeutung der christologischen Bezeichnungen bei Paulus und den vorpaulinischen Gemeinden (AThANT 44), 1963

Kraus, H.-J., Psalmen (BK XV, 1 u. 2), (1960) 1978⁵

-, Die Verkündigung der Weisheit. Eine Auslegung des Kap. Spr 8 (BSt 2), 1951

Kronholm, T., Motifs from Gen 1-11 in the Genuine Hymns of Ephrem the Syrian. With Particular Reference to the Influence of Jewish Exegetical Tradition (CB.OT 11), 1978

Küchler, M., Frühjüdische Weisheitstraditionen. Zum Fortgang weisheitlichen Denkens im Bereich des frühjüdischen Jahweglaubens (OBO 26),1979

Kuhl, C., Vom Hiobbuch und seinen Problemen, ThR NF 22 (1954) 261-316

-, Neuere Literarkritik des Buches Hiob, ThR NF 21 (1953) 163-205.257-317

Kuhn, G., Beiträge zur Erklärung des Buchs Jesus Sira, ZAW 47 (1929) 289-296; 48 (1930) 100-221

Kuhn, H.W., Enderwartung und gegenwärtiges Heil. Untersuchungen zu den Gemeindeliedern von Qumran und einem Anhang über Eschatologie und Gegenwart in der Verkündigung Jesu (StUNT 4), 1966

Küppers, W., Das Menschenbild in der spätjüdischen Apokalyptik, IKZNF 23 (1933) 193-256; 24 (1934) 47-72

Kuss, O., Die Formel "durch Christus" in den paulinischen Hauptbriefen, TThZ 65 (1956) 193-201. 143-201

Kysar, R., Christology and Controversy. The Contributions of the Prologue of the Gospel of John to NT Christology and Their Historical Setting, CThMi 5 (1978) 348-364

Laetsch, T.F.K., Bible Commentary. The Minor Prophets, Saint Louis 1956

Lagarde, P. de, Anmerkungen zur griechischen Übersetzung der Proverbien, Leipzig 1863

Lagrange, M.J., Le messianisme dans les Psaumes, RB NS 2 (1905) 39-57. 188-202

-, Le Judaisme avant Jésus-Christ (EtB 24), 1931

Lähnemann, J., Der Kolosserbrief. Komposition, Situation und Argumentation (StNT 3), 1971

Lambert, W.G./S.B.Parker, Enuma elis, 1966

Landes, G.M., Creation Traditions in Prov 8,22-31 and Gen 1, in: A Light unto my Path. OT Studies in Honour of J.M.Myers (GTS 4), 1974, 279-293

Landmann, L. (Hrg.), Messianisme in the Talmudic Era. Selected with an Introduction, New York 1979

Lang, B., Die weisheitliche Lehrrede. Eine Untersuchung von Sprüche 1-7 (SBS 54), 1972

-, Frau Weisheit. Deutung einer biblischen Gestalt, Düsseldorf 1975

Langkammer, H., Christus mediator creationis, VD 45 (1967) 201-208

-, Literarische und theologische Einzelstücke in 1 Kor 8,6, NTS 17 (1970f) 193-197

-, Der Ursprung des Glaubens an Christus den Schöpfungsmittler, SBFLA 18 (1968) 55-93

Laporte, J., Philo in the Tradition of Biblical Wisdom Literature, in: Aspects of Wisdom (1975) 103-141

Larcher, C., Études sur le Livre de la Sagesse (EtB), 1969

Larsson, E., Christus als Vorbild (ASNU 23), 1962

Lattey, C., The Messianic Expectation in "The Assumptio of Mosis", CBQ 4 (1942) 9-21

Lauenstein, D., Der Messias. Eine biblische Untersuchung, Stuttgart 1971

Laurin, R., The Theological Structure of Job, ZAW 84 (1972) 86-89

Lebram, J.C.H., Jerusalem, Wohnsitz der Weisheit, in: Studies in Hellenistic Religions (EPRO 79), 1979, 103-128

-, Nachbiblische Weisheitstraditionen, VT 15 (1965) 167-237

-, Die Theologie der späten Chokma und häretisches Judentum, ZAW 77 (1965) 202-211

Le Déaut, R., Apropos a Definition of Midrash, Interp. 25 (1971) 259-282

-, The Current State of Targumic Studies, BTB 4 (1974) 3-32

-, La Nuit Pascale (AnB 22), (1963) 1975

-, Rez. von H.Levey, The Messiah (1974), Bib 56 (1975) 421-424

-, Targumic Literature and NT Interpretation, BTB 4 (1974) 243-289

-, La tradition juive ancienne et l'exégèse chrétienne primitive, RHPhR 51 (1971) 31-50

Lee, H.C., Aretalogy and Gospel, JBL 92 (1973) 403-422

Leeuw, G. von der, Urzeit und Endzeit, ErJb 17 (1949) 1-51

Leisegang, H., Art. Sophia, PRE 3 A.1 (1927) Sp.1019-1039

Lerner, M., Anlage und Quellen des Bereschit Rabba, Berlin 1882

Lescow, T., Das Geburtsmotiv in der messianischen Weissagung bei Jesaja und Micha, ZAW 79 (1967) 172-207

-, Redaktionsgeschichtliche Analyse von Micha 1-5, ZAW 84 (1972) 46-85

Lévêque, J., Job et son dieu. Essai d'exégèse et de théologie biblique (EtB) 2 Bde., 1970

Levey, S.H., The Messiah. An Aramaic Interpretation. The Messianic Exegesis of the Targum, Cincinnati 1974

-, The Date of Targum Jonathan to the Prophets, VT 21 (1971) 186-196

Lévi, I., L'esprit de Dieu et l'esprit de Messie, in: Festkrift i. Anledning af Prof. D.Simonsens, København 1923, 100-105

Lichtenberger, H., Studien zum Menschenbild in Texten der Qumrangemeinde (StUNT 15), 1980

Lindars, B., New Testament Apologetic. The Doctrinal Significance of the OT Quotations, London 1961

-, /P.Borgen, The Place of the Old Testament in the Formation of the New Testament Theology. Prolegomena and Response, NTS 23 (1977) 59-75

-, Re-Enter the Apokalyptic Son of Man, NTS 22 (1976) 52-72

Lindenberger, J.M., The Aramaic Proverbs of Ahiqar, Diss. J.Hopkins Univ. 1974 (Mikrofilm)

Lindeskog, G., Studien zum neutestamentlichen Schöpfungsgedanken (UUA 11), 1952

Lippl, J., Der Prophet Michäas (HSAT 8,3), 1937

Loader, W.R.G., The Apocalyptic Model of Sonship. His Origin and Development in New Testament Tradition, JBL 97 (1978) 525-554

Lobstein, P., Die Lehre von der übernatürlichen Geburt Christi. Christologische Studie, Freiburg u.a. 1896, 2. vermehrte Auflage

-, La notion de la préexistence du fils de Dieu. Fragment de Christologie expérimentale, 1883

Lohfink, N., Höre, Israel! Auslegung von Texten aus dem Buch Deuteronomium (WB 18), 1965

-, Das Hauptgebot. Eine Untersuchung literarischer Einleitungsfragen zu Dtn 5-11 (AnBib 20), 1963

Lohmeyer, E., Der Brief an die Philipper (KEK IX,1), (1930) 1964[13]

-, Kyrios Christos. Eine Untersuchung zu Phil 2,5-11 (SHAW Nr. 4 1927f), Darmstadt 1961[2]

Lohse, E., Die Briefe an die Kolosser und an Philemon (KEK IX,2), (1968) 1977[2]

Longenecker, R.N., Some Distinctive Early Christological Motifs, NTS 14 (1967f) 526-545

Löser, W., Jesus Christus - Gottes Sohn, aus dem Vater geboren vor aller Zeit. Zur Deutung der Präexistenzaussagen in der gegenwärtigen Theologie, IKaZ 6 (1977) 31-45

Lührmann, D., Ein Weisheitspsalm aus Qumran (11Q Ps[a] XVIII), ZAW 80 (1968) 87-97

Lust, J., Dan 7,13 and the Septuagint, EThL 54 (1978) 62-69

MacDonald, J., The Theology of the Samaritans (NTLi), 1964

Mach, R., Der Zaddik in Talmud und Midrasch, Leiden 1957

Mack, B.L., Imitatio Mosis. Patterns of Cosmology and Soteriology in the Hellenistic Synagogue, StPhilo 1 (1972) 27-55

-, Logos und Sophia. Untersuchungen zur Weisheitstheologie im hellenistischen Judentum (StUNT 10), 1973

-, Weisheit und Allegorie bei Philo, StPhilo 5 (1978) 57-106

-, Wisdom, Myth and Mytho-logy. An Essay in Understanding a Theological Tradition, Interp. 24 (1970) 46-60

McKane, W., Proverbs. A New Approach (OTL), 1970

McKeating, H., Micah (CNEB), 1971

McNamara, M., Half a Century of Targum Study, Irish Biblical Studies 1 (1979) 157-168

-, Targum and Testament. Aramaic Paraphrases of the Hebrew Bible. A Light on the New Testament, Shannon 1972

Macquarrie, J., The Pre-Existence of Jesus Christ, ET 77 (1966) 199-202

Maddox, R., Methodenfragen in der Menschensohn-Forschung, EvTh 32 (1972) 143-160

Magne, J., Recherches sur les Psaumes 151, 154 et 155, RdQ 8 (1974) 503-507

-, Le Psaume 154 et le Psaume 155, RdQ 9 (1977) 97-113

Maier, G., Mensch und freier Wille. Nach den jüdischen Religionsparteien zwischen Ben Sira und Paulus (WUNT 12), Tübingen 1971

Maier, J., Vom Kultus zur Gnosis. Studien zur Vor- und Frühgeschichte der "jüdischen Gnosis". Bundeslade, Gottesthron und Märkabah, Salzburg 1964

-, /J.Schreiner (Hrg.), Literatur und Religion des Frühjudentums. Eine Einführung, Würzburg 1973

-, Die messianischen Erwartungen im Judentum seit der talmudischen Zeit, Judaica 20 (1964) 23-58. 90-120. 156-183. 213-236

-, /K.Schubert, Die Qumran-Essener. Texte der Schriftrollen und Lebensbild der Gemeinde (UTB 224), 1973

Mann, J., The Bible as Read and Preached in the Old Synagogue. A Study in the Cycles of the Readings from Torah and Prophets, as well as from Psalms, and in the Structure of the Midrashic Homilies, Vol.1 (1940), Nachdruck mit Prolegomena von Ben Zion Wacholder, New York 1971; Vol.2 Cincinnati 1966

Manns, F., Un Hymne judéo-chrétien: Phil 2,6-11, ED 29 (1976) 259-290

Manson, T.W., The Son of Man in Daniel, Enoch and the Gospel (1949), in: Studies in the Gospel and Episteles, ed.M.Black, 1962, 123-145

Marböck, J., Gesetz und Weisheit. Zum Verständnis des Gesetzes bei Jesus Ben Sira, BZ 20 (1976) 1-21

-, Sirachliteratur seit 1966. Ein Überblick, ThRv 71 (1975) 177-184

-, Weisheit im Wandel. Untersuchungen zur Weisheitstheologie bei Ben Sira (BBB 37), 1971

Marklet, G., Der Erstgeborene aller Schöpfung, IKaZ 5 (1976) 15-29

Marmorstein, A., The Doctrine of Merits in Old Rabbinical Literature, London 1920

Marshall, I.H., The Christ-Hymn in Phil 2,5-11, TynB 19 (1968) 104-127

-, The Origins of New Testament Christology, Downers Grove, Ill. 1976

-, The Synoptic Son of Man Sayings in Recent Discussion, NTS 12 (1966) 327-351

-, The Son of Man in Contemporary Debate, EvQuart 42 (1970) 67-87

Martin, R.P., Carmen Christi: Philippians 2,5-11 in Recent Interpretation and in the Setting of Early Christian Worship (SNTS.MS 4), 1967

-, An Early Christian Confession: Phil 2,5-11 in Recent Interpretation, London 1960

Massaux, E. (Hrg.), La Venue du Messie, Messianisme et Eschatologie (RechBib 6), Bruges 1962

Mauser, U., Image of God and Incarnation, Interp.24 (1970) 336-356

Mearns, C.L., Dating the Similitudes of Enoch, NTS 25 (1978f) 360-369

-, The Parables of Enoch - Origin and Date, ET 89 (1978) 118f

Merklein, H., Zur Entstehung der urchristlichen Aussage vom präexistenten Sohn Gottes, in: Zur Geschichte des Urchristentums, Hrg. G.Dautzenberg u.a. (QD 87), 1979, 33-62

Messel, N., Der Menschensohn in den Bilderreden des Henoch (BZAW 35),1922

Meyer, R., Tradition und Neuschöpfung im antiken Judentum. Dargestellt an der Geschichte des Pharisäismus, BVSAW 110,2 (1965), 9-88

Michel, O., Der Brief an die Römer (KEK IV, 14.Aufl.), 1978

-, /O.Betz, Von Gott gezeugt, in: Judentum, Urchristentum, Kirche. FS für J.Jeremias (BZNW 26), 1960, 3-23

-, Der Menschensohn. Die eschatologische Hinweisung. Die apokalyptische Aussage. Bemerkungen zum Messiasverständnis des NT, ThZ 27 (1971) 81-104

Middendorp, Th., Die Stellung Jesu Ben Siras zwischen Judentum und Hellenismus, Leiden 1972

Milik, J.M., Milki-sedek et Milkiresa' dans des anciens écrits juifs et chrétiens, JJS 23 (1972) 95-144

Mohnhaupt, P., Historische Entwicklung und dogmatische Darstellung der Lehre von der Präexistenz Christi, JPTh 14 (1888) 161-209

Montefiore, C.G., Rabbinic Conception of Repentence, JQR 16 (1904) 209-257

Montgomery, J.A., The Education of the Seer of the Apocalypse, JBL 45 (1926) 71-80

Montgomery, J.W., Wisdom as Gift. The Wisdom Concept in Relation to Biblical Messianism, Interp.16 (1962) 43-57

Moore, C.A., Daniel, Esther and Jeremiah. The Additions. A New Translation with Introduction and Commentary (AncB 44), 1977

-, Toward the Dating of the Book of Baruch, CBQ 36 (1974) 312-320

Moore, G.F., Intermediaries in Jewish Theology, HThR 15 (1922) 41-61. 62-85

-, Judaism in the First Centuries of the Christian Era. The Age of the Tannaim, 3 Bde., Cambridge 1927-1930

Moret, A., Le rituel du culte divin journalier en Egypte, in: Annual du Musée Guimet, Bibliothèque d'Etudes 14, Paris 1902

Moule, C.F.D., Further Reflections on Phil 2,6-11, in: Apostolic History and the Gospel. Biblical and historical essays. FS für F.F.Bruce, Exeter, 1970, 264-276

-, The Origin of Christology, Cambridge u.a. 1977

Mowinckel, S., He that Cometh (transl. by G.W.Anderson), Oxford 1956

Muilenburg, J., The Son of Man in Daniel and the Etiopic Apocalypse of Enoch, JBL 79 (1960) 197-209

Müller, H.-P., Ursprünge und Strukturen alttestamentlicher Eschatologie (BZAW 109), 1969

Müller, K., Beobachtungen zur Entwicklung der Menschensohnvorstellung in den Bilderreden des Henoch und im Buche Daniel, in: Wegzeichen. H.M.Biedermann Festgabe, Würzburg 1971, 253-262

Müller, M., Über den Ausdruck "Menschensohn" in den Evangelien, StTh 31 (1977) 65-82

Müller, U.B., Messias und Menschensohn in jüdischen Apokalypsen und in der Offenbarung des Johannes (StNT 6), 1972

Munoz, L.D., La esperanza de Israel. Perspectivas de la espera mesianica en los targumin palestinenses de Pentateuco, SBEsp 30 (1970) 49-91

Murphy, R.E., Assumptions and Problems in Old Testament Wisdom Research, CBQ 29 (1967) 407-418

-, Introduction to the Wisdom literature of the OT, Collegville 1965

-, A study of Ps 72 (71), Diss. Cath. Univ. of America 1948

Murphy-O'Connor, J., Christological Anthropology in Phil 2,6-11, RB 23 (1976) 25-50

-, 1 Cor 8,6: Cosmology or Soteriology?, RB 25 (1978) 253-267

Mussner, F., Der Galaterbrief (HThK 9), (1974) 1977[2]

-, Ursprünge und Entfaltung der neutestamentlichen Sohneschristologie. Versuch einer Rekonstruktion, in: Grundfragen der Christologie heute (QD 72), 1975, 77-113

Nestle, E., Miscellen. 1. Ps 72,17, ZAW 25 (1905) 201

Neumark, D., Geschichte der jüdischen Philosophie des Mittelalters, nach Problemen dargestellt, 2 Bde. Berlin 1907.1928

Neusner, J., Elieser ben Hyrcanus. The Tradition and the Man (SJLA 3) 2 Bde., 1973

-, A Life of Yohanan ben Zakkai, Leiden (1962) 1970[2]

-, The Rabbinic Traditions about the Pharisees before 70, 3 Bde., Leiden 1971

-, The Rabbinic Traditions about the Pharisees before 70 A.D.; The Problem of oral tradition, Kairos 14 (1972), 57-70

Nikiprowetzky, V., Le commentaire de L'Ecriture chez Philon d'Alexandrie, Leiden 1974

-, La Troisième Sibylle (EtJ 9), 1970

Nilson, J., To whom is Justin's dialogue with Trypho addressed? TS 38 (1977) 538-546

Nissen, A., Gott und der Nächste im antiken Judentum. Untersuchungen zum Doppelgebot der Liebe (WUNT 15), 1974

Noack, B., Der hervorragende Mann und der Beste der Hebräer (Or Sib V 256-259), ASTI 3 (1964) 122-146

-, Der zeitgeschichtliche Hintergrund der Oracula Sibyllina, in: Theologie aus dem Norden (SNTU Ser.A.Bd.2), 1976, 167-190

Norden, E., Agnostos Theos. Untersuchungen zur Formengeschichte religiöser Rede, Leipzig u.a. 1923; Nachdruck Darmstadt 1956[4]

Nordheim, E.v., Die Reden der Alten I, Das Testament als Literaturgattung im Judentum der hellenistisch-römischen Zeit (ALGHJ 13), 1980

Noth, M., Die fünf syrisch überlieferten apokryphen Psalmen, ZAW 48 (1930) 1-23

-, Die Gesetze im Pentateuch (ihre Voraussetzungen und ihr Sinn) (1940), in: Gesammelte Studien zum AT (ThB 6), (1957) 1966[3], 9-141

-, Jerusalem und die israelitische Tradition (1950), in: ebd. 172-187

-, Die Katastrophe von Jerusalem im Jahre 587 v.Chr. und ihre theologische Bedeutung für Israel (1953), in: ebd., 346-371

-, Könige 1-16 (BK IX,1), 1968

Nötscher, F., Zur theologischen Terminologie der Qumran-Texte (BBB 10), 1956

Olmo Lete, G. del, Los titulos mesianicos de Is.9,5, EstB 24 (1965) 239-243

Oppheimer, Helen, Incarnation and Immanence, London 1973

Orlinsky, H.M., Studies in the LXX of the Book of Job, HUCA 28 (1957) 53-71; 29 (1958) 229-271; 30 (1959) 153-167; 32 (1961) 239-268; 33 (1962) 119-151; 35 (1964) 57-78; 36 (1965) 37-47

Oswald, N., "Urmensch" und "Erster Mensch". Zur Interpretation einiger merkwürdiger Adamüberlieferungen in der rabbinischen Literatur, Diss. masch. Berlin 1970

Otto, R., Reich Gottes und Menschensohn. Ein religions-geschichtlicher Versuch. München (1934) 1940[2]

Otzen, B., Old Testament Wisdom Literature and dualistic thinking in Late Judaism (VT. S.28) 1975, 146-157

Pannenberg, W., Grundzüge der Christologie, Gütersloh (1964) 1976[5]

Parente, C.P., Preesistenza di Cristo secondo la nuova teologia, Div.17 (1973) 147-158

Pautrell, R., Le Style de Cour et le Ps 72, in: A la rencontre de dieu. Mémorial A.Gelin, Lyon 1961, 157-163

Peek, W., Der Isishymnus von Andros und verwandte Texte, Berlin 1930

Perrin, N., Was lehrte Jesus wirklich? Rekonstruktion und Deutung, Göttingen 1972

Perrot, Ch., La lecture de la Bible. Les anciennes lectures palestiniennes du Shabbat et des fêtes, Hildesheim 1973

Peters, N., Das Buch Job. Übersetzt und erklärt (EHAT XXI), 1928

Peterson, E., ΕΙΣ ΘΕΟΣ. Epigraphische, formgeschichtliche und religionsgeschichtliche Untersuchungen (FRLANT NF 24), 1926

Pfeifer, G., Ursprung und Wesen der Hypostasenvorstellungen im Judentum (AzTh I,31), 1967

Pfeiffer, R.H., Wisdom and Vision in the Old Testament, ZAW 52 (1934) 93-101

Philippi, F., Das Buch Henoch, Stuttgart 1868

Pinkuss, H., Die syrische Übersetzung der Proverbien, textkritisch und in ihrem Verhältnis zu dem MT, den LXX und dem Targum untersucht, ZAW 14 (1894) 65-141. 161-222

Places, E. des, Epithètes et attributs de la "Sagesse", Bib 57 (1976) 414-419

Pope, H., Job. Introduction, Translation, and Notes (An Bib 15), (1965) 1973[3]

Porter, F.C., The Pre-Existence of the Soul in the Book of Wisdom and in Rabbinic Writings, AJT 12 (1908) 53-115

Porton, B., Archives from Elephantine. The life of an Ancient Jewish Military Colony, Barkeley 1968

Porton, G.G., Midrash: Palestinian Jews and the Hebrew Bible in the Greco-Roman Period, ANRW II 19,2 (1979) 103-138

Pöhlmann, W., Die hymnischen All-Prädikationen in Kol 1,15-20, ZNW 64 (1973) 53-74

Potterie, I. de la, La notion de "commencement" dans les écrits Johanniques, in: Die Kirche des Anfangs. Für H.Schürmann, Freiburg u.a. 1978, 379-403

Preuss, H.D., Erwägungen zum theologischen Ort alttestamentlicher Weis-heitsliteratur, EvTh 30 (1970) 393-417

Priest, J.F., Where is Wisdom to be Placed, JBR 31 (1963) 275-282

Prigent, P., In Principio - A propos d'un livre récent, RHPhR 54 (1974) 391-397

Prijs, L., Jüdische Traditionen in der LXX, Leiden 1948

Pseudepigrapha I. Pseudopythagorica-lettres de Platon - Littérature pseudepigraphique juive, ed.K.v.Fritz, Genève 1972

Rad, G.v., Christliche Weisheit? EvTh 31 (1971) 150-155

-, Das erste Buch Mose. Genesis (ATD 2/4) 1964[7]

-, Das judäische Königsritual (1947), in: ders., Gesammelte Studien zum Alten Testament Bd.1 (ThB 8), 1958 205-218

-, Verheißenes Land und Jahwes Land (1943), in: ders., Gesammelte Studien zum Alten Testament Bd.3 (ThB 48), 1965 87-100

-, Es ist noch eine Ruhe vorhanden im Volke Gottes (1933), in: Ges. Studien 1, 101-108

-, Theologie des Alten Testaments (EETh 1),
   Bd.1 Die Theologie der geschichtlichen Überlieferungen Israels (1960) 1978[7]
   Bd.2 Die Theologie der prophetischen Überlieferungen Israels (1960) 1975[6]

-, Weisheit in Israel, Neukirchen 1970

Rahner, K./W.Thüsing, Christologie - systematisch und exegetisch, Arbeits-grundlagen für eine interdisziplinäre Vorlesung (QD 55), 1972

Rankin, O.S., Israelit's Wisdom Literature. Its Bearing on Theology and the History of Religion, Edinburgh 1936. Nachdruck 1954

Rau, E., Kosmologie, Eschatologie und die Lehrautorität Henochs. Tradi-
tions- und formgeschichtliche Untersuchungen zum äth. Henochbuch und
zu verwandten Schriften, Diss. Hamburg 1974

Reddy, M.P., The Book of Job. A Reconstruction, ZAW 90 (1978) 59-94

Reese, J.M., Hellenistic Influence on the Book of Wisdom and Its
Consequences (AnBib 41), 1970

-, Plan and Structure in the Book of Wisdom, CBQ 27 (1965) 391-399

Rehm, M., Der königliche Messias im Licht der Immanuel-Weissagungen des
Buches Jesaja (ESt NF 1), 1968

Reider, J., The Book of Wisdom. An English Translation with Introduction
and Commentary (JAL),1957

Reinhardt, K., Neue Wege in der Christologie der Gegenwart, IKaZG (1977),
5-20

Reinke, L., Die Messianischen Psalmen, Gießen 1857f

Reiss, W., Wortsubstitution als Mittel zur Deutung, FJB 6 (1978) 27-69

Renaud, B., La Formation du Livre de Michée. Thèse présentée devant la
Faculté de Théologie catholique à Strasbourg, Diss. Univ. de Lille III,
1976

Rickenbacher, O., Weisheitsperikopen bei Ben Sira (OBO 1), 1973

Ringgren, H., Word and Wisdom. Studies in the Hypostatization of Divine
Qualities and Functions in the Ancient Near East, Diss. Lund 1947

Robbins, Ch.J., Rhetorical Structure of Phil. 2,6-11, CBQ 42 (1980)73-82

Robert, A., Les attachés littéraires de Ps 1-9, RB 33 (1934) 42-68;
172-204; 374-384; 34 (1935) 344-365; 502-525

Robinson, J.M., Jesus as Sophos and Sophia: Wisdom Tradition and the
Gospels, in: Aspects of Wisdom (1975) 1-16

-, /H.Koester, Entwicklungslinien durch die Welt des frühen Christentums,
Tübingen 1971

Robinson, W.C.(jr.), Christology and Christian Life: Paul's Use of the
Incarnation Motif, ANQ 12 (1971) 108-117

Rodriguez, Carmona, A., Targum y resurreccion, Granada 1978

Rodriguez-Herranz, J.C., La Hipóstasis de la sabiduria en Prov 8,22-31,
MComm 56 (1972) 25-64

Romaniuk, C., Le Livre de la Sagesse dans le Nouveau Testament, NTS 14
(1967f) 498-514

Roon, A.van, The Relationship between Christ and the Wisdom of God
according to Paul, NT 16 (1974) 207-239

Rose, Ch.A., L'influence des LXX sur la tradition chrétienne, QLP 46
(1965) 192-211. 284-301; 47 (1966) 11-35

Rössler, D., Gesetz und Geschichte. Untersuchungen zur Theologie der
jüdischen Apokalyptik und der pharisäischen Orthodoxie, (WMANT 3),
(1960) 1962[2]

Rothfuchs, W., Die Erfüllungszitate des Matthäusevangeliums (BWANT 8),1969

Rowley, H.H., The Relevance of Apocalyptic. A Study of Jewish and
Christian Apocalypses from Daniel to the Revelation, London (1944)
1963[3]

Rubinstein, A., Observations on the Slavonic Book of Enoch, JJS 13 (1962) 1-21

Rudolph, W., Micha (KAT XIII, 3), 1975

-, Sacharja 1-9 (KAT XIII, 4), 1978

Rüger, H.P., 'Amon - Pflegekind. Zur Auslegungsgeschichte von Prov 8,30a, in: Übersetzung und Deutung. FS A.R.Hulst, Nijkerk 1977, 154-163

-, Text und Textform im hebräischen Sirach (BZAW 112), 1970

Rylaarsdam, J.L., Revelation in Jewish Wisdom Literature, Chicago (1946) 1951[2]

Sachau, E., Aramäische Papyrus und Ostraka aus einer jüdischen Militär-Kolonie zu Elephantine. Altorientalische Sprachdenkmäler 5.Jh.v.Chr., Leipzig 1911. Nachdruck 1973

Saebø, M., Vom Grossreich zum Weltreich. Erwägungen zu Ps 72,8; 89,26; Sach 9,10b, VT 28 (1978) 83-91

Safrai, S., Relations between the Diaspora and the Land of Israel, in: The Jewish People in the First Century Bd.1 (1974), 184-215

Saldarini, A.J., "Form Criticism" of Rabbinic Literature, JBL 96 (1977) 257-274

Sandelin, K.-G., Die Auseinandersetzung mit der Weisheit in 1. Kor 15, Abo 1976

Sanders, E.P., Paul and Palestinian Judaism. A Comparison of Patterns of Religion, London 1977

Sanders, J.A., Dissenting Deities and Philippians 2:1-11, JBL 88 (1969) 279-290

-, Syrische Psalmen, ZAW 76 (1964) 54-75

-, Torah and Christ, Interp.29 (1975) 372-390

Sanders, J.T., The New Testament Christological Hymnus. Their Historical Religious Background (SNTS Mon Ser 15), 1971

Savignac , J. de, Interpretation von Prov 8,22-32 (VT.S 17), 1969, 196-203

-, La Sagesse en Proverbes VIII, 22-31, VT 12 (1962), 211-215

Schäfer, P., Beresit bara 'elohim. Zur Interpretation von Gn 1,1 in der rabbinischen Literatur, JSJ 2 (1971) 162-166

-, Zur Geschichtsauffassung des rabbinischen Judentums (1975), in: ders., Studien zur Geschichte und Theologie des rabbinischen Judentums (AGJU 15), 1978, 23-44

-, Die Lehre von den zwei Welten im 4. Buch Esra und in der tannaitischen Literatur, in: ebd. 244-291

-, Die messianischen Hoffnungen des rabbinischen Judentums zwischen Naherwartung und religiösem Pragmatismus (1976), in: ebd. 214-243

-, Die Peticha - Ein Proömium?, Kairos 12 (1970) 216-219

-, Der synagogale Gottesdienst, in: J.Maier (Hrg.), Literatur S.395-413

-, Tempel und Schöpfung. Zur Interpretation einiger Heiligtumstraditionen in der rabbinischen Literatur (1977), in: Studien (1978) 122-133

-, Die Torah der messianischen Zeit (1974), ebd. 188-213

Schalit, A., Die Erhebung Vespasians nach Flavius Josephus, Talmud und
Midrasch. Zur Geschichte einer messianischen Prophetie, in: ANRW II 2
(1975) 208-327

Schaller, J.B., Gen 1.2 im antiken Judentum. Untersuchung über Verwendung
und Bedeutung der Schöpfungsaussagen von Gen 1.2 im antiken Judentum,
Diss. theol. masch. Göttingen 1961

Scharbert, J., Heilsmittler im AT und im Alten Orient (QD 23f.), 1964

-, Der Messias im Alten Testament und im Judentum, in: Die religiöse
theologische Bedeutung des AT (SBKAB H.33), o.J., 49-78

Schechter, S., The Quotation from Ecclesiasticus in the Rabbinic
Literature, JQR 3 (1891) 682-706

-, Some Aspects of Rabbinic Theology, Macmillan 1909. Nachdruck New York
1961

Schelkle, K.W., Theologie des Neuen Testaments, Düsseldorf 1968-1976
4 Bde.

Schencke, W., Die Chokma (Sophia) in der jüdischen Hypostasenspekulation.
Ein Beitrag zur Geschichte der religiösen Ideen im Zeitalter des
Hellenismus (SNVAO. HF 6), 1913

Schenke, H.-M., Die neutestamentliche Christologie und der gnostische
Erlöser, in: Gnosis und NT. Studien aus Religionswissenschaft und
Theologie, Berlin 1973, 205-229

Schiffer, Ira J., The Men of the Great Assembly, in: Persons and
Institutions in early Rabbinic Judaism, 1977, 239-276

Schille, G., Frühchristliche Hymnen, Berlin 1965

Schlatter, H., Das neu gefundene Hebräische Stück des Sirach. Der
Glossator des griechischen Sirach und seine Stellung in der Geschichte
der jüdischen Theologie (BFChTh 1,5f.), 1897

-, Wie sprach Josephus von Gott? (BFChTh 14,1), 1970

Schleiermacher, F., Über Kolosser 1,15-20, ThStKr 5,2 (1832) 497-537

Schlier, H., Kerygma und Sophia. Zur neutestamentlichen Grundlegung des
Dogmas, EvTh 10 (1950f.) 481-489

-, Der Römerbrief (HThK 6), 1977

Schlisske, W., Gottessöhne und Gottessohn im AT. Phasen der Entmythi-
sierung im AT (BWANT R.5, Heft 17), 1973

Schmid, H.H., Wesen und Geschichte der Weisheit. Eine Untersuchung zur
altorientalischen Weisheitsliteratur (BZAW 101), 1966

-, Schalom, "Friede" im Alten Orient und im Alten Testament (SBS 51),1971

Schmidt, H., Der Mythos vom wiederkehrenden König im AT, (1925) 1933[2]

Schmidt, J.M., Die jüdische Apokalyptik. Die Geschichte ihrer Erforschung
von den Anfängen bis zu den Textfunden von Qumran, Neukirchen (1969)
2. durchgesehene Aufl. 1976

-, Forschung zur jüdischen Apokalyptik, VF 14 (1969) 44-69

Schmidt, W.H., Alttestamentlicher Glaube in seiner Geschichte (NStB 6),
(1968), 2. erweiterte Aufl. 1975

-, Die Schöpfungsgeschichte der Priesterschrift. Zur Überlieferungsgeschichte von Gen 1,1-2,4a und 2,4b-3,4 (WMANT 17), (1964) 1973[3]

Schmithals, W., Die Apokalyptik. Einführung und Deutung, Göttingen 1973

-, Gnosis und Neues Testament, VF 21 (1976) 22-46

Schnackenburg, R., Das Johannesevangelium (HThK IV), 3 Bde. 1965-1975

Schneider, G., Christologische Präexistenzaussagen im Neuen Testament, IKaZ 6 (1977) 21-30

-, Präexistenz Christi. Der Ursprung einer neutestamentlichen Vorstellung und das Problem ihrer Auslegung, in: Neues Testament und Kirche. FS für R.Schnackenburg, 1974, 399-412

Schoeps, H.J., Paulus. Die Theologie des Apostels im Lichte der jüdischen Religionsgeschichte, Tübingen 1959

-, Theologie und Geschichte des Judenchristentums, Tübingen 1949

Scholem, G., Über einige Grundbegriffe des Judentums, Frankfurt 1970

Schoonenberg, P.J.A.M., Kenosis, IKaZ 2 (1966) 24-33

Die Schöpfungsmythen, aus dem Frz. übers. v. Elisabeth Klein, Vorwort v. M.Eliade, Einsiedeln 1964) 1977

Schöttgen, Ch., Horae Hebraicae et Talmudicae, 2 Bde., Dresden u.a. 1732-42

Schreiner, J., Hermeneutische Leitlinien in der LXX, in: Die hermeneutische Frage in der Theologie, Freiburg 1968, 356-394

Schreiner, S., Psalm CX und die Investitur des Hohenpriesters, VT 27 (1977) 216-222

Schubert, K., Einige Beobachtungen zum Verständnis des Logosbegriffs im frühchristlichen Schrifttum, Judaica 9 (1953) 65-80

-, Die Entwicklung der eschatologischen Naherwartung im Frühjudentum, in: ders. (Hrg.), Vom Messias zum Christus. Die Fülle der Zeit in religionsgeschichtlicher und theologischer Sicht, Wien 1964, 1-54

-, Die Religion des nachbiblischen Judentums, Freiburg 1955

Schultz, H., Die Lehre von der Gottheit Christi, Gotha 1881

-, Noch einmal zur christologischen Frage, JDTh 20 (1875) 207-271

Schüpphaus, J., Die Psalmen Salomos. Ein Zeugnis Jerusalemer Theologie und Frömmigkeit in der Mitte des vorchristlichen Jahrhunderts (ALGHL 7), 1977

Schürer, E., Geschichte des jüdischen Volkes im Zeitalter Jesu Christi, 4 Bde. 4.Aufl., Leipzig 1901-1909

-, The History of the Jewish People in the Age of Jesus Christ (175 B.C.-A.D.135). A New English Version Revised and Edited by G.Vermes & F.Millar & M.Black, Vol.I, Edinburgh 1973. Vol.II ebd. 1979

Schweizer, E., Aufnahme und Korrektur jüdischer Sophia-Theologie im Neuen Testament, in: Hören und Handeln. FS für E.Wolf zum 60.Geb., München 1962, 330-340

-, Der Brief an die Kolosser (EKK 12), 1976

-, Erniedrigung und Erhöhung bei Jesus und seinen Nachfolgern (AThANT 28) (1955) 1974[4]

-, Zur Herkunft der Präexistenzvorstellung bei Paulus (1957), in: ders., Neotestamentica. Deutsche und englische Aufsätze 1951-1963, Zürich u.a. 1963, 254-271

-, Jesus im vielfältigen Zeugnis des Neuen Testaments (Siebenstern Taschenbuch 126), München u.a. (1968) 1970[2]

-, Der Menschensohn (1959), in: Neotestamentica 56-84

-, Zum religionsgeschichtlichen Hintergrund der Sendungsformeln Gal 4,4f. Rm 8,3f.Joh 3,16f. I Joh 4,9, ZNW 57 (1966) 199-210

Scott, R.B.Y., The Study of the Wisdom Literature, Interp. 24 (1970) 20-45

-, Wisdom in Creation. The 'amon of Proverbs VIII, 30, VT 10 (1960) 213-223

Seböck (Schönberger), M., Die syrische Übersetzung der zwölf kleinen Propheten und ihr Verhältnis zu dem masoretischen Text und zu den älteren Übersetzungen namentlich den LXX, und dem Targum, Breslau 1887

Settlemire, Clara C., The Meaning, Importance and Original Position of Job 28, Diss.Drew Univ. 1969 (Mikrofilm)

Sheppard, G.T., Wisdom as a Hermeneutical Construct. A Study in the Sapientializing of the OT (BZAW 151), 1980

Shunary, J., Insertions of מסירה in Targum Jonathan to the Prophets, Tarb.42 (1972f) 259-265 (hebr.), engl. Zusammenfassung S.If

Sjöberg, A., Der Mondgott Nanna-Suen in der sumerischen Überlieferung, Bd. 1, Stockholm 1960

Sjöberg, E., Der Menschensohn im äthiopischen Henochbuch (SUKVL 41),1946

-, Der verborgene Menschensohn in den Evangelien (SUKVL 53), 1955

Skehan, P.W., Structures in Poems on Wisdom. Proverbs 8 and Sirach 24, CBQ 41 (1979) 365-379

-, Studies in Israelite Poetry and Wisdom (CBQ.MS 1), 1971

Skringjar, A., Origo Christi temporalis et aeterna (Mich. 5,2.3 = hebr. 5,1.2), VD 13 (1933) 8-16 (lat.)

Slenczka, R., Geschichtlichkeit und Personsein Jesu Christi. Studien zur christlichen Problematik der historischen Jesusfrage (FSÖTh 18I, 1967

Smend, R., Die Weisheit Jesus Sira, 3 Bde., 1906f

Smidt, J.M.P., A Critical and Exegetical Commentary on Micah (ICC 20), (1911) 1948[3]

Smith, M., Prolegomena to a Discussion of Aretalogie, Divine Men, the Gospels and Jesus, JBL 90 (1971) 174-199

Smith, J.P., Hebrew Christian Midrash in Irenäus, Epid. 43, Bib 35 (1957) 24-34

Smith, J.Z., The Prayer of Joseph, in: Religious in Antiquity. Essays in Memory of E.R.Goodenough, Leiden 1968, 253-294

Snaith, J.G., Ecclesiasticus, or the Wisdom of Jesus, Son of Sirach (CNEB), 1974

Sollamo, R., Renderings of Hebrew Semiprepositions in the Septuagint (AASF 19), 1979

388   Literatur

Springer, Simone, Neuinterpretation im Alten Testament. Untersucht an den Themenkreisen des Herbstfestes und der Königspsalmen in Israel (SBB 9), 1979

Stecher, R., Die persönliche Weisheit in den Proverbien Kap.8, ZKTh 75 (1953) 411-451

Steck, O.H., Die Aufnahme von Gen 1 in Jub 2 und 4 Esra 6, JSJ 8 (1977) 183-185

-, Friedensvorstellungen im alten Jerusalem. Psalmen, Jesaja, Deuterojesaja (ThSt(B) 111), 1972

-, Israel und das gewaltsame Geschick der Propheten (WMANT 23), 1967

-, (Hrg.), Zu Tradition und Theologie im Alten Testament (BThSt 2),1978

Stein, E., Zur apokryphen Schrift "Gebet Josephs", MGWJ 81 (1937) 280-286

Stemberger, G., Einführung in die Geschichte der jüdischen Literatur, Wien 1977

Stendahl, K., The School of St.Matthew and Its Use of the Old Testament (ASNU 20), 1967[2]

Stenning, J.F., The Targum of Isaiah, Oxford 1949

Stern, M., The Jewish Diaspora, in: The Jewish People in the First Century, Bd.1 (1974) 117-183

Steudel, E., Die Wahrheit von der Präexistenz Christi in ihrer Bedeutung für christlichen Glauben und Leben, NKZ 11 (1900) 919-940; 12 (1901) 13-34

Stier, F., Zur Komposition und Literarkritik der Bilderreden des äthiopischen Henoch (Kap 37-69), in: Orientalische Studien. E. Littmann zu s. 60.Geb., Leiden 1935, 70-88

Stone, M.E., The Book of Enoch and Judaism in the Third Century B.C.E., CBQ 40 (1978) 479-492

-, The Concept of the Messiah in IV Ezra, in: Religious in Antiquity (SHR 14), 1968, 295-312

-, Features of the Eschatology of IV Esdras, Diss. Harvard Univ. Cambridge, Mass. 1964

-, Paradise in 4 Ezra IV.8 VII.36 VIII.52., JJS 17 (1966) 85-88

Story, C.I.K., The Book of Proverbs and Northwest Semitic Literature, JBL 64 (1975) 333-337

Strecker, G., Redaktion und Tradition im Christushymnus, ZNW 55 (1964) 63-78

-, Zum Christushymnus in Phil 2, ThLZ 89 (1964) 521-522

Streiker, L.P., The Christological Hymn in Phil 2, LuthQ 16 (1964) 49-58

Strugnell, J., Notes on the Text and Transmission of the Apocryphal Psalms 151,154 (= Syr II) and 155 (= Syr III), HThR 59 (1966)257-281

Sutcliffe, E.F., Notes on Job, Textual and Exegetical, Bib 30 (1949) 66-90

Suter, D., Apocalyptic Patterns in the Similitudes of Enoch, in: Society of Biblical Literature. Seminar Papers. Annual Meeting 1,2 (Vol.114), 1978, 1-14

-, Tradition and Composition in the Parables of Enoch (SBL Diss Ser 47), 1979

Tal (Rosenthal), A., The Language of the Targum of the Former Prophets and Its Position Within the Aramaic Dialects, Tel Aviv 1975 (hebr. mit engl. Zusammenfassung)

Talbert, Ch.H., The Myth of a Descending-Ascending Redeemer in Mediterranean Antiquity, NTS 22 (1976) 418-440

-, The Problem of Pre-Existence in Philippians 2,6-11, JBL 86 (1967) 141-153

Tcherikover, A., Hellenistic Civilisation and the Jews (transl.by. S.Applebaum), Philadelphia (1959) 1961[2]

Techen, L., Syrisch-Hebräisches Glossar zu den Psalmen nach der Peschitta, ZAW 17 (1897) 129-171. 280-331

-, Das Targum zu den Psalmen. Beilage zum Programm der großen Stadtschule zu Wismar, Wismar 1896

Ter Schegget, G.H., Het lied van de Mensenzoon. Studie over de Christus-psalm in Filippenzen 2,6-11, Baarn 1975

Thackery, H.St.J., The Septuagint and Jewish Worship, 1923

Theisohn, J., Der auserwählte Richter. Untersuchungen zum traditionsge-schichtlichen Ort der Menschensohngestalt der Bilderreden des Äthiopischen Henoch (StUNT 12), 1975

Theocharis, A., La sagesse dans le judaisme palestien de l'insurrection maccabéenne à la fin du prémier siècle chrétien. Thèse du 3me cycle, Diss.masch. Strasbourg 1963

Thomas, J., L'Hymne de l'Epitre aux Phil, Christus 22 (1975) 334-345

Thornton, L.S., The Form of the Servant, Bd.2: The Dominion of Christ, London 1952

Thrall, Margaret E., The Origin of Pauline Christology, in: Apostolic History and the Gospel, 1970, 304-316

Thüsing, W., Per Christum in Deum. Studien zum Verhältnis von Christo-zentrik und Theozentrik in den paulinischen Hauptbriefen (NTA NF 1), 1965

Thyen, H., Die Probleme der neueren Philoforschung, ThR NF 23 (1955) 230-246

Tödt, H.E., Der Menschensohn in der Synoptischen Überlieferung, Gütersloh (1959) 1969[3]

Torczyner (Tur-Sinai), N.H., The Book of Job. A New Commentary, Jerusalem 1957

-, Das Buch Hiob. Eine kritische Analyse des überlieferten Hiobtextes, Wien u.a. 1920

Tournay, R., Buch der Sprüche 1-9. Erste theologische Synthese der Weis-heitstradition, Conc(D) 2 (1966) 768-773

-, Le Psaume CX, RB 67 (1960) 5-41

Tov, E., The Book of Baruch. Also Called 1 Baruch (Greek and Hebrew). Edited, Reconstructed and Translated, Missoula, Mont. 1975

Towner, W.S., The Rabbinic "Enumeration of Scriptural Examples". A Study
   of a Rabbinic Pattern of Discourse with Special Reference to Mekhilta
   D'R.Ishmael (StPB 22), 1973

-, Form Criticism of Rabbinic Literature, JJS 2 (1973) 101-118

Trakatellis, D.Chr., The Pre-Existence of Christ in the Writing of Justin
   Martyr (Harvard Diss. in Religion Nr.6), Missoula, Mont. 1976

Turner, H.E.W., Jesus the Christ, London u.a. 1976

Unnik, W.C.van, Gnosis und Judentum, in: Gnosis. FS für H.Jonas, Göttingen
   1978, 65-86

Urbach, E.E., The Sages - Their Concepts and Beliefs (transl.by
   I.Abrahams), Jerusalem 1975, 2 Bde.

Vajda, G., Notice sommaire sur l'interprétation de Genèse 1,1-3 dans la
   judaisme postbiblique, in: In Principio (1973) 23-35

Vattioni, F., Note sul libro dei Proverbi, Aug. 9 (1969) 124-133

-, Studi sul libro dei Proverbi (Bibliografia generale), Aug. 12 (1977)
   121-168

Vermes, G., Die Gestalt des Moses an der Wende der beiden Testamente,
   in: Moses in Schrift und Überlieferung (übers. aus dem Frz.), Düsseldorf 1963, 61-93

-, Jesus the Jew. A Historian Reading of the Gospels, London 1973

-, The Present State of the "Son of Man" Debate, JJS 29 (1978) 123-134

-, Scripture and Tradition in Judaism. Haggadic Studies (StPB 4),
   Leiden 1961

Veugelers, P., Le Ps 72 poème messianique?, EThL 41 (1965) 317-343

Vielhauer,Ph. , Jesus und der Menschensohn (1963), in: ders., Gesammelte
   Aufsätze zum NT (ThB 31) 1965, 92-140

Vogel, A., Studien zum Pesitta-Psalter. Besonders im Hinblick auf sein
   Verhältnis zu Septuaginta, Bib 32 (1951) 32-56.198-231.336-363.481-502

Völker, W., Fortschritt und Vollendung bei Philo von Alexandrien. Eine
   Studie zur Geschichte der Frömmigkeit (TU 49,1), 1938

Vollmer, J., Geschichtliche Rückblicke und Motive in der Prophetie des
   Amos, Hosea und Jesaja (BZAW 119), 1971

Volz, P., Die Eschatologie der jüdischen Gemeinde im neutestamentlichen
   Zeitalter. Nach den Quellen der rabbinischen, apokalyptischen und
   apokryphen Literatur dargestellt. Zweite Auflage des Werkes "Jüdische
   Eschatologie von Daniel bis Akibà" (1903), Tübingen 1934

Vischer, W., Der Hymnus der Weisheit in den Sprüchen Salomos 8,22-31,
   EvTh 22 (1962) 309-326

Vuilleumier, R., Michée (CAT XIb), 1971

Wabritz, A., La notion de la Préexistence dans le Judaisme contemporain,
   d'après Beyschlag, RThQR 2 (1893) 121-130

Wächter, L., Jüdischer und christlicher Henionismus, Kairos 18 (1976)
   119-134

Walter, N., Der Thoraausleger Aristobulos. Untersuchungen zu seinen Fragmenten und zu pseudepigraphischen Resten der jüdisch-hellenistischen
   Literatur (TU 86), 1964

Walters (formerly Katz), P., The Text of the LXX. Its Corruptions and Their Emendations, ed. D.W.Gooding, London 1973

Wambacq, B.N., L'unité du livre de Baruch, Bib 47 (1966) 574-576

Weber, F., System der altsynagogalen palästinischen Theologie aus Targum, Midrasch und Talmud, dargestellt. Nach dem Tod des Verf. hrg. v. F.Delitzsch (G.Schnedermann), Leipzig 1880

Weinstein, N.I., Zur Genesis der Agada. Beitrag zur Entstehungs- und Entwicklungsgeschichte des Talmudischen Schriftthums, Teil 2: Die Alexandrinische Agada, Frankfurt 1901

Weiser, A., Micha (ATD 24/25), (1950) 1963[5]

Weiss, H.-Fr., Untersuchungen zur Kosmologie des hellenistischen und palästinischen Judentums (TU 97), 1966

Weiss, J., Der erste Korintherbrief (KEK I, 9.Aufl.), 1910.Nachdruck 1970

Weissbach, F.H., Die Keilschriften der Archämiden, Leipzig 1911

Weisskopf, R., Gematria. Buchstabenberechnung, Tora und Schöpfung im rabbinischen Judentum, Diss.masch. Tübingen 1978

Wellhausen, J., Die kleinen Propheten, übersetzt und erklärt, Berlin 1893; Nachdruck 1963

Wengst, Kl., Christologische Formeln und Lieder des Urchristentums (StNT 7), (1972) 1974[2]

Westermann, Cl., Der Aufbau des Buches Hiob. Mit einer Einführung in die neuere Hiobsforschung v.J.Kegler, Stuttgart (1957) 1977[2]

-, Genesis. 1.Teilband Gen 1-11 (BK I,1), 1974

-, Predigtmeditation zum 2.Weihnachtstag. Micha 5,1-3, in: G.Eichholz (Hrg.), Herr tue meine Lippen auf, Bd.5, 2., neubearbeitete Aufl. 1961, Wuppertal, 54-59

Wevers, J.W., Septuaginta-Forschungen (I), ThR NF 22 (1954) 85-137.171-190

-, Septuaginta-Forschungen (II) seit 1954, ThR NF 33 (1968) 18-76

Wewers, G.A., Geheimnis und Geheimhaltung im rabbinischen Judentum (RVV 35), 1975

-, Die Wissenschaft von der Natur im rabbinischen Judentum, Kairos 14 (1972) 1-21

Whybray, R.N., Proverbs VIII, 22-31 and Its Supposed Prototypes, VT 15 (1965) 504-514

-, The Book of Proverbs (CNEB), Cambridge 1972

-, Wisdom in Proverbs. The Concept of Wisdom in Prov 1-9 (SBT 45), (1965) 1967[2]

Wied, G., Der Auferstehungsglaube des späten Israel in seiner Bedeutung für das Verhältnis von Apokalyptik und Weisheit, Diss.Bonn 1967

Wilckens, U., Weisheit und Torheit. Eine exegetisch-religionsgeschicht-liche Untersuchung zu 1 Kor 1 und 2 (BHTh 26), 1959

Wildberger, H., "Glauben". Erwägungen zu אמן , in: VT.S 16, 1967,372-386

-, Jesaja (BK X, 1.2), 1.Teilband Jes 1-12, 1972; 2.Teilband Jes 13-27, 1978

-, Die Neuinterpretation des Erwählungsglaubens Israels in der Krisis der Exilszeit (1970), in: ders., Jahwe und sein Volk. Ges. Aufsätze zum AT (ThB 66), 1980, 192-209

-, Die Thronnamen des Messias, Jes 6,5b, ThZ 16 (1960) 314-332

Wildeboer, G., Die Sprüche (KHC XV), 1897

Wilken, R.L. (Hrg.), Aspects of Wisdom in Judaism and Early Christianity (University of Notre Dame. Center for the Study of Judaism and Christianity in Antiquity. Nr.1), London u.a. 1975

-, The Myth of Christian Beginnings. History's Impact on Belief, New York 1971

Willis, J.T., Micah IV.14-V.5 - A Unit, VT 18 (1968) 529-547

-, The Structure, Setting, and Relationships of the Pericopes in the Book of Micah, Diss.Vanderbilt Univ. 1966 (Mikrofilm)

Wilson, F.M., The Son of Man in Jewish Apocalyptic Literature, SBT 8 (1978) 28-52

Wilson, W.E., Philippians II.7, ET 56 (1945) 280

Windisch, H., Die göttliche Weisheit der Juden und die paulinische Christologie, in: Neutestamentliche Studien für G.Heinrici (UNT 6),1914,220-234

Winter, M.M., The Origins of Ben Sira in Syriac, VT 27 (1977) 237-253. 494-507

Wohlgemuth, J., Verdienst der Väter (אבות זכות), in: FS zum 40.Amtsjubiläum des Herrn R.Dr.S.Carlebach, Berlin 1910, 98-145

Wolff, H.W., Amos (BK XIV,2), 1969

-, Hosea (BK XIV,1), (1965) 1976³

-, Micha (BK XIV,4), 1982

-, Mit Micha reden. Prophetie einst und jetzt, München 1978

Wolfson, H.A., Philo. Foundations of Religious Philosophy in Judaism, Christianity, and Islam, 2 Bde., Cambridge, Mass. 1948

-, Plato's Pre-Existent Matter in Patristic Philosophy, in: The Classical Tradition. Literary and Historical Studies in Honour of H.Caplan, ed. L.Wallach, Ithaca 1966, 409-420

-, The Pre-Existent Angel of the Magharies and Alnahavondi, JQR 51 (1960f) 89-106

Worrel, J.E., Concepts of Wisdom in the Dead Sea Scrolls, Diss.Claremont 1968 (Mikrofilm)

Woude, A.S.van der, Die messianischen Vorstellungen der Gemeinde von Qumran, Assen 1957

Wright, A.G., The Literary Genre Midrash, Staten Island 1967

-, The Structure of the Book of Wisdom, Bib 48 (1967) 165-184

York, A.D., The Dating of Targumic Literature, JSJ 5 (1974) 49-62

-, The Targum in the Synagogue and in the School, JSJ 10 (1979) 74-86

Zeilinger, F., Der Erstgeborene der Schöpfung. Untersuchungen zur Formalstruktur und Theologie des Kolosserbriefes, Wien 1974

Zeller, E., Einige Fragen in Betreff der neutestamentlichen Christologie,
    ThJb(T) 1 (1842) 51-101

Zenger, E., Die späte Weisheit und das Gesetz, in: J.Maier u.a., Literatur
    (1973), 43-56

Zerafa, P.P., Wisdom in Prov 1,20-33. 8,1-31, Rom, Pontificia Studiorum
    Univ., Diss. 1967 (Teildruck)

Ziegler, J., Der textkritische Wert der Septuaginta des Buches Job, in:
    Miscellanea Biblica, ed. a pontificio instituto biblico (SPIB 2), Rom
    1934, 277-296

Ziener, G., Die theologische Begriffssprache im Buch der Weisheit (BBB 11),
    1956

Zimmerli, W., Ezechiel (BK XIII, 1.2), 1969

Zion, R., Beiträge zur Geschichte und Legende des Propheten Elia,
    Diss.Würzburg 1931

Zobel, M., Gottes Gesalbter. Der Messias und die messianische Zeit in
    Talmud und Midrasch (Bücherei des Schocken Verlags Bd.90f),Berlin 1938

Zuntz, G., Der Antinoe Papyrus der Proverbia und das Prophetologion,
    ZAW 68 (1956) 124-184

Es sind nur die wichtigsten, meist wörtlich zitierten und ausgelegten Texte aufgenommen. Nicht besonders gekennzeichnet wurde, ob die Stellen im Text oder in den Anmerkungen erscheinen.

I. Altes Testament

Genesis		Deuteronomium	
1-2	49,80	4,6	16,67
1	55,71,231	6,4	63
1,1	27,29,87,106,143,158,	7,6-8	187
	261,274,278,281,283,	8,15f	92
	290	10,17f	145
1,2	49f,252,288,295f,298	11,10	222
1,3-5	51,167,290	12,9f	55
1,3	50,71,294	17,8	224,226
1,4	14,292	21,15f	89
1,10	14,152	21,18-21	85f
1,27	106,217	25,19	55
1,31	246f	29,28	18
2,2f	71f	32,10	201
2,4-7	30	33,4	57f
2,6	49	33,21	173,280f
2,8	237,259		
3,5 LXX	332	Richter	
5,24	181	5,14	173
9,6	217f	6,15	114
18,8	145	8,31	125,165
18,18	147		
21,8ff	33	1.Samuel	
21,33	146	16,1ff	114
49,10	174	17,12	113
Exodus		2.Samuel	
4,22	200,203	7	56,179
14,15f	268f	7,8-16	138,145
15,1	267	7,9	114
15,17	245	23,3f	146,175,191
25,9	6		
25,22	54	1.Könige	
30,22-38	55	3,6-9	79f
32,6	28,34,321	3,28	102,191
		8,6ff	51
Numeri		8,10-13	54
7,1	278,280	22,19-22	180,184
24,7	109,131		
24,17	133,142,171,174	2.Könige	
		17,34	125,165

II. Apokryphen des Alten Testamentes

III. Pseudepigraphen

IV. Qumranschriften

V. Neues Testament

1.Petrus
1,20   131,202,341

1.Johannes
4,9   198,324,327
4,10.14   324,327

Judas
25   10

Offenbarung
3,4   170
5,13   334
7,16f   163
11,13   170
13,8   202
17,8   153,202
21,6   163

VI. Rabbinisches Schrifttum

1.Mischna

Abot (mAv)
1,2   220f
3,14   58,200,210,217-221,
                224,269,278
6,10   284

Horajot (mHor)
3,6   224

2.Jerusalemer Talmud

Berachot (yBer)
1,6 (4a)   215
2,4 (5a)   133,135,291
9   (12d)   106

Chagiga (yHag)
2,1 (77b)

Taanit (yTaan)
4,2 (68a)   174,220

3.Babylonischer Talmud

Aboda Zara (bAZ)
17a   151

Chagiga (bHag)
12a   290

Joma (bYoma)
86a   255,286
86b   254,286f

Menachot (bMen)
43b   218,220

Nedarim (bNed)
39b   237-242,246,287
62a   218

Pesachim (bPes)
5a   211
54a   237-242,277,287
87b   284
98b   125

Sanhedrin (bSan)
98b   215,291
101a   68,106

Sukka (bSuk)
41b   256

Taanit (bTaan)
10a   227

4.Außertalmudische Traktate

Abot deRabbi Nathan, RezA (ARN[a])
5   260
39   217

Abot deRabbi Nathan, RezB (ARN[b])
44   217

5.Midraschim

Mechilta deRabbi Ismael (MekhY)
bo   Ex12,1 226
            Ex13,2 289
b[e]shallaEx13,17 323
            Ex14,15f 268f
            Ex15,25 231,323
            Ex16,32 238

Mechilta deRabbi Simeon benJohai
Ex14,15   269   (MekhSh)

Sifre Deuteronomium (SefDev)
36   218,220
37   221-229,278
48   218f
152   224,226
309   218,224,284

Genesis Rabba (BerR)
1,1   32,219f,245,251,255
1,4   219,235,237,239,241,
                258,262,267,269-276,
                283,285-287,299,302,
                316,318,341
1,6   291,338
2,3   292,295,338

VII. Jüdisch-hellenistisches Schrifttum

VIII. Griechisch-römische Profanschriftsteller

IX. Inschriften, Sonstiges

X. Altchristliches Schrifttum

NAMEN- UND SACHREGISTER

Antike Autoren werden im Stellenregister aufgeführt.

Sünde 285,327

Targum 108,121,130,148,199

Tempel (s.Heiligtum)

(Zwei) Triebe 247

Thron Gottes 33,82,84,103,176,177,
  183,191,204f,292f,307,324,332
  vgl.Midrasch,Präexistenz

Thronrat (im Himmel) 25,170,172,
  180f,184,193,301

Tora 12,15f,45,56-58,59-61,63-69,
  103,237-303
  - Bauplan der Welt 219,273,284,
  300
  - 274 Geschlechter vor der Weltschöpfung 256
  - 2000 Jahre vor der Schöpfung
  256,282
  - Licht 294
  - Mutter 220
  - Ratgeber Gottes 245
  - Säule der Welt 220,275
  - Schöpfungsmittler 210,216-221
  - Tochter Gottes 106,284
  - große Weisheit 283f
  - Werkzeug Gottes 217f,262
  und Weisheit 306,307
  vgl.Gott,Präexistenz,Weisheit

Umkehr 285-287,299,319
  vgl.Midrasch,Präexistenz

Urmensch 25f,157
  vgl.Adam

Urzeit 108,116,185

Verdienst (der Väter) 150,212,230,
  261,280
  vgl.Abraham

Verborgenheit 127,132,177-187
  vgl.Gott,Messias,Weisheit

Weisheit 11,13-207,209f,216,305-
  307,309-328,331f,335,341f
  und Geist 306f,317
  - Gottes 13-15
  als (thronende) Königin 44,50f,
  82,332
  als Licht 91,306
  und Messias 307f
  - Mutter der Welt 319f,322f
  - Richterin 312
  - Schöpfergottheit 27,52,81f,
  84,97,105
  - Schöpfungsmittlerin 103,305f
  - Schöpfungsplan 316
  - Tochter Gottes 33,68,106
  und Tora 56-58,64-66,217,284
  - Verborgenheit 316
  vgl.Gott,Jesus,Messias,Präexi-
  stenz,Tora

Wüstenwanderung 50,54,60,321,330

Yalqutim 208f

Yelamdenu-Midrasch 279

Zahlenspruch 245f

Zion 45,53-56,60,63,67f,211,223,
  228,306,330